Queere Identitäten in der Psychotherapie

Bernd Heimerl

Queere Identitäten in der Psychotherapie

Kulturanalytische Impulse für die Praxis

Springer

Bernd Heimerl
Berlin, Deutschland

ISBN 978-3-662-70524-7 ISBN 978-3-662-70525-4 (eBook)
https://doi.org/10.1007/978-3-662-70525-4

Die Deutsche Nationalbibliothek verzeichnet diese Publikation in der Deutschen Nationalbibliografie; detaillierte bibliografische Daten sind im Internet über https://portal.dnb.de abrufbar.

Springer ist ein Imprint der eingetragenen Gesellschaft Springer-Verlag GmbH, DE und ist ein Teil von Springer Nature.
Die Anschrift der Gesellschaft ist: Heidelberger Platz 3, 14197 Berlin, Germany

Nicht für sondern wegen Virginia Woolf, Jean Cocteau, ANOHNI & The Johnsons, Derek Jarman und Peter

Vorwort

Der Übergangsmantel: eine Erzählung aus der Kindheit

Als kleiner Junge war ich vom Übergangsmantel fasziniert. Meine Tante war Schneiderin und hatte mir zu meinem 7. Geburtstag einen Übergangsmantel genäht. Geboren im Februar konnte ich es kaum erwarten diesen zu tragen. Der Übergangsmantel ist einer der verschwundenen Dinge in meinem Leben.

Im Duden wurde der Übergangsmantel erst 1954 aufgenommen. Er bezeichnet einen Mantel, eine längere Oberbekleidung für Frühjahr und Herbst. Es ist ein Mantel, der einen in der Übergangszeit warm, aber nicht *zu* warmhält. Manchmal ist dieser wasserabweisend. Die Bezeichnung gibt es nur noch im französischen *manteau demi-saison*, das englische, spanische, italienische kennt diesen Begriff nicht. Der Übergangsmantel ist ein Schutz für eine Übergangszeit und rahmt einen Übergangsraum. Dieses Buch kann in der Übergangszeit von einem geschlechtlichen Identitätsraum in einen anderen als Übergangsmantel verwendet werden. Sowohl für queere Personen und queere Therapeut:innen als auch für cisgender Personen und cisgender Therapeut:innen.

Bernd Heimerl

Interessenkonflikt Der/die Autor*in hat keine für den Inhalt dieses Manuskripts relevanten Interessenkonflikte.

Vorbemerkung zur Schreibweise und zur kulturellen Verortung

Ich habe mich für die adjektivische Form *queer* entschieden in Verbindung mit dem Doppelpunkt. Geschlecht wird nicht abgeschafft, es wird etwas hinzugefügt, nämlich die geschlechtliche Vielfalt. Eine genderspezifische Schreibweise ist immer ein Sprachhandeln. Ein Literaturverzeichnis befindet sich unter jedem Kapitel. Der Fokus liegt auf den westlichen Industriestaaten (vorwiegend Deutschland, USA, Frankreich, Großbritannien) und der dortigen Entwicklungen. Wenn ich von der queeren Identität spreche, meine ich die subjektive Verortung in den queeren Identitäten, diese können im Subjekt die Richtung wechseln. Queere Personen sind Raumforscher des Geschlechtlichen.

Berlin und Fischerhude
im Oktober 2024

Bernd Heimerl

Inhaltsverzeichnis

1 Einleitung: »Take a walk on the wild side«

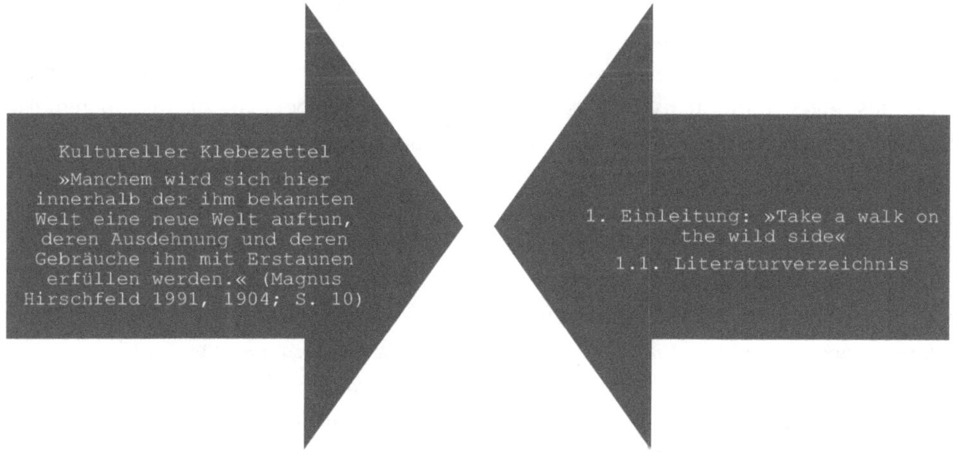

Die psychologische und sozialwissenschaftliche Forschung zum Phänomen Geschlecht war seit den fünfziger Jahren durch die kategoriale binäre Trennung zwischen *sex* und *gender* bestimmt (siehe Money, 2016). *Sex* bezeichnet den biologischen, präkulturellen durch die Genitalien beschreibbaren Geschlechtsunterschied, während *gender* die psychische, soziale und kulturelle Aneignung der *natürlichen* Zweigeschlechtlichkeit meint. Eine Grunderfahrung eines Subjekts ist die Verschiedenheit der Körper, eine binäre Kategorisierung der Körper in Weiblich und Männlich führt jedoch nicht unweigerlich in eine Genderrepräsentation von Weiblich und Männlich.

Aktuelle Umfragen aus den USA (Jones, 2023) konnten zeigen, dass sich im Jahr 2022 7 % der Bevölkerung als LGBTQ* identifizieren – im Vergleich zu 2012 mit einer Zunahme von 3 %. Auch in Deutschland bestätigen repräsentative Daten diese Entwicklung

B. Heimerl, *Queere Identitäten in der Psychotherapie*,
https://doi.org/10.1007/978-3-662-70525-4_1

(ElitePartner, 2023): 17 % der zwischen 18–29-jährigen definieren sich als nichtheterosexuell (siehe auch Krell & Oldemeier, 2017). Begründet wird dieser Anstieg vor allem durch die zunehmende rechtliche Gleichstellung und der Schutz vor Diskriminierung, die steigende Sichtbarkeit geschlechtlicher und sexueller Vielfalt in den Medien und in der Literatur, sowie ein Paradigmenwechsel in den psychiatrisch-psychotherapeutischen Fachdisziplinen. Trotzdem bestehen weiterhin in der Gesellschaft und den Wissenschaften tief verwurzelte Normen, was im Geschlecht, dem Körper und der Sexualität als *normal, natürlich* und *richtig* angesehen wird. Wenn diese Normen nicht erfüllt werden, folgt sichtbar und unsichtbar Ablehnung und Ausgrenzung und die Vorstellung einer einzigen Normativität bleibt weiterhin wirksam (Mitchell et al., 2023; Sue et al., 2007). Queere Personen haben aufgrund ihrer oft beeinträchtigten psychischen Gesundheit einen erhöhten Bedarf an psychosozialer und/oder psychotherapeutischer Unterstützung (Silveri et al., 2022; Bachmann, 2012). Die qualitative Studie von Agostino Mazziotta und Sonja Bröning (2024) zur subjektiven Erfahrung queerer Personen hinsichtlich des beraterischen und psychotherapeutischen Handelns mit der Fragestellung an queere Personen: *Welches Verhalten oder welche Eigenschaften von Berater:innen/Therapeut:innen haben Sie als unterstützend und welches als schwierig erlebt?* begründet die Ergebnisse aus einer kulturanalytisch-psychodynamischen Perspektive zu diskutieren. Aus der Gesamtstichprobe von fast 500 Teilnehmenden, beantworteten 438 Personen die Frage. 92 % der Personen hatten eine Psychotherapie in Anspruch genommen, Therapiegründe für die Inanspruchnahme waren affektive Störungen (44 %) und Angststörungen (16 %). Die Antworten der queeren Personen auf die Frage, welches Verhalten/welche Eigenschaften hilfreich waren sind unter anderem *Offenheit und Akzeptanz* (39 %), *Ausbleibende Ablehnung* (23 %), *Affirmation* (20 %), *Empathie* (17 %), *angemessene Thematisierung queerer und nicht monogamer Themen* (11 %), *Gebrauch einer gendersensiblen Sprache/Klärung von Pronomen* (11 %) *Wissen über queere Themen und Lebenswelten* (9 %) und *Zugehörigkeit der Berater:in/Psychotherapeut:in zur queeren Community* (6 %). Als *schädlich* wurde unter anderem die *Ignoranz queerer Themen* (16 %), *Ablehnung und Abwertung* (12 %) sowie eine *heteronormative Einstellung* (11 %) erlebt. Die Studie regt an über praxisnahe Ansätze nachzudenken, um diversitätssensible Psychotherapie – wie sie in der Musterweiterbildungsordnung der Bundestherapeutenkammer (2021) gefordert wird – mit spezifischen Inhalten zu füllen.

Das vorliegende Fachbuch soll einen Zugang zu mehr Diversitätssensibilität in der psychotherapeutischen Arbeit mit queeren Personen schaffen. Die Sensibilisierung wird dadurch erschwert, da die Diskriminierung vielfach subtil, unbewusst oder nicht intendiert stattfinden kann. Eine fundierte Ausbildung und Basiswissen über nichtheterosexuelle Lebensweisen ist für eine kultursensible therapeutische Praxis unerlässlich.

Der Einstieg in das Buch erfolgt über eine begriffliche Einordnung und den derzeitigen Erscheinungsformen von Queer, verwoben mit den Themen Identität, Ordnungssysteme, Richtungswechsel, Verstehen, Kritik, Körpergeschichte. Die Fahrt geht weiter mit den queeren Raumforschern. Der letzte Teil ist der Praxis und der Utopie gewidmet und wird mit einem Sprachspiel beendet. Die einzelnen Kapitel beginnen mit einem kulturellen Klebezettel. Die Arbeit ist in dreizehn grundlegende Teile gegliedert.

Das zweite Kapitel der vorliegenden Arbeit greift den biologischen Ansatz auf und zeigt kurz die biologisch erklärte binäre Ordnung, die durch das zugewiesene Geschlecht bei Geburt eine normative Festlegung bahnt. Unter dem Aspekt der Biowissenschaften ist die Frage nach der biologischen Grundlage, was geschlechtliche Identität und Normativität formt »nicht marginal und spekulativ, sondern zentral und legitim« und wird zu unterschiedlichen Zeiten mit unterschiedlicher Diskursmacht aufgeladen (Kuhlmann, 2016, S. 37). In Alltagssituation zeigt sich die biologische Zweigeschlechtlichkeit in ihrer Darstellung und der Interpretation dieser Darstellungen weitaus komplexer. Die Annahme einer psychischen Bisexualität brachte ein neues Ordnungssystem im Geschlechtlichen mit sich (Freud, 1905b). Dadurch wurde die Frage im Geschlecht *Wer bin ich?* verworrener und uneindeutiger.

Identität wurde in der Moderne zu einem zentralen Begriff in der Subjektwerdung und Subjektdifferenzierung: Identität im Sinne als ein in sich paradoxes Selbstverhältnis und Subjektivität als eine sich wandelnde Identität (Zima 2007). Subjektivität und Identität entstehen durch Abgrenzung, durch die Konstituierung der anderen als Fremde und bleibt stets ein *Entwurf*. Diesem bedeutsamen Diskurs in der queeren Identitätsbildung widmet sich das dritte Kapitel: *»Wer bin ich? Wer ich bin.«* Dem Entwurfscharakter der Identität zu folgen kann mit dem von Charles Taylor (2024) aus der philosophischen Anthropologie eingeführten zeitgenössischen Begriff der *Selbstinterpretation* hilfreich sein, um sich der Identität queerer Personen zu nähern und Identitätsbildungsprozesse im psychotherapeutischen Raum zu ermöglichen. Der Möglichkeitsraum eines queeren Identitätsprozesses wird durch Entwurf und Selbstinterpretation geschaffen. Um Identität zu verstehen, benutzt Erik Erikson das *Selbst-Bildnis* als Metapher, im Bildnis steckt der Entwurfscharakter. Es wird der Entwurfscharakter der Identität diskutiert, die transitorische Bewegungsmöglichkeit im Identitätsbildungsprozess als auch die Bedeutung des Eigennamens im Geschlecht für die narrative Identität und zuletzt die Deutung der queeren Identität als eine Selbstinterpretation (Taylor 2024)

Identitätskategorien basieren stets auf bestimmten Ordnungssystemen, die sich zeitlich verändern können. Mit den heteronormativen Männlichkeits- und Weiblichkeitskonstruktionen und deren Abweichungen befasst sich das vierte Kapitel des Buches. Es werden die *Richtungswechsel* im Geschlecht, beginnend mit der Homosexualität gefolgt von LGBTQI* und queer, non binär, transgender, inter* und *Questioning* beschrieben. Die Desillusionierung einer binären Geschlechterordnung zeigt sich in der queeren Identität, indem die *fragile* Identität als Grundordnung im Geschlecht einen zentralen Platz erhält.

Mit dem fünften Kapitel *Queere Identität. Beschreiben, Verstehen und Interpretieren* bewegt sich das Buch in eine phänomenologisch-psychoanalytische erkenntnistheoretische Richtung. Die Phänomenologie als die Lehre von den Erscheinungen nimmt die Auslegung und Deutung der eigenen queeren Lebenswelt in den Blick der psychotherapeutischen Begegnung.

Das sechste Kapitel bezieht sich auf die Selbstinterpretation im queeren Identitätsbildungsprozess und unterscheidet zwischen der körperlichen, psychischen, sozialen, ethnischen und kulturellen Selbstinterpretation. Dabei spielen Nachbardisziplinen wie Geschichte der Homosexualität, psychische Bisexualität und queere Beziehungserfahrungen eine wesentliche Rolle.

Die Bedeutung von Kritik durch *Queerness* wird im siebten Kapitel behandelt. Die queere Identität wird als eine Herausforderung für die Psychoanalyse, die Gesellschaft und heteronormativen Familie und Verwandtschaftsverhältnisse sowie dem kulturellen Prozess betrachtet (siehe Rohde-Dachser, 2018). Was ist die queere Kritik? Wie lassen sich die kontrovers geführten Sprachdebatten hinsichtlich einer gendersensiblen Sprache verstehen? Welchen Einfluss hat queer auf den diskursiven Prozess einer Gesellschaft?

Diese in sich zusammenhängenden Interpretationsdimensionen von Selbsterkundung und Kritik bieten sich an, queere Identitätsbildungsprozesse mit der queeren Biografie zu verbinden und sich der queeren Biografie als eine migratorische Erfahrung zu nähern. Ist ein queerer Lebenslauf entlang des Körpers in seiner Materialität und dem Leib als Erfahrung mit *diesem* Körper zu erzählen? Das achte Kapitel widmet sich dieser Frage in der queeren Entwicklung.

Diesem Diskurs folgend beschäftigt sich das neunte, zehnte und elfte Kapitel mit den queeren Räumen: dem queeren Innenraum im Coming-out, dem queeren Außenraum als Heterotopie (Michel Foucault) in der Geschichte, Gesellschaft und Kultur sowie dem queeren Nah- und Mit-Raum als Grenze und liminaler Ort (Viktor Turner), als Nicht-Ort (Mark Augé), als Dritt-Raum mit einer hybriden Brille nach Homi Bhabha und im Dazwischen aus der Sicht von Psychoanalytiker:innen wie Jessica Benjamin und Thomas Odgen. Alle Ansätze beziehen sich jedoch mehr oder weniger auf das Konzept des Übergangsraums von Donald Winnicott. Die gegenwärtigen Veränderungen in den Geschlechterverhältnissen jedoch auch die Zunahme in dem Auftauchen queerer Identitäten in der psychotherapeutischen Praxis führt zu der Frage, welche *Räume* die Psychoanalyse zur Verfügung hat, um der »Liberalisierung der Geschlechterordnung« (Young, 1993) beziehungsweise der *Diversifikation* im Sinne einer Deregulierung der traditionellen Familie und der Vervielfältigung der Beziehungs- und Lebensformen (Sigusch, 2005, S. 35) Rechnung zu tragen. Queere Identitäten formen sich in einem Übergangsraum: von der einen psychischen Entwicklungsstufe zu einer folgenden, von einem heteronormativen zu einem queeren kulturellen Raum, von einem zugewiesenen zu einem selbstgewählten Körper, Eigennamen und Geschlecht. In diesem Übergangsraum spielt das *Coming-out of the closet* eine zentrale Rolle. Coming-out ist ein sehr komplexes und prozesshaftes Geschehen, in dem verschiedene Handlungen und Selbst-Praxen ineinandergreifen. Coming-out bezeichnet sowohl den individuellen Prozess eines Identitätsentwurfs als auch die kollektive politische Praxis, mit der diese im Inneren gewonnen sexuelle Identität öffentlich gemacht wird. Wie ist es jedoch mit dem *Coming in,* dem *Coming off* und dem *Inviting in?*

Das zwölfte Kapitel greift die psychotherapeutische Praxis und Klinik auf: *Das Unbehagen im Übergangsraum* verweist auf die Grenzen und Möglichkeiten im psychotherapeutischen Raum. Das letzte Kapitel nimmt sich der Utopie an: Cruising Utopia. *Queer* und wie weiter?

Queere Identitäten beunruhigen die psychoanalytische Theorie und Behandlungspraxis hinsichtlich der Verbindung zwischen Identität und Subjekt. Das »erregte Sprechen« (Butler 2022, S. 31) um Queer, Non-Binarität, Gender und Trans* greift um sich. Wenn der Begriff Identität und Identitätsentwicklung auch schwer zu fassen ist, kann eine intersektionale Perspektive und Konzeption sinnvoll sein. Identität ist immer auch mit dem Körper und der Sprache sowie dem Sozialen verbunden. In der Identität gibt es eine Sprachlosigkeit und ein Teil entzieht sich der gesprochenen Sprache, sondern bleibt leiblich-körperlich. In der queeren Identität kommt dieser leiblich-körperliche nicht versprachlichte Teil sehr zum Ausdruck. Für den gesellschaftlichen Kontext ist vor allem das Axiom der symbolischen Anrufung von Louis Althusser bedeutsam. Die Anrufung *Queer*! als Identitätskategorie wird unter anderem durch die Bedeutung der umgebenden heteronormativen Strukturen im *Coming -out* und im *Inviting in* zu diskutieren sein.

Die allgemeinen gesellschaftlichen Bewegungen lassen den Begriff *Identität* fragiler werden. Polarisierungen greifen um sich, und wie Byung-Chul Han formuliert: »Die *Angst um sich* lässt unbewusst eine Sehnsucht nach dem Feind erwachen. Der Feind ist, auch in imaginärer Form, ein schneller Lieferant der Identität.« (Han, 2016, S. 23). Identitätsfragen werden kontroverser diskutiert und vor allem Fragen nach dem *Warum ist oder wird jemand queer?* rücken in den Hintergrund und Fragen nach den Räumen, *Welche Räume werdenfür eine queere Entwicklung von der Gesellschaft bereitgestellt? Wie können diese Räume hergestellt und sichergestellt werden?* nehmen zu. Eine Gesellschaft kann durch das definiert werden, was in ihr aussprechbar und sichtbar also auch denkbar ist. Queere Personen sind Raumforscher des Geschlechtlichen (siehe *The Routledge Queer Studies Reader*, 2013).

Das Buchprojekt entstand aus einem Bedürfnis heraus und einer Notwendigkeit den psychotherapeutischen Raum für eine queere Person – und sicher nicht nur für queere Personen- als einen Übergangsraum für den geschlechtlichen Identitätsbildungsprozess zu verstehen. Und: für queere Personen ist es nicht nur eine Übergangsraum für das Geschlecht, es ist auch ein kultureller Übergangsraum mit all seinen Codes: in der Sprache, im Ausdruck, in der Narration. Die Sprache am Beispiel des Eigennamens, im Ausdruck am Beispiel der körperlichen Veränderungen und in der Narration, am Beispiel der Biographiearbeit. In diesem Übergangsraum – dem psychotherapeutischen Raum – können solche Umformungen hervorgebracht werden, entstehen, entfalten und stabilisieren sich. Dieses Buch dient einem Verstehen der queeren Identität im psychotherapeutischen Kontext, wobei ich das hermeneutische Verstehen fokussiere und dies mit einer psychoanalytischen Brille. Es ist an der Zeit mit der favorisierten Ursachenforschung aufzuhören, sondern Untersuchungen zu Entwicklungslinien der *Queerness* zu fördern und den Fokus auf behandlungstechnische Fragestellungen zu richten.

Ein weiterer zentraler Beweggrund dieses Buch zu schreiben war meine Auffassung, dass der Übergangsraum, der psychotherapeutische Raum auch ein politischer, gesellschaftlicher Raum ist.

Der Arbeit »Queere Identitäten in der Psychotherapie- ein kulturanalytischer Blick« liegt eine simple Handlungsanweisung oder Lösungsvorschläge fern. Die Arbeit zielt darauf ab, das subjektive Erleben der queeren Person als eine sich wandelnde Selbstinterpretation zur eigenen Biografie zu untersuchen. Diese Wandelbarkeit benötigt Räume, die diese Wandelbarkeit rahmen, ermöglichen und hervorbringen können. Der psychotherapeutische/analytische Raum – Behandlungsraum, Ausbildungsraum – mit queeren Personen sollte die Kernfrage leiten: Wie entwickeln sich Wissensstrukturen zum erlebten Körper? Wie fließen diese Wissensstrukturen im Verlauf des Lebens aus der inneren und äußeren Welt in die psychotherapeutische Beziehung ein?

Was benötigt eine queere Person – und ein/e Behandler/in-, um sich den verändernden Prozessen angstfrei zu öffnen?

In der Arbeit werden queere Identitäten »beziehungsweise offene, instabile und deshalb vielfach beziehungsfähige Subjektformen im Geschlecht zu einem unabgeschlossenen Projekt« (Frosh, 2015, S. 29) untersucht. Der kulturpsychoanalytische Blick schafft den Rahmen der Untersuchung, der phänomenologisch-hermeneutische Ansatz ist die Grundlage, um *Queerness* zu beschreiben und die Untersuchung der queeren Selbstinterpretation folgt einem intersektionalen Weg. Geschlechtergeschichte ist immer auch Körpergeschichte, Gesellschaftsgeschichte und Beziehungsgeschichte. Die Geschichte der Psychoanalyse ist auch immer Geschlechtergeschichte.

Das vorliegende Buch dokumentiert eine Erforschung der queeren Geschlechterverhältnisse in Bewegung. Ich stelle meine Überlegungen aus vielen Jahren psychotherapeutischer Arbeit mit queeren Personen zur Verfügung. Ich hoffe eine Orientierungshilfe zu bieten, und dies mit Respekt neben der inneren Realität auf die äußere Realität queerer Personen und deren innere wie äußere Lebenswelt und Selbstinterpretation. Es würde den Rahmen sprengen, neben den queeren Patient:innen auch die queeren Therapeut:innen in die Debatte mit einzubeziehen. Dafür wäre (zumindest) ein weiteres Buch erforderlich. Obwohl: ein/e queere/r Therapeut:in ist ohne Zweifel selbstverständlich auch eine queere Person!

Ich möchte ein Zitat Derridas in Geschlecht III verwenden, um die Leserschaft zu warnen: »Wir werden langsam voranschreiten, in einem unregelmäßigen Rhythmus, und dabei einen Weg verfolgen, von dem sich mit keiner geradlinigen Darstellung je Rechnung tragen ließe« (Derrida, 2021, S. 11).

Literatur

Bachmann, A. (2012). Lebenssituationen und Diskriminierungserfahrungen schwuler und bisexueller Männer: Eine Studie des Instituts für Psychologie der Christian-Albrechts- Universität. https://www.berlin.de/sen/lads/_assets/schwerpunkte/lsbti/materialien/schriftenreihe/g-32-studie-sb-diskr-bachmann_bf.pdf. Zugegriffen: 11. Okt. 2024.

Bauer, T. (2018). *Die Vereindeutigung der Welt. Über den Verlust an Mehrdeutigkeit und Vielfalt.* Reclam.

Bauman, Z. (1991). *Moderne und Ambivalenz: Das Ende der Eindeutigkeit*. Hamburg.

Bröning, S., & Mazziotta, A. (2024). Therapy and counselling experiences of queer adults in Germany. *Counselling and Psychotherapy Research*. https://doi.org/10.1002/capr.12814.

Bundespsychotherapeutenkammer. (2021). Muster-Weiterbildungsordnung Psychotherapeut*innen. https://api.bptk.de/uploads/Muster_Weiterbildungsordnung_Psychotherapeut_innen_der_B_Pt_K_d6427e628e.pdf. Zugegriffen: 11. Okt. 2024.

Butler, J. (2022 [2006]). Haß spricht- Zur Politik des Performativen. Suhrkamp.

Derrida, J. (2021 [2018]). Geschlecht III. Geschlecht, Rasse, Nation, Menschheit. Turia + Kant.

Douglas, A. (1892, 1990). *Two Loves & Other Poems: A selection*. Bennett und Kitcher.

ElitePartner. (2023). ElitePartner Studie 2023. Verfügbar unter: https://www.elitepartner.de/wp-content/uploads/2023/06/ElitePartner-Studie-2023.pdf. Zugegriffen: 11. Okt. 2024.

Freud, S. (1905b). Drei Abhandlungen zur Sexualtheorie. GW V.

Frosh, S. (2015). Fragile Identitäten. Das Subjekt zwischen Normalität und Pathologie. In S. Witzgall & K. Stakemeier (Hrsg.), *Fragile Identitäten* (S. 29–40). Diaphanes.

Han, B. C. (2016). Die Austreibung des Anderen. Gesellschaft, Wahrnehmung und Kommunikation.

Hall, D. E., Jagose, A., Bebell, A., & Potter, S. (2013). The Routledge Queer Studies Reader. Routledge.

Hirschfeld, M. (1991[1904]). *Berlins Drittes Geschlecht* (Bd. 3). Verlag Rosa Winkel.

Jones, M. J. (2023). U.S. LGBT identification steady at 7.2%. https://news.gallup.com/poll/470708/lgbt-identification-steady.aspx. Zugegriffen: 11. Okt. 2024.

Krell, C., & Oldemeier, K. (2017). Coming-out – und dann…?! Ein DJI-Forschungsprojekt zur Lebenssituation von lesbischen, schwulen, bisexuellen und trans* Jugendlichen und jungen Erwachsenen. DJI.

Kuhlmann, D. (2016 [1996]). Biologische Möglichkeiten zum Entstehen von Identitätsvorstellungen. In A. Barkhaus et al. (Hrsg, 2016), *Identität-Leiblichkeit- Normativität. Neue Horizonte anthropologischen Denkens* (S. 3657). Suhrkamp.

Mitchell, L. A., Jacobs, C., & McEwen, A. (2023). (In)visibility of LGBTQIA+ people and relationships in healthcare: A scoping review. *Patient Education and Counseling, 114*, 107828.

Money, J. (2016[1995]). Gendermaps: Social Constructionism, Feminism and Sexosophical History. Bloomsbury Academic.

Rohde-Dachser, C. (2018). Wie sich die Geschlechterbeziehung in den letzten 100 Jahren verändert hat und warum es so schwierig ist, darüber innerhalb der Psychoanalyse ins Gespräch zu kommen: Über eine Geschichte von Verletzungsverhältnissen. *Psyche – Z Psychoanal, 72*, 521–548.

Silveri, G., Schimmenti, S., Prina, E., et al. & Italian Working Group on LGBTQI Mental Health. (2022). Barriers in care pathways and unmet mental health needs in LGBTIQ+ communities. *International Review of Psychiatry, 34*(3–4), 215–229.

Sue, D. W., Capodilupo, C. M., Torino, et al. (2007). Racial micro-aggressions in everyday life: Implications for clinical practice. *American Psychologist, 62*(4), 271–286.

Suhrkamp Routledge Reader: Hall, D.E., Jagose, A. etc. Im Literaturverzeichnis: Hall etc.

Sigusch, V. (2005). Neosexualitäten: Über den kulturellen Wandel von Liebe und Perversion. Campus.

Taylor, C. (2024, 1996). Quellen des Selbst. Die Entstehung der neuzeitlichen Identität.

Young, I. M. (1993 [1980]). Werfen wie ein Mädchen. Ein Essay über weibliches Körperbewusstsein. Aus dem amerikanischen Englisch übersetzt von Barbara Reiter. Reclam.

Zima, P.V. (2007) Theorie des Subjekts. 2. Aufl. A. Francke Verlag.

Eine Positionsbestimmung: Wer, Was und Wo ist queer? 2

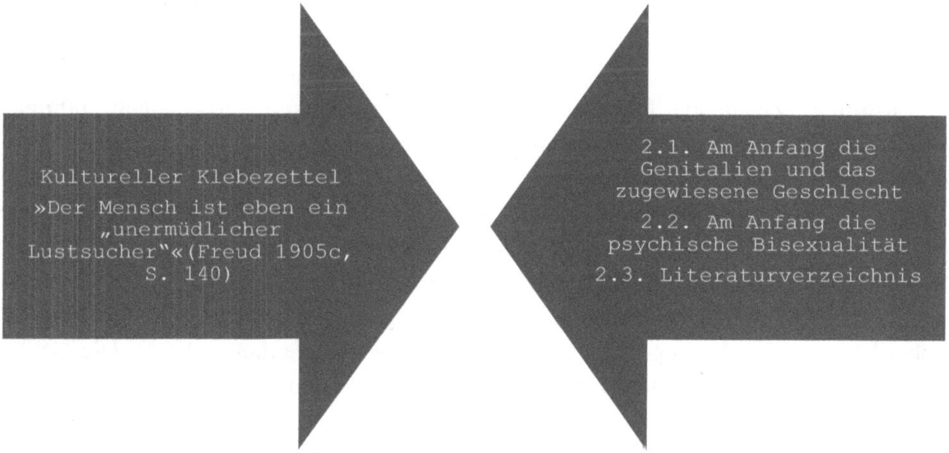

2.1 Am Anfang die Genitalien und das zugewiesene Geschlecht

Aristoteles Traktat *Über die Zeugung der Geschöpfe* (1959) kann als eine erste Abhandlung über das Werden, Vergehen und Fortdauern von Lebewesen gewürdigt werden. In dieser Schrift stellt Aristoteles wichtige Kenntnisse zum Geschlechtsleben von Lebewesen zusammen: das Männliche ist Ursprung der Bewegung, die zeugende Kraft, die determinierende Form, das Weibliche lediglich passiver Körper. Die Verknüpfung von Symbiose und Körper mit Weiblichkeit, Autonomie und Bewegung mit Männlichkeit aufgrund

B. Heimerl, *Queere Identitäten in der Psychotherapie*,
https://doi.org/10.1007/978-3-662-70525-4_2

biologischer Faktoren führt zu einer Einengung im Geschlecht. Die Geschlechtsdifferenz wird aufgrund dieser Funktion kategorisiert und begründet sich auf der geschlechtlich dimorphen Zustandsform. Statt *weiblich* oder *männlich* selbst als uneindeutig, als eine jeweilige innere Differenz zu verstehen, wird weiblich als unreifes Männliches ausgewiesen, wie überhaupt sämtliche Abweichungen vom Männlichen, was heißt vom männlichen Genitalen. Eine solche Ursprungs-Zeugungs-Logik kann niemals Mehrdeutiges artikulieren. Es ist eine *bio- logische* Ordnung indem passiv-aktiv als das Ursprungsgefüge des Geschlechtlichen festgeschrieben wird. Dies hat Auswirkungen darauf, wie (reife) Geschlechtsidentität konzeptualisiert wird. Ist es die Ausstattung eines Körpers aufgrund dessen organischer und reproduktiver Eigenschaften welche die Geschlechtsidentität bestimmt? Männlich heißt in diesem Modell automatisch Junge, Vater, weiblich heißt Mädchen, Mutter. Aristoteles nennt alle möglichen Abweichungen dieser Ordnung ein *„Wundertier"*.

Für den Wissenschaftler Stefan Hirschauer (2016) sind die Genitalien, gekoppelt an ein körperliches sichtbares Merkmal nicht einfach aufgrund ihrer Gestalt Geschlechtszeichen, biologische Genitalien sind auch kulturelle Genitalien (Hirschauer, 2016, S. 26). Es ist eine geburtliche Zuschreibungspraxis, eine sprachliche Festschreibung und eine präkonstruierte Zeichenhaftigkeit als Geschlechtsinsignien (ebd. S. 22). Die kulturelle Wirklichkeit zweier Geschlechter kann nicht aus dem Unterschied der Genitalien folgen, da sie Geschlechtszeichen nur im bereits bestehenden Kontext dieser Wirklichkeit sind Diese Organe entsprechen einem sozialen Platz, denn Menschen haben ihr Geschlecht *offensichtlich.* Die Geschlechtszugehörigkeit ist weder zu verbergen noch zu übersehen. Die Identitätsbildung ist eingelassen in ein kulturelles System, Goffman (1977) nennt dies *institutional genderism.* Eine andere Auffassung zur Geschlechtsidentität aus philosophischer Sicht ist das sog. Gebärmutter-Paradigma (siehe Günter, 2022). Die Gebärmutter wird zum Zwischenraum der geschlechtlichen Ordnung, denn frühestens in der 13.Woche ist das Geschlecht erst zu bestimmen. Diese Konzeption lässt das weibliche Organ, die Gebärmutter zum Ort der Geschlechtsbestimmung werden und nicht der Akt der Zeugung. Der amerikanische Sexualwissenschaftler John Money hat mit seinem Buch *Gendermaps* von 1995 (2016) die bis heute wirkungsvolle Unterscheidung zwischen *Sex* und *Gender* eingeführt. Unter *sex* subsumierte er das bei Geburt zugewiesene körperliche Geschlecht, die äußerliche genitale Morphologie, die zeugungsbezogene Strukturen im Inneren des Körpers, die hormonelle und weitere sekundäre Geschlechtscharakteristika und das gonadale und chromosomale Geschlecht. *Gender* definierte er als Rolle im Sinne des Umgangs mit der Ausstattung eines Körpers. Gender ist eine Konstruktion, ebenso wie eine Realität und außerhalb des heteronormativen, hegemonialen Männlichkeits- und Weiblichkeitsdiskurses.

In dieser Klassifikation wird zeitlich betrachtet die Geburt zu dem Moment, von dem her geschlechtliche Identität verstanden wird. Der erste Plural des Menschen ist nach dem Philosophen Marten der seiner Geschlechtlichkeit (2017, S. 218), denn der sichtbare Körper ist die Differenz. Die Geburt wird zu einem absoluten Anfang erhoben und begründet auch das *Geschlecht* also auch die Zugehörigkeit zu einer Familie. Es macht

Geschlechtliches als Teil in einem Generationsgefüge sichtbar: als Tochter oder Sohn einer Mutter und eines Vaters sein. Dies bedeutet eben auch: Wissen, Bildung und Einfluss ist geschlechterabhängig. Freud (1923, 1925) orientiert sich wie Aristoteles an der Ausstattung eines Körpers und erhebt das männliche Organ zum idealen Maßstab und bezeichnet das Weibliche – beziehungsweise alles Nicht-Männliche- als Mangel. Die Ausstattung der Organe bestimmt die Geschlechtsidentität und weist der Geburt – Junge oder Mädchen – gleichzeitig die Geschlechtsidentität als Schicksal zu.

Nach Luce Irigay (2016) schreibt Freud den Dualismus aktiv-passiv jedoch auch ins Psychodynamische ein und fixiert damit die »Opposition männliche klitorale Aktivität/ weibliche vaginal Passivität« (Irigay, 2016, S. 423).

Einen weitreichenden Versuch diesen starren Differenzbegriff im Geschlecht aufzuheben wird von Judith Butler unternommen (Butler, 2010, S. 133). Sie führt den Begriff der *Binnendifferenzierung* ein, denn wenn von einer Differenzierung gesprochen wird, beinhaltet dies von etwas auszugehen, das *in sich* differenziert ist. Die *Binnendifferenzierung* formt sich durch verschiedene sich wechselseitig bedingenden inneren Anteile im Subjekt. Ferner steckt in *Binnendifferenzierung* das Prozesshafte, eine Möglichkeit des fortschreitenden Differenzierens über die Zeit und die Aufweichung der binären Auffassung der psychischen Bisexualität.

2.2 Am Anfang die psychische Bisexualität

Sigmund Freud hat versucht, dem normativen, binären Modell männlich -weiblich sein komplexes Modell der psychischen Bisexualität entgegengesetzt. »Nur die Bisexualität!«, schrieb Freud an Fließ in einem Brief vom 1. August 1899. »Ich gewöhne mich auch, jeden sexuellen Akt als einen Vorgang zwischen vier Individuen aufzufassen. Darüber wird viel zu reden sein« (Masson, 1999, S. 400). Im Jahr 1905 bringt er in einer Fußnote zum Ausdruck, dass: » [...] die Begriffe männlich und weiblich, deren Inhalt der gewöhnlichen Meinung so unzweideutig erscheint, in der Wissenschaft zu den verworrensten gehören» (Freud, 1905d, S. 121). Daraus ergibt sich, so Freud weiter: »dass weder im psychologischen noch im biologischen Sinn eine reine Männlichkeit oder Weiblichkeit gefunden werden« kann, und er betonte die Bedeutung der psychischen Besetzung des Körpers als männlich oder weiblich im Sinne einer Zweigeschlechtlichkeit. Den Begriff der *Bisexualität* definieren Jean Laplanche und Jean-Bertrand Pontalis (1998, S. 106) folgendermaßen: »Von Freud unter dem Einfluss von Wilhelm Fließ in die Psychoanalyse eingeführter Begriff: danach hat jedes menschliche Wesen angeborene, zugleich männliche und weibliche sexuelle Anlagen, die sich in den Konflikten des Subjekts, sein eigenes Geschlecht anzunehmen, wiederfinden«, und erklären, dass Freud seine Einstellung zur Bisexualität nie eindeutig formuliert habe. Im *Abriss der Psychoanalyse* (Freud, 1940a), konstatiert Freud von »großer Rätselhaftigkeit« hinsichtlich der »biologischen Tatsache der Zweiheit der Geschlechter«, und »dass kein Einzelwesen sich auf die Reaktionsweisen eines einzigen Geschlechts einschränkt, sondern stets denen des entgegengesetzten einen gewissen Raum lässt«. Pessimistisch schließt Freud (1940a, S. 114 f.), dass »die Psychoanalyse nichts zur Klärung dieses Problems beigetragen« habe, und vor allem, dass die psychische Bisexualität »alle unsere Ermittlungen« belaste und »ihre Beschreibung« schwierig sei. So liege »[...] die Lehre von der Bisexualität noch sehr im Dunkeln, und dass sie noch keine Verknüpfung mit der Trieblehre gefunden hat, müssen wir in der Psychoanalyse als schwere Störung empfinden« (Freud, 1930a, S. 466). Das *Dunkle* in der Bisexualität meint *unbestimmt* und *undeutlich,* gleichzeitig *verdächtig* und *zweifelhaft.* Diese Beschreibung greifen Monika Gsell und Markus Zürcher (2011, S. 701) in ihrem *Psyche-* Artikel *Licht ins Dunkle der Bisexualität* auf. Sie beschreiben drei verschiedene Bedeutungen des Begriffs der Bisexualität, wobei sich eine auf die biologisch- anatomische und die beiden anderen auf die psychologische Ebene bezieht: »Auf der psychologischen Ebene wird der Begriff der Bisexualität im Sinne der Objektwahl verwendet (Männer und Frauen begehren) sowie auch zur Bezeichnung von gleichzeitig vorhandenen männlichen und weiblichen Geschlechtscharakteristika« (ebd. S. 701 f.) In Analogie zur anatomischen Bisexualität führt Freud den Begriff der psychischen Bisexualität ein, ohne ihn inhaltlich genauer zu bestimmen. Innerhalb der theoretischen Diskussionen und auch in der klinischen Arbeit vor allem mit und über die Homosexualität wurde bislang zu wenig zwischen der homosexuellen Objektwahl und der psychischen Bisexualität differenziert (Perelberg, 2018; Zupančič, 2020). »Dass das Geschlecht ›un-menschlich‹, das Begehren grundlegend undifferenziert ist und keine Unterscheidung zwischen Heterosexualität und Homosexualität kennt, drückt Freud in der Interpretation des Gay-Aktivisten Guy Hocquengehm mit dem Begriff des ›polymorph Perversen‹ aus.« (Hocquengehm, 1972, S. 45). Freud charakterisiert die frühe Sexualität des Kindes als polymorph-pervers, das heißt als ein Geschehen, das nicht eindeutig vorherbestimmt und geradlinig auf ein Ziel ausgerichtet ist. Die psychische Bisexualität als eine binäre Ordnungsstruktur liefert die Grundlage, um polymorph perverse Sexualität als *die* Subjektkonstitution im Sexuellen und Geschlecht zu etablieren und als grundlegend im Subjekt aus psychodynamischer Sicht zu verorten. In den bisherigen Beiträgen zur homosexuellen Objektwahl und zur Genese von homosexueller Identität wird die psychische Bisexualität zumeist bezogen auf die spezifischen Übertragungskonstellationen ätiologisch fokussiert (Vonessen, 1980; Phillips, 1998; Roughton, 2001b; Sherman, 2005a, b; André, 2015; Rudolf-Petersen, 2017; Heimerl, 2019). In den letzten Jahrzehnten hat der psychoanalytische Diskurs über den Begriff der *psychischen Bisexualität* jedoch auch zu unterschiedlichen Ideen, Erweiterungen, Differenzierungen und Interpretationen geführt. Während einige Autor:innen den Begriff psychische Sexualität als Ausdruck einer psychischen *Bewegung* zwischen männlich und weiblich betrachten, die kreative Erfahrungen ermöglicht (McDougall, 1995; Quinodoz, 2002; Aisenstein & Rich, 2018; Perlberg, 2018), sehen andere es als ein Konzept, das die geschlechtliche und sexuelle Subjektivität einschränken kann (Gulati & Pauley, 2019; Drescher, 2020) und die weiblich-männliche Binarität als eine biologisch-natürliche Konstruktion festschreibt, die dem einzigartigen Selbstverständnis des Einzelnen im Sein und der Erfahrung entfremdet ist (Butler, 1990; Corbett et al., 2014). Mit der Einführung der psychischen Bisexualität in das psychoanalytische und kulturanalytische Theoriegebäude hat Freud ebenso eine starre heteronormative Ausrichtung von Verkörperung, Subjektivität und Begehren versucht aufzulösen. Diese untrennbare Verbindung wird durch queere Personen radikal in Frage gestellt.

Wie steht es mit der Frage *Wie wird man heterosexuell?* (Quindeau, 2008, 2011; Le-Soldat, 2015; Heenen-Wolf, 2018; Perelberg, 2018). Psychische Bisexualität gehört zum Beispiel für Perelberg (2018) zur anthropologischen Grundausstattung des Subjekts und ist untrennbar mit der Affekt- und Triebdynamik verbunden. Die Autorin greift unter anderem Winnicotts Konzeption zur psychischen Bisexualität auf insofern er von »Kreuzidentifikationen« im Rahmen der psychischen Bisexualität in Verbindung mit Identifizierung im Geschlecht spricht (Winnicott, 1966, S. 319). Dabei postuliert Winnicott ein *rein weibliches Element* in allen Subjekten, welches vom Triebgeschehen unabhängig ist. Dies wirft die Frage auf inwiefern die psychische Bisexualität eine allgemeine Identitätskategorie sowohl im Geschlecht als auch im Sexuellen darstellt. Doch wie hören wir auf die psychische Bisexualität in der therapeutischen Beziehung, und wie sprechen wir darüber? Deutend, schweigend und/oder körperlich? Otscheret (2004) fasst pessimistisch zusammen, dass Sexualität seit jeher zu den schwierigsten Themen in der Psychoanalyse gehöre und es an lehrbaren Konzepten für einen *angemessenen* Umgang mit dem Sexuellen im analytischen Prozess fehle. Zu lange hat sich die Psychoanalyse mit der homosexuellen Objektwahl und weniger mit der psychischen Bisexualität in der Übertragungskonstellation beschäftigt. Auch Alenka Zupančič (2020) argumentiert, dass die Psychoanalyse zumeist die sexuellen Begegnungen in den Mittelpunkt stelle, anstatt sich auf die psychosexuellen Aspekte in den sexuellen Begegnungen zu konzentrieren.

Literatur

Aisenstein, M., & Rich, H. (2018). On bisexuality. Being born with two eyes. In R. Perelberg (Hrsg), *Psychic Bisexuality: A British French Dialogue* (S. 133–150). Routledge.

André, J. (2015). Male Homosexuality in analytic treatment. In E. Abrevaya, F. Thomson-Salo (Hrsg.), *Homosexualities- Psychogenesis, Polymorphism and Countertransference* (S. 7–20). Karnac.

Aristoteles – Über die Zeugung der Geschöpfe. Die Lehrschriften, VIII, 3. (1959) Herausgegeben, übertragen und erläutert von Paul Gohlke. Schönigh, Paderborn

Baumann, Z. (1992). *Intimations of Postmodernity*. Routledge.

Butler, J. (1990). *Gender Trouble: Feminism and Subversion of Identity*. Routledge.

Butler, J. (2010). *Raster des Krieges. Warum wir nicht jedes Leid beklagen*. Campus.

Corbett, K., et al. (2014). Talking sex, talking gender- a roundtable. *Studies in Gender and Sexuality, 15*(4), 295–317.

Drescher, J. (2020). From bisexuality to intersexuality. In L. Hertzmann & J. Newbigin (Hrsg.), *Sexuality and Gender Now: Moving beyond heteronormativity* (S. 167–188). Routledge.

Freud, S. (1905c). *Der Witz und seine Beziehung zum Unbewußten*. GW VI.

Freud, S. (1905d). Drei Abhandlungen zur Sexualtheorie. GW Bd. V, (S. 33–145).

Freud, S. (1923). Die infantile Genitalorganisation. GW Bd. XIII, (S. 293–298).

Freud, S. (1925). Einige psychische Folgen des anatomischen Geschlechtsunterschieds. GW Bd. XIV, (S. 19–30).

Freud, S. (1930a) Das Unbehagen in der Kultur. GW Bd. XIV, (S. 419–505).

Freud, S. (1940a). Abriss der Psychoanalyse. GW Bd. XVII, (S. 63–138).

Goffman, E. (1977). The arrangement between the sexes. *Theory and Society, 4*, 301–331.

Gsell, M., & Zürcher, M. (2011). Licht ins Dunkle der Bisexualität: Bisexualität, anatomische Geschlechtsdifferenz und die psychoanalytische Bedeutung von ›männlich‹ und ›weiblich‹. *Psyche – Z Psychoanal, 65*, 699–729.

Gulati, R., & Pauley, D. (2019). The half embrace of psychic bisexuality. *Journal of American Psychoanalytic Association, 67*(1), 97–121.

Günter, A. (2022). *Philosophie und Geschlechterdifferenz. Auf dem Weg eines genealogischen Geschlechterdiskurses*. Barbara Budrich.

Heenen-Wolf, S. (2018). *Gegen die Normativität in der Psychoanalyse*. Psychosozial-Verlag.

Heimerl, B. (2019). Zur Übertragungsbeziehung zwischen Analytiker und Analysand bezogen auf den vollständigen Ödipuskomplex. In I. Moeslein-Teising, G. Schäfer, & R. Martin (Hrsg.), *Geschlechter-Spannungen* (S. 391–405). Psychosozial.

Hirschauer, S. (2016 [1993]). *Die soziale Konstruktion der Transsexualität. Über die Medizin und den Geschlechtswechsel*. Suhrkamp.

Hocquengehm, G. (2019 [1972]). Das homosexuelle Begehren. Nautilus Flugschrift Irigay L (2016) Das Geschlecht, das nicht eins ist. In K. Peters & A. Seier (Hrsg.), *Gender & Medienreader. Diaphanes* (S. 423–431).

Laplanche, J., & Pontalis, J. B. (2022 [1973]). *Das Vokabular der Psychoanalyse*. Suhrkamp.

Le Soldat, J. (2015). *Band 1: Grund zur Homosexualität. frommann holzboog*. Stuttgart.

Masson, J. M. (Hrsg.). (1986/1999). *Sigmund Freud: Briefe an Wilhelm Fliess 1887 – 1904* (ungekürzte Ausgabe, 2. Auf.), Fischer.

McDougall, J. (1995). The many faces of eros: A psychoanalytic exploration of human sexuality. Free Association Books.

Money, J. (2016, [1995]). Gendermaps: Social constructionism, feminism and sexosophical history. Bloomsbury Academic.

Otscheret, L. (2004). Die Bedeutung und Erotik und Sexuellem in der psychoanalytischen Praxis. In C. Braun & L. Otscheret (Hrsg.), *Sexualitäten in der Psychoanalyse. Entwicklungstheorie und psychotherapeutische Praxis* (S. 63–83). Brandes & Apsel.

Perelberg, R. (2018). Introduction: A psychoanalytic understanding of bisexuality. In R. Perleberg (Hrsg.), *Psychic Bisexuality: A British-French Dialogue* (S. 1–57). Routlegde.

Phillips, S. (1998). A new analytic dyade: Homosexual analyst, heterosexual patient. *Journal of the American Psychoanalytic Association, 64*(4), 1195–1219.

Quindeau, I. (2008). *Verführung und Begehren. Die psychoanalytische Sexualtheorie nach Freud*. Stuttgart.

Quindeau, I. (2011) Wie wird man heterosexuell? Neues vom Sexuellen aus psychoanalytischer Sicht. In J. Feddersen (Hrsg.), Queer Lectures, Zeitschrift der Initiative Queer Nations e. V. 4. Jahrgang, 10. Männerschwarm.

Quinodoz, D. (2002). *Words that Touch: A Psychoanalyst Learns to Speak*. Karnac.

Roughton, R. (2001b). Rethinking homosexuality. What it teaches us about psychoanalysis. *Journal of the American Psychoanalytic Association, 50*(4), 733–763.

Rudolf-Petersen, A. (2017). Neue Übertragungskonstellationen. In E. Hutfless & B. Zach (Hrsg.), *Queering Psychoanalysis* (S. 503–531). Zaglossus.

Sherman, E. (2005a). Erotic countertransference with heterosexual patients. In E. Sherman (Hrsg.), *Notes from the margins: The gay analyst's subjectivity in the treatment setting* (S. 55–71). Routlegde.

Sherman, E. (2005b). Homoerotic countertransference: The love that dare not speak it's name? In E. Sherman (Hrsg.), *Notes from the Margins: The Gay Analyst's Subjectivity in the Treatment Setting* (S. 101–114). Routlegde.

Vonessen, I. (1980). *Aspekte der homosexuellen Übertragung und ihrer Handhabung*. Vandenhoeck & Ruprecht.

Winnicott, D. W. (1966). The split-off male and female elements to be found in men and women. Kapitel 2, In L. Caldwell & H. Lesley (Hrsg.), *(2016) The Collected Works of D.W. Winnicott, Volume 7. 1964–1966* (S. 317–330). Oxford Academic Press.

Zupančič, A. (2020). *Was ist Sex? Psychoanalyse und Ontologie*. Turia + Kant.

3 Identität – Wer bin ich? Wer ich bin.

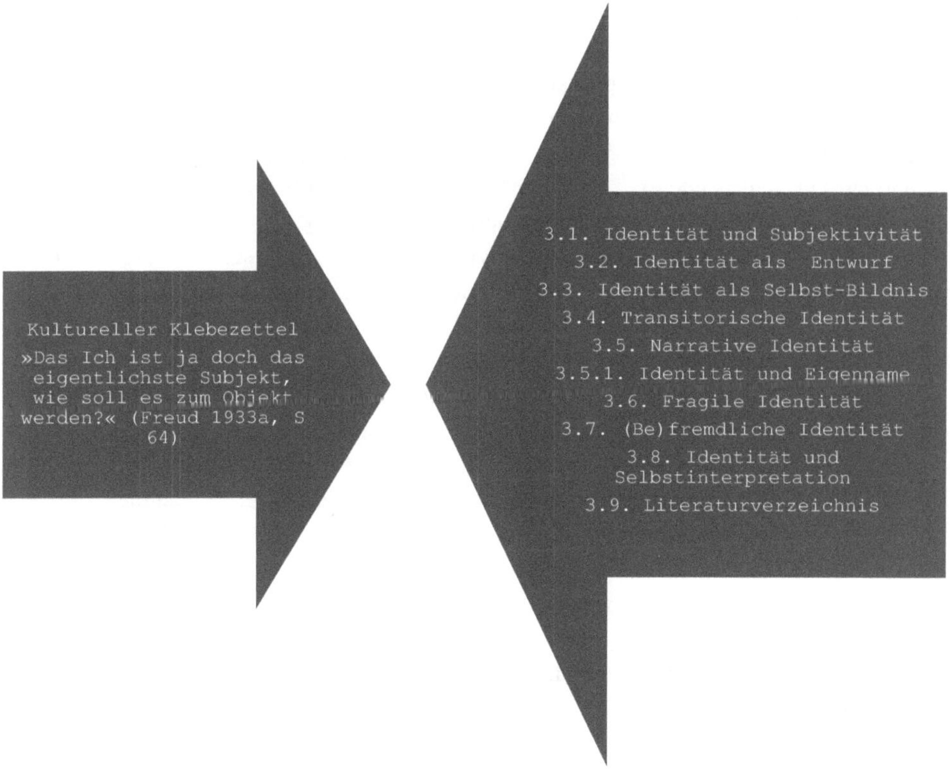

B. Heimerl, *Queere Identitäten in der Psychotherapie,*
https://doi.org/10.1007/978-3-662-70525-4_3

3.1 Identität und Subjektivität

Subjekt ist, etymologisch betrachtet, ein zweideutiges Wort, das sowohl Zugrundeliegendes *(subiectum)* als auch Unterworfenes *(subiectus)* bedeutet. Eine Person, die uns anonym auf der Straße begegnet, wird als Individuum bezeichnet, nicht jedoch eindeutig als Subjekt erkannt. Erst wenn sich die Person durch Wort und Tat zu erkennen gibt, nehmen wir die Person als Subjekt wahr (siehe Zima, 2007, S. 8). Das heißt: Subjekte konstituieren sich im Diskurs und Subjektivität meint Individualität als körperliche Beschaffenheit einer Person und soziale Erscheinung einerseits und Subjektivität als Verwirklichung dieser Beschaffenheit im Sprechen und Handeln andererseits. (Zima, 2007, S. 21). Identität verkörpert Subjektivität als ein sich paradoxes Selbstverhältnis insofern kann Subjektivität als sich wandelnde Identität und als »Einheit in der Vielfalt« aufgefasst werden (ebd. S. 42). Subjektivität ist dialogisch, dynamisch unterschiedliche Begriffe – Identität, Selbst, Ich – verschränkend und prozesshaft narrativ, eine innere Einheit verdichtend. Die berühmte Feststellung Freuds »Das Ich ist ja doch das eigentlichste Subjekt« verbindet er zeitgleich mit der unendlichen Frage »Wie soll es zum Objekt werden?« (1933a, S. 64). Auf der Grundlage der psychoanalytischen Entwicklungstheorie verfügt das Neugeborene noch über keine psychische und soziale Identität, es ist Subjekt und es muss sich die Identität erst *aneignen.* Die gesellschaftlich gewordene abweichende Subjektivität einer queeren Person wird nicht nur reflektiert, sondern in Frage gestellt. Das queere Subjekt konstituiert sich in ständiger Auseinandersetzung mit dem normativen Du, dem Anderen, dem Nicht-Ich. Mit der Triade *Überich, Ich* und *Es* versucht die Psychoanalyse den Handlungsspielraum und den Möglichkeitsraum im Subjekt abzustecken und dynamisch zu erweitern. Will man einen psychoanalytischen Identitätsbegriff formulieren, entscheidet man sich entlang einer Metapsychologie bezogen zur Subjektvorstellung, das heißt der zugrundeliegende Subjektbegriff benennt die Identität. Nimmt man eine triebtheoretische, objekttheoretische oder intersubjektive Perspektive ein, variiert der Identitätsbegriff mit der Annahme des zugrundeliegenden Subjektbegriffs.

Identität meint (lat. *identitas* und *idem*) im Deutschen *ebenderselbe.* Als mögliche Gegenbegriffe lassen sich zumeist finden: Unterschied, Verschiedenheit und Ungleichheit. Adorno prägte den Begriff der *Nichtidentität* als Gegenbegriff zur Identität (Adorno, 1966). Die Identität als ein kohärentes jedoch konfliktreiches Selbst wird über geschichtlich unterschiedlichen Epochen verschieden mit Macht und Wissen aufgeladen. Die Frage der Identität in der Moderne fragt nach dem Verhältnis von »Statik und Veränderung, von Bruch und Kontinuität, von Kohärenz und Dispersion, sondern auch nach Sprache und den Namen, die wir den Menschen und den Dingen geben« (Friese, 1999, S. 31). Bemerkenswert ist in diesem Zusammenhang, dass Freud den Begriff *Identität* einmal in der Schrift von 1926 *Ansprache an die Mitglieder des Vereins B'nai B'rith* erwähnt und er auf die emotionalen und unbewussten Aspekte des Gruppen-Identitätsgefühls verweist, indem er der kollektiven Identität eine »klare Bewusstheit der inneren

Identität, die Heimlichkeit der gleichen seelischen Konstruktion« zuschreibt (Freud, 1926j, S. 51).

Etwas vereinfacht lassen sich seit Beginn der Identitätsdiskurse unabhängig der jeweiligen wissenschaftlichen Disziplinen mindestens drei Merkmale extrahieren:

1. Identität markiert immer eine *Relation,* welche sich jenseits einer allgemein gültigen Aussage verortet
2. Identität markiert die Frage nach *Wandelbarkeit* sowie der Bedingungen der Möglichkeiten dieses Wandels
3. Identität wird entweder *mit* oder *gegen Differenz* gedacht

Die Psychotherapie mit queeren Personen benötigt ein Wissen um den sozio-historischen Kontext und dies beinhaltet auch den sprachlichen Kontext. Zum Beispiel ist das Sprechen um eine *fluide Identität* bei queeren Personen fragwürdig, da diese Willkürlichkeit impliziert, von einer dynamischen Identität zu sprechen ermöglicht Vorurteilsstrukturen zu minimieren. Ebenso wie das Sprechen vom *wahren* oder *falschen* Geschlecht, die Dekonstruktion von solchen Dualismen fördert Erkenntnis.

Die Geschlechtsidentität »ist in der Psychoanalyse ein heiß diskutiertes Konzept, da Identität ein Begriff ist, der einerseits auf das, was mit sich selbst identisch ist, und andererseits auf eine imaginäre, einheitliche Identität des Ichs anspielt. Die Annahme einer *festen Identität* verunmöglicht den Begriff der Identität auf ein Subjekt anzuwenden.« (Grocer Fiorini, 2002, S. 145. Übers. BH). Die argentinische Psychoanalytikerin Grocer Fiorini sieht das Subjekt durch Ambiguität und Unsicherheiten gekennzeichnet, unabhängig der geschlechtlichen Verortung des Subjekts. Für den Ethnologen Mario Erdheim (1992) heißt Geschlechtsidentität, das eigene Geschlecht von fremden anderen abzugrenzen und, dass die Geschlechtsidentität zur Orientierung innerhalb sozialer Beziehungen eingesetzt wird. Dies impliziert eine dynamische Geschlechtsidentität innerhalb einer zeitlichen und historischen Achse. Sämtliche Vorstellungen von Identität umkreisen die Fragen der Relationsbeziehungen, der Wandelbarkeit und dem Stellwert der Differenz.

Angesichts der überbordenden Literatur zu Identität aus soziokultureller, philosophischer, psychologischer, psychoanalytischer, anthropologischer und ethnologischer Sicht kann es hier nur *genügend gut* werden. Es geht mir nicht im Wesentlichen darum einen eigenen Beitrag zur Debatte der queeren Identität beizusteuern, als mehr darum, auf welche Konzepte und Haltung wir geneigt sind mit queeren Personen in der Psychotherapie zurückzugreifen. Zum Beispiel verweist Alessandra Lemma ausdrücklich darauf, bei transgender Personen eine »Haltung von äquidistanter Neugier einzunehmen und zugleich implizit eine Position des Hinterfragens zu wahren« (Lemma, 2020, S. 104).

3.2 Identität als Entwurf

In der deutschen Sprache findet sich der Begriff der Identität erst seit dem 18. Jahrhundert. Identität ist ein Wort der Moderne, das in der Menschheitsgeschichte unterschiedliche Bezeichnungen erhielt: Wesen, Volk, Geschlecht, Bildung, Charakter, Person. Manche dieser Bezeichnung klingen veraltet, manche moderner denn je. Das Identitätsmodell wurde Mitte des 20. Jahrhunderts entwickelt und in den nachfolgenden Jahrzehnten stark rezipiert. Es entsprach der damaligen Vorstellung einer (männlichen) Normalbiografie, in der sich bis zum Ende der Adoleszenz durch Identifikation im Beruf und der *Bewegung* (siehe Aristoteles) eine mit anerkannten Normen und Werten gefestigte, stabile Identität ausbildet, die durch quasi unveränderliche Persönlichkeitsmerkmale charakterisiert ist und sich im Einklang mit gesellschaftlichen Erwartungen befindet. Zwar sind die einzelnen Entwicklungsverläufe durch Krisen gekennzeichnet; ist die letzte (ödipale) Phase jedoch erst einmal erreicht, wird die Identität als festgelegt und im Einklang mit gegebenen Verhältnissen, konsistenten Erwartungen und Rollen begriffen. Gerade diese Setzung einer abgeschlossenen Identität wird zunehmend bezweifelt und wird heutigen Verhältnissen nur mehr bedingt gerecht. Weiter wird die konformistische Ausrichtung kritisiert, welche eine Anpassung an die normativen Standards des/des *Normalbürgers/Normalbürgerin* für erfolgreiche Identitätsentwicklung vorsieht. Poststrukturalistisch kann vereinfacht gesagt werden, dass Identitäten das Produkt eines grenzüberschreitenden Austauschs sind und, dass Identitäten den Prozesscharakter eines unabschließbaren inneren und äußeren Aushandelns aufweisen. Die Identität eines Subjekts wird stark *mit* Differenz anstatt *gegen* Differenz konzeptualisiert. Wenn von queerer Identität gesprochen wird, meint es die sogenannte personale Identität neben der kollektiven Identität. Ich spreche im weiteren Verlauf nicht von Geschlechterzugehörigkeit zu einer Gruppe, sondern von Geschlechterzuweisung.

Der Begriff Entwurf hat die etymologische Wurzel *intwerfan,* was aus der Bildweberei stammt und die Bewegung beim Werfen der Schiffchen beschreibt, durch das Werfen entsteht das Bild. Der Entwurf einer Identität meint, dass die Identitäts*bildung,* das *Werden* in der Moderne einen zentralen Stellenwert erhält und nicht das zum Beispiel das bei der Geburt zugewiesene Geschlecht. Der Entwurfscharakter beinhaltet die Vorstellung von Identitätskrisen durch Veränderungen als eine Veränderung in der Zeit und im Raum, diese Veränderungen sind performativ, so werden unterschiedliche Identitäten hervorgebracht, entdeckt und aktiviert. Die Inszenierungen von Identität sind demnach Teil einer sozialen und politischen Praxis und können als ein kultureller Text (siehe Bachmann-Medick, 2018), als historisch unterschiedlich codiert, verstanden werden (Assmann et al., 1999, S. 12). Der Identitätsentwurf so Jaeggi (2021) bestimmt und wird maßgeblich durch die hegemoniale Lebensform vorgegeben. Die Verbindung der queeren Identität mit »Artikulation, Stimme und Handlungsermächtigung« (ebd., S. 13) zeigt in verdichteter Form drei mehrfach determinierte Zustände der sozialen Praxis im öffentlichen Raum:

1. Queere Artikulation meint öffentliche Performanz und soziale Praxis;
2. Queere Stimme meint körperliche Performanz und soziale Praxis und
3. Queere Handlungsermächtigung meint Einmischung und soziale Praxis.

Der Begriff Identität kann als Verstehens- und Interpretationszugang von Phänomen der Moderne herangezogen werden. In der Auflage des *Dictionnaire de l' Académie francaise* von 1794 ist zu lesen: »das Wort Identität sei ein gelehrter Begriff, zu dessen Verwendung man nur selten Gelegenheit findet: Es wird nur im Unterrichtswesen gebraucht« (in Descombes, 2013, S. 10). In den Sozialwissenschaften wird zumeist in personale und kollektive Identität unterschieden: *personale Identität* meint Selbstidentität oder Selbstinterpretation und bezeichnet das Bewusstsein von der eigenen Kontinuität über die Zeit hinweg und lässt sich als ein »subjektives Gefühl der kontinuierlichen Existenz und einer kohärenten Erinnerung« beschreiben (Erikson, 1968, S. 61, Übersetzung BH). Mit *kollektiver Identität* werden interpersonale Identifizierungen benannt, also eine Gleichheit oder Gleichartigkeit mit Anderen. Diese Identifizierungen schließen die Vorstellung mit ein, sich von Nichtangehörigen dieser Gruppe zu unterscheiden. In psychoanalytischer Lesart ist die Abgrenzung von *Ich* und *Nicht-Ich* auch intrapsychisch angelegt. Der Soziologe Peter Wagner erkennt drei unterscheidbare Diskurse über Identität: (1) Einen Diskurs, in welchem Kultur und Bedeutung verknüpft werden; (2) in einem anderen mit Moderne und Handlung und (3) mit Differenz (siehe Wagner, 1999, S. 47). Diese unterscheidbaren Diskurse stellen andere Fragestellungen an Identität. Eine queere Identität fragt nach der Bedeutung von *Queerness* in der Kultur, sie fragt nach den Handlungsmöglichkeiten im Sinne der Frage nach queeren *Räumen* und sie stellt die Frage nach der Differenz im Geschlecht. Queere Identitäten mit dem Augenmerk auf die Räume beziehungsweise Orte, an dem Identitäten hervorgebracht werden, sichtbar werden und zur Artikulation drängen zu untersuchen lassen sich theoretisch trennen, jedoch nicht praktisch. Die queere Kultur meint kulturelle und sprachliche Identität, Verortung in der queeren Szene, inneres und soziales *Coming-out,* Hybridisierung zwischen heteronormativer – hegemonialer weiblicher und männlicher sowie nichtheteronormativer Kultur als auch Fragen der Ab- und Ausgrenzung. Die queere Kultur ist durch eine Repräsentation der Vergangenheit in der Gegenwart geprägt. Queere *Handlungen* im Sinne einer Identitätsbildung sind als Handlungspraxis und als anthropologische Konstante menschlicher Existenz im Ausdruck von Differenzlinien und Alterität zu beobachten. Das heißt, die Aufmerksamkeit für Brüche und Inkonsistenzen in personalen Identitäten wie auch von asymmetrischen Machtverhältnissen zwischen personalen und kollektiven Identitäten werden im queeren und nicht-queeren Raum zusammengeführt.

Es ist ein unmögliches Unterfangen vorherrschende Identitätsvorstellungen (alltagssprachlich, philosophisch, sozial, kulturell, psychologisch, psychoanalytisch, geschichtlich und die Reihe ließe sich fortsetzen) in dieser Arbeit vorzustellen. Die Liste der Literatur zu Identität lässt sich kaum erfassen und bezeugt die erhebliche Relevanz zur Subjektgestaltung und Beschreibung. So wird die Identität in der Alltagssprache zumeist mit den Personendaten wie Geburtsort, Geburtstag, Vor- und Zu-Name in Verbindung gebracht. Identität wird in der (Meta-)Psychologie sehr unterschiedlich begrifflich gefasst, dies begründet unter anderem die Diskursverwirrung insofern, dass Geschlecht als eine Kategorie von Identität aufgefasst wird, welche über die psychosexuellen Stufen oral, anal und ödipal beschrieben werden kann. Eine weitere Verbindung ist Sexualität und Geschlecht (Hetero- Homo-Bisexuell), Körper, Sprache und Geschlecht (aktiv-passiv, weiblich-männlich), Verdrängung und Geschlecht (psychische Bisexualität) sowie Kultur und Geschlecht (Machtdiskurse entlang des Körpers).

Der wohl bedeutendste Wegbereiter der psychologisch-soziologischen Forschung zu Fragen der Identität ist Erik Erikson. Er erklärt, dass wenn man die Identität einer Person feststellen will muss man zunächst nach dem Namen und nach der Stellung, die diese Identität in der Gemeinschaft innehat fragen. Persönliche Identität bedeutet jedoch mehr: Sie schließt ein subjektives Gefühl einer kontinuierlichen Existenz und kohärenten Erinnerungen ein. Psychosoziale Identität hat noch schwerer zu fassende Merkmale, die zugleich subjektiv und objektiv, individuell und sozial sind (Erikson, 1956). Eine Weiterführung und Differenzierung zur Frage der Identität kreist um die Entwicklung der Identität in Abgrenzung zum Fremden, es wird eine Relation hergestellt. In der *Theorie der Anerkennung* der amerikanischen Psychoanalytikerin Jessica Benjamin (2019) nimmt die Anerkennung eine zentrale Funktion in der Identitätsbildung ein. Eine gelungene Anerkennung der anderen als abgegrenztes und zugleich bezogenes Subjekt fördert den Identitätsbildungsprozess.

Queere Identität als eine Bewegung im geschlechtlichen und sexuellen Raum zu betrachten, die ein »Hinauslehnen« (Günter, 2022, S. 261) aus dem geschlechtlich-normativen Ordnungssystem ermöglicht, ist ein kreatives Bild. Diesem Bild des *Hinauslehnens* und der Frage nach der Identität haftet ein Charakter eines Entwurfs an. Identität als Entwurf besagt, was erst noch kommen soll, eine Dimension eines Künftigen, es ist nach vorne gerichtet und wie Friese, 1999 schreibt »Identität beharrt auf der Öffnung als einem Werden« (Friese, 1999, S. 42). Poetischer umschreibt es Goldschmidt, 1994, wenn er autobiografisch schreibt: »Versuche ich, mich zu erfassen, entgleite ich mir, werde ich mir unerfassbar, und dieses Mir-selbst-unerfassbar-Werden lässt mich »Ich« sein« (Goldschmidt, 1994, S. 11). Dem Entwurfscharakter der Identität zu folgen kann mit dem von Charles Taylor (2024) aus der philosophischen Anthropologie eingeführten zeitgenössischen Begriff der *Selbstinterpretation* verbunden werden, um der Identität queerer Personen ein geeignetes Beschreibungsmerkmal zur Seite zu stellen und Identitätsbildungsprozesse im psychotherapeutischen Raum zu fassen. Der Möglichkeitsraum für einen queeren Identitätsprozess wird durch Entwurf und Selbstinterpretation geschaffen, gleichzeitig schafft Entwurf und Selbstinterpretation weitere Möglichkeitsräume. Um

Identität zu verstehen, benutzt Erik Erikson das *Selbst-Bildnis* als Metapher, im Bildnis steckt ebenso der prozesshafte und dynamische Entwurfscharakter der Identität.

Die sexuelle Orientierung als Teil der Identität einer Person lässt sich nicht nur mit den Kategorien hetero-, homo und bisexuell beschreiben. Zu stark wird die Realität durch diese Dreiteilung vereinfacht, legt sie doch die Vermutung nahe, die menschliche Sexualität könne in drei Gruppen mit klar voneinander abgrenzbaren Merkmalen unterteilt werden. Gerade diese Vielschichtigkeit führt bei denen, die nach Eindeutigkeit suchen, zu Verwirrungen.

3.3 Identität als Selbst-Bildnis

Erik Erikson ist derjenige, der am weitesten ging, um zu begründen, dass die Frage der Identität einen ebenso großen Einfluss auf das Subjekt besitzt wie das Thema der Sexualität zu Zeiten Freuds. Es sind die Identitätsstörungen und Störungen des Selbstbildes, die Erikson als zentraler Fokus des Subjekts in Bezug zur Gesellschaft sieht. Identität versteht Erik Erikson, als das auf Differenzen beruhende, zunächst praktisch realisierbare (Anmerkung: das, was in der primären Umwelt vorgefunden wird, nämlich die Heteronormativität) und relational strukturierte, dialogisch individuelle *Selbst- Bildnis* (Keupp et al., 1999, S. 147). Entscheidend für die Ausbildung einer positiven Ich-Identität ist die innere dynamische Einheit und biographische Kontinuität in der Selbstkonstruktion. Es ist nicht die Summe früherer positiver und negativer Identifikationen, sondern die Verflechtung und Verwebung dieser Identifikationen. Identitätsbildung, die auf ideale Prototypen gegründet ist, entwickelt sich durch ihr Gegenteil zu dem, was Erikson negative Identität nennt. Er verbindet die negative Identitätsbildung mit projektiven Mechanismen insofern »wir versuchen *es* (Anmerkung: das Abgespaltene in uns) nicht zu sein oder nicht zu sehen – in übersteigerter Form sehen wir es dann in anderen. In Zeiten verschärfter Krisen kann all das im Menschen einen mörderischen Hass gegen jede Art von Anderssein – sowohl bei Fremden wie bei sich selbst- erwecken.« (Erikson, 1965, S. 246, siehe auch Butler, 2022). Hervorzuheben ist, dass für Erikson nicht nur Bilder aus der individuellen und kollektiven Vergangenheit widerlegt werden müssen und in den anderen projiziert werden, sondern auch einer potenziellen Zukunft, der es zuvorzukommen gilt. Das *Selbst-Bildnis* ist nicht Ergebnis oder das Entwickelte, sondern vielmehr seinerseits Entwicklung bedingt. Erikson nennt dies den »Zusammenbau aller der konvergierenden und der Abbau der divergierenden Identitätselemente« (Erikson, 1956, S. 144). Er bezieht sich zum einen hauptsächlich auf Georg Herbert Mead und seinen Arbeiten zum *Symbolischen Interaktionismus,* der Differenzierung zwischen *Me* and *I* definiert die Struktur des *Self* als responsive, in sich paradoxe Struktur und zum anderen auf Ervin Goffman, mit seinem Postulat »es gibt kein »wahres Selbst«. Identität wird zu einer Form des *Selbstverhältnisses* der individuellen Person oder einer Gruppe. Die Parameter der Identitätsfindung sind unklar, unklar was Identität grundlegend konstituiert. Selbstverhältnisse haben eine prozesshaften Charakter, eine *Suchbewegung,* anfällig für individuelle wie auch gesellschaftliche Krisen und zeitgleich sind sie eine Ressource in Krisen. Erikson beschreibt eng mit der Identität die damit verbundene und der Identität innenwohnende *Identitätskonfusion* mit den Begriffen der *Diffusion, Identitätssuche, Unruhe in der Identität* und die *Identitätskrisen*. Und dies sowohl in ihrer pathologischen als auch in ihren in jedem Leben unvermeidlichen Formen. In welchen Räumen werden Identitäten, Selbstverhältnisse entwickelt, geformt, hervorgerufen, unterdrückt? Fragen, wie Welche Entscheidungen und Festlegungen werden getroffen hinsichtlich Berufes, Geschlecht, Weltanschauung? Welche davon sind revidierbar? hängen eng mit dem Entwurf der Identität zusammen. Der Erwerb formaler Kompetenzen im Sinne Vertrauen auf Kontinuität, innere Einheitlichkeit und inhaltliche Bindung an Festlegungen verbindet Erikson ebenso mit der Frage der Identität.

Es ist das Verdienst Eriksons, einen Identitätsbegriff eingeführt zu haben, welcher zum einen die intrapsychischen mit der sozialen Entwicklung verknüpft als auch dies auf das gesamte Leben eines Subjekts auszudehnen. So wird durch ihn die Identitätskrise zu einer ständig wiederholenden Auseinandersetzung des Subjekts mit der Umwelt über das gesamte Leben hinweg und installiert den Entwurfs- und Prozesscharakter in der Identitätsbildung als grundlegend. Wer ich bin, hängt wesentlich davon ab, als wen ich mich selbst verstehe, meine *Selbstinterpretation* (Taylor, 2024). Es hat eine selbstreferentielle Struktur im Menschen und der Ort der Psychotherapie kann diese selbstreferentielle Struktur aufdecken, befragen, stabilisieren, bearbeiten und verändern.

3.4 Transitorische Identität

Das Präfix *trans-* hat zwei Bedeutungen, im Sinne eines *Überstiegs,* der eine Grenze überwindet und bei einem gemeinsamen Dritten endet *(Jenseits),* oder im Sinne eines *Übergangs* von einem zum anderen *(Zwischen).* Der Begriff Identität kennzeichnet also eine Annahme eines festen Kerns einer Person mit der Topologie *Über-Ich* und *Es,* also ahistorisch, zeitlos und zugleich mit einer Elastizität und Wandelbarkeit im *Körper-Ich* im Ausdruck beziehungsweise der Darstellung. In der historischen Konzeptualisierung wird Identität vor dem Hintergrund von Brüchen mit der Außenwelt geschaffen. Der Begriff der Identität »nimmt von Beginn an das Motiv des Abstandes auf zwischen dem *Ich,* das zu etwas ein Verhältnis unterhält und dem *Ich,* das in diesem Verhältnis als etwas fungiert, ohne diesen Abstand tilgen zu können. […] Identität ist […] ein normativer Anspruch, den Personen an sich und andere stellen« (Renn & Straub, 2002, S. 11). Das Ich ist ein Körperliches, behauptet Freud, so kann angenommen werden, dass der reale geschlechtliche Körper unabschließbar ein Verhältnis zum vorgestellten geschlechtlichen Körper unterhält und dass es nie zu einem Abschluss kommt. Das Festhalten an der Norm, dem binären Ordnungssystem im Geschlecht, ist eine Abwehrfunktion den »Abstand tilgen« zu wollen. Gleichzeitig kann bei einer queeren Geschlechtsidentität der Abstand zwischen dem realen Geschlecht und dem vorgestellten *queernormativen* Geschlecht zu groß erlebt werden. Das bedeutet wiederum, die innere Realität der queeren Person besonders unter dem gesellschaftlichen Aspekt sollte kritisch in die therapeutische Arbeit miteinbezogen werden, was eine kreativ-emanzipatorische Komponente anspricht. Die Transformation in der geschlechtlichen Identität ist auch eine Transformation einer Erfahrung und verwandelt diese Erfahrungen, ohne diese zu verwerfen (Waldenfels, 2019, S. 20). Im Begriff der transitorischen Identität wird der Aspekt der Zeit und des Raumes in der Identitätsentwicklung berücksichtigt: die Bewegung in der Zeit – eine Suchbewegung und Entwurf – und des Raumes – eine Ausdehnung oder Verengung. Die queere Identität zeigt deutlich, dass die Trennung zwischen personaler Identität und kollektiver Identität theoretisch getrennt werden kann, in der Praxis jedoch keinesfalls sinnstiftend ist. *Queer Studies* zeigen unter anderem, dass die Trennung zwischen individueller und gesellschaftlicher Identität ein konservatives Modell von Identität verkörpert. Es sind »praxische« Handlungen (Boesch, 1991, S. 96) im öffentlichen Raum. Identität wird in dem Sinne transitorisch, dass sie sich transitorisch *entdeckt* und zu einer *praxischen* Handlung wird. Der Begriff der transitorischen Identität benötigt daher keine »ontologische Rückversicherung« (Renn & Straub, 2002, S. 23), sie »sich selbst also als soziokulturelle beförderte Explikation der Auffälligkeit einer vordem verdeckten Struktur versteht« (ebd, S. 23).

3.5 Narrative Identität

Identitäten sind dann stabil, wenn sie in kohärente Narrationen gefasst werden können. Das heißt nicht, dass eine Person das ganze Leben unter einer einzigen, gleichbleibenden Narration stehen muss. Tilman Habermas gibt eine verkürzte und sehr dichte Zusammenfassung von Paul Ricoeurs Begriff der *narrativen Identität,* so dass ich diesen in Gänze zitiere (Habermas, 2015, S. 45 f.):

> »[…] dass die Einbettung eines Lebens in eine Erzählung mit einem Handlungsstrang und mit den durch den Plot sich verändernden Protagonisten die persönliche Kontinuität der Protagonisten über alle motivierten Transformationen hinweg gewährleiten kann.[…]«
>
> und an anderer Stelle:
>
> »Wir versuchen, so in die unterschiedlichen Rollen zu schlüpfen, die von unseren Lieblingspersonen in unseren bevorzugten Geschichten dargestellt werden. Durch diese phantasievoll auf unser eigenes Ich angewandten Variationen versuchen wir, von uns selbst ein narratives Verständnis zu entwickeln, als einzige Möglichkeit, der scheinbaren Alternative zwischen reiner Veränderung und absoluter Identität zu entkommen. Zwischen beiden finden wir die narrative Identität.« (S. 224).

Narrative Identität, thematisiert einen sozialen Herstellungsprozess jener Bilder und Konzepte, mit denen queere Personen sich eine Vorstellung von ihrer Wirklichkeit, von sich selbst machen und der Verwobenheit zwischen diesen beiden Bildern. Der Mensch ist ein Geschichtenerzähler: Er entwirft sich in seinen Narrationen und Identität könnte man als erzählende Antwort auf die Frage *Wer bin ich?* verstehen und in der Antwort auf diese Frage wird ein subjektiver Sinn in Bezug auf die eigene Person konstruiert.

Die Subjektivierung als die *narrative Konstruktion* des Selbst zu verstehen wird von Judith Butler prominent vertreten (2007). Der interaktive Prozess des Geschlecht-Werdens als ein Entwurf der Identität kann als biografischer Prozess betrachtet werden, so gibt es ein Bemühen im Subjekt, fragmentierte Identitätsbausteine in kohärenten Erzählmustern stimmig zu machen. Geschlecht-Werden bedeutet, nachdem das eigene Geschlecht nach der Zuweisung noch bestehen bleibt, jedoch dekonstruiert wird. Doch sind Menschen nicht nur Autor:innen ihrer Erzählungen, sondern sie finden kulturelle Texte immer schon vor – *Lebensskripte,* in denen sie ihre persönlichen Erzählungen unterbringen (Bachmann-Medick, 2006). Mit narrativer Identität bezeichnet Paul Ricoeur jene Art von Identität, zu der das menschliche Wesen durch die Vermittlung der narrativen Funktion Zugang haben kann. Entsprechend dem lateinischen *idem* und *ipse,* überlagern sich hier zwei unterschiedliche Bedeutungen: Gemäß der ersten Bedeutung, der im Sinne von *idem,* ist identisch gleichbedeutend mit äußerst ähnlich, gleichartig. Gleich beziehungsweise Gleichheit impliziert eine wie auch immer geartete Form von Unveränderlichkeit in der Zeit. Das Gegenteil wäre verschieden, veränderlich und zeitlos. Gemäß der zweiten Bedeutung, der im Sinne von *ipse,* ist identisch mit dem Begriff der Ipseität, der Selbstheit verknüpft, was soviel bedeutet wie, Jemand ist mit sich selbst identisch. Das Gegenteil wäre hier *Ich bin mir selbst fremd.* Nichts in der inneren Erfahrung entgeht der Veränderung. Aus der Sicht einer Theorie der narrativen Identität, so Kraus (1996, S. 175) werden »in postmodernen Erzählungen die Elemente des Inkommensurablen, Unabschließbaren, Disparaten betont gegenüber einer hegemonialen Form der wohlgeformten Narration, [...]«.

3.5.1 Identität und Eigenname

> »Liebe die nicht wagt ihren Namen zu nennen« (Douglas, 1892)
> »*Niemand* ist mein Name; denn *Niemand* nennen mich alle, meine Mutter, mein Vater und alle meine Gesellen« (Homer, Ilias und Odyssee, deutsch von Heinrich Voß, Eltville, 1980, S. 611).

Für queere Personen spielt die Benennung und damit auch der Eigenname eine zentrale Rolle im Prozess der queeren Identitätsbildung. Die Begriffe Entwurfscharakter, transitorische Bewegung verweisen auch auf die Veränderbarkeit des Eigennamens in der queeren Identitätsbildung als ein Teil in diesem Prozess.

Goethe schreibt am 23. Januar 1770: »Wenn ich meinen Namen nenne, nenne ich mich ganz, [...]« (Goethe, 1909. S. 341), und in *Wilhelm Meisters Wanderjahre* formuliert er: »[...] der Name bleibt doch immer der schönste, lebendigste Stellvertreter der Person.« (Goethe, 1977, VIII, S. 428). Die Stelle aus *Dichtung und Wahrheit* mag mit Bezug auf die queere Identitätsbildung auch hier zitiert sein: »Es war freilich nicht fein, dass er sich mit meinem Namen diesen Spaß erlaubte: denn der Eigenname eines Menschen ist nicht etwa wie ein Mantel, der bloß um ihn her hängt und an dem man allenfalls noch zupfen und zerren kann, sondern ein vollkommen passendes Kleid, ja wie die

Haut selbst ihm über und über angewachsen, an der man nicht schaben und schinden darf, ohne ihn selbst zu verletzen.« (Goethe, 1974, IX, S. 407).

Der Vorname ist der eigentliche, persönlich- individuell mit der Geburt gegebene Name, während der Nachname als Familienname erblich ist und auf eine Herkunft verweist Das Geschlecht zeigt sich im Deutschen zweifach: im Vornamen und im Familiennamen. Die leibliche Geburt ist untrennbar mit der sozialen Geburt in der Namensgebung verbunden. Das bedeutet, der Rufname, auf den jemand hört, ist und bleibt bis zu einem gewissen Grad ein Fremdname. Der Vorname gehört zur anthropologischen Grundausstattung eines Individuums, so spricht der Psychoanalytiker Wilhelm Stekel, 1911 von einer »Verpflichtung des Namens« (S. 111).

Ich *höre* auf den Namen, den man mir zugewiesen hat, ich *trage* diesen mir zugewiesenen Namen, mit diesem werde ich *gerufen, erkenne* ich mich im Anderen und *drehe* mich um (siehe *Interpellation* bei Althusser ….). »Doch *bin ich* in meinem Namen?« fragt Heidrun Friese in dem Text *Identität: Begehren, Name und Differenz* (1999, S. 27). Dem Eigennamen wird in der analytischen Psychoatherpie eine zentrale Bedeutung in der Identitätsentwicklung zugeschrieben, so erklärt Freud in *Totem und Tabu* (1913, S. 136): »Namen sind für die Primitiven – […und selbst für unsere Kinder] – nicht etwas Gleichgültiges und Konventionelles, wie sie uns erscheinen, sondern etwas Bedeutungsvolles und Wesentliches. Der Name eines Menschen ist ein Hauptbestandteil seiner Person, vielleicht ein Stück seiner Seele«. Jean Laplanche geht ein Stück weiter, indem er dem Namen in seinem Kern Unübersetzbarkeit zuschreibt und streng genommen wäre er nur gegen die Person selbst austauschbar (Laplanche, 1996, S. 124) und Donald Winnicott sieht im Namen ein Übergangsobjekt, der »einen ersten Besitz darstellt« (Winnicott, 1973, S. 10 f.).

Alle diese Komponenten spielen im Prozess der Namensgebung einer queeren Person für den queeren Identitätsbildungsprozess eine wesentliche Rolle. Der Eigenname und die queere Person sind identisch, so wie Ernst Cassirer es ausgedrückt hat: »Name und Persönlichkeit fließen hier in eins zusammen.« (Cassirer, 1994, S. 54). Der Name ist ein Körperliches und er erlaubt, die Aspekte der Individualität und Innovativität mit einzubeziehen« (Meuter, 1993, S. 244). Es gehört zur Würde einer Person seinen mit der Geburt zugewiesenen Namen zu ändern.

3.6 Fragile Identität

»Der eigentümliche Doppelcharakter der Grunderfahrung der Moderne und der Aufklärung einerseits als *Ausgang des Menschen aus seiner selbstverschuldeten Unmündigkeit* und mithin als Befreiung, andererseits als Verlust der Heimat und Entwurzelung, […] ist in unterschiedlichsten Zusammenhängen immer wieder festgestellt worden« Diese Aussage Hartmut Rosas (1998, S. 15) bezieht sich auf Immanuel Kant und bedeutet, dass in der Moderne der Begriff der Krise inhärent ist, als brüchige Subjektivität äußert es sich zumeist in einer unbestimmten Verlusterfahrung und einem Erleben von diffuser Entwurzelung. Dabei steht der Verlust in einer Spannung zwischen *Welt-* und *Selbstverlust.* Der *Weltverlust* und die Heimatlosigkeit als Beschreibungsmerkmal der Moderne und der Identität kann als problematisches Verhältnis von Welt und Subjekt in der Moderne gesehen werden. Die Frage nach der queeren Identität bedeutet Sinnfindung im Selbst und der Welt, im Innen- und Außenraum. Inwiefern die queere Identität als selbstgewählte, freiwillige Identität betrachtet werden kann, ist zu diskutieren. Die *Heimatlosigkeit* als eine Grunderfahrung der queeren Identität – das heißt die prinzipielle Hinterfragbarkeit und Relativierbarkeit von Identität – ist vielen queeren Person vertraut.

Wie ist es um die Subjektformen der Gegenwart und wie ist es um deren Selbst-Verständnis bestellt? In künstlerischen Arbeiten und wissenschaftlichen Theorien treten immer häufiger ›fragile Identitäten‹ in den Vordergrund. Sie erscheinen als Kritiken am Begriff der Identität selbst, verweisen aber vor allem auf den prekären Zustand von Subjektformen im fortgeschrittenen Kapitalismus und in aktuellen gesellschaftlich-politischen Umbruchsituationen. Identitäten- ob nun personal, kollektiv, national, geschlechtlich oder klassenspezifisch-, avancieren nach Susanne Witzgall und Kerstin Stakemeier (2015) in gesellschaftlichen Diskursen der letzten Jahrzehnte zu »brüchigen, hochkomplexen und umkämpften Terrains« (S. 13). Queere Identitäten entlarven eine Lücke in der binären Wissensordnung um das Geschlecht. Nach Hartmut Rosa (2005, S. 374 ff.) findet sich in der Lücke ein fragiles geschlechtliches Selbst, welches durch vier Faktoren eine Kohärenz und Kontinuität versucht zu erlangen.

1. Durch *Narration:* Mithilfe einer narrativen Verknüpfung von Vergangenheit, Gegenwart und Zukunft soll das fragile Selbst einen Sinn im Geschlecht erhalten (narrative Identität)
2. Durch *Performanz:* Mithilfe des Habitus (Bourdieu 1987) wird Kontinuität im geschlechtlichen Identitätsgefühl bewahrt (entworfene Identität)
3. Durch *Raum:* Es benötigt Übergangsobjekte, um die einzelnen geschlechtlichen Sprünge zu verknüpfen (transistorische Identität im Innen und Außen)
4. Durch *ontologische Betrachtung:* Ein angeborenes, prädikatloses geschlechtliches Selbst erlaubt ein kohärentes Identitätsgefühl auch bei vollständiger situativer Diskontinuität (fragile Identität)

3.7 (Be)fremdliche Identität

Julia Kristeva (2021) prägte mit dem Satz: »Fremde sind wir uns selbst. Der Andere, der ist mein eigenes Unbewusstes« die Auseinandersetzung mit dem Fremden als ein Teil des Eigenen. Jedoch schon 1933 taucht der Begriff »inneres Ausland« bei Freud auf (S. 496) und er sieht »das Verdrängte ist aber für das Ich Ausland«

Ist Eigenes mit Fremdem verflochten, so besagt dies zugleich, dass das Fremde in uns selbst beginnt und nicht außer uns. Oft erweist sich das Fremde verdeckt als Teil des Eigenen: dieser Ansatz wird von der Psychoanalyse über die Phänomenologie bis zu den *Cultural Studies* verfolgt. Das heißt: es ist nicht angebracht, Fremdes und Eigenes oder auch Fremde und Heimat als binäre Oppositionen zu begreifen. Bevor das *queere* Fremde als Figur auftritt, macht es sich bemerkbar als Beunruhigung, Störung und Verstörung, als Erregung, die in der Verwunderung oder der Beängstigung verschiedene affektive Tönungen annimmt. Die Debatte um das queere Fremde ist erhellend, wenn das Fremde als Beunruhigung, als Störung als Getroffen -Sein von etwas, in Erregung versetztes, von etwas, was sich niemals dingfest machen lässt konzeptualisiert wird. Das erste Auftauchen des queeren Fremden ist ebenso im Begriff der Aufmerksamkeit enthalten: es folgt das Hinsehen oder Hinhören auf das Fremde. Das *Aufmerken* ist bereits eine erste Antwort auf Fremdes, so der deutsche zeitgenössische Philosoph Bernhard Waldenfels (2006, S. 92). Die Aufmerksamkeit wird *geweckt,* eine Metapher von Einschlafen und Aufwachen, einer körperlichen Erfahrung. Das queere Fremde weckt uns aus einem schlafähnlichen psychisch bisexuellen, polymorph-perversen Zustand auf. Die freischwebende *Aufmerksamkeit* als ein in der analytischen Psychotherapie zentraler Seinszustand ist eine Bereitschaft und eine Möglichkeit, auf Fremdes zu hören. Und dies nicht nur in Behandlungen, sondern auch in der Beobachtung gesellschaftlicher Phänomene. Queere Fremdheit affiziert: Angst, Neugier, Wut, Rache, Hass, Liebe, Ekel, Zorn, Freude, Verzweiflung, Furcht, Überraschung und Interesse.

Das *Verhältnis* zum Fremden erfordert einen Übergang und fordert einen Übergangsraum, denn der Übergang als eine Zuwendung zur Welt, zum Anderen ist und bleibt etwas Fremdes. Bestimmend für das *neuzeitliche* Selbst sind drei Vermögen nach Charles Taylor (2024, S. 373):

1. das Vermögen der *desengagierten* Vernunft – damit meint er ein Subjekt, welches sich durch Rückzug und Distanz (Introjektion) oder Projektion die Welt sozusagen *von oben herab* aneignen will
2. das Vermögen zur *Selbsterkundung* und
3. das Vermögen der *Bindung* durch persönliche *Entscheidung*.

Diese drei Vermögen bilden die Grundlage einer bestimmten Auffassung von *Queerness,* wie sie in der psychotherapeutischen Situation stattfinden kann: Oszillieren zwischen Innen und Außen, Selbsterkundung und Bindung. Eine queere Identität wird performativ zum Ausdruck gebracht und ist keine pathologische Inszenierung, sondern das Medium des Ausdrucks der geschlechtlichen Non-Binarität. Es ist »ein Zur-Existenz-Bringen von etwas. […],daß ich mich zu der Regung in meinem Inneren bekenne« (Taylor, 2024, S. 652). Queer wird als Äußerung eines Potentials gesehen, das durch diese Äußerung zugleich gestaltet wird.

3.8 Identität und Selbstinterpretation

Kurz nachdem Pier Paolo Pasolini 1975 ermordet worden war, erschien ein unvollendetes Gedicht mit dem Titel *Poeta delle ceneri* (dtsch. *Dichter der Asche*) unter den Papieren von Pier Paolo Pasolini. Pasolini verfasste das »bio-bibliographische Gedicht« (S. 17) *»Who is me- Poeta delle ceneri« (Dichter der Asche)* m August 1966 während eines Aufenthalts in New York. Die berührende und schonungslose Abrechnung mit seiner Biografie zeigt sich in seinem Langgedicht als Beschreibungen seiner Liebesbeziehungen: zu seiner Mutter, seinem Vater, seinen Liebhabern, seiner Kunst. »... und, was mich betrifft, meinen unversehrten Träumen von Poesie. Alles konnte, in der Poesie, eine Lösung finden« (Pasolini, S. 15).

Wer bin ich? Identität verkörpert Subjektivität als ein sich paradoxes Selbstverhältnis. Bestimmend für das Selbst – die neuzeitliche Identität- sind für Taylor (2024, S. 373) vor allem das Vermögen und die Bereitstellung eines Möglichkeitsraumes zur Selbsterkundung und die Bindung durch persönliche Entscheidungen. Die Bereitschaft zur verstehenden Selbsterkundung und Aufnahme von Bindung durch aktive Handlungen (Praktiken, Praxis) sind wesentliche Wirkmechanismen in der Psychotherapie mit queeren Personen. Der Raum der Psychotherapie kann ein Übergangsraum sein, um sich zu einer queeren Identität selbst zu erkunden und zu Praktiken der Umsetzung zu gelangen. Die Frage nach der Identität ist für Charles Taylor in der Moderne immer mehr durch eine Verlusterfahrung und der Unmöglichkeit definitiver Antworten gekennzeichnet, daher führt er anstatt dem Identitätsbegriff den Begriff der Selbstinterpretation ein. Für Paul Ricoeur bezieht sich die Interpretation (S. 24) zunächst auf eine intentionale Struktur zweiten Grades, die voraussetzt, dass ein erster Sinn bereits konstituiert ist. Die Selbst-Interpretation bezieht sich auf ein im Vorfeld konstruiertes Selbst, für eine queere Person bedeutet dies, das erste Selbst war ein heteronormatives Selbst, das zweite Selbst bleibt ein heteronormatives Selbst erweitert sich jedoch maßgeblich zu einem queeren Selbst. Ricoeur (1974, S. 46) sieht in der Interpretation eine Übung des Zweifels und des Infrage-stellens, eben auch der geschlechtlichen Zuordnung. Lisa Schmuckli und Patrick Gross (2020, S. 134) führen den Begriff *Selbstauslegung* ein, was auf den hermeneutischen Prozess hinweist. »Selbstauslegung umfasst [...] sich selber entziffern und verstehen zu können; es macht das eigene Selbst-Verständnis besprechbar« (S. 134). Wir leben in einem Zeitalter der kulturellen Transformation, welche auch traditionelle Kategorien der Identitätsbestimmung betreffen. Die Frage, wenn man wissen will, *wer jemand ist,* fragt man nach dessen Identität. Pasolini dreht dies zur Aussage um: *Wer ich bin.* Das impliziert ein jemand, der/die aus sich heraus existiert und nicht nur wie etwas Vorhandenes in der Welt vorkommt. Ein Selbst, welches sich aus sich heraus zu sich, zu Anderen, und zur Welt verhält. Wir antworten auf die Wer -Frage mit einem *Tun.* Die Frage nach dem *Wer* stellt Ricoeur in seinen frühen Schriften zur narrativen Identität um die Pole Zeit und Erzählung, in den späteren Schriften dreht es sich um die Frage zum Gegensatz zwischen Selbstheit und Andersheit (ausführlich Liebsch, 2002, S. 142 f.).

Die Identitätskrise einer queeren Person spannt sich demnach über zwei Register auf: das Verhältnis der queeren Person im Verhältnis zu den anderen und zu sich selbst im Geschlecht und im Körper. Es ist also kein rein innerlicher Konflikt, sondern auch der Konflikt mit der vorgefundenen (ablehnenden) Umwelt. Die queere Person gelangt dann zu einer im Eriksonschen Sinne Identität, wenn beide Facetten miteinander in Übereinstimmung gebracht werden können.

Von einer queeren Identitätskrise zu sprechen heißt, von einem Konflikt zwischen der subjektiven Identität, die sich die queere Person zuerkennt, und der objektiven Identität, die die Gesellschaft der queeren Person zuweist auszugehen. Die heteronormativen Initiationsriten bieten heterosexuellen Personen eine große Anzahl an Möglichkeit von Identifizierungen an, nicht-heteronormative Lebensentwürfe suchen oft nach diesen. Taylor meint mit *moderner Identität,* dass der Begriff der Identität von einem komparativen Gesichtspunkt aus erklärt, wird: *Wer bist Du?* ist die leitende Frage der Identität und weniger das verstehende *Wer bin ich?*

Die *Selbst – Interpretation* als Identitätskategorie zu denken ist für queere Personen – und vielleicht nicht nur für diese Selbstinterpretation im Geschlecht – aufschlussreich. Die Selbstinterpretation in der Frage nach der queeren Identität beschreibt sowohl die eigene Befragung *Wer bin ich?* als auch die Aussage, *Wer ich bin.*

Der Beschränkungen des einheitlichen Selbst zu entrinnen ist ein immer wiederkehrendes Thema dieses Jahrhunderts geworden. Der »schwindelerregende Gedanke« (Taylor, 2024, S. 800), das sich die Identität keiner feststehenden Einheit unterwirft ist nicht neu, jedoch greift die aktuelle Infragestellung der geschlechtlichen binären Ordnung männliche/weibliche Identität aufgrund körperlicher Merkmale als auch der Kritik an der Zuweisung des Geschlechts mit der Geburt viel stärker in die Gesellschaft – und damit auch in die Psychotherapie – ein.

Die Kritik an der Psychoanalyse, die sich auch als Kulturtheorie definiert und als solche auch in den Kulturwissenschaften und in der Anthropologie anerkannt werden will, sich wesentlichen gesellschaftlichen Veränderungen zu verschließen, kann ich teilen. Taylor (2024, S. 876): »Um herauszufinden, was ›Beruf, soziale Klasse, Familie und gesellschaftliche Rollen‹ und geschlechtliche Identität (Anm. BH) bedeuten, sollten wir fragen, wie die folgenden stellen: ›In welcher Weise werden unsere Werte, Zielsetzungen und Bestrebungen durch das jetzige System des Lebens gestärkt oder geschwächt?« Das heißt, wie muss eine Psychotherapie *beschaffen* sein, um queere Identitäten zu *ermöglichen.*

Die meisten psychodynamische Identitätskonzepte beschreiben Identität als Ergebnis von Identifikationen und *vice versa* Projektionen. Das bedeutet, unsere Identität ist kontextabhängig. So verfügen wir über verschiedene Identitäten, je nachdem, in welchem Kontext wir uns befinden. Magnus Hirschfeld beschreibt etwas antiquiert in *Berlins Drittes Geschlecht* (1904): »Der Berufsmensch und der Geschlechtsmensch, der Tag- und Nachtmensch sind oft zwei grundverschiedene Persönlichkeiten in einem Körper, der eine stolz und ehrbar, sehr vornehm und gewissenhaft, der andere von allem das Gegenteil. Das gilt für Homosexuelle wie für Normalsexuelle.« (Hirschfeld, 1904, S. 21).

Mit *Selbst* bezeichnet man die Vorstellung von der eigenen Person (Hartmann, 1939), also eine psychische Repräsentanz. Erik Erikson hat diesen Ansatz aufgegriffen und als Identität die Fähigkeit beschrieben, zu sich selbst die Sicht anderer einzunehmen. Im Grunde eine Form der Perspektivenübernahme. Die *Selbstinterpretation* als Quelle der Identität wird prominent von Charles Taylor verfolgt, indem er der Selbstinterpretation die Selbstdarstellung und das Selbstbild an die Seite stellt sowie die Bedeutung von Praktiken der Selbstinterpretation in den Vordergrund hebt. Queere Praktiken, der Anwendung von bestimmten Handlungen und Darstellungen wird als eine neue *Erfindung* interpretiert, die zu einer Spaltung in zwei Gemeinschaften mit eigenen Praktiken führt: Queer und Nicht-Queer; Binär und Non-Binär. Die zeitgenössische Auffassung von Identität hat sich herausgebildet, weil Veränderungen des geschlechtlichen Selbstverständnisses, die mit vielfältigen Praktiken im religiösen, politischen, ökonomischen, familiären, medizinischen, psychologischen, intellektuellen und künstlerischen Bereich verknüpft sind, zusammenwirkend und verstärkend ihr Entstehen verursacht haben. Taylor erkennt in der modernen Identität (Taylor, 2024, S. 15) eine große Herausforderung, das »Hintergrundbild, das unseren Vorstellungen zugrunde liegt« zu erkunden (S. 25). Taylor fokussiert zunächst das moralische Problem als Mittelpunkt der Identität bis zur Neuzeit, also ein Aspekt von Identität, wie wir uns in der Welt gut oder schlecht *verhalten.* Wenn er von der »Sprache der Innerlichkeit« (S. 257) spricht, so ist dies ein Bild, sich der Frage nach der Identität – wie sie sich entwickelt, geformt und veränderbar ist – auf queere Weise zu stellen: halte ich mich an die Muttersprache, die Vatersprache, die Fremdsprache, an die Vielheit der Sprache, die Ambiguität in der Sprache? Halte ich mich an die heteronormative Sprache?

Literatur

Adorno, T. W. (1966). Negative Dialektik. Suhrkamp.

Aristoteles, (1995). *Metaphysik. Philosophische Schriften in 6 Bänden* Bd. 5, Meiner.

Assmann, A. & Friese, H. (Hrsg.). (1999). Identitäten. Erinnerung, Geschichte, Identität 3. Suhrkamp.

Bachmann-Medick, D. (2006). Spatial Turn. In ders, (Hrsg.), *Cultural Turns: Neuorientierungen in den Kulturwissenschaften* (S. 284–328). Rowohlt.

Benjamin, J. (2019). *Anerkennung, Zeugenschaft und Moral. Soziale Traumata in psychoanalytischer Perpektive*. Psychosozial.

Boesch, E. E. (1991). *Symbolic Action Theory and Cultural Psychology*. Springer.

Butler, J. (2023 [2007]). *Kritik der ethischen Gewalt* (6. Aufl.). Suhrkamp.

Butler, J. (2021 [2011]). *Die Macht der Geschlechternormen und die Grenzen des Menschlichen. (Original: Butler J Undoing Gender 2004)* (6. Aufl.). Suhrkamp.

Cassirer, E. (1994). *Philosophie der symbolischen Formen. Zweiter Teil: Das mythische Denken* (9. Aufl.). Meiner.

Douglas, A. (1892, 1990). *Two Loves & Other Poems: A Selection*. Bennett & Kitcher.

Descombes, V. (2013). *Die Rätsel der Identität*. Suhrkamp.

Erdheim, M. (1992). Das Eigene und das Fremde. Über ethnische Identität. *Psyche, 46*(8), 730–744.

Erikson, E. H. (1956). Das Problem der Identität. *Psyche, 10*(Ausgabe 1), 114–176

Erikson, E. H. (1965). Psychoanalysis and on-going history. *The American Journal of Psychiatry, 122*(No 3), 241–253.

Erikson, E. H. (1968). *Identity: Youth and crisis*. Norton.

Freud, S. (1913). Totem und Tabu. GW Bd IX

Freud, S. (1926j). Ansprache an die Mitglieder des Vereins B`nai B´rith. GW Bd XVII, (S. 51–53).

Freud, S. (1933a). Die Zerlegung der psychischen Persönlichkeit. GW Bd XV, (S. 64).

Friese, H. (1999). Identität: Begehren, Name und Differenz. In A. Assmann & H. Friese (Hrsg.), *Identitäten. Erinnerung, Geschichte, Identität 3* (S. 24–43). Suhrkamp.

Goethe, J. W. (1909). *Der junge Goethe. Neue Ausgabe in sechs Bänden* (Bd. 1). Insel.

Goethe, J. W. (1974). Dichtung und Wahrheit. In E. Trunz (Hrsg.), *Goethes Werke. Hamburger Ausgabe in 14 Bänden* (Bd. 9, 7. Aufl.). Beck.

Goethe, J. W. (1977). Wilhelm Meisters Wanderjahre. In E. Trunz (Hrsg.), *Goethes Werke. Hamburger Ausgabe in 14 Bänden* (Bd. 8, 7. Aufl.). Beck.

Goldschmidt, A. (1994). *Der bestrafte Narziß*. Amman.

Grocer Fiorini, L. (2017). *Sexual Difference in Debate. Bodies, Desires, and Fictions*. Karnac.

Günter, A. (2022). *Philosophie und Geschlechterdifferenz. Auf dem Weg eines genealogischen Geschlechterdiskurses*. Barbara Budrich.

Hartmann, H. (1939). Psycho-analysis and the concept of health. *The International Journal of Psychoanalysis, 20*, 308–321.

Habermas, T. (2015). Essenzialistische Identität und narrative Identität. Was mag ein »richtiger« Analytiker sein? In S. Walz-Pawlita et al. (Hrsg.), *Identitäten* (S. 43–54). Psychosozial.

Hirschfeld, M. (1991 [1904]). *Berlins Drittes Geschlecht* (Bd. 3). Verlag Rosa Winkel.

Homer, (1980). *Ilias und Odyssee, deutsch von Johann Heinrich Voss* (S. 611). Rheingauer Verlagsgesellschaft, Eltville 1980.

Jaeggi, R. (2021 [2013]). *Kritik von Lebensform*. Suhrkamp.

Keupp, H., Ahbe, T., & Gmür, W. (1999). *Identitätskonstruktionen: Das Patchwork der Identitäten in der Spätmoderne*. Rohwolt.

Kraus, W. (1996). *Das erzählte Selbst. Die narrative Konstruktion von Identität in der Spätmoderne. Münchner Studien zur Kultur und Sozialpsychologie* (Bd. 8). Centaurus.

Kraus, W. (2002). Falsche Freunde. Radikale Pluralisierung und der Ansatz einer narrativen Identität. In *Transitorische Identität* (S. 159–186).

Kristeva, J. (2021[1990]). *Fremde sind wir uns selbst*. Suhrkamp.

Laplanche, J. (1996). *Die unvollendete kopernikanische Revolution in der Psychoanalyse*. Psychosozial.

Lemma, A. (2020). Trans-itorische Identitäten. Einige psychoanalytische Überlegungen zu Transgender-Identitäten. In *Jahrbuch der Psychoanalyse, 81, frommann-holzboog* (S. 83–114). Stuttgart.

Liebsch, B. (2002). Identitäts-Fragen in Zeiten des Verrats. Zum Mißverhältnis vom erzählten und praktischen Selbst. In J. Straub & J. Renn (Hrsg.), Transitorische Identität. Der Prozesscharakter des modernen Selbst (S. 132–158). Campus.

Mann, T. (1975). *Das erzählerische Werk. Taschenbuchausgabe in 12 Bänden*. Fischer.

Marten, R. (2017). *Lob der Zweiheit: Ein philosophisches Wagnis*. Carl Auer.

Meuter, N. (1993). *Narrative Identität. Das Problem der personalen Identität im Anschluß an Ernst Tugendhat, Niklas Luhmann und Paul Ricoeur. M & P Verlag*. Stuttgart.

Pasolini, P. P. (1995). *Wer ich bin. Mit einer Erinnerung von Alberto Moravia*. Wagenbach.

Ricken, N. (2002). Identitätsspiele und die Intransparenz von Macht. Anmerkungen zur Struktur menschlicher Selbstverhältnisse. In J. Straub & J. Renn (Hrsg.), *Transitorische Identität. Der Prozesscharakter des modernen Selbst* (S 318–359). Campus.

Renn, J. & Straub J. (2002). Transitorische Identität. Der Prozesscharakter des modernen Selbst. Campus

Ricoeur, P. (1987). Narrative Identität. In E. Mittler (Hrsg.), *Heidelberger Jahrbücher* (Bd. 31). Springer

Ricoeur, P. (1999). *Die Interpretation: Ein Versuch über Freud.* (4. Aufl.). Suhrkamp.

Ricoeur, P. (2006). *Wege der Anerkennung*. Suhrkamp.

Rosa, H. (1998). *Identität und kulturelle Praxis. Politische Philosophie nach Charles Taylor*. Campus.

Rosa, H. (2005). *Beschleunigung. Die Veränderung der Zeitstrukturen in der Moderne*. Suhrkamp.

Schmuckli, L. & P. Gross (2020). Ein Geschlecht- Widersprüchliche Geschlechterfindung. *Jahrbuch der Psychoanalyse, 81, frommann-holzboog* (S 115–142). Stuttgart.

Sommer, M. (1988). Einleitung. In *Ders Identität im Übergang: Kant* (S. 9–13). Suhrkamp.

Stakemeier, K., & Witzgall, S. (2015). *Fragile Identitäten* (S. 29–40). Diaphanes.

Straub, J., & Renn, J. (2002). *Transitorische Identität. Der Prozesscharakter des modernen Selbst.* Campus

Stekel, W. (1911). Die Verpflichtung des Namens. *Zeitschrift für Psychotherapie und medizinische Psychologie, 3*, 110–114.

Taylor, C. (2024 [1966]). *Quellen des Selbst. Die Entstehung der neuzeitlichen Identität* (12. Aufl.). Suhrkamp.

Taylor, C. (1975). *Hegel.* Suhrkamp.

Wagner, P. (1999). Fest-Stellungen. Beobachtungen zur sozialwissenschaftlichen Diskussion über Identität. In A. Assmann & H. Friese (Hrsg.), Identitäten. Erinnerung, Geschichte, Identität 3(S. 44–72). Suhrkamp.

Waldenfels, B. (2019). *Erfahrung, die zur Sprache drängt. Studien zur Psychoanalyse und Psychotherapie aus phänomenologischer Sicht*. Suhrkamp.

Waldenfels, B. (2006). *Grundmotive einer Phänomenologie des Fremden*. Suhrkamp.

Winnicott, D. (2022 [1973]). *Vom Spiel zur Kreativität.* Klett Cotta.

Zima, P. V. (2007). *Theorie des Subjekts* (2. Aufl.). A. Francke.

Die (hetero)-normative Ordnung und deren Abweichung

4

B. Heimerl, *Queere Identitäten in der Psychotherapie*,
https://doi.org/10.1007/978-3-662-70525-4_4

Bereits in den 30iger Jahren lehrte der französische Philosoph Gaston Bachelard, dass die Entwicklung menschlicher Ordnungssysteme nicht kontinuierlich verläuft, sondern durch Krisen und dramatische Einschnitte gekennzeichnet ist, die jeweils eine Umwälzung des Wissenssystems zur Folge haben. Moderner formuliert es Bernhard Waldenfels, indem er kurz und knapp formuliert, das »Was nie völlig ›in Ordnung‹ ist, lässt Raum für Abweichungen und Überschreitungen.« (Waldenfels, 2010, S. 285). Identitäten haben als Grundstruktur die Abweichung und Differenz, Identitäten beziehen sich nicht mehr auf ein Identisches, sondern nur noch auf andere Identitäten. Und die Differenzen in der Identität bilden untereinander dezentrierte, bewegliche Netze (Metaphorik des Rhizoms). Dadurch wird sowohl Pluralität ein Grundmotiv der Differenz als auch die Bewegung der Differenz, das heißt die Differenz ist ursprünglich und unhintergehbar, nicht die Einheit. Identitäten sind pluralistisch, instabil und lassen sich von einfachen, eindeutigen Definitionen nicht einfangen.

»Warum normative Ordnungen (heute)? Was gilt? Was gilt wo? Wer erzählt was und wie? Wer ordnet was?« Es sind diese Fragen, welche die Kapitel des Buches *Normative Ordnungen* (Forst & Günther, 2021) rahmen. Normative Ordnungen – wie ein binäres Ordnungssystem – ermöglichen nicht nur eine Praxis der Rechtfertigung, Legitimation und Kritik, sondern sind selbst Teil von ihr. Ein Ordnungssystem soll etwas oder jemanden gemäß einer Regel erfassen und eine normative Ordnung kann sich nur stabilisieren, wenn sie Praktiken und Institutionen der Herstellung und Bewahrung, jedoch auch Kritik und Erneuerung solcher Rechtfertigungen ausbildet. Es also zugelassen wird oder: wenn Fragen wie oben erwähnt gestellt werden dürfen. Die Erforschung normativer Ordnungen kann nicht gelingen, wenn alle Beteiligten an der Ordnung zur normativen Ordnung gehören und befragt werden. Der Begriff Rechtfertigungsnarrativ, also die Begründung normativer Ordnungen durch Erzählungen, spielt dabei eine große Rolle.

> »Rechtfertigungsordnungen bedürfen der sachlichen, zeitlichen und sozialen Situierung in den Lebenswelten ihrer Adressaten. Rechtfertigungsnarrative sind dadurch charakterisiert, dass sie Rechtfertigungen normativer Ordnungen mit den individuellen und kollektiven Erfahrungsräumen und Erwartungshorizonten der Teilnehmer so verweben, dass sie ihre Überzeugungskraft aus Lebensgeschichten von Generationen, historischen Unrechtserfahrungen, der Erfahrung von Befreiung aus Verhältnissen der Beherrschung oder tradierten kollektiven Selbstverständnissen beziehen.«
> (Forst & Günther, 2021, S. 14).

Rechtfertigungsnarrative liefern Deutungen und Interpretationen. Sie können als Ideologien in Erscheinung treten und werden in der Regel mit Gegen-Narrativen in Beziehung gesetzt. In der Postmoderne zeigt sich die Zerbrechlichkeit normativer Ordnungen in vielen kulturellen Phänomenen, die komplexe Herausforderungen darstellen. Inwiefern Rechtfertigungsnarrative benutzt werden, um diskriminierende Strukturen zu legitimieren und fundieren, also *normabweichende* Subjekte und Gruppen auszuschließen, zu diskriminieren oder zu vernichten ist sowohl vom zeitlichen wie auch vom räumlichen Kontext abhängig und intersektional verschränkt. Für Judith Butler ist die heterosexuelle Matrix das Regulativ, das Individuen Anerkennbarkeit zu- oder abspricht (Butler, 1997, S. 39; siehe auch Adrienne Rich mit dem Begriff der Zwangsheterosexualität, 2020, 1983). Ein Rechtfertigungsnarrativ ist das hauptsächliche Konzept der Heteronormativität. Weibliche und männliche Heteronormativität ermöglicht eine Perspektive einnehmen zu können, die sich nicht auf eine spezifische Gruppe des queeren Spektrums beschränkt, sondern die Legitimation von *Querness* per se in Frage stellt. Gruppen- und Selbstbezeichnungen können sich abhängig vom Kontext ändern, können variabel sein und sind oft nicht klar voneinander abgrenzbar. Eine Person, die sich als *queer* bezeichnet, kann sich in anderen Kontexten als *Lesbe* vorstellen und gleichzeitig trans* und inter* sein. Hierbei stellt sich allerdings die Herausforderung, dass der Begriff der Heteronormativität auf unterschiedliche Weisen definiert und verwendet wird und selbst innerhalb der Debatte umstritten ist (Wagenknecht, 2007). Die *Ordnung der Heteronormativität* hält an der binären Ordnung von Männlichkeit und Weiblichkeit, Aktivität und Passivität, Heterosexualität und Homosexualität fest. Innerhalb der politischen und religiösen heteronormativen Ordnung sind *Mann* und *Frau* Figuren der gesetzlichen Ordnung, dies mit dem Naturbegriff als institutionalisiertes Recht begründet und legitimiert. Die heteronormative öffentliche Ordnung versucht unter anderem die Frage zu lösen: Was bedroht die öffentliche Ordnung? In der heteronormativen sexuellen Ordnung wird der Frau eine dienende (Körper-)Funktion zugewiesen, der Mann bleibt aktiv in der Bewegung. Das die *natürliche Ordnung* der Dinge in der Biologie wurzle ist ein altes, in der Moderne immer wieder gegen ihre dekonstruktiven Tendenzen ins Feld geführtes Deutungsmuster, welches die Heteronormativität legitimiert, wie auch die hegemonialen Männlichkeits- und Weiblichkeitsvorstellungen.

Als Grundlage meiner Betrachtung dient die Definition von Margret Göth und Ralph Kohn (2014), aus dem wohl umfassendsten Werk der deutschsprachigen Psychotherapieliteratur zum Thema sexuelle Orientierung in Beratung und Therapie. Gröth und Kohn beschreiben Heteronormativität als ein System sozialer Normen, die auf dem Zwei-Geschlechter- System aufbauen und die Dimensionen von Geschlechtlichkeit, nämlich biologisches Geschlecht, Geschlechtsidentität, Geschlechterrolle und sexuelle Orientierung im Sinne von männlich oder weiblich und heterosexuell vereinheitlichen und aneinander anpassen. Die queere Person stört die heterosexuelle Matrix der Einheit von anatomischem Geschlecht *(sex)*, sozialem Geschlecht *(gender)* und Begehren, in denen die binäre Geschlechterordnung eingelagert ist. Heteronormativität wirkt als soziales Denk-, Verhaltens- und Ordnungssystem und findet sich in fast allen Bereichen des täglichen, wissenschaftlichen Lebens als Praxis und Theorie wieder. Damit auch in der psychotherapeutischen Situation und den psychoanalytischen Institutionen.

Der in den 1970er und 1980er gebräuchliche Begriff Heterosexismus, der auch heute noch häufig verwendet wird, fokussiert vor allem strukturalistische Aspekte, wie strukturelle Diskriminierungen nicht-heterosexueller Sexualitäten, und vermeidet dabei die psychologisierenden Tendenzen des Konzepts der Homo- oder Transphobie. Heteronormativitätskonzepte unterscheiden sich von diesen älteren Begriffen unter anderem dadurch, dass sie eine poststrukturalistische Machtanalyse vertreten. Dabei handelt es sich

»in erster Linie um ein machtanalytisches Konzept [...], das in politisierten Bewegungs- und Wissenschaftsdiskursen entstanden ist« (Klesse, 2007, S. 36). Wagenknecht (2007) liefert eine ausführliche Diskussion des Begriffes und seiner Entstehung und erläutert, wie Heteronormativität Subjektivität, Lebenspraxis, symbolische Ordnung und das Zusammenspiel der gesellschaftlichen Organisation strukturiert und dabei Verhaltens- und Ausdrucksnormen setzt. Was diesen nicht entspricht, wird diskriminiert, verfolgt, verachtet oder ausgelöscht. Auf individueller Ebene erzeugt Heteronormativität den Druck, sich selbst über eine geschlechtlich und sexuell bestimmte Identität zu verstehen. Hierbei liegt eine hierarchische Anordnung vor, an deren Spitze die kohärenten Geschlechter Mann/Männlichkeit und Frau/Weiblichkeit stehen. Die regulative und weitreichende gesellschaftliche Macht, die Heteronormativität in der Gesellschaft einnimmt, formuliert Wagenknecht wie folgt:

> »Zugleich reguliert Heteronormativität die Wissensproduktion, strukturiert Diskurse, leitet politisches Handeln, bestimmt über die Verteilung von Ressourcen und fungiert als Zuweisungsmodus in der Arbeitsteilung. Heteronormativität ist sämtlichen gesellschaftlichen Verhältnissen eingeschrieben; auch Rassismus und Klassenverhältnisse sind heteronormativ geprägt und prägen ihrerseits die kulturellen Bilder und konkreten Praxen heteronomer Zweigeschlechtlichkeit.« (Wagenknecht, 2007, S. 17)

Spricht man also von Menschen, die von Heteronormativität belastet werden, so inkludiert diese Formulierung nicht nur queere Personen, sondern beispielsweise auch heterosexuelle Personen, die in ihrer Geschlechterrolle oder Lebenspraxis nicht den von Heteronormativität durchdrungenen sozialen Normen entsprechen; also beispielsweise in polyamorösen Beziehungsstrukturen leben oder sich abseits der gesellschaftlich vorgelebten Mann- bzw. Frau-Sein-Normen bewegen. Sacksofsky (2021, S. 607) sieht die normative, die *natürliche* Geschlechterordnung seit der Aufklärung durch fünf Maxime gekennzeichnet, welche das Rechtfertigungsnarrativ bis in die aktuelle Zeit tradieren und Ungleichbehandlungen wegen des Geschlechts zu rechtfertigen versuchen:

1. Die Geschlechterordnung ist binär strukturiert. Es gibt zwei und nur zwei Geschlechter: männlich und weiblich.
2. Welchem Geschlecht eine Person angehört, ist biologisch/körperlich vorgegeben. Jede Person kann (und muss) einem von zwei Geschlechtern zugeordnet werden.
3. Das Geschlecht einer Person ist unveränderlich. Jede Person gehört ihrem Geschlecht lebenslänglich an.
4. Das sexuelle Begehren richtet sich auf eine Person des jeweils anderen Geschlechts.
5. Aus der unterschiedlichen Körperlichkeit der binären Geschlechter folgen unterschiedliche Eigenschaften und gesellschaftliche Funktionen.

Diese fünf Maxime erfahren seit den 1970er-Jahren erhebliche Gegen-Narrationen: zunächst in der Widerlegung sozialer Geschlechtsunterschiede aufgrund biologischer Faktoren, in den späten 1980er-Jahren ging die Geschlechterforschung aus der Frauenbewegung, aus der Schwulen- und Lesbenbewegung und aus der *Black power* -Bewegung noch weiter, dass nicht nur das soziale Geschlecht konstruiert und insofern veränderbar, sondern auch der Körper selbst Teil der Konstruktion von Geschlechtsidentität ist. Aktuell tritt mit der Trans* Bewegung eine erneute Weiterentwicklung ein. Ob man sich auf *gender trouble, gender blending, transgender* oder *crossgender* bezieht, so Butler, man legt damit immer nahe, dass Gender die Möglichkeit hat, die naturalisierte Binarität zu überschreiten. »dass der regulatorische Apparat, der Gender regiert, selbst genderspezifisch ist« (Butler, 2021, S. 72 f.).

Ordnungssysteme, so der Phänomenologe Bernhard Waldenfels haben zwei Richtungen: ein Zu-Ordnen und ein Sich-Ordnen (2010, S. 234). Diese zwei Richtungen weisen auf zwei Richtungen im queeren Identitätsbildungsprozess hin: ein Außen (*Zu*-Ordnen) und ein Innen (*Sich*-Ordnen). Diese beiden Ordnungssysteme beziehen sich sowohl auf die äußere Realität als auch auf die innere Verfasstheit und die Lebensgeschichte einer queeren Person und sie sind untrennbare Teile einer Psychotherapie mit einer queeren Person. *Queerness* hat wenig mit Krankengeschichte zu tun, im Gegenteil sie ist Lebensgeschichte. Diese Ordnung der Lebensgeschichte ist ständig am sich Wandeln und im Werden und die Überschreitung des binären Ordnungssystems kann man in den Worten Bernhard Waldenfels als eine »besondere Spielart der Bewegung« betrachten (2010, S. 240). Die Überschreitung führt über eine Grenze, die ein *Diesseits* vom *Jenseits* trennt, so verläuft die Grenze zwischen einem *Drinnen* und *Draußen, Einschluss* und *Ausschluss, Vertraut* und *Fremd.* Diese binären Kategorien hängen untrennbar miteinander zusammen und wenn Grenzen nicht sicher sind, wenn man nicht mehr sicher weiß, ob man sich *noch diesseits* oder *schon jenseits* der Grenze befindet- so betrachtet in einem Zwischenraum-, werden archaische Abwehrformationen aktiviert: wie Spaltung, Rache, Hass oder Verachtung. Die Überschreitung ist an den Grenzen orientiert, die Abweichung auf Unterschiede der Richtung (siehe Waldenfels, 2010, S. 240). Die Fremderfahrung – die queere Erfahrung– zeigt sich in einem Gefühl der Unheimlichkeit, des Schreckens oder Erstaunens, in einer Hinwendung oder einer Abwehr. Es werden Grenzen überschritten, »sofern jemand in der Art und Weise, wie er sich verhält, sich nach außen abgrenzt, sich also nicht nur zu dem verhält, was ihm innerhalb seiner Ordnung zugänglich ist, sondern zugleich zu dem, was ihm innerhalb seiner Ordnung entgeht. Überschreiten einer Grenze bedeutet nicht, sie aufzuheben.« (Waldenfels, 2010, S. 242). Eine Durchlässigkeit von Grenzen hängt stark von kulturellen und gesellschaftlichen Zuständen ab: in Zeiten von individuellen wie auch gesellschaftlichen Krisen sind Grenzen durchlässiger und gleichzeitig werden Grenzen radikaler verteidigt. Wie ist der »Grenzverkehr« (Waldenfels, 2010, S. 245) zwischen Personen und Gesellschaften? Welcher Verkehr wird geduldet, gefördert oder behindert? Eine queere Person ist kein(e) Bewohner:in einer »verkehrten Welt, wo alles auf dem Kopf steht, um anschließend wieder auf die Füße gestellt zu werden« (Waldenfels, 2010, S. 263).

Queere Identität als Abweichung hat zumeist einen Beigeschmack, deshalb habe ich mich entschieden von Richtungswechsel in der Identitätsentwicklung zu sprechen.

4.1 Richtungswechsel im Geschlecht: Homosexualismus

> »Wie mir scheint, ist die Zeit vorüber, wo die homosexuelle Frage den Homosexuellen allein gehörte und nur sie betraf« (Blüher, 1913, S. 28).

Die Wörter *Homosexualismus* und *homosexual* wurden 1896 von Karl Maria Kertbeny 1869 erfunden, einem ungarischen Schriftsteller, der auch für die Abschaffung der Gefängnisstrafen für homosexuelle Handlungen eintrat (Sigusch, 2005, S. 185). Foucault (1977) sieht den Artikel von Westphal über Die *conträre Sexualempfindung* ebenso aus dem Jahr 1869 als die Geburtsstunde, *den* Homosexuellen mit einer – hauptsächlich gestörten – Biografie zu denken (Westphal, 1870); für Foucault (1977, S. 97 f.) wurde die homosexuelle Persönlichkeit durch den psychiatrischen Diskurs erfunden und der Homosexuelle wurde in die *Klasse der Geisteskrankheiten* aufgenommen. Er schreibt, dass der Homosexuelle » [...] zu einer Persönlichkeit geworden [sei], die über eine Vergangenheit und eine Kindheit verfügt [...]«. Zuvor gab es nur verwerfliche Handlungen, nun wurde eine Kindheit *angehängt.* Mit diesem Diskurs entstand jedoch zeitgleich – wie es Foucault (1977, S. 123) beschreibt – auch etwas historisch Neues: » [...] die Homosexualität beginnt, von sich selbst zu sprechen«. Die sich seit der Mitte des 19. Jahrhunderts entwickelnde Sexualwissenschaften war maßgeblich daran beteiligt, dass Homosexualität enttabuisiert wurde, was damit einherging, einen Namen und eine mit einer Person verbundenen Identität zu erhalten. Zuvor herrschte die Auffassung vor, Homosexualität sei eine nervliche Entartungserscheinung, die durch Degeneration des Erbguts, Feminisierung der Kultur und demzufolge eine Art Zivilisationskrankheit oder in der heutigen Sprache *Modeerscheinung* sei. Der Ausdruck »Normalisierung« taucht im Jahr 1920 in Deutschland auf und bedeutet im Wesentlichen bürokratische und disziplinarische Macht. Eine Regulierung ist für Butler grundlegend »das, was *normalisiert*« (Butler, 2021, S. 95). Folgt man Foucault ist sie gleichfalls ein Modus der *Disziplin* und *Überwachung,* gleichzeitig ist die normative Ordnung *fragil.* Die Regulierung operiert durch Tradition, Normen, Rituale und findet in für sie ausgewiesenen Räumen statt. Der Brief einer Mutter mit der Frage über die sexuelle Orientierung ihres Sohnes an Sigmund Freud 1935 soll zeigen, wie das Auftauchen der Homosexualität in der Psychoanalyse verhandelt wurde. Die Antwort Freuds auf den Brief der besorgten Mutter lautet:

»Liebe Frau ...,

> Aus Ihrem Brief entnehme ich, dass Ihr Sohn homosexuell ist. Ich bin sehr beeindruckt von der Tatsache, dass Sie selbst diesen Begriff in Ihren Informationen über ihn nicht erwähnen. Darf ich Sie fragen, warum Sie ihn vermeiden? Homosexualität ist sicherlich kein Vorteil, aber sie ist nichts, wofür man sich schämen muss: kein Laster, keine Erniedrigung; sie kann nicht als Krankheit klassifiziert werden; wir betrachten sie als eine Variation der Sexualfunktion,... Wenn er unglücklich, neurotisch, von Konflikten zerrissen, in seinem sozialen Leben gehemmt ist, kann ihm die Analyse Harmonie, Seelenfrieden, volle Leistungsfähigkeit bringen, egal, ob er homosexuell bleibt oder sich verändert.
>
> Hochachtungsvoll und mit den besten Grüßen Freud«
>
> (Es handelt sich um eine starke Kürzung des Originals; deutsche Übersetzung vom Autor)

In diesem Brief erklärt Freud, dass Homosexualität weder ein Laster noch eine Krankheit ist. Er bemerkt auch, dass es im Allgemeinen nicht möglich sei, die sexuelle Orientierung durch eine Psychoanalyse zu ändern. Tim Dean und Christopher Lane sprechen in der Einführung zu ihrem Buch *Homosexuality and Psychoanalysis* (2001), dass Freud quasi jede Sexualität »*queer* machte« (S. 5, siehe auch André 2015, Übersetzung BH). Der *politische* Freud unterschrieb 1930 eine Petition, um sich für die Entkriminalisierung der Homosexualität einzusetzen (Abelove et al., 1993). In anderen Schriften nahm er jedoch eine ambivalente Haltung zur Homosexualität ein, die zumeist aus einer Reihe von gesellschaftlichen Vorurteilen resultierte (Friedman, 1988; Hergemöller, 1999; Friedman & Downey, 2002; Dannecker, 2008; Lewes, 2009). Freud betonte aber schon früh, dass auch die heterosexuelle Objektwahl einer analytischen Untersuchung bedarf (Freud, 1905d). In *Die endliche und die unendliche Analyse* (Freud, 1937c, S. 89 f.) erläutert er: »Es ist bekannt, dass es zu allen Zeiten Menschen gegeben hat und noch gibt, die Personen des gleichen wie des anderen Geschlechts zu ihren Sexualobjekten nehmen können, ohne dass die eine Richtung die andere beeinträchtigt. Wir heißen diese Leute Bisexuelle, nehmen ihre Existenz hin, ohne uns viel darüber zu verwundern. Wir haben aber gelernt, dass alle Menschen in diesem Sinne bisexuell sind, ihre Libido entweder in manifester oder in latenter Weise auf Objekte beider Geschlechter verteilen. [...] Die Heterosexualität eines Mannes duldet keine Homosexualität, und ebenso ist es umgekehrt. [...] andererseits gibt es keine größere Gefahr für die heterosexuelle Funktion eines Mannes als die Störung durch die latente Homosexualität.« Im Grunde genommen hat sich bis heute wenig verändert, der Streit um die Homosexualität – beziehungsweise alle Formen nicht -heterosexueller Identität- bliebt im *Warum ist jemand queer?* stecken und verändert sich nur schrittweise zu der Frage *Wie ist jemand queer?*

Freud führte außerdem den Begriff *Sexualüberschuss* ein, wenn er über *anatomische Überschreitungen* der Sexualfunktion nach Körpergebiet und Sexualobjekt– der für die geschlechtliche Vereinigung bestimmten Körperteile- diskutiert (1905e, S. 209). An anderer Stelle sieht er jedoch auch die Liebe zwischen Männern als eine Überschreitung, aber: »Ein Stückchen weit, bald hier, bald dort, überschreitet jeder von uns die fürs Normale gezogenen engen Grenzen in seinem eigenen Sexualleben.« (S. 209 f.). Ein *Sexualüberschuss* soll sublimiert werden, so spricht er sich unter anderem gegen die Verfolgung von Homosexuellen aus und weist darauf hin, dass viele große Männer, unter ihnen Michelangelo und Leonardo da Vinci, homosexuell waren. Der Sexualüberschuss in der könne in künstlerisches Schaffen umgewandelt werden, so die Idee.

Die Wörter *heterosexual* und *Heterosexualität* sind von Karl Maria Benkert in den 1860er Jahren erfunden worden, so Sigusch, 2005 (S. 185). Martin Dannecker attestiert der Heterosexualität über 150 Jahre später «Mit der Geburt des [...] Homosexuellen ging auch dessen Pathologisierung einher. Beides ists untrennbar miteinander verbunden. Einen vergleichbaren Vorgang hat es für die Heterosexualität nie gegeben. Deshalb ist die Heterosexualität im Hinblick auf die Sexualität auch bis heute eine leere und substanzlose Kategorie.« (Dannecker, 2017, S. 119).

Ein kursorischer Blick in die Geschichte der Straffverfolgung homosexueller Männer in Deutschland zeigt die Verknüpfung von Politik und Medizin und dient dem Verstehen der historischen Spur:

Karl Heinrich Ulrichs hatte 1867 vor dem deutschen Juristentag in München öffentlich die Streichung des Paragrafen 175 gefordert. Der § 175 zeigt, dass und wie eine Gruppe aufgrund ihrer sexuellen Identität diskriminiert und verleugnet wurde. Verkürzt und unvollständig, dennoch deutlich in der Aussage hier ein Überblick über die Strafverfolgung bei Homosexualität (BRD) mit der rechtlichen Grundlage des § 175 in seiner Fassung vom 15.05.1871:

> § 175 »*Die widernatürliche Unzucht, welche zwischen Personen männlichen Geschlechts oder von Menschen mit Thieren begangen wird, ist mit Gefängniß zu bestrafen; auch kann auf Verlust der bürgerlichen Ehrenrechte erkannt werden.*«

Das psychoanalytische Verständnis der Homosexualität im NS-Regime führte zur Festschreibung von Sterilisation, Hormonbehandlung, Operation, Gefängnis, Konzentrationslager und Todesstrafe in der Behandlung Homosexueller. Es wurde keine *Redekur* empfohlen. Eine Begründung aus dem Jahr 1935 lautete: »Die Krankenkassen sind auf die grossen, unserem Volk durch das weitere Anwachsen der Homosexualität drohenden Gefahren hinzuweisen[…]« Homosexuelle wurden als »Hangtäter« bezeichnet: es sollte gerichtlich und per psychiatrischem Gutachten untersucht werden »ob bei dem Täter ein homosexueller Hang besteht« (S. 156). Betrifft: Bekämpfung der Homosexualität in Deutschland (Brecht et al., 2010, S. 154 f.).

Es folgten weitere im Grundsatz unveränderte Fassungen am 01.09.1935 (§ 175, § 175a), über 30 Jahre später am 25.06.1969 und nochmals am 23.11.1973. Am 10.03.1994 wurde der § 175 gestrichen. Innerhalb der psychiatrischen Institutionen wurde 1973 die Diagnose *Homosexualität* als psychiatrisch behandelbare psychische Erkrankung aus dem *Diagnostic and Statistical Manual of Mental Disorders* (DSM), ein Klassifikationssystem für psychische Störungen, gestrichen, wobei 58 % für die Streichung stimmten und erwähnenswert ist, dass männliche Psychoanalytiker maßgeblich an der Streichung beteiligt waren. Im Gegenzug wurde jedoch 1980 die Diagnose der sogenannten *Störung der Geschlechtsidentität* (*Gender Identity Disorder*) eingeführt. Erst zum Ende der 1980iger Jahre kam es zu einem ideologischen Wechsel innerhalb der Psychoanalytischen Vereinigungen (IPA) in der Debatte zum Umgang mit Homosexualität in der Psychoanalyse und 1992 wurden erstmalig vereinzelt bekennende Homosexuelle als Lehranalytiker:innen und Supervisor:innen zugelassen. 2002 erfolgte eine umfassende Deklaration der IPA, homosexuelle Psychoanalytiker:innen als Lehranalytiker:innen und Supervisor:innen ohne Einschränkungen zu akzeptieren.

Homosexuell bedeutet für einen heterosexuellen Mann etwas gänzlich anderes als für einen homosexuellen Mann. Für den Homosexuellen ist das Wort *homosexuell* zumeist mit eher beleidigenden und abwertenden Inhalten aufgeladen und wird zumeist erstmalig als Schimpfwort, als männliches Differenzierungsmerkmal und Entwertung gehört, das traumatisch in das Wort ein- geschrieben ist (Eribon, 2019). In den 1950iger Jahren nimmt der Begriff *homophil* Einzug in die queere Welt. In der Postmoderne erhält das Symbol *homosexuell* eine neue Bedeutung und aktuell erleben wir einen enormen Bedeutungswandel des Sexuellen. Dies gilt auch für die psychische Bisexualität und deren Erscheinen im analytischen Raum: *Non-Binarität, Queerness, LGBTIQI*, Trans**.

In der Einleitung zu *Psyche der Macht* (2001) entwirft Butler eine Theorie, dass die Verwerfung der Homosexualität für eine bestimmte heterosexuelle Form des Subjekts typisch zu sein scheint. Sie bezieht sich auf die Differenzierung Freuds zwischen Verdrängung und Verwerfung: Ein verdrängtes Begehren kann unabhängig von seinem Verbot existieren – und ist damit potenziell einem Trauerprozess zugänglich –, ein verworfenes Begehren ist rigoros versperrt, symbolisiert einen *Grenzfall*. Es folgen Homophobie, Verachtung, Hass und Beleidigung des homosexuellen Objekts. »Ich habe nie jemanden gleichen Geschlechts geliebt und ich habe nie eine solche Person verloren, gründet das Ich auf das *Nie-Nie* dieser Liebe und dieses Verlustes«, schreibt Butler (2001, S. 27). Das Verworfene und damit Verlorene wird als verworfene Identifizierung bewahrt und tritt als Halluzination, Verleugnung, Projektion und Verfolgung auf, als das Nicht-Symbolisierbare. Butler bezieht sich in ihrer Lesart auf Freud, der in *Trauer und Melancholie* (1917 g, S. 438) schreibt: »Hat sich die Liebe zum Objekt, die nicht aufgegeben werden kann, während das Objekt selbst aufgegeben wird, in die narzisstische Identifikation geflüchtet, so betätigt sich an diesem Ersatzobjekt der Hass, indem er es beschimpft, erniedrigt, leiden macht und an diesem Leiden eine sadistische Befriedigung gewinnt […]« Die analytische Literatur zur Homosexualität hat sich bislang ausschließlich auf die sexuelle Orientierung und die homosexuelle Objektwahl konzentriert oder rezipiert unablässig ätiologische Mythen zur Homosexualität.

4.2 Richtungswechsel im Geschlecht: LGBTQI* und queer

Die Abkürzung LGBTQI* steht für Lesben, Schwule, Bisexuelle, Trans*, Inter* und Queer und umfasst dabei sexuelle Orientierungen, wie lesbisch, schwul oder bisexuell, und Geschlechtsidentitäten, wie trans*, inter* oder queer*, zusammen. Hierbei ist wichtig zu betonen, dass das sexuelle Begehren und die sexuelle Orientierung unabhängig von der Geschlechtsidentität als einem Gefühl der Zugehörigkeit zu einem Geschlecht ist; eine Trans*person kann sich also als beispielsweise als lesbisch, bisexuell, heterosexuell oder schwul verstehen (Meyer, 2015). Da niemals alle existierenden geschlechtlichen Identitäten abzubilden sind, werden die Buchstaben LGBTQI mit einem Stern versehen, der als Platzhalter für weitere Identitäten steht. Denn trotz der bereits sechs Buchstaben, muss der Begriff weiterhin offen für Ergänzungen und Reflektion bleiben. Im Englischen wird zunehmend auch der Begriff der sexuellen und geschlechtlichen Minderheiten (*sexual and gender minorities = SGM*) verwendet (Budge et al., 2017). Personen, die sich mit dem Geschlecht identifizieren, welches ihnen bei der Geburt zugewiesen wurden, werden als cisgender (Cis-Mann, Cis-Frau) bezeichnet.

Gilles Deleuze und Félix Guattari verstehen die Abweichung nicht als Wechsel in der Bewegungsrichtung, sondern vielmehr als originäre Bedingtheit der Bewegung selbst, als Annäherung an einen Grenzwert (1993, S. 495). Jean-Luc Nancy (1988) nennt die Abweichung das maßgebliche Charakteristikum der Singularität, eines ontologischen Subjektmodells, das gerade durch die Abweichung seine Nicht-Vollendung erfährt und das Subjekt strukturiert: Ohne Abweichung keine Singularität. Beide entpathologisierenden Denkfiguren haben bedauerlicherweise bislang keinen gebührenden Platz in der Psychoanalyse gefunden.

Der Begriff *queer* hat eine verwirrende Menge an Debatten und Neudefinitionen sowie Neubewertungen ausgelöst. Seit Mitte der 1980er Jahre gibt es jedoch eine Bewegung das Wort *queer* neu zu definieren, mit einer eigenen akademischen Disziplin zu verbinden, die *queer studies,* die von einer *queer theory* gestützt werden. Es ist hier nicht möglich, sämtliche Definitionen, die *queer* in den letzten Jahren hervorgebracht hat, zu entschlüsseln, aber es herrschen drei Definitionen vor, die unabhängig von der jeweiligen Nutzung als allgemeingültig angesehen werden können.

1. *Queer* wird häufig als Oberbegriff (als sogenannter *umbrella term*) verwendet: ein Begriff, der alle Personen umfassen soll, die sich als lesbisch, schwul, bisexuell, asexuell, transsexuell, divers (im Sinne des dritten Geschlechts) oder als intersexuell bezeichnen. Queer bietet eine griffige Alternative zu Abkürzungen wie »LGBTQIA*« (Dyer, 2018).
2. *Queer* bezeichnet für viele Personen in den westlichen Gesellschaften eine eigenständige (Geschlechts-) Identität und ist dadurch eine Selbstbezeichnung, Selbstauslegung und Selbstinterpretation.
3. Die dritte Bedeutung von *queer,* die ich hervorheben möchte, geht auf den ältesten Gebrauch des Wortes zurück: etwas als »seltsam« oder »merkwürdig« zu bezeichnen, eventuell auch »unheimlich«. Wie diese Adjektive hat auch *queer* keine eigene Bestimmung. Es handelt sich nicht um eine spezifische Kategorie, sondern um eine Abweichung von dem, was als Norm wahrgenommen wird (siehe die Begriffe der »Abirrungen« und »Abweichungen« bei Freud in den *Drei Abhandlungen zur Sexualtheorie*, 1905d). Diese Bezeichnung für eine Abweichung macht *queer* sowohl zu einem schlüpfrigen als auch potenziell subversiven Begriff. *Queer* gibt dem, was das heteronormative Modell verschweigt, einen Namen: Unsere Geschlechter und unsere Sexualität haben eine in sich verankerte anarchische undifferenzierte Natur.

Die zentralen Vordenker:innen der *queer theory* sind wesentlich die Existentialist:innen zu Beginn des 20. Jahrhunderts: Jean-Paul Sartre kritisiert die *Idee einer fixen (sexuellen) Identität;* Simone de Beauvoir greift mit der *Idee der freien Wahl* in den Geschlechterdiskurs ein und mit der Denkfigur *gender* als etwas was wir im Verlauf *werden und nicht per se sind oder haben.* In den 1960er Jahren ist es die amerikanische Psychologin Sandra Bem, die mit ihrer Parole »Let 1.000 categories of sex, gender, desire bloom!« Aufsehen erregte: Sexuelle Gesundheit heißt Androgynität, nicht

Binarität. Ähnlich zentral ist die *black feminists* Aktivistin und Dichterin Audre Lord mit ihrem Werk *Age, Race, Class, and Sex: Women Redefining Difference* (1984). Ihre Aufforderung ist es, Marginalität als Ort des Widerstands zu denken, nicht der Verzweiflung. Zu nennen ist ebenso die Feministin Adrienne Rich, die den Begriff der Zwangsheterosexualität (*Compulsory Heterosexuality and Lesbian Existence*) einführte. Sie betont den Aspekt, dass Heterosexualität eine Institution sei. Damit erhält der Begriff *queer* eine eindeutig politische Dimension. Sie fordert eine Beforschung aller Formen der Sexualität ein – dies war bereits eine Forderung Freuds! Ab den 1980er Jahren kann ein akademischer Wandel beobachtet werden: In die Diskussion um *gender* und *sex* mischen sich poststrukturalistische Ideen ein: Jacques Derrida, Jacques Lacan und Michel Foucault, sowie auch (wieder) Freud mit der inneren Struktur des Unbewussten und der infantilen polymorph-perversen Sexualität. Der Versuch, Binaritäten aufzulösen und zu dekonstruieren ist das Ziel. Als Geburtsstunde der *queer theory* kann die Konferenz zum selbigen Thema an der University of California, Santa Cruz (1990), die von der Literaturwissenschaftlerin Teresa de Lauretis initiiert worden ist, genannt werden – eine Konferenz mit den Forderungen der Zurückweisung der Heterosexualität als Standard und der neuen Normvorstellung, sexuelle Subjektivität sei multipel geformt: *race, gender und class.* Lauretis prägte den Begriff »constructed silence« (1987), denn nicht nur das Sprechen, sondern auch das Schweigen formiert das queere Subjekt als marginal, sei es durch Tabuisierung oder durch die Unmöglichkeit, die richtigen Worte zur geschlechtlichen und sexuellen Orientierung zu finden. Verschweigen, Verschlüsseln oder Bekennen sind drei Möglichkeiten, *Queerness* zu diskursivieren (siehe Woltersdorff, 2005, S. 32).

Queer ist ein Substantiv, ein Adjektiv und ein Verb – *Queer* ist ein interdisziplinärer Begriff. Ein zentraler Untersuchungsgegenstand der *queer studies* ist die Dekonstruktion der *normativen* Binarität. Diesen sich als *cis-gender* bezeichnenden Personen, deren Geschlechtsidentität demjenigen Geschlecht entspricht, das ihnen bei der Geburt zugewiesen wurde und die sich damit heteronormativ verorten, soll eine weitere (gleichwertige) Identitätskategorie zugefügt werden. Ab der 1990er Jahren sind es vor allem Michel Foucault und Judith Butler, die den stärksten Einfluss auf das *queere* Denken im akademischen Raum eingenommen haben. Michel Foucaults Werk *Histoire de la sexualité* (*Sexualität und Wahrheit 1,* 1977) und Judith Butlers *Gender Trouble* (*Das Unbehagen der Geschlechter*, 1991) sind die zumeist verwendeten Standardwerke zum Thema *queer theory.* Zu nennen ist auch Butlers Konzept zum sogenannten »melancholischen Geschlecht« und ihre Theorie zur internalisierten Homophobie in Anlehnung an psychoanalytische Konzepte mit deutlichem Verweis auf Freuds *Trauer und Melancholie* (Butler, 2001). Seit kurzem taucht ein weiteres und kontrovers diskutiertes Paradigma auf, was sich *gender fluidity* nennt (Hines, 2018). *Gender fluidity* meint eine Auflösung binärer Geschlechterrollen in ihrer Fixierung und ihrer Beständigkeit über die Zeit – der Begriff »Identität« und auch die Geschlechtsidentität werden vollständig dekonstruiert und implizieren zumeist auch die politisch-gesellschaftliche Dimension die binäre heteronormative Ordnung zu dekonstruieren (siehe auch Becker, 2021). Auch der Begriff

»pansexuell« wird von non-binären Personen anstelle von »Bisexualität« verwendet, um auszudrücken, dass jemand offen für alle Geschlechter ist.

Der englische Begriff *gender* hat im Deutschen kein unmittelbares Äquivalent und wird als Bezeichnung für das durch Gesellschaft und Kultur geprägte soziale Geschlecht und in Abgrenzung zum biologischen Geschlecht definiert. *Gender* weist über die Zweigeschlechtlichkeit hinaus und ermöglicht die Überschreitung der Binarität. Der Begriff *gender* meint zunächst einmal eine Unterscheidung bezogen auf den Begriff *sex*. Wenn wir uns mit der sexuellen Norm beschäftigen, ist es wichtig, die in den 1950er Jahren von dem amerikanischen Sexologen John Money eingeführte Unterscheidung zwischen einem biologischen Geschlecht *(sex)* und einem psychosozialen Geschlecht *(gender)* ins Bewusstsein zu holen (Money, 2016). Er unterscheidet außerdem die »Paraphilie« von der »Normophilie« und definiert letzteres als den »Zustand der heterosexuellen Konformität mit der von den religiösen, gesetzlichen oder sittlichen Autoritäten vorgeschlagenen Norm« (Money, 2016, S. 107). Mit den Abgrenzungen – *sex, gender, paraphil* und *normophil* – zeigt Money, dass mit dem Geschlecht einhergehende Vorstellungen von Frauen und Männern veränderbar sind. *Gender* als Begrifflichkeit wurde erstmals in der Medizin bei der Forschung mit Intersexuellen in den 1960er Jahren verwendet, um die Annahme zu verdeutlichen, dass die Sozialisation der Individuen für die Geschlechterzugehörigkeit bzw. Geschlechtsidentität (mit)verantwortlich ist. In den 1970er Jahren hat der Begriff *gender* im feministischen Sprachgebrauch als Analysekategorie Einzug gehalten: Geschlechterrollen seien kein biologisches Phänomen, sondern stellten soziale Zuschreibungen dar. Sie würden in sozialen Interaktionen und symbolischen Ordnungen konstruiert und seien damit veränderbar. In den 1980er Jahren sind an deutschen Universitäten erste Frauen- und Geschlechterforschungszentren entstanden, die seit den 1990er Jahren verstärkt institutionalisiert wurden. Heute gibt es eigene Studiengänge im Bereich der *gender studies* (Geschlechterforschung).

Wesentlich ist, *gender* in einer Kombination dreier Aspekte zu formalisieren (Abb. 4.1):

Die *queer theory* und die *queer studies* nehmen seit langem Einfluss auf die zeitgenössische psychoanalytische Praxis und die psychoanalytische Theoriebildung zur *Geschlechterfrage* (Hutfless & Zach, 2017, Giffney & Watson, 2017), auch als gesellschaftskritische Theorie und Methode (Bidwell-Steiner & Babka, 2013) und unter anderem in der Dekonstruktion des Konzepts der *Binarität* als einem normativen Begriff der Geschlechtsidentität. Im Allgemeinen meint »Binarität« »Zweigliedrigkeit« und »Zweiteiligkeit«. Freud erwähnt die Zweigeschlechtlichkeit in einer Fußnote in den *Drei Abhandlungen zur Sexualtheorie* (1905d S. 43) und verbindet sie mit der Idee der Bisexualität.

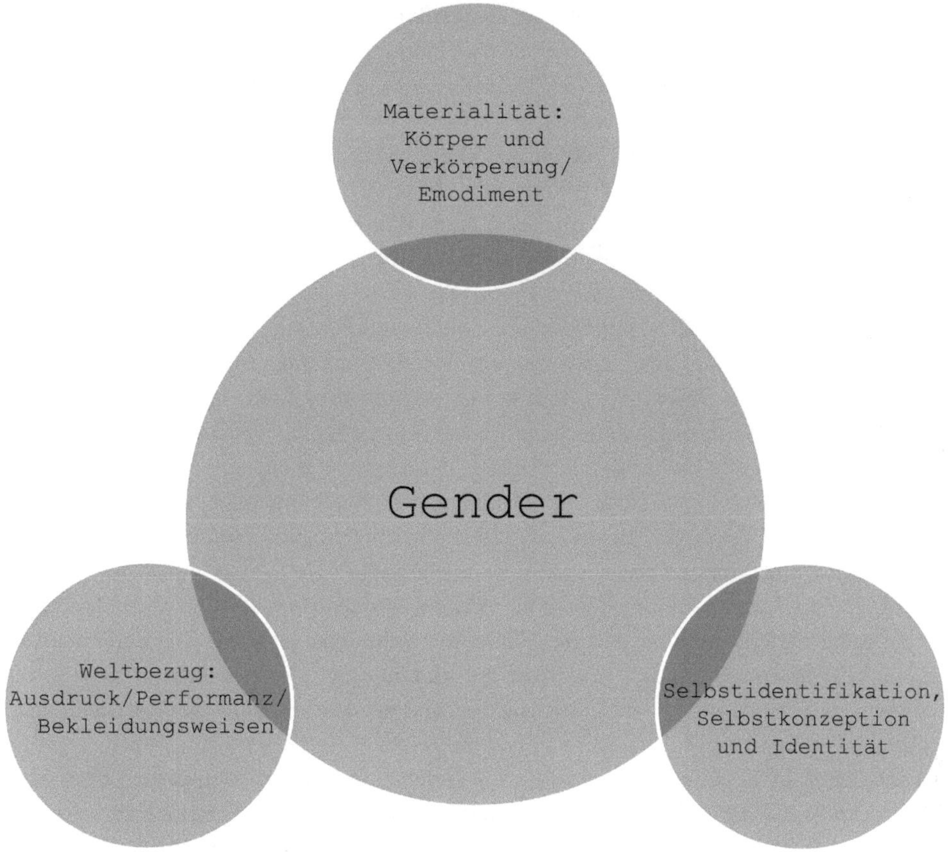

Abb. 4.1 Gender: Materialität, Selbstidentifikation, Weltbezug (Heimerl, 2024)

4.3 Richtungswechsel im Geschlecht: non-binär

Non-binär als geschlechtliche Wortschöpfung schreibt sich als ein Begriff in den gesellschaftlichen und wissenschaftlichen Diskurs ein, es wird auch zu einem politischen Begriff und wird als Ideologie des Geschlechtlichen aus vielen Richtungen kritisiert. *Non binär* ist nicht *Divers* als eine dritte geschlechtliche Identitätskategorie – von Magnus Hirschfeld als das dritte Geschlecht in den wissenschaftlichen Diskurs eingeführtwird schon von Freud verworfen. Anhand des Konzepts des *Trisexuellen* des britische Psychoanalytiker Christopher Bollas (2020) erscheint ein aktuelles neues pathologisierende Konzept zur queeren Identität indem er versucht mit seinem Begriff des *Trisexuellen* erneut eine dritte Identitätskategorie einzuführen. Er definiert *Trisexualität* als »Zustand eines Begehrens, das durch Identifizierung mit und Verführung von beiden Geschlechtern gekennzeichnet ist und darauf zielt, sich die genitale Sexualität anzueignen, indem man sie in die Liebe eines Dreiergespanns zu einer einzigen Person umbildet«

(ebd. S. 93). Während der Bisexuelle die Identifizierung mit beiden Geschlechtern erlaubt, so Bollas, fügt die *trisexuelle* Wahl dem einen libidinös desexualisierten (!) Körper hinzu. Das Körperbild des *Trisexuellen* hat kein Geschlecht und bleibt damit unreif.

Binär beschreibt ein Zahlenschema, bei dem es nur zwei Ziffern gibt: 0 und 1. Der Begriff bezieht sich auch auf ein beliebiges digitales Codier- und Decodierungssystem, bei dem es nur zwei mögliche Zustände gibt. Binär ist ein Begriff aus der Computersprache. Literaturwissenschaftlich im Sinne eines rhetorischen Stilmittels ist *Non-Binär* eine Antithese als Negation ihrer entsprechenden These zu verstehen. Zur These *Binär* gehört also die Antithese *Non-Binär*. Es gibt genau eine Antithese zu einer These. These und Antithese können weder zugleich *wahr*, noch zugleich *falsch* sein. Durch die Antithese *Non-binär* können unter anderem Zwiespalt, Spannung und Zerrissenheit ausgedrückt werden. Die Geschichte der Binarität beginnt prominent mit der Renaissance, zuvor war die Antithese zu Binär *Teniär.* Non-binäres Geschlecht (oder auch nicht-binär) ist nur ein Oberbegriff, der einfach bedeutet, dass jemand sich nicht in das herkömmliche, streng zweigeteilte Geschlechtersystem einordnen kann oder will. Ein synonymer Begriff ist genderqueer. Bei non-binärem Geschlecht geht es um die *empfundene Geschlechtsidentität* einer Person, also dass diese Person sich selber, als etwas *anderes* fühlt als lediglich ein »Mann« oder eine »Frau«. Andere Aspekte von Geschlecht wie zum Beispiel die *Genderpräsentation* (Kleidung, Schmuck, Haartracht) sowie auch die *sexuelle Orientierung* sind davon weitgehend *unabhängig.* Um non-binäres Geschlecht verstehen zu können, ist es auch wichtig zu wissen, dass es ganz verschiedene Ausprägungen davon gibt.

Auch der Begriff »Pansexuell« wird von vielen non-binären Menschen benutzt (an Stelle von *Bisexualität*), weil er sagt, dass jemand «offen für *alle* Geschlechter» ist. Die Begriff *Binär* und *Non-Binär* sind jenseits der geschlechtlichen Dimension als Identitätskategorie auch wesentlich politische Begriffe. Diese die Gesellschaft durchdringenden Begriffe haben auch für die Psychoanalyse zum einen individuelle theoretisch-behandlungstechnisch Implikationen, jedoch auch – und dies verfolge ich mit dem heutigen Vortrag- eine gesellschaftskritische Dimension. Non-Binarität ist ein Neologismus. Neologismen können diskursive Energien bündeln, anreichern, dynamisieren. Die Non-Binarität ist kein ferner exotischer Kontinent, sondern gehört zur Neuen Welt (siehe Taylor, 2024).

Binär beschreibt ein Zahlenschema, bei dem es nur zwei mögliche Zustände gibt: A und B. Literaturwissenschaftlich im Sinne eines rhetorischen Stilmittels ist »nonbinär« eine Antithese und als Negation zu verstehen. Es gibt genau eine Antithese zu einer These. Durch die Antithese »non-binär« kann u. a. eine Spannung und Zerrissenheit zu »binär« ausgedrückt werden. In diesem Sinne trennt auch der Bindestrich das »non« vom »binär«. In der Sprachwissenschaft verweist der Begriff der Binarität auf die Möglichkeit, komplexe sprachliche Systeme auf eine begrenzte Anzahl binärer Oppositionen (sogenannte »Minimalpaare«) zurückzuführen. An diesem Punkt setzt die poststrukturalistische Kritik an: Indem sie zeigt, dass das Denken in binären Oppositionen stets den einen Term des Paares gegenüber dem anderen privilegiert, so dass der andere immer als das Negative des ersten erscheint (Mann – Frau, Geist – Körper, Sprache – Schrift, Kultur – Natur; Frage – Antwort). Leticia Glocer Fiorini (2017) nennt dies die »binäre Logik«, welche eine starre psychoanalytische Konzeptualisierung der geschlechtlichen Identifizierungen zur Folge hat (siehe auch Dea, 2016). Der Terminus *primäre Identifizierung* und des entsprechenden Terminus *Desidentifizierung* führt zu Verwirrungen, denn sie erweckt den Eindruck, die sogenannte primäre Identifizierung mit der Mutter könnte für ein Mädchen dem primitiven Erwerb einer weiblichen Geschlechtsidentität gleichkommen. Die Geschlechterdifferenz geht nicht der Identifizierung voraus als ein fertiges Muster, sondern als Differenzerfahrung entspringt sie der selektiven gesellschaftlichen Identifizierungsrichtung und binären Ordnung. Das eigene Geschlecht hat zur Kehrseite das fremde Geschlecht. Einen Schritt weiter geht Ken Corbett (2020) wenn er schreibt:« Das ausschließende Binärsystem und seine spaltende Wirkung haben im Namen der normativen Ordnung oft Traumata geschaffen.« (Übers. vom Verfasser, S. 249). Folglich zielt die Dekonstruktion der binär hierarchisierten Oppositionen nicht auf eine einfache Umkehrung ab, sondern auf eine Umkehrung und Verschiebung der Gegensätze, die das Denken in festen Identitäten und Oppositionen grundsätzlich untergraben. Die binäre Ordnung stellt für Michel Foucault die grundlegende Ordnung im Subjekt dar, die sich in seinem Werk zur Wahrheit und Vernunft oder dem Diskurs mit Frage und Antwort, männlich und weiblich, Mensch und Tier offenbart. Diese binäre Ordnung führt zu einer bestimmten Normativitätsauffassung, die sich historisch unterschiedlich zeigt und mit Macht aufgeladen wird. Diese Machtaneignung einer Normativitätsvorstellung durch einen bestimmten (sprachlichen) Diskurs wird durch Institutionen der Macht – wie z. B. der Psychoanalyse und radikal formuliert in der klinischen Praxis durch den/die Analytiker:in – *fixiert.*

Binäre Differenz wird zumeist in einer Negation gedacht: »*non*-binär«. Für Judith Butler (1991) handelt es sich bei der *Non-Binarität* nicht um eine dritte Geschlechtsidentität, sondern eher »um eine interne Subversion, die die Binarität sowohl voraussetzt als auch bis zu dem Punkt vervielfältigt, dass sie letztlich sinnlos wird« (ebd., S. 188).

»Binär« und »non-binär« sind zentrale Begriffe der *gender* und *queer studies,* sie markieren kontrovers diskutierte Annahmen vor allem zum Begriff der Norm, der Normativität und Normalität: Begriffe wie *a-gender, cis-gender, gender confusion, gender fuck, gender dysphoria, gender euphoria, gender expression, gender identity, gender indifferent, gender neutral, gender nonconforming, gender roles, gender fluid, genderflux, gender queer* zeigen, in welcher Vielfalt *gender* gedacht und sprachlich fixiert wird (Dyer, 2018).

»Non-binär« meint jegliche Geschlechtsidentität jenseits von männlich – weiblich. Die *Geschlechtsidentität* wird in der *queer theory* als das Gefühl für das körperliche Geschlecht einer Person definiert und ist über die Lebensspanne veränderbar. Es geht um die empfundene Geschlechtsidentität einer Person, dass diese Person sich selber, als etwas anderes fühlt als lediglich ein »Mann« oder eine »Frau« im heteronormativen Kontext – *genderqueer* ist der Oberbegriff für eine Person, deren Geschlechtsidentität nicht binär ist. So können *genderqueer* und »non-binär« synonym verwendet werden, wobei der Begriff »non-binär« explizit auf das Binäre verweist und *genderqueer* sich mehr im Performativen verortet. Andere Aspekte von Geschlecht wie zum Beispiel die Genderpäsentation über Kleidung, Modeschmuck (der sog. *cheap jewellery*) als queeres Accessoire und körperliche Bewegungen sowie auch die sexuelle Orientierung und die Objektwahl sind davon weitgehend *unabhängig*. Die sich als in ihrer geschlechtlichen Identität *genderqueer* oder »non-binär« bezeichnenden Personen treten in die normative *binäre* Geschlechterordnung ein. Das ist nicht neu, jedoch in der Ausprägung und Persistenz nicht mehr zu verleugnen. Sie treten sichtbar in die gesellschaftliche Realität ein und sie treten sichtbar in die heteronormative Auslegung der Geschlechterordnung ein, und zeigen, dass die kulturelle geschlechtliche Praxis *divers* ist.

Zum Beispiel wird es mit der fortschreitenden Digitalisierung international üblich in der Signatur bei elektronischen Nachrichten oder bei Videokonferenzen nicht nur den Eigennamen oder Nachnamen, ein Pseudonym oder die Berufsbezeichnung, sondern auch das Pronomen der gewünschten Anrede anzugeben: *binary – non-binary; pronouns they – them; Pronomen er – sein* oder *sier.* Zudem weicht der DUDEN in seiner Online-Ausgabe seit 2021 vom generischen Maskulinum ab: Das sogenannte »generische Maskulinum« solle »schrittweise zurückgedrängt werden«. Insofern treten non-binäre Personen auch *unüberseh-* und *unüberhörbar* in die psychotherapeutische Behandlungspraxis ein: in der Körperinszenierung und im Sprechen sowie in der Dekonstruktion von bislang normativ geprägten Sprachregeln. Unausweichlich treten die Themen des Non-Binären in die psychoanalytische Kulturtheorie, in die psychoanalytische Ausbildungssituation und in die psychoanalytischen Überlegungen zu Geschlechtsidentität, zum Stellenwert des Ödipuskomplexes als den Kristallisationspunkt für die geschlechtliche Identifizierung, zu den geschlechtlichen Identifikationsprozessen und zum geschlechtlichen Körper ein (Saketopoulou, 2020). Diese Bewegung ist eng mit dem Begriff *Queering Psychoanalysis* (Hutfless & Zach, 2017) verbunden. Geschlecht und Formen der Sexualität – hier »non-binär« oder *genderqueer* – werden als eine kulturell konstruierte und codierte Markierung (sogenannte *tracer*) verstanden. Sie dienen etwa zur Sichtbarmachung von Grenzziehungen, Ein- und Ausschlüssen und Hierarchisierungen (siehe Heteronormativität bzw. hegemoniale Männlichkeit). Die *queer theory* und die *queer studies* untersuchen die *tracer* »Geschlecht und Sexualität« – mit deutlicher Verbindung zur Psychoanalyse – interdisziplinär, ideologiekritisch und dekonstruierend. *Genderqueer* und »non-binär« sind dabei Wortneuschöpfungen im Diskurs um Geschlecht und Sexualität, um einer sichtbaren Diversität gerecht zu werden. Diese beiden Begriffe fixieren jedoch gleichzeitig etwas, um wiederum der Unordnung im Geschlecht und in der Sexualität zu *entkommen.* Aktuell wird diese *Unmöglichkeit* der Fixierung von der slowenischen Psychoanalytikerin Alenka Zupančič prominent und erhellend kritisch verfolgt: Sexualität ist die Unordnung im Subjekt selbst, die geschlechtliche Binarität täuscht illusionär eine sexuelle Ordnung vor, die so nicht existiert. Das Sexuelle ist die widerspruchsfreie jedoch konfliktreiche Unordnung im Subjekt und non-binäre Personen treffen den Kern der strukturellen Unordnung im Sexuellen. Sie machen die Unordnung sichtbar, viel radikaler als Homosexualität, Bisexualität oder Heterosexualität.

Hocquengehm (1972) behauptet ebenso »dass das Geschlecht *›un-menschlich‹*, das Begehren grundlegend *undifferenziert* ist und keine Unterscheidung zwischen Heterosexualität und Homosexualität kennt« (kursive Hervorhebung vom Verfasser, S. 45).

Das Ordnungssystem *binär* und eben auch *non-binär* ist der Versuch, eine Ordnung nicht nur im Geschlechtlichen, sondern auch im Sexuellen zu erlangen: ein erneuter Versuch, das polymorph Perverse zu fixieren. Ähnlich wie Alenka Zupančič – mit der Stimme der Psychoanalyse – und Guy Hocquengehm – mit der Stimme eines Betroffenen- argumentiert Judith Butler – mit der Stimme der Philosophie. Butler (1991) beschreibt den Versuch, Ordnung in die Unordnung zu bringen: das Geschlecht erklärt sie als nicht frei wählbar, sexuelle Identität entsteht vielmehr aus Prozessen der performativen Wiederholungen und Aneignung, bei denen der unverfügbare Rest immer wieder neu definiert, aber keineswegs beseitigt wird. Es bleibt ein Rest Unordnung im Sexuellen in unendlicher Weise. »So ist die normale Sexualität von allen Seiten umstellt, und in unaufhörlicher Bewegung wird sie von ihren Rändern her unterspült.« (Hocquengehm 1972, S. 15). »Non-binär« ist ein Neologismus, der einen Diskurs um das Geschlecht und die Sexualität sprachlich verdichtet, aufruft, anreichert, dynamisiert und das Subjekt herausfordert sich im Geschlecht und der Sexualität zu positionieren.

Zeitgenössische Psychoanalytikerinnen wie Judith LeSoldat, Juliet Mitchell, Rosine Perleberg, Ilka Quindeau und Susen Heenen-Wolff reformulieren den Ödipuskomplex an der Frage der binären Identifizierungsprozesse, ohne den Kern des Ödipuskomplexes aufzugeben. Das heißt: *Binarität* als im Ödipalen begründet und über Identifizierungsprozesse erklärt (Butler)? Oder *Binarität* als Versuch die Unordnung im polymorph-perversen Sexuellen zu fixieren, also prä-ödipal? (siehe u. a. Becker, 2021; LeSoldat, 2015; Mitchell, 2018, 1985; Perelberg, 2018; Heenen-Wolff, 2018; Quindeau, 2019). Um noch einmal Guy Hocquenghem zu Wort kommen zu lassen, dessen Ideen und Konzeptionen zur Psychoanalyse des sexuellen Begehrens und der Stellung des Geschlechts in der Subjektivierung im Kontext der psychoanalytischen Welt leider größtenteils ungehört geblieben ist. Er schreibt 1972 in seinem Buch *Das homosexuelle Begehren*: »In der Welt der *ödipalisierten* Sexualität gibt es keine freien Verkoppelungen der Organe untereinander mehr, keine unmittelbaren Lustverhältnisse« (S. 72) und »Der paranoische Vater *ödipalisiert* den Sohn. Die Homosexualität beginnt im Kopf des Vaters« (ebd., S. 90).

4.4 Richtungswechsel im Geschlecht: trans*gender

Der Roman *Orlando* von Virginia Woolf erschien 1928: Geschildert wird das Leben Orlandos, der zu Beginn des Buches ein junger Adliger zur Zeit Elisabeths I. von England (1533–1603) ist. Nach diversen Abenteuern geht Orlando als Botschafter nach Konstantinopel, wo er als Dreißigjähriger eines Tages in einen sieben Tage dauernden Schlaf fällt, um dann als Frau wiederzuerwachen. Als weibliche Orlando kehrt sie nach England zurück, ist dort eine Dame der High Society, die – als Mann verkleidet – sexuelle

Abenteuer sucht, im 19. Jahrhundert heiratet, im 20. Jahrhundert als erfolgreiche Schriftstellerin einen Literaturpreis erhält und am 11. Oktober 1928, an dem der Roman endet, 36 Jahre alt ist. Die Transgression vom männlichen zum weiblichen Geschlecht lehnt sich an Ovids *Metamorphosen* an. Woolfs *Orlando* dient häufig als literarischer Referenzpunkt von trans*gender und wird in aktuellen Beiträgen zu *Trans** als Fallgeschichte benutzt (vgl. Amir, 2018).

Das Präfix *trans-* hat zwei Bedeutungen, im Sinne eines *Überstiegs,* der eine Grenze überwindet und bei einem gemeinsamen Dritten endet *(Jenseits),* oder im Sinne eines *Übergangs* von einem zum anderen *(Zwischen).* Das Überqueren einer Schwelle ist ohne *rites de passage* und Rituale nicht denkbar. Trans* und nicht-binäre Geschlechter treffen den Kern der strukturellen Unordnung im Sexuellen. Sie machen die Unordnung sichtbar, viel radikaler und vehementer, verunsichernder als Homosexualität oder Heterosexualität. *Trans* ist ein Begriff, der sich trotz der langen Existenz noch in der Entwicklung befindet. Der Begriff *trans*gender* oder Transidentität umschließt ein weites Spektrum von Personen mit unterschiedlichsten Identitäten beziehungsweise Selbstinterpretationen im Geschlecht. Gegenwärtig beschreibt er eine heterogene Gruppe von Personen, die eine gefühlte Diskrepanz zwischen dem erlebten Geschlecht und dem Geschlecht, das ihnen bei der Geburt aufgrund des beobachteten Geschlechts zugewiesen wurde, teilen. Der Sexualwissenschaftler Udo Rauchfleisch stellt aufgrund seiner langjährigen Begleitung von trans*Personen fest, dass es *die* transsexuelle Persönlichkeit nicht gibt (2024, S. 7).

Der Begriff *trans*gender* umfasst zumindest die folgenden Personen:

1. Personen, die in unterschiedlichem Maße unter der körperlichen Morphologie leiden, die das Geschlecht kennzeichnet oder als kennzeichnend für das Geschlecht angesehen wird;
2. Personen, die hormonelle Eingriffe zur Veränderung der sekundären Geschlechtsmerkmale anstreben;
3. Personen, die das Bedürfnis haben, ihren Körper chirurgisch an ihr selbst identifiziertes Geschlecht anzupassen;
4. Personen, die nur den Personenstand (zum Beispiel Name, Vorname) verändern oder die Anrede (zum Beispiel Name, Substantive), aber nicht an medizinischen/chirurgischen Eingriffen interessiert sind.

Diese Differenzierungen zeigen, dass es kein übergeordnetes *Trans*-Narrativ gibt, sondern nur eine Auswahl von »multiplen und komplexen kleineren Narrativen« (Halberstam, 2018, 43). Jede Verallgemeinerung, die zu diesem Thema gemacht wird, greift daher zu kurz und bildet die *trans*gender*-Räume nicht ab. Ebenso gibt es keine einzelne Entwicklungslinie für die Etablierung von *trans*gender: Gender* ist ein komplexer psychischer Prozess, und die Kenntnis der psychoanalytischen Gender-Theorie ist notwendig, um *Trans* zu verstehen. *Trans* verbindet eine Reihe von Diskursen, die Körper/Geschlecht/Kultur miteinander verflechten und sich in feministischer und Queer-Theorie,

Trans-Studien, Queer-of-Color-Kritik, postkoloniale Studien und kritische Theorie ausdrücken. Aktuell ist der Trans*humanismus, das heißt die Natur ist kein Objekt, sondern ein Subjekt auch in die philosophischen und gesellschaftlichen Debatten ein. Trans*gender stellt die vorherrschende Annahme der Eindeutigkeit und Binarität der Geschlechter radikal in Frage und bringt die geschlechtliche und sexuelle Ordnung der Identität in Aufruhr. Dies ist jedoch keine Modeerscheinung, denn »Unsere Gesellschaft müsste die Infragestellung und die Dekonstruktion der Zweigeschlechtlichkeit nicht neu erfinden, sondern könnte auf historische Erfahrungen zurückgreifen« (Rauchfleisch, 2019, 2024, S. 214). Magnus Hirschfelds Empirie verkomplizierte die Geschlechter, errechnete er schon 1926 (S. 595 f.) 81 geschlechtlich gemischte Grundtypen und kam zu 43.046.721 Sexualtypen, die er im Einklang mit dem Darwinismus sah.

Populäre und verkürzte Formulierung, wie »Trans-Personen sind *im falschen Körper geboren«* begünstigen eine einengende Sichtweise auf *Trans* und sie sind nicht hilfreich. Angst und Neugierde zum eigenen körperlichen Geschlecht jenseits der geschlechtlichen Verortung werden durch den psychotherapeutischen Prozess angeregt. Trans*gender, die das Gefühl haben, ihr Geschlecht vor ihrem/ihrer Analytiker:in rechtfertigen zu müssen, für dessen Legitimität intellektuell zu argumentieren, für das *wahre* Geschlecht zu kämpfen oder die Ängste/Bedenken des/der Analytiker:in zu beschwichtigen bleiben in dieser Dynamik stecken und gelangen nur schwer zu der eigenen Geschichte zum Geschlecht, was sie hinsichtlich Körperlichkeit im Geschlecht und den damit verbundenen Ängsten, Selbstzweifeln und Konflikten im Geschlecht zeigen. Dadurch wird verhindert, den eigenen Körper zu durchdenken, um an der körperlichen Subjektwerdung psychisch zu arbeiten. Die unreflektierte Überzeugung, dass die Aufgabe in der Psychotherapie, unabhängig vom Wunsch der *trans*gender,* sei, *die Wahrheit* über das Geschlecht zu kennen und das Geschlecht einer Transperson zu *reparieren,* weil die unreflektierte Verschmelzung von Geschlecht, Sex und Identität führt häufig zu Re-Traumatisierungen. Wir sollten uns nicht von der Frage »*Warum* ist jemand trans?« leiten lassen, sondern »*Wie* ist jemand trans?«

Der Begriff *Trans*gender* hat sich dahingehend entwickelt, dass er mehr Geschlechter verkörpert und vor allem, dass die Dimension der Zeitlichkeit im Übergang, in der Transition hervorgehoben wird. Die Turbulenzen, die *trans*gender* – also allgemein *queere* Geschlechtlichkeit im Ausdruck von Homosexualität, Non-Binarität und so weiter ausgelöst hat und immer noch auslöst bietet ebenso eine Gelegenheit zur Weiterentwicklung des analytischen Denkens im Geschlecht.

Besonders *trans*gender* lädt uns ein, psychoanalytische Mythen neu zu denken:

1. »Gender ist kein psychoanalytisches Konzept ist, sondern eine *moderne* Einführung – wenn nicht gar eine Kontamination – aus aktivistischen Kreisen und den Sozialwissenschaften« und »Die Genitalien sind aufgrund ihrer Gestalt Geschlechtszeichen«

Zur Frage der Natur, der Biologie zum Geschlecht und der Zuweisung bei Geburt herrscht die Haltung vor, dass Gender kein psychoanalytisches Konzept ist, sondern eine neuere Einführung und Kontamination aus aktivistischen Kreisen und den Sozialwissenschaften ist schlichtweg falsch. Die Psychoanalyse hat sich schon immer mit den psychischen Prozessen beschäftigt, die das Geschlecht hervorbringen (zum Beispiel polymorph-perverse infantile Sexualität, Identifikation oder psychische Bisexualität), und damit, wie diese verkörpert und psychisch subjektiviert werden. Sigmund Freud hat mit seinen *Drei Abhandlungen zur Sexualtheorie* 1905 den Begriff der *Abirrungen* und *Abweichungen* in der sexuellen Entwicklung eingeführt. Der deutsche Begriff Abweichung findet sein Äquivalent im englischen Begriff *queer:* seltsam, komisch. Vor *Gender* beschäftigten sich zum Beispiel auch Brigitte Horney und Joan Riviere intensiv und kritisch mit den Konzeptionen von Geschlecht in Abhängigkeit der beiden Pole Aktivität und Passivität. *Trans* zwingt der Psychoanalyse also nicht das Konzept Geschlecht auf, sondern zeigt, dass unsere bisherigen Formulierungen über die Konstitution von Geschlecht, so ausgefeilt sie auch sein mochten, bisher unhinterfragt und unhinterfragbar davon ausgingen, dass Geschlecht durch sexuelle Differenz konstituiert wird. Oder, um genauer zu sein, wurde das Geschlecht um die Wahrnehmung der sexuellen Differenz herum organisiert und die sexuelle Orientierung hinsichtlich der Objektwahl kritisch analysiert. *Trans* lenkt die Aufmerksamkeit zur sexuellen Differenz als Markierung des Geschlechts weg zu einem offenen und weitaus komplexeren System. Während also das Geschlecht immer als ein Entwicklungsbogen angesehen wurde, dachte man, dass das Geschlecht auch eine endgültige, biologisch vorbestimmte Bestimmung hat, die nichts mit dem psychischen Leben zu tun hat. Indem das psychische Geschlecht vom biologischen Geschlecht abgekoppelt wird, stellt *trans* nicht nur die Gleichsetzung von *sex* und *gender* radikal und grundlegend in Frage, sondern wirft auch bedeutende Fragen über den Vorrang auf, den wir der Biologie im psychischen Leben eingeräumt haben.

2. »Geschlechtliche Binarität beruht auf der Biologie, bestimmt *natürlich* unsere Sexualität, die sexuelle Differenz und wird biologisch abgeleitet«

Mehrere analytische Konzepte, die sich auf die Phylogenese stützen, gehen von einem binären Geschlecht aus. Ohne eine strikte und unanfechtbare Trennung zwischen männlich und weiblich werden der Ödipuskomplex und seine Lösung der *reifen Genitalität* unklar. Viele analytische Sexualtheorien benötigen die biologisch begründetet sexuelle Differenz für ihre Legitimation und verhindern ein Weiterdenken.

4.5 Richtungswechsel im Geschlecht: inter*

Intersexualität ist ein Überbegriff, der eine Vielzahl von zwischengeschlechtlichen oder untypischen Formen der körperlichen Geschlechtsentwicklung umfasst (siehe Schweizer & Richter Appelt, 2012). Viele Jahrhunderte lang war die Benennung der Personen mit undeindeutigem Geschlecht oder Besonderheiten der Geschlechtsentwicklung »Hermaphroditen« (siehe Gregor, 2015).

Intersexualität ist im ursprünglichen Sinne ein medizinischer Überbegriff. Intergeschlechtlichkeit ist ein Begriff, der von der *Internationalen Vereinigung intergeschlechtlicher Menschen* (IVIM) eingeführt wurde und sich vom medizinischen Diskurs löst. Die Idee des dritten Geschlechts lässt sich erstmals in Platons *Symposium* finden. Aristophanes berichtet im Rahmen einer Rede, dass es »zunächst [...] damals drei Geschlechter von Menschen« gab. »Es gab nämlich damals ein mannweibliches Geschlecht nicht bloß dem Namen nach, sondern als ein wirkliches Naturgebilde, aus beiden, dem männlichen und weiblichen zusammengesetzt, während es jetzt nur noch den Namen gibt, und zwar nur als *Schimpfname*« (Platon, 1998a, S. 190a. Hervorhebung BH). Für Ilka Quindeau ist die Annahme Freuds einer intrapsychischen Zweigeschlechtlichkeit hilfreich, um konzeptionell eine Vielgeschlechtlichkeit zu erweitern. Ihre grundlegende Argumentation basiert darauf, dass sich im Unbewussten keine geschlechtsspezifischen Unterschiede abbilden und ergeben können, da das Unbewusste in der Psychoanalyse derart konzipiert ist, dass darin »keinerlei Ordnungsvorstellungen vorkommen« (Quindeau, 2008 S. 180). Diamond (2002) kam in seiner Untersuchung von intersex* Personen zu dem Ergebnis, dass, Intersexuelle neben einer männlichen oder weiblichen Geschlechtsidentität auch eine andere, intersexuelle Identität entwickeln können. In einem vierstufigen Modell beschreibt er, wie sich die Geschlechtsidentität bei geschlechtlichen Minderheiten durch Vergleich mit anderen anhand der inneren Schemata »Gleichheit« und »Differenz« (»sameness or difference«) entwickelt.

Darin ist auch die Möglichkeit eines Geschlechtswechsels enthalten, und es umfasst die Phasen (Übersetzung Bernd Heimerl, 2024):

1. *same-different comparing* (Vergleich von Gleichheit und Differenz)
2. *self-testing and niche searching* (Selbstüberprüfung und Nischensuche, im Falle eines Geschlechtswechsels und im Falle von »gender change« auch
3. *decision making and mental switching* (Entscheidungsfindung und innere Umstellung) sowie
4. *decision actuating and physical switching* (Entscheidung umsetzen und körperliche Anpassung, intersexuelle Identität)

Das intersexuelle Objekt ist ein *Grenzobjekt,* viel mehr und radikaler als queer. Der Begriff Grenzobjekt ist ein aus der Wissenschafts- und Technikforschung stammendes Konzept, das zur Analyse der Vermittlungs- und Übersetzungsleistung von Dingen in Situationen heterogener Inhalte herangezogen wird (Star, 2010). Grenzobjekte dienen dazu, das Problem der interaktiven Koordination multipler sozialer Welten innerhalb eines Netzwerkes bei fehlender zentraler Regulationsinstanz zu lösen. Sie dienen der Grenzüberschreitung, sind Schnittpunkt verschiedener sozialer Welten und verbinden diese durch die Ermöglichung einer Grenzüberschreitung bei gleichzeitiger Aufrechterhaltung der Grenzen (Gieryn, 1995). Im politischen, wie auch im psychoanalytischen Denken ist das Grenzobjekt ein Objekt, welches eine Demarkationslinie, die das Sagbare vom Unsagbaren trennt, es bringt die normativen Grenzen zur Geltung. Die Ausformulierung der Grenze zwischen weiblichem und männlichem Körper, Begehren und Identität ermöglicht ein Nachdenken über das intersexuelle Dazwischen und dem Übergangsraum. In der Theorie der Grenze wird lexikographisch auf den Begriff *Schranke* als Vorläuferbegriff verwiesen. Zunächst findet das Wort nur als Bezeichnung einer räumlichen geographischen Trennung Verwendung. In der Ausweitung des Begriffs kam Grenzerfahrung und Grenzerlebnis dazu. Mit dem Soziologen Georg Simmel kommt 1903 mit dem Buch *Soziologie des Raumes* der Begriff eine soziologische Wendung: Es gibt keine natürliche Grenze im Geschlecht.

4.6 Richtungswechsel im Geschlecht: Q* Questioning

Gesellschaftliche Verhältnisse können durch Sprache nicht nur verfestigt und legitimiert, sondern auch in Frage gestellt und verändert werden. Vor diesem Hintergrund kommt der geschlechtersensiblen Sprache eine besondere Bedeutung zu. Sprache ist ein wichtiges Mittel, um einen gesellschaftlich-kulturellen Wandel zu erfassen, in dessen Zuge nicht mehr nur zwei, sondern diverse Geschlechtsidentitäten Anerkennung finden. Wir sprechen von gendersensibler Schreibweise, denn gendergerecht – im Sinne von allen Geschlechtsvariationen gerecht zu werden – ist vermutlich eine Utopie. Nicht utopisch allerdings ist der Versuch, nicht-diskriminierende sprachliche Formen zu finden und zu verwenden, die dem nahekommen und Raum lassen für eine Konzeption von Geschlecht jenseits eines ausschließlich binären Denkens. Das *Questioning,* die Befragung im Geschlecht wird durch die jeweilige gendersensible Schreibweise ausgedrückt:

1. Das generische Maskulinum. »Die Arbeitsweise des Psychotherapeuten«. Mitgemeint sind (oder sollen sein) die Psychotherapeutinnen. Sie werden wegen der entstehenden sprachlichen Umstände nicht ausgeschrieben, sondern mitgedacht.
2. Die klassische ausgeschriebene Form. »Meine Damen und Herren. Psychotherapeuten und Psychotherapeutinnen mit ihren Patienten und Patientinnen.«
3. Paarformen. Versuche, beide Geschlechter in einer Form zu nennen, gibt es schon seit dem Ende des 19 Jahrhunderts. Die zweite Frauenbewegung mit ihrer Gesellschafts- und auch Sprachkritik hat verschiedene Möglichkeiten durchgespielt. Beispiele: Musiker(innen), Musiker/-innen, Musiker(-innen). Der Versuch, das allzu Umständliche dieser Paarformen zu vermeiden, führte schließlich zum Binnen-I.
4. Binnen – I. »PatientIn, ArbeiterInnen«. Diese im Vergleich zu den oben genannten Paarformen etwas vereinfachte Schreibweise hatte sich in vielen Bereichen durchgesetzt und ist in den letzten Jahren etwas rückläufig. Mit dem Binnen-I trat erstmals der sogenannte Glottisschlag oder Knacklaut auf, also die Minipause, bevor die zweite Hälfte des Worts gesprochen wird.
5. Statischer Unterstrich oder auch Gender-Gap. »Psychotherapeut_in«. Mit dem Unterstrich symbolisiert der Gendergap einen Freiraum für die Entfaltung von Geschlechteridentitäten jenseits eines binären Mann-Frau-Geschlechtermodells.

Damit werden neben Frauen und Männern auch diejenigen sprachlich abgebildet, die sich nicht im binären Geschlechtermodell wiederfinden können oder wollen.

6. Das Gender-Sternchen (Asteriskus): »Psychotherapeut*innen«. Es steht von allen Schreibweisen dem LGBTIQ*-Diskurs am nächsten. Das Sternchen als Zeichen von *Strahlen.* Das Gendersternchen wird zwischen die männliche und die weibliche Endung eingesetzt. Das gilt sowohl für Substantive als auch für bestimmte und unbestimmte Artikel sowie Pronomen. Das Gendersternchen ist mittlerweile im öffentlichen Sprachgebrauch sehr verbreitet.
7. Gendern mit Mediopunkt (in Anspielung auf den Platon'schen Kugelmenschen, der aus Mann und Frau besteht). »Patient°in«, oder Gendern mit Trema »Patientïn«. An dieser Stelle eine Bemerkung, die für das Sternchen, den Mediopunkt und das Trema gilt, denn diese Zeichen sind nicht auf der Kern-Tastatur des Computers zu finden: Beim schriftlichen Gendern muss auch der Aspekt der Barrierefreiheit beachtet werden, da beispielsweise Screenreader die Sonderzeichen, zum Beispiel das Gender-Sternchen nicht automatisch korrekt mitlesen können. Der Deutsche Blinden- und Sehbehindertenverband empfiehlt seit März 2021, beim schriftlichen Gendern diesen Aspekt unbedingt mit zu berücksichtigen.
8. Gendern mit Doppelpunkt »Psychotherapeut:in« Diese Schreibweise wird in den letzten Jahren vermehrt verwendet. Sie hat den Vorteil, dass sie im oben genannten Sinne barrierefrei ist und der Doppelpunkt auf der Tastatur (im Unterschied zum Mediopunkt und zum Trema) problemlos gefunden wird. Der Doppelpunkt hat einen uns vertrauten Platz auf der Tastatur. Und ein Wort zur TTS-Pause: Die ausgesprochene Länge des Doppelpunktes eines TTS-Tools (Text-to-Speech) kommt dem Glottisschlag am nächsten. Der Doppelpunkt befindet sich in der Mitte des Schriftbildes.
9. Ersetzung geschlechtsneutraler Formulierungen durch die Substantivierung von Adjektiven und Partizipien. »Studierende, Lehrende, Behandelnde, Therapieplatzsuchende«. Es sind Umschreibung und Ableitung auf Endungen wie -schaft, -ung, -ium, -kraft. Zum Beispiel auch Kundschaft, Leitung, Kollegium.

Dass es nicht nur zwei Geschlechter gibt, darüber hat vor einigen Jahren das Bundesverfassungsgericht entschieden: Das oberste Gericht hat ein drittes Geschlecht *(divers)* benannt und alle Institutionen verpflichtet, dieses dritte Geschlecht in Stellenausschreibungen sichtbar werden zu lassen (2017). In vielen Bereichen der Gesellschaft, dafür ist diese neue Rechtsprechung vielleicht ein Zeichen, spielt sich eine große Veränderung ab: viele Menschen bestehen auf einer veränderten, gendersensiblen Sprache, andere empfinden das Gendern als Zumutung, als Zerstörung der Sprache, als *Genderwahnsinn.* Das generische Maskulinum ist uns vertraut und doch führt es zu einer Überlegung, die gegen die Fortsetzung der gewohnten Sprache spricht, auch wenn es mit einem gewissen Schmerz, einem Fremdeln oder Abschieds-, vielleicht auch Wachstumsschmerz verbunden sein mag. Erfahrungen sind immer zunächst sprachlich vermittelt – die Sprache erst ermöglicht uns unsere sprachlich strukturierten Erfahrungen in Erzählungen zu bringen.

Literatur

Abelove, H. (1993). *The Lesbian and Gay Studies Reader*. Routledge.

Amir, D. (2018). The two sleeps of Orlando: Transsexuality as caesura or cut. In O. Gozlan (Hrsg.), *Current Critical Debates in the Field of Transsexual Studies: In Transition* (S. 36–47). Routledge.

Becker, S. (2021). *Leidenschaftlich analytisch. Texte zur Sexualität, Geschlecht und Psychoanalyse*. Psychosozial.

Bem, S. I. (1993). *The Lenses of Gender: Transforming the Debate on Sexual Inequality*. Yale University Press.

Bidwell-Steiner, M., & Babka, A. (2013). *Obskure Differenzen. Psychoanalyse und Gender Studies*. Psychosozial.

Blüher, H. (1913). Die drei Grundformen der Homosexualität. Eine sexulogische Studie. In M. Hirschfeld (Hrsg.), *Jahrbuch für sexuelle Zwischenstufen. Auswahl aus den Jahrgängen 1899 – 1923* (S. 27–104). Qumran 1984.

Bollas, C. (2020). *Der Schatten des Objekts. Das ungedachte Bekannte* (5. Aufl.). Stuttgart.

Brecht, K., et al. (2010). Auszug aus einem Manuskript von Felix Boehm, Deutsches Institut für Psychologische Forschung und Psychotherapie vom 28.02. 1938. In ders. (Hrsg.), *»Hier geht das Leben auf eine sehr merkwürdige Weise weiter…« Zur Geschichte der Psychoanalyse in Deutschland*. Psychosozial.

Budge, S. L., Israel, T., & Merrill, C. R. S. (2017). Improving the lives of sexual and gender minorities: The promise of psychotherapy research. *Journal of Counseling Psychology, 64,*(4), 376–384.

Butler, J. (1991). *Das Unbehagen der Geschlechter*. Suhrkamp.

Butler, J. (1997). *Körper von Gewicht. Die diskursiven Grenzen des Geschlechts*. Suhrkamp,

Butler, J. (2001). *Psyche der Macht: Das Subjekt der Unterwerfung*. Suhrkamp.

Butler, J. (2021 [2004]). Gender-Regulierungen. In Ebd. *Die Macht der Geschlechternormen und die Grenzen des Menschlichen (Titel der Originalausgabe Undoing gender)* (S. 71–96). Suhrkamp.

Corbett, K. (2020). Gender Now. In: Hertzmann, L. & Newbigin, J. (Hrsg). Sexuality and Gender Now. Moving beyond heteronormativity. S. 240–256. Routledge.

Dannecker, M. (2008). Freuds Dekonstruktion der sexuellen Normalität. In T. Eggeling & J. Feddersen (Hrsg.), *Queer Lectures, Zeitschrift der Initiative Queer Nations e.V. 1. Jahrgang, 4*. Männerschwarm.

Dannecker, M. (2017). *Faszinosum Sexualität. Theoretische, empirische und sexualpolitische Beiträge*. Psychosozial.

Dea, S. (2016). *Beyond the binary: Thinking about Sex and Gender*. Broadview Press.

Dean, T., & Lane, C. (2001). *Homosexuality and Psychoanalysis*. University of Chicago Press.

De Lauretis, T. (1987). *Technologies of Gender: Essays on Theory, Film and Fiction*. Indiana University Press.

Deleuze, G., & Guattari, F. (1993). *Tausend Plateaus: Kapitalismus und Schizophrenie*. Merve.

Diamond, M. (2002). Sex and gender are different: Sexual identity and gender identity are different. *Clinical Child Psychology and Psychiatry 7*(3), 320–334.

Dyer, H. (2018). *The little book of LGBT terms*. Summersdale Publisher.

Eribon, D. (2019). *Betrachtungen zur Schwulenfrage*. Suhrkamp.

Foucault, M. (1977). *Sexualität und Wahrheit 1: Der Wille zum Wissen*. Suhrkamp.

Foucault, M. (2020 [1974]). *Die Ordnung der Dinge*. Suhrkamp.

Freud, S. (1905d). *Drei Abhandlungen zur Sexualtheorie. GW Bd. V* (S. 33–145).

Freud, S. (1905e). *Bruchstücke einer Hysterieanalyse. GW Bd. V* (S. 160–286).

Freud, S. (1917g). *Trauer und Melancholie. GW Bd. X* (S. 428–446).

Freud, S. (1961 [1935]). *Letters of Sigmund Freud 1873–1939* (S. 423–424). Hogarth Press.

Freud, S. (1937c). *Die endliche und die unendliche Analyse. GW Bd XVI* (S. 57–99).

Friedman, R. C. (1988). *Male Homosexuality: A Contemporary Psychoanalytic Perspective*. Yale University Press.

Friedman, R.C. & Downey, J.I. (2002). Sexual Orientation and Psychoanalysis. Sexual Science and Clinical Practice. Columbia University Press.

Forst, R., & Günther, K. (Hrsg.). (2021). *Normative Ordnungen*. Suhrkamp.

Giffney, N., & Watson, E. (2017). *Clinical Encounters in Sexuality. Psychoanalytic Practice & Queer Theory*. Punctum Books.

Gieryn, T. F. (1995), Boundaries of science. In G. Jasanoff & J. Peterson (Hrsg.), *Handbook of Science and Technology* (S. 393–443).

Göth, M., & Kohn, R. (2014). *Sexuelle Orientierung in Psychotherapie und Beratung*. Springer.

Gregor, A. (2015). *Constructing Intersex. Intergeschlechtlichkeit als soziale Kategorie. Intersexualität kontrovers*. transcript.

Grocer Fiorini, L. (2017). Sexual difference and binary logic. In ders. (Hrsg.), *Sexual Difference in Debate. Bodies, Desires, and Fictions* (S. 135–148). Karnac.

Halberstam, J. (2018). *Trans. A Quick and Quirky Account of Gender Variability*. University of California Press.

Hartmann, J., et al. (2007). *Heteronormativität. Empirische Studien zu Geschlecht, Sexualität und Macht*. Springer.

Heenen-Wolff, S. (2018). *Gegen die Normativität in der Psychoanalyse*. Psychosozial.

Hergemöller, B.U. (1999). Einführung in die Histographie der Homosexualitäten. edition diskord.

Hines, S. (2018). *Is gender fluid? A primer for the 21st century*. Thames & Hudson.

Hocquenghem, G. (1972). *Das homosexuelle Begehren*. Edition Nautilus.

Hutfless, E., & Zach, B. (2017). *Queering Psychoanalysis*. Zaglossus.

Klesse, C. (2007). Heteronormativität und qualitative Forschung. Methodische Überlegungen. In J. Hartmann et al. (2007) (Hrsg.), *Heteronormativität. Empirische Studien zu Geschlecht, Sexualität und Macht* (S. 35–51). Springer.

Laplanche, J. (2017[2007]). *Sexual. Eine im Freud'schen Denken erweiterte Sexualtheorie*. Psychosozialverlag.

LeSoldat, I. (2015). *Grund zur Homosexualität. frommann-holzboog*. Stuttgart.

Lewes, K. (2009). *Psychoanalysis and Male Homosexuality. Twentieth Anniversary Edition*. Jason Aronson Publishers.

Lorde, A. (1984). *Sister Outsider: Essays and Speeches*. Crossing Press.

Lutz, H., & Amelina, A. (2017). *Gender, Migration und Transnationalisierung. Eine intersektionale Einführung*. transcript.

Marten, R. (2017). *Lob der Zweiheit: Ein philosophisches Wagnis*. Carl Auer.

Meyer, E. (2015). Trans*affirmative Beratung. psychosozial 140, S. 71–86.

Mitchell, J. (1985). *Psychoanalyse und Feminismus. Freud, Reich, Laing und die Frauenbewegung*. Suhrkamp.

Mitchell, J. (2018 [1984]). Freud und Lacan. Psychoanalytische Theorien des Geschlechtunterschieds. In Ders. *Frauen – die längste Revolution. Feminismus, Literatur, Psychoanalyse* (S. 163–190). Fischer.

Money, J. (2016 [1995]). *Gendermaps: Social Constructionism, Feminism and Sexosophical History*. Bloomsbury Academic.

Nancy, J. L. (1988). *Die undarstellbare (Gemeinschaft)*. Patricia Schwarz.

Perelberg, R. (2018). Introduction: A psychoanalytic understanding of bisexuality. In Ders, (Hrsg.), *Psychic Bisexuality: A british-french dialogue* (S. 1–57). Routledge.

Platon Symposium. In O. Apelt (1998, Hrsg und Übersetzer). *Platon. Sämtliche Dialoge. Band III.* Meiner.

Quindeau, I. (2008). *Verführung und Begehren: Die psychoanalytische Sexualtheorie nach Freud.* Klett Cotta.

Quindeau, I. (2019). Geschlechterspannung revisited. (Un-)Doing Gender in Psychoanalyse und Psychotherapie. In I. Moeslein-Teising, et al. (Hrsg.), *Geschlechter-Spannungen* (S. 15–27). Psychosozial.

Rauchfleisch, U. (2019). Transgender: Vielfalt der Geschlechter und Selbstbestimmung. Eine Herausforderung für Psychiatrie, Psychologie und Psychotherapie. psychosozial 42. Jg. Heft III (Nr. 157) S. 117–124 https://doi.org/10.30820/0171-3434-2019-3-11.

Rauchfleisch, U. (2024 [2006]). *Transidentität – Transgender. Transitionsprozesse begleiten und gestalten* (6., komplett überarbeitete Aufl.). Vandenhoeck & Ruprecht.

Rich, A. (2020[1983]). Zwangsheterosexualität und lesbische Existenz. In T. Thomas & U. Wischermann (Hg:Innen), *Feministische Theorie und Kritische Medienkulturanalyse* (S. 141–152). transcript.

Sacksofsky, U. (2021). Wenn Rechtfertigungen brüchig werden. Verfassungsgerichte in der Diskriminierungsbekämpfung am Beispiel der Geschlechterordnung. In R. Forst & K. Günther (Hrsg.), *Normative Ordnungen* (S. 604–631). Suhrkamp.

Saketopoulou, A. (2020). Thinking psychoanalytically, thinking better: Reflections on transgender. *The International Journal of Psychoanalysis, 101*(5), 1019–1030.

Schweizer, K., & Richter-Appelt, H. (Hrsg.). (2012). *Intersexualität kontrovers. Grundlagen, Erfahrungen, Positionen.* Psychosozial.

Sigusch, V. (2005). *Neosexualitäten. Über den kulturellen Wandel von Liebe und Perversion.* Campus

Soiland, T. (2022). *Sexuelle Differenz. Feministisch-psychoanalytische Perspektiven auf die Gegenwart.* Unrast.

Star, S. (2010). This is not a boundary object. *Science, Technology & Human Values, 35*, 601–617.

Taylor, C. (2024 [1966]). *Quellen des Selbst. Die Entstehung der neuzeitlichen Identität* (12. Aufl.). Suhrkamp.

Waldenfels, B. (2010). *Bruchlinien der Erfahrung. Phänomenologie, Psychoanalyse, Phänomenotechnik.* Suhrkamp.

Wagenknecht, P. (2007). Was ist Heteronormativität? Zur Geschichte und Gehalt des Begriffs. In J. Hartmann et al. (Hrsg.), *Heteronormativität. Empirische Studien zu Geschlecht, Sexualität und Macht* (S. 17–34). Springer.

Westphal, C. (1870). Die conträre Sexualempfindung. Symptom eines neuropathischen (psychopathischen) Zustandes. *Archiv für Psychiatrie und Nervenkrankheiten, 2*(Heft 1), 73–108. Springer.

Woltersdorff, V. (2005). *Coming out. Die Inszenierung schwuler Identitäten zwischen Auflehnung und Anpassung.* Campus.

Woltersdorff, V. (2013). Going public—Going media. Über den medialen Wandel schwuler Coming-out-Inszenierungen seit Stonewall. In S. Regener & K. Köppert (Hrsg.), *privat/öffentlich. Mediale Selbstentwürfe von Homosexualität* (S. 89–110). Turia + Kant,.

Queere Identität. Beschreiben, Verstehen und Interpretieren.

5

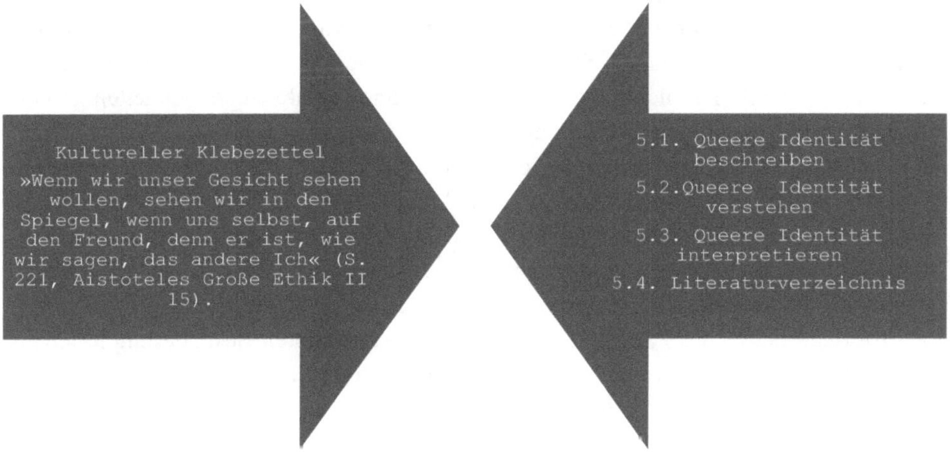

5.1 Queere Identität beschreiben

Phänomenologie stammt von dem altgriechischen Wort φαινομενον – Sichtbares, Erscheinung – ab und bedeutet Lehre von den Erscheinungen. Die Phänomenologie ist demnach ein Konzept, das durch eine holistische Auslegung und Deutung der Alltags- und Lebenswelt versucht, diese zu verstehen. Sie nimmt als Ausgangspunkt der Deutung und Interpretation die eigene Lebenswelt und das eigene Alltagserleben, dem gemeinsamen Vorwissen. Insofern gründen sich phänomenologische Angaben immer auf zwei oder mehrere Personen einer gemeinsamen oder differenten Lebenswelt. Die Hermeneutik –

B. Heimerl, *Queere Identitäten in der Psychotherapie*,
https://doi.org/10.1007/978-3-662-70525-4_5

aus altgriechisch erklären, auslegen, übersetzen – ist ein weiterer wichtiger theoretischer Zugang zur queeren inneren und äußeren Lebenswelt. Hermeneutik wird als Theorie über die Auslegung, die Interpretation und das Verstehen gesehen. Es ist der Inhalt der Hermeneutik, den Verstehensvorgang zu untersuchen und ihn zu strukturieren. Ausgelegt werden können zum Beispiel alle Arten von Texten, Kunstwerke, aber auch mündliche Aussagen von Subjekten oder deren Handlungen wie auch queere Selbstinterpretationen. Die Hermeneutik hat dabei eine vermittelnde Funktion und einen Entwurfscharakter, denn ausgehend von der Annahme, dass der Sinn einer Erzählung nicht *einfach* gegeben ist, sondern erst auslegend erarbeitet werden muss, geht es ihr darum, ein Deutungsangebot zu liefern. Dies tut der/die Hermeneutiker:in, indem versucht wird, Sinngebilde in die eigene Begrifflichkeit zu transformieren. Hermeneutik ist in diesem Sinne immer Übersetzungsarbeit. Das Konzept der Lebensweltorientierung (Grunwald & Thiersch, 2011) ist ein dritter Aspekt, welches einen primären Zugang durch die Phänomenologie und den verstehenden Zugang der Hermeneutik zu den queeren Lebenswelten und -schwierigkeiten queerer Personen darstellt. Grunwald und Thiersch (2011) stellen fest, dass es in der veränderten Lebenswelt von heute ein sinnvolles und notwendiges Konzept ist, um Personen in ihrer Lebenswelt zu verstehen. Sie ist eine persönliche und einmalige erzählte Lebensgeschichte, die durch geschichtliche Begebenheiten und soziale Gepflogenheiten gebildet wird, und deren Ausrichtung sich an bestimmten und selektierten Ereignissen und Erlebnissen orientiert. Die queere Biografie kann als die Innenseite des Lebens gesehen werden, in der deutlich wird, welche Lebens- und Alltagserlebnisse wie wahrgenommen, beurteilt und im Leben der queeren Person klassifiziert werden.

Die Psychoanalyse hat eine doppelte hermeneutische Verstehensleistung zu erbringen: zum einen die szenischen Inszenierungen zu verstehen und zum anderen die »sprachlichen Besonderungen des Patienten, die mit jener erstgenannten Besonderung in lebensgeschichtlichem Bezug steht« zu begreifen (Lorenzer, 2000, S. 240).

5.2 Queere Identität verstehen

Der Ausgangspunkt von Diltheys Denken bildet die Suche nach einem differenzierten Begriff menschlicher Erfahrung insofern menschliche Erfahrung primär eben nicht kognitiv-betrachtend, sondern vielmehr praktisch-verstehend und *anschauend* ist. In diesem Sinne definiert er *Verstehen:* »Wir nennen den Vorgang, in welchem wir aus Zeichen, die von außen sinnlich gegeben sind, ein Inneres erkennen: Verstehen.« Vereinfacht gesagt definiert Dilthey Verstehen als *Erkennen eines Inneren am Äußeren eines Zeichens.* Das Bemühen um Verstehen bezieht alle Voraussetzungen des Verstehensprozesses mit ein: die Erwartungen, die Deutungsvorannahmen, die Sprache der Beteiligten und die von Husserl bezeichneten *„Lebenswelten“* der Beziehungspartner (siehe Kühne-Bertram & Rodi, 2008).

Das Verstehen von *heterosexuell* stellt sich zumeist zwanglos ein, es ist nicht das Ergebnis eines Interpretationsakts, wobei sich mit Blick auf einen weiteren Äußerungszusammenhang ein solcher anschließen mag; das Verstehen des Wortes *queer* erfordert dagegen möglicherweise eine bewusste Verstehensbemühung. »*Verstehen* ist [...] eine der geistigen Leistungen, die für symbolverwendende Wesen innerhalb einer sprachlichen Gemeinschaft charakteristisch sind. *Auslegen* und *Interpretieren* sind Tätigkeiten, die ins Spiel kommen, wenn es nicht gelingt, sprachliche Äußerungen (oder auch andere Zeichen [...]) auf Anhieb, mehr oder weniger automatisch zu verstehen.« (Bühler, 2003, S. 13). In der Folge wird die Hermeneutik als »Methodenlehre der Interpretation« (ebd.) bezeichnet.

Für Paul Ricoeur bezieht sich die Interpretation (S. 24) zunächst auf eine intentionale Struktur zweiten Grades, die voraussetzt, dass ein erster Sinn bereits konstituiert ist. Die Selbst-Interpretation bezieht sich auf ein im Vorfeld konstruiertes Selbst. Weiterführend erwähnt Ricoeur, die (1974, S. 46) die Interpretation als eine Übung des Zweifels und des Infrage-stellens. Ein Verstehensprozess wird durch ein Nicht-Verstehen ausgelöst, nämlich als etwas Abwesendes, als ein Mangel. Und dieser Mangel ist von Belang, weil verstanden werden will und soll. Verstehen ist mehr als das bloße Erfassen des Wortlauts etwa wie im Oberflächenverstehen, denn was überhaupt verstanden werden soll geht über dieses Erfassen hinaus: »Wir sind [...] berührt«, oder – wie es ähnlich leibhaft in der klassischsten aller Formulierungen des klassischen Aufsatzes heißt – »ergriffen« (Staiger, 1971, S. 12). Das Wort queer *ergreift* uns im Geschlecht und im Sexuellen: als innere Ergriffenheit – im Coming out- oder im Außenraum. Das Verstehen erscheint, so gesehen, als Phänomen, das sich im Regelfall mühelos und weitgehend spontan einstellt; das Interpretieren wird dagegen gleichsam als Reparaturmodus gefasst, der in Kraft tritt, wenn dieses spontane Verstehen – das Verstehen erster Ordnung – ausbleibt oder in bestimmter Hinsicht an eine Grenze stößt. »Das Verstehen muß daher gedacht sein als eines, das eine Art permanenter *Selbstevaluation* praktiziert und sein eigenes Gelingen wie Misslingen konstatiert.« (Weimar, 1996, S. 119). *Mißverständnis Fehlinterpretation* und *Überinterpretation* sind Begriffe, die sowohl das Verstehen als auch die Abwege des Verstehens fassen und fehleranfällig sind. Es gibt aber auch deutliche Asymmetrien: die Wörter Unverständnis und Nicht-Verstehen haben ebenso wenig eine Entsprechung auf Seiten der Interpretation (Un- und Nicht-Interpretation fehlen) wie das Wort Überinterpretation auf Seiten des Verstehens (Überverstehen ist nicht vorgesehen). Die Grenzen des Verstehens sind erreicht oder überschritten, wenn Unverständnis oder Nicht-Verstehen eintritt, die Grenzen der Interpretation dagegen nur und erst dann, wenn sich ein Zuviel etwa in Gestalt einer Überinterpretation einstellt (siehe Mauz & Tietz, 2020). Queere Identität verstehen bedeutet immer, die *Identitätsverwebung* im Innnen-, Übergangs- und Außenraum zu verstehen.

5.3 Queere Identität interpretieren

Verstehen ist das Erkennen eines Inneren an dem Äußeren eines Zeichens. Um etwas zu verstehen, bedarf es eines Vorverständnisses, dieses Vorverständnis kann auch eine Vorurteilsstruktur haben. Das Verstehen erweitert nun das Vorverständnis und ermöglicht das Verstehen der nächsten Erkenntnisstufe. Der Erkenntniserwerb erfolgt nach einem Kreis- bzw. spiralförmigen Schema und deshalb spricht man vom *hermeneutischen Zirkel.* Verstehen wir einen Absender nicht, so besteht eine sogenannte hermeneutische Differenz. Diese hermeneutische Differenz gehört zur Struktur der Hermeneutik und entsteht durch die eigene Subjektivität in der Auseinandersetzung mit dem jeweiligen historisch-kulturellen Kontext. Die Überwindung der hermeneutischen Differenz geschieht durch die Bewegung des hermeneutischen Zirkels. Unter dem methodologischen Gesichtspunkt ist es wichtig, sich die Zirkelstruktur vor Augen zu halten. Denn es kann unter Umständen bei der Interpretation oder Deutung notwendig sein, etwas Noch-Unverständliches zunächst stehen zu lassen, um seine Aufhellung von etwas anderem her zu versuchen. Lisa Schmuckli und Patrick Gross (2020, S. 134) führen den Begriff *Selbstauslegung* ein, was auf den hermeneutischen Prozess hinweist. »Selbstauslegung umfasst [...] sich selbst entziffern und verstehen zu können; es macht das eigene Selbst-Verständnis besprechbar« (S. 134). Die *Selbstbildung,* das *Selbst-Bildnis* (Erikson), als einen Aspekt im Prozess der Transformation im Geschlecht lenkt auf die Coming-out Prozesse in der geschlechtlichen und sexuellen Biografie in der alltäglichen Praxis. Wir leben in einem Zeitalter der kulturellen Transformation, welche auch traditionelle Kategorien der Identitätsbestimmung betreffen.

Der dialektischen Haltung in der Hermeneutik entspricht der Grundprozess des Verstehens im Psychotherapeuten/in der Psychotherapeutin: das Wechselspiel zwischen identifikatorischem Miterleben und rationaler Distanzierung. Dieses innere Wechselspiel wiederholt sich so lange, bis es zu einer Intervention führt. Der französische Philosoph Emmanuel Lévinas beschreibt dies als die *Figuration des Dazwischen,* in der sich Fremdes und Eigenes mischen, Gadamer beschreibt dies als ein Oszillieren zwischen dem Sich-bewusst-Machen des eigenen Standorts und dem Sich-Einlassen auf die Befremdlichkeit des Anderen. Der Psychoanalytiker Thomas Ogden (1994) führt hierfür den Begriff das *analytische Dritte* ein: aus dem Dialog zwischen Analytiker:in und Analysand:in wird ein *analytischer Dritter* (1994), etwas Neues, das beide im Verstehensprozess miteinander schaffen. Dies bietet die Möglichkeit, das Fremde nicht festzusetzen, sondern es in seiner Ambivalenz als Fremdes und zugleich Bekanntes zu erhalten: für Freud die Definition des Unheimlichen (1919). In der Psychoanalyse besteht eine breite Auffassung von Hermeneutik, die eher zur Verwirrung, bisweilen Ablehnung verführt. Hans Georg Gadamers Theorie des interkulturellen Verstehens bietet die Möglichkeit einer hilfreichen Erklärung der Differenz und ihrer Überbrückung in der Begegnung mit queeren Identitäten. Das interkulturelle Verstehen ist im Wesentlichen sprachlich konstituiert. Diese sogenannte Universalhermeneutik hat einen entscheidenden Vorteil im Verstehen queerer Identitäten: sie fasst Hermeneutik nicht nur als Methode der

Geisteswissenschaften auf, sondern als anthropologisches Fundament der Begegnung. Die Hermeneutik von Gadamer (1960) weist auf, dass der Mensch seine Erfahrungen notwendigerweise dialogisch gestaltet und gestalten muss. Deshalb ist dieser hermeneutische Ansatz für das psychotherapeutisch-psychoanalytische Gespräch von großer Relevanz. Außerdem begründet Gadamer eine für die Psychotherapie allgemein wesentliche Auffassung der Interaktion als Gestaltungsprozess. Für das psychotherapeutische Gespräch unter dem hermeneutischen Blickwinkel lassen sich drei Grundprinzipien miteinander verbinden. Diese Grundprinzipien haben in der Begegnung mit queeren Personen eine besondere Bedeutung:

1. Die *Geschichtlichkeit* des Erkennens und Erlebens stellt eine erste hermeneutische Grundannahme dar, die Gadamer in seiner Konzeption hervorhebt. Im psychotherapeutischen Gespräch mit einer queeren Person geht es sowohl um Aneignung von persönlicher und sozialer Geschichte in der Lebensgeschichte als Biografie und als auch um Aneignung in Vergessenheit geratender, abgespaltener und verdrängter Anteile. Gadamer sieht im sogenannten *hermeneutischen Abstand* oder hermeneutischer Differenz der therapeutischen Situation die Möglichkeit, neue Selbst- und Fremd- Erfahrungen zu machen. Der französische Philosoph Paul Ricoeur entwickelt seinen hermeneutischen Ansatz in Auseinandersetzung mit der Psychoanalyse in den 1970iger Jahren insbesondere mit Freud (2024). Ricoeurs Hermeneutik beinhaltet hauptsächlich die Begriffe Verstehen, Selbst und Erzählung. Das Selbst versteht sich in Erzählungen, sofern es sich als Teil einer kohärenten Geschichte erfahren kann, in der es verschiedene Rollen und körperlicher Zustände einnehmen kann. Die queere Person fragt sich, »Bin ich der/die Autor:in meiner eigenen queeren Lebensgeschichte?« und »Erkenne ich wieder, was ich selbst geschaffen habe?«
2. Für Gadamer ist Sprache nicht nur ein Zeichensystem. Menschliche Schöpfungen sind demnach auch Vorstellungsbilder oder der Traum. Es geht Gadamer im hermeneutischen Gespräch – als Modell des therapeutischen Gesprächs – um die Herstellung einer gewissen *Einheit der Erfahrung*. Im Gegensatz zu einer rein informationstheoretischen Auffassung des Gesprächs belegt Gadamer die Notwendigkeit der sprachlichen – also narrativen- und szenischen Darstellung von emotional relevanten Geschehnissen. Die queere Person hat die Befähigung zu erzählen und sich erzählen zu können. Auch Ricoeur (2006) sieht im Mittelpunkt der Selbstinterpretation die Sprache, »Lernen, sich zu erzählen, bedeutet auch: lernen, sich anders zu erzählen« (1987, S. 59).
3. Das dritte Grundprinzip ist die *dialogische Struktur zur Erkenntnisgewinnung*. Entscheidend ist dabei, dass der/die Therapeut:in das szenisch Angeschaute und emotional Miterlebte diskursiv und intersektional interpretiert.

Bereits aus diesen knappen Bestimmungen lässt sich erahnen, dass das Selbst-Verstehen, die Selbstauslegung, die Selbstinterpretation einen prinzipiell aneignenden und kreativen Charakter hat, insofern etwas dann verstanden wird, wenn es in die eigene Lebensgeschichte integriert werden kann. Betrachtet man die Geschichte des Verstehensbegriffes so wird deutlich, dass zunehmend das Subjekt in den Vordergrund rückt, denn im Verstehen bringen sich queere Subjekte zur Geltung, somit sind Verstehensprozesse abhängig von der zugrundeliegenden Subjektkonstruktion. Dabei wenden wir unsere eigenen Deutungsperspektiven an.

In der psychoanalytischen Theorienbildung – und damit in der analytischen Terminologie- taucht der Begriff des Verstehens nur marginal und dann stets -in verwirrender Weise- mit dem Begriff der Einfühlung verknüpft auf. Freud unterscheidet nicht explizit zwischen Verstehen, Sich-Hineinversetzen und Einfühlung insbesondere fokussiert er zumeist den intellektuellen Aspekt der Einfühlung und dies erst 1921 in den späten Schriften zur Massenpsychologie, also im Kontext von Gruppenbildung und Gruppenbindung. Das Selbst- und Fremd-Verstehen des Analytikers wird von Freud hauptsächlich und wenig überzeugend unter den Beiträgen zur Technik erwähnt. In seiner Metatheorie äußert sich Freud dazu nicht. Das psychoanalytische Verstehen ist eine Erkenntnisbemühung, das Unvernünftige und Abgespaltene, das Unbewusste und Verdrängte in eine andere Sprache zu übersetzen. Im Unterschied zum Erklären, das sich auf Bekanntes und Vorausgesetztes bezieht und daher deduktiv vorgeht, ist das Verstehen so angelegt, dass im Verstehen die Logik der Andersheit sich ausdrückt. Die queere Andersheit zu *verstehen,* fordert heraus, eine Erklärung von *Queerness* bleibt unvollständig. Verstehen will in seiner Grundtendenz immer schon weg vom Selbstverständlichen seines Standpunkts, er hat das Andere nicht nur im Visier, sondern zielt geradezu darauf ab. Das, was verstanden werden soll, kann nur verstanden werden, indem es auseinandergelegt wird: ana-lysiert.

Der phänomenologische Ansatz impliziert für *Queerness*– vereinfacht ausgedrückt- die Selbstbeobachtung sowie die queere Erfahrung als wesentliche Kennzeichen des *In-der-Welt-Seins.* Wir wissen zu gut, wie der Analysand- wie jedermann- in Geschichten *verstrickt* ist.

Hermeneutik ist die Kunst der Aussage, des Auslegens und des Übersetzens. Es geht ihr um das Verstehen von Sinn und letztendlich begründet sie sich aufgrund des Doppelsinns im Bereich der Sprache und dem Verstehen von Symbolen. Das heißt: Die Fähigkeit zur Symbolisierung ist die Fähigkeit zur Mehrdeutigkeit, dem Denken in zeitlich verschobenen Ebenen und dem angstfreien Aushalten von Ambivalenzen wie zum Beispiel einem Doppelsinn. Die Annahme der psychischen Bisexualität trägt im Kern diese Mehrdeutigkeit in sich, den Doppelsinn und die dadurch mögliche Spielarten der Übersetzung der psychischen Bisexualität im Subjekt. Daraus leiten sich die Möglichkeiten queere Identitäten zu verstehen ab.

Binswanger führte 1933 das hermeneutische Prinzip in die Psychotherapie ein. Und es war Karl Jaspers, der 1965 die verstehende Psychopathologie begründete und die Aussage prägte: »Seelisches geht aus Seelischem hervor«. Er betrachtete unter anderem die Veränderungen in der Psychose als eine Veränderung über Raum- und Zeiterleben und versuchte die Phobie als symbolische Raumqualität des Verschlingenden zu verstehen oder die Platzangst als symbolische Qualität der Weite des Bedrohlichen zu sehen. Eine wegweisende Erweiterung wurde von Alfred Lorenzer in *Sprachzerstörung und Rekonstruktion*

(1973) ins Leben gerufen, nämlich das hermeneutische durch ein szenisches Verstehen – und eben auch der Körperinszenierungen – zu ergänzen. Damit bahnt er den Weg, dem Sinnverstehen der klassischen Hermeneutik das Verstehen des unbewussten Bereichs hinzuzufügen. Verstehen und Interpretation sind und sind die beiden Leitbegriffe der Hermeneutik. »Hermeneutik als Auslegung zu definieren ist eine räumliche Metapher« (Bohr, 2019, S. 97).

Literatur

Aristoteles. (1995). *Metaphysik. Philosophische Schriften in 6 Bänden* (Bd. 5). Meiner.

Bohr J (2019) Sprache und Raum. In J. Gruevska (Hrsg.), *Körper und Raum* (S. 95113). Springer.

Bühler, A. (2003). Grundprobleme der Hermeneutik. In Ders. (Hrsg.), *Hermeneutik. Basistexte zur Einführung in die wissenschaftstheoretischen Grundlagen von Verstehen und Interpretation* (S. 3–19). Synchron.

Freud, S. (1921). *Massenpsychologie und Ich-Analyse*. GW 13

Gadamer, H. G. (2024). *Vom Zirkel des Verstehens*. Reclam.

Gadamer, H. G. (1960). Wahrheit und Methode. Grundzüge einer philosophischen Hermeneutik. Unveränd. Nachdr. d. 3. erw. Aufl. Mohr Siebeck.

Gadamer, H. G. (1993). Gesammelte Werke Bd 2: Hermeneutik II: Wahrheit und Methode – Ergänzungen, Register. Mohr Siebeck.

Gadamer, H. G. (2010). Gesammelte Werke Bd 1: Hermeneutik I: Wahrheit und Methode – Grundzüge einer philosophischen Hermeneutik. Mohr Siebeck.

Grunwald, K., & Thiersch, H. (2011). *Praxishandbuch lebensweltorientierte soziale Arbeit. Handlungszusammenhänge und Methoden in unterschiedlichen Arbeitsfeldern* (3. Aufl.). Beltz.

Jaspers, K. (1965). *Allgemeine Psychopathologie*. Springer.

Küchenhoff, J. (2013). *Der Sinn im Nein und die Gabe des Gesprächs-Psychoanalytisches Verstehen zwischen Philosophie und Klinik*. Velbrück Wissenschaft.

Kühne-Bertram, G., & Rodi, F. (Hrsg.). (2008). *Dilthey und die hermeneutische Wende in der Philosophie. Wirkungsgeschichte seines Werkes*. Vandenhoeck & Ruprecht.

Lévinas, E. (1992). *Jenseits des Seins oder anders als Sein geschieht*. Verlag Alber.

Lévinas, E. (1999). *Die Spur des Anderen: Untersuchungen zur Phänomenologie und Sozialphilosophie*. Verlag Alber.

Lorenzer, A. (2016[2000]). *Sprachzerstörung und Rekonstruktion: Vorarbeiten zu einer Metatheorie der Psychoanalyse*. Suhrkamp.

Mauz, A., & Tietz, C. (2020). *Verstehen und Interpretieren. Zum Basisvokabular von Hermeneutik und Interpretationstheorie*. Ferdinand Schöningh Verlag.

Ogden, T. (1994). The analytic third: Working with intersubjective clinical facts. *International Journal of Psychoanalysis, 75*, 3–19.

Ricoeur, P. (1987). Narrative Identität. In E. Mittler (Hrsg.), *Heidelberger Jahrbücher. Heidelberger Jahrbücher* (Bd. 31). Springer.

Ricoeur, P. (2024 [1974]). *Die Interpretation: Ein Versuch über Freud*. Suhrkamp.

Ricoeur, P. (2006). *Wege der Anerkennung*. Suhrkamp.

Schmuckli, L., & Gross, P. (2020). Ein Geschlecht- Widersprüchliche Geschlechterfindung. In *Jahrbuch der Psychoanalyse, 81, frommann-holzboog* (S. 115–142). Stuttgart.

Staiger, E. (1971). *Die Kunst der Interpretation*. Dtv.

Weimar, K. (1996). Text, Interpretation, Methode. Hermeneutische Klärungen. In L. Danneberg & V. Vollhardt (Hrsg.), *Wie international ist die Literaturwissenschaft?* (S 110–122). Springer.

Queere Identität. Selbstauslegung und Selbstinterpretation

6

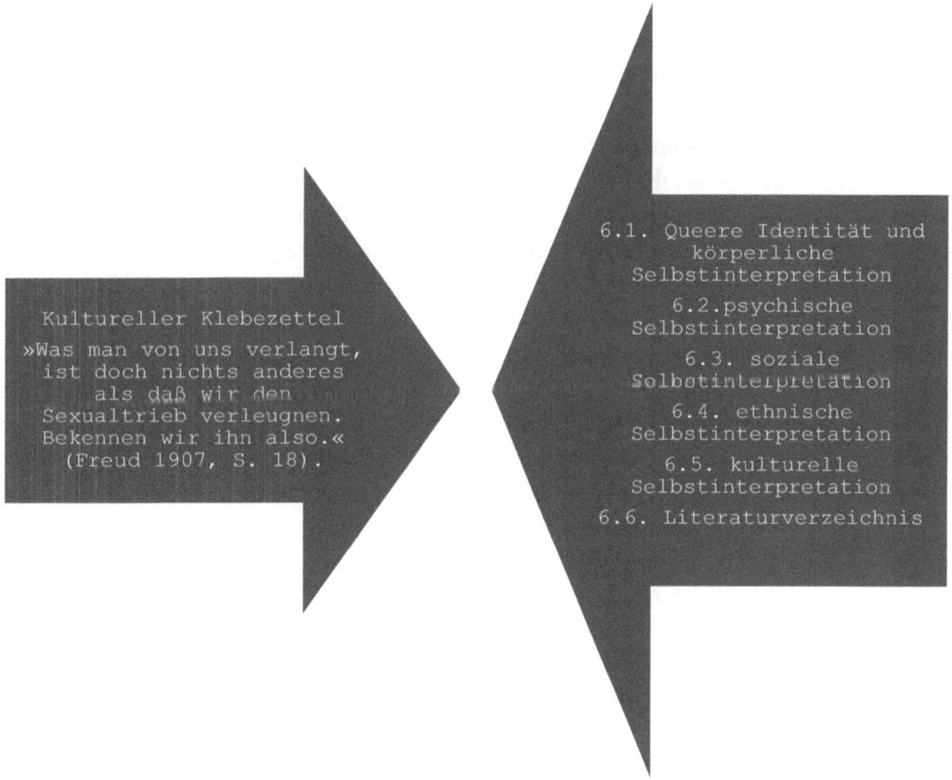

B. Heimerl, *Queere Identitäten in der Psychotherapie*,
https://doi.org/10.1007/978-3-662-70525-4_6

Dem Entwurfscharakter der Identität Folge zu folgen kann mit dem von Charles Taylor aus der philosophischen Anthropologie eingeführten zeitgenössischen Begriff der *Selbstinterpretation* hilfreich sein, um der Identität queerer Personen sowohl ein geeignetes Beschreibungsmerkmal als auch Identitätsbildungsprozesse im psychotherapeutischen Raum zu ermöglichen. Der Möglichkeitsraum eines queeren Identitätsprozesses wird durch Entwurf und Selbstinterpretation geschaffen. Um Identität zu verstehen, benutzt Erik Erikson das *Selbst-Bildnis* als Metapher, im Bildnis steckt der Entwurfscharakter. Es wird der Entwurfscharakter der Identität diskutiert, die transitorische Bewegungsmöglichkeit im Identitätsbildungsprozess als auch die Bedeutung des Eigennamens im Geschlecht für die narrative Identität und zuletzt die Deutung der queeren Identität als eine Selbstinterpretation (Taylor 2024).

Nachfolgend wird die Selbstinterpretation einer queeren Person im Identitätsbildungsprozess differenziert. Die Bereiche sind körperliche, psychische, soziale, ethnische und kulturelle Selbstinterpretation. Diese Differenzierung in unterschiedliche Entitäten ist theoretisch, in der Praxis verweben sich diese Bereiche individuell unterschiedlich stark (Abb. 6.1).

6.1 Queere Identität und körperliche Selbstinterpretation

Donald Winnicott führt den Begriff der *Personalisation* ein, um zu beschreiben, dass »das Kind zu Beginn einen Entwurf für Normalität besitzt, der größtenteils auf der Form und dem Funktionieren seines Körpers beruht« (1970). Dies ist weder einem männlichen noch weiblichen Körper zugeschrieben. Die Herausforderung in der Begegnung mit queeren Personen ist der Umstand der Gleichzeitigkeit von (diskursivem) Körperwissen, der *Personalisation* einerseits und gelebter (leiblicher) Erfahrung andererseits. Die Idee von der Inkorporierung der sozialen Ordnung, die in den Arbeiten von Pierre Bourdieu eine so prominente Rolle spielt, bleibt unverstanden, solange diese Inkorporierung in ihren materiellen Aspekten, das heißt körperlich vernachlässigt bleibt. Die doppelte Perspektive, die sich die Unterscheidung zwischen Körper und Leib zunutze macht, genauer gesagt, einen Körper zu haben – ein biologischer Organismus- und ein Leib – ein sozialer Körper- zu sein, führt die queere Person als Subjekt der normativen Vorstellung *Körper ist Leib* als ad absurdum vor. Der *Leib* hat in den Schriften Freuds keine Bedeutung. Das Register der *Gesammelten Werke* verwendet Leib austauschbar mit Körper und im psychoanalytischen Wörterbuch von Laplanche und Pontalis findet sich kein Eintrag zu Körper oder Leib (siehe Cremonini, 2019, S. 215). Es ist anzunehmen, dass *einen Körper haben* sich im bewußten und vorbewußten, *ein Leib sein* sich im unbewußten und vorbewußten Teil der Psyche verorten lässt. Die weitgehende Abwesenheit des veränderbaren geschlechtlichen Körpers in den normativen geschlechtlichen Diskursen und die Ersetzung eines biologischen durch einen diskursiven Essentialismus wird hier deutlich. In diesem Sinne hat der Leib einen Eigensinn, der sich in Empfindungen und Gefühlen niederschlägt, die in ihren Ausdrucksformen wiederum durch Körperwissen

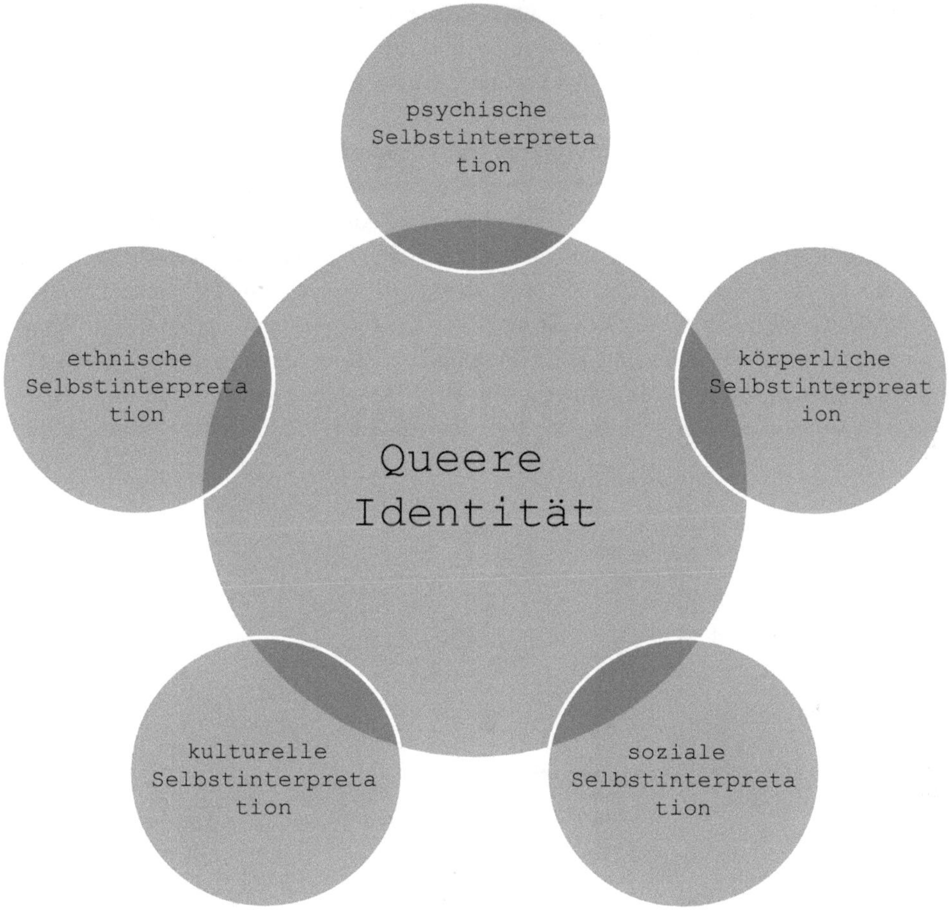

Abb. 6.1 Queere Identität und Selbstinterpretation: körperliche, psychische, soziale, ethnische und kulturelle Selbstinterpretation (Heimerl 2024)

gerahmt sind, ohne in diesem aufzugehen. Die empirische Arbeit von Gesa Lindemann zur Transsexualität (1993), in der die Autorin sichtbar macht, wie es in der Umwandlung von Transsexuellen zu einer vorübergehenden Lösung der Körper-Leib Verschränkung kommt, damit sich überhaupt ein neues Bild eines (geschlechtlichen) Subjektes herausbilden kann. Das Zusammenfallen von Körper und Geschlecht, das wiederum auf der Ebene des Leibes subjektiv als wirklich erfahren wird, wird in einer Krise gleichsam aufgehoben, bevor es zu einer erneuten Zusammenführung kommt. Der materielle Geschlechtskörper wird zumeist unter *gender* subsumiert, wobei sich dabei der Körper wesentlich über die binäre Ordnung definiert. Das heterosexuelle System teilt den Körper in Weiblichkeit und Männlichkeit, was zugleich die Geschlechterdifferenz begründen soll. Beatriz Preciado erklärt im *kontrasexuellen Manifest* (2003) das die »vorgeblich natürlichen Substanzen (Testosteron, Östrogen, Progesteron), die Organe (die männlichen und die weiblichen Geschlechtsteile) und die physischen Reaktionen (Erektion, Ejakulation, Orgasmus etc.) als machtvolle politische Metaphern betrachtet werden« müssen (S. 29) (Abb. 6.2).

Embodiment ist ein statischer Begriff, der Zustände von Verkörperungsprozessen beschreibt wobei *Embodying* als Prozess der Verkörperung zu verstehen ist (siehe Gallagher, 2019, S. 355). Biologisches Embodiment ist Anatomie, Bewegung/Motorik und Biochemie/Stoffwechsel. Es werden unterschiedliche Körperperformances und Raumkonzepte für die Benutzung des Körpers vermittelt, je nachdem welchem Geschlecht eine Person zugeordnet wird. Dies ist auch auf die *Körpererzählung* bezogen. Wie erzählt sich mein Körper im Raum? Diese Frage berührt die Bedeutung der Selbstäußerung und die Praktiken im queeren körperlichen Identitätsbildungsprozess, zumeist als *Performance* verstanden. Performativität lässt sich im Sinne der Theaterwissenschaftlerin

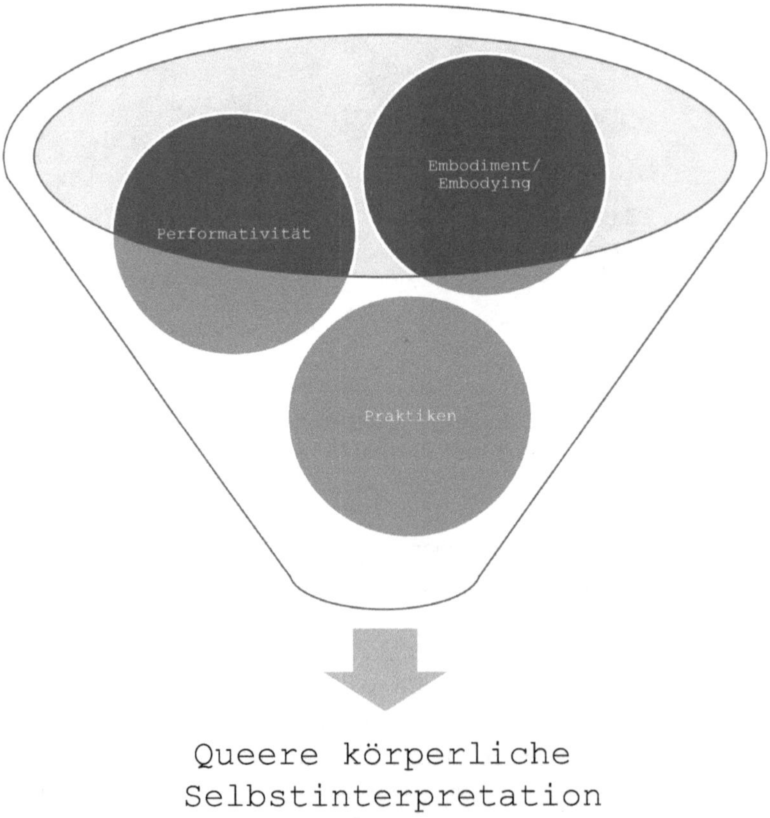

Abb. 6.2 Queere körperliche Selbstinterpretation: Embodiment/Embodying, Performativität, Bedeutung der Selbstäußerung und Praktiken (Heimerl 2024)

Erika Fischer-Lichte am Beispiel performativer Akte beschreiben (2004, 2012). Es sind Inszenierungen im Sinne einer Aufführungskunst und die Performance ist ein Vorgang einer Darstellung durch Körper und Stimme und hat immer einen relationalen Charakter. Sie sind demnach sowohl selbstreferentiell und subjektiv wirklichkeitskonstituierend als auch an ein Außen gerichtet. Performative Prozesse haben eine transformative Bewegung und einen ritualisierten Kern, das heißt sie verändern die Identität des Subjekts in der ritualisierten Wiederholung. Es sind gerade die körperlichen Wiederholungen, welche diese Transformationen ermöglichen (Fischer-Lichte 2012). Verbale Erniedrigungen und Demütigungen in der Wiederholung schreiben sich jedoch auch früh in den Körper ein, denn Unsicherheit, Scham, Befangenheit, sind körperliche Reaktionsweisen, die von der Außenwelt produziert werden (Henning, Kompa & Nimtz 2025). Wenn *queer* als Schimpfwort gebraucht wird schreibt es sich in den Körper ein: merkwürdig, seltsam, unnormal. Warum verletzen Wörter körperlich? (Abb. 6.3)

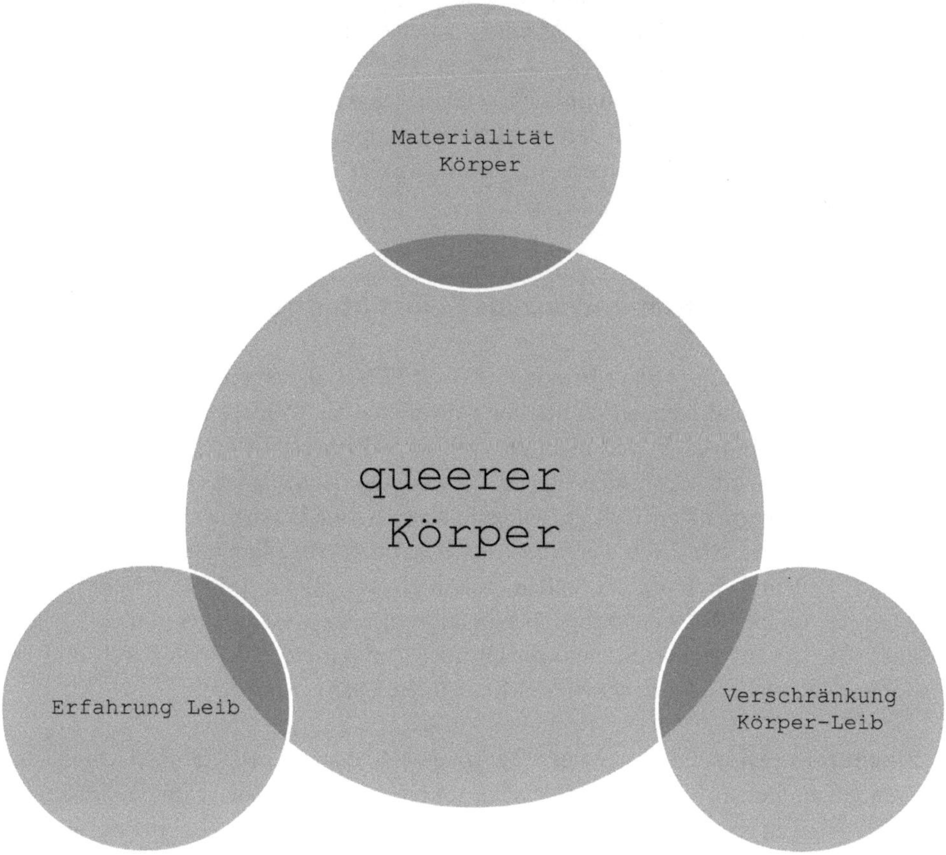

Abb. 6.3 Queerer Körper zwischen Materialität-Körper, Erfahrung – Leib und der Verschränkung zwischen Körper und Leib (Heimerl 2024)

6.2 Queere Identität und psychische Selbstinterpretation

Wenn eine queere Person ihre/seine bisherige geschlechtliche Identität neu entwirft ist dieser Entwurf immer von der hegemonialen Geschlechter- und Sexualordnung auferlegt. Das *Dunkle* in der Bisexualität meint unbestimmt und undeutlich, gleichzeitig verdächtig und zweifelhaft. Diese Beschreibung greifen Gsell und Züricher (2011, S. 701) in ihrem Psyche- Artikel *Licht ins Dunkle der Bisexualität* auf. Sie beschreiben drei verschiedene Bedeutungen des Begriffs der Bisexualität, wobei sich eine auf die biologisch- anatomische und die beiden anderen auf die psychologische Ebene bezieht: »Auf der psychologischen Ebene wird der Begriff der Bisexualität im Sinne der Objektwahl verwendet (Männer und Frauen begehren) sowie auch zur Bezeichnung von gleichzeitig vorhandenen männlichen und weiblichen Geschlechtscharakteristika« (ebd. S. 701 f.) In Analogie zur anatomischen Bisexualität führt Freud den Begriff der psychischen Bisexualität ein, ohne ihn inhaltlich genauer zu bestimmen. Im Jahr 1905 bringt er in einer Fußnote (S. 121) zum Ausdruck, dass: »[…] die Begriffe männlich und weiblich, deren Inhalt der gewöhnlichen Meinung so unzweideutig erscheint, in der Wissenschaft zu den verworrensten gehören« (Freud 1905d). Daraus ergibt sich, so Freud weiter: »dass weder im psychologischen noch im biologischen Sinn eine reine Männlichkeit oder Weiblichkeit gefunden werden« kann, und er betonte die Bedeutung der psychischen Besetzung des Körpers als männlich oder weiblich im Sinne einer Zweigeschlechtlichkeit (Abb. 6.4).

6.3 Queere Identität und soziale Selbstinterpretation

Die Beleidigung, schreibt Didier Eribon (2019, S. 72) sei »konstitutiv für die Subjektivität der Minderheit und namentlich die der Schwulen«. Es ist nicht ungewöhnlich, dass ein Problem in der sozialen Welt nicht dadurch entsteht queer zu sein, sondern dadurch, dass es geäußert wird. Wenn eine queere Person mitteilt, queer zu sein, wird die Person in der heteronormativen Welt gezwungen, sich als eine Person der heteronormativen Welt zu reflektieren. Bis dahin war weder die heteronormative Identität noch die heteronormative Ordnung in Frage zu stellen. Laura Brown (1985, 1988) verweist auf die soziologisch orientierte Randgruppenperspektive als ein wesentlicher Aspekt queerer Realität. Die queere soziale Situation nach dem Coming-out lässt sich durch drei Beschreibungsmerkmale kennzeichnen (deMonteflores, 1986) (Abb. 6.5):

1. **Bikulturalismus** meint, dass queere Personen sich ständig in zwei unterschiedlichen Kulturen aufhalten. Was sie dabei leisten, sei ein »constant managment of difference« (siehe Nguyen & Martínez, 2013; Schwartz & Unger, 2010; LaFromboise et al., 2013; Bhabha, 2000). Bikulturalismus bedeutet, sich in zwei verschiedenen Kulturen gleichzeitig zurechtzufinden und deren Werte, Rituale, Bräuche und Traditionen anzunehmen. Bikulturelle Personen besitzen eine facettenreiche Identität, die Elemente

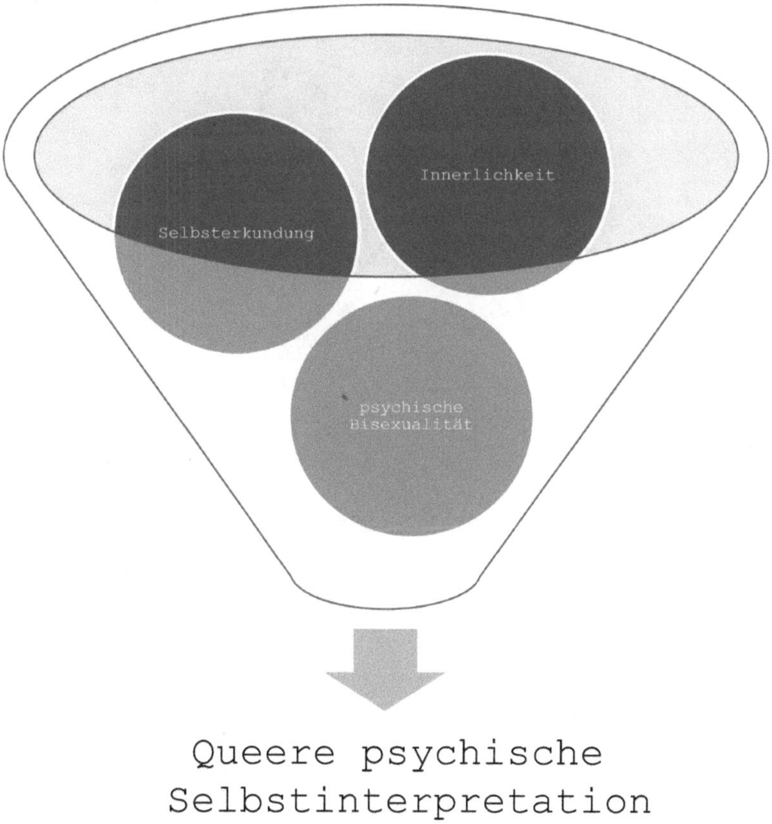

Abb. 6.4 Queere psychische Selbstinterpretation: Innerlichkeit, Selbsterkundung, Psychische Bisexualität (Heimerl 2024)

aus beiden Kulturen in ihr Leben integriert. Dies bereichert nicht nur ihre persönlichen Erfahrungen, sondern trägt auch zur Bereicherung des gesamtgesellschaftlichen Gefüges bei. Im Kern fördert Bikulturalismus das Zugehörigkeitsgefühl zwischen kulturell unterschiedlichen Individuen. Er schafft Räume, in denen Menschen sich befähigt fühlen, ihr authentisches Selbst auszudrücken, ohne Angst vor Verurteilung oder Ausgrenzung zu haben. Bikulturalismus ist ein wirksames Instrument zur Förderung von Vielfalt, Gleichheit und Inklusion in der heutigen globalisierten Welt. Durch die Wertschätzung und Würdigung des Reichtums verschiedener Kulturen können Einzelpersonen und Gemeinschaften Brücken bauen, Verständnis fördern und eine integrativere Gesellschaft für alle schaffen (siehe hybride Identität bei Homi Bhabha).

2. **Marginalisierung** meint, ein Erkennen von Zusammenhängen, die den Mitgliedern der heteronormativen Mehrheit verborgen bleiben. Dies bedeutet, Differenz als mögliche Praxis zu denken. Die Marginalisierung von lat. *margo* (für Rand, Grenze)

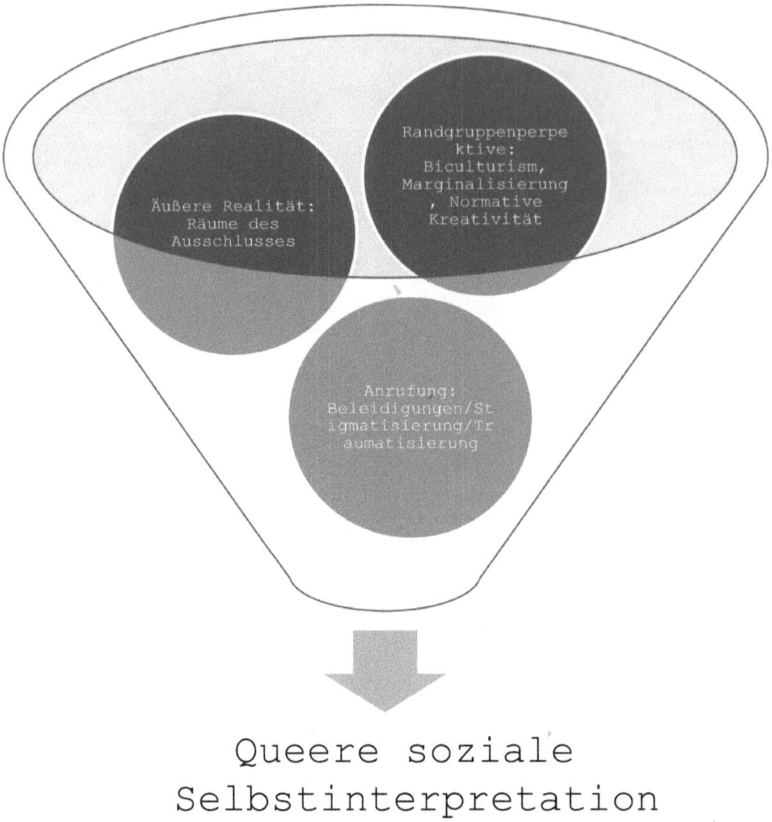

Abb. 6.5 Queere soziale Selbstinterpretation: äußere Realität (Traumatisierungen, Räume des Ausschlusses), Randgruppenperspektive, Anrufung (Beleidigung)

und der franz. *marge* (für Spielraum) markieren die Pole *Grenze* und *Spielraum* in der Minderheitenposition, kein Überschreiten der Grenze jedoch ein Spielen an der Grenze. Jaques Derrida entwickelt in *La Dissemination* (1972) die Begriffsserie Rand *(marge),* Markierung *(marque),* Schritt *(marché)* und gibt damit eine Beschreibung seines zentralen Begriffs der Differenz: »der eine Grenze markierende Rand«. Es ist keine »zweitrangige Leerzone sondern eine unerschöpfliche Reserve« (Derrida, 2023).

3. **Normative Kreativität** meint, dass queere Personen damit konfrontiert werden, durch den Mangel an für sie gültigen Normen, sich solche selbst zu erschaffen. Normkreativität ist eine von der feministischen und kritischen Theorie adaptierte Methode, die dazu auffordert, diskriminierende Standards und normative Werte in Frage zu stellen. Normkreativität bezieht sich auf einen Ansatz, der aktuelle Normen und Ungleichheiten in Frage stellt, um innovative Lösungen zu erforschen. Er beinhaltet kritisches Denken über die aktuelle Nutzung und die Nutzer:innen, wobei der Schwerpunkt auf

Inklusivität und Vielfalt liegt. Dieser Ansatz ermutigt Personen, Normen, die Menschen ausschließen und diskriminieren, zu erkennen und in Frage zu stellen. Es wird eine zweistufige Strategie untersucht, die ein kritisches Verständnis sozialer Normen fördert und integrativere Wege der Problemlösung und Integration unterstützt (siehe Tham, 2019; Karlsson, 2018).

Diese drei Perspektiven basiert auf den Erfahrungen von queeren Personen aus der Randgruppenperspektive. Diese drei Elemente definieren situationsübergreifend eine queere Realität: Bikulturalismus, Marginalität und normative Kreativität.

6.4 Queere Identität und ethnische Selbstinterpretation

Die Ethnographie besteht in der Beobachtung und Analyse menschlicher Gruppen, »die in ihrer Besonderheit betrachtet werden [...] die von der unseren am meisten abweichen« (Lévi-Strauss, 2024, S. 12). Der Ethnopsychoanalytiker Mario Erdheim definiert Identität als eine psychische Struktur, »die Orientierungshilfe anbietet, indem sie die Kategorien des Eigenen und des Fremden in ein Verhältnis zueinander bringt« (Erdheim, 1992, S. 730). Das Fremde grenzt Erdheim zum Begriff des Anderen ab, indem er das Fremde als ein Konzept beschreibt, für etwas, was zwar nicht zu uns »gehört, uns aber doch auf eine spezifische Art und Weise betrifft« (S. 734, siehe auch Winnicott, 1966). Ethnische Identität meint eine Zugehörigkeit zu einer »Abstammungstradition« (ebd. S. 730), diese grenzt die eigene von der fremden Kultur ab und schafft eine erste Verankerung im Raum der individuellen und gesellschaftlichen Geschichte: zum Beispiel in der Sprache, in der Esskultur, in der Kleidung, in der Behausung also in der Region, in welcher eine Person hineingeboren wird. Erdheim betont explizit, dass der Begriff der ethnischen Identität von dem biologischen Rassebegriff ebenso wie von dem politischen Begriff der Nation absolut abzugrenzen ist. Wo das ethnische durch rassistische und nationale Aneignungen zerstört wird zeigt sich eine diktatorisch-imperialistische Zielsetzung. Ethnische Identität meint eine immerwährende Auseinandersetzung mit dem Eigenen und Fremden, eine Auseinandersetzung mit den Vorstellungen und Vorurteilsstrukturen, die man sich über das Fremde und Eigene macht: die Auseinandersetzung mit dem eigenen Geschlecht und dem fremden Geschlecht in einer ersten Orientierung über den Körper, beziehungsweise der Funktionen des Körpers, den unterschiedlichen Körperöffnungen und -schließungen im Sinne einer frühen Fremdenrepräsentanz. Die fremde Ethnie, das fremde Geschlecht kann zum Inbegriff von all dem werden, was man in der eigenen Kultur, im eigenen Geschlecht, verleugnen und verwerfen muss. Für das Coming-out queerer Personen greift die ethnische Identität insofern in den Prozess ein, da die Familie der Ort des Aufwachsens, der Erfahrung von Intimität und der Tradition ist. Im Coming-out wird diese heteronormative und heterosexuelle »Abstammungstradition« in Frage gestellt. Während diese Ambivalenz im Coming-out notwendig ist, um eine autonome ethnische Identität zu entwickeln, indem Fixierungen im Sexuellen

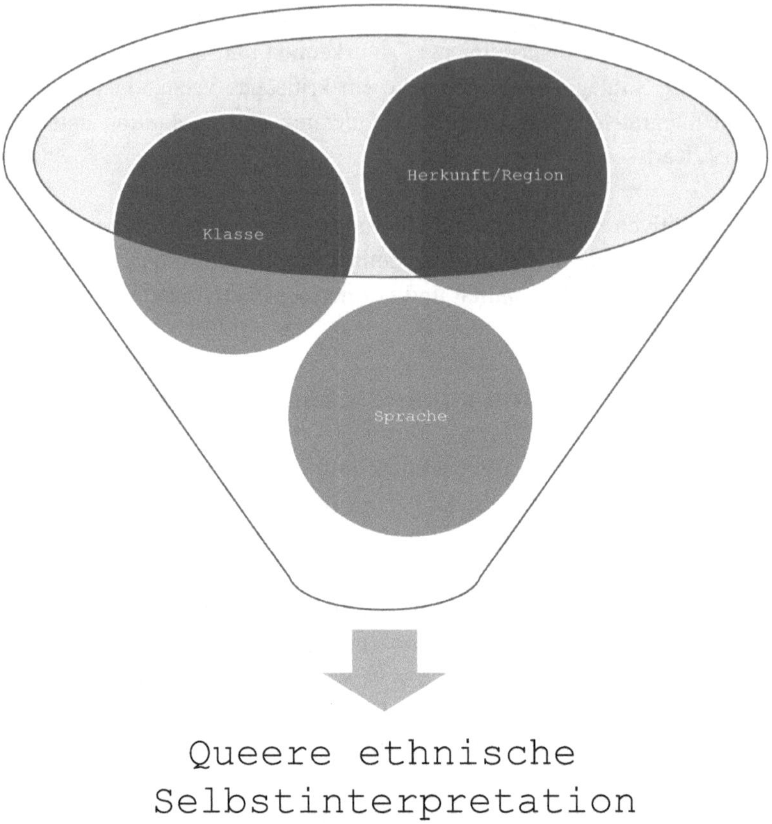

Abb. 6.6 Queere ethnische Selbstinterpretation: Klasse, Sprache und Herkunft (Heimerl 2024)

aufgelöst werden. In den modernen Gesellschaften gibt es drei Spannungsfelder: das Verhältnis zwischen den Geschlechtern, das Verhältnis zwischen den Generationen und das Verhältnis zwischen den verschiedenen Ethnien (Erdheim, 1992, S. 738) (Abb. 6.6).

6.5 Queere Identität und kulturelle Selbstinterpretation

Die *queere* Identitätskategorie ist eine schon immer in der Kultur vorkommende Kategorie von Geschlecht, nicht erst in der Neuzeit auftauchend oder erfunden. Es ist unbestritten, dass sich das Wirken und die Erscheinungen der Gesellschaft direkter und energischer in den psychotherapeutischen Raum *einmischen.* Jedes Konzept von *Identität* oder dem *Selbst* ist abhängig von dem jeweils vertretenen Menschenbild, zunächst teilen sich die Auffassungen in stabile Identität – zumeist, dass die narzisstische Entwicklung der Herausbildung einer stabilen Identität dient – versus dynamische Identität. Von:

»denn diese Identität, die wir unter einer Maske notdürftig wahren wollen, ist selber nur eine Parodie: der Plural regiert sie, unzählige Seelen machen sie einander streitig.« (Foucault, 1971, S. 586). Wenn solche dynamischen Identitäten den Charakter von radikal fragmentierten Identitäten annehmen, kann die Person die Frage nicht mehr beantworten, wer man ist. (Rosa, 1998, S. 71). Kulturelle Identifikation balanciert zwischen dem »Verlust von Identität« (Kristeva, 1991) und dem was Franz Fanon als eine tiefgehende kulturelle »Unentscheidbarkeit« nennt. Die Kultur als Referenzkategorie entsteht aus dem sich spaltenden Subjekt in Individuum und Gesellschaftswesen. Das queere Subjekt ist gespalten zwischen Verlust von heteronormativer Identität und dem Aufbau queerer kultureller Identität. Der Prozess der Identitätskonstituierung durch die Kultur ist bestimmt durch eine historische Zeit und gleichzeitig ein Verlust dieser Identität im Prozess der kulturellen Identifikation (Kristeva, 1991) (Abb. 6.7).

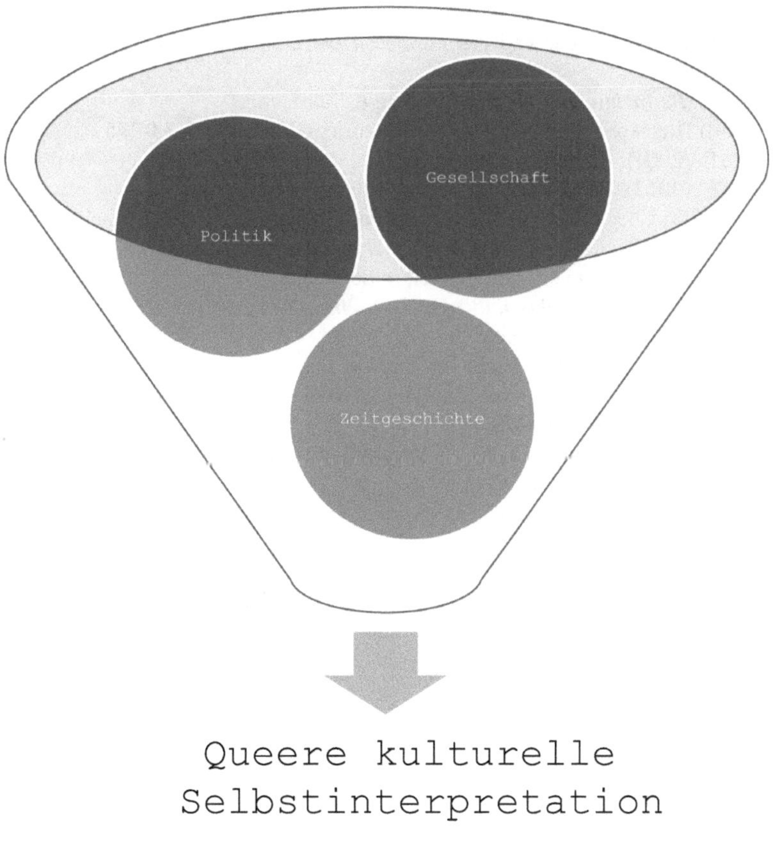

Abb. 6.7 Queere kulturelle Selbstinterpretation: Politik, Gesellschaft, Zeitgeschichte (Heimerl 2024)

Literatur

Bhabha, H. (2000). *Die Verortung der Kultur.* Stauffenburg.

Butler, J. (2004). *Undoing Gender.* Routledge.

Brown, L.S. (1985). Power, responsibility, boundaries: Ethical concerns for the lesbian feminist therapist. *Lesbian Ethics, 1,* 30–45.

Brown, L.S. (1988). From perplexity to complexity: Thinking about ethics in the lesbian therapy community. *Women and Therapy, 8,* 13–26

Cremonini, A. (2019). Sigmund Freud – Der gelebte vs. Der phantasmatische Leib. In E. Alloa et al (Hrsg.), *Leiblichkeit. Geschichte und Aktualität eines Konzepts* (2. verbesserte und erweiterte Aufl., S. 212–227). Mohr Siebeck.

deMonteflores, C. (1986). Notes on the management of difference. In T.S. Stein & C.J. Cohen (Hrsg.), *Contemporary perspectives on psychotherapy with lesbians and gay men* (S. 73–104). Plenum Medical.

Derrida, J. (1972). *La Dissémination.* Seuil.

Derrida, J. (1999). Tympanon. In *Ders Randgänge der Philosophie* (S. 13–30). Passagen Verlag.

Derrida, J. (2023). *Randgänge der Philosophie.* Passagen Verlag.

Erdheim, M. (1992). Das Eigene und das Fremde. Über ethnische Identität. *Psyche, 46*(8), 730–744.

Eribon, D. (2019). *Betrachtungen zur Schwulenfrage.* Suhrkamp.

Freud, S. (1905d) Drei Abhandlungen zur Sexualtheorie. GW Bd. V, S. 33–145.

Fischer-Lichte, E. (2004). Ästhetik des Performativen. Suhrkamp.

Fischer-Lichte, E. (2012). Performativität. Eine Einführung. transcript.

Foucault, M. (1971). Über die Natur des Menschen: Gerechtigkeit versus Macht (Diskussion mit N. Chomsky und F. Elders). In Ders. (Hrsg.), *Schriften* (Bd. 2, S. 586–637). Suhrkamp.

Gallagher, S. (2019). Embodiment: Leiblichkeit in den Kognitionswissenschaften. In E. Alloa et al. (Hrsg.), *Leiblichkeit. Geschichte und Aktualität eines Konzepts* (2. verbesserte und erweiterte Auflage, S. 354–377). Mohr Siebeck.

Gsell, M., & Zürcher, M. (2011). Licht ins Dunkle der Bisexualität: Bisexualität, anatomische Geschlechtsdifferenz und die psychoanalytische Bedeutung von ›männlich‹ und ›weiblich‹. *Psyche – Z Psychoanal, 65,* 699–729.

Henning, T., Kompa, N. & Nimtz, C. (2025). Die dunkle Seite der Sprache. Wie Worte ausgrenzen, abwerten und manipulieren. C.H. Beck.

Karlsson, S. (2018). A Norm Creative Perspective: Understanding users through norm creative theories. Informatic Student Paper Master (INFSPM), Umeå Universität Schweden, Faculty of Social Sciences

Kristeva, J. (1991). Women`s Time. In T. Moi (Hrsg.), *The Kristeva Reader* (S. 187–213). Wiley-Blackwell.

LaFromboise, T., Coleman, H. L., & Gerton, J. (2013). Psychological impact of biculturalism: Evidence and theory. *Readings in ethnic psychology,* 123–155.

Lévi-Strauss, C. (2024 [1977]). *Strukturale Anthropologie I.* Suhrkamp.

Lindemann, G. (1993). *Das paradoxe Geschlecht. Transsexualität im Spannungsfeld von Körper, Leib und Gefühl.* Fischer.

McGuire, W., & Sauerländer, W. (Hrsg.) (1984). *Sigmund Freud C.G. Jung: Briefwechsel* (S. 18). Fischer (7.4.1907)

Nguyen, A.M.D., & Martínez, V. (2013). Biculturalism and adjustment: A meta-analysis. *Journal of cross-cultural psychology, 44*(1), 122–159

Preciado, B. (2003). *kontrasexuelles manifest.* b-books

Rosa, H. (1998). *Identität und kulturelle Praxis. Politische Philosophie nach Charles Taylor.* Campus.

Schwartz, S.J., & Unger, J.B. (2010). Biculturalism and context: What is biculturalism, and when is it adaptive? *Human development, 53*(1), 26

Taylor, C. (2024, 1996). Quellen des Selbst. Die Entstehung der neuzeitlichen Identität. Suhrkamp

Tham, J. (2019). Feminist design thinking: A norm-creative approach to communication design. SIGDOC 19: Proceedings of the 37th ACM International Conference on the Design of Communication. Article No 41, S. 1–3.

Winnicott, D.W. (1966). Die Lokalisierung des kulturellen Erlebens. *Psyche, 24,* 260–269.

Winnicott, D.W. (1970). Basis for self in body. *Intern J of Child Psychotherapy,* 1(I)

Queere Kritik

7

Kultureller Klebezettel

»Es ist ja schwer zu erreichen, daß man einander restlos befriedigt, an jedem vermißt man etwas, übt ein Stück Kritik.« (Freud 1926, S. 387)

B. Heimerl, *Queere Identitäten in der Psychotherapie*,
https://doi.org/10.1007/978-3-662-70525-4_7

7.1 Ideologie und Kritik

»Im Anfang der Erkenntniskritik ist also die ganze Welt, die physische und psychische Natur, schließlich auch das menschliche Ich mitsamt allen Wissenschaften, die sich auf diese Gegenständlichkeit beziehen, mit dem Index der Fraglichkeit zu versehen. Ihr Sein, ihre Geltung bleibt dahingestellt« (Husserl, 1986, S. 29).

Es gibt gesellschaftliche Verhältnisse, Formen gesellschaftlicher Herrschaft, die der Ideologiekritik bedürfen. Ideologiekritik beinhaltet ein transgressives Moment, denn die Gegenüberstellung von normativistischen und antinormativistischen Positionen beanspruchen eine Art von Normativität. Im Wesentlichen kann sich eine Ideologietheorie: (1) dialektisch-kritisch und (2) postmodern-poststrukturalistisch zeigen (siehe Jaeggi 2021; Jaeggi & Wesche, 2021). Ideologiekritik ist immer auch Herrschaftskritik, denn gesellschaftlich *Gemachtes* wird zunächst als natürlich *Gegebenes* betrachtet. Es ist im Kern eine Kritik an den Verselbständigungen und der Hemmung von praktischen Transformationsprozessen. Ideologiekritik geht von den inneren Widersprüchen oder Selbstwidersprüchen aus und ist ein In-Frage-stellen jeglichen Wissens und eine *Hermeneutik des Verdachts,* wie Paul Ricoeur (2016) es nennt. Methodisch sammelt Ideologiekritik Indizien- in der Logik der Verfolgung eines Verdachts, bezieht sich jedoch nicht auf normative Maßstäbe und ist durch den Zusammenhang von Analyse und Kritik geprägt. Die Analyse ist Bestandteil des kritischen Prozesses und kritisiert wird nicht nur die Ideologie, sondern auch eine Praxis, die mittels Ideologie aufrechterhalten beziehungsweise durch diese konstituiert wird. Wenn Ideologiekritik Herrschaft durch die Sichtbarmachung inkonsistenter Selbst- und Weltbilder überwinden will – von welchem Standpunkt aus ist sie in der Lage das zu tun? Welchem Machtdiskurs unterliegen die geschlechtlichen Identitätskategorien queer und nicht-queer? Es soll nicht die Binarität / Nonbinarität kritisiert werden, sondern deren defizitäre Verwirklichung. Der Wunsch ist mit der Ideologiekritik kulturelle Praxen zu veränderbar zu machen. Ideologiekritik ist insofern nicht normativ, als sie keine Aussagen darüber macht, wie etwas sein soll, lediglich wie die gesellschaftlichen Institutionen und Praktiken, die sie vorfindet, beschaffen sind. Sie erschließt analytisch und beschreibend Zusammenhänge, verweist auf interne Widersprüche, dechiffriert Mechanismen, die zur Verdeckung dieser Widersprüche beitragen und analysiert Herrschaftsverhältnisse. Es werden nicht nur andere Phänomene in den Blick genommen, sondern der Blick soll anders auf Phänomene haben, die Verhältnisse *als* Verhältnisse sollen untersucht werden, zum Beispiel die Geschlechterverhältnisse. Die kulturelle Praxis bei *Queerness* bezieht sich auf die Selbstöffnung und der öffentlichen Sichtbarmachung der geschlechtlichen Verortung. Queer kann als ein Instrument der Ideologiekritik im Geschlechterverhältnis hinzugezogen werden (Lahme-Gronostaj & Leuzinger-Bohleber 2000). Zunächst geht *queer* von Normen aus, die einer bestehenden Ordnung inhärent sind; sie zielt weniger auf die Wiederherstellung einer bestehenden Ordnung und die Wiedereinsetzung geltender Normen und Ideale als auf deren Transformation. Es soll eine widersprüchliche Situation in etwas Neues überführt werden. Das Neue ist hier immer Resultat einer Transformation des Bisherigen, das in ihm aufgehoben – im dreifachen Sinn des Wortes: Vernichten, Bewahren und Erhöhen-war. Im Kern ist es der Versuch, eine Vervielfältigung von Widersprüchen sichtbar zu machen. Munoz versteht die Identitätsdebatten als einen »Kampfplatz, an dem fixe Dispositionen und sozial konstituierte Definitionen aufeinanderprallen« (Munoz, 2023, S. 201).

7.2 Sprachdebatten. Verbalinjurie

Judith Butler beginnt ihr Buch *Haß spricht- Zur Politik des Performativen* (2022) in der Einleitung mit der Aussage *Wie Sprache verletzen kann.* Sprachdebatten sind immer auch politische Debatten, denn es sind Machtdebatten, die Macht zu verletzen und die Position eines Objekts sich verletzen zu lassen. Ingrid Thurner spricht vom Sprachkampf, der zum »Sprachkrampf« wird (Thurner, 2021, S. 233) und plädiert für eine neutrale Sprache »Arbeitskräfte statt ArbeiterInnen«. Phänomene, die sich bei vielen historischen Sprachdebatten beobachten lassen: Martin Luthers Forderung nach einem verständlichen Deutsch etwa, beim Kampf gegen die Vorherrschaft des Italienischen und des Französischen, bei den ersten zaghaften Versuchen einer geschlechtergerechten Sprache Mitte des vergangenen Jahrhunderts, und natürlich beim Streit um Anglizismen und das *korrekte* Gendern. Es geht immer auch um kulturelle Dominanz und Macht, um Abgrenzung und individuelle wie etnische Identität. So gesehen unterscheiden sich historische Sprachdebatten und die Debatten um Anglizismen und Gendern kaum. Es gibt neben der Frage nach den Wurzeln sprachlicher Veränderung aber noch eine zweite Beobachtung rund um Sprachdebatten: Gleichgültig ob Gallizismen, Anglizismen, Fremdwörter oder das Gendern im Fokus stehen, Sprachdebatten wurden und werden hochemotional geführt. Denn sie weisen immer weit über die Sprache hinaus, häufig werden sie für andere politische Fragen sehr stark instrumentalisiert. Solche Formen von *identy politics* – ein Begriff der erstmals 1977 auftauchte, bildeten ein Register von Widerständigkeit, indem sie die Anerkennung der Identität einer minoritären, unterdrückten Gruppe ins Zentrum stellten. Es ist hier nicht möglich – und auch keine Absicht – die Sprachtheorie darzustellen, wie sich Sprache entwickelt. Lediglich der Aspekt, wie sich queere Personen in der Sprache beziehungsweise wie sie sprachlich bezeichnet werden (das Zeichen) und wie sich queere Personen selbst bezeichnen. Dies ist keine Modeerscheinung, sondern ist vor allem in der Identitätsbildung fest verankert.

Aus der Biografie Didier Eribons (2019) erfahren wir, dass er als junger homosexueller Mann nur Schimpfwörter zu seiner geschlechtlichen Identität hörte. Er schreibt von der Welt voller Beleidigungen und Schimpfworte, Judith Butler (2022) nennt diese Beleidigungen *Verbalinjurie* (*hate speech*) und sieht diese als performative Aussage, die ihr wahres Ausmaß erst mit der Zeit enthüllt (Hornscheidt, 2011a; Kusterle, 2011). Diese Verbalinjurie ist Trägerin präexistenter, historisch produzierter rassischer Vorurteilsstrukturen (Grahn, 1984). Gleichzeitig gehört durch eine queere Beschimpfung die

Bereitschaft dazu, sich als queer »anrufen« zu lassen (siehe Althusser). Ein Passant/eine Passantin dreht sich auf den Zuruf eines Polizisten hin um und macht sich genau dadurch zu demjenigen Subjekt, als das es angerufen worden ist (Althusser, 1977, S. 160). Das queere Subjekt entsteht erst durch die Anrufung, die es zugleich auf einen bestimmten gesellschaftlichen Platz festschreibt und dies durch eine wiederholte Adressierung verfestigt. Wird die Person im Geschlecht beleidigend *angerufen (Schwuchtel, Arschficker)* wird dies ein Teil seiner/ihrer Identität im Geschlecht. Dadurch ist die queere Person von Beginn an in einer komplexen und widersprüchlichen Weise in die eigene Unterwerfung verstrickt, was die Ursache sein kann für Schuldgefühle und Selbstzweifel.

Die Sensibilität für einen respekt- und würdevollen Umgang mit dem Wunsch nach einer Selbstbezeichnung im Namen- selbst, wenn es dem Anderen herausfordernd erscheint- ist ein Wunsch. Es gibt kein Nachdenken und – empfinden über uns selbst außerhalb der Sprache. Das ist die Ausgangsüberlegung des Konzeptes einer *narrativen Identität* (Ricoeur, 1987; Meuter, 1993). Narrativität ist eine anthropologische Grundkonstante des Subjekts, die narrative Formen und Räume, in denen sie sich konstituieren und zeigen sind historisch bedingt. Wesentliche Veränderungen der Welt müssen sich in der Veränderung dieser Formen zeigen, welche in der Regel zunächst als Normverletzungen sichtbar werden. Queere Narrationen treten in den hegemonialen und heteronormativen Raum ein und diese dialogische Bezogenheit ist für die Identitätsentwicklung, -bildung, -umformung und -diffusion essenziell.

In Anlehnung an Kraus (1996, S. 173) stellt sich die Frage, »Was kann mit dem, was Erikson als Scheitern von Identitätsfindung, mit harten Folgen für die einzelnen, beschrieben hat, in einem *solchen* Beobachtungsrahmen gemeint sein?« Ein *solcher* Rahmen ist die sprachliche Bezeichnung der geschlechtlichen und sexuellen Identität, so gehen extreme Haltungen von *Queerness* als ein Zelebrieren der Fragmentierung des Selbst als Ausdruck der Modernität bis hin zur dissoziativen Identitätsstörung. Während frühere feministische Sprachkritik um die Gleichstellung von Frauen und Männern kämpfte, geht es in aktuellen Sprachformen zunehmend um die Überwindung gesellschaftlicher Vorstellungen einer Geschlechterdichotomie. Heutige Formen sind sich darüber im Klaren, dass sie niemals alle in der Gesellschaft existierenden geschlechtlichen Identitäten und Existenzformen abbilden, jedoch eben auf diese Pluralität hinweisen können und vor diesem Hintergrund entstand in der deutschen Sprache die Praxis des *gender gaps,* wie in Student_innen, und des *gender stars,* wie in Student*innen. Oder dem Doppelpunkt. Diese Schreibweisen weisen über die Logik der Zweigeschlechtlichkeit hinaus, indem sie mit dem Unterstrich, den Doppelpunkt oder das Sternchen einen Raum zwischen den binären Geschlechtern öffnen. Auch z. B. *Studierendenwerk* anstatt Studentenwerk oder *Redeliste* anstatt Rednerliste.

Das Sternchen spiegelt hierbei mit den unterschiedlichen Strahlen und seiner Symbolkraft vielfältige Möglichkeiten und Gestaltungsspielräume wider (AG Feministisch Sprachhandeln, 2015). Diese sprachliche Setzung orientiert sich an Hornscheidts (2019) Konzept der anti-diskriminierenden Sprachhandlungen: das Vermeiden von diskriminierenden Sprachformen, strategische Re-Signifizierungen von konventionalisiert diskriminierenden Benennungsformen. Hierzu zählen die generischen Formen, aber auch die Verwendung von Trans* und Inter* als empowernde Selbstbezeichnungen, Wiederaneignungen von konventionalisiert diskriminierenden Benennungsformen wie im Englischen der Begriff *queer* und die Neubildung von Wortformen wie die Sternchen-Form. Dabei dient der Stern als Platzhalter für diverse Komposita, es verbindet unterschiedliche Begriffe. Die Autorinnen Hornscheidt und Oppenländer (2019) kommen nach der Zusammenstellung von Studienergebnissen diverser Forschungsdisziplinen zum Schluss, dass die Sprachformen jenseits aller anderen Faktoren die größte Wirksamkeit in Bezug auf die Vorstellungen von Personen haben. Anti-sexistische Sprachformen haben einen anti-diskriminierenden Effekt, da sie zu veränderten Vorstellungen von Person fuhren – die o. g. Formen führen zu einer höheren Wahrnehmbarkeit von Frauen und zu einer Partikularisierung männlicher Positionen, die nicht mehr als allgemeinmenschlich verstanden werden. (S. 805).

7.3 Das queere Subjekt als Wissensobjekt

Die feministische Naturwissenschaftshistorikerin und Biologin Donna Haraway (2022) greift die kategoriale Unterscheidung von *sex* als biologisch-anatomischem und *gender* als sozial konstruiertem Geschlecht auf und sieht in einer solchen Konzeption zwei Alternativen: Entweder entsprechen Frauen und Männer der ihnen zugesprochenen Natur oder das Biologische ist beliebig überformbar. Beide Versionen unterstellen eine fundamentale Geschlechterdifferenz. *Gender* eröffnet die Möglichkeit, persönliche Identität wissenschaftlich neu zu definieren. Wie jede wissenschaftliche Tatsache kann *sex* und *gender* nicht als gegeben vorausgesetzt werden. *Sex* ist für Haraway ein *Wissensobjekt* (2022, S. 16), seine Aushandlung und Konstruktion ist das Ergebnis eines sozialen Interaktionsprozesses, der von einer Vielzahl kognitiver, gesellschaftlicher und kultureller Faktoren abhängig. Sie verweist auf ein kulturelles Vorverständnis von Welt, das im Rahmen von Erzählungen erzeugt wird, demnach etablieren sich in der Wissenschaft naturwissenschaftliche Erzählungen und weniger geisteswissenschaftliche. Die Naturwissenschaften sind eine spezifische Form von Erzählungen als eine kulturelle Praktik der Erzeugung von Bedeutungen.

Ein Körper beziehungsweise die Materialisierung des Körpers ist für die Autorin ebenso ein Wissensobjekte, sie besitzen die Fähigkeit Bedeutungen zu erzeugen und sind immer auch performativ. *Gender* ist ein komplexer psychischer Prozess und die Kenntnis der psychoanalytischen Gendertheorie ist für das Verständnis von *trans* notwendig. Das Geschlecht ist eine kulturell vermittelte Übersetzungsform, die dazu beiträgt, das infantile polymorph-perverse Geschlecht zu binden (Laplanche, 2017). Seine besondere, stets kontinuierliche Form entwickelt sich in dynamischen, nicht-linearen Prozessen und wie alle psychischen Vorgänge reagiert es auf die immer schon vorhandene Verschränkung von Intrapsychischem und Sozialem. Queere Identitäten sind Wissensobjekte, sie sind keine feststehenden Gebilde, in die sich Kultur einschreibt. Sie sind, wie Deleuze, 1991 beschreibt, *Knotenpunkte* der Kräfte-, Sichtbarkeits- und Aussagelinien sowie verschiedenen, das Netz dynamisierenden Störungslinien.

Eine queere Person als Wissensobjekt zu denken, bedeutet für die Biografieforschung einen methodischen Zugang insofern Biografie als theoretisches Konzept »die subjektive Aneignung und Konstruktion von Gesellschaft [...] ebenso wie die gesellschaftliche Konstitution von Subjektivität« thematisiert (Dausien, 1994, S. 152). Außerdem können die drei Perspektiven Bikulturalismus, Marginalisierung und Normkreativität (siehe Brown, 1985, 1988) *mit* dem queeren und *durch* das queere Wissensobjekt untersucht werden.

7.4 Queer als diskursive Praxis

»Wenn jede mögliche Identität nur das kontingente, passive Produkt willkürlicher diskursiver Ereignisse ist, wird die Rede von Freiheit, Gerechtigkeit oder Selbstbestimmung sinnlos.« Damit positioniert sich Rosa (1996, S. 20) deutlich politisch und er verweist auf das Verhältnis zwischen queerer Person und Diskursivität im Sinne der Fragen: *Wer* bin ich jenseits der Heteronormativität? *Wo* bin ich jenseits der Heteronormativität? Der Literaturwissenschaftler und Sozialtheoretiker Michael Warner (1993) hat Anfang der 1990er Jahre den Begriff der Heteronormativität geprägt. Bezeichnet wird damit das System an Diskursen, Institutionen und Praktiken, das Heterosexualität unhinterfragt als normal und den anderen sexuellen Möglichkeiten als überlegen positioniert. Gleichzeitig ist diese Frage nach der Identität nicht losgelöst von der Frage in welcher Kultur ich verortet bin und welche Räume ein- und ausschließen. Die Frage ist nie kulturunabhängig, sie ist immer sozial eingebunden und zeitgebunden. Der Streit über die Frage, welche Eigenschaften des Menschen seiner *unwandelbaren Natur* zuzuschreiben sind und welche Züge seinem *geschichtlichen Wesen* zugehören wird durch die queere Person angefacht. Wenn wir geboren werden, wissen wir nicht, wer wir sind.

Was hat zur Entstehung der queeren Identität geführt? Das ist eine Frage nach diachronischen, also historischen Kausalzusammenhängen. Auf diese Frage gibt es nach meiner Überzeugung keine befriedigende Antwort. Vereinfachte und reduktionistische Antworten mögen leichtfertig zu einer Beruhigung der Frage führen. Eine andere Frage ist meines Erachtens viel sinnvoller: Was hat manche Personen zur queeren Identität hingezogen? Was ist heute anziehend/*ergreifend* an der *queer theory*? Es geht um die Interpretation der queeren Identität als Kulturphänomen, nicht um die Kausalität. Die analytische Psychotherapie befragt leider viel zu häufig die Kausalität und weniger die Frage der Interpretation. Beide Fragestellungen lassen sich nicht völlig voneinander trennen. Um zu erklären, wie die *Selbstinterpretation* einer queeren Person und ihrer Anschauung entstehen, muss man sie zunächst *verstehen.* Vordergründig ist zunächst die sog. *Selbstinterpretation.* Non-binär ist wie trans und queer eine Selbstbezeichnung, eine

Selbstaneignung einer geschlechtlichen Identität. Es herrscht dabei weitgehendste Einigkeit, dass sich ein stabiles Selbstbild erst mit konkreten Anderen und durch die probeweise Einnahme ihrer Perspektive auf die eigene Person entwickeln kann (Erikson).

7.5 Queer als intersektionale Praxis

Gesellschaftliche Machtverhältnisse konstituieren unsere Subjektivität mit, sie schreiben sich in unsere Psyche und unser Unbewusstes ein und haben ein Wirkpotential in der psychotherapeutischen Begegnung. Queere und nicht-queere Personen kommen nicht nur mit einer spezifischen Familiengeschichte, mit Triebkonflikten oder Bindungsproblematiken in die Psychotherapie, sondern immer auch mit Konflikten und Problematiken, die aus der Wirkung gesellschaftlicher Machtverhältnisse resultieren und auch Psychotherapeut:innen sind niemals frei von ihrer gesellschaftlichen Situiertheit. Wie ist die Psychotherapie, wie ist ihre Praxis, ihre Theorien, ihre Diskurse und Institutionen geprägt von gesellschaftlichen Macht- und Ungleichheitsverhältnissen? Welche Rolle spielen Rassismus, Antisemitismus, Sexismus, Klassismus, Ableismus, Homo- und Transphobie im psychotherapeutischen Kontext, wie können sie gedacht und verstanden werden? Wie werden Fragen von Norm und Abweichung diskutiert? Welche Auswirkungen haben patriarchale und heteronormative gesellschaftliche Strukturen auf das Unbewusste und das therapeutische Setting? Diese Fragen behandelt die intersektionale Praxis und Theorie. Die Besonderheit des Konzepts der Intersektionalität ist, dass die Überschneidung, Verflechtung und Vermischung von verschiedenen sozialen und psychischen Identitätskategorien, wie zum Beispiel *sex, race, class* und *gender* berücksichtigt wird (Dietze et al., 2007). Intersektionalität ist sowohl beschreibend als auch aufdeckend, sie versucht unterschiedliche Lebenserfahrungen zu zeigen und diese gesellschaftlich und sozial sichtbar zu machen. Das Ziel besteht darin, komplexe Formen der Diskriminierung und Ungleichheitsstrukturen (Lutz & Wenning, 2001, S. 20) in ihrer kulturellen Verwobenheit wahrzunehmen, anzuerkennen und zu thematisieren. Sie erschließt Zusammenhänge der subjektiven und gesellschaftlichen Wirklichkeit, verweist auf interne Widersprüche, dechiffriert diskriminierende Mechanismen im Subjekt und in Gruppen, die zur Verdeckung dieser Widersprüche beitragen. Ihre Analyse macht Herrschaftsverhältnisse und Machtdiskurse sichtbar, welche zu unterschiedlichen historischen Epochen für die Legitimation von Ein- und Ausschlusshierarchien herangezogen werden (siehe unter anderem Altieri, 2022; Bhabha, 2000; Foucault, 1977, 2020). Intersektionalität gilt heute als ein *travelling concept,* ein Konzept auf Reisen und mit dieser Reisemetapher kann der analytischen Psychotherapie zum derzeitigen Zeitpunkt das Stadium einer Reisevorbereitung in ein scheinbar fremdes Land attestiert werden. Verwunderlich, denn seit Beginn der psychoanalytischen Bewegung spielen die innere und äußere Realität, Klassenfragen, patriarchale Gesellschaftsstrukturen, Geschlecht, Hautfarbe, sexuelle Orientierung, psychische Beeinträchtigung eine nicht unerhebliche Rolle. Es entsteht der Eindruck, dass die Wirkungsweisen von gesellschaftlichen Machtverhältnissen auf das

Tab. 7.1 Bipolare hierarchische Differenzlinien. (Aus Lutz, H. & Amelina, A., 2017, S. 27)

Kategorien	Grunddualismus: Dominierend	Grunddualismus: Dominiert
Geschlecht	Männlich	Weiblich/transgender
Sexualität	Heterosexuell	Homosexuell/Bisexuell
Klasse/Sozialstatus	Hoch/etabliert/Bildungsnah	Niedrig/nicht etabliert/Bildungsfern
Raum	National	Transnational
Herkunft	Sesshaft/angestammt	Nomadisch/zugewandert

Unbewusste und die Subjektwerdung, die zu vielfältigen Konflikten, zu psychischen Leidenszuständen bis hin zu schweren Traumatisierungen führen können und die auch transgenerational weitergegeben und die subjektive Handlungsfähigkeit nachhaltig einschränken können, in der klinischen Praxis oftmals zu wenig adressiert, analysiert und in den Blick genommen werden. Das Unsichtbarwerden und Unsichtbarmachen sozialer Zusammenhänge von Macht, Herrschaft und Ungleichheit auf gesellschaftlicher Ebene und die Formen, in denen sich das Unsichtbarwerden vollziehen kann, reichen von der Naturalisierung, der Normalisierung bis hin zur Verdinglichung des Sozialen. Gerade das Unsichtbarmachen und Nicht-Analysieren von pathologisierenden oder normierenden Diskursen macht auch die Psychotherapie anfällig für die Reproduktionen und Reinszenierungen eben jener Normalisierungen, womit sie sich immer wieder selbst an deren Produktion beteiligt. Auch in der Psychotherapie besteht die Tendenz, gesellschaftliche Phänomene (wie etwa Krankheitskonzepte, Geschlechterverhältnisse, Familienbilder) nicht in ihrem Geworden sein innerhalb bürgerlich-kapitalistischer Verhältnisse zu verorten.

Intersektionale Praxis zeigt sich exemplarisch in der Gegenüberstellung von Lutz und Amelina (2017), hier stark vereinfacht dargestellt (Tab. 7.1).

Queere Personen die sich als transgender, homosexuell mit niedrigem Sozialstatus und Bildungshintergrund, im Geschlecht zugewandert zeigen sind mehrfachdiskriminiert.

Literatur

Altieri, R. (2022). *#Klassenschranken: Beobachtungen zum Klassismus.* Büchner Verlag.

Althusser, L. (1977a). *Ideologie und ideologische Staatsapparate. Aufsätze zur marxistischen Theorie.* VSA.

Bhabha, H. (2000). *Die Verortung der Kultur.* Stauffenburg.

Brown, L.S. (1985). Power, responsibility, boundaries: Ethical concerns for the lesbian feminist therapist. *Lesbian Ethics, 1,* 30–45.

Brown, L.S. (1988). From perplexity to complexity: Thinking about ethics in the lesbian therapy community. *Women and Therapy, 8,* 13–26.

Butler, J. (2022 [2006]). *Haß spricht. Zur Politik des Performativen.* Suhrkamp.

Dausien, B. (1994). Biographieforschung als Königinnenweg? Überlegung zur Relevanz biographischer Ansätze in der Frauenforschung. In A. Diezinger et al. (Hrsg.), *Erfahrung mit Methode: Wege sozialwissenschaftlicher Frauenforschung* (S. 129–153). Westfälisches Dampfboot.

Deleuze, G. (1991). Was ist ein Dispositiv? In F. Ewald & B. Waldenfels (Hrsg.), *Spiele der Wahrheit. Michel Foucaults Denken* (S. 153–162). Suhrkamp.

Dietze, G., et al. (Hrsg). (2007). *Checks and Balances. Zum Verhältnis von Intersektionalität und Queer Theory.* Barbara Budrich.

Eribon, D. (2019). *Betrachtungen zur Schwulenfrage.* Suhrkamp.

Foucault, M. (1977). *Sexualität und Wahrheit 1: Der Wille zum Wissen.* Suhrkamp.

Foucault, M. (2020 [1974]). *Die Ordnung der Dinge.* Suhrkamp.

Freud, E., & Freud, L. (Hrsg.). (1968). *Sigmund Freud. Briefe 1873–1939* (S. 387). Fischer (Wien, 20.11.1926 an Ernest Jones).

Grahn, J. (1984). *Another mother tongue: Gay words, gay worlds.* Beacon.

Haraway D (2022) Monströse Versprechen. Die Gender und Technologie-Essays. Argument Verlag, Hamburg

Hornscheidt, L., & Oppenländer, E. (2019). *Exit Gender. Gender loslassen und strukturelle Gewalt benennen: Eigene Wahrnehmung und soziale Realität verändern.* w_orten & meer.

Hornscheidt, L. (Hrsg). (2011a). *Schimpfwörter – Beschimpfungen – Pejorisierungen. Wie in Sprache Macht und Identitäten verhandelt werden.* Brandes & Apsel.

Husserl, E. (1986). *Phänomenologie der Lebenswelt. Ausgewählte Texte II.* Reclam.

Identity: Youth and crisis. Norton & Company AG Feministisch Sprach Handeln. https://feministisch-sprachhandeln.org/2015

Jaeggi, R. (2021 [2013]). *Kritik von Lebensform.* Suhrkamp.

Jaeggi, R., & Wesche, T. (Hrsg.). (2021 [2009]) *Was ist Kritik?* Suhrkamp.

Kraus, W. (1996). *Das erzählte Selbst. Die narrative Konstruktion von Identität in der Spätmoderne. Münchner Studien zur Kultur- und Sozialpsychologie,* Bd 8. Centaurus Verlag.

Kusterle, K .(2011). *Die Macht von Sprachformen: Der Zusammenhang von Sprache, Denken und Genderwahrnehmung.* Brandes & Apsel.

Lahme-Gronostaj, H., & Leuzinger-Bohleber, M. (2000). *Identität und Differenz. Zur Psychoanalyse des Geschlechterverhältnisses in der Spätmoderne.* Westdeutscher Verlag.

Laplanche, J. (2017[2007]). *Sexual. Eine im Freud'schen Denken erweiterte Sexualtheorie.* Psychosozialverlag.

Lutz, H., & Wenning, N. (2001). Differenzen über Differenz – Einführung in die Debatten. In H. Lutz & R. Wenning (Hrsg.), *Unterschiedlich verschieden. Differenz in der Erziehungswissenschaft* (S. 11–24). Springer.

Lutz, H. & Amelina, A. (2017). Gender, Migration, Transnationalisierung.

Meuter, N. (1993). *Narrative Identität. Das Problem der personalen Identität im Anschluß an Ernst Tugendhat, Niklas Luhmann und Paul Ricoeur.* M & P Verlag.

Munoz, J.E. (2023). Desidentifizierungen performen. In M. Laufenberg & B Trott (Hrsg.), *Queer Studies. Schlüsseltexte* (S. 195–246). Suhrkamp.

Rich, A. (2020, 1983). Zwangsheterosexualität und lesbische Existenz. In: Thomas,T. & Wischermann, U. (Hg:innen): Feministische Theorie und Kritische Medienkulturanalyse. Transcript, S. 141–152.

Ricoeur, P. (1987). Narrative Identität. In: Mittler, E. (eds) Heidelberger Jahrbücher. Heidelberger Jahrbücher, vol 31. Springer, Berlin, Heidelberg. https://doi.org/10.1007/978-3-642-71777-2_5.

Rosa, H. (1998). Identität und kulturelle Praxis. Politische Philosophie nach Charles Taylor. Campus.

Thurner, I. (2021). *Anderssein und Andersmachen. Über Diversitäten, Diskriminierungen und Dummheiten.* Löcker.

Politische Philosophie nach Charles Taylor. Campus Erikson, E.H.(1968).

Warner, M. (1993). *Fear of a Queer Plant: Queer Politics and Social Theory.* University Press of Minnesota.

Lebenslauf und Geschlechtlichkeit: Ein queerer Lebenslauf?

8

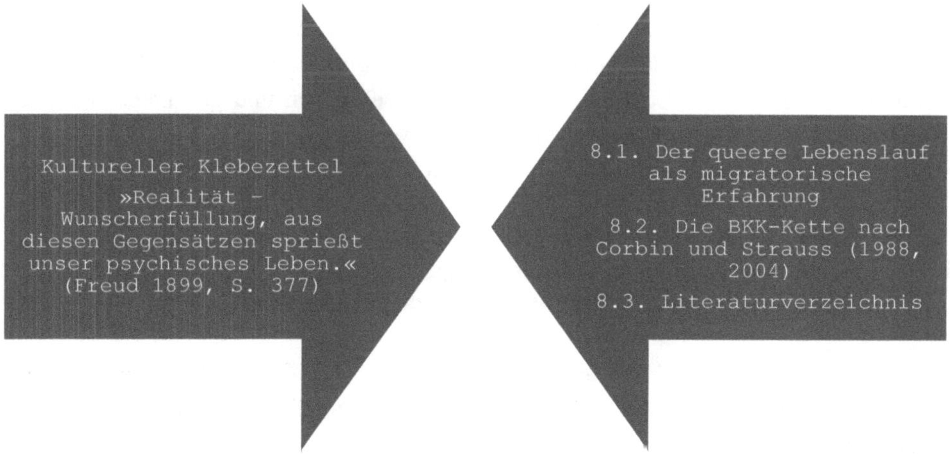

Der Begriff *Biografie* ist griechischer Ursprung, so bedeutet *bíos* Leben und *gráphō* bedeutet ritzen, malen, schreiben. Biografie benennt in seiner herkömmlichen Bedeutung eine Beschreibung der Lebensgeschichte einer Person, üblicherweise in schriftlicher Verfassung. Die Biografie eines Menschen beinhaltet nicht nur die Ereignisse eines Lebens, Fakten und Ereignisse, sondern auch die subjektiven, mit Gefühlen durchzogenen geschilderten Erlebnisse. Jeder Mensch ist Träger seiner einzigartigen geschlechtlichen Biografie, die Biographiearbeit ist Erinnerungsarbeit und eine strukturierte Form der Selbstreflexion.

In der Einleitung von *Biographieforschung als Diskurs* (2005) definieren die Herausgeberinnen Biografie als soziales Konstrukt, »das Muster der individuellen Strukturierung und Verarbeitung von Erlebnissen in sozialen Kontexten hervorbringt, aber das

B. Heimerl, *Queere Identitäten in der Psychotherapie*,
https://doi.org/10.1007/978-3-662-70525-4_8

immer auf gesellschaftliche Regeln, Diskurse und soziale Bedingungen verweist, die ihrerseits [...] strukturell beschrieben und re-konstruiert werden können« (Völter et al., 2005, S. 7 f.). Biografie ist eine Konstruktion mit der Funktion einer performativen Ausdrucksform in Sprache und Körper sowie mit der Verschränkung von gesellschaftlichen und individuellen Gebilden. Biografie ist immer auch Handlung, die Erzählung und Erfahrung der Lebensgeschichte ist immer eine adressierte Erzählung und Erfahrung. Das Geschlecht ist immer Teil der biografischen Konstruktion und kann nicht nicht-kommuniziert werden. Eine nicht-heterosexuelle Verortung im Feld der Geschlechtlichkeit hat auch einen großen Einfluss auf die biografischen Konstruktionen jenseits der Geschlechtlichkeit.

Queere biografische Kompetenz heißt Verantwortung für das eigene Leben zu übernehmen und selbstbestimmt zu handeln. Die Reflexion der eigenen biografischen Vergangenheit und die Herausarbeitung der individuellen Ressourcen hilft das Coming-out besser zu bewältigen und ermöglicht eine bewusstere Gestaltung der Zukunft. Der Prozess die eigene Biografie zu erzählen hat Christina Hölzle mit dem Begriff Biographiearbeit in Verbindung gebracht: »Der Begriff deutet bereits an, dass eine Biografie kein passives Abbild eines Lebens darstellt, sondern dass eine Lebensbeschreibung ein Gestaltungsproduckt ist, ein Ergebnis von reflexiven, selektiven und gestaltenden Prozessen. Der Begriff Arbeit im Kontext von Biografie verweist auf einen absichtsvollen, bewussten zielgerichteten und aktiven Prozess.« (Hölzle & Jansen, 2009, S. 31).

8.1 Der queere Lebenslauf als migratorische Erfahrung oder: Reise in die verwinkelten Ecken des Geschlechts

Wir alle tragen die Geschichte unserer Vorfahren in uns weiter. Genetisches Erbgut, soziokulturelle Merkmale, aber auch persönliche und kollektive Traumata werden, bewusst oder unbewusst, an nachfolgende Generationen weitergegeben. Manche Lebenskrisen werden erst verständlich, wenn die familiäre Vorgeschichte wieder aufgerollt wird. Biographiearbeit bedient sich vieler Verfahren, die sich auf unterschiedliche Traditionslinien beziehen. Der Schwerpunkt der psychodynamischen Biographiearbeit liegt auf der Rekonstruktion und Erinnerung frühkindlicher Erfahrungen, die zur Klärung des heutigen Verhaltens, des aktuellen Problems, aber auch für die Identitätsbildung herangezogen werden. Ziel ist es, durch Bearbeitung vergessener oder verdrängter Ereignisse die mit der geschlechtlich-körperlichen und sexuellen Entwicklungen in Verbindung stehen zu verstehen. Der Fokus liegt auf dem inneren Zustand der queeren Person, welcher durch bewusste, vorbewusste und unbewusste Dynamiken bestimmt wird. Bezogen auf die Frage der queeren Identität beinhaltet die Bewusstseinsebene Denkmuster zum Geschlecht, Selbstinterpretation beziehungsweise Selbstauslegung und persönliche Wahrnehmung, auf die bewusst zugegriffen werden kann und die bewusst erinnert werden. Auf der Ebene des Vorbewussten befindet sich das Erinnerungsvermögen, also all jene Ereignisse, die wieder einfallen, wenn durch atmosphärische Zustände, Gegenstände oder durch Erzählen ein Erinnerungsimpuls gegeben wird. Die Ebene des Unbewussten enthält all jene Begebenheiten, die so konfliktreich waren, dass sie verdrängt, vergessen und ausgeblendet werden. hier steht neben dem dynamisch Unbewussten auch das Vorbewusste und Bewusste im Zentrum des Verstehens indem die Zensur und die Kompromisse, das heißt Abwehrmechanismen und damit die Strukturen des Ichs, zum Beispiel die Anpassungsfähigkeit im Vordergrund stehen. Freud deutet in *Abriß der Psychoanalyse* (1940) an, dass das Verstehen in der Psychoanalyse hauptsächlich auf das Unbewusste abzielt. Alle Ereignisse und Erlebnisse des Lebens werden in den Ebenen bewusst, vorbewusst und unbewusst abgespeichert und arbeiten bewusst oder unbewusst innerpsychisch weiter und machen sich im Lebensvollzug auf unterschiedliche Art und Weise bemerkbar. Des Weiteren sind für die analytische Psychotherapie die Abwehrmechanismen von Bedeutung, die teilweise immer aktiv sind, und andere, die nur zu bestimmten Situationen aktiviert werden, zum Beispiel beim Erleben von trans- und homophober Ausgrenzung, Marginalisierung oder Beleidigungen. Ferner sind manche Abwehrmechanismen lebenslänglich zweckdienlich, andere dagegen dienen nur einem bestimmten Zweck und wären andauernd einer Weiterentwicklung eher hinderlich. Außerdem spielen bei der psychodynamisch orientierten Biographiearbeit die Phänomene (körperliche) Übertragung und (körperliche) Gegenübertragung sowie die Inszenierungen und Performativität eine wichtige Rolle.

Eine Performance ist ein Vorgang einer Darstellung durch Körper und Stimme vor Anderen. Die *Inszenierung* wird als spezifischer Modus der Zeichenverwendung in der Aufführung beschrieben (Geste, feminine oder maskuline Zeichen des Geschlechts). Inszenierungen zielen »auf schöpferische Prozesse, in denen etwas entworfen und zur Erscheinung gebracht wird- auf Prozesse, welche in spezifischer Weise Imaginäres, Fiktives und Reales zueinander in Beziehung setzen.« (Fischer-Lichte, 1998, S. 88).

Für die psychodynamische Biographiearbeit ist es bedeutsam, von den drei innerpsychischen Ebenen zu wissen, um sich bewusst zu sein, dass Biographiearbeit auch die unbewussten Anteile einer Lebensgeschichte berühren kann. Das Wissen um das Drei-Ebenen-Modell hilft auch bei der Erkenntnis, dass oftmals die Biografie tatsächlich erst aus der Wechselwirkung der drei Ebenen mit Hilfe der Biographiearbeit erarbeitet werden muss und nicht immer unmittelbar verfügbar ist. Durch empathisches und vorurteilsfreies Bearbeiten dieser ausgeblendeten Details können queere Entwicklungsräume gestaltet werden. Das Wissen um die eigenen konfliktreichen Themen zu Geschlecht und Sexualität hilft beim Verstehen und Erkennen der Übertragungs- und Gegenübertragungsprozesse queerer Personen.

Eine Biografie setzt sich aus verschiedenen Teilen zusammen. Zur sozialen Biografie gehören die Menschen und ihre Einflüsse auf die queere Person, die mit bestimmten Lebensabschnitten – zum Beispiel dem *Coming-out-* miterlebt haben. Aber auch materielle Bedingungen wie monetäres Kapital, Wohnsituation, Mobilitätsmöglichkeiten, Klassenzugehörigkeit oder/und Zugang zum Bildungssystem gehören zur sozialen Biografie. Kulturbiografie unterscheidet sich in Alltagskultur wie Lebensstil und Gewohnheiten, darunter fallen zum Beispiel Kleidung und Ernährungsstil, und Teilhabe an der

Kultur, wie Kunst, Theater und Musik. Die Naturbiografie beinhaltet die Geschichte des (geschlechtlichen) Körpers. So kann eine *weibliche* Biografie tendenziell aus Familientraditionen entstehen, eine *männliche* hingegen wird eventuell eher durch den beruflichen Kontext beeinflusst. Zur sogenannten Mytho-Biografie zählen die Erfahrungen und Erlebnisse bezüglich des Glaubens und der Weltanschauung.

Klingenberger (2003) bezeichnet den Lebenslauf, in Abgrenzung zur Biografie, als einen Entwicklungsverlauf und eine Begebenheit im geschichtlichen, gesellschaftlichen und kulturellen Kontext. Der Lebenslauf kann als die Außenseite des Lebens gesehen werden, während die Biografie in dieser Perspektive die Innenseite des Lebens darstellt. So wird queere Biografie in dieser Arbeit verstanden als eine soziale Konstruktion nach Miethe (2011) und als eine Ansammlung von verschiedenen Teilaspekten des erzählten oder dokumentierten Lebens, die durch die queere Person gewichtet, bewertet und in eine individuelle Ordnung gebracht wurden. Die queere Identität ist durch Brüche in der Biografie gekennzeichnet, vor allem die zumeist heteronormative Kindheit kann als separates Stadium des Lebenszyklus betrachtet werden. Die psychosexuelle Entwicklung des Menschen kann als migratorische Erfahrung beschrieben werden, wir wandeln von einer geschlechtlich frühen kindlichen Erfahrung in Schritten hin zu einer erwachsenen geschlechtlichen Verortung. Wie Piaget mit seinen Untersuchungen zur Entwicklung des Kindes zeigen konnte, entwickelt sich in den ersten Lebensphasen nach der Geburt ein primärer (körperlicher) Ich-Begriff und ein Begriff der Umwelt (Piaget, 1950). Es erfährt die Unterscheidung von zwei Gruppen von Phänomenen, die einerseits auf den eigenen Körper und andererseits auf Wahrnehmungen und Vorstellungen der eigenen Umwelt gerichtet sind. Dieser dynamische Prozess begründet die Möglichkeit zwischen Innen und Außen zu oszillieren, zu *wandeln* und zu differenzieren. Wir bewegen uns von einem kindlichen geschlechtlich-sexuellen Gebiet in andere Gebiete, können in die kindlichen Gebiete zurückkehren – dies wird durch das polymorph-perverse Stadium im Subjekt fixiert – und uns wieder aus dem frühkindlichen Gebiet lösen. Grinbergs weisen der Geburt die erste *migratorische* Erfahrung zu. Diese traumatische und verfolgende Erfahrung prägt grundlegend eine Erfahrung der Bewegung von einem Ort zu einem anderen Ort: vom Ort des Mutterleibs zum Ort außerhalb des Mutterleibs. Die Grinbergs nehmen an, dass eine genügende *containende* Mutter – in meiner Lesart ein *containendes* Objekt, das nicht die Mutter sein muss, jedoch mütterliche Anteile birgt- in der frühen Kindheit dem Individuum ermöglicht eine größere Freiheit zu haben, um Veränderungen flexibel bewältigen zu können. Vom Ort des vertrauten heteronormativen Ortes zum queeren Raum. Für Margret Mahler (1971) gibt es zwei entscheidende Phasen in der Identitätsbildung: die erste Phase der Trennung – Individuation und die zweite Phase der kompromisshaften Lösung der bisexuellen Identifizierung in der phallischen Phase. Im Coming-out werden frühe Trennung reaktiviert, die sich im Sinne Mahlers entweder auf die frühe Trennung beziehen oder auf die ödipale Phase. Problematisch ist an diesem Kontext die heteronormative Rahmung. Jedoch besticht diese Sichtweise des Coming-out durch die verdeckte Betonung der queeren Identitätsarbeit als Trauerarbeit. Die Trauer richtet sich zum einen auf das nicht gelebte queere Leben vor dem Coming-out oder ein zu spätes

Coming-out, zum anderen auf den Verlust der eigenen (Hetero-)Normalität. (Hentzelt, 1994, S. 10). Den endgültigen Verzicht auf die bisexuelle Fantasie in der ödipalen Phase sehen die Grinbergs (S. 230) in der Erfahrung des Jungen mit der ersten Ejakulation und beim Mädchen mit der ersten Menstruation, eine jeweils unterschiedliche körperliche Erfahrung.

Wie wird der queere Körper in der biografischen Erzählung erzählt? Welche Identität wird im Erzählen entworfen? Identität konstituiert sich nicht im Kopf, sondern »am Körper, im Tun und in den Dingen, denen wir etwas ›an‹-tun und mit denen wir uns umgeben« (Hetherington, 1998). Ohne Zweifel ist, dass die Sprache und die Räume, in denen wie gesprochen werden darf, eine wesentliche Ebene der *Selbstkonstruktion* und Selbstinterpretation ist: es ist von Bedeutung, wie ich mich selbst bezeichne, *schwul, queer, homosexuell, butch, femme ….* Und mit welchen Begriffen queere Sexualität bezeichnet wird.

Ein Identitätsparameter für queere Personen ist der geschlechtliche Körper. Um queere Personen in der Ganzheitlichkeit zu erfassen, braucht es ein Verstehen der Verbindung und der Wechselwirkung zwischen körperbezogenen Erfahrungen und Biografie als einen dynamischen Prozess. Die Verschränkung von Biografie und Geschlecht lässt sich queertheoretisch untersuchen. In der Körperbiografie queerer Personen lassen sich drei Momente differenzieren: (1) Die Beziehung des Körpers zum Raum (siehe Young, 1993), (2) Die Beziehung des Körpers zur psychosexuellen Entwicklung (Zeit) und (3) das Verhältnis von psychischer queerer Identität und dem queeren Körper in der Erscheinung.

Identität und Körper sind an konkrete Personen mit einer Geschlechtsidentität gebunden, normative Modelle zur Geschlechtsidentität beinhalten geschlechtsspezifische Vorstellungen und Forderungen. In der analytischen Psychotherapie mit queeren Personen sind bewusste und unbewusste Aspekte der queeren Identität, Körpererfahrungen und kulturelle Interpretationen von Männlichkeit und Weiblichkeit für die queere Identitätsbildungsprozesse von zentraler Bedeutung. Der Bedeutung von Körpererfahrungen in der queeren Identitätsbildung wurde in der psychoanalytischen Auseinandersetzung mit *Queerness* bislang wenig Aufmerksamkeit gewidmet. Es lässt sich in dem Buch *Die biographische Anamnese unter tiefenpsychologischem Aspekt* von Annemarie Dührssen (1997) an keiner Stelle einen Hinweis zur Körperbiografie finden. Mein Ausgangspunkt meiner Überlegungen ist die Ausweitung der Erhebung der Biografie zur Körperbiografie.

8.2 Die BKK-Kette nach Corbin und Strauss (1988, 2004)

In Anlehnung an das Modell von Corbin und Strauss kann die Körperbiografie einer queeren Person mit Hilfe dieser Impulse erhoben werden beziehungsweise einladen, über den queeren Körper zu erzählen.

In der analytischen Psychotherapie mit queeren Personen spielen diese Aspekte eine zentrale Rolle:

1. Biografische Zeit: es ist die bewusst durchlebte Zeit mit dem Fokus auf die psychosexuelle Entwicklung
2. Narrative Selbstkonstruktion, mit dem Fokus auf die körperliche Entwicklung, das Wissen um den eigenen Körper; Auswirkungen von Körperprozessen bei der queeren Identitätsbildung: Wie wird der Körper erzählt? Was erzählt der Körper?
3. Narrative Selbstkonstruktion als Teil der Selbstinterpretation: Unser Verständnis der Welt liegt nicht in unserem Inneren, sondern in der Interaktion, dem Zwischenraum unseres Umgangs mit den Dingen. Der Körper als Zwischenraum dient dem Verstehen.
4. Körperinszenierungen als Container von queeren Erfahrungen; Alessandra Lemma sieht dies dann vor allem gegeben, wenn das, was wir auf der körperlichen Ebene erleben, psychisch nicht repräsentiert, werden kann.
5. Queere Erfahrungen in familiären und sozialen Räumen
6. Veränderungen im Körper und in der Selbstkonstruktion
7. Fragen nach der Aneignung heteronormativer, queernormativer und queerer Ordnung
8. *Embodying Experience* (Stanley Keleman): Die körperliche Biografiearbeit richtet sich auf die vergangenen Erfahrungen der queeren Person und wie diese Erfahrungen in die körperliche Beziehung gebracht wurden und werden. Für queere Personen wird in Anlehnung an Keleman (1990, S. 91) vor allem die Bedeutung von *Die Geschichte des Körpers verbinden* und die Verbindung des geschlechtlichen Körpers zum anderen als ein Gesehen -Werden zum einen im Erkannt-Werden aber auch als Teil der Diskriminierungserfahrung. Es ist der Aspekt, wie eine queere Person mit sich körperlich umgeht.
9. Blick auf die Unterbrechungen in der BKK-Kette (**B**iografische Zeit, **K**örper und narrativer **K**onstruktion) im Leben einer queeren Person

Literatur

Corbin, J., & Strauss, A.L. (2004 [1988]). *Weiterleben lernen. Verlauf und Bewältigung chronischer Krankheit.* Verlag Hans Huber

Dausien, B. (1999). Geschlechterkonstruktionen und Körpergeschichten. Überlegungen zur Rekonstruktion leiblicher Aspekte des „doing gender“ in biographischen Erzählungen. In Allheit, P., et al. (Hrsg.), *Biographie und Leib* (S. 177–200). Psychosozial Verlag.

Dührssen, A. (1997 [1981]). *Die biographische Anamnese unter tiefenpsychologischem Aspekt.* Vandenhoeck & Ruprecht.

Fischer-Lichte, E., et al. (1998). Inszenierung und Theatralität. In H. Willems (Hrsg.), *Inszenierungsgesellschaft* (S. 81–90). Westdeutscher Verlag.

Grinberg, L., & Grinberg, R. (2016). [1984]). *Psychoanalyse der Migration und des Exils.* Psychosozial Verlag.

Hentzelt, F. (1994). *Häßliche Entlein. Die vorschwule Phase – eine psychologische Untersuchung.* Männerschwarm Verlag.

Hetherington, K. (1998). *Expressions of identity: Space, performance, politics.* Sage.

Hofmeister, S. (2014). *Wo stehe Ich und wo geht's hin: Wie Sie den roten Faden im Leben finden.* Graefe und Unzer Verlag GmbH.

Hölzle, C., & Jansen, I. (2009). *Ressourcenorientierte Biografiearbeit: Grundlagen-Zielgruppe-Kreative Methoden.* VS Verlag.

Keleman, S. (1987). *Embodying Experience.* Center Press.

Keleman, S. (1990). [1986]. *Körperlicher Dialog in der therapeutischen Beziehung.* Kösel Verlag.

Klingenberger, H. (2003). Lebensmutig: Vergangenes erinnern, Gegenwärtiges entdecken, Künftiges entwerfen. Don Bosco Medien.

Lemma, A. (2018). Einen Körper haben, ein Körper sein. Das transsexuelle Bedürfnis, gesehen zu werden. In ders (Hrsg.), *Der Körper spricht immer. Körperlichkeit in psychoanalytischen Therapien und jenseits der Couch* (S. 153–173). Brandes & Apsel

Mahler, M. (1971). A study of the separation-individuation process. *The psychoanalytic study of the Child* (Bd. 26, Issue 1). Quadrangle Books.

Masson, J.M. (Hrsg). (1986). *Sigmund Freud Briefe an Wilhelm Fließ. Dt. Ausgabe* (S. 377). Fischer, Frankfurt (19.2.1899)

Miethe, I. (2011). Biografiearbeit: Lehr- und Handbuch für Studium und Praxis. Juventa.

Piaget, J. (1950). *Konstruktion der Wirklichkeit beim Kinde.* Klett Cotta.

Völter, B., et al. (Hrsg.). (2005). *Biographieforschung im Diskurs.* VS Verlag.

Young, I.M. (1993 [1980]). *Werfen wie ein Mädchen. Ein Essay über weibliches Körperbewusstsein.* Reclam.

Queere Räume I: Der queere Innenraum 9

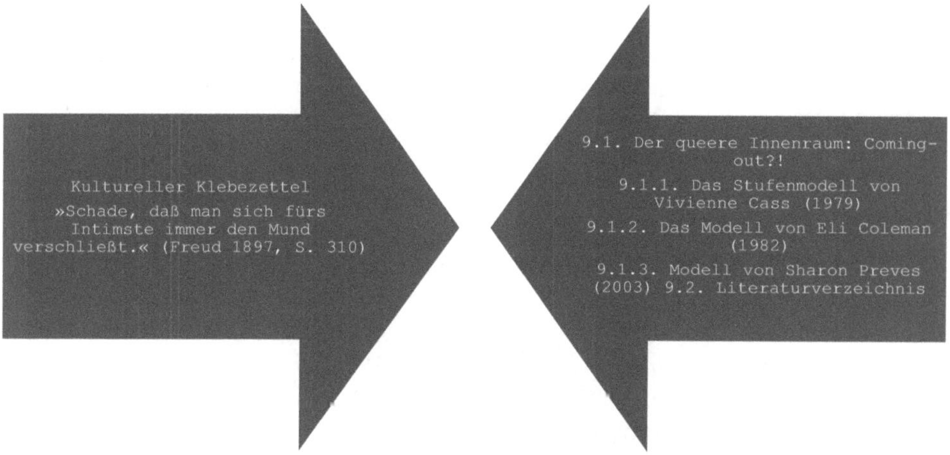

»Viele Praktiken, die in queeren Räumen positiv besetzt werden, stehen im Konflikt mit gesellschaftlich-hegemonialen Normen von Geschlechtlichkeit, Sexualität und Körperlichkeit« (Mader, 2023, S. 13). Viele Praktiken queerer Personen finden in der Zone der Unbewohnbarkeit und Unbestimmtheit (vgl. Butler, 1997, S. 23) statt, die nicht den hegemonialen Normen entsprechen.

Die ursprüngliche Bedeutung von Coming-out beinhaltet die Vorstellung einer räumlichen Bewegung. »Raus aus den Toiletten, rein in die Straßen!« war ein Slogan der Schwulenbewegung der 70iger Jahre. Eine der Forschungsrichtung der aktuellen Kulturwissenschaften sind die sogenannten *Space-Studies,* die Forscher dieser *space studies*

B. Heimerl, *Queere Identitäten in der Psychotherapie,*
https://doi.org/10.1007/978-3-662-70525-4_9

sind derzeit eher lose vernetzte, interdisziplinär arbeitende *Raumforscher* (Kajetzke & Schroer, 2012, S. 222–235). Queere Personen sind Raumforscher des Geschlechtlichen.

Der Raum, von mittelhochdeutsch rûm, ist etymologisch der Platz, der eine Lücke, eine Leerstelle birgt, die, wie auch immer, gefüllt werden muss. »Der Mensch füllt diesen Raum und macht ihn zu seinem« (Gruevska, 2019, S. 1). Auch die Literaturwissenschaftlerin Bachmann-Medick sieht eine Weiterbewegung vom *cultural turn* zum aktuell in der Forschung und Praxis zu beobachtende *spatial turn* (2006). Wenn es um queere Identität und Raum geht ist es die Herausforderung, den eigenen Standpunkt im heteronormativen Raum ausfindig zu machen, das heißt imstande zu sein, in diesem Raum eine queere Perspektive einzunehmen, »ja eine solche Perspektive zu *sein.*« (Taylor, 1996, S. 209).

9.1 Coming-out?!

> »Dad,
> It's okay. It's more than okay – it's beautiful. That's what I wanted to say. [...] I used to resent you for not having answers to all my questions growing up as a Black gay kid. The older I got, the more I understand that you may have more questions than me. Someday I hope we can stop being so afraid of each other and what makes us beautiful Black gay men. I haven't read a story like ours because it hasn't been written yet, so I thought I´d start with this letter.
> Love, Your son«
> (Ivan Nuru, 2022)

Der Phänomenologe Maurice Merleau-Ponty sieht in dem von innen belebtem männlichem und weiblichem Leib jenseits der äußeren Merkmale den Ursprungsraum der Seele und damit als Matrix aller anderer Räume. Intersexuelle Körper tauchen gar nicht auf. Die Grundlage des *Weltinnenraums* (Sloterdijk, 1998) sind biologische und psychosozial konstituierte Sphären, oder wie Rainer Maria Rilke, 1914 schreibt. »Durch alle Wesen reicht der *eine* Raum: Weltinnenraum.«

Die queere Identität ist durch eine schrittweise Differenzierung von der heteronormativen Identität zur queeren Identität geprägt und ist dadurch durch verschiedene Übergangsprozesse gekennzeichnet. Ein Coming-out ist eine Kette vielfältiger innerer und äußerer Ereignisse. Ich verwende in der vorliegenden Arbeit *Coming-out* synonym mit *Outing.*

In der queeren Literatur ist ein *Coming Out* fester Bestandteil der Biografien von queeren Menschen. Lange Zeit war queere Literatur identisch mit Coming-out Literatur. Mit dem Begriff der *Heteronarrativität* bezeichnete man die strukturelle Unmöglichkeit einen nicht heteronormativen Plot zu erzählen (Roof, 1996, XXXV). In zahlreichen kanonischen Werken der Literatur und des Films wird es erzählt, mal als riskanter Schnitt, mal als befreiender Übergang. Jedoch immer als Bruch in der identitären Entwicklung im Sinne einer Identitätsverwirrung im Geschlechtlichen und Sexuellen. *Coming-out* ist ein zentraler Begriff queerer Theoriebildung und Praxis bezogen auf die Biografie einer queeren Person. In politischer und alltagspraktischer Verwendung bezeichnet er zumeist die (erstmalige) Thematisierung einer Nicht-Heterosexualität/Cis-Geschlechtlichkeit gegenüber heterosexuellen/ cisgeschlechtlichen Anderen beziehungsweise beschreibt es eine Person, die nicht im Einklang mit den in der Lebenswelt dominanten geschlechtstypischen Erwartungsstruktur steht. In einem weiteren Verständnis wird auch der zugrundeliegende psychodynamische Prozess im Vorfeld benannt. Wissenschaftliche Ansätze diskutieren zudem jeglichen Bruch mit der allgegenwärtigen Heteronormativität als Coming-out (Woltersdorff, 2005, S. 27, 2013), im Sinne einer *Brechung* mit der normativen Geschlechterordnung, auch in Kleidung, Sprache, Habitus und Körperinszenierung. Damit steht der Begriff zwischen einer »Emanzipationsleistung« und dem »Anpassungszwang« (Woltersdorff, 2005, S. 105) an kulturelle und gesellschaftliche Normierungen: sowohl der queeren als auch der heteronormativen Kultur. Angesichts dieser Paradoxie in der *Subjektivierung* bezeichnet Volker Woltersdorff Coming-out »als ermächtigende Selbstentmächtigung [...], denn der Sprechakt der Selbstbehauptung ist zugleich ein Sprechakt der Selbstunterwerfung« (Woltersdorff, 2005, S. 134) Die Praxisformen des Coming-out sind hinsichtlich der jeweiligen historischen sozialen und rechtlichen Kontexte zu differenzieren.

Der Ursprung des Begriffs liegt im *coming out ball.* Es ist die US-amerikanische Variante des Debütantinnenballs, bei der junge Frauen aus der Oberschicht zum Zweck der Brautschau in die feine Gesellschaft eingeführt werden (Dannecker & Reiche, 1974, S. 30 f.). Im 19. Jahrhundert zum Beispiel bezeichnete Coming-out die Praxis der gesellschaftlichen Einführung junger (Edel-) Frauen auf einem semi-öffentlichen Heiratsmarkt (Skinner, 1997). Der Begriff wurde auf die Initiation in eine schwule Subkultur durch ersten Analverkehr übertragen und in dieser Bedeutung bis in die 1950er Jahre verwendet. Gegenwärtig umfasst dieses Übergangsritual vor allem eine öffentlichkeitsadressierte Selbsterzählung: als Kehrseite der Öffentlichkeit werden dadurch Ausschluss, Verwerfung und Unsichtbarkeit als Formen der Marginalisierung und Beschämung analysierbar (Haunss, 2004, S. 203). Die Praxis des Coming-out stellt zumeist einen relevanten Bestandteil nicht-heterosexueller und nicht-cisgeschlechtlicher Subjektivierung dar, insofern kritisch die normative Anforderung zum »Bekenntniszwang« (Krell & Oldemeier, 2015, S. 6) artikuliert wird. Coming-out teilt das Welt- und Selbsterleben chronologisch in ein Vorher und ein Nachher: eine Bruchlinie. Seit den 1990er Jahren wird Coming-out zunehmend wissenschaftlich betrachtet und dadurch als relevante Anforderung an nicht-heterosexuelle/cisgeschlechtliche vor allem junge Menschen beschrieben. Insbesondere Familie, Freundeskreis, Schule und Freizeit werden als bedeutsam für den Verlauf eines Coming-out identifiziert. Auch wenn sich diese Ansätze um eine Konzeptualisierung homosexueller Identität und Psychodynamik jenseits einer Pathologisierung bemühen (exemplarisch für die 1970er Jahre Dannecker & Reiche, 1974), formulieren sie die Notwendigkeit einer öffentlichen Darstellung in einer Abfolge linearer Entwicklungsstufen bei der Gefahr einer psychischen Beeinträchtigung (exemplarisch Cass, 1979). Zwischen diesen soziologischen und entwicklungspsychologischen

Ansätzen oszilliert das Konzept des *inneren* und *äußeren Coming-out,* das teilweise als notwendige Abfolge und teilweise als ineinander verschränkte Teilpraxen herangezogen wird, um den Unterschied zwischen dem Prozess der Selbsterkenntnis und der öffentlichen Selbstthematisierung zu beschreiben. Judith Butler (1997) problematisiert den Erkenntnisgewinn eines Coming-out, indem sie kritisiert, es würde sich im Coming out lediglich der »Ort der Undurchsichtigkeit« verschieben, »vorher wusstest du nicht, ob ich lesbisch ‚bin', jetzt weißt du nicht, was es heißt, dass ich es bin« (Butler, 1997, S. 18). Coming-out bedeutet auch eine Kultur-Migration, einer Wanderbewegung von der heterosexuellen zu einer queeren Lebenswelt. Eine Kultur-Migration kann im Sinne universaler Strukturen begriffen werden, die den Menschen als solchen bestimmen, oder aber als eine Vielzahl von Lebensformen, die historisch und geographisch variieren (Waldenfels, 2019, S. 234). Ein Ortswechsel im Coming-out ist die Flucht. Zum Beispiel war die Insel Capri für schwule Exilanten des Kaiserreichs ein *Sehnsuchtsort.*

Ein *Coming-out* ist auch immer ein *Coming-in.* Dannecker und Reiche unterscheiden drei Phasen der Coming-out-Bewegung (1974, S. 23 ff.): ein *Hinein* in die Identität, ein *Hinein* in die Subkultur und ein *Hinein* in die heteronormative Öffentlichkeit. Alle drei Momente sind Schwellensituationen an denen die Grenze zwischen Innen und Außen, aber auch die verschiedenen Räume in Konflikt miteinander geraten. Das Coming-out bildet eine Querachse, die Individualbiografie, queere Kultur und hegemoniale Kultur durchdringt (siehe Woltersdorff, 2005, S. 177). Volker Koch-Burghardt hat in *Identität und Intimität. Eine biographische Rekonstruktion männlich homosexuellen Handlungsstile* (1997) idealtypisch vier verschiedene Coming-out Typen aus einer zeitgeschichtlichen Perspektive (40iger bis 70iger Jahre in Westdeutschland) beschrieben. Queere Identitäten – Homosexuelle, Bisexuelle, Trans*, Inter* – produzieren ihrerseits eigene Coming-out Erzählungen. Diese Erzählungen lassen sich erst verstehen, wenn man sie in ihren politischen sozialen und historischen Entstehungs- und Wirkungszusammenhang stellt (Eribon 2019, Frevert 2017). Eine queere Person reagiert auf das Stigma *»abweichende Sexualität«* vom Anderen. Es hat die Qualität, auf alle anderen Verhaltensbereiche und Eigenschaften überzugreifen, dies wird üblicherweise mit dem sogenannten Minoritätenstress benannt und wird durch das sogenannte *Stigma* beziehungsweise *Identitäts-Managment* zu bewältigen versucht mit dem Ziel der Integration. Das Stigma Management, zielt darauf, die diskreditierende Wirkung des Stigmas zu minimieren und weniger traumatisch zu kompensieren. Das Stigma behindert vor allem soziale Aktivitäten, die der Aufrechterhaltung stabiler menschlicher Beziehungen dient. Was in einer Kultur in Bezug auf sexuelle Beziehungen als normal und abweichend angesehen wird, spiegelt sich in der gesellschaftlichen Anerkennung beziehungsweise Verachtung dieser Beziehungen wider (siehe Goffman, 1990, S. 10). Volker Koch-Burghardt (1997, S. 224 ff.) kommt in seiner Untersuchung zu männlich-homosexuellen Handlungsstilen im Coming-out aus einer zeitlich-historischen Perspektive zu vier differenzierbarer Coming-out Prozessen, die den Einfluss des gesellschaftlichen-kulturellen Klimas im Coming-out sehr verdeutlichen:

1. 40iger Jahre: Homosexualität ist eine Restkategorie, die nicht viel mit dem *eigentlichen* Leben zu tun hat (Verdrängung)
2. 50iger Jahre: Immer wiederkehrenden Coming-out Situationen, in denen nur reagiert, aber nicht aktiv gestalten werden kann (Verleugnung)
3. 60iger Jahre: Homosexuelle Identität für sich ist ein integraler Bestandteil der Identität. Es ist kein Makel wird jedoch nicht selbstbewusst gelebt (Verheimlichung)
4. 70iger Jahre: Das Coming-out erfolgt unter äußerem Druck und Angst vor einem Zwangs-Outing. Das Coming-out wird nicht dem Zufall überlassen, sondern gezielt geplant.

Kann es in einem Leben mehrere Outings geben, welche Spuren hinterlassen sie, und in welchem Alter, in welcher historischen Zeit? Und welche sozialen, kulturellen und gesellschaftlichen Räume sind notwendig, um ein gelungenes Outing zu ermöglichen? Wie kann ein Coming- out Prozess in seiner »Eigenlogik einer individuellen Prozeßstruktur« in Verbindung zur Lebensgeschichte verstanden werden (Dausien, 1999, S. 181)? An welchen Stellen in der Lebensgeschichte wird die Diskrepanz zwischen queerem Selbsterleben und gesellschaftlichen geschlechtlichen Zuschreibungen (heteronormativ und queer) konfliktreich? Welche Rolle spielen Outing-Prozesse in der psychotherapeutischen Behandlung und in psychotherapeutischen Institutionen für Ausbildungskandidat:innen und Lehrende, Supervisor:innen, Lehrtherapeut:innen?

Bruch ist eine Bezeichnung aus dem mittelhochdeutschen und beschreibt das *Brechen,* das *Gebrochene,* jedoch auch eine *Stelle, wo etwas gebrochen ist.* Im 8./9. Jh. wird es für einen *Riß,* ein *abgebrochenes Stück* und *Ausbruch* verwendet. Mit *-brüchig – eine brüchige Identität-* wird zumeist eine nicht-heteronormative Identität gemeint. Coming-out ist ein persönlicher *Akt* im Sinne einer ursprünglichen Wahl als freie Entscheidung. Mit dem individuellen Akt ist eine Handlung einer Person gemeint, in der ein Selbstentwurf steckt. Jeder einzelne Mensch überschreitet nach der von Jean-Paul Sartre (2000) vertretenen existentialistischen Auffassung das gegenwärtig faktisch Gegebene und damit seine gegenwärtige tatsächliche Situation, in der er sich befindet (Ist-Zustand), mit einer Vorstellung, wie er sein möchte und wie er sein Leben führen will. Es gibt einen Entwurf für die Zukunft, an dem er sein Handeln ausrichtet. Coming-out Prozesse sind kein einmaliger Akt, sondern ein dauerhafter Prozess aus einer Kette von unterschiedlichen Coming-outs, es wird zur alltäglichen Praxis. Damit ist das Coming-out nicht der Endpunkt, sondern zumeist der Anfang. Der Wunsch durch die Sichtbarkeit einer queeren Person durch das Coming-out kann durch dem Wunsch nach Anerkennung, nach Überschreitung und Identität verstehbar werden. Das Coming-out kann in einem bestimmten Raum vollzogen werden, in anderen nicht. Coming-out ist ein Akt des Augenblicks der Entscheidung. »Im Grunde ist das Coming-out ein Lebensprojekt« schreibt Didier Eribon in *Betrachtungen zur Schwulenfrage* (S. 169). Es sei ein Thema des *Sich-Versteckens* und der Augenblick der »homosexuellen Wortergreifung«. In *Der Wille zum Wissen* beschreibt Foucault die »Wortmeldung« als konstitutives Element eines Dispositivs der

Macht, das das Subjekt zum Sprechen auffordert. Das Coming-out ist ein lebenslanger Prozess, in dem man seine sexuelle Orientierung und queere Identität erforscht und sie mit Familie, Freund:innen, Kolleg:innen und der Welt teilt. Das Coming-out ist einer der wichtigsten Entwicklungsprozesse im Leben queerer Menschen. Coming Out ist die Abkürzung für den Ausdruck *Coming-out of the closet.* Das *closet* umfasst die geheime und verschwiegene Privatsphäre, die sowohl Orte der Subkultur als auch konkrete Praxen verknüpft. Larry Mitchell beschreibt eindrücklich das *closet:* »the faggots hang all the other colors in their closets and fade back into the greyness of the men« (1977, S. 5). Coming Out bedeutet, die eigene sexuelle Orientierung zu erkennen, zu akzeptieren, auszudrücken und mit sich selbst und anderen zu teilen. Es ist eine »offene Selbstdefinition« (Butler, 2023, S. 41), denn wenn jemand offen seine *Querness* erklärt, ist der performative Akt die Erklärung, nicht die *Querness.*

Coming-out bezeichnet primär den individuellen Prozess, sich seiner eigenen queeren Identität bewusst zu werden, dies gegebenenfalls dem näheren sozialen Umfeld mitzuteilen und im Endeffekt selbstbewusst mehr oder weniger als queere Person zu leben. Dabei sollte zwischen innerem und äußerem Coming-out unterschieden werden. Das Coming-out ist ein hoch komplexer Prozess, der sich zeitlich auf verschiedenen emotionalen, kognitiven und verhaltensnahen Dimensionen sehr unterschiedlich entwickeln kann. Das sogenannte *Innere Coming-out* steht für das Bewusstwerden der queeren Identität und gehört zur Entwicklung der sexuellen Identität im Allgemeinen. Auf die Frage, was das für ein Gefühl ist, zu bemerken, dass man homo- bzw. bisexuell orientiert ist? antworten viele, dass eher negative Gefühle wie Beunruhigung und *Fremd*sein vorherrschten. Das sogenannte *Äußere Coming-out* ist die konkrete Auseinandersetzung mit einer Minderheitenperspektive und der Heteronormativität. Auf die Frage, was die Gründe für ein soziales Coming-out waren, antworten viele im Sinne von *Ich hatte Angst, beim Lügen erwischt zu werden. Ich hatte genug Rückhalt. Ich hatte aufgrund der Verheimlichung Depressionen. Ich hatte Angst vor Isolation. Ich verspürte Einsamkeit.*

Sowohl das innere wie auch das äußere Coming-out ist stark durch gesellschaftliche, familiäre und kulturelle Aspekte beeinflusst. Die meisten queeren sexuellen Erfahrungen werden nachdem sich die Betreffenden ihrer Orientierung selbst bewusst geworden sind, gemacht, das heißt die queere Identität ist bereits angelegt, wenn eigene Aktivitäten aufgenommen werden (San Francisco Studie (Bell et al., 1981). Es ist hervorzuheben, dass die Zeit zwischen dem inneren und dem äußeren Coming-out sehr stark variieren kann.

9.1.1 Das Stufenmodell von Vivienne Cass (1979)

Das Stufenmodell von Vivienne Cass beschreibt den Vorgang des Coming-out als Abfolge von sechs Stufen. Für Cass steht die Frage im Mittelpunkt: Wie kommt jemand von einem kongruenten intrapersonellen System (Ich bin heterosexuell.) zu einem anderen, ebenfalls kongruenten System (Ich bin homosexuell.).

Sechs-Stufen-Modell der Entwicklung des Coming-out als queere Identitätsfindung (1979)

Stufe	Wahrnehmung und Verhalten
KONFUSION	IDENTITY CONFUSION
	Wahrnehmung: Ich fühle mich dem gleichen Geschlecht gegenüber sexuell hingezogen. Wer oder was bin ich eigentlich?
	Verhalten: (1) Suche nach Informationen, (2) Suche nach *Normalität* und (3) Rückzug/Verleugnung
VERGLEICH	IDENTITY COMPARISON
	Wahrnehmung: Ich gehöre nicht mehr zur Mehrheit in der Gesellschaft und der Familie an. Ich bin (sexuell) anders. Darf ich so sein?
	Verhalten: (1) Suche nach homosexuellen Vorbildern, (2) Homosexualität ist *nur* eine Phase und (3) Rückzug/Verleugnung
TOLERANZ	IDENTITY TOLERANCE
	Wahrnehmung: Ich glaube, ich bin homosexuell.
	Verhalten: (1) aktive Suche (ausschließlich) homosexueller Kontakte, (2) Doppelleben und (3) Rückzug/Verleugnung
AKZEPTANZ	IDENTITY ACCEPTANCE
	Wahrnehmung: Ich suche homosexuelle Lebenswelten auf und: Ich stosse auch auf Ablehnung meiner Homosexualität.
	Verhalten: (1) äußeres aktives Coming-out, (2) gleichgeschlechtliche Beziehungsaufnahme und (3) Rückzug/Verleugnung
STOLZ	IDENTITY PRIDE
	Wahrnehmung: I'm proud to be gay/lesbian!
	Verhalten: (1) Abgrenzung zur heterosexuellen Lebenswelt, (2) Wut gegenüber Diskriminierung/ausschließliches Leben in der Szene und (3) Rückzug/Verleugnung
SYNTHESE	IDENTITY SYNTHESIS
	Wahrnehmung: Ich bin schwul/lesbisch und kann mich in verschiedenen Lebenswelten bewegen und leben, ohne meiner Identität bedroht zu sein. Schwul-Sein ist ein Teil meiner Identität, aber nicht alles!
	Verhalten: geprägt von der Überzeugung, dass homosexuelle Orientierung nur ein Teil der Persönlichkeit ist und dieser Teil bestimmt nicht die ganze Person

9.1.2 Das Modell von Eli Coleman (1982): Coming In, Coming Off

Das Modell von Cass fokussiert die narzisstische Selbstentwicklung, der Entwicklungspsychologe Eli Coleman (1982) unterscheidet *pre-coming out, coming out, exploration, first relationships, identity integration* und ermöglicht eine Betrachtung sowohl individueller Biografie als auch interaktioneller und gesellschaftlicher Aspekte des Coming-out (Coleman, 1982, S. 31 ff.). Außerdem sieht er in den Erzählungen queerer Personen eine zentrale Quelle, sich der Identitätsbildung zu nähern. Der Phase der Selbstermächtigung im *pre-coming out* und *coming out* folgt eine Phase der Emanzipation *(exploration).* Die Phase des Coming in kann mit *first relationships* und *identity integration* beschrieben werden. Für all diese Phasen haben Räume, vor allem Schutzräume eine zentrale Funktion. Anja Gregor formuliert drei Phasen (vgl. Gregor, 2015, S. 281):

1. Coming In: Enteinzelung
   - Kommunikation, Enttabuisierung, Anerkennung
   - Prozess der Selbsterkenntnis kann einsetzen
   - Feststellung, nicht allein mit den Erfahrungen zu sein
   - Internet als Möglichkeitsraum
   - Aktivitäten der Vergemeinschaftung
2. Coming Out: Selbstermächtigung
   - Rückhalt und Sicherheit durch andere und deren Erfahrungen
   - Wissen sammeln
   - Aneignung der eigenen Biografie
   - *Wer bin ich?* wird neu befragt und will beantwortet werden
3. Coming Off: Expert:innen in eigener Sache
   - Aufklärung
   - Es ist sicherlich Judith Butler zu verdanken *Coming-out Prozesse* auch als politische *Acting out* Prozesse zu beschreiben (2022, S. 171 f.). Im Modell von Eli Coleman (1981) wird dieser wichtige Aspekt angedeutet als *Coming Off. Coming-out* stellt einen integralen Bestandteil der kulturellen und politischen Bedeutung des Queer-Seins dar. »Das Begehren lässt sich nicht aufrechterhalten, ohne dass es ausgesprochen und gezeigt wird, und die diskursive Praxis von Homosexualität lässt sich nicht von Homosexualität als solcher trennen« (ebd. S. 171).

9.1.3 Das Modell von Sharon Preves (2003): Nonkonformität, Bikulturalismus, Marginalität

In Anlehnung an das Modell von Sharon Preves (2003) in Erweiterung von Heimerl (2024)

1. Innere Anerkennung der eigenen *Nichtkonformität* (innerer Raum)
2. Innere Anerkennung der eigenen Andersartigkeit gegenüber sich selbst und anderen (Zwischenraum)
3. Selbstinterpretation und Bestätigung des queeren Selbst im Innen und Außen (Zwischenraum)
4. Anerkennung der *marginalen* queere Identität und der Selbstbewußtheit darin (Außenraum)
5. Queere Selbstanerkennung und *Bikulturalismus,* die Kompetenz sich in zwei verschiedenen Kulturen gleichzeitig zurechtzufinden und deren Werte, Bräuche und Traditionen anzunehmen (Innerer, Äußerer und Zwischenraum)

Wolterdorff (2005, S. 269) beschreibt Coming-out als »performative Technologie« des queeren Selbst und die fünf Aspekte des queeren Coming-out von Preves lassen sich instruktiv mit einem queeren Identitätsbildungsprozess in der analytischen Psychotherapie verbinden. Die performativen Aspekte der Geschlechtsidentität werden als ein historisch Gewordenes markiert, etwas, was durch die Gesellschaft vermittelt ist und keine Natürlichkeit in sich birgt. Beide Seiten *Natur* und *Kultur* müssen in beidseitiger Vermittlung gedacht werden, diese Vermittlungsleistung wird durch eine queere Person als Wissensobjekt hervorgerufen.

Alle drei Modelle benennen im Coming-out Prozess die öffentliche und soziale Verletzbarkeit, das Navigieren von Angst und auch die *heroische* Geste im Akt der Positionierung. Ein kritischer Punkt, dass ein Coming-out einen eindeutigen Identitätsbegriff braucht – denn es braucht den Identitätsbegriff, da Coming-out sowohl einen Endpunkt als auch einen Anfang und ein Ziel bezeichnet. Sollte nicht deutlicher das *Inviting in* betrachtet werden, um ein Coming-out (irgendwann) nicht (mehr) notwendig zu machen? In der Sichtbarkeit liegt eine Machttechnik, aber: dadurch ändert sich keine Institution. *The Modern Clinician's Guide to Working with LGBTQ+Clients* ist eine hilfreiche Quelle für Therapeut:inenn, die mit LGBTQI* Personen arbeiten (Nichols 2021). Die Kapitel dieses Buches kombinieren die umfangreiche klinische Erfahrung des Autors mit der aktuellen evidenzbasierten Forschung und erforschen die Ursprünge und die Entwicklung sexueller Minderheitengruppen, wobei sie über lesbische Frauen und schwule Männer hinausgehen und auch Transgender und nichtbinäre Menschen, Kink und Polyamorie, Bisexualität und Pansexualität sowie Menschen, die sich als asexuell oder aromantisch identifizieren, einbeziehen. Der Leitfaden bietet auch eine ausführliche Darstellung der klinischen Arbeit mit transgender, geschlechtsuntypischen und nicht-binären Klienten aller Altersgruppen. *The Modern Clinician's Guide to Working with LGBTQ+Clients* ist ein unschätzbares Nachschlagewerk für Psychotherapeut:innen in einem breiten Spektrum von klinischen Settings, das Sexualität, Geschlecht, Beziehungen und Altersgruppen umfasst.

Literatur

Bachmann-Medick, D. (2006). Spatial Turn. In ders (Hrsg.), *Cultural Turns: Neuorientierungen in den Kulturwissenschaften* (S. 284–328). Rowohlt.

Bell, A.P., et al. (1981). *Sexual Preference: Its Development in Men and Women.* Indiana University Press.

Butler, J. (1997). Körper von Gewicht. Die diskursiven Grenzen des Geschlechts. Suhrkamp

Butler, J. (2022 [2006]). Haß spricht. Zur Politik des Performativen. Suhrkamp

Butler J (2023 [2007]) Kritik der ethischen Gewalt. Suhrkamp

Cass, V. (1979). Homosexual identity formation: A theoretical model. Journal of Homosexuality, 4 (3), 219–235.

Coleman, E. (1982). Developmental Stages of the Coming out Process. *Journal of Homosexuality, 8,* 31–43.

Dannecker, M., & Reiche, R. (1974). *Der gewöhnliche Homosexuelle: Eine soziologische Untersuchung über männliche Homosexuelle in der Bundesrepublik.* Fischer.

Dausien, B. (1999). Geschlechterkonstruktionen und Körpergeschichte. Überlegungen zur Rekonstruktion leiblicher Aspekte des »doing gender« in biographischen Erzählungen. In: Alheit P und Dausien B et al. (Hrsg) Biographie und Leib. Psychosozial Verlag, S. 177–200.

Kajetzke, L. & Schroer, M. (2014). Space Studies. In: Stephan Moebius (Hg.) Kultur. Von den Cultural Studies bis zu den Visual Studies (S. 196–215). transcript Verlag. https://doi.org/10.14361/transcript.9783839421949.196

Eribon, D. (2019). *Betrachtungen zur Schwulenfrage.* Suhrkamp.

Foucault, M. (1977; 1976). *Sexualität und Wahrheit* (Bd. I). Suhrkamp.

Frevert, U. (2017). *Die Politik der Demütigung. Schauplätze von Macht und Ohnmacht.* Fischer.

Goffman, E. (1990 [1963]). *Stigma. Über Techniken der Bewältigung beschädigter Identität* (9. Aufl.). Suhrkamp.

Gregor, A. (2015). *Constructing Intersex. Intergeschlechtlichkeit als soziale Kategorie. Intersexualität kontrovers.* Transcript.

Gruevska, J. (Hrsg.). (2019). *Körper und Raum.* Springer.

Haunss, S. (2004). *Identität in Bewegung. Prozesse kollektiver Identität bei den Autonomen und in der Schwulenbewegung. Bürgergesellschaft und Demokratie* (Bd. 19). VS Verlag für Sozialwissenschaften

Koch-Burghardt, V. (1997). *Identität und Intimität. Eine biographische Rekonstruktion männlich-homosexueller Handlungsstile.* Verlag rosa Winkel.

Krell, C. & Oldemeier, K. (2017). Coming-out – und dann…?! Ein DJI-Forschungsprojekt zur Lebenssituation von lesbischen, schwulen, bisexuellen und trans* Jugendlichen und jungen Erwachsenen. DJI, München.

Mader, E. (2023). *Queere Räume. Handlungsfähigkeit, Affekte und Praktiken von Un_Bestimmtheit prekärer Subjekte.* Transcript.

Masson, J.M. (Hrsg.). (1986). *Sigmund Freud: Briefe an Wilhelm Fliess. Dt. Ausgabe* (S. 310). Fischer (3.12. 1897)

Mitchell LA, Jacobs C und McEwen A (2023). (In)visibility of LGBTQIA+ people and relationships in healthcare: A scoping review. Patient Education and Counseling, 114, 107828.

Nichols, M. (2021). *The Modern Clinician's Guide to Working with LGBTQ+ Clients. The Inclusive Psychotherapist.* Routledge.

Nuru, I. (2022). To Dad. In R. Smith & B. Vesey (Hrsg.), *The Love that dares- Letters of LGBTQ+ Love & Friendship Through History* (S. 219). Ilex Presss.

Preves, S. (2003). *Intersex and Identity. The Contested Self.* Rutgers University Press.

Rilke, R.M. (1914). Es winkt zu Fühlung. In *Die Gedichte 1910 bis 1922* (München oder Irschenhausen, August/September 1914)

Roof, J. (1996). *Come as you are. Sexuality and Narrative (Between Men-Between Women- Lesbian and Gay Studies.* Columbia University Press.

Sartre, J.P. (2000). *Der Existenzialismus ist ein Humanismus und andere philosophische Essays 1943–1948.* Rowohlt.

Taylor, C. (2024 [1996]). *Quellen des Selbst. Die Entstehung der neuzeitlichen Identität.* Suhrkamp.

Skinner, J. (1997). Coming out/outen/Outing. In J. Skinner (Hrsg.), *Warme Brüder – kesse Väter. Lexikon mit Ausdrücken für Lesben, Schwule und Homosexualität* (S. 48–49). Die Blaue Eule.

Sloterdijk, P. (1998). *Sphären. Band 1: Blasen.* Suhrkamp.

Waldenfels, B. (2019). Erfahrung, die zur Sprache drängt. Studien zur Psychoanalyse und Psychotherapie aus phänomenologischer Sicht. Suhrkamp.

Woltersdorff, V. (2005.) Coming Out. Die Inszenierung schwuler Identitäten zwischen Auflehnung und Anpassung. Campus

Woltersdorff, V. (2013). Going Public – Going Media. Über den medialen Wandel schwuler Coming-out-Inszenierungen seit Stonewall. In: Regener, S. & Köppert, K. (Hg). privat/öffentlich. Mediale Selbstentwürfe von Homosexualität. Turia + Kant S 89-110

Queere Räume II: Der queere Außenraum 10

10.1 Geschichte und Kultur

»Wenn wir die Geschichte von Lesben, Schwulen, Bisexuellen, Trans*, Inter* und queeren Menschen betrachten, so ist sie geprägt von verschiedensten Formen der Aneignung von Orten und Räumen. Von Orten, die Möglichkeit boten sich zu begegnen [...]« (Küppers & Schneider, 2018, S. 9). Die Gegenseite bekommt in der Untersuchung von Patrick Wielowiejski (2023) ihre Stimme. Er führt den Terminus *Ethnographie der Feindschaft* ein, wenn er von der Feindschaft spricht, dass bestimmte Andere aus dem Raum des Gemeinsamen ausgeschlossen werden müssen, um das Eigene zu erhalten.

B. Heimerl, *Queere Identitäten in der Psychotherapie*,
https://doi.org/10.1007/978-3-662-70525-4_10

Am Beispiel der Homosexualität kann die Geschichte der Repression, Überwachung und Kontrolle von abweichender Sexualität nachgezeichnet werden. Diese Geschichte ist immer mit bestimmten Räumen der rechtsstaatlichen Überwachung und Kontrolle verbunden.

1. Phase: Seit dem Mittelalter gab es ein Gesetz, das die Sodomie verbot und mit der Todesstrafe belegte.
2. Phase: Die zweite Phase ist durch eine Polizeipraxis und Verfolgungspraxis gegenüber Homosexuellen gekennzeichnet. Es werden erstmalig Orte, an denen Homosexuelle *verkehren* genannt: in Frankreich der Jardin du Luxembourg, Saint-Germain-des-Prés oder dem Palace Royal. In Folge entstand ein ganzes System aus Fallen, Drohungen, Erpressungen und Personen, die in fremdem Auftrag heimlich beobachteten oder mithörten
3. Phase: Mitte des 19. Jahrhunderts findet die Homosexualität Eingang in das medizinische Denken und Forschung. Es werden Räume der Begegnung jedoch gleichzeitig auch Räume der Verwahrung geschaffen (Psychiatrie, Gefängnis). Zu der rechtsstaatlichen Überwachung erweitert sich die Überwachung und Kontrolle auf den psychologisch-medizinischen Bereich

Subjekte verorten sich in Raum und Zeit. Der Außen-Raum ist eine der wesentlichen identitätsbildenden Kategorie (nicht nur) bei queeren Personen. Räume repräsentieren soziale Verhältnisse, sie sind nicht beliebig, denn sie verweisen auf eine kulturelle Praxis. Das Verb *räumen* weist auf eine Bewegung und Prozesscharakter hin und bezieht sich auf das Urbarmachen bisher unbewohnter Fläche. So wird der Raum zu einem Frei-Raum einer menschlichen Bewegung, einer Möglichkeit der Migration. Räume können unsicher werden man kann sie erobern, abgeben und/oder teilen. Der Raum ist ein abstraktes Objekt und als Ort *verwirklicht.*

Der innere Raum ist als der Ort zu verstehen, wo sich die gesamte Geschichte eines Subjekts befindet und sich die Kreativität im zur Verfügung stehenden Gehalt entfalten kann (siehe Bachelard 1987). Küppers und Schneider (2018) betonen, dass queere Raumpolitiken auf den Freiraum zum Ausleben der eigenen sexuellen Identität abzielen, so schafft ein sozialer Raum die Möglichkeit, Sexualität zu entfalten oder sie zu begrenzen (S. 13). Ergänzend zielt der Begriff der Verortung von Geschlecht (Leutner, 2003) stärker als der der Konstruktion auch auf die individuelle Orientierung im Rahmen einer einzelnen Biografie. Und: »Der Begriff der Verortung umfasst überdies den Aspekt des Räumlichen. Buchstäblich verstanden ist mit dem Vorgang der Verortung auch die Bindung an bestimmte Räume angesprochen. Diese räumliche Dimension ist bei der Durchsetzung und Umsetzung von Geschlechterhierarchien ebenso wie bei deren Veränderung oder Verschiebung außerordentlich wichtig, wie schon Virginia Woolf in ihrem Essay *A room of one`s own* ausgeführt hat.« (ebd., S. 11 f.). Die Anrufung beziehungsweise Interpellation Althussers *Ja, ich bin es!* braucht einen zweiten Schritt *Ja, ich nehme den Ort ein, den ihr mir zuweist.*

Viele Kulturwissenschaftler:innen beschreiben mit der Post-Moderne den sogenannten *spatial turn,* wenn über Subjekt, Gesellschaft und Identität nachgedacht wird. Unser Alltag, unsere psychischen und sozialen Erfahrungen werden eher von den Kategorien des Raumes beherrscht. Denn Raum wird nicht nur als theoretisches Konstrukt verstanden, sondern stark als soziale Konstruktion und greift zentral in die Gesellschaft ein. Der *spatial turn* ist nicht einfach zufällig entstanden, zum Beispiel hat Edward Said durch den *postcolonial turn* den Boden bereitet, den kulturell -sozialen Raum neu beziehungsweise aus postkolonialer Position erweitert im imperialistischen-rassistischen Kontext zu denken (Bachmann-Medick, 2006, S. 285 ff.).

10.2 Heterotopie (Michel Foucault)

Im Jahr 1966 hatte Foucault den Begriff der Heterotopie als Bezeichnung für *Andere Räume* im Vorwort zu *Les mots et les choses* eingeführt. In seinem Radiovortrag 1967 *Die Heterotopien* hat er den Begriff wieder aufgenommen. Erst 1984 publizierte er unter dem Titel *Des espaces autres* diesen Vortrag (siehe Foucault 2021/2013). Dabei geht es um Räume, die in Bezug auf uns vertraute räumliche Organisationen anders sind. Er unterscheidet unter anderem den Raum des Innen *(espace du dedans)* und den Raum des Außen *(espace du dehors),* sowie zwischen Utopien und Heterotopien. In den Außenräumen befinden sich die anderen Räume – die *heteroi topoi.* Sie werden zu den Außenräumen, indem sie sich aus den inneren Verortungen, die den Innenraum konstruieren, in spezifischer Weise ausgrenzen. Sie nehmen sich aus den Räumen, deren Ordnung wir kennen und in denen wir alltäglich (normiert) leben, ein Raum des Unmöglichen, es entsteht ein Spannungsfeld zwischen Ordnung (Binarität) und Nicht-Ordnung (Nicht-Binarität). Das Spannungsfeld bewegt sich zwischen der Erfahrung des Scheiterns oder des Übertretens von etablierten Ordnungen und dem Festhalten an etablierten Ordnungen (Foucault 2023/1974). Es kann als Ort eines perspektivischen, identitären Umwertens fungieren. Heterotopie ist aus der Medizin entliehen, wo er ein Gewebe bezeichnet, das an einem für es unüblichen Ort erscheint. Der Bezug zu Georges Batailles *Heterologie,* die das zu versammeln verspricht, was an Heterogenem bei der Produktion homogener Ordnungen entsteht und durch Verbot und Tabu (Überschreitungen) ausgeschlossen wird. Zunächst ist der Begriff an die Sprache gebunden und Foucault bezeichnet damit einen Diskurstyp, der die geltende Ordnung der Diskurse unterminiert. Eine weitere Unterscheidung trifft Foucault (2021/2013) zwischen Utopien und Heterotopien: Utopien sind virtuelle »unwirkliche Räume« (1992, S. 39) und Heterotopien, die »wirkliche Orte« sind. Die Heterotopien schaffenden Platzierungen »widersprechen« den üblichen Platzierungen der Menschen (1992, S. 38). Der *Andere Raum* ist einem funktional gegliederten Raumgefüge konträr. Inwiefern sind der psychotherapeutische Ort und der analytische Raum für queere Personen solch eine Heterotopie?

Heterotopie setzt das Nebeneinander von zeitlich entfernten und kulturell heterogenen Elementen an demselben Ort voraus, so dass sich dieser Ort der Mischungen zu den ursprünglichen Herkunftsorten *anders,* aber nicht zwangsläufig fremd, verhält. »Das *heterotopisch Andere* ist dementsprechend nicht durch Ausschluss und Abgrenzung definiert, sondern eben durch Verschmelzung und Hybridität. Es kann uns die Basis dafür liefern, Individuen und Kulturen vom Zwang einer dichotomischen Kulturation zu befreien.« (Tafazoli & Gray, 2012, S. 22). Das Konzept der Heterotopie erlaubt insofern eine Aufhebung von Dichotomien wie Pole oder binäre Ordnungssysteme. Der psychotherapeutische Raum ist ein hybrider Wirk-Raum, der seine Ausdrucksweise mit der Sprache und der biografischen Narration findet, etwas anderes denken heißt auch einen anderen Raum zu betreten. Foucault verwendet den Begriff Heterotopie für den Ordnung aufstörenden Diskurstyp. In Hinblick auf den Stellenwert des Raumes geht es Foucault hauptsächlich um Schwellen- und Übergangsräume, um Gebiete, die fundamental anders sind wie die anderen Räume. (Tafozoli & Gray, 2012, S. 8). Es sind Möglichkeitsräume, welche die verdrängten Verwerfungen der uns vertrauten Räume aufblitzen lassen. Dem homogenen Raum der Ordnung steht der Raum der Heterotopie entgegen. Die queere Person lebt in keinem leeren und neutrale, sondern in einem »vielfach unterteilten« Raum, »mit harten und weichen, leicht zu durchdringenden porösen Gebieten« (Foucault, 2005/1984, S. 9 f.). Foucault attestiert den Heterotopien eine generelle Beunruhigung und erklärt sich das Beunruhigende, »weil sie heimlich die Sprache unterminieren, weil sie verhindern, daß dies *und* das benannt wird, weil sie gemeinsame Namen zerbrechen oder sie verzahnen, weil sie im Voraus die ‚Syntax' zerstören, und nicht nur die, die die Sätze konstruiert, sondern die wenig manifeste, die die Wörter und Sachen (die einen vor und neben den anderen) ‚zusammenhalten' läßt.« (2021, S. 20). Das *Andere* der Heterotopie ist nicht einfach als Andersheit zu denken, sondern auch als Zusammenfügung des Differenten und Anderen. Im Gegensatz ist die *Homotopie* eine homogene Ortschaft.

Fünf Grundsätze der Heterotopie:

1. Grundsatz der kulturellen Bedingtheit, das heißt heterotopische Orte sind einem historischen Wandel unterworfen. Foucault unterscheidet zwischen den Krisenheterotopien (zum Beispiel Räume der Adoleszenz, Geburt oder Sterben) beziehungsweise. Abweichungsheterotopien (zum Beispiel psychiatrische Kliniken, Gefängnisse oder Altenheime). Dem *Abweichenden* wird Raum für autonome Entfaltung gegeben (eingetragene Lebenspartnerschaft) oder alles Heterogene wird an einem Ort versammelt, um es von dort wieder ins Herrschende einzugliedern (Ehe für Alle).
2. Grundsatz, dass Heterotopien aufgrund kultureller Rahmung umfunktioniert werden können, das heißt Funktionen können wechseln und Heterotopien können zum Verschwinden gebracht werden.
3. Grundsatz, dass Heterotopien die Fähigkeit haben, mehrere reale Räume und Orte, die sich gänzlich fremd und miteinander eigentlich nicht vereinbar sind, nebeneinander an einen einzigen Ort stellen können (zum Beispiel der Garten). Sie bringen »an ein und demselben Ort mehrere Räume zusammen, die eigentlich unvereinbar sind« (S. 14) Heterogenität ist das produktive Merkmal der Heterotopien.

4. Grundsatz, dass Heterotopien an Diskontinuitätserfahrungen – queere Identität- gebunden sind (Aspekt der Zeit) und mit zeitlichen Brüchen zusammenhängen. Dies ist ein allgemeines Merkmal der Moderne.
5. Grundsatz, dass Heterotopien ein »System der Öffnung und Abschließung« besitzen (S. 18), die Spannung ist zwischen der Illusion und dem Kompromiss.

In der Psychotherapie eröffnet dieses Konzept eine Diskussion um Identität und Alterität, das Eigene und das Fremde hinsichtlich des Ortes der Psychotherapie und damit dem psychotherapeutischen Raum. Im heterotopischen Raum treten mögliche Formen und Varianten einer Ordnung nicht nacheinander auf, sondern *gleichzeitig* (Intersektionalität). Die Ordnung, die durch die Gleichzeitigkeit entsteht, entlarvt ein Ordnungssystem der Un-Ordnung. Bachelard nennt dies 1987 (S. 211) als eine »Dialektik des Drinnen und des Draußen« und nicht nur des Eigenen und Fremden. Welsch nennt dies *Transkulturalität* (1997) und sieht die Bewegung des *Hindurchgehens »trans«* durch die verschiedenen kulturellen Identitäten als bestimmend.

Mir scheint der Heterotopie-Begriff geeignet, weil er die Möglichkeit bietet, den psychoanalytischen Raum diskursiv als einen *anderen* Ort aufzufassen, keinen *fremden* Ort, welcher die Erfahrung des Scheiterns von etablierten Ordnungen ermöglichen und deshalb auch Ordnungen des normativen Denkens in Frage stellen könnte.

Literatur

Bachelard, G. (1987). *Poetik des Raumes.* Fischer Verlag.

Bachmann-Medick, D. (2006). Spatial Turn. In ders (Hrsg.), *Cultural Turns: Neuorientierungen in den Kulturwissenschaften* (S. 284–328). Rowohlt.

Foucault, M. (2005 [1982]). *Raum, Wissen und Macht. In: Schriften in vier Bänden. Dits et Ecrits. Band IV. 1980–1988.* Suhrkamp.

Foucault, M. (2005 [1984]). Von anderen Räumen. In *Schriften in vier Bänden. Dits et Ecrits. Band IV. 1980–1988.* Suhrkamp.

Foucault, M. (2021 [2013]). *Die Heterotopien. Der utopische Körper. Zwei Radiovorträge.* Suhrkamp.

Foucault, M. (2023 [1974]). *Die Ordnung der Dinge. Eine Archäologie der Humanwissenschaften.* Suhrkamp.

Foucault, M. (2023 [1987]). *Sexualität und Wahrheit. Erster Band: Der Wille zum Wissen.* Suhrkamp.

Hirschfeld, M. (1991 [1904]). *Berlins Drittes Geschlecht* (Bd. 3). Verlag Rosa Winkel.

Foucault, M. (1992). Andere Räume. In Karlheinz Barck et al. (Hg.) Aisthesis. Wahrnehmung heute oder Perspektiven einer anderen Ästhetik. Reclam, S. 34–46.

Küppers, C., & Schneider, M. (Hrsg.) (2018). *Orte der Begegnung. Orte des Widerstands. Zur Geschichte homosexueller, trans*-geschlechtlicher und queerer Räume.* Männerschwarm Verlag.

Foucault, M. (2021 [2013]). Die Heterotopien. Der utopische Körper. Zwei Radiovorträge. Suhrkamp.

Leutner, P. (2003). *Das verortete Geschlecht. Literarische Räume sexueller und kultureller Differenz.* Attempto Verlag.

Tafazoli, H., & Gray, R. (Hrsg.). (2012). *Außenraum-Mitraum-Innenraum. Heterotopien in Kultur und Gesellschaft.* Aisthesis Verlag.

Wielowiejski, P. (2023). *Rechtspopulismus und Homosexualität. Eine Ethnographie der Feindschaft.* Campus.

Queere Räume III: Der queere Übergangs-, Nah- und Mit- Raum

11

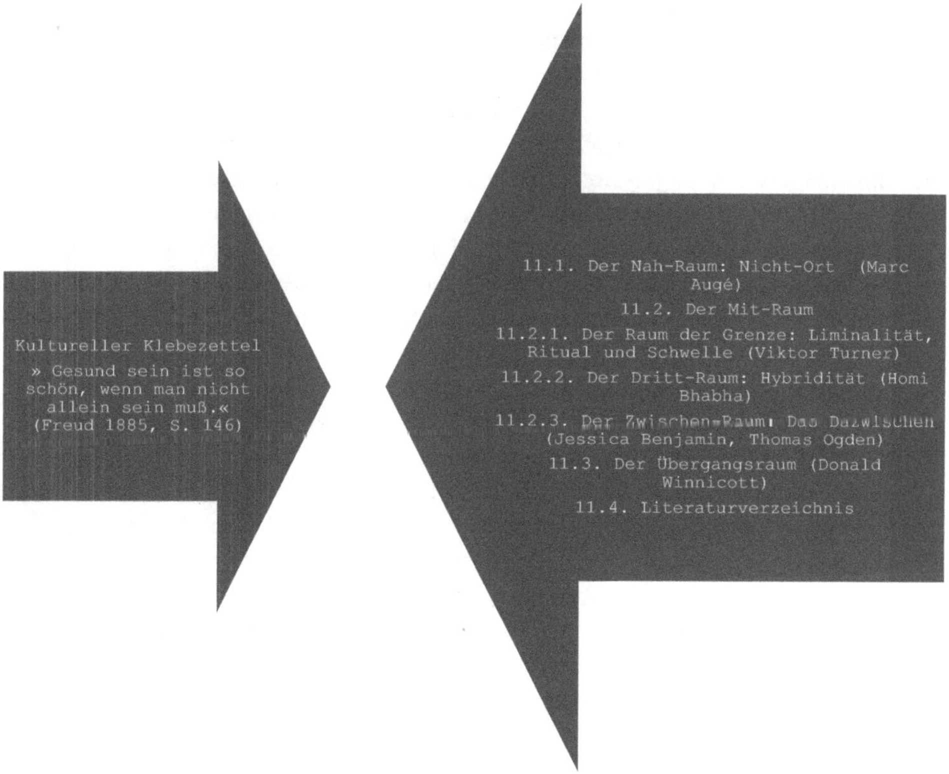

B. Heimerl, *Queere Identitäten in der Psychotherapie*,
https://doi.org/10.1007/978-3-662-70525-4_11

Queer als Abweichung gedacht ist eine räumliche Metapher. Eine zeitliche Komponente bedeutet Abweichung von der Zeit, eine zumeist regressive Bewegung, in eine frühe psychosexuelle Stufe im Sinne einer frühen Sexualität. »Der Körper ist der Ort unseres Weltverhältnisses« schreibt der deutsche zeitgenössische Philosoph Oswald Schwemmer (1997, S. 19 f.) und der queere Körper erzählt etwas von diesem zeitgenössischen Weltverhältnis. Die erste Zuweisung aus der Welt ist bei Geburt »dieser Körper ist männlich, dieser Körper ist weiblich« (ebd., S. 22). Dies impliziert stets eine Voraussage, welche einer Wahrheit gleichkommt: dieser weibliche Körper wird weiblich werden (und bleiben), dieser männliche Körper wird männlich werden (und bleiben).

Das Wort *Ort* bezeichnet mehr eine bestimmte Lage (Innen/Außen), der *Raum* eine Größe und Gestalt (Ausdehnung). Wir sprechen davon einen Raum *auszufüllen* und einen Ort *zu bewohnen.* Der Begriff *Raum* leitet sich etymologisch von *räumen, eine Lichtung im Walde schaffen, Urbarmachung* oder *Ansiedlung* ab (aus dem Grimmschen Wörterbuch). Der Raum ist in diesem Sinne ein abgrenzbarer Raum, der durch eine bewusste Aktion hergestellt wird. Der Übergangsraum ist ein Raum, der sich nicht einfach ergibt oder schon vorgefunden werden kann. Den Raum gibt es, jedoch dass dieser Raum zu einem Übergangsraum wird, das muss hergestellt werden.

Was ist der Raum? fragt nach dem objektiven Raum, *Wie erleben wir und erfahren den Raum?* fragt nach dem subjektiven Raum und die Frage zum abstrakten Raum lautet *Wie lassen sich Räume metrisch denken?*. Ernst Mach (2017, 1905) trifft die Unterscheidung zwischen dem physiologischen Raum, der Raum unserer sinnlichen Anschauungen und dem metrischen Raum. Der geometrische Raum ist begrifflich klarer und durch Grenzen zu beschreiben, der physiologische Raum steht hingegen der Empfindung und damit einer unklaren Ausdehnung näher. Wir vermessen den Raum mit unterschiedlichem Blick: queere Personen erleben den heteronormativen Raum oft als zu ausgedehnt, ausschließend und beängstigend.

Ein Übergangsraum hat die Möglichkeit beide Aspekte miteinander zu verbinden, denn in ihm sind Raum und Zeit untrennbar miteinander verklammert. Den Übergangsraum ins Blickfeld für die Untersuchung der queeren Identität in der Psychotherapie zu nehmen, wird durch die klinische Erfahrung mit queeren Personen, aber auch aus kulturwissenschaftlicher, intersektionaler und gesellschaftskritischer Perspektive sinnvoll. Der Raum – und damit der Übergangsraum, der *liminal space* – ist in der zeitgenössischen Debatte um das Subjekt und dessen Verortung in der Welt zur zentralen gesellschaftlichen Kategorie geworden: die raumüberwindende digitale Entwicklung in Lichtgeschwindigkeit und Globalisierung, dem räumlichen Übermaß bei gleichzeitig räumlicher Verengung durch Nationalstaaten (siehe Marc Augé, 1994) und der »raumzeitlichen Trägheit des menschlichen Körpers« andererseits (Heuner, 2007, S. 8). Die Räume, zu denen man Zugang hat, beziehungsweise die einem zugewiesen werden (Frage des Klassismus) wie auch die Räume der Geschlechtlichkeit (Frage des Geschlechts, *Sex* und *Gender*) bestimmen in großem Maße die Identität. Die queere Identität konfrontiert unter anderem den vorgegebenen Raum des zugewiesenen Geschlechts mit der Geburt. Die unübersichtliche Realität von Geschlecht kann nicht in eine simpel gerasterte Ordnung überführt werden, wie in eine binäre Ordnung.

11.1 Der Nahraum: Der Nicht-Ort (Marc Augé)

Als Nicht-Ort (frz. *non-lieux*) bestimmt Marc Augé in seinem 1994 auf deutsch erschienenen Essay *Non-Lieux: Introduction à une anthropologie de la surmodernité* infolge der zunehmenden Mobilität und Globalisierung entstehende funktionale Übergangsräume wie Einkaufszentren, Wartezimmer, Straßenkreuzungen die im Unterschied zu sogenannten anthropologischen Orten über kein soziologisches Zentrum verfügen. Subjekte finden demzufolge weder eine Identifikation mit dem Ort selbst noch eine identitätsstiftende Bezugnahme und Relation aufeinander, auch wird die Möglichkeit eine gemeinsame Geschichte zu kreieren verunmöglicht (Augé, 2019, S. 83).

Der Übergangsraum kann aus soziologischer Perspektive als sogenannter Nahraum beschrieben werden. So ist auch die zunächst von Donald Winnicott auf den familiären Raum bezogene Konzeptualisierung des Übergangsraumes verstehbar – neben den schon weitreichend bekannten Gründen – und die Fokussierung auf die ersten Lebensjahre in der Beziehung zwischen Mutter und Kind. Veränderte Lebens- und Verwandtschaftsformen bringen die Denkfigur Übergangsraum in einen breiteren außerfamiliären kulturellen Kontext. Dabei haben andere Wissenschaften, wie Victor Turner mit dem *liminal space,* dem liminalen Raum zeitgleich Konzepte entworfen, die den Übergangsraum beschreiben und ihm einen prominenten Platz in der Kultur einer Gesellschaft geben: als Raum sozialer Identifikationen mit der Notwendigkeit Übergangsräume in der Gesellschaft zu etablieren. Ein Vorreiter der Debatte um den *Raum* als Thema der jüngeren Moderne war Michel Foucault mit seinem Aufsatz *Andere Räume* (2005). Unsere Gegenwart, so Foucault, sei als »Epoche des Raumes« zu charakterisieren, da die Wahrnehmungen »des Nahen und des Fernen, des Nebeneinander und Auseinander veränderte Konzepte von Welt erzwingen.« (1991, S. 66). Übergangsräume für queere Personen zu schaffen und zu etablieren ist eine zentrale Aufgabe einer Gesellschaft, da der *Übergangsraum* ein Denken in Relationen im Gegensatz zur *zeitlichen* Dimension, was ein Denken von Ursprung, Verlauf, Ziel, und dergleichen bedeutet ermöglicht. »Der Wandel des Umgangs mit und der Vorstellung von Raum und Zeit als Kriterium für die Modernisierung […] von Gesellschaft und Bewusstsein – ein Grund, weshalb sich vor allem neuere Theoretiker gesellschaftlicher Entwicklung sich Fragen von Raum nicht entziehen können.« (Bormann, 2001, S. 240). So gewinnt das Konzept *Übergangsraum* eine zeitlose Note und in der Anlehnung an Marc Augé sehe ich in diesem *Nicht-Ort* eine *Transitstrecke* zwischen den Geschlechtern. Im psychotherapeutischen Raum als Übergangsraum gedacht und konzeptualisiert treffen sich soziale, psychische, körperliche, gesellschaftliche, historische, transgenerationale Identitätskategorien. Der Übergangsraum kann selbst identitätsstiftend werden, wenn er als ein diskursiver Nah-Raum nutzbar wird, denn die Differenz kann als bestimmendes Verortungsinstrument des Eigenen und des Fremden erscheinen (Bormann, 2001, S. 266).

11.2 Der Mit-Raum

11.2.1 Der Raum der Grenze: Liminalität, Ritual und Schwelle (Viktor Turner)

Liminalität bezeichnet bei Viktor Turner (1969, 2005) eine Rahmung einer kulturellen Situation und hebt die Schwellensituationen, in denen sich ein Individuum oder Gruppe befindet, hervor. Vor allem untersucht Turner die Rituale, in denen neue Zeichen, Sprache, Symbole und Paradigmen entstehen. Rituale leiten uns, und Initiationsriten fördern die innere Integration, indem sie unter anderem Identität bestätigen. Der *liminal space* ist ein Ort außerhalb des Alltäglichen, ein Ort wo sich kulturelle Kontexte mischen, wie ein binärer und non-binärer, ein weiblicher mit einem männlichen, ein heteronormativer mit einem queeren Kontext. Personen werden aus den bisherigen sozialen Kategorien oder Identitäten herausgelöst, während sich die neuen Kategorien noch nicht klar herausgebildet haben. Für Turner bezeichnet das Konzept der Liminalität eine Stufe innerhalb eines Wandels in dem hergebrachten Normen, Deutungen und diskursive Praktiken neue kulturelle, soziale und psychische Möglichkeiten vorgedacht oder spielerisch erprobt werden, woraufhin sich, entweder die alte Ordnung wiederherstellt oder aber eine neue Ordnung entsteht. Das *Liminoide* sind bei Turner kulturelle, in einer Gesellschaft verankerte Bilder oder Vorstellungen, die bewusst, vor- oder unbewusst von einer fragmentierten, heterogenen, diversen Gesellschaft ausgehen. In der (Post-) Moderne existieren eine Vielzahl liminoider Phänomene, die jeweils für eine bestimmte Gruppe in einer Gesellschaft relevant sind: heterosexuelle Personen tragen andere Bilder und Vorstellungen von Geschlecht in sich als queere Personen. Aber auch Verwandtschafts- und Familienverhältnisse können grundlegend verschieden sein oder Formen von Liebes- und sexueller Beziehungen sowie die Relevanz von Drittheit in romantischen Beziehungen und deren Möglichkeiten der Ritualisierungen. Das Coming-out als Übergangsritus zu betrachten, den heterosexuellen Personen nicht tätigen müssen ist dabei von zentraler Bedeutung sowie die Notwendigkeit im Herstellen von Übergangsräumen. Für Turner ist das Liminoide einer marginalisierten Gruppe, Ausdruck von »public reflexivity« (Turner, 1974, S. 34) und somit Medium sozialer Veränderungen und stellt immer eine Rückführung in die vorherrschende Kultur dar. Der Wandel vom Liminalen zum Liminoiden bietet eine wünschenswerte Entwicklung hin zur Vielfalt der Möglichkeiten und bedeutet Respekt vor marginalisierten Gruppen zu kultivieren. Im psychotherapeutischen Kontext bedeutet dies, das liminoide Phänomene – wie das Coming out – stärker als Realität einer queeren Person mitgedacht und berücksichtigt werden sollte. Ebenso das Wissen um diese liminoiden Phänomene: Polyamouröse Beziehungen können ein Teil der queeren Kultur sein und weniger psychopathologische Beziehungsmuster aus Angst vor der Dyade. Vorurteilsstrukturen gegenüber liminoider Phänomene marginaler Gruppen sind Teil der Gesellschaft. Viktor Turner (1974) führt außerdem den Begriff des *social drama* in die Kulturanalyse ein. Ein soziales Drama verläuft aus der Sicht Turners in vier Phasen- die dem Coming-out Prozess ähneln:

1. Es erfolgt ein *Bruch* sozialer heteronormativer Ordnung
2. der in eine *Krise* mündet (Identitätskrise bei Erikson)
3. und Versuche der *Bewältigung* dieser Krise und *Reflexivität* mit sich bringt
4. diese führen zu einer *Reintegration* oder zu einem *unüberwindbaren Bruch.*

11.2.2 Der Dritte Raum: Hybridität (Homi Bhabha)

Homi Bhabha beschreibt Zwischenräume als Räume, in denen die »Artikulation von kulturellen Differenzen *produziert* werden« (2000, S. 2, Hervorhebung BH). Beim Entstehen »solcher Zwischenräume – ein Überlappen und De-plazieren von Differenzbereichen – werden intersubjektive und kollektive Erfahrungen [...] verhandelt. (ebd S. 2). Unter dem *Dritten Raum* versteht Bhabha einen Austragungsort und die Möglichkeit, kulturelle Differenz hervorzubringen und zu verhandeln. Der Begriff *thirdspace* entsteht im Zusammenhang mit Grenzziehungen und Machtverhältnissen (Rutherford, 1990; Soja, 2005). Die Third-Space-Theorie ist eine postkoloniale Theorie der Identität und Gemeinschaft, die durch Sprache oder Klasse realisiert wird. Die Theorie wird Homi Bhabha zugeschrieben. Der dritte Raum ist kein physisch real existierender Raum und es gibt nicht nur einen dritten Raum, sondern unzählige. Ein dritter Raum kann sich überall dort auftun, wo Menschen mit unterschiedlichstem Wissen oder aus unterschiedlichen Kulturen zusammentreffen und über Bedeutungen und Inhalte diskutieren und Differenzen aushandeln. Sogenannte *Hybride Biografien* bezeugen die fragmentarische Subjektbildung von Personen, deren Identitäten verschiedene *race*-, Sexualitäts- und Geschlechteridentifizierungen *durchqueren*. Die Kerneigenschaft eines Dritten Raumes ist somit, dass kontinuierlich neue Inhalte und kulturelle Differenzen geschaffen werden, diese neu verhandelten Bedeutungen sind nicht fixiert, sondern dynamisch, performativ, historisch, veränderbar und zeitlich begrenzt. Bhabha stellt den Dritten Raum als einen Raum dar, »der zwar an sich nicht darstellbar ist, aber die diskursiven Bedingungen der Äußerungen schafft, die sicherstellen, dass die Bedeutung und die Symbole der Kultur (Anmerkung BH: die Geschlechtszeichen) keine ursprüngliche Einheit oder Festigkeit haben; dass sogar dieselben Zeichen angeeignet, übersetzt, re-historisiert und neu gelesen werden können.« (2000/1994, S. 37, Übersetzung BH).

Die Inhalte, die in einem Dritten Raum verhandelt werden, sind aber nicht zwangsläufig *vorteilhafter, korrekter, idealer* oder widerspruchsfreier als andere. Sie stellen alternative Konstruktionen, Denkweisen dar und stellen die herkömmliche Auffassung von der historischen Identität von Kultur als einer homogenisierenden, vereinheitlichenden Kraft,

»sehr zu Recht in Frage« (Bhabha, 2000, S. 56). Das Auftauchen und Sichtbarmachung queerer Personen als neue historische Subjekte ist ein Auftauchen im Raum der Geschlechter. Zunächst tauchen neue historische Subjekte im Drittraum auf, einem dritten Repräsentationsraum von Geschlecht.

Der Begriff des *Drittraums* soll Binarität überschreiten, ohne zwei Antagonismen in einem Dritten zu verschmelzen, aufzulösen und stillzustellen. Der Erst-Raum ist in dieser Konzeption die Natur und der Körper, der Zweitraum ist die geistige Sphäre und die Fantasie und der Drittraum ist der soziale Raum in den Dualismen wie privat/öffentlich; materiell/immateriell; männlich/weiblich überwunden werden können und eine Unterbrechung in der Zeit stattfindet. Pierre Bourdieus Konzept der Produktion des sozialen Raums als einer habitualisierten Praxisform ist eine hilfreiche Denkfigur (Bourdieu, 1985, 2016). Im sozialen Raum als ein möglicher Drittraum einer Gesellschaft entsteht immer eine habitualisierte Praxis von Handeln und Denken. Er ist auch ein diskursiver, intersektionaler Raum, um die queere Identität zu befragen, denn die Begegnung mit unterschiedlicher Identität »findet jeweils an einem Punkt statt, an dem etwas über den Rahmen des Bildes hinausgeht, dem Auge verborgen bleibt, [...]« (Bhabha, 2016, S. 73). Dieser Punkt verbindet sich mit der Liminalität bei Viktor Turner. Dann entsteht eine diskursive Praxis des hinterfragenden Moments zwischen weiblich/männlich und queer/nicht-queer. Es ist ein Raum der Praktiken und der Übersetzungen der sprachlichen Fremdheit (S. 339), außerdem werden »aufrührerische Fragestellungen« (Bhabba, 2016, S. 173) hervorgebracht.

11.2.3 Der Zwischen-Raum: Das Dazwischen (Jessica Benjamin, Thomas Odgen)

Intersubjektive Theoretiker:innen betonen den Aspekt des Dazwischen, zwischen Analytiker:in und Analysand:in (Benjamin und Odgen). Für die Arbeit mit queeren Personen spielt vor allem der intersubjektive Aspekt *Spannung* im Dazwischen eine Rolle. Es ist die individuelle Subjektivität im Geschlecht des/der Analytiker:in und die individuelle Subjektivität im Geschlecht des/der Analysand:in, welche eine spezifisch körperliche und geschlechtliche Spannung erzeugt. Theoretisch ist die Annahme, dass sich beide Positionen vermischen, im *»Dritten«*. Dieser Raum, das Dritte ist ein Ort des Zusammentreffens statt einem Ort des Tabus und Verbots – wie in der klassischen ödipalen Theorie- es ist ein Zwischenraum, die das Entstehen neuer Strukturen des Selbst und der Identität erlaubt, sogar fördert und hervorruft. In dem Raum zwischen der queeren Person und dem/der Anderen, welche/r implizit die gesellschaftliche Struktur der Psychotherapie mit in die Behandlung transportiert, diese ist in der Regel heteronormativ, binär und geht von einer gesunden stabilen Identität als Ziel aus. Das Dritte nennt Ogden eine »neu geschaffene intersubjektive Einheit« und es ermöglicht für Analytiker:in und Analysand:in neue Gedanken zu denken, neue Gefühle zu fühlen, neue körperliche Zustände zu erleben. Die Kunst ist es dann, das Dritte loslassen zu können ohne Verleugnung, Zerstörung oder

Abspaltung. In der analytischen Psychotherapie wird zumeist das Sprechen – die Erzählung als Ort der Psychoanalyse (Paul Ricoeur), die Zeit – Lebensgeschichte und Krankengeschichte – bezogen auf die Adressaten der Psychotherapie fokussiert. Räume in der Geschichte von queeren Personen treten verstärkt in den Fokus der Psychotherapie: Neben dem Zeitpunkt des Coming-out rücken die Orte des Coming-out in den Fokus: Ort der Familie, der außerfamiliären Orte, der Szene als Ort.

Daher ist der Raum der Psychotherapie für queere Menschen relational und so essenziell und braucht eine konzeptuelle Neubestimmung in der Berücksichtigung der äußeren Raumerfahrungen – dies auch für Themen der Klasse, Migration, Flucht, geschlechtlicher Identitätsbildungen. Der psychotherapeutische Raum ist in Anlehnung an Bachmann-Medick eine »gesellschaftliche Produktion« (Bachmann-Medick, 2006, S. 286). In welcher Weise sind queere Räume von Machtdiskursen und Herrschaftsverhältnissen durchzogen und wie findet dies in der psychotherapeutischen Begegnung eine Berücksichtigung. Die Raumperspektive jenseits von Übertragungs- und Gegenübertragungsdynamik und intersubjektiver Begegnung ist der Psychotherapie ein wenig abhandengekommen, beziehungsweise die Bedeutung des Raumes für marginalisierte Subjekte und Gruppen fand wenig Berücksichtigung. Obwohl seit 40 Jahren in den Kultur- und Sozialwissenschaften zum Raum (neu/wieder) geforscht wird, begünstigt durch die politischen und gesellschaftlichen jedoch auch durch die technischen Umbrüche der späten 1980er Jahre: Überhandnehmen der Telekommunikation, translokale Ausbreitung wie Internet und E-Mail, Überwindung von Entfernungen. Allesamt Gesellschaftsprodukte, welche die »Ortlosigkeit globaler Verhältnisse« hervorrufen und fördern (Bachmann-Medick, 2006, S. 289) und braucht es nicht mehr Aufmerksamkeit für die unterschiedlichen Raumperspektiven von Subjekten und Gruppen: der Raum als Behälter. Der *spatial turn* möchte keine neue Raumkonzepte entwickeln, sondern die Ausbildung eines kritischen Raumverständnisses im Sinne einer Ideologiekritik. Der binäre Raum- Innen und Außen – wird durch psychoanalytische Konzepte erweitert: Überich – Ich -Es bei Sigmund Freud, dem Übergangsraum von Donald Winnicott, dem analytischen Dritten bei Thomas Ogden und dem *thirdspace* bei Homi Bhabba. Das neue am *spatial turn* ist den Raum intersektional und in seiner Wirkung zu betrachten und damit Machtdiskurse und Herrschaftsverhältnisse in ihrer Verflechtung verschiedener komplexer Identitätskategorien zu denken.

11.3 Der Übergangsraum (Donald Winnicott)

Donald Winnicott hat mit seinen Begriffen Übergangsobjekte (*transitional objects*), Übergangsphänomene (*transitional phenomena*), intermediärer Raum (*intermediate area*), Übergangsraum Denkfiguren geschaffen, welche einen enormen Einfluss auf viele Wissenschaften außerhalb der Psychoanalyse erhielten (1958, 1971). Denkfiguren haben die Aufgabe, den Bereich von Dingen zu definieren, in gewisser Wise zu erklären, jedoch hauptsächlich einem tieferen Verstehen zugänglich zu machen, um damit praktisch und klinisch anwendbar zu werden (siehe Kögler & Busch, 2014). Sie wurde nicht nur in der psychoanalytischen Theorie und Praxis ausführlich behandelt, denn die Verwendung von Übergangsobjekten und damit die Etablierung von Übergangsräumen wird zu einem gewissen Grad sowohl von kulturellen Faktoren wie der Herkunft als auch dem sozialen Status bestimmt. Die Figur Übergangsraum ist nicht nur als Theorie erhellend, sondern im Besonderen als Beobachtungsgegenstand und anwendungsbezogene Methode – Forschen im Übergangsraum – in und außerhalb der Psychoanalyse (siehe Green, 2019; Abram, 2023). Es ist wohl zurecht *das* psychoanalytische Konzept, welches in viele wissenschaftliche Disziplinen wie Kulturwissenschaft, Ethnologie, Anthropologie, Pädagogik, oder Politik Einzug fand und weiterhin findet. Die zentrale Frage ist: Wie entwickelt sich ein Subjekt zum Subjekt mit eigener Identität jenseits der Norm? Was bedeutet es, wenn der Übergangsraum durch normative geschlechtliche Ordnungssysteme machtvoll vorbestimmt ist und welche Übergangsräume braucht es konkret, um eine eigene geschlechtliche Identität jenseits der binären Norm zu entwickeln. Es ist die grundlegende Annahme, dass die frühen Übergänge in der psychosexuellen Entwicklung (orale, anale und ödipale Phase) und die Erfahrungen in und mit diesen Übergängen (körperlich, sozial, sexuell, emotional) sich tief in die Identität des Subjekts einschreiben, die Identität maßgeblich beeinflussen und sich auch auf größere gesellschaftliche Ordnungssysteme auswirkt: Welche gesellschaftliche, kulturellen Übergangsräume schafft eine Kultur/Gesellschaft, um Übergänge/Schwellen würdevoll und fördernd zu ermöglichen? Die Schwelle ist für Waldenfels (2010, S. 274) ein »Übergangsphänomen par excellence. Wer auf der Schwelle verweilt, befindet sich weder diesseits noch jenseits. Auf gewisse Weise *verweilen* wir immer, wenn wir eine Schwelle überqueren; denn eine Schwelle bedeutet mehr als das Zwischenstück einer Wegstrecke. Sie hält die Bewegung auf […] Der Zustand, den wir erreichen, wenn wir die Schwelle überqueren, ist weder ein Ziel, das wir vorwegnehmen können, noch eine Kausalwirkung, die sich vorausberechnen lässt.« Die gesamte Bandbreite der Relevanz seines Konzeptes des Übergangraumes beziehungsweise des intermediären Raums darzustellen kann hier nicht geleistet werden.

Die erste und grundlegende Übergangsqualität bezieht sich auf die emotionale Bewegung des Säuglings von der Verschmelzung mit der Mutter bis zur Entwicklung der Fähigkeit, zwischen *Ich* und *Nicht-Ich* zu unterscheiden. Die Übergangsobjekte beziehen sich auf die Auswahl eines Objekts durch den Säugling, welches diese Bewegung unterstützt. »Die Übergangsphänomene scheinen die Grundlage des ganzen kulturellen Lebens des erwachsenen Menschen auszumachen« (Winnicott, 2017, S. 25 und S. 205 f.).

Winnicott beginnt 1971 (S. 10, Hervorhebung BH) seine Ausführungen zu den Übergangsobjekten und den Übergangsphänomenen mit einer bemerkenswerten Ausgangshypothese. Er schreibt: »Ebenso bekannt ist, dass männliche und weibliche Kinder schon im Alter von wenigen Monaten gern mit Puppen spielen und dass die meisten Mütter ihrem Kind *irgendein* besonderes Objekt gestatten und ihm auch erlauben, zu diesem Objekt eine sozusagen suchthafte Beziehung zu entwickeln.« Zum einen bemerkenswert, da er hier eine nicht angeborene Lust geschlechtsunabhängig an einer Puppe annimmt und zweitens, dass noch keine geschlechtsbezogene, kulturell überformte Zuweisung zu Puppe gehört zum Mädchen und Nicht-Puppe gehört dem Jungen. Es wird früh eine harte oder weiche, warme oder kalte Qualität eines Nicht-Ichs vermittelt, die nachträgliche Zuweisung zu einem Geschlecht erfolgt später (1966).

Das Konzept des Übergangsobjektes und des Übergangsphänomens hat Winnicott besonders in den Aufsätzen *Übergangsobjekte und Übergangsphänomene* (1951, 1990) und in seinem Buch *Vom Spiel zur Kreativität* (1971) entwickelt. Der Bereich zwischen den Polen Subjektivität/omnipotenter Kontrolle/Allmachtsphantasie und äußere Realität/Umwelt nennt Winnicott den *intermediären* bzw. *potenziellen* Raum. Es ist ein neutraler Erfahrungsbereich, der dem Individuum die Möglichkeit gibt, sich von dem Druck zu befreien, ständig die innere und äußere Realität miteinander in Beziehung zu bringen. Für ihn bildet sich dieser intermediäre Erfahrungsbereich zu dem Grundphänomen der illusionären Erlebnisse, so bezeichnet er diesen Raum auch *Zwischenbereich der primären Verrücktheit* (1958), wie wenn sich »*Wellen überlagern*« (Freud benutzt das Bild der *Interferenz*, der Überlagerung von Wellen, wenn er von psychischer Bisexualität spricht). Dieser Raum hilft, den Prozess der Annäherung an die objektive Erfahrung zu vollziehen und den Beginn einer Beziehung zwischen dem Kind und der Welt aufzubauen.

Winnicott definiert anhand der Begriffe *Übergangsobjekte* und *Übergangsphänomene* den »intermediären Raum, der zwischen dem Daumenlutschen und der Liebe zum Teddybären liegt, zwischen der oralen Autoerotik und der echten Objektbeziehung, zwischen der ersten schöpferischen Aktivität und der Projektion dessen, was bereits introjiziert wurde, zwischen frühester Unkenntnis einer Dankespflicht und der Kenntnisnahme dieser Verpflichtung […]« (1966, S. 11). Das Konzept des Übergangsobjekts bedeutet das »Wechselspiel zwischen Trennung und Verschmelzung« (Winnicott, 1990).

Übergangsphänomene sind Phänomene, die gegen Ängste vor allem gegen depressive Ängste verwendet werden. Diese Phänomene, die Winnicott als Übergangsphänomene bezeichnet scheinen die Grundlage des ganzen kulturellen Lebens des erwachsenen Menschen auszumachen. Und »schwere Entbehrungen«, so Winnicott, können zu einem Verlust der Fähigkeit führen, sich vertrauensvoll an ein ungenügendes Objekt zu binden und eigenen Strebungen zu vertrauen. Übergangsobjekte sind Objekte, welche das Kind geschaffen hat, und die Welt hat diese Objekte bereitgestellt. Im Fall, ein Objekt nie gehabt oder verloren zu haben werden Übergangsräume gestört. Es muss jemanden geben, den das Objekt vertreten kann. All diese Übergangsobjekte und Übergangsphänomene befähigen das Kind, Frustrationen und Benachteiligungen und die Konfrontation mit neuen Situationen zu bestehen. Es muss sorgfältig darauf geachtet werden, bestehende Übergangserscheinungen zu respektieren, fordert Winnicott (2012, S. 207) und jedes Kleinkind, das von einem Ort zum anderen geschoben wird, hat genau diese Probleme zu bewältigen. Damit ist sowohl die psychische/psychosexuelle Migration als auch die reale Migration von einem Ort zu einem anderen gemeint, von der heterosexuellen Welt in die queere Welt. Wenn wir einem Kind seine Übergangsobjekte wegnehmen und die etablierten Übergangserscheinungen unterbrechen, hat das Kind nur einen Ausweg: eine Spaltung der Persönlichkeit, wobei die eine Hälfte auf die subjektive Welt bezogen ist und die andere auf der Grundlage der Gefügigkeit auf die störend eingreifende Welt reagiert.

Die Begriffe *Übergang* und *Raum* genauer und getrennt zu untersuchen kann hilfreich sein, die beiden Bewegungen innere Übergang und äußerer Übergang – inneres Coming-out und äußeres Coming-out als queere Person – sowie innerer Raum und äußerer Raum – Introjektionen (familiär, gesellschaftlich, sozial, körperlich, Homophobie) und äußerer Raum (konkrete aus der Realität stammende Diskriminierungen, Beleidigungen in Verbindung zur sexuellen Identität). Das äußere Coming-out ist dem inneren Coming-out demnach schon im Vorfeld eingeschrieben, weil es dessen logische Voraussetzung ist. Im intermediären Bereich fließen Erfahrungen aus der inneren Realität und dem äußeren Leben ein.

Literatur

Abram, J. (2023). Holding. In J. Abram & R. D. Hinshelwood (Hrsg.), *The Clinical Paradigms of Donald Winnicott and Wilfred Bion* (S. 61–66). Routledge.

Augé, M. (1989). *A Sense for the Other. The Timeliness and Relevance of Anthropology.* Stanford University Press.

Augé, M. (1994). Die Sinnkrise der Gegenwart. In A. Kuhlmann (Hrsg.), *Philosophische Ansichten der Kultur der Moderne* (S. 33–48). Fischer.

Augé, M. (1995). Krise der Identität oder Krise des Andersseins? Die Beziehung zum Anderen in Europa. In W. Kaschuba (Hrsg.), *Kulturen – Identitäten – Diskurse. Perspektiven Europäischer Ethnologie* (S. 85–100). Beck.

Augé, M. (2019 [1994]). *Nicht-Orte* (5. Aufl.). Beck.

Bachmann-Medick, D. (2006). Spatial Turn. In Ders. (Hrsg.), *Cultural Turns: Neuorientierungen in den Kulturwissenschaften* (S. 284–328). Rowohlt.

Bhabha, H. (2000). *Die Verortung der Kultur.* Stauffenburg.

Bhabha, H. K. (2016). *Über kulturelle Hybridität. Tradition und Übersetzung.* Turia + Kant.

Bhabba, H. (2000 [1994]). Die Verortung der Kultur. Stauffenburg.

Benjamin, J. (2010). Tue ich oder wird mir angetan? Ein intersubjektives Triangulierungskonzept. In M. Altmeyer & H. Thomä (Hrsg.), *Die vernetzte Seele. Die intersubjektive Wende in der Psychoanalyse* (S. 65–107). Klett Cotta.

Benjamin, J. (2019). *Anerkennung, Zeugenschaft und Moral. Soziale Traumata in psychoanalytischer Perspektive.* Psychosozial Verlag.

Bormann, R. (2001). Suchbewegung in den Raum: Räumliche Verortungen. In R. Bormann (Hrsg.), *Raum, Zeit, Identität. Sozialtheoretische Verortungen kultureller Prozesse* (S. 233–306). Springer.

Bourdieu, P. (2016 [1985]). *Sozialer Raum und »Klassen«.* 2. Vorlesung (S. 7–46). Suhrkamp

Freud, E., & Freud, L. (Hrsg.) (1968). *Sigmund Freud. Briefe 1873–1939* (S. 146). Fischer (Wien, 29.4.1885 an Martha Bernays)

Foucault, M. (1991). Die Ordnung des Diskurses. Fischer.

Foucault, M. (2005 [1984]). *Von anderen Räumen. In: Schriften in vier Bänden. Dits et Ecrits. Band IV. 1980–1988.* Suhrkamp.

Green, A. (2019). Winnicott at the start of the third millenium. In *Sex and Sexuality. Winnicottian Perspectives* (S. 11–32). Routledge.

Grimm von, J. und Grimm, W. (1854–1961). *Deutsches Wörterbuch* (16 Bd. In 32 Teilbänden). Leipzig. Eintrag *Raum:* 189, Bd. 14, Sp 277.

Heuner, U. (2007). Die Wiederentdeckung des Raumes. In U. Heuner (Hrsg.), *Klassische Texte zum Raum* (S. 7–10). Parodos Verlag.

Kögler, M., & Busch, E. (Hrsg.). (2014). *Übergangsobjekte und Übergangsräume: Winnicotts Konzepte in der Anwendung.* Psychosozial Verlag.

Ogden, T. (1994). The analytic third: Working with intersubjective clinical facts. *International Journal of Psychoanalysis, 75,* 3–19.

Rutherford, J. (1990). The Third Space. Interview with Homi Bhabha. In: Ders. (Hrsg.), *Identity: Community, Culture, Difference.* Lawrence and Wishart, S. 207–221

Schwemmer, O. (1997). *Die kulturelle Existenz des Menschen.* De Gruyter.

Soja, E. W. (2005). Die Trialektik der Räumlichkeit. In R. Stockhammer (Hrsg.), *TopoGraphien der Moderne. Medien zur Repräsentation und Konstruktion von Räumen* (S. 93–123). Wilhelm Fink Verlag.

Turner, V. (1974). *Dramas, Fields and Metaphors. Symbolic Action in Human Society.* Cornell University Press

Turner, V. (2005 [1969]). *Das Ritual. Struktur und Anti-Struktur.* Campus.

Turner, V. (2009 [1982]) *Vom Ritual zum Theater. Der Ernst des menschlichen Spiels.* Campus.

Waldenfels, B. (2010). *Bruchlinien der Erfahrung. Phänomenologie, Psychoanalyse, Phänomenotechnik.* Suhrkamp.

Winnicott, D. (1958). *Collected Papers: Through Paediatrics to Psychoanalysis.* Tavistock.

Winnicott, D.W. (1966). The Split-off Male and Female Elements to Be Found in Men and Women. In L. Caldwell & H. Lesley (Hrsg.), *The Collected Works of D.W. Winnicott, Volume 7. 1964–1966* (S. 317–330). Oxford Academic Press.

Winnicott, D. W. (1990). *Der Anfang ist unsere Heimat: Essays zur gesellschaftlichen Entwicklung des Individuums. Mit Beiträgen von 1940–1971, Originaltitel: Home is where we start from.* Klett-Cotta.

Winnicott, D.W. (2012 [1971]). *Vom Spiel zur Kreativität.* Klett Cotta.

Winnicott, D. W. (2017). *[1965]) Familie und individuelle Entwicklung.* Psychosozial Verlag.

Die queere Identität im Übergangs-, Nah- und Mit-Raum: Die Praxis der Psychotherapie

12

Kultureller Klebezettel

»Man wird sich nicht zum Ziel setzen, alle menschlichen Eigenarten zugunsten einer schematischen Normalität abzuschleifen oder gar zu fordern…« (Freud 1937c, S. 96)

B. Heimerl, *Queere Identitäten in der Psychotherapie*,
https://doi.org/10.1007/978-3-662-70525-4_12

Braucht es eine spezifische Psychotherapie für queere Personen? Die Antwort ist *Nein* und *Ja* zugleich. Die Frage nach dem spezifischen Sprechen im psychotherapeutischen Raum wirft dagegen Fragen auf. Hier stellt sich vor dem Hintergrund von Gayatri Spivaks Frage nach der Sprechfähigkeit der Subalternen (2020), denn in nicht-queeren Räumen sind queere Personen auf besondere Weise verwundbar und es entsteht hier handlungsbedarf mit transformativem Potenzial. In Hinblick auf queere Personen verstehe ich den Begriff der Subalternität (Spivak, 2020, S. 18), dass zum Beispiel queere Personen im psychotherapeutischen Raum Sprech-Erfahrungen mitbringen, die sich aus traumatischen Sprechverboten im öffentlichen und familiären Raum speisen.

Wenn die Psychotherapie mit queeren Personen die Identitätsbildungsprozess in den Mittelpunkt rückt, in der Vergangenheit, der Gegenwart und der Zukunft, dann braucht es ein Wissen um queere Identitätsbildung, queere Körperbiografie und das Wissen um queere Räume, welche zur queeren Identität beitragen, diese bedrohen, hemmen und fördern, anerkennen. Um queere Identitäten zu verstehen ist die Einteilung von Erving Goffman (1990, S. 132 ff.) in drei Identitätstypen hilfreich. Diese drei Identitätstypen können helfen, die Position der queeren Person im Identitätsbildungsprozess zu beschreiben (Das allgemeine Modell von Goffman spezifiziere ich für die queere Identitätsbildung)

1. Soziale queere Identität: die soziale Identität einer queeren Person setzt sich aus Zuschreibungen und Kategorien zusammen, die ihr mehr oder weniger ohne eigenes Zutun zugeschrieben werden (Geschlecht, Vorurteilsstrukturen, Stigmata)
2. Persönliche queere Identität: hier geht es um die Verwendung, Umwandlung und Aneignung sozialer queerer Vorurteilsstrukturen durch die queere Person selbst; Goffman nennt dies die *expressive* Informationssteuerung (selbstgewählte Coming-out Prozesse)
3. Empfundene queere Identität oder Ich-Identität: hier ist die Identitäts-Ambivalenz gemeint, die Bewegung zwischen den heteronormativen, queernormativen und queeren Räumen.

Um queere Identitäten in der Psychotherapie zu verstehen ist jedoch auch die Geschichte der medizinisch-klinischen und psychologischen Auseinandersetzung mit heteronormativen Abweichungen im Geschlecht notwendig. Klassische und zeitgenössische Ansätze gehören zur Geschichte queerer Personen, wobei die Literatur zu diesem Aspekt an dieser Stelle nur unzureichend werden kann. Eine knappe Zusammenfassung schafft Alessandra Lemma in ihrem aktuellen Buch *Transgender-Identitäten* (2024), wenn sie die Entwicklung der psychoanalytischen Theorien über Transgeschlechtlichkeit aufzeigt (S. 44 ff.).

Die Übergänge in der queeren Identitätsbildung ist keine lineare Bewegung, es ist eine Migration eines Ortes zum anderen, von einem Raum zum anderen, vom Vertrauten zum Fremden jedoch auch vom Fremden zum Vertrauten. Die Bewegung ist eine Migration von der einen Zeit in die andere, von dem einen Raum in den anderen, und diese in permanenter Hin- und Her-Bewegung, real und innerlich. Der Übergang geschieht in einem Dazwischen, materialisiert als ein Durchgangsraum. Es meint auch die Bewegung vom Außen nach Innen und wieder von Innen nach Außen. Im Durchgangsraum ist eine konspirative unheimliche Dimension eingeschrieben, wie Rainer Paris in seinem Artikel *Warten auf Amtsfluren* (2005) erhellend beschreibt. Im Durchgang werden Gerüchte und Intrigen gesponnen, auch ist es der Fluchtweg bei Feuer oder Notfällen. Der Durchgang kann verschiedene Formen annehmen, einfach, schwer, traumatisch oder/und befreiend, es kann als kontinuierlicher Fortgang, Sprung oder Überschreitung imponieren. Der Durchgang kann imaginär oder als reale Handlung erscheinen. Mit Übergang wird demnach ein Vorgang des Überschreitens oder Überquerens eines Hindernisses benannt und ebenso der Wechsel einer Person, Sache oder eines Systems in einen neuen Zustand. Jedoch wird auch eine Vorrichtung zum Überschreiten eines Hindernisses benötigt, das kann ein (Übergangs-) Ritual im Sinne Viktor Turners oder ein Übergangsobjekt im Sinne Winnicotts sein. Übergänge gehören als individuelle und kulturelle Bewegungen essenziell zum Menschsein dazu. Eine Schwelle überqueren wir alltäglich und allnächtlich im Einschlafen und Erwachen, aber auch wenn wir in Gedanken oder in Schweigen versinken, von Gefühlen überwältigt werden.

In der *Vorrede zur Überschreitung* (2005, S. 68) bezeichnet Foucault die Überschreitung als eine Geste, die die Grenze betrifft. Sie zeigt sich an der »Schmalheit der Linie […] blitzartig als Übergang […] die Strichlinie könnte durchaus ein ganzer Raum sein«. Der psychotherapeutische Raum als heterotopischer Ort und Wirkungs- und Möglichkeitsraum kann in Foucaults Worten ein Raum der »wachsenden Identitäten« sein (2003, S. 102). Sigmund Freud hat sehr genau die Übergänge in der psychosexuellen Entwicklung beschrieben und diese an Körperzonen festgemacht. Er hat die Phasen oral, anal und genital in der Entwicklung des Psychosexualität beschrieben. Die Körperöffnungen als Zonen des Ein-und Austritts werden erogen besetzt. Und diesen in der Identitätsentwicklung eine zentrale Rolle zugewiesen: orale, anale und genitale Fixierungen führen zu mehr oder weniger exakten Zuweisungen psychischer Zustände und Festlegungen.

12.1 Der psychotherapeutische Raum: Das queere Dazwischen

Das queere Dazwischen ist der Raum des Nicht-Selbstverständlich-Sein und dem Sehen der Differenz. Ein Wissensdiskurs ist die Frage nach der Zeit im Sinne *Wann, zu welchem Zeitpunkt ist diese Nicht-Selbstverständlichkeit-Sein im Geschlecht zu datieren?* Dies führt zur Erklärung, Theoretisierung, Pathologisierung und eröffnet Korrekturvorstellungen. Die Wissensfrage nach dem Raum zielt auf die queere Identität und deren Entwicklungspotential im Sinne *Welche Räume schaffen eine Möglichkeit, dass sich queere Identitäten zeigen dürfen, sich entwickeln können?*

Das queere Dazwischen findet sich in der gendersensiblen Schreibweise insofern, dass mit dem Unterstrich, dem Doppelpunkt oder dem Sternchen ein Raum, ein Dazwischen, zwischen den binären Geschlechtern eröffnet wird und dies über die Logik der Zweigeschlechtlichkeit hinausreicht. Umso mehr ist die gendersensible Sprache nicht nur eine ideologische Forderung, sondern auch so sensibel für die Identität. Die Existenz des Dazwischen ist für queere Personen schon sehr früh bewusst. Es ist in die geschlechtliche, sexuelle Identität tief eingeschrieben, sowohl in der Zeit – es gibt ein Vorher und ein Nachher, eine Differenz zwischen zwei geschlechtlichen Bezugspunkten- als auch in dem Raum. In der heteronormativen Welt wird Raum und Zeit als ein heteronormatives Privileg und nicht zu hinterfragende alternativlose Referenz betrachtet. Der *spatial turn* in den Kulturwissenschaften und den Sozialwissenschaften sollte in die Psychotherapie Einzug halten, denn der psychotherapeutische Raum ist ein zentraler Wirkfaktor in der psychodynamischen Therapie. Die ersten Erinnerungen haften an dem heteronormativen Ort an und das erste queere Dazwischen ist der Raum, in dem sich queere Erzählungen ereignen. Im Dazwischen – dem intermediären Bereich- zeigen sich »unmögliche Identitäten« (Smith, 2019).

12.2 Die psychotherapeutische Situation: Das *queere* Übergangsphänomen

In der queeren Entwicklung sind es performative Phänomene, welche als Übergangsphänomene gedacht werden müssen zum Beispiel die Veränderung der äußeren Darstellung von Geschlecht (Embodiment). Im Prinzip bedeutet, dass geschlechtliche Objekte aus der Außenwelt angeeignet – in Besitz genommen werden. Im queeren Kontext bedeutet das, dass zum Beispiel weibliche, aus der binären Geschlechterordnung heraus normativ festgeschriebene Phänomene (wie frau sich kleidet, bewegt oder darstellt) eine männliche Person »in Besitz nimmt«: Judith Butler beschreibt dies 2014 in *Wenn eine Geste zum Ereignis* wird. Diese Übergangsphänomene haben zum einen Aneignungscharakter und dann wird eine »stereotype Geste«, wie Winnicott dies nennt (2012, S. 13) zum Übergangsobjekt. Im psychoanalytischen Sinn dient das Übergangsobjekt der Abwehr von normalen Schwellen-Ängsten in der Entwicklung der Identität. Es ist eine sinnvolle Abwehrformation, um die Entwicklung nicht von der Angst, das Nicht-Ich sich anzueignen zerstören zu lassen: es *jemandem wegzunehmen,* einen Raum zu betreten, der einem *verboten* wird, wenn sich das Kind vom Verlust eines Liebesobjekts bedroht fühlt. Winnicott erwähnt explizit, dass das Übergangsobjekt mit einer Art »Wort« belegt werden kann (2012, S. 14). Das Wort *queer* kann so gelesen werden. »Das Kind kann sich eines Übergangsobjekts bedienen (das Wort *queer* benutzen), wenn das innere Objekt lebendig, real und gut genug (nicht allzu sehr verfolgend) ist« (Winnicott 2012, S. 19). Die Bezeichnung queer als Identitätskategorie einer Person ist ein konkretes Beispiel, das in eine bestimmte Entwicklungsphase gehört, und zwar in die des Übergangs von der Verschmelzung mit dem bisherigen männlich/weiblich oder heterosexuell/homosexuell, mit einem binären Ordnungssystem zur Trennung von ihr. Das Übergangsobjekt ist ein Teil vieler Übergangsphänomene.

12.3 Queere Personen in der psychotherapeutischen Praxis

Studien zeigen, dass lesbische, schwule und bisexuelle Personen häufiger psychotherapeutische Hilfe in Anspruch nehmen als heterosexuelle und höhere Prävalenzraten für bestimmte psychische Störungen, wie Depression und Panikstörungen, aufweisen (siehe im Überblick Wolf & Meyer, 2017). Gleichzeitig sind Psychotherapeut:innen kaum für queere Themen in der Psychotherapie sensibilisiert und ausgebildet. Es fehlt häufig an Wissen und therapeutischem Handwerkszeug im Umgang mit den unterschiedlichen Bedürfnissen von queeren Personen (Budge et al., 2017; Göth & Kohn, 2014; Wolf & Meyer, 2017). Welche Behandlung sie letztendlich erhalten und wie effektiv diese Psychotherapien sind, um die psychische Gesundheit zu verbessern und die zusätzlichen Belastungen des Minoritätenstress zu behandeln, darüber ist wenig bekannt (Proujansky & Pachankis, 2014). Dabei widersprechen Göth und Kohn (2014) entschieden der häufig von Psychotherapeut:innen vorgetragenen Einstellung, alle gleich zu behandeln, denn eine Differenzierung zwischen Personen, die von Heteronormativität belastet werden und Personen, die Heteronormativität ohne Belastung erleben, variiert. Sie verweisen darauf, dass diese Minderheitengruppen in einer heteronormativen Mehrheitsgesellschaft sozialisiert wurden und demzufolge spezifische (Diskriminierungs-)Erfahrungen machen und formulieren als Ziel einer Beratung beziehungsweise Psychotherapie, »Hilfestellung bei der Gratwanderung zwischen Vernachlässigung und Überbetonung, Affirmation und Pathologisierung zu leisten, hin zu einem differentiellen, anstatt gleichmachenden Ansatz und zu einer angemessenen Berücksichtigung sexueller Orientierung und Identität« (ebd 2014). Die Frage stellt sich also, was es in der Psychotherapie mit Personen, die von Heteronormativität belastet werden, zu beachten gilt (Abb. 12.1).

12.3.1 Affirmative Psychotherapie mit queeren Personen

Queere Personen suchen in der Regel psychotherapeutische Hilfe auf, wenn ihre Probleme, mit denen der Allgemeinbevölkerung übereinstimmen, wie zum Beispiel Depressionen, Angstzustände oder Beziehungsprobleme. Dennoch gibt es bestimmte psychosoziale und entwicklungsbedingte Faktoren, die viele erwachsene queere Personen betreffen und sich auf die Psychotherapie auswirken können, unter anderem Stress aufgrund der Zugehörigkeit zu einer Minderheit, freiwillige und erzwungene Offenlegung der queeren Identität oder die Auswirkungen der Verheimlichung der queeren Identität (American Psychological Association APA 2012). Einige queere Personen leiden unter der heterosexuellen, monosexuellen und cis-genderism Mehrheitssgesellschaft, was zur Verachtung und Verfolgung bestimmter queerer Identitäten führt.

In den letzten Jahrzehnten entwickelten sich zunehmend akzeptierende und bestärkende Ansätze in der Psychotherapie und Beratung mit sexuellen und geschlechtlichen Minderheiten (Tietz, 2004, einen guten Überblick zur Geschichte des *Gay*

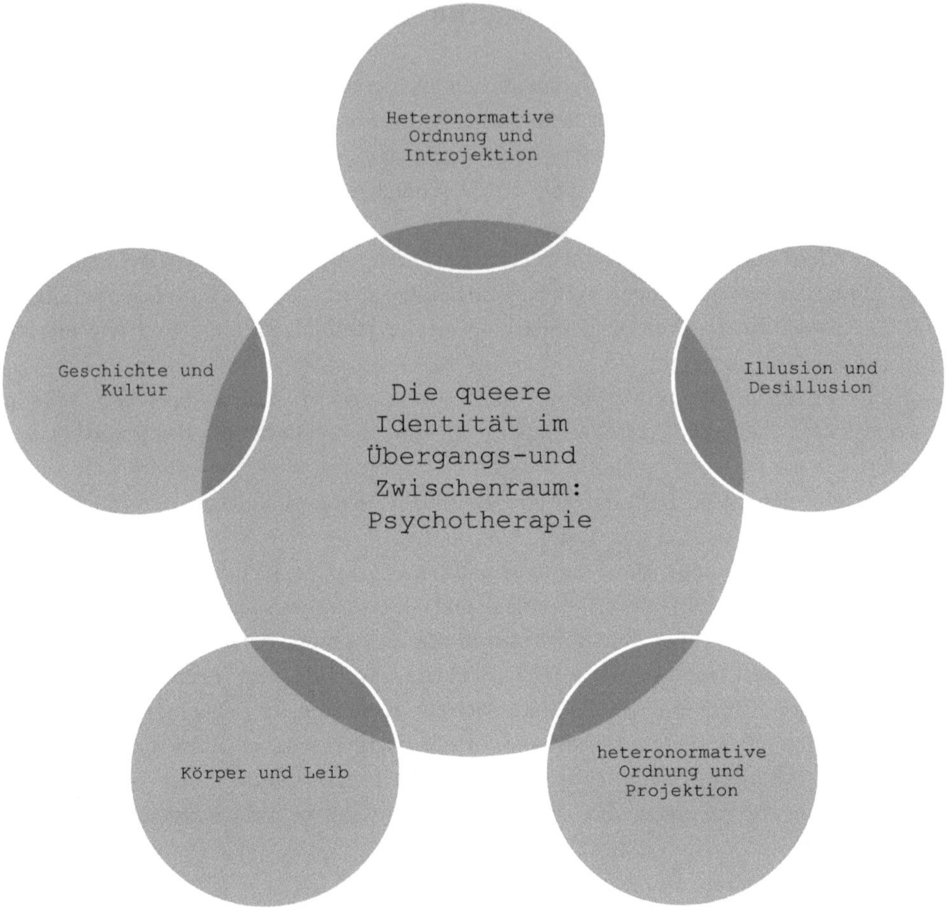

Abb. 12.1 Zusammenfassung: Der queere Identitätsbildungsprozess im Übergangsraum der Psychotherapie wird durch die heteronormative Ordnung mit seiner Introjektion/Projektion, Illusion und Desillusion von Geschlecht, der Körper – Leib-Biografie sowie von der queeren Geschichte und Kultur gerahmt (Heimerl 2024)

Counseling liefert Rolf Winiarski, 1992, S. 181 ff.). Hilfreiche Psychotherapie umfasst grundsätzlich positive Zuschreibungen, die Validierung und Wertschätzung der queeren Identität, Beziehungsformen und -personen (Owen et al., 2014; Mitchell et al., 2023). Dabei gibt es allerdings keinen einheitlichen theoretischen Rahmen, Definitionen oder Zielvorgaben, was eine affirmative Psychotherapie auszeichnet (Johnson und Green, 2009). Queer- affirmative Psychotherapie ist weitgehend darauf ausgerichtet, die schädlichen Auswirkungen der systematischen und verinnerlichten Prozesse, die in der Minoritäten-Stress-Theorie beschrieben werden, zu mildern. Göth und Kohn (2014) sehen als Ziel einer affirmativen Psychotherapie Ratsuchende darin zu unterstützen, die eigene sexuelle Orientierung zu erforschen, zu festigen und zu bejahen. Hierbei geht es für sie um eine ergebnisoffene Förderung der individuellen sexuellen Identitätsentwicklung. Affirmative Therapie zeichnet sich ferner durch eine Gleichbehandlung von nicht-heterosexueller Orientierungen und Lebensstile zu denen der Heterosexualität aus sowie dem Erkennen von Heteronormativität, Heterosexismus, Diskriminierung, Minderheitenstress und internalisierte Homonegativität als auch durch die Förderung von spezifischen Ressourcen, queeren Räumen und Aktivierung von Resilienz. Der erlebte Minderheitenstress hat einen erheblichen Einfluss auf die Gesundheit, Coming-out Prozesse und Identitätsentwicklung queerer Personen (Borgogna et al., 2024; Frost & Meyer, 2023; Diamond & Alley, 2022; Brooks, 1981). Die Verheimlichung des eigenen Minderheitenstatus und die Internalisierung gesellschaftlicher Stigmatisierungen können zur Hypervigilanz führen. Diese Konzeption fokussiert eine affirmative Therapie in Bezug auf sexuelle Orientierung. Psychotherapie mit queeren Personen zeichnet sich durch ein respektvolles, akzeptierendes, nicht- pathologisierendes Verständnis von queeren Lebensweisen – zum Beispiel promiskes Verhalten nicht per se zu pathologisieren/Promiskuität als Konflikt oder Ausdruck einer sexuell unabhängigen Abweichung – sowie einem Zusprechen von eigener Definitions- und Entscheidungsmacht über die Identität. Der oder die Psychotherapeut:in sollte außerdem differenzierte Kenntnisse über Mechanismen und Auswirkungen von gesellschaftlicher Diskriminierung sowie von den unterschiedlichen Lebenswelten von queeren Personen und deren strukturellen Schwierigkeiten aufweisen. Die bisherigen Erläuterungen untermauern den Vorschlag, affirmative Therapie eher als einen Zugang zu oder einer Herangehensweise an Psychotherapie anzusehen als einen spezifischen Psychotherapieansatz. Zusammenfassend kann aber ein Wissen und ein Verständnis von den spezifischen kulturellen Aspekten sowie strukturelle Diskriminierungen einer Gruppe als grundlegend für eine affirmative Psychotherapie angesehen werden (Johnson und Green, 2009). Wolf und Meyer (2017) fassen für den deutschen Sprachraum zusammen, dass es mittlerweile in den meisten Therapierichtungen affirmative Zugänge zur Psychotherapie gibt: in der Verhaltenstherapie bei Göth und Kohn (2014), in der Tiefenpsychologie und Psychoanalyse bei Nicole Burgermeister und García Núñez (2015), Rauchfleisch et al. (2002) und Rauchfleisch (2006, 2024). Zu den wenigen Werken, die intersektionale Perspektiven beachten, zählt der Sammelband von dasNair und Cathrine Butler (2012).

In Anlehnung an die Empfehlungen zur Psychotherapie und Beratung mit lesbischen, schwulen und bisexuellen Klient:innen (nach Wolf und Meyer, 2017, S. 23) formuliere ich hier die Empfehlungen für queere Personen (erweitert und Auswahl Heimerl 2024):

1. Die erste Säule beschreibt das Wissen über queere Lebenswelten und partnerschaftlichen Beziehungen mit den Aspekten der sexuellen Orientierung, der sexuellen Identität und der Gender-Performanz. Wesentlich sind auch Kenntnisse über Auswirkungen von Stigmatisierung, Diskriminierung und Gewalt in der queeren Lebensgeschichte. Das Wissen im Umgang mit Coming-Out-Prozessen bei queeren Personen, Bezüge zur Herkunftsfamilie, dem kulturellen Hintergrund und dem zeitlichen Aspekt

des Coming-outs (Beispiel Ära HIV/AIDS oder Prep). Wissen, dass Coming-out ein lebenslanger Prozess mit möglichen Traumatisierungen sein kann. Die Bedeutung von selbst gewählten sozialen Räumen und Netzwerken, Freund:innenschaften und sogenannten, *Wahlfamilien* im Leben von queeren Personen sowie die Frage nach Elternschaft.

2. Die zweite Säule beschreibt Aspekte der Vielfalt von queeren Personen wie unterschiedliche Lebenssituationen und Erfahrungen von Lesben, Schwulen und bisexuellen Frauen und Männern, Transpersonen vor dem Hintergrund von Sexismus und Gendernormierung in der Gesellschaft. Ebenso Generations- und Altersunterschiede: Queere Personen im Jugendalter im höheren Lebensalter. Außerdem queer, *race und class,* queere Personen mit chronischen Erkrankungen und Beeinträchtigungen, Klassenunterschiede, sexuell übertragbare Infektionen, HIV und AIDS, Strukturen in queeren Communities als auch die politische- gesellschaftliche Situation queerer Personen.

Aktuelle queer-affirmative psychotherapeutische Ansätze heben folgende Aspekte in der Psychotherapie hervor (Freeman-Coppadge & Langroudi, 2022, S. 170, Übersetzung BH). Diese Ansätze betonen in der affirmativen Psychotherapie vier Bereiche: Therapeutische Grundlagen hinsichtlich bewusster und unbewusster Vorurteilsstrukturen (zum Beispiel zur internalisierten Homophobie); Soziales Basiswissen zur queeren Kultur unter Berücksichtigung der heteronormativen Machtdiskurse; Kollegialer Austausch zu Themen queerer Identitäten und das kreative Potential durch die Marginalisierung. Im Prinzip sollen die drei Bereiche Bikulturalismus, Marginalisierung und Normkreativität (siehe Laura Brown) mit psychotherapeutischen Techniken verbunden werden. Das bedeutet nicht, unreflektierte blinde Affirmation, sondern beidseitige Anerkennung der Desillusionierung von Allmachtsphantasien und Omnipotenz – alles ist möglich – und gleichzeitig Förderung der Kreativität, das heißt der eigenen Identität jenseits von normierten Vorgaben im Außen. Eine zeitgenössische affirmative Psychotherapie bewegt sich in der intersektionalen Praxis, das heißt Mehrfachdiskriminierungserfahrungen wirken sich auf die psychotherapeutische Beziehung bewusst, vor- und/oder unbewusst aus.

12.3.2 Psychodynamische Psychotherapie mit queeren Personen

Die geschlechtlichen Selbstinterpretation und Selbsterkundung ist eine neue kulturelle Entwicklung als ein Teil der neuzeitlichen Identität (Charles Taylor), namentlich der Erkundung der eigenen individuellen Geschlechtlichkeit jenseits der Binarität. Binarität ist eng mit Normvorstellungen, Normalität und Normativität verflochten ist, so wirkt die queere Identität aufdeckend und entlarvend. Infolgedessen formuliert die neue *Kultur,* »was ihre politische Sprache betrifft, die Schutzrechte der Menschen in subjektivistischer Terminologie« (Taylor, 2024, S. 540). Eine der wichtigen Veränderungen in der Auffassung von Geschlechtsidentität des 21 Jhd. Besteht darin, dass die *selbst gewählte* Geschlechtsidentität nicht mehr als »exotische Außenseiteranschauung« (ebd., S. 611) gilt und die sich sogar zu einem neuen queeren heteronormativen Bild erhoben wird. Das Vorrücken dieser neuen geschlechtlichen Identität und der Ausbildung von Praktiken ist in der psychotherapeutischen Praxis nicht mehr zu übersehen. In der analytischen Psychotherapie mit queeren Personen bedeutet dies für Psychotherapeut:innen, eigene komplexe, ambivalente und widersprüchliche Identifikationsprozesse, was überfordernd, verunsichernd und bedrohlich wirken und Ängste hervorrufen kann. Das Subjekt zwischen Normalität und Pathologie« mit dem Bindungswort, einem Additionszeichen »und« sowie «zwischen«. In der psychischen Bisexualität steht die Konjunktion ... *und* ..., nicht ... *aber, auch* ...: männlich und weiblich. Die Allmachtsphantasie der psychischen Bisexualität ist keine Pathologie, sondern gehört zum intermediären »Spielplatz« (Winnicott 2016, S. 320). Der *Spielplatz* ist ein potenzieller Raum zunächst zwischen Mutter und Kleinkind, der beide miteinander verbindet und dieses Spiel führt zu heftiger Erregung (ebd. S. 59). Diese *erregenden* Prozesse bilden die Grundlage für Veränderung und dienen der Identitätsentwicklung (siehe Erik Erikson). Was Winnicott in den Augenschein nahm, war vorrangig der Übergangsraum als trennendes Drittes. Wenn die queere Identität zu Beginn einer Psychotherapie zu sehr in Frage gestellt wird, wird die Angst die fragile queere Identität zu verlieren ausgelöst. Aus einer grundlegenden Ambivalenz heraus konstruiert sich das Subjekt, nach Freuds Ansicht, eine stets widersprüchliche sexuelle Identität, während das Subjekt sich aus einer stets widersprüchlichen Verstrickung mit anderen konstruiert. Im klinischen Denken Winnicotts Werk hat die Funktion der *Holding* eine zentrale Bedeutung: Füttern, Baden und Anziehen sind die wesentlichen Verhaltensweisen, in denen das Halten stattfindet: die haltgebende Umgebung, die haltgebende Funktion impliziert eine dritte Person. Die Funktion des *Holding* bedeutet, dass die Mutter in der Lage ist, die Bedürfnisse ihres Säuglings zu erkennen, anstatt ihm das aufzuzwingen, was sie glaubt, dass er braucht. Wie ein/e Therapeut:in, der einer queeren Person eine normative Identitätskategorie aufzwingt. Das Halten bestimmt sich maßgeblich durch das innere Setting des/der Analytiker:in und kulturellen Vorurteilsstrukturen zu queer. Die Pole können von blindlings affirmativ bis zu radikal ablehnend reichen. Ein wichtiger Aspekt der Holding ist das, was Winnicott als *Handling* bezeichnet. Es ist die Art und Weise, wie die Mutter mit ihrem Säugling in den alltäglichen Details der Säuglingspflege umgeht. *Handling* heißt auch, mit einem queeren Körper in den Kontakt zu gehen und die Erfahrung, diesen queeren Körper zu haben positiv aus der Körperbiografie zu verstehen und zu fördern. Winnicott nennt diesen Prozess *Personalisation,* das Ergebnis ist *psyche-in-dwelling-in-the-soma,* welcher von dem Handling/Holding der Mutter beeinflusst wird (Winnicott, 1966). In der analytischen Situation ist es die Aufmerksamkeit, Würde, Neugier, Respekt des/der Analytiker:in gegenüber der queeren Person.

Die Theorie des Raumtheoretikers Henri Lefebvre besagt, dass jede Gesellschaft ihre eigenen Räume produziert (siehe Schmid, 2005). Ein Beispiel ist die aus der städtischen Raumentwicklung entstandene Bildung von den sogenannten »Gayborhoods« oder »Lesbianville« (Ghaziani, 2014): Stadtviertel mit einem relativ hohen Anteil an queeren Personen. Was hat dies mit dem analytischen Raum für queere Personen zu tun? Ist der analytische Raum ein sicherer Ort für queere Identitätsbildungsprozesse? zu tun? Ghaziani kommt zu dem Ergebnis, dass heteronormative Psychotherapeut:innen vorzugsweise an queere Psychotherapeut:innen aufgrund einer Idee des *Gayborhoods* überweisen. Nicht nur, aber immer wieder hat dies diskriminierende Implikationen. Der analytische Raum sollte ein Schutz- oder Möglichkeitsraum sein mit einer Entwicklungsmöglichkeit *von* etwas und *zu* etwas. Um ein Übergangsraum für Möglichkeiten der queeren Identitätsentwicklung zu werden sind folgende Aspekte rahmend:

1. Die Bereitstellung eines wechselseitigen prozesshaft konstituierten analytischen Raums (die Bereitschaft des/der Analytikerin sich mit heteronormativen Strukturen auseinanderzusetzen, zum Beispiel den Ödipuskomplex *queer* lesen zu können).
2. Queere Identität als Abweichung oder Richtungswechsel in der Identitätsentwicklung zu denken kann eine ent-pathologisierende Wirkung entfalten (Sedwick, 2003).
3. Eine Sensibilität und Wissen für und über den Zusammenhang zwischen Geschlecht und Körperbiografie zu entwickeln
4. Reflektion darüber, dass *Sicher Sein* nicht automatisch *Sich sicher zu fühlen* bedeutet.
5. Es gibt keine absolut sicheren Räume. Der Anspruch der Sicherheit sollte verschoben werden zu einem Sprechen über den Wunsch nach Sicherheit und dem Umgang damit, wenn die Sicherheit angegriffen wird. *Safe space* wird zu oft mit uneingeschränktem *Wohlfühlen* in Verbindung gebracht. Dies bedeutet eine Aufmerksamkeit und Sensibilität für Sprache, für Machtungleichheiten und für gesellschaftliche Kontexte einzunehmen.

Die Psychoanalyse des 20 Jhd. arbeitet die Theorie der Geschlechterdifferenz konsequent als räumliche *Abweichung,* einem Richtungswechsel heraus, in dem sie die Bedeutung der Geschlechtsorgane radikalisiert und sie mit einer Ökonomie des Schauens als räumliches Tun verbindet. Das Sehen des Penis oder das Sehen, dass Frauen keinen Penis haben – die Kastration als ein Fehlen und Abwesenheit im Raum – bedeutet für Sigmund Freud die wesentliche Etappe der geschlechtlichen Identitätsbildung. Der Phallus wird zum Symbol der körperräumlichen Markierung von Geschlecht und wird eng mit Verlust, Trauer und Bedrohung verbunden.

Der Titel von Jhumpa Lahiris Erzählband »Melancholie der Ankunft« verdichtet für mich die analytische Psychotherapie mit queeren Personen: Melancholie heißt nicht Rückkehr zum ursprünglichen Sein, sondern ein Trauerprozess, der sich nicht konkretisieren lässt und dadurch nicht abschließbar ist (Lahiri 2000). Alessandra Lemma betitelt unter anderem ein Kapitel in *Transgender-Identitäten* »Im Körper ankommen« (2024, S. 57 ff.). Im Übergangsraum findet Trauer statt, es ist ein Verlust und gleichzeitig ein Neubeginn.

12.4 Das Unbehagen im Übergangsraum

Es ist die kulturtheoretische Schrift Freuds *Das Unbehagen in der Kultur* von 1930 und Judith Butlers *Das Unbehagen der Geschlechter* von 1990, welche dazu anregen, *Das Unbehagen im Übergangsraum* zu untersuchen. In Freuds *Unbehagen in der Kultur* wird das Unbehagen mit der Binarität – Freud nennt es an einer Stelle *Interferenz,* eine Überlagerung von Wellen – zwischen Natur-Kultur/Kultur-Trieb, Streben nach Egoismus und Streben nach Altruismus und in Judith Butlers *Unbehagen der Geschlechter* ist es die Binarität Weiblich-Männlich und Aktivität-Passivität in Bezug zum Geschlechterverhältnis, welche zum *Unbehagen* im Subjekt führt, beziehungsweise ein *Unbehagen* in sich trägt. Das *Unbehagen* beschreibt einen psychischen Zustand als auch eine nicht endende Kraftanstrengung des Subjekts zwischen Selbsterhaltungstrieb/Eros und Todestrieb. Das *Unbehagen im Übergangsraum* beschreibt die Binarität und *Interferenz* zwischen Eigenem und Fremden. Diese Interferenz im Zwischen-Raum (Waldenfels, 2019) wird zu einem »Grundbegriff der Xenologie, als einer Fremdheitslehre« (ebd. S. 194). Julia Kristeva (2021) prägte mit dem Satz: »Fremde sind wir uns selbst. Der Andere, der ist mein eigenes Unbewusstes« die Auseinandersetzung mit dem Fremden als ein Teil des Eigenen. Ist Eigenes mit Fremdem verflochten, so besagt dies zugleich, dass das Fremde in uns selbst beginnt und nicht außerhalb uns. Das heißt: es ist nicht angebracht, Fremdes und Eigenes oder auch Fremde und Heimat als binäre Oppositionen zu begreifen. Der Ethnologe Marc Augé prägte die beiden Begriffe *Auto-Ethnologie,* die Fremdes bei uns selbst und *Allo-Ethnologie,* die Fremdes bei Anderen erforscht (Augé, 1989).

Gewöhnlich definiert man die/den Fremden ausgehend von dem Ort seiner/ihrer Geburt, des Geschlechts im Sinne der Generativität. Das Fremde wird über die Familie, der bürgerlichen Gesellschaft und dem Staat definiert. Bevor das Fremde als Thema auftritt, macht es sich bemerkbar als Beunruhigung, Störung und Verstörung, als Erregung, die in der Verwunderung oder der Beängstigung verschiedene affektive Tönungen annimmt. Die Debatte um das queere Fremde ist erhellend, wenn das Fremde als Beunruhigung, als Störung als Getroffensein von etwas, in Erregung versetztes, von etwas, was sich niemals dingfest machen lässt konzeptualisiert wird. Das erste Auftauchen des Fremden ist ebenso im Begriff der Aufmerksamkeit enthalten: es folgt das Hinsehen oder Hinhören auf das queere Fremde zumeist am Beginn in der Performanz und der Körperlichkeit. Das *Aufmerken* ist bereits eine erste Antwort auf Fremdes, so der deutsche zeitgenössische Philosoph Bernhard Waldenfels. Die Aufmerksamkeit wird *geweckt,* eine Metapher von Einschlafen und Aufwachen, einer körperlichen Erfahrung zwischen Lebens- und Todestrieb. Das Fremde weckt uns aus einem schlafähnlichen Zustand auf.

Fremd ist erstens, was außerhalb des eigenen Bereichs als *Äußeres* vorkommt, das einem *Inneren* entgegensteht; *Fremd* ist zweitens, was Anderen gehört im Gegensatz zum *Eigenen*; *Fremd* ist drittens, was von anderer Art, was fremdartig, unheimlich, abweichend, seltsam ist im Gegensatz zum *Vertrauten.* Die queere Person erregt und wird zunächst misstrauisch beäugt oder unreflektiert idealisiert. Die queere Fremdheit rührt an das Unheimliche, das uns im eigenen *psychisch bisexuellen Haus* heimsucht.

Unbehagen beschreibt ein unbestimmtes Gefühl des Sich-Nicht-Wohlfühlens, körperlich und/oder seelisch und bebildert einen unlösbareren Widerspruch. Behagen meint Wohlgefallen, Belieben, Freude, Glück, Geborgenheit und Wohlgefühl. Behagen scheint vom altdeutschen Wort *Behegen* abgeleitet und bedeutet Einfriedung, Einzäunen, Umgrenzen. *Behegelichkeit* meint Wohlbefinden, Seelenruhe, Dankbarkeit und Lust. Damit meint *Unbehagen* einen umgrenzten vertrauten Ort *un*behaglich, unruhig, die Seelenruhe störend, ihn eben nicht nur *geborgen* zu machen. Aber auch, diesen Raum zu respektieren, zu schützen und zu pflegen. Der Übergangsraum als ein umgrenzter vertrauter Ort, in dem sich Eigenes und Fremdes trifft ist zu einer Denkfigur verschiedener wissenschaftlicher Disziplinen geworden: in der Kunst, der Ästhetik, der Anthropologie oder der Soziologie. In der Philosophie wird der Übergangsraum, als das *Dazwischen* untersucht; in der Ethnologie ist es Viktor Turner der den Begriff *liminal space* einführte und seine Ritualtheorie damit verbunden hat. Liminalität beschreibt einen Schwellenzustand, in dem sich Individuen oder Gruppen befinden, nachdem sie sich rituell von der herrschenden Sozialordnung gelöst haben. Liminalität ist die Zeit dazwischen, der Raum zwischen einem einschneidenden Ereignis in einer Geschichte und der möglichen Auflösung. Der Liminalraum ist ein Zwischenraum und kann definiert werden als ein Raum, der (1) eine Schwelle zwischen zwei Räumen, (2) ein Übergangsraum und (3) ein transformativer Raum ist. Ein Raum, in dem man nicht weiß, was auf einen zukommt. Ein liminaler Zustand hat eine transformative Kraft, der durch Herausfallen aus der gesellschaftlichen Struktur gekennzeichnet, einen Raum jenseits derselben darstellt. Liminalräume sind, kurz gesagt, Momente »dazwischen«, in denen man das konkrete Bekannte bereits hinter sich gelassen hat, um in das chaotische und weite Unbekannte in der Welt hinauszugehen. In manchen Traditionen markieren diese Räume den Mittelpunkt eines Rituals oder einen Ort, an dem die Möglichkeiten zusammenlaufen, welche jedoch auch Ausdruck von Herrschaft tradieren – man denke nur an die Schlüsselmomente in einer großen Schlacht oder, klassischer, an eine Kreuzung. Hier ein kleiner Verweis auf die Ödipussage: an der Kreuzung erfüllt sich der Geschlechterfluch. Maya Nadig (2000) fokussiert die prozesshafte Interkulturalität und sieht die Ethnospsychoanalyse und Feldforschung als methodischen und damit auch theoretischen Übergangsraum. Im psychoanalytischen Kontext ist es vor allem Donald Winnicott mit seiner Definition des Übergangraumes aus psychoanalytisch- entwicklungspsychologischer Sicht und der diesen Möglichkeitsraum auf eine kulturelle Erfahrung zwischen Individuum und Umwelt, anfänglich zwischen dem Individuum und dem Objekt erweitert. Phänomene, die den Übergangsraum nicht zum kreativen und schöpferischen Raum werden lassen, also wenn der Übergangsraum zum *unbehaglichen* Ort wird, sind vor allem traumatische Trennungserlebnisse und abgespaltene innere Anteile. Im Übergangsraum – unabhängig ob dieser psychoanalytisch, ethnologisch, anthropologisch, soziologisch, philosophisch, politisch oder sich inhaltlich mit Migration, sexueller Identität oder Klasse beschäftigt- geschehen Transformationen, das Subjekt wird »von einem Ort zum anderen geschoben«. Innerlich wie auch im Außen.

Im Übergangsraum setzen wir stets auch unsere Identität in Frage. Für Analytiker:innen wie Jessica Benjamin und Thomas Ogden besteht die Aufgabe im Übergangsraum darin, eine Spannung aufrechtzuerhalten zwischen dem Eigenen und Fremden, dem Fremden im Eigenen und dem Eigenen im Fremden. Und damit der Anerkennung desjenigen Bereichs, in dem beide sich vermischen – in aktueller Terminologie dem »Dritten«. Dieses »Dritte« – ein Ort des Zusammentreffens statt (wie in der traditionellen ödipalen Theorie) ein Agent des Verbots – ist Erscheinungsform einer *Zwischenheit,* die das Entstehen neuer Strukturen des Selbst und der Identität erlaubt. Es sind, so gesagt, neue Erzählungen möglich. Das heißt, in dem Raum zwischen dem Subjekt und dem Anderen kann ein Teilen unbewusster Elemente stattfinden, was das Entstehen einer neuen Subjektivität befördert. Dies allein ist jedoch nicht ausreichend. Im Übergangsraum müssen die Subjekte auch fähig werden, das Fremde und das Eigene loszulassen, ohne es zu zerstören oder zu verleugnen. Sie müssen in der Lage sein, es im Spiel zu halten und dabei gleichzeitig zu ihren jeweils eigenen subjektiven Positionen zurückzukehren.

Der Übergangsraum ist ein *unheimlicher* Ort: vertraut und fremd zugleich. Übergangsräume sind psychoanalytisch betrachtet sowohl in der psychosexuellen Entwicklung essenziell im Sinne des psychischen Übergangs als auch im kulturellen Bereich im Sinne von kulturellem Übergang. Im Übergangsraum stellen wir unsere Identität(en) zur Disposition: subversiv, fragil, angreifbar, verteidigend, schamlos und schamhaft.

Literatur

Augé, M. (1989). L'autre proche. In M. Segalen (Hrsg.), *L'autre et le semblable.* Seuil.

Budge, S.L., Israel, T., & Merrill, C.R.S. (2017). Improving the lives of sexual and gender minorities: The promise of psychotherapy research. *Journal of Counseling Psychology, 64*(4), 376–384.

Burgermeister, N. & Garcia Nuñez, D. (2015). Queerfeministische Perspektiven in der Psychotherapie. Psychosozial 140 (2), S. 55–70.

Borgogna, N.C., Aita, S.L., & Aita, L.J. (2024). Minority stress in consensually non-monogamous individuals: Mental health implications. *Sexual and Relationship Therapy, 39*(1), 46–65

Brooks, V. R. (1981). *Minority stress and lesbian women.* Lexington.

dasNair, R., & Butler, C.R. (2012). *Intersectionality,.* BPS Blackwell.

Diamond, L. M., & Alley, J. (2022). Rethinking minority stress: A social safety perspective on the health effects of stigma in sexually-diverse and gender-diverse populations. *Neuroscience & Biobehavioral Reviews, 138,* 104720.

Foucault, M. (2005 [1984]). Distanz, Aspekt, Ursprung. In *Schriften in vier Bänden. Dits et Ecrits. Band IV. 1980–1988.* Suhrkamp.

Freeman-Coppadge, D.J., & Langroudi, K.F. (2022). Beyond LGBTQ-Affirmative Therapy: Fostering Growth and Healing Through Intersectionality. In L. Kevin Nadal & M. Scharrón-del Rio (Hrsg.), *Queer Psychology Intersectional Perspectives.* Springer.

Freud, S. (1937c). *Die endliche und die unendliche Analyse.* GW XVI, S 96

Frost, D. M., & Meyer, I. H. (2023). Minority stress theory: Application, critique, and continued relevance. *Current Opinion in Psychology, 51,* 101579.

Ghaziani, A. (2014). *There Goes the Gayborhood.* Princeton.

Göth, M., & Kohn, R. (2014). *Sexuelle Orientierung in Psychotherapie und Beratung.* Springer.

Goffman, E. (1990 [1963]). *Stigma. Über Techniken der Bewältigung beschädigter Identität* (9. Aufl.). Suhrkamp.

Johnson, J.W., & Green, R.P. (2009). *Affirmative Action.* Greenwood Pres.

Kristeva, J. (2021 [1990]). *Fremde sind wir uns selbst.* Suhrkamp.

Lahiri, J. (2000). *Melancholie der Ankunft.* Blessing Verlag.

Lemma, A. (2024). *Transgender-Identitäten. Eine Einführung.* Brandes & Apsel.

Mitchell, L. A., Jacobs, C., & McEwen, A. (2023). (In)visibility of LGBTQIA+ people and relationships in healthcare: A scoping review. *Patient Education and Counseling, 114,* 107828.

Nadig, M. (2000). Interkulturalität im Prozess- Ethnopsychoanalyse und Feldforschung als methodischer und theoretischer Übergangsraum. In H. Lahme-Gronostaj & M. Leuzinger-Bohleber (Hrsg.), *Identität und Differenz. Zur Psychoanalyse des Geschlechterverhältnisses in der Spätmoderne* (S. 87–101). Westdeutscher Verlag.

Owen, J., Tao, K.W., Imel, Z.E., et al. (2014). Addressing racial and ethnic microaggressions in therapy. *Professional Psychology: Research and Practice, 45*(4), 283–290.

Paris, R. (2005). Warten auf Amtsfluren. In: ders. (Hrsg.), *Normale Macht. Soziologische Essays* (S. 193–238). UVK Verlagsgesellschaft.

Proujansky, R. A., & Pachankis, J. E. (2014). Toward formulating evidence-based principles of LGB-affirmative psychotherapy. *Pragmatic Case Studies in Psychotherapy, 10*(2), 15.

Rauchfleisch, U., et al. (Hrsg.). (2002). *Gleich und doch anders. Psychotherapie und Beratung von Lesben, Schwulen, Bisexuellen und ihren Angehörigen.* Klett-Cotta.

Rauchfleisch, U. (2024 [2006]). *Transidentität – Transgender. Transitionsprozesse begleiten und gestalten* (6., komplett überarbeitete Aufl.). Vandenhoeck & Ruprecht.

Schmid, C. (2005). *Stadt, Raum und Gesellschaft: Henri Lefebvre und die Theorie der Produktion des Raumes.* Franz Steiner Verlag.

Sedwick, E.K. (2003). *Epistemologie des Verstecks.* In A. Kraß (Hrsg.), *Queer Denken* (S. 113–143). Suhrkamp.

Smith, Z. (2019). *Feel Free: Essay.* Penguin

Spivak, G.C. (2020 [2008]). *Can the Subaltern Speak? Postkolonialität und subaltern Artikulation.* Turia und Kant.

Taylor, C. (2024 [1996]). *Quellen des Selbst. Die Entstehung der neuzeitlichen Identität.* Suhrkamp.

Tietz, L. (2004). Gay Counseling: Schwulen- und Lesbenakzeptierende Beratung und Therapie. In Lüder -Tietz (Hrsg.), *Homosexualität verstehen. Kritische Konzepte für die psychologische und pädagogische Praxis* (S. 60–91). MännerschwarmSkript Verlag.

Waldenfels, B. (2019). *Erfahrung, die zur Sprache drängt. Studien zur Psychoanalyse und Psychotherapie aus phänomenologischer Sicht.* Suhrkamp.

Winiarski, R. (1992). *Psychodynamische Theorien zur Homosexualität und Gay Counseling.* Peter Lang Verlag.

Winnicott, D.W. (1966). The Location of Cultural Experience. Kapitel 31.In L. Caldwell &H. Lesley (Hrsg.), *The Collected Works of D.W. Winnicott, Volume 7. 1964–1966* (S. 429–436). Oxford Academic Press.

Wolf, G., & Meyer, E. (2017). *Sexuelle Orientierungen und Geschlechtsidentität – (k)ein Thema in der Psychotherapie?* Semantic Scholar.

Cruising Utopia: The Then and There of Queer Futurity (José Esteban Muñoz, 2009)

13

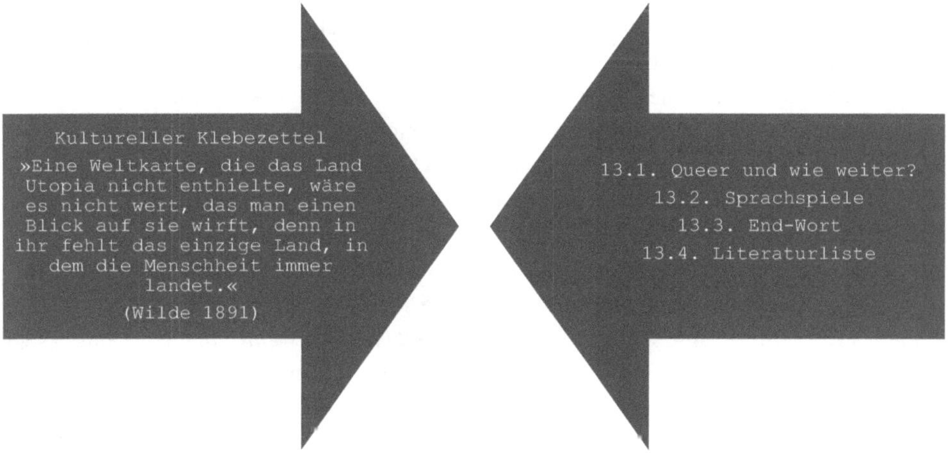

13.1 Queer und wie weiter?

»Identität, die sich im Übergang einstellt und bewährt, bedeutet: trotz einer Vielheit von Handlungen ein und derselbe zu bleiben und dank dieser Vielheit einer zu werden, der, wenn er *Ich* sagt, sich einschlussweise auf die Zufälligkeit seiner Geburt (Anm. die Zuweisung des Geschlechts), die Leiblichkeit seiner Existenz und die Einmaligkeit seiner Lebensgeschichte bezieht. [...] Identität im Übergang ist Selbsterhaltung im Lebensvollzug.« (Sommer, 1988, S. 9).

B. Heimerl, *Queere Identitäten in der Psychotherapie*,
https://doi.org/10.1007/978-3-662-70525-4_13

In *Cruising Utopia: The Then and There of Queer Futurity* argumentiert José Esteban Muñoz (2009), dass queere Kritik mit einer utopischen Funktion durchdrungen sein sollte und tatsächlich das politische Potenzial queerer Zukunft offenbart. Queere Kritik ist ein Beispiel für die zeitliche Dialektik zwischen dem, was Bloch (1959) das »Nicht-mehr-Bewusste« und das »Noch-nicht-Hier« als »eines relativ noch Unbewussten nach seiner anderen, vorwärts, nicht rückwärts gelegenen Seite. Nach der Seite eines heraufdämmernd Neuen, nie bisher bewusst Gewesenen […]« (1959, S. 10). Auf diese Weise versuchte er, seine zentralen schöpferisch-utopischen Prinzipien nicht nur in der Geschichte, sondern auch in der Psyche zu verorten. *Queerness* ist eine Möglichkeit der Überschreitung im Geschlecht, jedoch nicht nur. Die einzelnen Kapitel des Buches von Muñoz tragen nicht zufällig *utopische* Überschriften: *Utopian Longings, Utopian Hermeneutics, Performance of Utopia, Queer Intermedia, Queer Virtuosity, Queer Failure.*

Auf der Biennale 2023 hatte der Kurzfilm des portugiesischen Regisseurs Lui Avallos *Queer Utopia: Act I Cruising* seine Premiere (Avallos 2023). In seinem Wohnzimmer spricht ein pensionierter Bühnenautor zu einem Zuschauer: Er verliert seine Erinnerungen und sucht auf einer transformativen Reise nach Gesellschaft, um Fragmente seiner queeren Erinnerungen zu rekonstruieren und zu bewahren. Inspiriert von wahren Geschichten queerer Männer über 60 lädt diese immersive und interaktive Erzählung das Publikum ein, Zeuge der intimsten und widersprüchlichsten Erinnerungen des Protagonisten zu werden, bevor sie verblassen. Durch eine fesselnde performative Rekonstruktion der Erinnerung, die die Sprache des Theaters nutzt, durchquert *Queer Utopia: Act I Cruising* komplexe Räume. Es verwebt einen generationenübergreifenden Essay über den Kampf für queere Rechte mit einer Reise in die Vergangenheit, um eine utopische Vision der Zukunft neu zu entwerfen. Die Frage nach der queeren Zukunft fragt sich Nava Ebrahimi in ihrem Buch *Wer ich geworden wäre, wenn alles ganz anders gekommen wäre* (2024). Ebrahimi beschreibt einfach drei Grundbedürfnisse des Subjekts: festhalten, mitteilen und Verbindendes erkennen. Und, dass diese drei Bedürfnisse »jedoch« miteinander verschränkt sind. So einfach kann das Motiv einer Identitätskategorie sein. Wann hört ein Subjekt auf an dem ihm zugewiesenen Platz zu bleiben? Wann hört die Selbstverständlichkeit auf?

Das queere Subjekt ist ein Subjekt »das sich beständig am Ort der Spaltung und der Andersheit als dem Raum der Identität bewegt und exponiert; »Ich« also, als Grenze und Überschreitung, zugleich Überschneidung von Präsenz, Abwesenheit und Distanz; […]. Als eine stets offene und uneindeutige Beziehung, eine immer ungewisse Relation im Raum der Differenz« (Friese, 1999, S. 42 f.)

Die Queer-Theorie erkennt die Psychotherapie und insbesondere die Psychoanalyse als einen Diskurs an, der in besonderer Weise geeignet ist, sich mit der komplexen Beziehung zwischen Begehren und dem Sozialen auseinanderzusetzen. Die Verbindung zwischen Theoretisierung und praktischer Erforschung queerer Subjektivität im psychotherapeutischen Raum ist sowohl in der Queer-Theorie als auch in der Psychoanalyse produktiv und hat neue Formen der Konzeption von Queerness motiviert (siehe auch Langer und O'Donnokoé zur Transgeschlechtlichkeit und Psychoanalyse, 2024). In der Verflechtung queerer biografischer Erzählung und queerer Identität im psychoanalytischen Raum liegt das Potenzial für das Nicht-Normative, für das Subversive und das Widerständige im Geschlecht und der Sexualität. Wenn Queerness im Gegenhegemonialen und Nicht-Normativen liegt und dieses motiviert, welche kreativen Kapazitäten werden, dann mobilisiert, um sie hervorzubringen, und welche Formen des queeren Ausdrucks werden dabei wiederum produziert? Mit Blick auf die Fragen von queerer Identität, Verkörperung, Repräsentation und Macht reflektieren wir über die Grenzen der Subjektivität und fragen, wie eine Subjektivität vorzustellen ist, die nicht durch die Grenzen des Normativen eingeschränkt ist.

Das Konzept sexuelle Differenzierung besagt Dialektik. Als dialektische Struktur verweigert sie sich jeglichen Versuchen einer Vereindeutigung. Es ist eine grundlegende Erfahrung des Nicht-Vereindeutigbarem in der queeren Identität. Dies unterstreicht die Notwendigkeit, eine bisexuelle Hörposition, eine binokulare Sichtweise (Bion, 1962) aufrechtzuerhalten. Wenn diese Einstellungen beibehalten werden, kann die Analyse einen transformativen Prozess auslösen, das Entstehen eines Übergangsraums, in dem Patient:in und Analytiker:in ihre eigene Fähigkeit zu denken und sich zu wundern suchen können, auf der Suche nach sich ständig verändernden Bedeutungen im Bereich der geschlechtlichen und sexuellen Erfahrung, um sich real und lebendig zu fühlen. Vorrangig ist die Arbeit an und mit der Selbstinterpretation von queeren Personen, entlang der Selbstidentifikation als Beschreibungsmerkmale der Identität (Puzio und Forbes 2022, S. 35). Des Weiteren ist die Verschränkung von Biografie und Geschlecht zentral insofern der in die Biografie eingewobene Faden *Geschlecht* bekommt einen Knoten oder verheddert sich. Es gibt keine weiblichen oder männlichen Biografien, sondern typisch für räumlich und zeitlich verortete Biografien von Frauen beziehungsweise Männern (Dausien, 1996, 1999). Geschlechtergeschichte ist immer auch Körpergeschichte, Gesellschaftsgeschichte und Beziehungsgeschichte. Die Geschichte der Psychoanalyse ist auch immer Geschlechtergeschichte.

13.2 Sprachspiele

Wozu ein Glossar? Ein »Wörterverzeichnis«? Laut Definition dient ein Wärterverzeichnis der Erklärung für ein vermeintlich schwieriges Wort. Die geschlechtliche Welt ist schon immer schwierig zu kategorisieren, Geschlecht ist ein »schwieriges Wort«. Das heißt in Sprache zu fassen und gleichzeitig ist das Kategorisieren eine den Menschen auszeichnende Neigung. Die Psychoanalyse ringt seit Beginn um eine Kategorisierung dieses »schwierigen Wortes«. Sprache und Geschlecht sind nicht die besten Freund:innen! (Dyer, 2018; Klann-Delius, 2005; Sloan, 2022).

Abrosexuell	Die sexuelle Orientierung ist nicht fixiert, diese kann „täglich" wechseln (Buch von Kim Fu und Song von Antony & The Johnsons: „*For today I am a boy*")
Agender	eine Geschlechtsidentität, bei der sich die Person nicht mit einem Geschlecht identifiziert
Androgynität	eine Person mit uneindeutiger Geschlechtszugehörigkeit und sich als uneindeutig präsentiert
Asexuell	Eine Person, die normalerweise keine sexuelle Anziehung oder einen sexuellen Drang zu anderen Menschen verspürt Binarismus
(Binär/Non-binär)	Binär bedeutet so viel wie »zwei Einheiten verwendend«. Bezogen auf Geschlecht sind die zwei verwendeten Einheiten/Zeichen männlich und weiblich. Ein binäres Geschlechtersystem ordnet die Welt in männlich und weiblich und lässt keinen Raum für intergeschlechtliche oder non- binäre Menschen. Auch die Substantivierung *Enby* vom Englischen »nb« ist geläufig
Bisexuell	sexuelle Anziehung zu Menschen desselben Geschlechts sowie zu Menschen anderen Geschlechts, Oberbegriff für *Biromantik*
Cis/Cisgender	Das lateinische Präfix ›cis‹ bedeutet ›diesseits‹. In Bezug auf Geschlecht ist es eine Bezeichnung für Personen, die sich mit dem ihnen bei Geburt zugewiesenen Geschlecht (männlich /weiblich) identifizieren. Personen, auf welche dies zutrifft, können auch als cis- weiblich oder cis-männlich, Cis-Frau oder Cis-Mann bezeichnet werden. Cis ist das Gegenteil von *trans*
Desidentification	Die Persönlichkeit wird mittels einer Reihe von Identifizierungen konstituiert und konkretisiert. Die Mannigfaltigkeit der ineinandergreifenden Identitätskomponenten und die Art und Weise wie das Soziale wirkt. Ähnlich wie ein melancholisches Subjekt an einem verlorenen Objekt festhält, strebt das desidentifizierende Subjekt danach an einem Teil der Persönlichkeit festzuhalten und es neu zu *füllen* (Sedgwick, 1993; Muñoz, 2023)
Divers	Seit Ende 2018 haben intergeschlechtliche Menschen in Deutschland die Möglichkeit, beim Eintrag ins Personenstandsregister außer den Geschlechtern »männlich« und »weiblich« auch die Option »divers« oder »keine Angabe« zu wählen, die sogenannte »Dritte Option«. Für non-binäre Menschen ohne attestierte »Variante der Geschlechtsentwicklung« gilt die Neuregelung bislang nicht
Drag/Travestie	die Praxis, sich als das andere Geschlecht zu verkleiden
Geschlechtersensible Sprache	Vorherrschend ist in Deutschland nach wie vor die sprachliche Verwendung des sogenannten generischen Maskulinums, also der männlichen Form. Damit erfährt jedoch die Mehrheit der Menschen keine explizite sprachliche Erwähnung. Zur Benennung von Frauen wurden schriftliche Variationen, wie das Binnen-I, eingeführt. Mit dem Unterstrich (auch Gender-Gap genannt), dem Asterisk (auch Gender-Sternchen genannt) oder dem Doppelpunkt werden auch nicht-binäre Personen berücksichtigt
Gender dysphoria	der APA-Diagnosebegriff für Trans-Personen, die unter ihrer Geschlechtsidentität leiden. Es ist das Gefühl, dass das körperliche Geschlecht nicht mit dem wahren Geschlecht übereinstimmt

Genderfluid	das Geschlechtsempfinden ist *fliessend* d. h. verändert sich immer wieder
Gender identity	Selbstzuschreibung des Geschlechts einer Person: das Geschlecht, für das man sich hält
Gender role	Eine „Regel", das Menschen aufgrund ihres Geschlechts auferlegt wird. Dies kann die Kleidung, die Arbeitsweise, die Freizeitgestaltung usw. betreffen
Gender role identity	die Einstellung, die man zu seiner konventionellenGeschlechterrolle hat
Genderqueer	ein Oberbegriff für eine Person, die sich als non-binär identifiziert
Heteronormativ	Der Begriff beschreibt eine Weltanschauung oder gesellschaftliche Ordnung, welche von einer Binarität der Geschlechter ausgeht. Die Kategorien männlich und weiblich werden als natürlich, essentiell unterschiedlich und trotzdem aufeinander bezogen betrachtet. Damit gilt Heterosexualität als die vermeintlich natürliche oder normale Form der Sexualität. Abweichungen von der Heteronorm unterliegen nicht selten einem Legitimationszwang und können mit gesellschaftlichen Sanktionen einhergehen
Intergeschlecht	Intersexuelle, intergeschlechtliche oder Inter-Personen sind Menschen, die im Hinblick auf ihr Geschlecht medizinisch nicht eindeutig der Kategorie männlich oder weiblich zugeordnet werden können. Das betrifft vor allem die Ausprägung der körperlichen (primären und sekundären) Geschlechtsmerkmale
LGTBIQI*	Abkürzung für lesbisch, schwul, bisexuell, trans, inter, queer und *. Mit dieser Sammelbezeichnung wird eine Gruppe von Personen bezeichnet, die nicht der heterosexuellen oder cisgeschlechtlichen Norm zuzuordnen sind. Der Stern soll darüber hinaus Personen einbeziehen, die sich keiner der vorgenannten sexuellen Identitäten oder Geschlechter zuordnen. Teilweise wird die Abkürzung um weitere Buchstaben oder ein Pluszeichen ergänzt. / Q bedeutet auch *Questioning*
Non-Binär	Non-binäres Geschlecht (oder auch nicht-binär) ist nur ein Oberbegriff, der einfach bedeutet, dass jemand sich nicht in das herkömmliche, streng zweigeteilte Geschlechtersystem einordnen kann oder will. Ein synonymer Begriff ist genderqueer. Bei non-binärem Geschlecht geht es um die *empfundene Geschlechtsidentität* einer Person, also dass diese Person sich selber als etwas *anderes* fühlt als lediglich ein «Mann» oder eine «Frau». Andere Aspekte von Geschlecht wie z. B. die *Genderpräsentation* (Kleidung etc.) sowie auch die *sexuelle Orientierung* sind davon weitgehend *unabhängig*. Um non-binäres Geschlecht verstehen zu können, ist es auch wichtig zu wissen, dass es ganz verschiedene Ausprägungen davon gibt
Pansexuell	sich zu vielen verschiedenen Geschlechtern oder zu Personen unabhängig von ihrem Geschlecht hingezogen fühlen. Der Unterschied zwischen Bisexualität und Pansexualität ist weitgehend eine Sache der Semantik und der Selbstidentifikation, und manche Personen halten die Begriffe sogar für austauschbar

Queer	Ehemals eine Beleidigung, heute entweder Oberbegriff für Sexualitäten und Geschlechtsidentitäten jenseits der heterosexuellen und cisgeschlechtlichen Norm oder eine sozialkonstruktivistische Theorierichtung, die sich mit Geschlecht, Sexualität und Machtverhältnissen beschäftigt: (1) *Queer* wird häufig als Oberbegriff (als sogenannter *umbrella term*) verwendet: ein Begriff, der alle Personen umfassen soll, die sich als lesbisch, schwul, bisexuell, asexuell, transsexuell, divers (im Sinne des dritten Geschlechts) oder als intersexuell bezeichnen. *Queer* bietet zudem eine griffige Alternative zu Abkürzungen wie »LGBTQIA*« (2) *Queer* bezeichnet für viele Personen in den westlichen Gesellschaften eine eigenständige (Geschlechts-)Identität (3) Die dritte Bedeutung von *queer* geht auf den ältesten Gebrauch des Wortes zurück: etwas als »seltsam« oder »merkwürdig« zu bezeichnen, eventuell auch als »unheimlich«. Wie diese Adjektive hat auch *queer* keine eigene Bestimmung. Es handelt sich nicht um eine spezifische Kategorie, sondern um eine Abweichung von dem, was als Norm wahrgenommen wird (siehe die Begriffe der »Abirrungen« und »Abweichungen« bei Freud in den *Drei Abhandlungen zur Sexualtheorie,* 1905d). Diese Bezeichnung für eine Abweichung macht *queer* sowohl zu einem schlüpfrigen als auch potenziell subversiven Begriff. *Queer* gibt dem, was das heteronormative Modell verschweigt, einen Namen: Unsere Geschlechter und unsere Sexualität haben eine in sich verankerte anarchische undifferenzierte Natur
Sexismus	Sexismus bezeichnet die Diskriminierung aufgrund des Geschlechts. In einer (cis)-männlich dominierten Gesellschaft richtet sie sich in erster Linie gegen Frauen und Weiblichkeit sowie trans-Personen und nicht-binäre Personen. Sexismus äußert sich beispielsweise in ungleichen Zugängen zu gesellschaftlicher und wirtschaftlicher Teilhabe, in Abwertung und in körperlicher Gewalt
Sier	Neopronomen bezeichnen Wortneuschöpfungen, die binäre Pronomen wie „sie" oder „er" umgehen. Beispiele sind das schwedische Pronomen „hen", welches geschlechtsneutral für alle Menschen steht, die englischen „they/them" Pronomen, aber auch deutsche Varianten wie „sier", „sie*er", „si_er", „xier" etc.
Transition	der Prozess der Bestätigung des wahren Geschlechts einer Person, manchmal auch die Veränderung des Aussehens (Bsp.: Epilation), die medizinische oder chirurgische Veränderung des Körpers, die Änderung des Namens. Die Transition muss nicht, geht aber häufig mit Hormonbehandlungen und geschlechtsangleichenden Operationen einher. Der Begriff Geschlechtsumwandlung sollte vermieden werden

Trans*/transgender (agender, gender fluid, genderqueer)	Das lateinische Präfix ›trans‹ bedeutet ›jenseits‹. In Bezug auf Geschlecht ist es eine Bezeichnung für Menschen, die sich mit dem ihnen bei Geburt zugewiesenen Geschlecht (männlich/ weiblich) nicht identifizieren. Teilweise erfolgt eine Identifizierung als nicht-binär, teilweise als trans-männlich oder trans-weiblich, beziehungsweise als Trans-Frau oder Trans-Mann. Das Gegenteil von trans ist *cis*. Im engeren Sinn bezeichnet transgender Personen, die eine andere als ihnen zugewiesene Geschlechtsidentität leben, eine hormonelle und/oder operative Geschlechtsangleichung allerdings ablehnen. Im weiteren Sinne umfasst der Begriff alle Personen, die Geschlechtsnormen unterlaufen
Transfeminismus/ Transmaskulinität	Eine Variante von Feminismus/Maskulinität von Transfrau oder Transmann
Transsexuell (MTF/ FTM: Male to female/female to male)	eine heute meist nicht mehr gebräuchliche Bezeichnung für eine transsexuelle Person, die sich einer Geschlechtsumwandlung unterzogen hat oder unterziehen wird
und zuletzt: Geschlecht Sexualität	 ? ?

13.3 End-Wort

Alfred Lorenzer betont am Ende von *Sprachzerstörung und Rekonstruktion* (2000), dass »der Psychoanalytiker als Therapeut unmittelbar in den Bildungsprozess des Individuums« eingreift (S. 241). Der Bildungsprozess meint den Identitätsbildungsprozess. Geschlechtliche Identität, dies zeigt das queere Wissensobjekt ist an den Körper gebunden, beinhaltet normative Modelle zum biologischen und sozialen Geschlecht und zeigt das komplexe Verhältnis von bewussten und unbewussten Aspekten des Selbst und der Selbstinterpretation, Körpererfahrungen und kulturellen sowie individuellen aus dem Lebenslauf begründeten Deutungen von Männlichkeit und Weiblichkeit (Ritter, 2016). Die queere Diskursgeschichte bewegt sich auf eine neue Ordnung des Wissens vom Geschlecht zu.

Das »punktförmige Selbst« (S. 289) versucht in meiner Interpretation eine Objektivierung der Verortung in der Welt, mit dem Festhalten an ein normatives Ordnungssystem, wie die geschlechtliche Binarität. Ungewollt beschreibt Taylor eine Alltagssituation, welche auf die psychotherapeutische Situation mit einer queeren Person angewendet werden kann, die zum Beispiel roten Nagellack trägt (2024, S. 295 f.): »Wenn wir etwas Überraschendes oder Verblüffendes sehen oder wenn wir etwas nicht genauer erkennen können, reagieren wir normalerweise so, dass wir uns zusammenreißen und genauer hinschauen. Wir ändern unsere *Haltung,* reiben uns vielleicht die Augen, konzentrieren uns und dergleichen mehr. […] wir geben uns rückhaltloser der Erfahrung hin. Es gibt hier eine Art Suche, die verlangt, dass man ›ganz dabei‹ ist und sich mit mehr Aufmerksamkeit ›in‹ das Erfahrungserleben hineinbegibt. Dazu gehören Reflexivität und Selbstbewusstsein, […]«

Literatur

Avallos, L. (2023). *Queer Utopia: Act I Cruising* (Portugal/Brasilien, 25 Minuten), Animationsfilm.

Bion, W. R. (1962). *Learning from Experience.* Karnac Books.

Bloch, E. (1959). *Das Prinzip Hoffnung* (Bd.1). Suhrkamp.

Dausien, B. (1996). *Biographie und Geschlecht: Zur biographischen Konstruktion sozialer Wirklichkeit in Frauenlebensgeschichten.* IBL Forschung, Donat.

Dausien, B. (1999). Geschlechterkonstruktionen und Körpergeschichte. Überlegungen zur Rekonstruktion leiblicher Aspekte des »doing gender« in biographischen Erzählungen. In P. Alheit & B. Dausien et al. (Hrsg.), *Biographie und Leib* (S. 177–200). Psychosozial Verlag.

Dyer, H. (2018). *The little Book of LGBT Terms.* Summerdale Publishing.

Ebrahimi, N. (2024). *Wer ich geworden wäre, wenn alles ganz anders gekommen wäre: Herkunft. Identität. Imagination.* Literaturverlag Droschl.

Friese, H. (1999). Identität: Begehren, Name und Differenz. In A. Assmann & H. Friese (Hrsg.), *Identitäten Erinnerung, Geschichte und Identität 3* (S. 24-43). Suhrkamp.

Klann-Delius, G. (2005). *Sprache und Geschlecht.* Metzler Verlag.

Langer, P.H., & O'Donnokloé, N. (Hrsg.) (2024). *Transgeschlechtlichkeit und Psychoanalyse. Perspektiven des Kulturkampfes.* Transcript.

Lorenzer, A. (2000 [1973]). *Sprachzerstörung und Rekonstruktion. Vorarbeiten zu einer Metatheorie der Psychoanalyse* (5. Aufl.). Suhrkamp.

Muñoz, J.E. (2009). *Cruising Utopia: The Then and There of Queer Futurity (Sexual Cultures).* Combined Academic Publ.

Muñoz, J.E. (2023). Desidentifizierungen performen. In M. Laufenberg & B. Trott (Hrsg.), *Queer Studies. Schlüsseltexte* (S. 195–246). Suhrkamp.

Puzio, A., & Forbes, A. (2022). Gender Identity as a Social Development Process. In L.N. Kevin & M. Scharrón-del Rio (Hrsg.), *Queer Psychology. Intersectional Perspectives.* Springer.

Ritter, M. (2016 [1996]). Die Freiheit der Frau, zu sein wie der Mann. In A. Barkhaus et al. (Hrsg.), *Identität- Leiblichkeit-Normativität. Neue Horizonte anthropologischen Denkens* (S. 404–422). Suhrkamp.

Sedgwick, E.K. (1993). *Tendencies.* Duke University Press

Sloan, K. (2022). *200 Words to Help you Talk About Sexuality & Gender.* Laurence King Publishing.

Sommer, M. (1988). Einleitung. In Ders (Hrsg.), *Identität im Übergang: Kant* (S. 9–13). Suhrkamp.

Taylor, C. (2024 [1966]). *Quellen des Selbst. Die Entstehung der neuzeitlichen Identität* (12. Aufl.). Suhrkamp.

Wilde, O. (1891). *Die Seele des Menschen im Sozialismus (The Soul of Man under Socialism).* In The Fortnightly Review.

FSC
www.fsc.org
MIX
Papier | Fördert
gute Waldnutzung
FSC® C083411

Kolibri 360 GmbH
Ferdinand-Jühlke-Straße 7
99095 Erfurt, Deutschland
produktsicherheit@kolibri360.de

Structural health monitoring of civil infrastructure systems

Related titles:

Strengthening and rehabilitation of civil infrastructures using fibre-reinforced polymer (FRP) composites
(ISBN 978-1-84569-448-7)
The book discusses the mechanical and in-service properties, the relevant manufacturing techniques and aspects related to externally bonded FRP composites to strengthen, rehabilitate and retrofit civil engineering structural materials. The first three chapters review structurally deficient civil engineering infrastructure, including concrete, metallic, masonry and timber structures. FRP composites used in rehabilitation and surface preparation of the component materials are also reviewed. The next four chapters deal with the design of FRP systems for the flexural and shear strengthening of reinforced concrete (RC) beams and the strengthening of RC columns. Two chapters then examine the strengthening of metallic and masonry structures with FRP composites. The last four chapters of the book are devoted to practical considerations in the flexural strengthening of beams with unstressed and prestressed FRP plates, durability of externally bonded FRP composite systems, quality assurance and control, maintenance, repair and case studies.

Condition assessment of aged structures
(ISBN 978-1-84569-334-3)
In-service structural systems are subject to age-related deterioration, leading to concerns regarding maintenance, health and safety, environment and economics. This book provides an invaluable, single source of information on structural assessment techniques for marine and land-based structures and offers professionals from a broad range of disciplines a better understanding of current practice, how to apply the latest advanced design and development technologies in condition assessment, and likely future trends. Chapters are grouped in five broad themes: current practices and standards for structural condition assessment; fundamental mechanisms and advanced mathematical methods for predicting structural deterioration; residual strength assessment of deteriorated structures; reliability of aged structures; and survey, inspection and maintenance.

Durability of composites for civil structural applications
(ISBN 978-1-84569-035-9)
This comprehensive book on durability of FRP composites will make it easier for the practising civil engineer and designer to use these materials on a routine basis. It addresses the current lack, or inaccessibility, of data related to the durability of these materials, which is proving to be one of the major challenges to the widespread acceptance and implementation of FRP composites in civil infrastructure. The book should help further the acceptance of composites for civil structural applications by providing this source for practising engineers, decision makers, and students involved in architectural engineering, construction and materials, disaster reduction, environmental engineering, maritime structural technology, transportation engineering and urban planning.

Structural health monitoring of civil infrastructure systems

Edited by

Vistasp M. Karbhari and Farhad Ansari

CRC Press
Boca Raton Boston New York Washington, DC

WOODHEAD PUBLISHING LIMITED
Oxford Cambridge New Delhi

Published by Woodhead Publishing Limited, Abington Hall, Granta Park, Great Abington, Cambridge CB21 6AH, UK
www.woodheadpublishing.com

Woodhead Publishing India Private Limited, G-2, Vardaan House, 7/28 Ansari Road, Daryaganj, New Delhi – 110002, India

Published in North America by CRC Press LLC, 6000 Broken Sound Parkway, NW, Suite 300, Boca Raton, FL 33487, USA

First published 2009, Woodhead Publishing Limited and CRC Press LLC

British Library Cataloguing in Publication Data
A catalogue record for this book is available from the British Library.

Library of Congress Cataloging in Publication Data
A catalog record for this book is available from the Library of Congress.

Woodhead Publishing ISBN 978-1-84569-392-3 (book)
Woodhead Publishing ISBN 978-1-84569-682-5 (e-book)
CRC Press ISBN 978-1-4398-0131-4
CRC Press order number: N10025

The publishers' policy is to use permanent paper from mills that operate a sustainable forestry policy, and which has been manufactured from pulp which is processed using acid-free and elemental chlorine-free practices. Furthermore, the publishers ensure that the text paper and cover board used have met acceptable environmental accreditation standards.

Typeset by Replika Press Pvt Ltd, India
Printed by TJ International Limited, Padstow, Cornwall, UK

Contents

Contributor contact details

(*= main contact)

Introduction

Professor Vistasp M. Karbhari
366 Shelbie King Hall
University of Alabama in Huntsville
Huntsville, AL 35763
USA

E-mail: Vistasp.karbhari@uah.edu

Chapter 1

Dr F. N. Catbas
Civil, Environmental and Construction Engineering Department
University of Central Florida
4000 Central Florida Blvd
Orlando, FL 32816-2450
USA

E-mail: catbas@mail.ucf.edu

Chapter 2

Y. W. Yang and Professor C. K. Soh*
School of Civil and Environmental Engineering
Nanyang Technological University
50 Nanyang Avenue
Singapore 639698

E-mail: cywyang@ntu.edu.sg
csohck@ntu.edu.sg

Chapter 3

R. A. Swartz and Dr J. P. Lynch*
Department of Civil and Environmental Engineering
University of Michigan
2380 G. G. Brown Building
Ann Arbor, MI 48109-2125
USA

E-mail: jerlynch@umich.edu

Chapter 4

Professor M. Shinozuka*
The Henry Samueli School of Engineering
University of California, Irvine
Irvine, CA 92697-2175
USA

E-mail: shino@uci.edu

B. Mansouri*
International Institute of Earthquake Engineering and Seismology
Tehran
Iran

E-mail: mansouri@iiees.ac.ir

Chapter 5

Professor Ming L. Wang
Department of Civil and Environmental Engineering
Northeastern University
USA

E-mail: mi.wang@neu.edu

Chapter 6

Professor Vistasp M. Karbhari*
366 Shelbie King Hall
University of Alabama in Huntsville
Huntsville, AL 35763
USA

E-mail: Vistasp.karbhari@uah.edu

Luke Soo-Won Lee
School of Engineering and Computer Science
University of the Pacific
3601 Pacific Avenue
Stockton, CA 95211
USA

E-mail: llee4@pacific.edu

Chapter 7

Professor Vistasp M. Karbhari*
366 Shelbie King Hall
University of Alabama in Huntsville
Huntsville, AL 35763
USA

E-mal: Vistasp.karbhari@uah.edu

Hong Guan
HDR
801 S. Grand Ave, Suite 500
Los Angeles, CA 90017
USA

Charlie Sikorsky
Division of Engineering Services
California Department of Transportation
1801 30th Street MS 9-2/SI
Sacramento, CA 95816
USA

Chapter 8

Professor Farhad Ansari
University of Illinois at Chicago
Department of Civil and Materials Engineering
842 W-Taylor Street
Chicago, IL 60607
USA

E-mail: fansari@uic.edu

Chapter 9

Dr D. K. McNeill
Canada Research Chair in Information Processing for Intelligent Infrastructure
Department of Electrical and Computer Engineering
E2-390 EITC Building
University of Manitoba
75A Chancellor's Circle
Winnipeg, MB R3T 5V6
Canada

E-mail: mcneill@ee.umanitoba.ca

Chapter 10

Professor K. Worden,* G. Manson and S. Rippengill
Dynamics Research Group
Department of Mechanical Engineering
University of Sheffield
Mappin Street
Sheffield S1 3JD
UK

E-mail: k.worden@sheffield.ac.uk

Chapter 11

Dr Daniele Inaudi
SMARTEC SA
Via Pobiette 11
6928 Manno
Switzerland

E-mail: inaudi@smartec.ch

Chapter 12

K. Y. Wong
Bridges and Structures Division
Highways Department
The Government of the Hong Kong Special Administrative Region
The Administration Building
Northwest Tsing Yi Interchange
Tsing Yi
New Territories
Hong Kong

E-mail: sebh@hyd.gov.hk

Dr Y. Q. Ni*
Department of Civil and Structural Engineering
The Hong Kong Polytechnic University

Hung Hom
Kowloon
Hong Kong

E-mail: ceyqni@polyu.edu.hk

Chapter 13

Professor A. De Stefano*
Turin Polytechnic
Italy

E-mail: alessandro.destefano@polito.it

P. Clemente
ENEA
Rome
Italy

E-mail:
paolo.clemente@casaccia.enea.it

Chapter 14

Dr.-Ing. Wolfgang R. Habel
Working Group Fibre Optic Sensors
Division VIII.1 Measurement and Testing Technology; Sensors
BAM Federal Institute for Materials Research and Testing
Unter den Eichen 87
12205 Berlin
Germany

E-mail: wolfgang.habel@bam.de

Chapter 15

Professor J. Ou*
School of Civil and Hydraulic Engineering
Dalian University of Technology
Dalian 116024
China
and
School of Civil Engineering
Harbin Institute of Technology
Harbin 150090
China

E-mail: oujinping@hit.edu.cn

H. Li
School of Civil Engineering
Harbin Institute of Technology
Harbin 150090
China

E-mail: lihui@hit.edu.cn

Introduction: structural health monitoring – a means to optimal design in the future

V M KARBHARI, University of Alabama in Huntsville, USA

While interest in structural health monitoring (SHM) has increased as related to both research and implementation, its basis and motivation can be traced to the very earliest endeavors of mankind to conceptualize, construct, worry about deterioration, and then attempt to repair (or otherwise prolong the life) of a structure. This is largely in response to the fact that over time all structures deteriorate and it is essential that the owner/operator has a good idea as to the extent of deterioration, its effect of remaining service-life and capacity, and has sufficient information to make a well-informed decision regarding optimality of repair. Thus it represents an attempt at deriving knowledge about the actual condition of a structure, or system, with the aim of not just knowing that its performance may have deteriorated, but rather to be able to assess remaining performance levels and life. This ability will, at some point in the near future, enable those associated with the operation of civil infrastructure systems to handle both the growing inventory of deteriorating and deficient systems and the need for the development of design methods that inherently prescribe risk to a system based on usage and hence differentiate between systems based on frequency of use and type of operating environment. Further such a system would enable decisions related to resource allocation to be made on a real time basis rather than years ahead thereby allowing for maintenance plans to be based on actual state of a structure and need rather than a time-based schedule. This would allow for real-time resource allocation thereby enabling a more optimal approach to maintenance and replacement of structural inventory.

In its various forms, over the years, SHM has been represented as the process of conventional inspection, inspection through a combination of data acquisition and damage assessment, and more recently as the embodiment of an approach enabling a combination of non-destructive testing and structural characterization to detect changes in structural response. It has also often been considered as a complementary technology to systems identification and non-destructive damage detection methods. A decade ago Housner *et al.* (1997) defined it as "the use of *in-situ*, non-destructive sensing and analysis of structural characteristics, including the structural response, for detecting changes that may indicate damage or degradation." While this definition provides a basis for the development of a good data management system in that it enables the collection of incremental indicators of change, it falls short of the goal of considering the effect of deterioration on performance and thence on the estimation of remaining service life. These management systems thus focus on processing collected data, but are unable to measure or evaluate the rate of structural deterioration, and more importantly from an owner's perspective, are unable to predict remaining service life and level of available functionality (e.g. the load levels that the structure can be subjected to within the pre-determined level of reliability and safety). In essence a true system should be capable of determining and evaluating the serviceability of the structure, the reliability of the structure, and the remaining functionality of the structure in terms of durability. This functionality has an analogy to the health management system used for humans wherein the patient undergoes a sequence of periodic physical examination, preventive intervention, surgery, and recovery (Aktan *et al.*, 2000). Thus one would expect that a health monitoring system not only provides an indication of "illness" but also enables an assessment of its cause and extent, as well as the effect of that illness.

Intrinsically owners and operators of modern civil engineering systems need the knowledge of the integrity and reliability of the network, structural system, and/or components in real time such that they cannot only evaluate the state of the structure but also assess when preventive actions are needed to be taken. This would allow them to take timely decisions on whether functionality has been impaired to a point as a result of an event (or series of events) where the structure had to be shut down to prevent accidents, or whether it could remain open with a pre-specified level of reliability. Thus, what is needed is an efficient method to collect data from a structure in-service and process the data to evaluate key performance measures such as serviceability, reliability and durability. In the context of civil structures, the definition by Housner *et al.* (1997) is modified and structural health monitoring is defined as "the use of *in-situ*, nondestructive sensing and analysis of structural characteristics, including the structural response, for the purpose of estimating the severity of damage/deterioration and evaluating the consequences thereof on the structure in terms of response, capacity, and service-life" (Karbhari, 2005). Essentially, a SHM system then must have the ability to collect, validate, and make accessible, operational data on the basis of which decisions related to service-life management can be made. While this task may not have been possible a decade ago, the recent progress in sensor technology, methods of damage identification and characterization, computationally efficient methods of analysis, and data communication, analysis and interrogation, have made it possible for one to consider SHM as a tool not just for operation and maintenance but also for the eventual development of a true reliability and risk based methodology for design. The advancements in forms of energy harvesting and storage, in addition to the integration of types of distributed sensor networks have also enabled rapid progress in this area, moving the concept from research to field implementation.

SHM intrinsically includes the four operations of acquisition, validation, analysis, prognosis, and management and thus a SHM system inherently consists of the five aspects of:

1. sensors and sensing technology,
2. diagnostic signal generation,
3. signal transmission and processing,
4. event identification and interpretation, and
5. integration into an operative system for systems life management.

It must be emphasized that although a number of non-destructive evaluation (NDE) techniques are incorporated in the overall methodology of SHM of structures there is a distinct difference between NDE and SHM. NDE is dependent on the measurement of specific characteristics and provides an assessment of state at a single point in time without necessarily enabling the assessment of the effect or extent of deterioration, whereas SHM requires the diagnosis and prognosis (interpretation) of events and sequences of events with respect to parameters such as capacity and remaining service-life. It is this aspect that also differentiates SHM from mere monitoring of use (usage monitoring). Usage monitoring is now fairly common and consists of the acquisition of data from a system related to response to external and internal excitations. SHM, in contrast, also includes the interrogation of this data to quantify the change in state of the system and thence the prognosis of aspects such as capacity and remaining service-life. The former is hence a necessary, but not sufficient, part of the latter. Also, the concept of monitoring prescribes that it be an ongoing, preferably autonomous, process rather than one that is used at preset intervals of time through human intervention. Thus SHM is essentially the basis for condition-based, rather than time-based, monitoring and the system should be integrated into the use of real time data on ageing and degradation into the assessment of structural integrity and reliability.

Unfortunately, typical systems do not use an integrated approach to the design, implementation, and operation, of the SHM system, resulting in the benefits of the system often not being realized. Too often, a disproportionate emphasis is placed on the collection of data rather than on the management of this data and the use of decision-making tools that would support the ultimate aim of using the collected data to effect better management of the infrastructure system. Typically, systems collect data on a continuous or periodic basis and transmit the data to a common point. The data is then compared with results from a numerical model that simulates the original structure. The weakness is that most systems do not attempt to update the model to reflect ageing and deterioration, or changes made through routine maintenance or even rehabilitation. Thus while it is easy to note that a change has taken place and even that a predetermined performance threshold has been reached, the approach does not enable prediction of future response, nor the identification of "hot spots" that may need to be further monitored. While some systems incorporate a systems identification or non-destructive damage evaluation algorithm to rapidly process the data, these are the exception, not the rule. Even here, there is a gap between the management of this data, and its use towards the ultimate goals of estimating capacity and service life (Sikorsky and Karbhari, 2003).

A review of a large number of SHM projects has enabled the identification of the following primary aspects as concerns and challenges:

- lack of clearly defined goals for the system,
- problems with instrument selection and operation,
- lack of high rates of useable (i.e. valid) data,
- lack of real-time analysis of the validated data,
- lack of tools for appropriate data interpretation, and result implementation,
- lack of a systematic basis for a state-awareness risk-based approach to operational planning and maintenance.

It is important to emphasize here that in most cases it is not the lack of solutions that is the challenge, but rather the selection and integration of the tools appropriate to the system under consideration. A brief discussion of each of these aspects is given below.

In the recent past SHM systems have often been used to showcase a specific sensor technology or to provide a means for collecting data for ongoing research into the effect of factors such as seismic excitation or wind loading on structural response, rather than as a means of diagnosis and prognosis of the structural system under consideration. While the enhancement of systems safety (through use of the SHM as a mechanism of warning of failure) is desirable, SHM systems by themselves cannot ensure a higher level of safety, or even a better method of maintenance. SHM systems by themselves also cannot ensure a decrease in the level of maintenance, or even an increase in the periods between maintenance. If appropriately designed, however, they can reduce the amount of unnecessary inspections and ensure that deterioration/degradation is tracked such that the owner/operator has consistent and updated estimates of deterioration (quantity and general location), capacity, and remaining service life. One method of doing that is through the appropriate establishment of performance thresholds with each of these being compared to current response through use of data gathered from the sensor network and integrated into an appropriately designed structural response simulation. Periods of inspection are then set based on the rate with which performance degrades between these thresholds. Obviously the models have to be updated each time to ensure that the simulations mimic the field response. This also enables the prediction of potential "hot spots" in the structure providing a means of identifying where, and when, maintenance is needed. The integration of analysis tools that account for variability due to variation in materials, and the time- and environment-based deterioration thereof, would also be essential if a true assessment is to be made.

Historically sensors have played a critical role in measuring structural response over a range of characteristics. Although the basic aspect, that of conversion of a measurable effect to response into a quantifiable signal, remains the same, sensors have evolved significantly over the past decade with advances through high speed and low-cost electronic circuits, advances in fabrication and manufacturing methodologies, use of novel 'smart' materials, and development of highly efficient signal validation and processing methods. While a large number of sensors are now available ranging in size, sensitivity, method of measurement, and ability to work in a hard-wired and/or wireless mode, the intrinsic challenge still remains the same – appropriate selection (based on actual need, operational environment, and expected service life) and placement, and appropriate design of the system. A variety of sensors are available today ranging from fiber optic systems to dielectric and piezoelectric sensors, to strain gauges, MEMS (micro-electro-mechanical systems) sensors, MOTES and even lasers. The choice of the sensor will depend not only on the variable being measured but also its operational environment and the required sensitivity of the measurement. All too often the small size, relative cost, or just the inability of the users to design a system, results in the overuse of sensors. The mere capability of placing a million sensors on a structure does not automatically ensure a better SHM system. Rather, it almost always ensures failure since attention has not been paid to design, nor how to access and interpret data – diagnosis and prognosis. Just as materials deteriorate under environmental exposure and through use, sensors can also degrade, and this fact is often completely forgotten, resulting in expensive and highly complicated systems either delivering invalid, or no data, in very short periods of time. When used in a civil engineering environment special care has to be taken to ensure compatibility with the changing environment and the vagaries of nature. This is of special importance when sensors are bonded or otherwise placed on surfaces, which may be subject to extremes of temperatures, large temperature variations (both daily and over seasons), moisture (ranging from humidity and precipitation to actual immersion such as when flash floods cause overtopping of bridges), and UV radiation. Compensation for temperature variation is well established for bonded resistance strain gauges and accelerometers. Yet false alarms are often seen due to fast transient temperature changes especially in low frequency accelerometers and this must be kept in mind during sensor selection and deployment. In cases where the sensors are bonded onto the concrete or steel substrates, care needs to be taken to ensure that the bond itself does not deteriorate with exposure and time, and further that deterioration and/or changes at the level of the substrate do not cause recording of erroneous measurements. While these aspects may appear to be trivial, they are of extreme importance in ensuring the long-term reliability of data.

It is critical that sensor and system selection is based not just on considerations of sensitivity and durability, but also on robustness and reliability, especially if the SHM system is expected to be in operation over an extended period of time. While a number of the new sensor systems have demonstrated good short-term durability with the ability to ensure a high level of self-monitoring and self-calibration, their long-term durability under severely changing environments with the low levels of conventional maintenance/inspection seen in civil infrastructure, is yet unknown. In this vein it should be noted that although fiber optic systems have good sensitivity and fairly good short-term durability, the drift can be significant if intended to be used continuously over long periods of time at very high levels of sensitivity. In addition, even though these systems have been seen to show very good performance in extremely harsh environments (such as when mounted in automotive cylinders subject to instantaneous gas temperatures as high as 1500 °C and continuous temperatures up to 300 °C with pressures up to 300 bar), their reliability to date has not been shown to conslusively exceed 15 years. It must be emphasized that this is only a fraction of the expected service-life of a civil infrastructure system, such as a bridge, thus pointing out the need for monitoring of the SHM system itself to ensure that parts are replaced prior to the end of their service lives.

It must be emphasized that even in times when sensor costs can be reasonably expected to decrease substantially there is a fallacy in the argument that "more is better." In fact it can easily be shown that the opposite is true – the increase of data channels not only complicates the issue of data transmission and synchronization, but also increases the complexity of data validation. Further, just having data by itself of points in the structure that are unimportant and do not provide any characterization of response, is in itself a waste. It is critical that a SHM system be designed through a thorough understanding of not just the critical locations on the structural system (where changes are likely to occur) but also of the excitation, or forcing function, which could cause those changes and the consequent variation in characteristics quantities that would be measured by the SHM system. It is emphasized that sensing systems can be passive or active. In passive systems the sensors directly measure the response to external excitation, such as load. Thus the infrastructure system being studied must be externally excited (by traffic, wind, etc.) for a response to be measured. Often, this is not enough for true real-time monitoring of the system and can preclude the deterioration (or change) in important structural components such as joints from being identified in time. Active sensing systems, in contrast, do not need external excitation. Rather the sensing system itself provides the excitation through signal generators (usually small actuators) which excite measurement. This necessitates that the signal itself must be repeatable, reliable and sensitive to changes.

Similar to the challenge of selection of the sensor and its placement, is the challenge of assessing the validity of data. While large data streams may seem impressive to the routine observer (and unfortunately all too often even seem to be the ultimate goal of experienced engineers and scientists, without concern regarding the usefulness of the data), what is important is the ability to validate the data in real time, and thereby separate signals due to non-responsive sensors from those providing actual measurement of response. All too often a structure or system has been declared severely damaged, or conversely totally undamaged, after an extreme event, because the validity of data streams was not checked. There are two generic approaches to validation – analytical redundancy and hardware redundancy. In the first approach a mathematical model has to be implemented that allows for comparison of static and dynamic responses of the sensor to determine the anticipated value. Unfortunately this requires addition of sensors, and increases time and complexity. In the case of hardware redundancy, validation is done through selection of data that is common to a majority of sensors. Again, for reliability the number of sensors has to be increased, but depending on the structure, even this may not ensure validation of the data stream. Further, this results in overall loss in sensitivity since the result is necessarily a statistical approximation. The obvious solution, albeit with significant implementation challenges, is the development of a knowledge-based system that applies reason through genetic algorithms, fuzzy logic, or other such tools to infer the right solution. This would enable validation in real-time (unlike the two previously described approaches) through use of reasoning under uncertainty.

While it is useful to be able to both see data streams in real-time and to archive them for future use, the real purpose of the data in SHM is to allow interpretation and analysis. If the system is setup such that there are large streams of data, but none of it can be processed in real-time, the system must be considered a failure. Obviously data pertaining to damage induced by an event such as seismic excitation is largely useless if it is only accessible after visual inspection shows that the bridge has collapsed! If one assumes that a large percentage of available data is valid, then the benefits are still substantially curtailed if a preliminary assessment and characterization of response cannot be completed almost in real-time.

Unfortunately, the greatest challenge is that without significant planning and thought most SHM systems resort to being intricate measures of collecting data, rather than to provide a means for its efficient management and interpretation. It is critical that the system provides a means not just of recording (and displaying) response, but also (and more importantly) of characterizing the response and comparing it to an appropriately updated model to enable assessment of the critical aspects of capacity and service-life.

At the level of data management, beyond the challenges of cost-efficient band width, due thought must be given to the development of robust and effective tools for real-time data interpretation and use in developing measures of performance (such as capacity) and remaining service life. The integration of damage identification and finite-element based tools could conceivably further provide assistance to the engineer/owner in assessing "health" immediately rather than having to resort to expensive closures while assessments are made off-line.

Despite these challenges, tremendous advances have been made in the actual development and implementation of SHM systems for civil infrastructure, capable of serving as true tools for health monitoring – i.e. not just being able to state that the "patient" is sick, but rather being able to pinpoint the location and reason, as well as the effect of the incapacity. These are essentially based on the ability to acquire data, transmit it, interrogate it, and then make decisions based on the cumulative sets of data stored in the database. Thus, in effect, the SHM system is essentially a decision system that is fronted by sensors and backed by a knowledge base, the critical elements of which are represented in Fig. I.1. The transition from maintenance that is largely unscheduled (i.e. as a result of an event that causes a visible change) to a condition-based mechanism to one that is predicted based on the use of a SHM system also has tremendous efficiencies in terms of cost. Current maintenance measures often result in significant downtime for the structural

People

- Designers and engineers
- Materials specialist
- Damage analyst/mechanist
- IT specialist
- Sensors specialist
- Modelers

Information

- Design details
- Expected response and service-life
- Field response
- Local and environmental conditions
- Thresholds
- Sensor details

Science and technology

- Sensors
- Network connectivity
- Data acquisition and archival
- Damage algorithms
- Capacity and service-life determinators
- Reliabity and serviceability prognosis

Deployment

- Networks
- Collaboration
- Updating and validation
- Data selection and storage
- Assessment
- New design methodologies

I.1 Critical elements of a SHM System

system which leads to losses such as through delays in traffic and in delivery of goods and services, which would also be dramatically reduced through migration to a SHM system based maintenance philosophy.

In considering SHM it is important that one not only considers its effect in terms of gains from the monitoring, diagnosis and prognosis of state, but that one also considers the future potential for use of the data and prognosis for the development of new methods of design that would not only be more structurally efficient, but which could intrinsically benefit from a more comprehensive understanding of reliability and risk associated with individual systems. Classically, structures are designed by considering the relationship between the *capacities* of the components of the structure, and of the assembled system, and the *demand* anticipated for that structure. Since times immemorial engineers have designed structures using a fairly simple method of requiring that the maximum stress due to anticipated loads on the structure are a fraction of the maximum stresses that the structure can withstand. The ratio of the stress at "failure" to the actual level determined for the structure under conditions of service is the factor of safety, which is generically a sufficiently large number, both due to the need for safety at the component level, and due to the amassing of component level factors of safety at the systems level. This methodology has been used in various forms to develop codes and specifications based on the working stress, or allowable stress, design method. While the methodology has served fairly well for centuries it does have some major disadvantages. First, the method is built on an approximation of deterministic values for load events, material characteristics, and a linearly equivalent model of structural response which intrinsically removes all considerations of a statistical and probabilistic nature. Second, it leads to structures of the same class, but different configurations, being designed with non-uniform factors of safety.

It is conceivable that, in the near future, the use of an appropriately designed SHM system would enable further understanding of response through data analysis and interrogation which would lead to better and more refined methods of structural design. In addition, the use of real-time data enables immediate updating of risk and resource allocation thereby linking design, construction and service-life maintenance together and enabling the development of a new paradigm for future development of design codes and specifications – one not based on use of inordinately high factors of safety due to uncertainty, but one based on a continuous assessment and monitoring of risk and health. Design would thus be predicated on optimizing structural efficiency with the integration of reliability based on local specifics rather than through global use of large factors of safety. This would re-envision civil structural design and maintenance developing a modern field of civil infrastructure systems.

References

Aktan, A.E., Catbas, F.N., Grimmelsman, K.A. and Tsikos, C.J. 'Issues in Infrastructure Health Monitoring for Management,' *ASCE Journal of Engineering Mechanics*, 126[7], pp. 711–724, 2000.

Housner, G.W., Bergman, L.A., Caughey, T.K., Chassiakos, A.G., Claus, R.O., Masri, S.F., Skelton, R.E., Soong, T.T., Spencer, B.F. and Yao, J.T.P. 'Structural Control: Past, Present, and Future,' *ASCE Journal of Engineering Mechanics*, 123[9], pp. 897–971, 1997.

Karbhari, V.M. 'Health Monitoring, Damage Prognosis and Service-Life Prediction – Issues Related to Implementation,' in Chapter V, *Sensing Issues in Civil Structural Health Monitoring*, ed. F. Ansari, Springer, pp. 301–310, 2005.

Sikorsky, C. and Karbhari, V.M. 'An Assessment of Structural Health Monitoring capabilities to Load Rate Bridges,' *Proceedings of the First International Conference on Structural Health Monitoring and Intelligent Infrastructure*, A.A. Balkema Publishers, pp. 977–985, 2003.

1
Structural health monitoring: applications and data analysis

F N CATBAS, University of Central Florida, USA

Abstract: This chapter first provides an overview of structural health monitoring (SHM) along with components of a complete monitoring design. These components are associated with fundamental knowledge needs, technology needs and also socio-organizational challenges for applications especially in the area of civil infrastructure systems. A successful SHM design requires addressing each of these considerations with an integrated approach offering various types of application scenarios for decision making. In this chapter, particular emphasis is given to data analysis and interpretation as a very critical aspect of SHM implementation. Some of the data analysis methods are presented with the goal of illustrating particular engineering applications and needs. Critical considerations for SHM data analysis and interpretations are discussed in terms of system characterization, sensing, data quality, presentation and decision making.

Key words: monitoring, sensing, computer vision, analysis, interpretations, prediction, decision making, bridges.

1.1 Structural health monitoring (SHM) approach

SHM has matured as a routine practice in aerospace structures for many years. The approach is still being considered for routine applications for civil infrastructure systems. In developing an SHM design, the first step is to define the objectives of monitoring. At this point, it is important to discuss health and performance as these have major impact on successful SHM system development. While it is somewhat difficult to find commonly accepted terminology for health and performance in the literature, one recommended reference is an article that summarizes the activities of the ASCE SEI Technical Committee on Performance-Based Design and Evaluation of Civil Engineering Facilities by Aktan *et al.* (2007).

It would be proper to define the health of a structure as deviation from '*a sound condition*' as a result of damage and deterioration that would warrant repair, retrofit or strengthening of the structure. For large civil structures, it may be difficult to set thresholds for health and health indices which can be monitored using a number of different methods and technologies. In bridge engineering practice in the US, the condition index (Federal Highway Administration (FHWA) 2005) is the most fundamental index related to health. There are other indices or metrics that are based on SHM data such as frequency change, flexibility, curvature, and displacement-based indices. The health can be continuously monitored by means of various tests and using various experimental measurements (Aktan *et al.* 2002a).

In order to discuss performance, formulation of objective and quantitative criteria for a limit-event (or a limit-state) need to be defined first. The desired performance is achieved by not exceeding in the limit states during the life-cycle of a structure. The most common limit-states that can be considered are safety, serviceability and durability of a structure or a structural component. Component or system reliability index can be considered as a performance index and has been utilized by engineers especially for the design of new structures or the evaluation of existing structures. The health monitoring data can be used along with various simulations and probabilistic methods to determine the performance indices (Catbas *et al.* 2008).

SHM is therefore typically employed to track health and evaluate performance, symptoms of operational incidents, anomalies due to deterioration and damage during regular operation and/or after an extreme event. A complete and successful SHM system can be achieved by means of the continuous measurement of the loading environment and the critical responses of a system or its components to provide necessary data for health and performance about the structural system (Aktan *et al.* 2000).

1.2 Components for a complete SHM

Although SHM is a maturing concept in the manufacturing, automotive and aerospace industries, there are a number of challenges for effective applications on civil infrastructure systems. There are many real-life SHM studies in the USA, Japan, Hong Kong and Europe, especially applications on highway and long span bridges. New advances in sensor and information technologies and the wide use of the Internet make SHM a promising technology for better management of such civil infrastructure. Large-scale, real-life studies have been presented at a number of specialty conferences and workshops. In spite of the recent advances in sensing, communication and information technologies, there are still challenges facing structural engineers for successful health monitoring applications. Fundamental knowledge needs, technology needs and socio-organizational challenges for routine applications are interrelated and have to be carefully addressed (Catbas *et al.* 2004). These challenges linked with the main components of a complete structural health monitor system are summarized in Fig. 1.1.

A successful health monitor design requires the recognition and integration of these different components. Identification of health and performance metric is the first component which is a fundamental knowledge need and should dictate the technology needs and requirements. Current status and future trends to determine health and performance in the context of damage

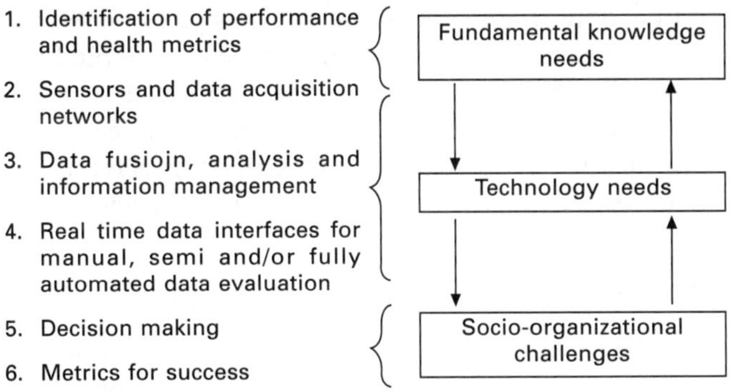

1.1 Main components of a complete health monitoring design and challenges.

prognosis are reported by Farrar *et al.* (2003), Catbas *et al.* (2004) and Aktan *et al.* (2002b).

New advances in wireless communications, data acquisition systems and sensor technologies offer possibilities for SHM design and implementations (Lynch *et al.* 2001; Spencer 2003). Development, evaluation and use of the new technologies are important but they have to be considered along with our 'health' and 'performance' expectations of the structure. Socio-organizational challenges are important and often overlooked. Routine applications on real-life structures can be achieved if the value of the SHM can successfully be demonstrated to industry, government engineers and infrastructure owners when SHM can be utilized for better decision making. The 'end-users' would like to take advantage of SHM for efficient operation, timely maintenance, reduced costs, and improved safety. In that respect, the success metrics for the stakeholders (researchers, practicing engineers, infrastructure owners, decision makers, etc.) need to intersect to have broader acceptance and utilization of SHM especially for civil infrastructure applications.

1.3 Application scenarios for decision making

While the fundamental concepts and components of a complete SHM should be considered for applications, the needs and requirements may be different and may dictate the final design, application and data interpretation strategies. In this section, the application scenarios are discussed in relation to bridges, which are key civil infrastructure components. SHM may include the geometry for deformations, material properties for deterioration, mechanical properties such as flexibility, frequency and damping coefficients, intrinsic forces and stresses at the critical locations and regions of structures. By measuring and tracking the critical loads and responses of the structures together with any structural modifications and maintenance, the complete history throughout the life-cycle can be generated, and the data can be used to predict the future performance as well. The SHM application scenarios can be considered for bridges and buildings as well as systems such as stadia, auto or aerospace structures. The following discussion will provide examples for the generalized SHM application scenarios with special emphasis to bridges.

1.3.1 SHM application to new structures

The main objective for applying SHM to new structures is to provide data about the significant intrinsic forces and distortions typically related to fabrication, erection and manufacturing or construction stresses. Many of the major structures advance the frontiers of past practice and incorporate novel and pioneering designs and unusual requirements and specifications for materials, erection and construction processes. Especially for bridge-type structures, feedback during erection and construction may be necessary, as demonstrated during the construction in the case of extremely demanding structural geometry and/or construction environments. Monitoring may help to manage safety risks during construction, as incomplete structural systems are typically vulnerable and exposed to accidents and hazards. There are cases when major bridges experienced hurricanes or earthquakes during construction, and monitoring provided information for quickly responding to changes in condition and geometry of the incomplete structural systems. Monitoring of various major landmark bridges in the Far East in 1990s and early 2000s has been justified mainly for managing the risk of seismic events, typhoons or hurricanes that have a sufficiently high likelihood of occurring at least once during anticipated life-cycles. Design of instrumentation and data acquisition for monitoring the fabrication and construction process is best accomplished before the construction drawings and specifications are finalized. In fact, it is highly desirable to integrate monitoring directly into the design specifications. In this manner, the validity of the assumptions made during design calculations regarding the forces, reactions, displacements and drifts that a structure is expected to experience during its construction can be checked and confirmed. If the measurements indicate a need to modify the erection and construction, appropriate steps may be taken in a timely manner. Monitoring may therefore help to mitigate the uncertainty and unforeseen circumstances affecting contract delivery. The risk of constructing a structure with undesirably high forces, deformations and any other initial defects may be controlled. In addition, the design of fabrication and construction monitoring before the start of construction may serve as an excellent measure for checking and mitigating any inconsistency, omission or errors in the fabrication and construction drawings, as these may cause significant delays if they happen to be discovered after the start of construction. Figure 1.2 illustrates a major

1.2 Construction of Incheon Bridge, Incheon, Korea. SHM can be applied during construction to monitoring of such a unique structure's response during this stage.

structure which is under construction and therefore can be an ideal candidate for SHM as a new structure as discussed in this section.

1.3.2 SHM Application to existing structures

As structural systems age and show signs of deterioration and damage, SHM can be implemented to understand root causes of problems to make decisions for continued use, maintenance/repair/retrofit or decommissioning. For example, SHM application may be made in the case of existing major structures that exhibit premature aging, distresses and performance problems. Secondary to this would be implementations to structures that have aged beyond their anticipated design life-cycles. In the case of large civil infrastructures such as bridges, one of the most critical SHM applications is for solving performance problems such as objectionable movements and geometry changes, displacements, vibrations and visible signs of aging, deterioration, distress and damage/deterioration to materials, elements and connections. After clearly identifying any root causes by means of SHM, it would be possible to determine the most effective and compatible renewal technology based on mitigating the root cause. In most cases, monitoring over an extended time may be a necessity for definitively identifying the root cause(s) and mechanisms leading to symptoms of deterioration or damage.

Some structures may be lacking sufficient system reliability due to undesirable construction details or techniques. In this case, the challenge would be to design a retrofit that would indeed provide a significant enhancement of the system reliability while not adversely impacting any of the existing elements, and one that can be safely and feasibly constructed. In general, major bridges that have been classified as fracture-critical as well as those that are considered to have reached the end of their fatigue life may be good candidates for retrofit. Bridges located in seismic zones and that have been subject to increases in the level of seismic demands due to code changes are also candidates for retrofit. In case retrofit cannot be implemented for some reason, SHM of the fracture critical elements and the conditions such as vehicular load, that can lead to over-stressing these elements need to be tracked for safety reasons. The analysis and interpretation of such data would provide critical information about the current load and responses as well as remaining fatigue life. Figure 1.3 shows a major landmark structure as an example for monitoring existing structures.

1.3.3 Type-specific SHM of a population

Application of inspection, maintenance and repair techniques to large populations of similar type of structures is seen in the aerospace industry. Such an implementation has the advantage of the heuristics accumulated from past efforts on similar types of structures. This type of approach offers

1.3 Brooklyn Bridge, New York City, NY. Brooklyn Bridge as an old landmark structure is an ideal candidate for monitoring for continued use, maintenance, repair and retrofit.

great promise for the implementation for bridges by fully and systematically capitalizing on the common threads in the performance and behavior of bridge types such as the steel-stringer, pre-stressed concrete, steel-truss. The science of statistical sampling, applied in conjunction with structural identification and structural health monitoring, would permit bridges to be grouped into populations whose critical loading and behaviors, i.e. the mechanisms that control their serviceability, load capacity and failure modes, may be expressed in terms of only a small number of statistically independent parameters. In this manner, a large population of bridges, such as several thousand reinforced concrete-deck-on steel girder bridges that were designed and constructed within a decade, may be represented in terms of a statistical sample of a much smaller number from their population. For example, the reinforced concrete deck-on-steel girder bridges may be classified into a number of groups that have comparable system-reliability and load capacity rating, governed by only a very limited number of design, construction, location and maintenance-related parameters. Typical and common types of bridges are shown in Fig. 1.4.

The key in developing a type-specific SHM strategy to evaluate bridge populations is to determine the parameters that should govern statistical sampling. For example, if a statistical sample for re-qualifying the load

1.4 Steel stringer, truss, movable, concrete T-beam bridge as common bridge types that can be monitored as part of sample population monitoring strategy.

capacity rating of a family of bridges is desired, the parameters that govern the actual load carrying capacity of the bridge family should be established. These parameters can then be monitored to evaluate the performance and health. Any findings such as root causes for damage and deterioration obtained from the SHM applications can be considered for the entire population when decisions are to be made.

1.4 Emerging Role of structural health monitoring for management

SHM can be effectively used to provide objective data for management and decision making for the application scenarios given in the previous section. SHM can be designed to obtain data related to global structural properties such as natural frequencies; to component level data such as strain and corrosion. Local monitoring can be designed and implemented to determine performance in terms of reliability of each monitored structural component, and deterioration over time. Structural components to be instrumented should be carefully selected along with the parameters to be monitored. Completing this stage effectively leads to analysis and interpretation of data for management purposes. Such an approach would greatly improve the current management of infrastructure systems.

SHM can be designed to collect real time continuous data, or intermittent data collection can be more feasible for some cases. The monitoring data can be analyzed using various models to determine the current health and performance as well as to predict the future performance of the structure, which leads to optimized inspection and maintenance interventions. For bridge management systems, the data can be used to evaluate the life-cycle cost (LCC) of the bridge with alternative maintenance types and plans, in order to minimize the LCC. Figure 1.5 illustrates the implementation of SHM for management concept to a bridge network. This is the network-level management, where budget allocation and optimization can be done at the network level.

1.5 Critical considerations for structural health monitoring interpretations

For a particular SHM application, it is imperative to properly-define the needs, requirements, expectations and constraints of the project. The justification for and the expected outcome of the monitoring program should be clearly identified and analyzed, whether they be providing answers to specific questions such as load rating, or addressing uncertainties related to construction processes, structural behavior or performance. In addition, the following also can be considered as expected outcomes: evaluating the

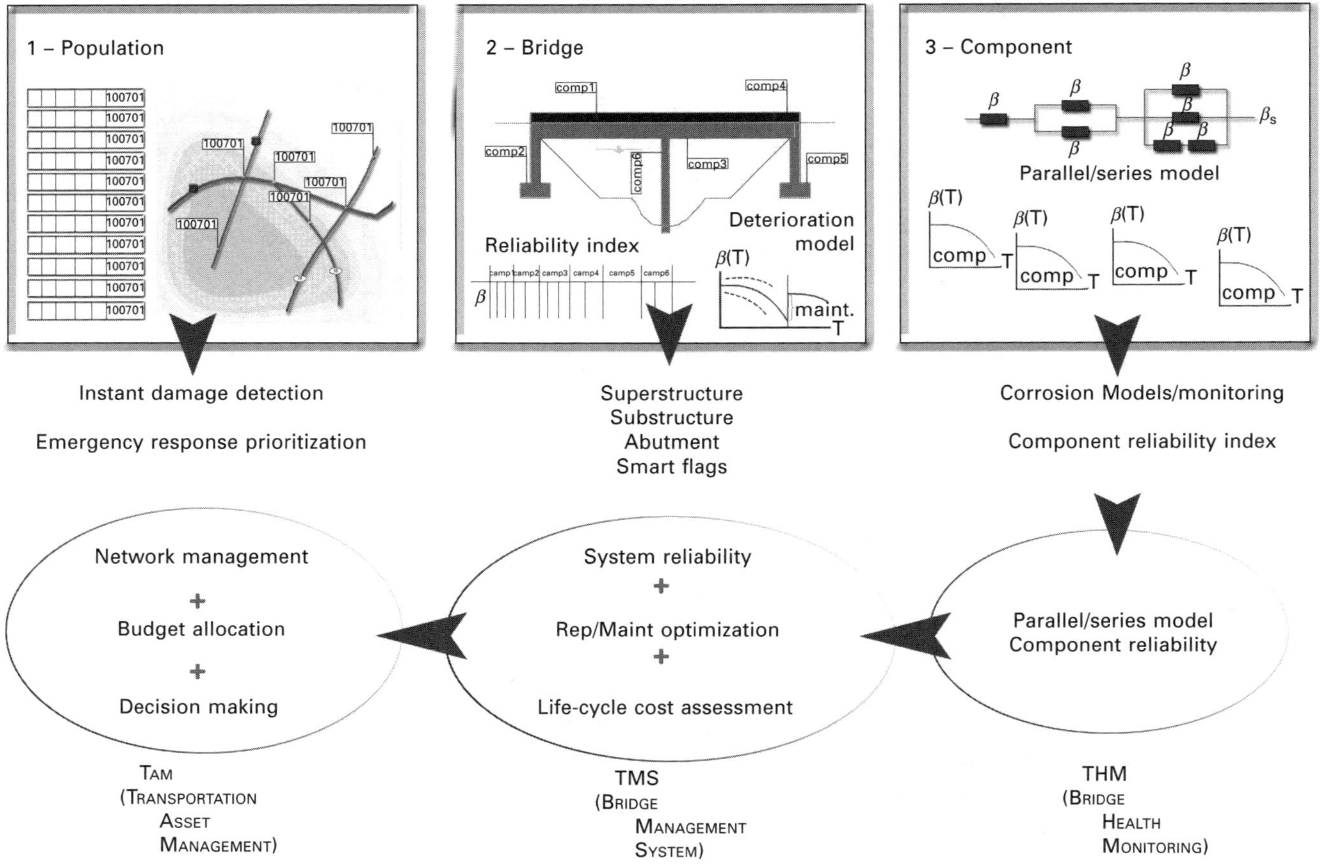

1.5 Structural health monitoring for life-cycle management of bridge populations.

effectiveness of maintenance or modification activities; providing an objective assessment of present or future condition; detecting damage or deterioration for optimal maintenance planning; evaluating the effects of hazardous events or accidents; tracking operational parameters and providing statistics; or addressing security concerns. Once the overall objectives and expectations are established, the following critical issues need to be considered.

1.5.1 Structural system characterization

Characterization leads to a thorough conceptualization and understanding of the structure and the objectives of the monitoring application. First, a thorough review is to be conducted using any relevant design information and drawings for a new structure or the relevant legacy documentation for an existing structure to conceptualize the loading environment and the proposed or existing structural systems. The legacy information reviewed for existing structures may include the results of past inspections, details regarding any significant maintenance activities or modifications to the structure, and the findings of any intermediate studies or investigations that may have been conducted. In cases where there is incomplete documentation, technologies such as photogrammetry and reverse CAD may serve to fill the gaps. Preliminary and small-scales tests may also be conducted on existing structures or using physical models of proposed structures or critical components to gain additional practical insight. Development of analytical or finite element models for simulation of loading effects or responses is to be considered for structural characterization. These models, as exemplified in Fig. 1.6, also assist in the design of the instrumentation. Such models may be further refined and calibrated using SHM data to reflect actual conditions and mechanisms, and can serve as a baseline for evaluating future changes in the condition, performance and health of the structure.

Characterization of the monitoring application involves establishing the type, level, and duration of monitoring that is necessary to meet the identified objectives. These characteristics will depend on the particular application scenario and in turn will have a major influence on the types of equipment used and the strategies needed to manage the information generated. The monitoring level required might involve a very simple and short-term controlled test, long-term monitoring with many sensors, or long-term monitoring with many sensors with controlled tests conducted at periodic intervals over the duration of the project. It is also important to establish if the testing or monitoring will involve only localized regions of a structure or if it will be spatially distributed over the entire structure. This is a particularly important consideration for most major bridges, since large distances will typically impose additional requirements on the various components of the monitoring system.

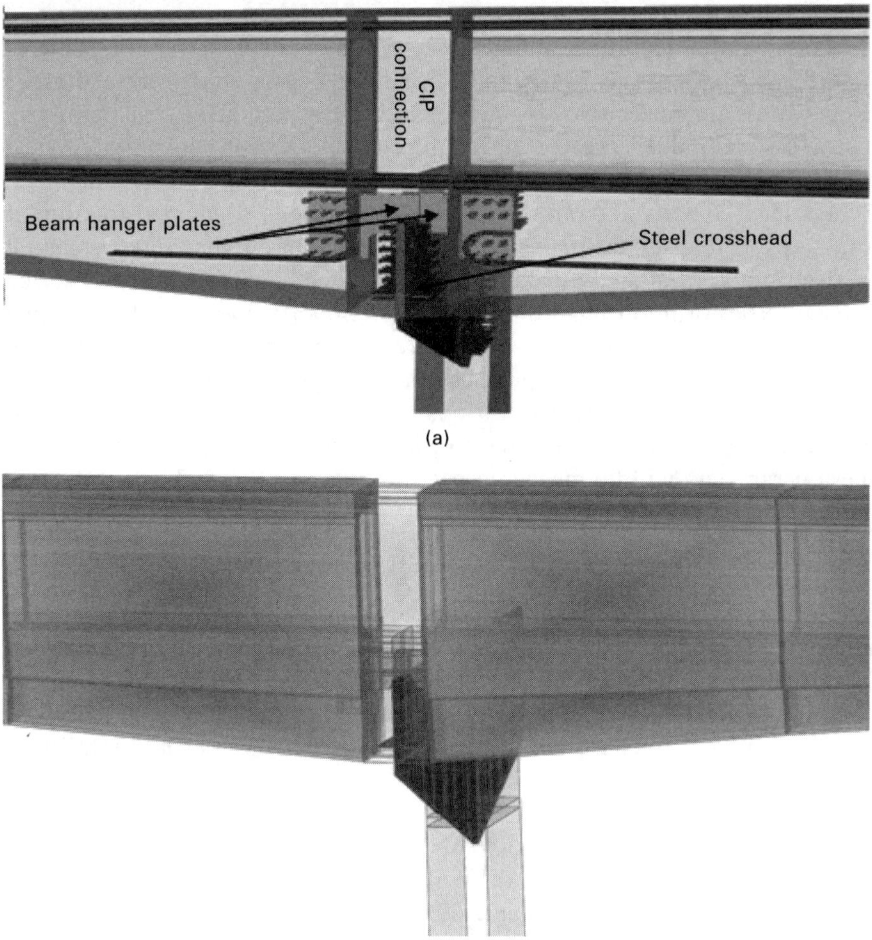

(b)

1.6 3-D CAD (a) and FE model (b) of a continuity condition with concrete beam, steel connectors and post-tension bars.

1.5.2 Identify the measurements

Based on the SHM objectives and characterization of the system, measurement needs are to be identified. These include the loading effects and the associated responses, serviceability criteria, fabrication/construction activities, environmental parameters and operational characteristics that need to be monitored to meet the project objectives. The individual mechanical, chemical, electrical, and optical parameters that will characterize the phenomena of interest are to be evaluated. These parameters can include forces, stresses, displacements, rotations, vibrations, distortions and strains, environmental parameters such as temperature, humidity, precipitation, wind speed and direction, traffic quantities, images, etc. Some parameters may be static in nature; while others may be dynamic. For these measurements, the estimated ranges and required accuracy for each measurement parameter are determined. The analytical models created during the characterization stage may be used to obtain the estimated ranges for many of the measurement parameters. Others may be derived from research or applications conducted for similar structures. If realistic estimates for the required measurement ranges cannot be determined from analytical studies or research, small-scale tests may be needed to perform to obtain them. It is also important to consider possible interactions between the various measurement parameters and the ambient environment when establishing the estimated ranges. The degree of accuracy required may be different for various measurement parameters, and will depend on the purpose of the data. In addition, the physical locations where these parameters will be measured need to be carefully established.

1.5.3 Sensing and data acquisition system selection

While new sensing and sensor networks are constantly being developed, the individual sensor and data acquisition components for many applications can be selected from a pool of commercially available and proven sensors, signal conditioning and data acquisition systems based on their physical, electrical and thermodynamic characteristics. The requirement of sensor durability in harsh and data transmission environments and power needs become critical considerations especially for civil infrastructure applications. A detailed set of installation specifications should also be prepared for each type of sensor and data acquisition component that will be used. These specifications should detail the methods and techniques to be used for installing and configuring the sensors and data acquisition components, and a methodology for verifying that they are working correctly. The traditional and novel sensors and data acquisition systems commonly used for SHM applications are described in more detail in other chapters.

1.5.4 Data quality assurance, processing and archival

Developing appropriate methods for data quality assurance, processing and archival purposes represents the major information technology related challenges for SHM applications. If the measurement data are unreliable, they essentially have very little value. There are many possible sources of error and uncertainty in the field that can affect the reliability of measurements, even when a significant effort has been made to identify and select the most reliable sensors and data acquisition components. Therefore, it is often desirable to have the methods developed and implemented at multiple levels of the signal path for quality assurance. Data quality assurance methods that can be implemented at the level of the sensors and data acquisition hardware might include a thorough initial calibration of the sensors and data acquisition hardware followed by periodic re-calibration of these components, verifying and ensuring the quality of the initial installations, and designing redundant systems and components. Elementary data checks can also be programmed in the data acquisition software to automatically validate time and measurement ranges, to detect and tag repeated or spurious readings, and to evaluate the smoothness and continuity of the signals. Quality checks that can be implemented for real-time display of the data may include visually verifying that a sensor is functioning, that the sensor signals are consistent and logical, and real-time correlation of the inputs and outputs. Once the sensor signals are in the computer, a digital signal processing regime may be applied to the measurement data to remove unwanted or redundant information. The processed data can then be archived in a database to facilitate the use of multivariate correlation methods, and various advanced algorithms to multiple data sets. These methods described above represent a few examples that can be used to facilitate quality assurance, processing, and archival of the measurement data. The methods required for a given monitoring application will depend on the amount and complexity of the measurement data that are collected, and on the actual reliability of the sensors and data acquisition hardware components.

1.5.5 Data presentation and decision making

The final step in the design process is to develop criteria for interpreting and presenting the monitor data and for making subsequent decisions. A monitoring system should generally only display data that have been synthesized to a form that is meaningful and can be easily understood. In addition to displaying the results of the measurements, the health monitoring system should also be able to provide some indication of its own condition. Status lights or audible signals can be used in most cases to enable the user to quickly assess the operational status of the system. Additional diagnostic capabilities will increase the value of the system. The criteria that are used to determine which data are displayed should be developed with significant input from the end users, and may require several iterations before an optimum presentation scheme is finalized. Criteria for decisions should also be developed so that the measurement data will serve a meaningful purpose. In a long-term structural health monitoring application, the system should be able to interpret the measurement data, compare the result with some predetermined set of criteria, and execute a decision in an automated manner. The simplest example is to program a health monitoring system to issue an alert when the measurement data indicate that some behavior has exceeded a particular threshold value. The decision criteria should be thoroughly tested before it is implemented and must be rigorous enough to prevent the occurrence of false positives.

1.6 Data analysis, interpretation and some methods

There are a number of algorithms and methods that are available for data analysis and interpretation, and these methods have been presented in many specialty conferences and journal articles. Comprehensive reviews of early studies of the integration of the modeling and structural health monitoring data exist in the literature for data analysis and interpretation. From a very fundamental point of view, there are two main types of data interpretation approaches and they are distinguished by the use or absence of a physics-based behavior model. These two types should be considered complementary since they are most appropriate in different contexts. Smith (2008) proposed a summary of examples of strengths and weaknesses of each type as illustrated in Table 1.1. The significance of each point in this table depends on the specific application.

The critical issue is to successfully integrate and use one or more of these methods depending on the needs and requirements from the SHM system. A redundant approach is to analyze data at 'different levels' to generate information about the health and performance of structures. Different metrics (features) at each level of analysis may be considered. With the level of the analysis, the complexity of analysis methods and algorithms increases accordingly. Here four levels are considered. For example, Level 1 refers to the raw data indicators and it represents the information obtained from the raw data without detailed analysis.

Then Level 2, which can be referred to as 'identification stage', will be carried out by using different analysis methods and different metrics to detect any damage, deterioration or 'considerable change' in measurements over the monitoring period. Afterwards, more rigorous analysis will be conducted for Level 3 to localize and quantify these 'changes', damage or deterioration. Finally, Level 4 will be used to predict the future behavior, as summarized in Table 1.2. It should be noted that Table 1.2 is not all-inclusive and many other methods, algorithms and metrics can be added to each of the four levels given in this table. Additional algorithms and metrics are discussed in more detailed in other chapters.

Based on the instrumentation design and the data collection regime, it is possible to collect, store and analyze various types of data sets. The writer's experience is that this process may be iterative, especially at the early stages primarily influenced by the preliminary evaluation of data. Figure 1.7 illustrates a Level 1 monitoring with the raw data indicators.

Table 1.1 Examples of strengths and weaknesses of model-free and model-based data interpretation. Each application has different degrees of these strengths and weaknesses

Data interpretation	Strengths	Weaknesses
Model free		
Most appropriate when – many structures need to be monitored – there is time for training – there are very few measurements	• No modeling costs • No need for change in behavior (damage?) scenarios • Many options for signal analysis • Incremental training can track damage accumulation • Good for long-term use on structures for early detection of situations requiring model-based interpretation	• Physical interpretation of the signal may be difficult • Weak support for decisions on rehabilitation and repair • Indirect guidance for structural management activities such as inspection and further measurement • Cannot be used to justify replacement avoidance
Model based		
Most appropriate when – design model is not accurate – structure has strategic importance – damage is suspected – root causes of problems are explored – there are structural management challenges	• Interpretation is easy when links between measurements and potential causes are explicit • The effects of changes in loading and use can be predicted • Guidance for further inspection and measurement • Future performance and reliability can be estimated • Support for planning rehabilitation and repair • May help justify replacement avoidance	• Modeling is expensive and time consuming • Errors in models and in measurements can lead to identification of the wrong model • Large numbers of candidate models are hard to manage • Identification of the right model could require several interpretation–measurement cycles • Complex structures with many elements have combinatorial challenges

Table 1.2 Monitoring of the structure in different levels (some of the proposed metrics and methodologies)

Level 1	Level 2	Level 3	Level 4
Displacement, Acceleration, Strain, Rotation, Corrosion, and other Level 1 measurements	Natural frequency, MAC, Statistical patterns such as from Mah. Dis. of the AR coefficients, and other Level 2 methodologies	Flexibility, Curvature, Reliability index, and other Level 3 methodologies	Bayesian updating, and other Level 4 methodologies

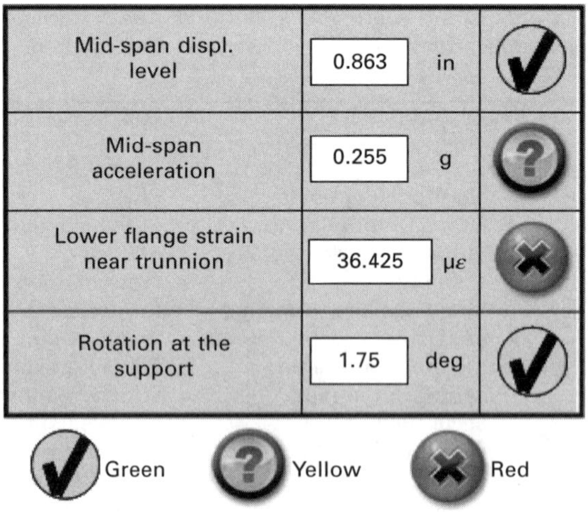

1.7 Some of the proposed metrics for Level 1 monitoring (raw data indicators).

In this chapter, some of the data analysis methods for different levels are discussed with simple examples. One of the examples is a movable bridge (see Fig. 1.8), which is being currently researched by the author and his team as part of an SHM study. In such a case, maximum readings for each high speed gage (high sampling) such as strain gage and accelerometer can be saved on hourly basis. To ensure that the entire time history is captured, short duration windows of strain and acceleration can be scanned for the peak absolute values in each gage. All sensor readings as well as temperature and wind speed, and also a jpeg image from the video are recorded when a peak is detected. For long-term monitoring, it is important to continuously monitor strain and temperature relationship with a slower scan rate. Some of the critical components such as structural components subjected to high stresses or stress reversals due to traffic or wind induced inputs, can be monitored at different intervals or based on triggering.

For long-term monitoring, there are various approaches for processing the data effectively. A main concern for long-term strain monitoring is the peak values, since the maximum effects govern the structural capacity, block maxima and threshold approaches can be used as two approaches to analyze the extremes (Susoy *et al.* 2008).

For the Block Maxima Approach, the maximum observed values over certain time spans are considered. These values are modeled through the Extreme Value Theory. Extreme value distributions are used to model the maximum values of data sets. It is worth noting that this approach was also used previously in Worden *et al.* (2002) and Messervey and Frangopol (2007) for similar applications. The generalized extreme value function combines

1.8 A typical movable bridge is a perfect candidate for structural health monitoring (clockwise from top: bridge aerial view, open position, girder SHM instrumentation, SHM installation by researchers).

three simpler distributions into a single form, allowing a continuous range of possible shapes that include all three of the simpler distributions. Three types of extreme value distributions, Type I (Gumbel), Type II (Frechet) and Type III (Gumbel), are combined in the generalized extreme value distribution with shape parameter, ξ, location parameter, μ and scale parameter, σ. The probability distribution function for the generalized extreme value distribution is given as:

$$y = f(x|\xi, \mu, \sigma) = \left(\frac{1}{\sigma}\right) \exp\left(-\left(1 + \xi\,\frac{(x-\mu)}{\sigma}\right)^{-\frac{1}{\xi}}\right) \cdot \left(1 + \xi\,\frac{(x-\mu)}{\sigma}\right)^{-1-\frac{1}{\xi}}$$

$$\text{which is valid for } 1 + \xi\,\frac{(x-\mu)}{\sigma} > 0 \qquad 1.1$$

From the strain data, the maximum strain values may be picked for each data block of certain time duration (e.g., 1-minute duration here in Fig. 1.9). The procedure is presented with a bridge example (Susoy *et al.* 2008). From the simulated strain values, maximum values for one-minute time lengths are obtained, which yields 1440 data values for each day. One

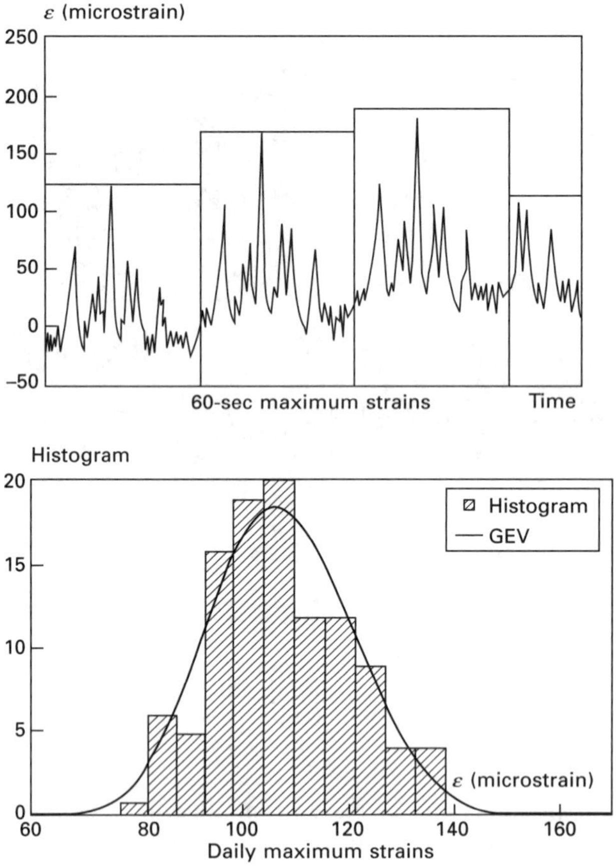

1.9 Histogram for daily maximum strain values and distribution fit.

underlying assumption is that the strain measurements used as data points are independently and identically distributed. Since, a vehicle traveling at a common speed of 40 mph will take less than 2 seconds to cross an average bridge with a span of 100 ft, this assumption can be accepted as valid. For long-span bridges where crossing can take more than a minute, longer time blocks should be taken to satisfy the assumption.

For the Threshold Modeling, the measurements exceeding certain thresholds are investigated such as the strain values above yield or some other preset value. Other uncertainty effects such as signal noise may create some signal (strain values) even when there is no structural response. To avoid collecting noise data or insignificant data, only the data exceeding a certain threshold can be considered. For the simulation, this threshold is set to be 50 microstrain, which is a reasonable value to observe on an actual bridge during operational loading. The peak strain values exceeding this threshold were determined and collected. Therefore, the random variable space can be described as in Eq. (1.2), where Y is the random variable and u is the threshold value.

$$Pr(Y - u \mid Y > u) \tag{1.2}$$

This probability converges to the Pareto distribution as u approaches infinity. Therefore, the generalized Pareto distribution is used to fit the data. The probability distribution function of a generalized Pareto distribution is given as follows:

$$y = f(x \mid \xi, \sigma, u) = \left(\frac{1}{\sigma}\right)\left(1 + \xi\frac{y - u}{\hat{\sigma}}\right)^{-1-1/\xi} \quad \text{for} \quad y > u \tag{1.3}$$

where ξ is the shape parameter, σ is the scale parameter, and u is the threshold parameter. For this distribution, the strain values from the simulation are filtered through the threshold value and maximum strains are retrieved with a peak-detecting algorithm. The resulting histogram of maximum strain values are plotted and fitted to a generalized Pareto distribution as shown in Fig. 1.10.

Using block-maxima or threshold approaches, the probability distribution of daily maximum strains may be obtained and then used to calculate the annual probability of exceedance. For calculating the annual distribution, daily values in these examples are used with a binomial distribution, over 365 days for the values of the random variable (see Fig. 1.11). Such analysis reduces the size of the data sets and provides valuable Level 1 information such as daily, monthly, yearly maximum stresses with a distribution given in Fig. 1.11.

After Level 1 monitoring, different types of analyses can be conducted to identify, locate and quantify changes in structural behavior as well as to predict future behavior. Several novel approaches and methodologies can be adapted, developed and implemented to obtain the necessary useful information from SHM data. Some of these methodologies can be listed as statistical pattern recognition approaches, parameter estimation by using model updating and optimization, reliability based monitoring and the use of computer vision for structural health monitoring. While many different methods and approaches may be employed, some novel methodologies studied by the author and his colleagues are summarized in the following sections.

1.6.1 Statistical pattern recognition

Statistical pattern recognition has great promise for handling large amounts of data while detecting changes and deviations over the monitoring duration. The process of pattern recognition starts with a sensor that collects the data to be classified. Then, a feature extraction mechanism computes numeric or

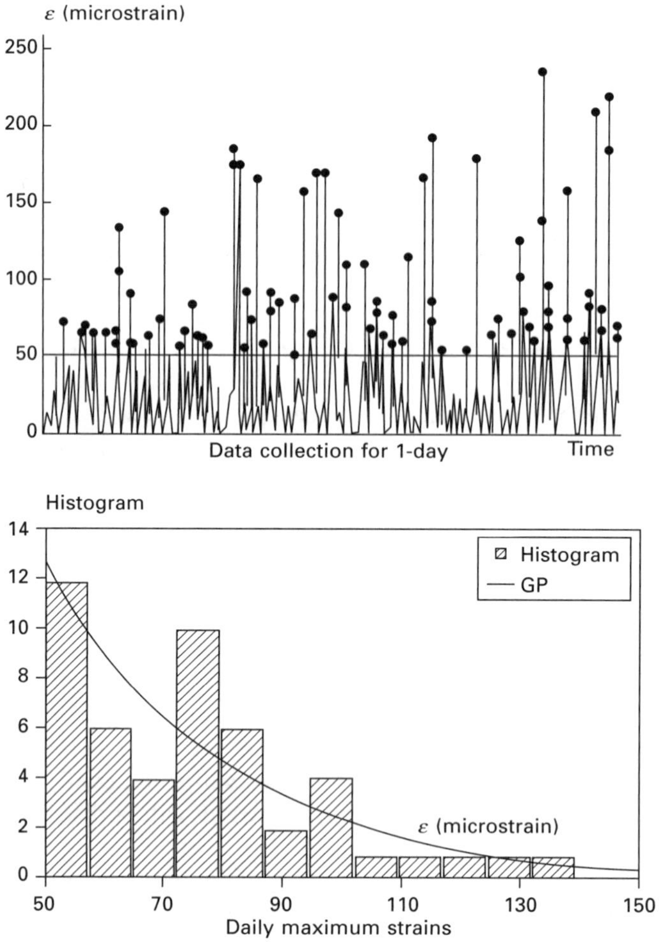

1.10 Histogram for daily maximum strain values and distribution fit.

symbolic information from the data, which are referred to as the features. Finally, the classifier is fed with the extracted features and the decision is made by classifying these features. This process is summarized in Fig. 1.12.

Pattern recognition is the classification (or recognition) of different data vectors (also referred to as patterns) (Schalkoff 1992; Webb 1999). In statistical pattern recognition, statistical methods are used to define decision boundaries between patterns (Jain *et al.* 2000). Statistical pattern recognition has found many application areas in the fields of electrical engineering, computer science, medical sciences and many others (sample studies can be found in the proceedings of different conferences such as S+SSPR'08 Workshop held in Orlando, FL). Recently, pattern recognition concepts have been also applied to civil engineering applications in the context of SHM

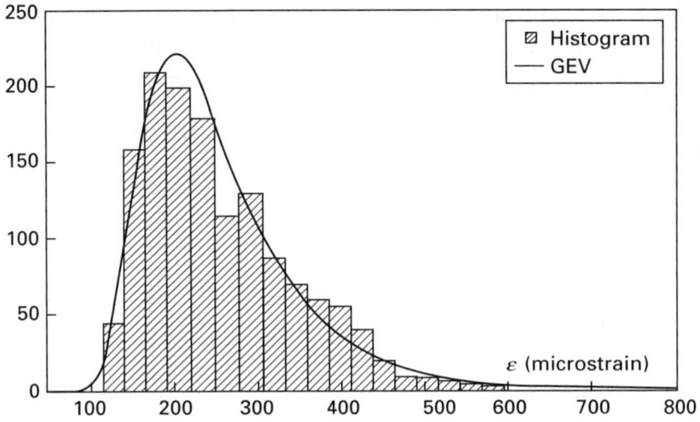

1.11 Annual histogram of maximum strains and distribution fit.

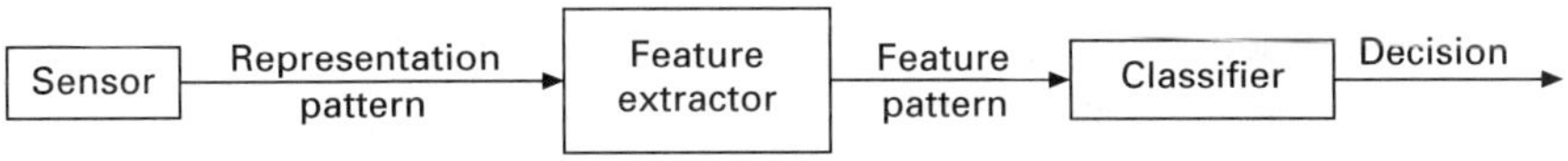

1.12 Pattern classifier (adapted from Webb 1999).

(such studies can be found in the proceedings of different conferences, e.g. the 6th IWSHM'07 held in Stanford University, CA).

Statistical pattern recognition has many components. They include linear discriminant functions, non-linear discriminant functions (neural networks), feature extraction and selection, supervised learning, unsupervised learning (clustering), decision trees, and outlier detection. In this text, a very brief overview about some of the components, which are presented in more detail in subsequent chapters, will be given.

Feature selection and extraction

Feature selection and extraction seek to compress the data set into a lower dimensional data vector so that classification can be achieved. Obviously, the features should be selected very carefully so that maximum separation can be achieved with the minimum number of features because the high dimensional features often cause problems, which is also referred as 'curse of dimensionality'. Some of the features used for SHM are mentioned throughout this text.

Supervised learning vs. unsupervised learning

The terms supervised and unsupervised learning refer to the learning process when there is training data available or not available respectively (see

Fig. 1.13). Regression analysis (continuous data) and group classification (discrete data) are types of supervised learning, whereas clustering and outlier analysis are often referred as unsupervised learning types. In SHM, the term unsupervised learning implies that there is no available data from the damaged systems.

Sohn *et al.* (2001) provided a definition for SHM in the context of statistical pattern recognition, stating that SHM is a statistical pattern recognition process and it is composed of the following four portions:

- Operational evaluation (how is damage defined, what are the conditions in the operational environment, what are the limitations on acquiring data?).
- Data acquisition (selecting the types, number and places of the sensors and defining the other hardware, data normalization), data fusion (the integration of different sets of data from different types of sensors) and cleansing (choosing the data to accept or reject).
- Feature extraction (identification of the metrics, which help to differentiate the damaged and undamaged structure) and data compression.
- Statistical model development (models that will give the information about the damage state of the structure by analyzing the identified features).

Statistical pattern recognition can be used for Level 2 monitoring through the use of many metrics as exemplified in Fig. 1.14. There may be a number of metrics observed for monitoring of the structure at this level and some examples are shown in Fig. 1.14 as natural frequency, Modal Assurance Criterion (MAC) and Mahalanobis distance of the Auto-Regressive (AR) model coefficients.

Sohn and Farrar (2001) used an Auto-Regressive (AR) model for estimating the time history measurements from an undamaged structure. The AR coefficients of the models fit to subsequent new data are monitored relative to the control limits. In another study, Sohn *et al.* (2001) applied two pattern recognition techniques to fiber optic strain gage data obtained from a surface-effect fast patrol boat. Recently, similar methodologies were applied to identify different structural configurations of a laboratory

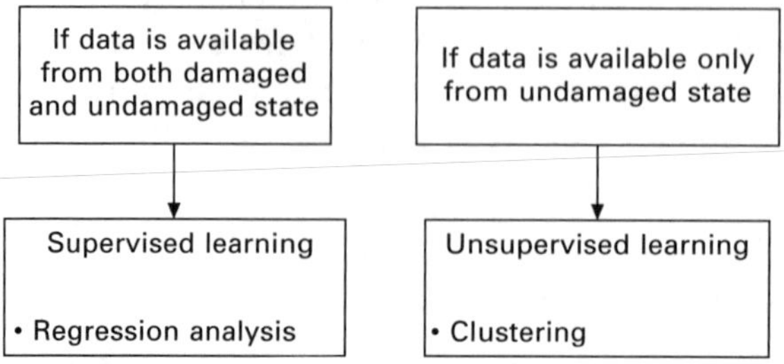

1.13 Supervised and unsupervised learning for SHM.

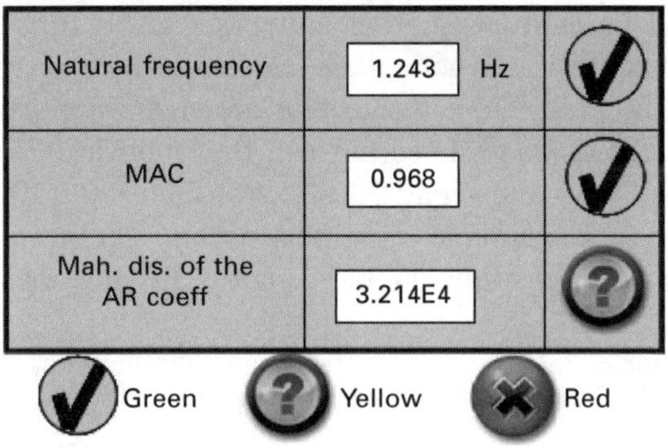

1.14 Some of the proposed metrics for Level 2 monitoring (identification of damage).

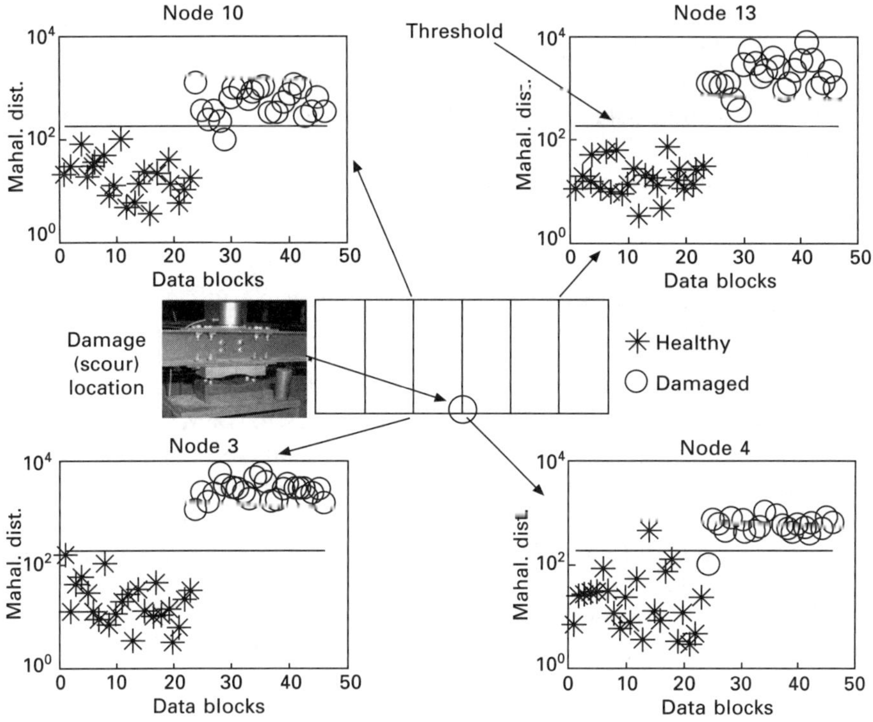

1.15 Mahalanobis distance plots to detect damage.

structure and details about this study are given by Gul and Catbas (2007; 2009). In these studies, the authors implemented different algorithms and approaches to construct a SHM methodology for real-life damage scenarios by using statistical pattern recognition. Figure 1.15 shows an example of the representative results of the statistical pattern recognition applications on a steel grid structure where damaged structure state is determined.

Worden (1997) used an auto-associative network (AAN) for first level damage detection. The feature for the network is selected as the transmissibility function between two masses. More discussion about the applications of neural networks (NN) for damage detection can be found in (Chen *et al.* 1995; Masri *et al.* 1996; Kao and Hung 2003). Worden *et al.* (2000) used outlier detection methods for damage identification and applied it to four different cases. They also used Mahalanobis squared distance measure for outlier detection.

Elimination of environmental effects from the data is another very important issue and principal component analysis (PCA) can be used for this purpose. PCA is a multi-variate statistical method, also known as proper orthogonal decomposition. A very attractive feature of the methodology, as presented in some studies, is that environmental conditions may not be measured for the analysis. Giraldo and Dyke (2004) applied the method to the ASCE benchmark problem to identify damage under different environmental conditions by using computer simulations. Yan *et al.* (2005) verified the methodology by using experimental data and applied it to real-life data coming from Z24 Bridge in Switzerland. These methodologies can be implemented at Level 2 monitoring to have more reliable information about the changes in the data.

1.6.2 Parameter estimation with sensor fusion and model updating

For Level 3 monitoring, a more detailed and comprehensive analysis level can be defined by using different approaches to SHM such as model updating using sensor fusion, detailed modal analysis, computer vision and reliability analysis. Examples by the authors for condition assessment of civil infrastructure can be found in literature (Catbas and Aktan 2002; Catbas *et al.* 2006). Figure 1.16 shows some of the proposed metrics for Level 3 monitoring.

Here, parameter estimation is defined as the procedure through which the unknown variables of an analytical structure, whether stiffness, cross section area, elastic modulus or moment of inertia or boundary condition stiffness, are estimated using measured experimental measurements and minimizing error between measurements and model results with estimated parameters. In real-world scenarios, structural member properties may differ from their expected or 'published' values due to variances from fabrication, construction or destructive events such as damage or fatigue problems that occur over the service life of the structure. Using optimization methods and experimental data sets, one can minimize the error between the analytical and measured responses, updating the unknown parameters. The updated model can then serve as a starting point, or baseline model for future analysis

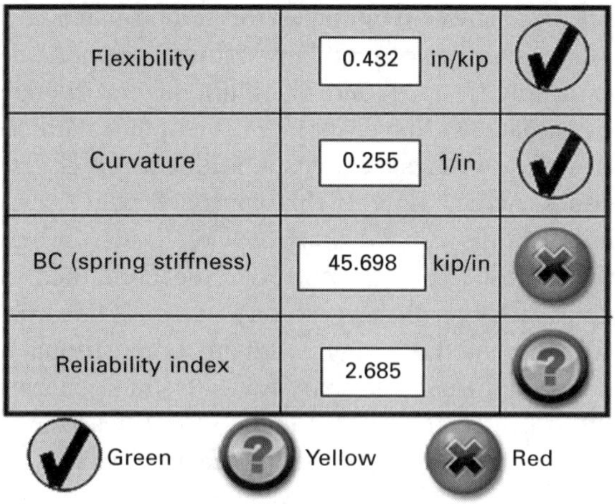

1.16 Some of the proposed metrics for Level 3 monitoring (quantification and localization).

and critical decision making (Francoforte *et al.* 2007). Parameter estimation implementations on a number of structures have been presented by various researchers (Sanayei *et al.* 2006; Bell *et al.* 2007).

There is a large body of research in the area of parameter estimation using SHM data and models for practical applications. These applications have involved the use of a single model. It is common practice to assume that the service behavior of a structure can be modeled using the same model that was used in design. If this approach is taken without preliminary conceptualization and field evaluation of existing structures, no verification of characteristics such as support conditions, geometry, and damage on the as-built structure is carried out. The predictions of this model are then compared with measurements. When agreement between measurement data and model predictions do not meet the correlation criteria, SHM data are used to 'calibrate' the model. This involves selecting a small number of model parameters that may have values that are different from those used in design. Once these parameters are selected, various procedures are used to find their values for which the measurements best match the model predictions. This approach is commonly used, for example, to interpret measurement data from load tests on concrete bridges where values for flexural rigidity (i.e., the product of Young's modulus and the moment of inertia, EI) are determined, for example (Burdet 1993). This strategy has also been used to find coefficients of stiffness matrices for vibration model calibration, as described, for example, in Friswell and Motterhead (1995), Doebling *et al.* (1998) Santini-Bell *et al.* (2007) and Brownjohn *et al.* (2003).

Approaches that are more sophisticated include the determination of more than parameter values within one general design model. Most work to date involves manual selection of a few likely behavior models using engineering experience. Factors such as values of member stiffness, support (boundary) conditions, and in-span hinges are varied to obtain several models. Again model predictions are compared with measurements to update parameters. The model that best fits all types of measurements at all locations is identified to be the most likely model. An example of this approach is given in Robert-Nicoud *et al.* (2005a). It is also stated that most methods, irrespective of the type of approach, do not explicitly consider the combined effects of modeling and measurement error. Robert-Nicoud *et al.* (2005b) proposed a multiple-model identification methodology based on compositional modeling and stochastic global search. Stochastic search was used to generate a set of candidate models. The objective function for the search was defined to be the root-mean-square of the difference between measured values and model predictions (RMSE). When the RMSE value was less than a certain threshold value, the model was classified as a candidate model. The threshold level was determined by adding upper bounds of measurement and modeling error. Depending on the nature of the problem; type, length and resolution of data, one of these parameter estimation approaches can be considered for model based, in-depth interpretation of the SHM data.

1.6.3 Estimation of reliability using SHM data

Supplementing the reliability models with sensor data or Non-destructive evaluation (NDE) results has been suggested; however reliability approaches using SHM methods have not been fully accomplished as part of operations, maintenance and management of large scale civil structures such as bridges. Similarly, most SHM studies and applications focus on deterministic parameter and condition assessment with a number of approaches applying statistical analysis to SHM data to estimate structural parameters and detect damage (Farrar *et al.* 2003). However, SHM would serve much better it were employed for determining structural reliability. As a result, integrating SHM and reliability analysis of system and component reliability is an important and much needed research subject for data interpretation and decision making. In this context, it is also important to consider the uncertainties in data analysis, inclusion of system reliability analysis and prediction of future performance. With accurate predictions, it would be possible to estimate the time to failure, providing a better cost/benefit evaluation and life-cycle analysis for management. In order to achieve this, integration of novel techniques offered by SHM and analytical and numerical methods is required.

Deterioration or loss of capacity in critical components of a structure can be modeled using SHM data and these can be tracked over time. These models are supported by analytical derivations and past data and can be updated with new data. Finite element or other models can produce the component reliability indices using the data continuously fed by the sensors. The reliability of a component is determined in terms of the probability of exceeding a pre-defined limit-state. Limit-states define the failure criteria according to a selected failure mode. All realizations of a structure can be put into one of the two categories: Safe (load effect ≤ resistance) or Failure (load effect > resistance). The state of the structure can be described using parameters, $X_1, \ldots, X_n$ where X_i's are load and resistance parameters. A limit-state function is a function $g(X_1, \ldots, X_n)$ of these parameters, such that $g(X_1, \ldots, X_n) \geq 0$ for a safe realization or $g(X_1, \ldots, X_n) < 0$ for failure. Limit-state functions are expressions defining the failure limit and generally in the form of $(R, Q) = R - Q$, where R and Q define the random variables for resistance and load effects, respectively. If the limit-state function is positive, resistance is greater than the load effects, so the structure is safe. If the limit-state function is less than zero, this case defines a failure, since the load effect has exceeded the capacity. The curve or surface defined by $g = 0$ is the failure surface dividing failure and survival spaces. Engineers' aim is always making g greater than zero, but how close to zero it may approach is related with the balance between risk and cost (Ditlevsen and Madsen 1996; Melchers 1999; Nowak and Collins 2000). Reliability index is a unit of failure probability, which is the area under the limit state surface. A linear limit-state function can be considered as given in the following;

$$g(X_1, X_2, \ldots, X_n) = a_0 + a_1X_1 + a_2X_2 + \ldots + a_nX_n$$

where X_i*'s* are uncorrelated random variables, with unknown types of distribution, but with known mean values and standard deviations. Then, the reliability index, β, can be calculated as follows,

$$\beta = \frac{a_0 + \sum_{i=1}^{n} a_i \mu_{X_i}}{\sqrt{\sum_{i=1}^{n} (a_i \sigma_{X_i})^2}}$$

Figure 1.17 illustrates the reliability index for a linear limit-state as the shortest distance from the origin to the failure surface.

Component reliabilities can be generated with the sensor-based degradation models for time-dependent functions of reliability. System reliability and component reliabilities can be monitored real-time, and different alert levels can be triggered when a value below a critical reliability index is calculated (Catbas *et al.*, 2008). As briefly discussed above, proper treatment of reliability with SHM data is expected to provide excellent results for Level 3 monitoring.

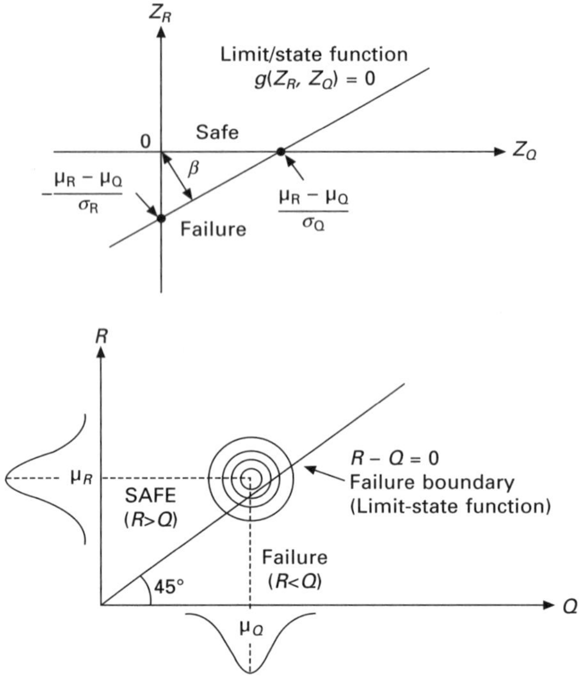

1.17 Limit-state functions (Nowak and Collins 2000).

1.6.4 Prediction and Bayesian updating

For a Level 4 monitoring, Bayesian updating can be employed for predicting future performance, which can also be termed as 'prognosis stage'. Bayesian updating technique is a very powerful tool to make use of new data to refine the statistical parameters of an assumed or calculated distribution (Fig. 1.18). This technique also offers great promise to predict the future performance by constantly updating predictions using various SHM data. The general formula for Bayesian updating method is shown below:

$$g(\theta \mid x) = \frac{f(x \mid \theta)g(\theta)}{\int f(x \mid \theta)g(\theta)d\theta}$$

where

$f(\theta \mid x)$: conditional PDF of X given Θ (sampling distribution)
$g(\theta)$: PDF of Θ (prior distribution)
$g(\theta \mid x)$: posterior PDF of Θ given x (posterior distribution)
θ : continuous parameter vector
x : sample data

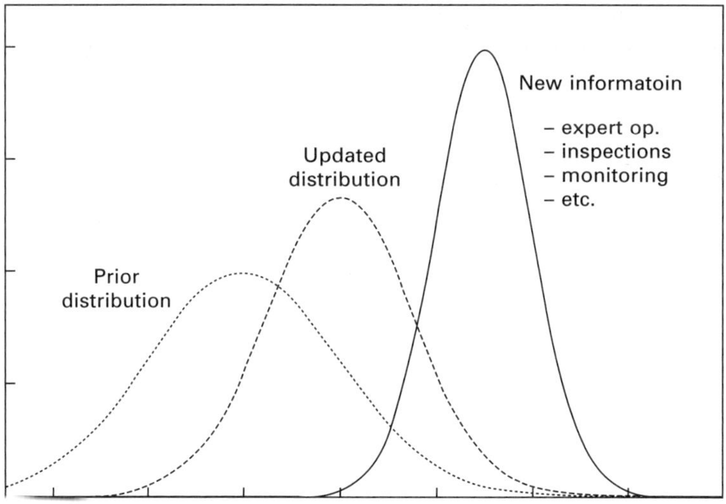

1.18 Concept of Bayesian updating.

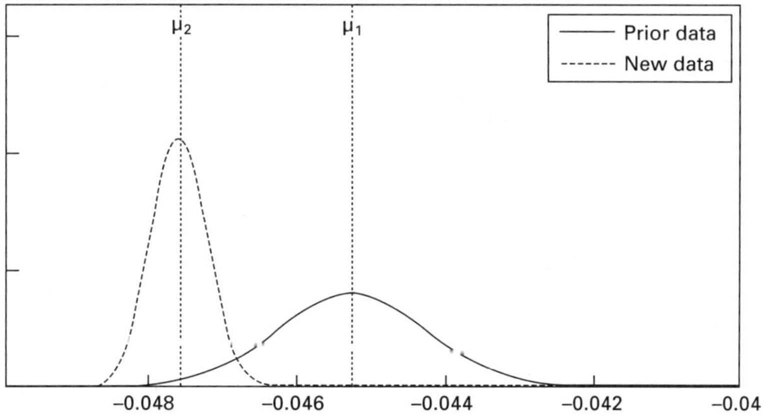

1.19 Prior and new data for the test beam.

This technique is previously used successfully to update condition state of bridges when new visual inspection data is available. With time, the uncertainty of the estimated parameters increases rapidly due to epistemic uncertainty, however, using Bayesian updating, new data can be incorporated into the models to reduce epistemic uncertainty to better describe the most recent structural performance and health.

Having the initial information, i.e. the *a-priori* condition, it is desired to integrate the new data provided by sensor measurements. When new data is available, the previous knowledge should not be discarded, but updated through Bayesian updating (Fig. 1.19).

The updating procedure generates the updated distribution, which involves less uncertainty than both distributions, and its mean value is closer to the distribution with a higher confidence. Figure 1.20 illustrates the steps of updating the distributions with the prior and recent data. The distributions on the left indicate the displacements obtained from continuous monitoring of a laboratory test set-up. The initial estimate is based on analytical model-based results for a particular boundary condition. As the structure is monitored, the displacements from a number of tests are considered as the new data, which are then used to obtain an updated (posterior) distribution. Based on a deflection-based limit-state, the initially estimated, updated and predicted reliability indices, β corresponding to the structure are also obtained. During the laboratory monitoring study, a boundary condition deterioration/damage is simulated. The new data shown in the second PDF plot indicates increased deflection measurements. The updated information in the first PDF plot is shown as prior data in the second PDF plot. The reliability indices and updated prediction for reliability of the structure are also illustrated for the deflection based limit state. As new data are incorporated into the previous data a new distribution is obtained. The right-hand side of Fig. 1.20 shows the difference in the prediction curves for the reliability index, based on curve fitting. The updated data also changes the curve fit, hence the prediction of future performance. In summary, with each new data set, Bayesian updating is repeated, increasing the confidence of the data. Reliability indices are calculated based on the defined limit-state.

Making good predictions (prognostic evaluation) is very important for decision making. Bayesian updating method is perfectly suitable for updating the condition with sensor measurements as illustrated before and also in Fig. 1.21. An automated system can be coded, which would continuously update and adjust the parameter SHM data. The procedure is applicable to monitoring structural parameters, deterioration, geometry changes over time. Updated component reliability indices can also be employed to determine the updated system reliability automatically by means of parallel/series modeling.

Ultimately, it is possible to expand the framework to employ life-cycle cost estimation, and add maintenance scheduling and optimization functions using the sensor-based, continuously updated system reliability monitoring data. The realization of such a framework would provide an invaluable tool for infrastructure management such as bridges, buildings and other constructed facilities (Susoy *et al.* 2006; Susoy *et al.* 2007).

1.6.5 Possible use of computer vision data for SHM

The writer believes that computer vision will be a key technology that will significantly improve SHM applications in the future. Consequently, there is a need to further develop this technology as part of SHM applications.

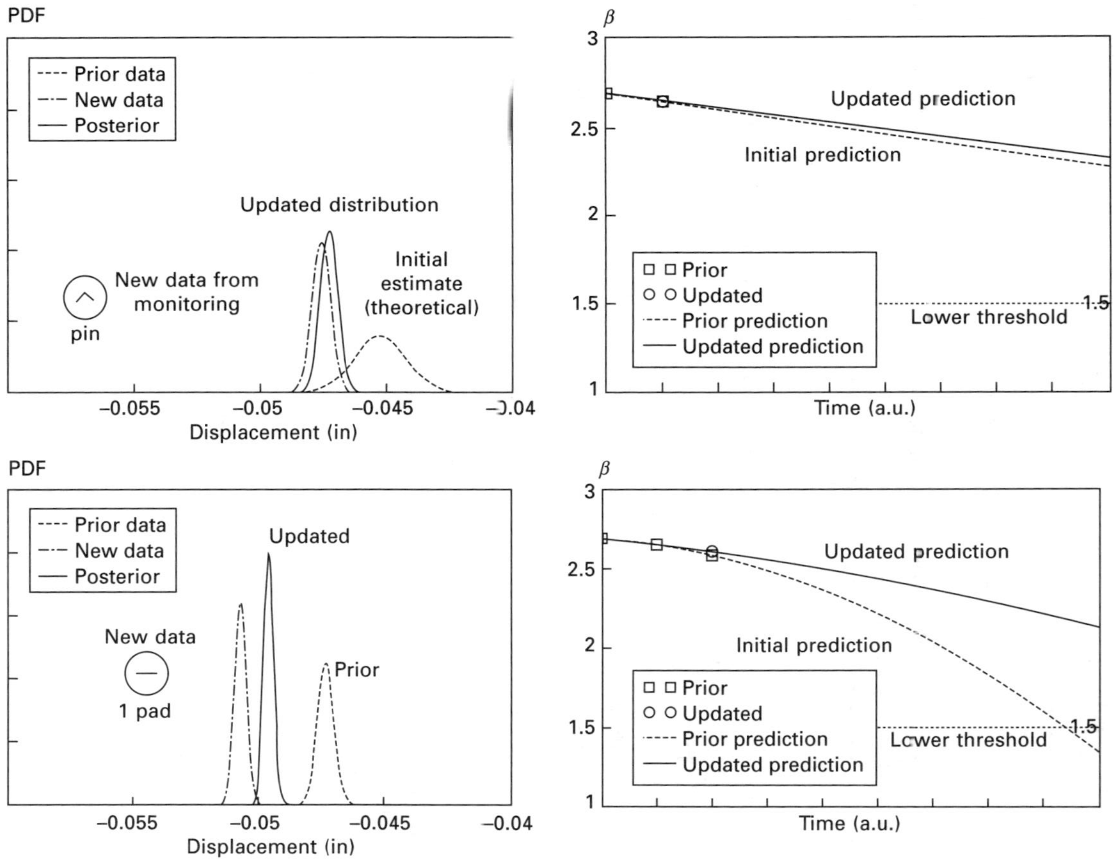

1.20 Updating the available data and prediction with the first data set using Bayesian as part of Level 4 performance prediction stage.

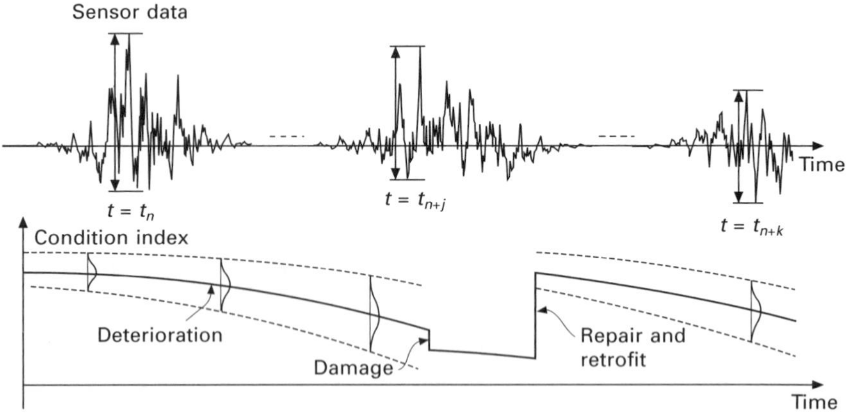

1. 21 Reliability based on SHM data.

Computer-vision is the processing of acquired images in order to detect and track certain features. Recently, computer vision applications have gained attention for SHM applications. Basic methodology of the framework and preliminary results are described in the following with special application to bridge structures.

Video streams are used in conjunction with computer vision analysis techniques to determine the class, speed, and location of vehicles travelling over the bridge. A database can be constructed using information from the vehicles (loads) training sets, the experimental results from the sensor network and a finite element model. Then, this system, by interpreting the images and correlating those with the information contained in the database, can evaluate the operational condition of the bridge. All of this can be done in real time, without the necessity of processing large amounts of data after its acquisition. Additionally, SHM with video data can be used for other purposes such as detecting suspicious activities, i.e. the presence of persons, vehicles and/or objects in critical or prohibited, predetermined locations.

This system can provide real-time continuous assessment with video cameras detecting, tracking, and classifying vehicles permanently. Other sensors in the monitor system can be synchronized with the video input to detect the structural behavior along with the loads on the bridge. This feature can help notification of any abnormal behavior, generation of image and numerical records, remote visual monitoring, tracking of structural behavior and help scheduling condition-based maintenance. The integration of computer vision into a SHM system is illustrated in Fig. 1.22.

Identifying moving objects from a video sequence is a critical task for all vision systems. Some kind of mechanism is required to detect what is happening in the field of view of the camera. Any moving or new object is to be noted and has to be somehow detected. Once objects are detected,

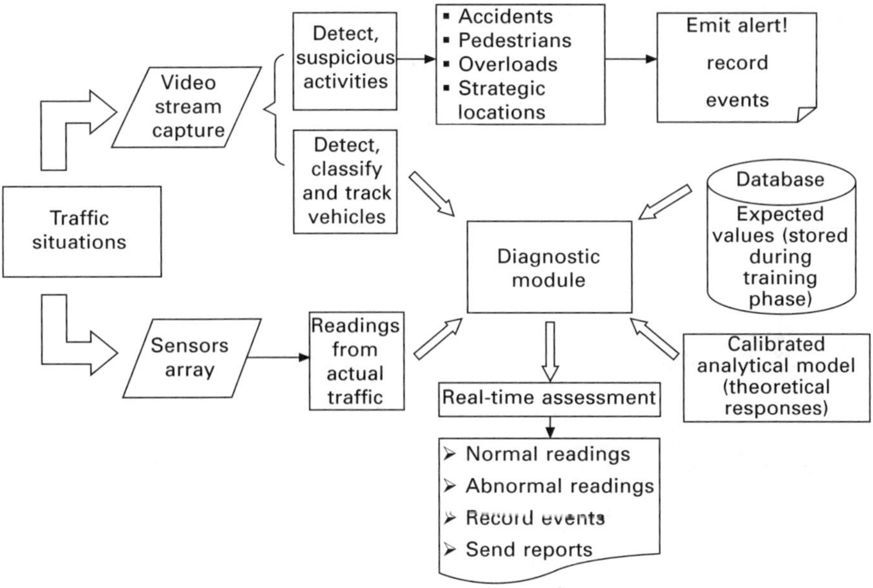

1.22 Computer vision integration into SHM.

further processing is needed to indicate in which direction they are moving (tracking) and/or what kind of object they are (classification). A common approach for identifying the moving objects is background subtraction, where each video frame is compared against a reference or background model. Pixels in the current frame that deviate significantly from the background are considered to be moving objects and belonging to the foreground. This pixel-based information is then clustered to identify regions in order to label and classify objects.

Detection previously obtained will include false positives for a variety of reasons. For example, background moving objects in an open environment (leaves and branches, debris, shadows, occlusions, etc.) can be considered foreground objects, leading to false results. To eliminate this identity, error data must be validated. The most common approach is to combine morphological filtering and connected component grouping to eliminate these regions. Connected component grouping is used to identify all regions that are connected and eliminate those that are too small to correspond to real interest moving points. In this way, the remaining noise is eliminated. A bounding box is drawn around the object and its size (number of pixels) and centroid (location within the image) are calculated. Once each vehicle/object is detected and located in the image, its image coordinates have to be converted and mapped into the real world coordinates system. This is achieved by finding the intrinsic and extrinsic camera parameters that establish the relationship between image (I) and world (W) coordinates. These parameters were found by knowing a set of points in the image and real world, establishing a system of equations and using singular value decomposition to get the final solution. This procedure is explained schematically in Fig. 1.23.

When applied to bridge structures, it is important to determine the speed and location of vehicles. Moving objects in two consecutive frames are matched allowing the calculation of its speed while moving along the bridge.

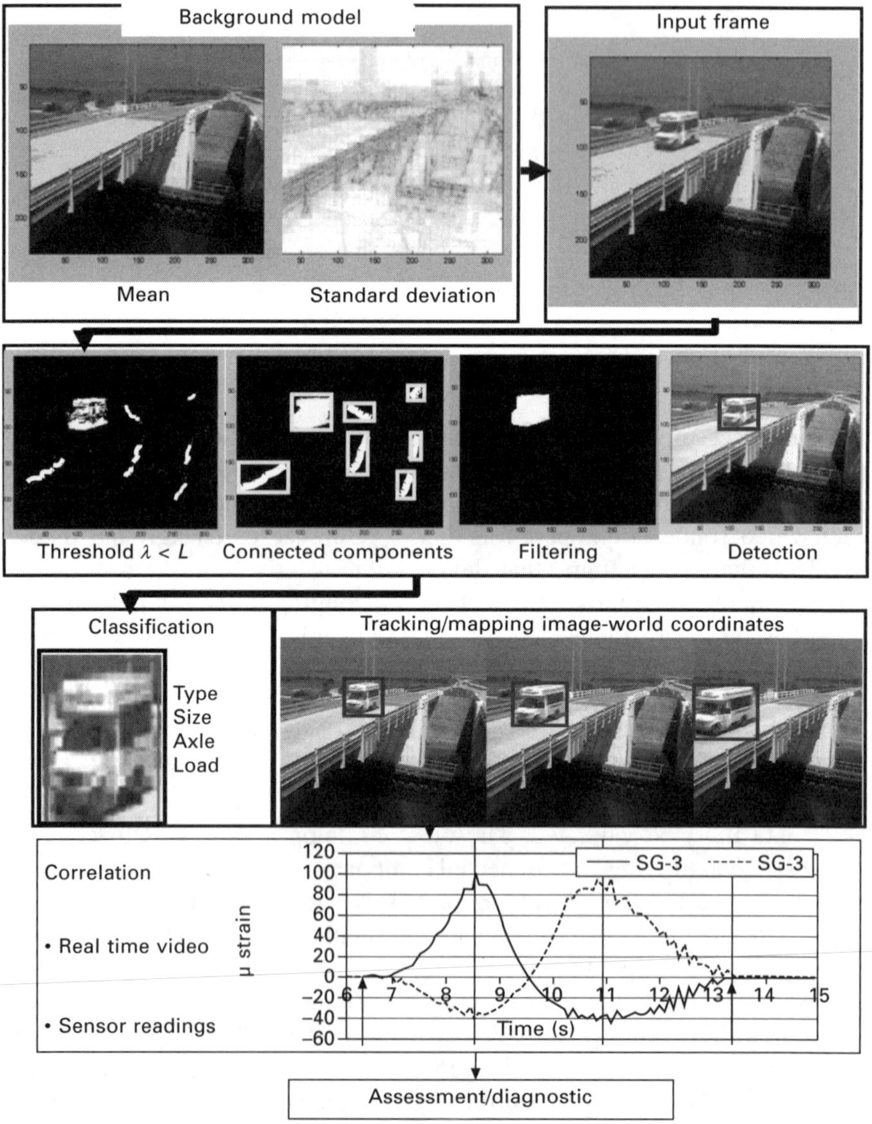

1.23 SHM and computer vision integrated operation.

$v = d/t$ where v represents the speed, d is the distance between centroids of the same object for the two images, and t is the elapsed time between images (1/30 s. for two consecutive frames is the standard frame capture ratio for the type of camera used). To actually track a vehicle through the video, constraints like maximum speed, common motion, and minimum velocity are used. Additional information provided by color and size allows building of an index-weighted matrix, which provides the most probable matching objects between the two frames. Estimation of the next position of the vehicle (centroid) is also needed, since this value is fundamental when correlating sensor readings vs. load positions.

Finally, once an input is received from the vision module, it can be possible to infer the structure health by comparing the expected results for those loads (from the database) with the actual readings (from the sensor arrays). The proposed framework can also be capable of maintaining surveillance for security monitoring. Video surveillance and monitoring are rapidly growing areas of video computing, particularly for suspicious activities, accidents and threats. In summary, the objectives of video using video and computer vision within an SHM system are to: (1) detect moving objects in the video, (2) track objects throughout the sequence, (3) classify them into people, vehicles, animals, etc., and (4) recognize their activities. In very recent studies, synchronized implementation of computer vision with damage identification using unit influence lines are demonstrated by Zaurin and Catbas (2007; 2008). It is expected the use of computer vision for SHM will gain even more attention in years to come.

1.7 Conclusions

Some basic definitions about SHM, application scenarios, critical considerations in integrating and leveraging experimental, analytical and information technologies for SHM data analysis and interpretation are discussed in this chapter. It is possible to see more and routine SHM applications in the manufacturing, automotive and aerospace industries; however, it is relatively new for civil infrastructure due to a number of challenges for effective applications. This chapter presents scenarios where SHM can be employed for civil infrastructure systems with examples of bridges for condition assessment, load capacity evaluation and maintenance management, in conjunction with operational and emergency management. Recently, there have been successful demonstrations described in various specialty conferences, workshops and symposia.

It is seen that sensing and data acquisition technologies have advanced and are advancing significantly such that the limits of sensing are fast disappearing. A critical issue is to effectively use Internet architectural standards and associated networking protocols and technologies that offer data integration, communication, synchronization, real-time visualization and archival over large distances and very long time durations such as decades. The principal challenges that remain mainly related to data analysis, timely and effectively interpretation, and information management. A review of some of the relevant concepts, techniques, methods and approaches are presented as a prelude to following chapters.

1.8 Acknowledgments

The review presented in this chapter is based on the past work conducted by the author and his advisors, colleagues, collaborators and, of course, students. The past research studies, lab and field examples were conducted at the University Cincinnati Infrastructure Institute (UCI), Drexel Intelligent Infrastructure and Transportation Safety Institute (DI3) and University of Central Florida Structure and Systems Research Laboratory (SSRL). Past and current research projects, studies, reports and papers are the main source of the material presented in this chapter. For this, the author is grateful to all those who have contributed to this work. In addition, the summary presented here is based on the research studies sponsored by (in no particular order) National Science Foundation, Federal Highway Administration, Departments of Transportation Florida, Pennsylvania Ohio, Puerto Rico, Delaware River Port Authority, NASA, Florida Space Research Institute, Space Research Initiative. The support and feedback of these agencies are greatly appreciated. Any opinions, findings and conclusions or recommendations expressed in this publication are those of the author and do not reflect the view of the agencies presented above.

1.9 References

Aktan, A. E., Catbas, F. N. *et al.* (2002a). A Model Health Monitoring Guide For Major Bridges, Report Submitted to FWHA, DOT/FHWA Solicitation: DTFH61-01-Q-00072 290 pages.

Aktan, A. E., Catbas, F. N. *et al.* (2002b). *A Theory of Health Monitoring for Highway Bridges.* Invited for presentation and publication First International Conference on Bridge Maintenance, Safety and Management IABMAS, Barcelona.

Aktan, A. E., Catbas, F. N. *et al.* (2000). 'Issues in Infrastructure Health Monitoring for Management', *Journal of Engineering Mechanics, ASCE* **126**(7): 711–724.

Aktan, A. E., Ellingwood, B. R. *et al.* (2007). 'Performance-Based Engineering of Constructed Systems', *Journal of Structural Engineering, ASCE* **133**(3): 311–323.

Bell, E. S., Sanayei, M. *et al.* (2007). 'Multiresponse Parameter Estimation for Finite-Element Model Updating Using Nondestructive Test Data', *Journal of Structural Engineering, ASCE* **133**(8): 1067–1079.

Brownjohn, J. M. W., Moyo, P. *et al.* (2003). 'Assessment of Highway Bridge Upgrading by Dynamic Testing and Finite-Element Model Updating', *Journal of Bridge Engineering, ASCE* **8**(3): 162–172.

Burdet, O. (1993). *Load Testing and Monitoring of Swiss Bridges*. Comité Européen du Béton, Safety and Performance Concepts, Lausanne, Switzerland.

Catbas, F. N. and Aktan A. E. (2002). 'Condition and Damage Assessment: Issues and Some Promising Indices', *Journal of Structural Engineering, ASCE* **128**(8): 1026–1036.

Catbas, F. N., Brown, D. L. *et al.* (2006). 'Use of Modal Flexibility for Damage Detection and Condition Assessment: Case Studies and Demonstrations on Large Structures', *Journal of Structural Engineering, ASCE* **132**(11): 1699–1712.

Catbas, F. N., Shah, M. *et al.* (2004). *Challenges in Structural Health Monitoring*. Proceedings of the 4th International Workshop on Structural Control, Columbia University, New York.

Catbas, F. N., Susoy, M. *et al.* (2008). 'Structural Health Monitoring and Reliability Estimation: Long Span Truss Bridge Application with Environmental Data', *Engineering Structures* **30**(9): 2347–2359.

Chen, H. M., Qi, G. Z. *et al.* (1995). 'Neural Network for Structural Dynamic Model Identification', *Journal of Engineering Mechanics, ASCE* **121**(12): 1377–1381.

Ditlevsen, O. and H. O. Madsen (1996). *Structural reliability methods*. Chichester; New York, Wiley.

Doebling, S. W., Farrar, C. R. *et al.* (1998). 'A Summary Review of Vibration-Based Damage Identification Methods', *The Shock and Vibration Digest* **30**(2): 91–105.

Farrar, C. R., Sohn, H. *et al.* (2003). Damage Prognosis: Current Status and Future Needs. Los Alamos National Laboratory, Los Alamos, NM, Report LA-14051-MS.

Federal Highway Administration (FHWA) (2005). *Deficient Bridges by State and Highway System*.

Francoforte, K., Gul, M. *et al.* (2007). *Parameter Estimation Using Sensor Fusion and Model Updating*. Proceedings of the 25th International Modal Analysis Conference (IMAC), Orlando, FL.

Friswell, M. and Motterhead J. (1995). *Finite Element Model Updating in Structural Dynamics*, Kluwer Academic Publishers.

Giraldo, D. and Dyke S. J. (2004). *Damage Localization in Benchmark Structure Considering Temperature Effects*. 7th International Conference on Motion and Vibration Control.

Gul, M. and Catbas F. N. (2007). *Identification of Structural Changes by Using Statistical Pattern Recognition*. The 6th International Workshop on Structural Health Monitoring Stanford.

Gul, M. and Catbas F. N. (2009). 'Statistical Pattern Recognition for Structural Health Monitoring using Time Series Modeling: Theory and Experimental Verifications', *Mechanical Systems and Signal Processing* doi:10.1016.

Jain, A. K., Duin, R. P. W. *et al.* (2000). 'Statistical Pattern Recognition: A Review', *IEEE Transactions on Pattern Analysis and Machine Intelligence* **22**(1): 4–37.

Kao, C. Y. and Hung S.-L. (2003). 'Detection of Structural Damage via Free Vibration Responses Generated by Approximating Artificial Neural Networks', *Computers and Structures* **81**: 2631–2644.

Lynch, J. P., Law, K. H. *et al.* (2001). *The Design of a Wireless Sensing Unit for Structural Health Monitoring*. Proceedings of the 3rd International Workshop on Structural Health Monitoring, Stanford, CA.

Masri, S. F., Nakamura, M. *et al.* (1996). 'Neural Network Approach to Detection of Changes in Structural Parameters', *Journal of Engineering Mechanics, ASCE* **122**(4): 350–360.

Melchers, R. E. (1999). *Structural Reliability Analysis and Prediction*, John Wiley & Sons.

Messervery, T. B. and Frangopol D. M. (2007). *Bridge Live Load Effects Based on Statistics of Extremes using On-site Load Monitoring. Bridge Live Load Effects Based on Statistics of Extremes using On-site Load Monitoring*. London, Taylor & Francis.

Nowak, A. S. and Collins K. R. (2000). *Reliability of Structures*, McGraw-Hill.

Robert-Nicoud, Y., Raphael, B. *et al.* (2005a). 'Model Identification of Bridges Using Measurement Data', *Computer-Aided Civil and Infrastructure Engineering* **20**(2): 118–131.

Robert-Nicoud, Y., Raphael, B. *et al.* (2005b). 'System Identification through Model Composition and Stochastic Search', *Journal of Computing in Civil Engineering* **19**(3): 239–247.

Sanayei, M., Bell, E. S. *et al.* (2006). 'Damage Localization and Finite-Element Model Updating Using Multiresponse NDT Data', *Journal of Bridge Engineering* **11**(6): 688–698.

Santini-Bell, E., Sanayei, M., Javelekar, C.N. and Slavsky, E. (2007) 'Multi-Response Parameter Estimation for Finite Element Model Updating Using Non-Destructive Test Data', *Journal of Structural Engineering*, ASCE **133**(4): 1008–1079.

Schalkoff, R. J. (1992). *Pattern Recognition: Statistical and Neural Approaches*. US, John Wiley & Sons.

Smith, I. *et al.* (2008). Chapter 4: Data Interpretation part of American Society of Civil Engineers Structural Identification Committee State-of-the-Art Report (Draft). F. N. Catbas, F. L. Moon and A. E. Aktan.

Sohn, H. and Farrar C. R. (2001). 'Damage Diagnosis Using Time Series Analysis of Vibration Signals', *Smart Materials and Structures* **10**: 1–6.

Sohn, H., Farrar, C. R. *et al.* (2001). 'Structural Health Monitoring Using Statistical Pattern Recognition Techniques', *Journal of Dynamic Systems, Measurement, and Control, ASME* **123**: 706–711.

Spencer, B. F. (2003). *Opportunities and Challenges for Smart Sensing Technology*. First International Conference on Structural Health Monitoring and Intelligent Infrastructure, Tokyo, Japan.

Susoy, M., Catbas, F. N. *et al.* (2006). *Implementation of Structural Reliability Concepts for Structural Health Monitoring*. Proceedings of the 4th World Conference on Structural Control and Monitoring, San Diego, CA.

Susoy, M., Catbas, F. N. *et al.* (2007). *Structural Health Monitoring Development using System Reliability*. Proceedings of the 10th International Conference on Applications of Statistics and Probability in Civil Engineering (ICASP10), University of Tokyo, Japan.

Susoy, M., Catbas, F. N. *et al.* (2008). *Evaluation of Time-Variant Bridge Reliability Using Structural Health Monitoring*. Proceedings of the 26th International Modal Analysis Conference, Orlando, FL.

Webb, A. (1999). *Statistical Pattern Recognition*. New York, NY, Oxford University Press.

Worden, K. (1997). 'Structural Fault Detection Using a Novelty Measure', *Journal of Sound and Vibration* **201**(1): 85–101.

Worden, K., Allen, D. W. *et al.* (2002). *Extreme Value Statistics for Damage Detection in Mechanical Structures*. New Mexico, USA, Los Alamos National Laboratory.

Worden, K., Sohn, H. *et al.* (2000). 'Damage Detection Using Outlier Analysis', *Journal of Sound and Vibration* **229**(3): 647–667.

Yan, A.-M., Kerschen, G. *et al.* (2005). 'Structural Damage Diagnosis under Varying Conditions – Part I: A Linear Analysis', *Mechanical Systems and Signal Processing* **19**: 847–864.

Zaurin, R. and Catbas F. N. (2007). *Computer Vision Oriented Framework for Structural Health Monitoring of Bridges*. Proceedings of the 25th International Modal Analysis Conference (IMAC), Orlando, FL.

Zaurin, R. and Catbas F. N. (2008). *Benchmark Studies for Structural Health Monitoring using Computer Vision*. Proceedings of the Fourth International Conference on Bridge Maintenance, Safety, and Management, Seoul, Korea.

Part I

Structural health monitoring technologies

2
Piezoelectric impedance transducers for structural health monitoring of civil infrastructure systems

Y W YANG and C K SOH, Nanyang Technological University, Singapore

Abstract: In the past decade, the electromechanical impedance (EMI) technique employing lead zirconate titanate (PZT) impedance transducers has been successfully applied for structural health monitoring (SHM) of various engineering structures. In this technique, the PZT transducers act as collocated actuators and sensors and employ ultrasonic vibrations (typically in tens to hundreds of kHz range) to glean out a characteristic admittance signature of the structure. The admittance signature encompasses vital information governing the phenomenological nature of the structure, and can be analyzed to assess the structural damage. Owing to its cost-effectiveness and high sensitivity to damage, the EMI technique has attracted intensive research attention in recent years. This chapter presents the recent theoretical and technological developments in the field of EMI technique. The EMI models based on PZT-structure interaction are first described, including analytical and numerical ones, followed by their applications for qualitative and quantitative structural damage assessment. Subsequently, the sensing region of PZT transducers is theoretically investigated and experimentally verified. Finally, practical issues related to field application such as repeatability of the PZT signature, adhesive layer between PZT and structure, and temperature effect are elaborated.

Key words: lead zirconate titanate (PZT), transducers, sensors, electromechanical impedance (EMI), structural health monitoring (SHM), damage identification.

2.1 Introduction

Structural health monitoring (SHM) is essential for aerospace, mechanical and civil structures to detect damage and to monitor development of the damage so as to minimize the maintenance processes and inspection cycles. In recent years, increasing interest has been paid to the electromechanical impedance (EMI) based SHM technique (Park *et al.* 2003). This technique uses small-size piezoceramic lead zirconate titanate (PZT) transducers bonded to an existing structure, or embedded in a new composite construction. Any physical change in the structure will cause changes in the structural mechanical impedance. Owing to the electromechanical coupling between the PZT material and the structure, any change in structural mechanical impedance will induce changes in the electrical impedance of the PZT transducer. Hence, by monitoring the measured electrical impedance of the PZT transducer and comparing it with the baseline measurement, we can determine whether any structural damage has occurred or is imminent.

Sun *et al.* (1995a) first used this technique to detect the integrity of a lab-sized truss. The damage in the truss was simulated by tightening or loosening the connector thread of the members. Since then, various issues such as EMI modeling (Liang *et al.* 1996; Zhou *et al.* 1996; Bhalla and Soh 2004; Yang *et al.* 2005; Annamdas *et al.* 2007), PZT sensing region (Hu and Yang 2007), and applications (Chaudhry *et al.* 1995; Ayres *et al.* 1996, 1998; Soh *et al.* 2000; Park *et al.* 2000, 2001; Ghoshal *et al.* 2001; Xu *et al.* 2004, Giurgiutiu *et al.* 2004a, Yang *et al.* 2007) related to the EMI technique have been extensively studied.

The EMI technique possesses distinct advantages such as the high sensitivity in damage detection, use of non-intrusive transducers and potentially low-cost applications. However, this technique is essentially a local damage detection method. It is unable to capture the influence of damage on the global behavior of the structure due to the utilization of high frequency admittance (inverse of impedance) signature and the limited sensing region of the PZT transducers.

This chapter reports the recent developments in the field of EMI technique. Section 2.2 describes various analytical and numerical EMI models based on PZT-structure interaction. The applications of EMI technique for qualitative and quantitative structural damage assessment are presented in Section 2.3, followed by the theoretical and experimental investigations on the sensing region of PZT transducers in Section 2.4. Section 2.5 addresses the practical issues related to field applications such as repeatability of the PZT signatures, adhesive layer between PZT and structure, and temperature effect. Finally, a summary and conclusions are presented in Section 2.6.

2.2 Electromechanical impedance modeling

2.2.1 Analytical methods

The pioneering work of modeling the structure-PZT interacting system was done by Liang *et al.* (1993). They developed a one-degree-of-freedom (1-DOF) impedance-based analytical model for a spring-mass-damper system, as shown in Fig. 2.1. In Liang's model, the PZT patch is assumed to be fixed on one end and connected to the host structure on the other end. Experiments have shown that Liang's model can predict a favorably good velocity response of a circular ring (Rossi *et al.* 1993). Zhou *et al.* (1994, 1996), then extended Liang's model to a two-dimensional case. Similarly, two edges of the PZT patch are assumed to be fixed, and the other edges are

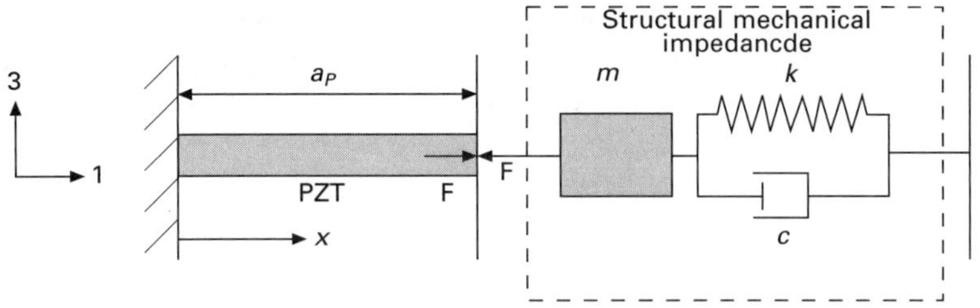

2.1 1-DOF PZT-spring-mass-damper system.

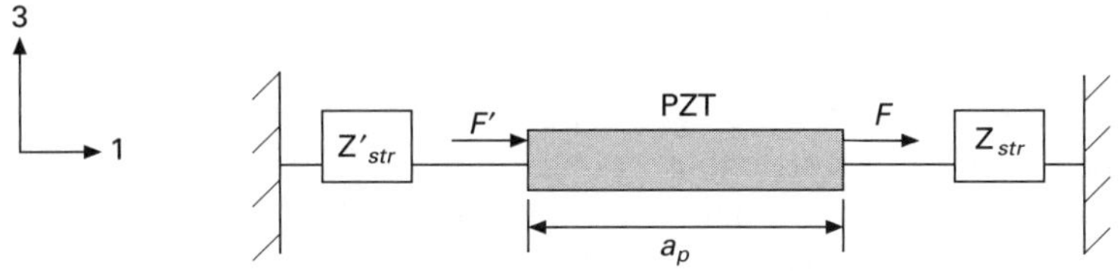

2.2 Generic one-dimensional PZT-structure interacting system.

attached to the host structure. The velocity response of a plate actuated by a pair of PZT patches was well predicted by Zhou's model (Zhou *et al.* 1996). However, neither Liang's model nor Zhou's model has been used to predict the EMI of a PZT-structure interacting system for direct comparison with the recording of impedance analyzer. Giurgiutiu and Zagrai (2000) analyzed the vibration of PZT patch with free, fixed and elastically constrained boundary conditions. Although direct comparison of the predicted and measured EMI has been made, it was observed that the measured results were more than ten times larger than the predicted results.

Yang *et al.* (2005) derived a one-dimensional (1D) generic EMI model based on the PZT-structure interacting system illustrated in Fig. 2.2. The length, width, and thickness of the PZT patch are denoted as a_p, b_p, and h_p, respectively. The subscript p denotes the parameters of the PZT patch. The effect of the host structure on the PZT patch is represented by its mechanical impedances Z_{str} and Z'_{str} at the points where the PZT patch and the host structure are bonded, i.e., the PZT drive points. The mechanical impedance is defined as the ratio of force to velocity at the PZT drive point. The electrical admittance of the PZT patch is formulated as

$$Y = j\omega b_p(h_p)^{-1}\{d_{31}\tilde{Y}_p^E[(\sin k_p a_p + M(1 - \cos k_p a_p))\alpha - d_{31}a_p] + \tilde{\varepsilon}_{33}^T a_p\} \quad 2.1$$

where j symbolizes the imaginary part; ω is the driving frequency of the electric field; d_{31} is the coupling piezoelectric constant between directions 3 and 1 at zero stress; $\tilde{Y}_p^E = Y_p^E(1 + i\eta)$ is the complex Young's modulus at zero elastic field; Y_p^E is the real Young's modulus; $\tilde{\varepsilon}_{33}^T = \tilde{\varepsilon}_{33}^T(1 - j\delta)$ is the complex dielectric constant at zero stress; ε_{33}^T is the real dielectric constant;

η and δ denote the mechanical loss factor and the dielectric loss factor of the PZT material, respectively; $k_p = \omega\sqrt{\rho_p / \tilde{Y}_p^E}$ is the wave number; ρ_p is the mass density of the PZT patch;

$$\alpha = \frac{d_{31}}{k_p + Z'_{str}\, j\omega(\tilde{Y}_p^E b_p h_p)^{-1} M} \qquad 2.2$$

and $$M = \frac{Z_{str}\, j\omega(\tilde{Y}_p^E b_p h_p)^{-1} \sin k_p a_p - k_p(1 - \cos k_p a_p)}{Z_{str}\, j\omega(\tilde{Y}_p^E b_p h_p)^{-1}(Z'_{str}/Z_{str} + \cos k_p a_p) - k_p \sin k_p a_p} \qquad 2.3$$

The electrical impedance Z is the inverse of the electrical admittance Y, i.e., $Z = 1/Y$.

Liang *et al.* (1993) assumed that the PZT patch is fixed at one end and bonded to the host structure at the other end, which corresponds to the case of $Z'_{str} = \infty$ in the above generic model. The PZT active sensor with free, clamped and elastically constrained boundary conditions, analyzed by Giurgiutiu and Zagrai (2000), corresponds to the cases of $Z'_{str} = Z_{str} = 0$, ∞ and a value varied with frequency, respectively.

In the 1D generic model, the host structure has different mechanical impedances at the two ends of the PZT patch. However, in most cases, the scale of the host structure is much larger than the PZT patch, thus the dimensions of the PZT patch can be neglected. The two ends of the PZT patch can be viewed as to be close enough such that $Z_{str} = Z'_{str}$. With this assumption, the coefficients α and M in Eqs. (2.2) and (2.3) can be simplified and the EM admittance can be modified as

$$Y = j\omega b_p (h_p)^{-1}\{d_{31}\tilde{Y}_p^E[2\alpha \tan(k_p a_p/2) - d_{31}a_p] + \tilde{\varepsilon}_{33}^T a_p\} \qquad 2.4$$

A generic model of a two-dimensional (2D) PZT-structure interacting system is illustrated in Fig. 2.3. Again, the effect of the host structure is represented by its mechanical impedances at the PZT drive points, i.e., the direct impedances Z_{11} and Z_{22}, and the cross impedances Z_{12} and Z_{21}. The assumption that $Z_{pq} = Z'_{pq}$, $p, q = 1, 2$ is similarly adopted as for the 1D model so as to avoid complicated calculation. The EM admittance is expressed as

$$\begin{aligned} Y = j\omega(h_p)^{-1}\{\tilde{Y}_p^E(1 - \nu_p^2)^{-1}[(d_{31} + \nu_p d_{32})(2A'b_p \tan(K_p a_p/2) - d_{31}a_p b_p) \\ + (\nu_p d_{31} + d_{32})(2C'a_p \tan(K_p b_p/2) - d_{32}a_p b_p)] + \tilde{\varepsilon}_{33}^T a_p b_p\} \end{aligned} \qquad 2.5$$

where ν_p is the Poisson's ratio of the PZT material; d_{32} is the coupling piezoelectric constant between directions 3 and 2, and generally $d_{32} = d_{31}$; $K_p = \omega\sqrt{\rho_p(1 - \nu_p^2)/\tilde{Y}_p^E}$ is the wave number;

$$\begin{Bmatrix} A' \\ C' \end{Bmatrix} = \mathbf{N}^{-1}\begin{Bmatrix} d_{31} \\ d_{32} \end{Bmatrix}; \qquad 2.6$$

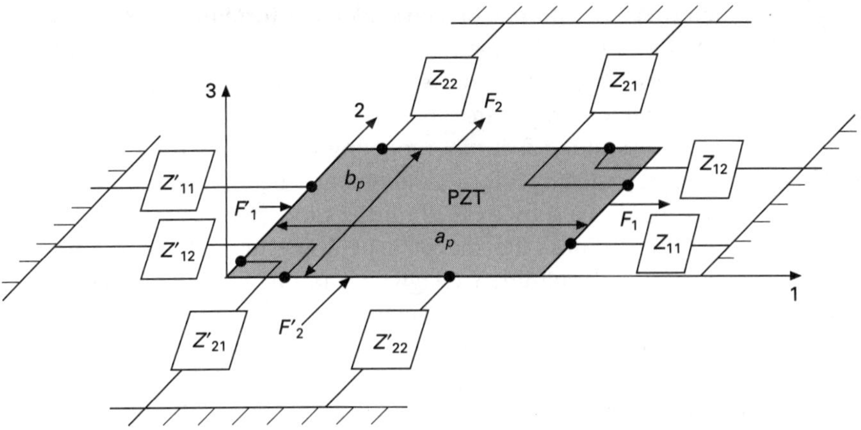

2.3 Generic two-dimensional PZT-structure interacting system.

$$\mathbf{N} = \mathbf{I} - \frac{j\omega}{\tilde{Y}_p^E K_p h_p}\begin{bmatrix} Z_{11}/b_p - \nu_p Z_{21}/a_p & Z_{12}/b_p - \nu_p Z_{22}/a_p \\ -\nu_p Z_{11}/b_p + Z_{21}/a_p & -\nu_p Z_{12}/b_p + Z_{22}/a_p \end{bmatrix}\mathbf{M}; \tag{2.7}$$

$$\mathbf{M} = \begin{bmatrix} -\tan(K_p a_p/2) & 0 \\ 0 & -\tan(K_p b_p/2) \end{bmatrix}; \tag{2.8}$$

and **I** is the identity matrix.

The mechanical impedances of the host structure can be obtained by analytical or numerical method for different frequencies. Analytical solutions of mechanical impedances are only available for simple structures such as beams, plates (Yang *et al.* 2005) and shells (Yang and Hu 2008) under certain boundary conditions. For complex structures, numerical simulation such as finite element analysis (FEA) is needed. The structural mechanical impedance obtained from analytical solutions or FEA can be used to calculate the PZT admittance signature using Liang's model, Zhou's model, or the 1D and 2D generic models in Eqs. (2.4) and (2.5).

2.2.2 Numerical methods

FEA-based impedance models

Various finite element (FE) models on PZT-structure interaction have been proposed since the 1990s. Lalande (1995) provided a review of the FE approaches for the simulation of PZT-structure interactions. He broadly classified them into three categories, namely direct formulation of elements for specific application, utilization of a thermoelastic analogy and the use of commercially available

FEA codes incorporated with piezoelectric element formulation. Fairweather (1998) developed an FE analysis-based impedance model for the prediction of structural response to induced-strain actuation. The model utilized FEA to determine the mechanical impedance of the host structure. The simplicity of this model is reflected in the fact that modeling of the PZT transducer is not required as it is represented by a force or moment. The drive point mechanical impedance could be derived by evaluating the ratio of force to velocity. For EMI technique applications, the mechanical impedance obtained could be used to calculate the PZT admittance signature through the impedance-based electromechanical coupling equation (Liang *et al.* 1994, Bhalla 2004).

Initial applications of the abovementioned models were mainly focusing on relatively low frequency of excitation, typically lower than 1 kHz. The FEA-based impedance model was later applied to the EMI technique, which involved much higher frequency of excitation, in the order of tens to hundreds of kHz (Bhalla 2004). Annamdas and Soh (2007) presented a three dimensional (3D) PZT-structure interaction model incorporating the bonding layer between the PZT and the structure. In their model, the effect of the bonding layer was incorporated collectively in the structural mechanical impedance by adding additional impedance terms for the bonding layer. The structural mechanical impedance was obtained from FEA.

In fact, all the above FEA-based impedance models are semi-analytical models by incorporating the impedance based analytical models (e.g., Liang's model, Zhou's model or the generic 1D and 2D models presented in Section 2.2.1) into the FE models. These models make use of the robustness of FEA in modeling complex structures while retaining the simplicity of impedance based analytical models to obtain the admittance signatures from the mechanical impedance obtained from FEA.

Coupled field FEA-based impedance model

At low frequency of excitation, simplification of the PZT patch into a force or moment in the FEA-based impedance model is normally acceptable. However, at high frequency of excitation such as in the application of the EMI technique, such simplification could lead to considerable loss in accuracy, which will be discussed later. To avoid this problem, coupled field FEA-based impedance modeling can be used. In the coupled field FEA, the PZT patch is modeled together with the structure and the PZT admittance can be obtained directly from the coupled field FEA without using any impedance-based analytical models.

In the following sections, complete modeling of PZT-structure interaction including the PZT patch, the bonding layer and the host structure using commercially available FE software, ANSYS 8.1 (ANSYS 2004) is presented. In ANSYS 8.1, the piezoelectric analysis is categorized under coupled field analysis, which caters for the interaction between mechanical and electric fields. The outcomes are compared with those obtained from the impedance-based analytical model as well as the experimental tests.

With the linear electromechanical constitutive equations (Ikeda 1990) incorporated into the general equation of motion for a forced structural system using the Galerkin FE discretization (Moveni 2003), the FE discretization can be performed. With the application of variational principle, the coupled FE formulation can be expressed as (ANSYS 2004)

$$\begin{bmatrix} [M] & [0] \\ [0] & [0] \end{bmatrix} \begin{Bmatrix} \{\ddot{u}\} \\ \{\ddot{V}\} \end{Bmatrix} + \begin{bmatrix} [C] & [0] \\ [0] & [0] \end{bmatrix} \begin{Bmatrix} \{\dot{u}\} \\ \{\dot{V}\} \end{Bmatrix} + \begin{bmatrix} [K] & [K^z] \\ [K^z]^T & [K^d] \end{bmatrix} \begin{Bmatrix} \{u\} \\ \{V\} \end{Bmatrix} = \begin{Bmatrix} \{F\} \\ \{L\} \end{Bmatrix} \qquad 2.9$$

where $[M]$, $[C]$ and $[K]$ are the structural mass matrix, damping matrix and stiffness matrix, respectively; $\{u\}$ and $\{V\}$ are the vectors of nodal displacement and electric potential, respectively, with the dot above the variables denoting time derivative; $\{F\}$ is the force vector; $\{L\}$ is the vector of nodal, surface and body charges; $[K^z]$ is the piezoelectric coupling matrix; and $[K^d]$ is the dielectric conductivity.

This formulation is very convenient for evaluating the PZT admittance signatures as if it is measured by the impedance analyzer in the EMI technique. The complex admittance signature, which is the ratio of electric current to voltage, can be expressed as

$$Y = \frac{\bar{I}}{\bar{V}} \qquad 2.10$$

where $\bar{V}$ is the voltage applied on the PZT and $\bar{I}$ is the modulated current, with the bars above the variables indicating complex terms. The electric current can be directly compared with the admittance signature from the EMI technique (when $\bar{V} = 1$ volt), saving all the hassle of calculating the PZT admittance from the structural mechanical impedance through the impedance based analytical models as required in the previous FEA-based impedance models.

A simple rectangular aluminium beam of dimensions 231 mm × 21 mm × 2 mm is used as the test specimen. A 10 mm × 10 mm × 0.2 mm PZT patch is bonded at the middle of the beam. The specimen is experimentally tested using an HP 4192A impedance analyzer to record the PZT admittance signature. The coupled field FEA is then performed. The FE model in the ANSYS 8.1 workspace is illustrated in Fig. 2.4. To be more realistic, the bonding layer of thickness 0.03 mm as measured in the experiment is also simulated. The material properties used in the simulation can be found in Yang

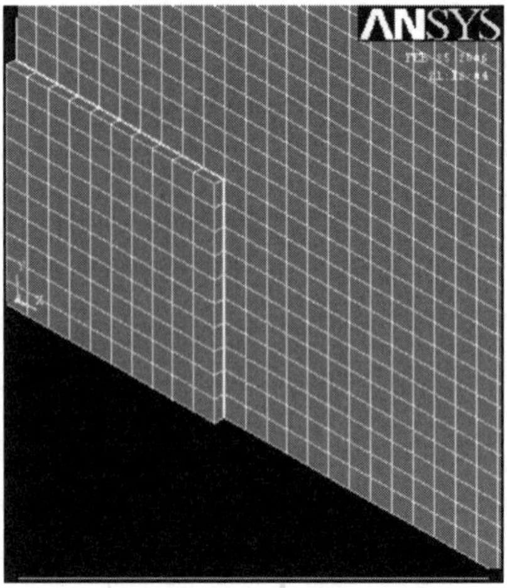

2.4 Isometric view of one-quarter of aluminum beam (231mm × 21mm × 2mm) bonded with PZT patch modeled in ANSYS 8.1 workspace.

et al. (2008c). The solid 45 element was used for both the bonding layer and aluminium beam. Element of size 0.5 mm is adopted throughout the entire structure. According to recommendation from Makkonen *et al.* (2001), an element of size 0.7 mm is sufficient for the selected frequency range.

The numerical outcome is compared against the experimental results in Fig. 2.5 for two different frequency ranges. From the figure, it can be concluded that the simulation is successful, as shown from the close matching of the slope of curve, modal frequencies and peaks' magnitudes, even up to frequency as high as 100 kHz. More results can be found in Yang *et al.* (2008c).

In comparison with other models in the field of EMI technique, the coupled field FEA model exhibited exceptional robustness. For instance, most of the previous models, either purely analytical through impedance-based modeling or semi-analytical through FEA-based impedance modeling, are often unable to model the minor peaks (Zagrai and Giurgiutiu 2001), exhibit large variation in magnitudes (Bhalla 2004, Giurgiutiu and Zagrai 2000) and show low accuracy when frequency range exceeded 60 kHz (Ong *et al.* 2002). These shortcomings are attributed to a number of reasons. Firstly, it should be noted that the actual interaction between the PZT patch and the host structure through the bonding layer involves the entire finite area of a size of the patch. At high frequency of excitation, the mode shapes of the excited structure are numerous and very complicated. Simplification of the finite area interaction into point forces or moments would render some vibrational modes unexcited as well as resulting in inaccurate prediction of certain modal frequencies. Modeling the PZT patch as a coupled field element, on the other hand, overcomes the abovementioned limitation by

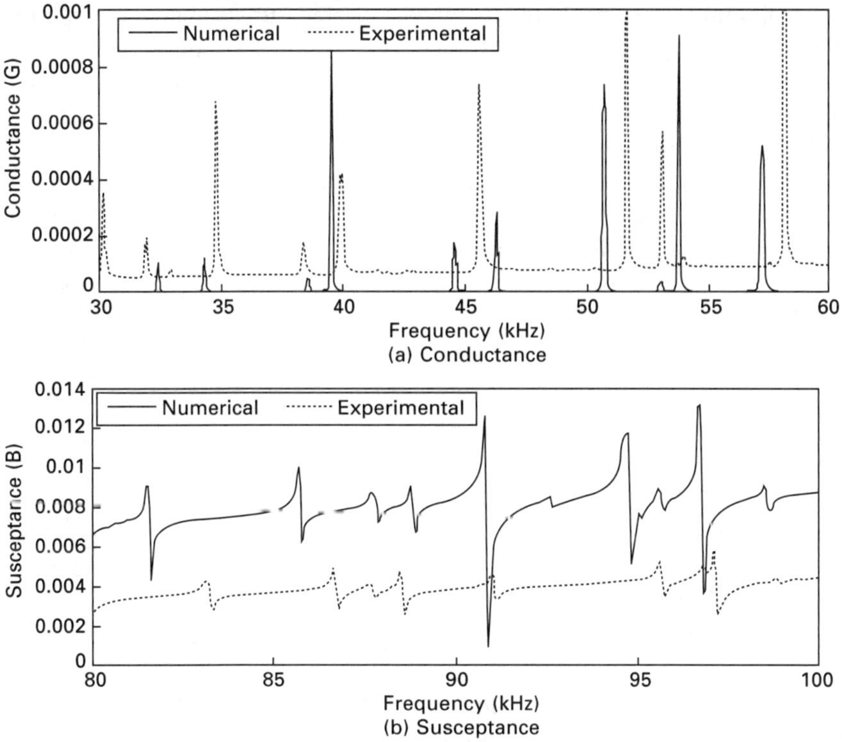

2.5 Comparison of admittance signatures between experimental test and numerical model for aluminium beam specimen.

allowing more points of interaction throughout the entire area. The accuracy of the results is also expected to increase with finer mesh.

Secondly, the basic assumption which neglects the effect of bonding in most previous models, is not realistic at high frequency due to highly localized actuation. The effect of shear lag is usually not negligible unless the bonding film is sufficiently thin. Some researchers (Ong *et al.* 2002, Xu and Liu 2003, Bhalla 2004) have introduced modification to the impedance based electromechanical coupling equation (Liang *et al.*, 1994, Bhalla 2004) by incorporating the effect of bonding. However, simplification of point interactions remains.

Overall outcome of the coupled field FEA impedance modeling showed excellent agreement with the experimental tests up to frequency range as high as 1000 kHz. The numerical outcome is found to be superior over the existing analytical models in terms of ability to simulate minor peaks, ability to accurately simulate the bonding layer and ability to model complex structures as well as the robustness to incorporate the effect of temperature.

In addition, coupled field FEA impedance modeling enables direct acquisition of admittance signatures. This considerably reduces the hassle of first obtaining the mechanical impedance and subsequently calculating the admittance signatures through electromechanical coupling equation in the previous FEA-based impedance models. Undoubtedly, the use of FEA to model the PZT-structure interaction for the EMI technique application could emerge as a cost effective alternative to experimental tests.

However, shortcomings exist in spite of the advantages stated above. For instance, the use of FEA reduces the physical insight and fundamental understanding of the PZT-structure interactions. The process of simulation could be tedious, time consuming and prone to unexpected error for inexperienced analysts. Modeling of actual boundary conditions is sometimes difficult especially at high frequency of excitations.

2.3 Damage assessment

2.3.1 Qualitative method

The prominent effects of structural damages on the PZT admittance signatures are the lateral and vertical shifts of the baseline signatures. Applications of EMI technique for damage assessment mainly focus on high frequency (typically higher than 30 kHz) to ensure high sensitivity to incipient damage. However, in such a high frequency, system identification techniques are difficult, if not impossible, to apply because of the necessity of repeated structural analysis, which is time consuming. Statistical techniques have been employed to associate the damage with the changes in the admittance signatures, such as the root mean square deviation (RMSD) (Giurgiutiu and Rogers 1998), the relative deviation (Ayres *et al.* 1998), the difference of transfer function between the damaged and undamaged conditions and the mean absolute percent deviation (Naidu 2004). Comparison of these statistical indices showed that the RMSD is the most robust and representative index for assessing damage progression. The RMSD index is defined as

$$\mathrm{RMSD}(\%) = \sqrt{\frac{\sum_{i=1}^{N} (G_i^1 - G_i^0)^2}{\sum_{i=1}^{N} (G_i^0)^2}} \times 100 \qquad 2.11$$

where G_i^0 is the conductance of the PZT measured at the healthy condition of the structure, and G_i^1 is the corresponding post-damage value at the ith measurement point. In the RMSD damage index chart, the larger the difference between the baseline reading and the subsequent reading, the greater the numerical RMSD value is.

On the other hand, Bhalla (2004) used an alternative method for damage diagnosis based on the changes in structural mechanical impedance (SMI), which was extracted from the PZT admittance signature by means of signature decomposition. Detailed procedure of extracting SMI from the PZT admittance can be found in Bhalla (2004). The SMI-based RMSD is more sensitive to damage than the admittance-based RMSD because the former excludes the contribution of PZT in the admittance signature.

Using these two RMSD indices, Yang *et al.* (2008a) analyzed the results obtained from an experimental test carried out on a two-storey reinforced concrete (RC) frame, as shown in Fig. 2.6. In this experimental test, five PZT patches were surface bonded to one of the columns on the first floor of the RC frame (Fig. 2.7(a)). The locations of the PZT patches were determined based on structural analysis and engineering experience that cracks most probably appear at the joint section between the columns and beams. Therefore, the PZT patches were bonded close to a joint and along a column in order to capture the information of vital structural damages. The concrete frame structure was placed on a shake table which generated base vibrations to simulate earthquake. The five PZT patches were individually connected to different channels of a switch box, which was used to make multiple connections between the impedance analyzer and the PZT patches. The impedance analyzer excited the PZT patches and simultaneously recorded the admittance signatures received by the PZT patches. A sinusoidal sweep voltage with amplitude of 1 volt was applied to the PZT patches over various frequency ranges. The impedance analyzer was then connected to a personal computer to store the data.

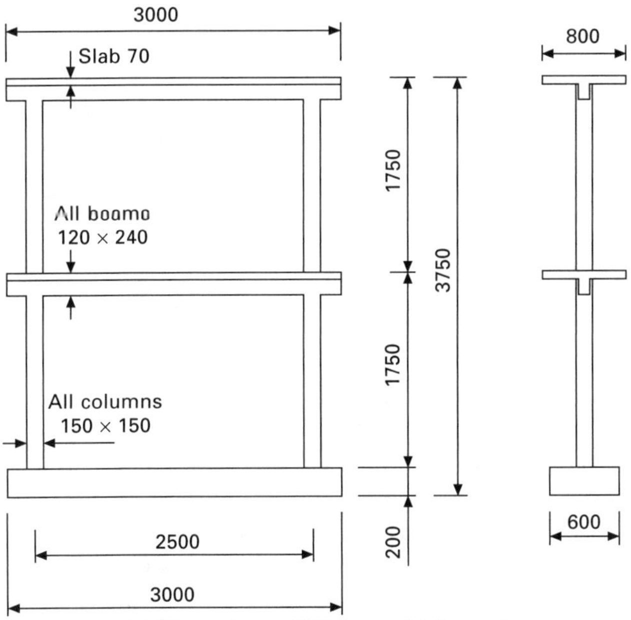

(a) Dimensions of RC frame (Unit: mm)

2.6 Experimental test on an RC frame.

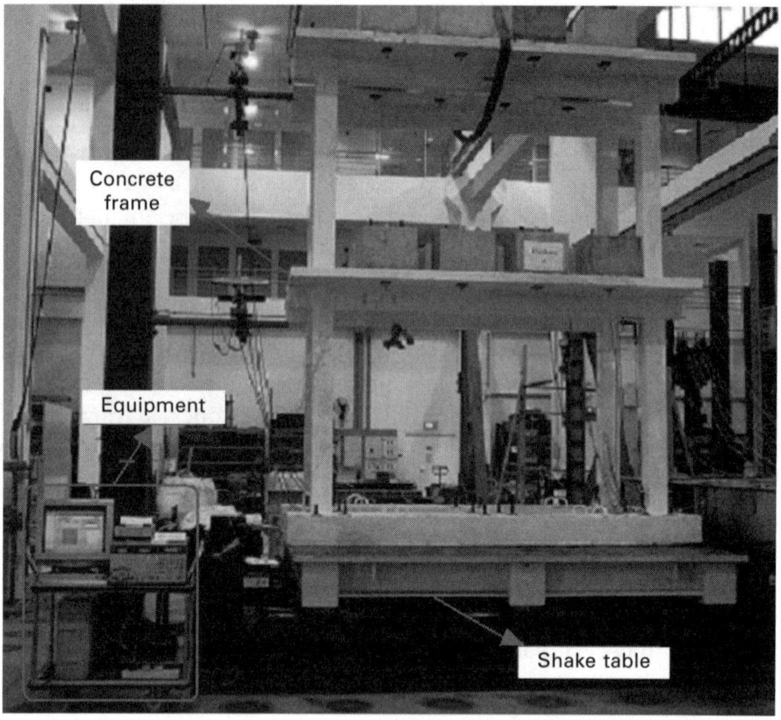

(b) Experimental setup

2.6 Cont'd

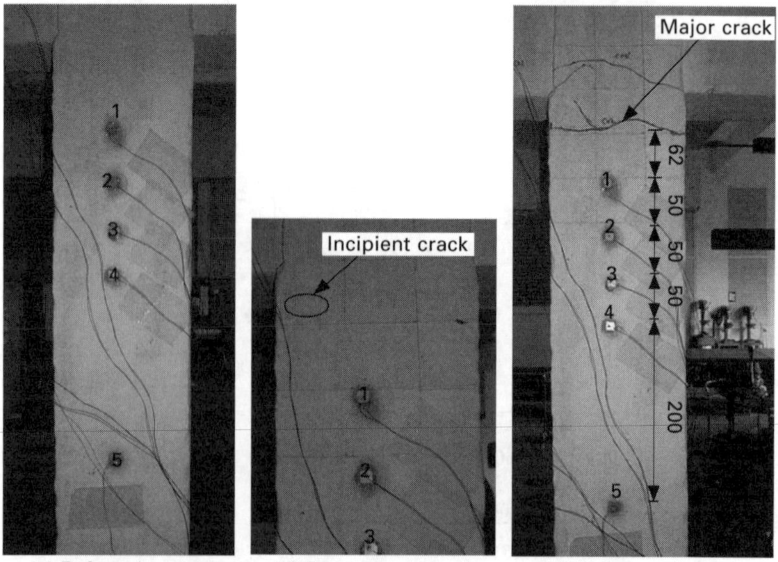

(a) Before damage (b) Damage phase 1 (c) Damage phase 2

2.7 Condition of column before and after damage (Unit: mm).

The test loads were applied in the form of horizontal base motions with different frequencies and intensities. The test was performed in five phases. The RC frame was subjected to two main vibration phases, namely phase 2 and phase 4. The other three random vibration phases were used for structural identification. After vibration phase 2 with peak ground acceleration of 0.23 g, incipient damage occurred in the structure, and some was visible (referred to as damage phase 1 hereafter). After vibration phase 4 with peak ground acceleration of 0.46 g, major cracks appeared in the structure, especially at the joint section (referred to as damage phase 2 hereafter). The appearance of cracks on the column where the PZT patches were installed is shown in Fig. 2.7. The five PZT patches were scanned before the base-loading in order to record the baseline signatures for the healthy condition. Under the conditions of incipient damage as shown in Fig. 2.7(b) and serious damage as shown in Fig. 2.7(c), the PZT patches were individually scanned to acquire the post-damage signatures. The distances of the five PZT patches from the main crack shown in Fig. 2.7(c) are 62 mm, 112 mm, 162 mm, 212 mm and 412 mm, respectively.

Signatures captured by one of the PZT patches (Patch 4) are illustrated in Fig. 2.8. According to the measured signatures, the SMIs at the PZT drive points are illustrated in Fig. 2.9. Figure 2.10 illustrates the RMSD damage indices calculated from the PZT admittance and the SMI, where G and B denote the real and imaginary parts of the PZT admittance, respectively; and x and y the real and imaginary parts of SMI, respectively. The damage indices in Fig. 2.10 are calculated for all the five PZT sensors at two damage phases with respect to the baseline signature. It can be observed that the RMSD values of both G and x exhibit a decreasing trend as the distance of PZT from the main crack increases. However, the damage indices for B and y do not show any uniform decreasing trend. This indicates that damage indices calculated from the real part of PZT admittance (G) and the real part of SMI (x) are more effective for damage assessment than those calculated from the imaginary parts (B and y). It is also found that both G and x increase with the severity of damage, but x has much larger values than G, indicating that x is more sensitive to damage thus a better damage index.

2.3.2 Quantitative method

Since the statistical index-based damage assessment is qualitative in nature, it is useful in detecting the onset and development of damage but not quantitatively identifying the damage location and severity. This is because severe damage far from the PZT transducer and minor damage close to it could have the same damage index.

For quantitative damage assessment using the EMI technique, system identification techniques need to be employed to search for the damage

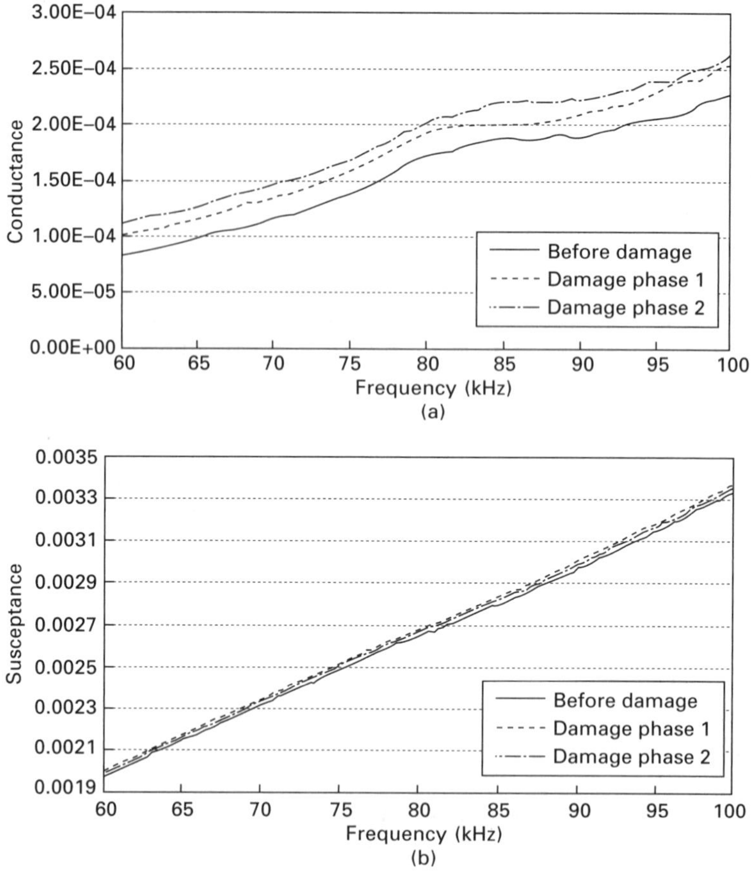

2.8 Admittance signatures of PZT Patch 4 for RC frame test.

location and assess the damage severity. Low frequency range is preferred due to the necessity of repeated analysis of SMI during the system identification process. In addition, the analytical solutions of SMI are preferred since numerical simulation on SMI generally needs intensive computation.

The quantitative damage assessment problem can be stated mathematically as:

$$\text{Find } \mathbf{D} \subset \mathbf{S}, \text{ such that } f(\mathbf{D}) \rightarrow \text{minimum} \qquad 2.12$$

where **D** is a trial solution of the damage; **S** is the feasible domain which contains all possible damages; and $f(\mathbf{D})$ is the fitness function to assess the correctness of the trial solution. From the above formulation, the damage identification problem is essentially an optimization problem.

It is noted that the formulation (2.12) may have a number of local minima in the region **S**, which would cause difficulty for the traditional local optimization strategies to find the global optimum. An ideal candidate

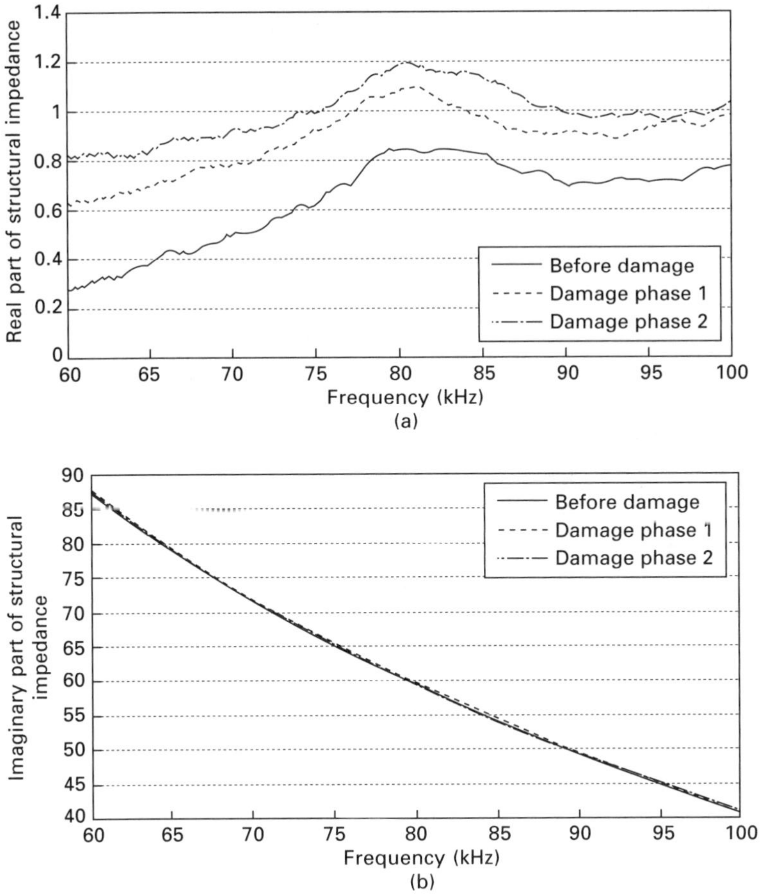

2.9 SMI signatures extracted from admittance signatures of PZT Patch 4.

to overcome this difficulty is evolutionary computation methods, such as genetic algorithms (Goldberg 1989) and evolutionary programming (Fogel 1992), which have been extensively used for various optimization problems and their robustness in finding the global optimum has been well proven.

Xu *et al.* (2004) conducted a quantitative damage analysis on beam and plate structures using the combination of the EMI technique and hybrid evolutionary programming. In their analysis, the peak shifts in the admittance signature in a low frequency range of 0–30 kHz, which reflect the changes in natural frequencies caused by damage, were used to design the fitness function for evolutionary programming. The damage was simulated by drilling a small hole in the structure. The results showed that both the location and radius of the hole could be identified successfully using evolutionary programming. However, the limitations of this method are obvious, i.e. (1) only single

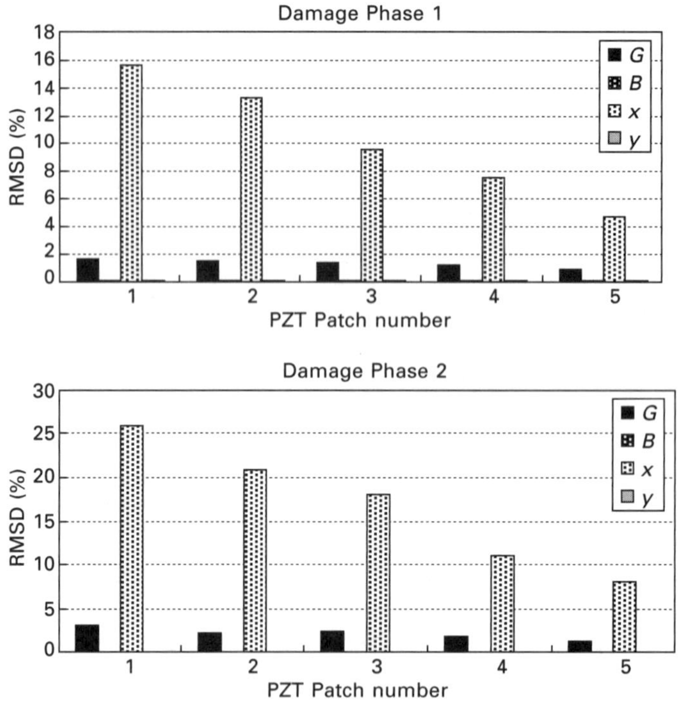

2.10 Damage indices for all five PZT patches.

damage in the structure could be identified; and (2) it is only applicable to simple structures.

2.4 Sensing region of lead zirconate titanate transducers

Despite various successful applications of EMI technique for SHM, the fundamental research work on determining the PZT sensing region has not received much attention, partially due to the difficulty in modeling PZT generated wave propagation in different materials.

The waves generated by PZT actuators carry the information of the host structure, and thus can be used to identify the existence of the damage. Based on the wave propagation approach, Esteban (1996) made an effort to identify various factors that affect the PZT sensing region. After a number of experiments on several engineering structures, experiential PZT sensing range was concluded (Park *et al.* 2000; Naidu 2004). However, all these conclusions were drawn from the experimental tests. Neither theoretical nor numerical models to identify the sensing region of PZT transducers have been established.

Hu and Yang (2007) presented a theoretical model to effectively determine the PZT sensing region. The elasticity solution of PZT generated wave propagation was first derived in terms of the wave reflection and transmission matrices. Subsequently, based on the corresponding principle, the viscoelasticity solution was obtained directly from the elasticity solution. The output voltage of PZT sensor versus the actuation voltage was obtained according to the PZT-structure interaction effect as follows

$$V_{\text{sensor}}/V_{\text{actuator}} = \frac{a_p b_p d_{31}^2 Y_p^E h_b}{C_p h_p h_b(-k_1 PN_1 + k_2 QN_2) - \dfrac{2C_p}{Y_p^E b_p(h_p + h_b)}} \left(-k_1^* PN_1 e^{ik_1^* x} + k_2^* QN_2 e^{-k_2^* x}\right) \tag{2.13}$$

Details of derivation and physical meanings of the symbols in the above equation can be found in Hu and Yang (2007). It can be observed that $V_{\text{sensor}}/V_{\text{actuator}}$ is a function of the material properties, the dimensions of the PZT patch, the frequency of actuation and the distance between the actuator and sensor. It is worth mentioning that the same PZT patch can be used both as actuator and as sensor in the EMI technique. However, for the purpose of determining PZT sensing region, different PZT patches were used as actuator and as sensor in the wave propagation modeling.

In order to verify the theoretical model, an experiment was carried out on an aluminium beam bonded with a number of PZT patches. The overall experimental setup is shown in Fig. 2.11. Two PZT patches were bonded to one end of the beam specimen at the same location but on the opposite side to function as actuators. A sinusoidal sweep voltage with amplitude of 1 volt was applied to these actuators to excite the pure bending vibration in the beam over various frequency ranges. Another five PZT patches were bonded to the beam specimen at distances of 0.2 m, 0.5 m, 1.5 m, 2.1 m and 2.9 m away from the actuators. These five PZT patches functioned as sensors. The right end of the beam specimen was inserted into a box filled with sand to achieve negligible wave reflection at the boundary, simulating a semi-infinite beam condition.

According to Eqn. (2.13), the sensing voltage of each sensor along the beam specimen can be calculated, which simulates the signal detected by the sensor. The theoretical results of sensor output voltage versus excitation frequency are illustrated in Fig. 2.12. It can be observed that as the distance of the sensor from the actuators increases, the sensor output voltage decreases. This indicates that the waves generated by the actuators attenuate while propagating through the beam, and this effect is especially obvious at higher excitation frequencies. It is also observed that peaks appear when the excitation frequencies approach the beam's natural frequencies due to the resonance at these frequencies. However, not all the peak values coincide well with the

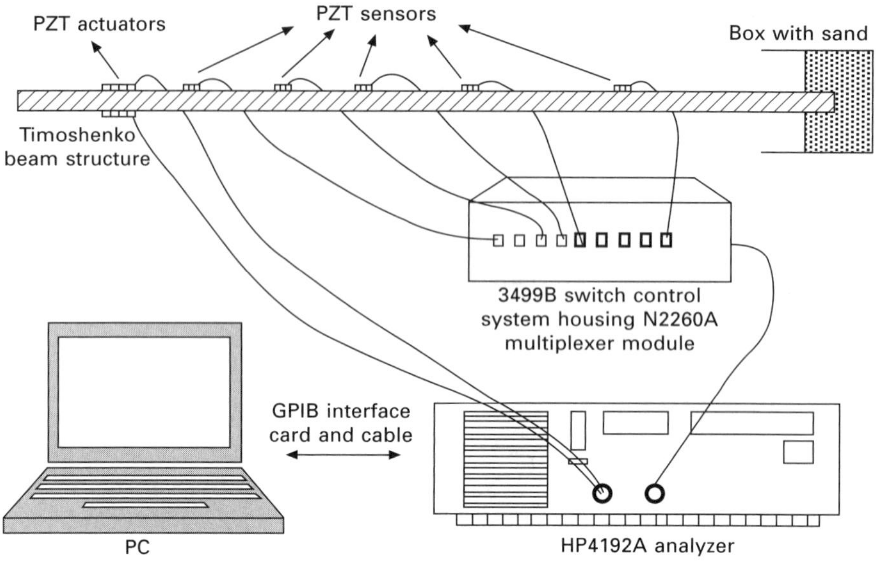

2.11 Experimental setup for determining PZT sensing region.

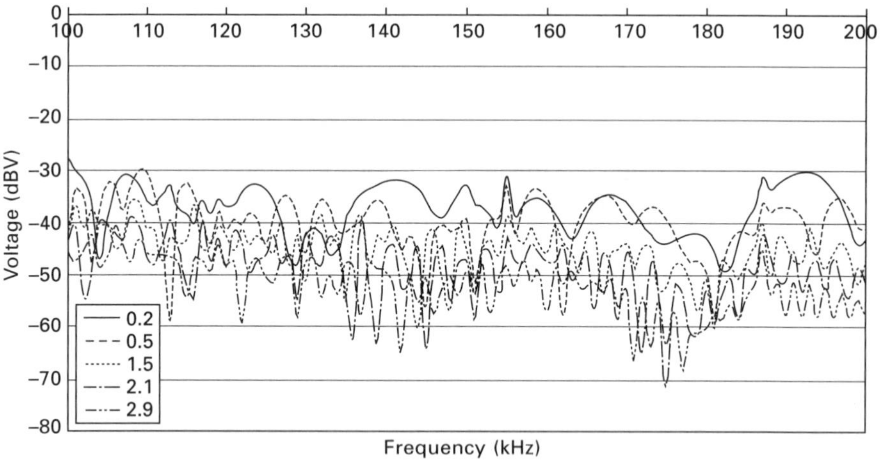

2.12 Signatures of theoretical prediction of voltages sensed by PZT sensors.

basic observation that the output voltage decreases as the distance between the sensor and the actuator increases. This is attributed to the fact that the sensor may be situated at the anti-nodes of certain vibration modes. If this happens, the sensor output voltage will be very small.

For clarity, several peaks are illustrated in Fig. 2.13, where the peak values of each sensor at certain frequencies, namely 119 kHz, 155 kHz and

187 kHz, are marked. It is obvious that the larger the distance, the smaller the peak value is; therefore, depicting the phenomenon of wave attenuation along the beam length.

Figure 2.14 shows the experimental results of output voltages of the five PZT sensors. Again, as expected, the phenomenon of wave attenuation is

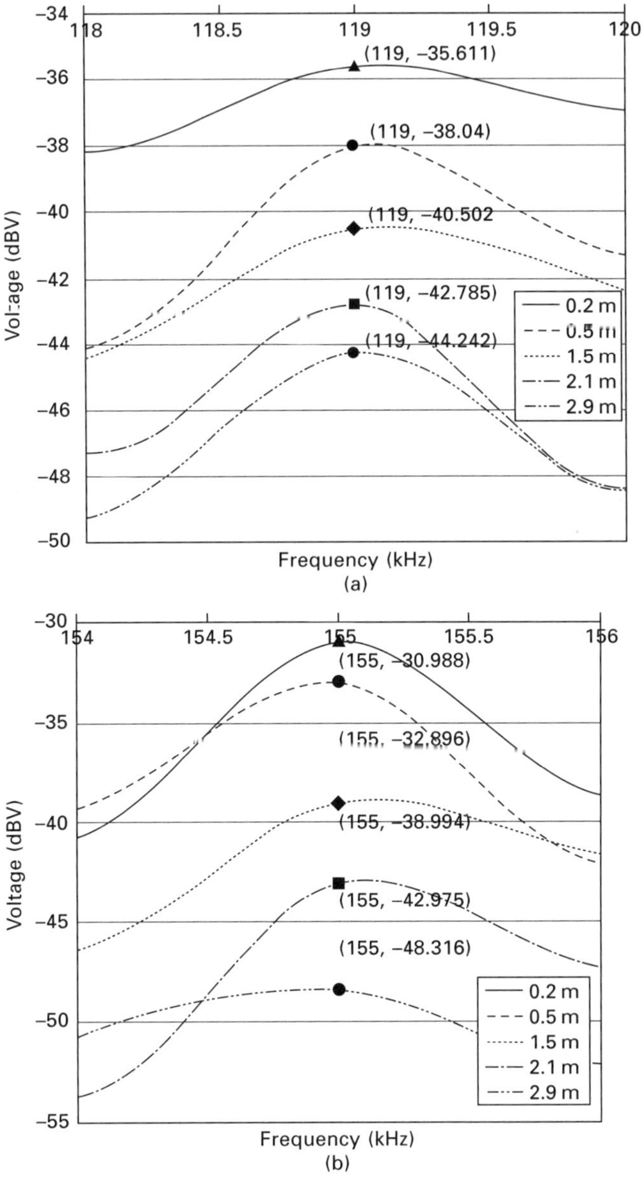

2.13 Signatures of predicted output voltages of sensors at certain frequencies.

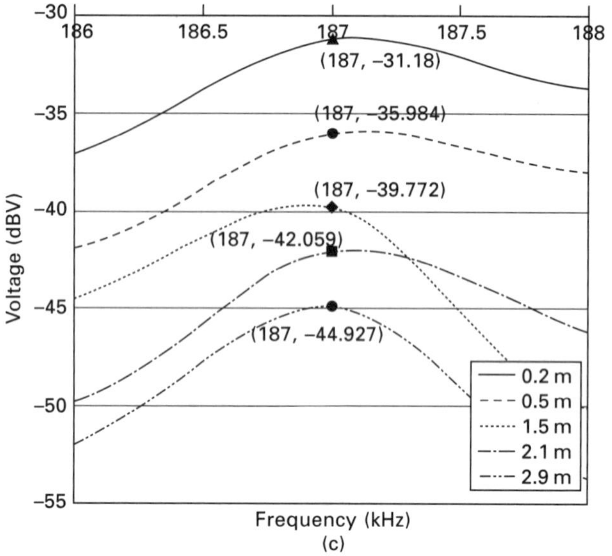

2.13 Cont'd

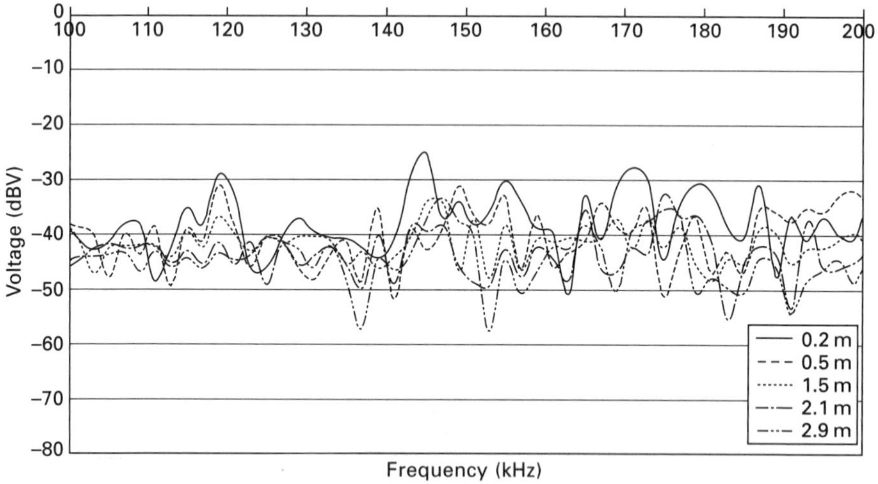

2.14 Signatures of experimental results of voltages sensed by PZT sensors.

apparent. The peak values under certain excitation frequencies illustrated and marked in Fig. 2.15 generally match well with those illustrated in Fig. 2.13. The differences between them can be attributed to several model assumptions as well as experimental errors. For example, in theoretical modeling, the effect of the adhesive layer between the PZT and the beam was not considered and the dissipation mechanism was assumed only due to damping. In the

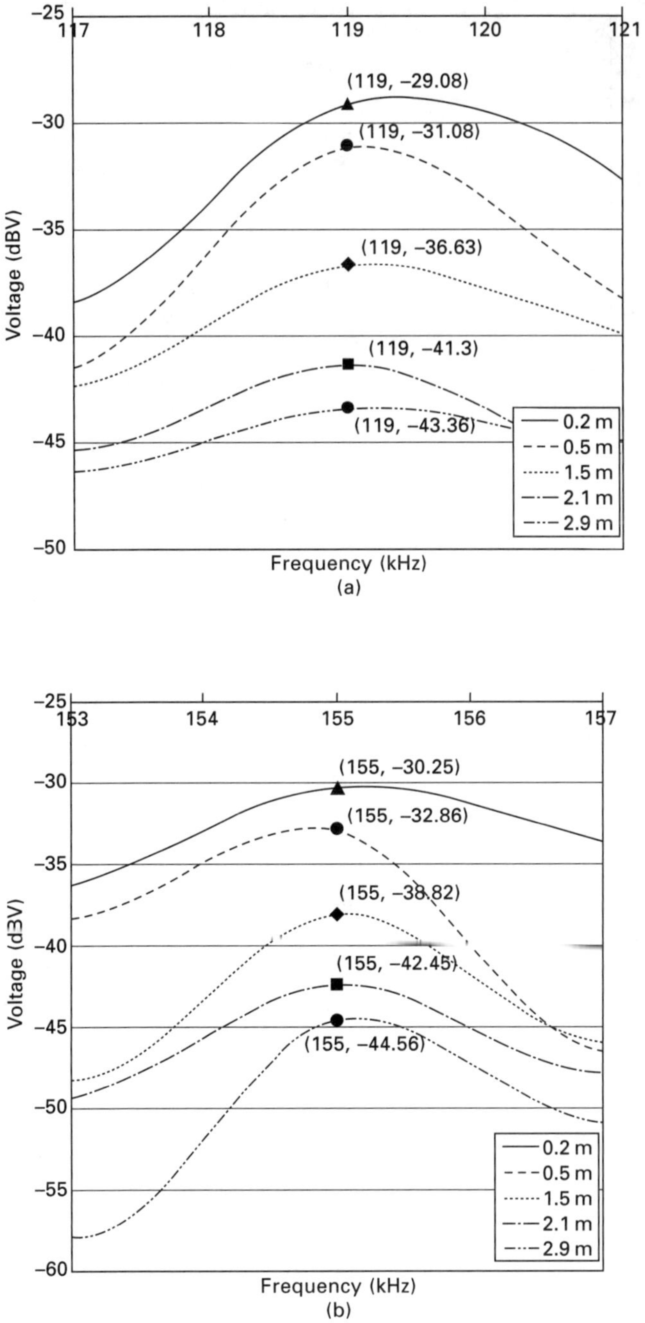

2.15 Signatures of measured output voltages of sensors at certain frequencies.

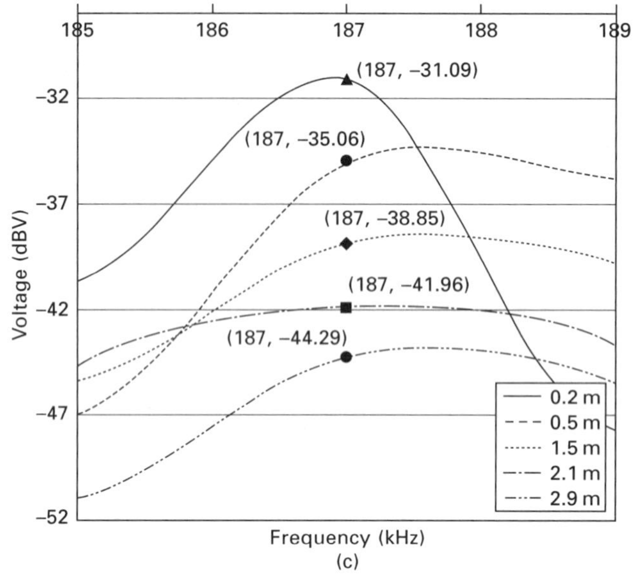

2.15 Cont'd

experiment, it was difficult to paste the two PZT actuators at exactly the same location, thus the pure bending excitation is an approximation.

In order to demonstrate the attenuation tendency of the wave propagating along the beam, the relationship between the output voltage and the distance of the sensor from the actuator at different excitation frequencies, namely 119 kHz, 155 kHz and 187 kHz, is derived using the theoretical model. The results are compared with the experimental data, as illustrated in Fig. 2.16. As the distance increases, the amplitude of waves presents a clear decaying tendency, and the decaying tendencies in the theoretical predictions and in the experimental results coincide well especially at longer distances. For instance, at distance further than 1.2 m, differences between the theoretically predicted voltages and the experimentally detected ones are less than 0.005 volt.

Due to the material and structural damping, waves generated by the PZT actuator attenuate while propagating through the structure. With the increase of distance between the PZT actuator and sensor, the output voltage of sensor decreases. If the output voltage is too small to be detected, PZT reaches its sensing limit. For the beam structure studied, the sensing region can be defined as the maximum distance between the actuator and sensor where the sensor output voltage is measurable. For two dimensional structures such as plates, the PZT sensing region can be defined as the circular area with a radius of that maximum distance.

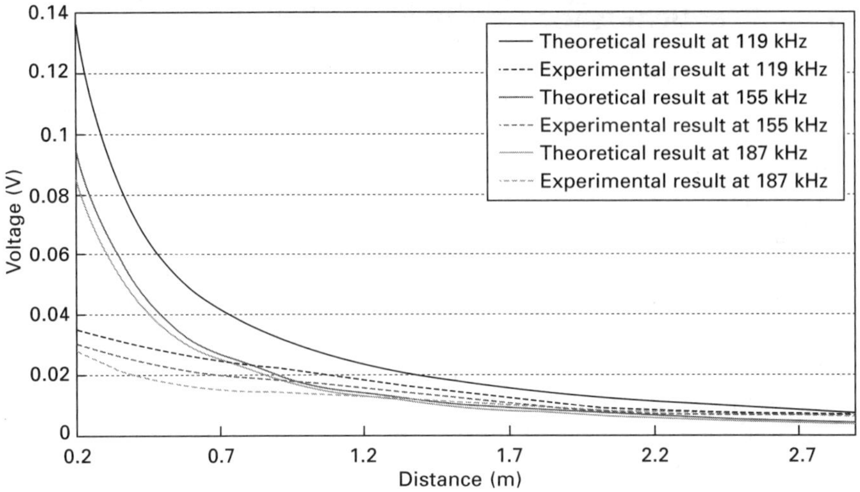

2.16 Theoretical and experimental results of output voltages of PZT sensors at different excitation frequencies.

The minimal voltage that can be captured by the HP 4192A analyzer used in this study is 0.005 volt. In order to ensure the reliability of engineering applications, it is reasonable to set the PZT sensing limit as 0.01 volt, i.e. one percent of the original excitation voltage. The PZT sensing region is closely related to the excitation frequency. If the frequency is too high, the sensing region may become so small that the PZT sensors only exhibit sensitivity to their bonding conditions or PZT itself rather than the behavior of the structure monitored (Park *et al.* 2003). According to the above sensing limit, i.e. 0.01 volt, and the typical excitation frequency range of 100–200 kHz for the EMI technique, the valid sensing region of PZT sensors is about 2–2.5 m as shown in Fig. 2.16. Beyond this range of 2–2.5 m, the output voltage received by PZT sensors is less than 0.01 volt and it is difficult for the analyzer to steadily record this small voltage. In this situation, the signatures captured by the analyzer may lose some information of the host structure and in turn the EMI technique will lose its sensitivity to structural damage. Therefore, it is concluded that the PZT sensing region in aluminium material for EMI-based SHM is within 2–2.5 m. This conclusion coincides with the experimental experience for metal specimens by Park *et al.* (2000), where a stable 2 m sensing region was observed using a similar impedance analyzer. It is worth noting that the HP 4192A analyzer used in the experimental test only has a resolution of 5 mV. If a more powerful analyzer with higher precision of measurement could be used, the PZT sensing region could be larger than 2–2.5 m.

2.5 Practical issues on field applications

The EMI technique possesses distinct advantages such as the ability to detect incipient damage, use of non-intrusive transducers and potentially low-cost applications. However, most of the researches conducted up to date were laboratory based (Lim *et al.* 2006), which were under well controlled environment. Practical applications are rarely attempted. However, most of the idealized assumptions may not be practical in real-life applications. The durability of both transducer and bonding layer is important to ensure consistency in monitoring signatures. Furthermore, their resistance towards harsh environmental effects such as rain, sunlight as well as fluctuating temperature ought to be carefully studied. Ability to sustain continuous and long term monitoring is also essential. Various problems related to real-life applications including the workability, reliability, durability and applicability of the EMI technique ought to be circumvented before actual application.

This section discusses the reliability of the EMI technique, in terms of long-term consistency of the measured admittance signatures. Effects of bonding layer on the EMI technique especially under varying temperature are also discussed.

2.5.1 Consistency of admittance signatures

The electrical admittance signatures are directly affected by the PZT patch, the bonding layer and the host structure. Under normal working conditions, the consistency of piezoelectric properties is relatively high. Aging rate of the key piezoceramic properties is generally lower than 5% per decade (PI Ceramic 2006). Endurance test conducted on piezoceramics showed that the material performed consistently even after several billion of cycles. Therefore, the deterioration of the PZT patch itself is not a major concern under normal use. However, this may not be true when the patch is surface-bonded on civil structures which may be constantly exposed to harsh environment.

Giurgiutiu *et al.* (2004b) investigated the effect of cyclic temperature change (oven test), climatic factors (outdoors tests) and operational fluids (immersion tests) on the durability of EMI technique. No significant changes were reported on the impedance spectrum.

Yang *et al.* (2008b) conducted a series of experimental tests to investigate the consistency of signatures acquired under different environmental conditions, with different levels of protection applied on the PZT transducer. The unprotected and protected PZT patches (with silicone rubber) placed indoors, outdoors and buried in soil were tested during a monitoring period of one and a half years. Results showed that all the unprotected PZT patches on the various samples performed excellently throughout the period of monitoring despite slightly higher fluctuations than the protected patches. The unprotected patch buried in dry soil remained workable without significant degradation. This shows the robustness of the EMI technique against the outdoor environment. With further protection using silicone layer, it provides adequate confidence in the use of PZT patches in a normal construction site, which is full of dust and in contact with soil. Constantly fluctuating humidity or even contact with rain water did not degrade the patches nor affect their signatures acquired as long as they were dried before the signature acquisition.

2.5.2 Effects of bonding layer and temperature

If a PZT patch was surface bonded onto a structure, the bonding adhesive forms the only interface for strain transfer between them. Generally, the bonding layer is much softer than the patch and the structure. The stiffness could be further reduced at elevated temperature. Temperature changes could lead to changes in mechanical and electrical properties of all components, including the PZT patch, the bonding layer and the host structure. However, previous researches have mainly focused on the effects of temperature on the PZT patch and the structure (Sun *et al.* 1995b, Park *et al.* 1999), but often omitted the bonding layer.

Sun *et al.* (1995b) discovered that the variations in electrical impedance caused by thermal drift and damage differ significantly. Effect of rise in temperature could be viewed as an effect of softening, which reduces the overall stiffness of host structure. Schulz *et al.* (2003) reported that the piezoelectric properties decreased with increasing temperature but recovered each time the sensor was cooled. Park *et al.* (1999) illustrated that temperature change imposed major effects on the dielectric constant and piezoelectric coupling constant of the patch. They also discovered that the real part of signatures acquired from free PZT patch changed negligibly with temperature. Therefore, the real part is preferred over the imaginary part when used in the EMI technique.

Various experimental case studies on the effects of bonding layer and temperature were conducted by Yang *et al.* (2008b). The admittance signatures of the PZT patches were acquired at different predetermined ambient temperatures from 30 °C to 80 °C, in an attempt to simulate the foreseeable temperature range normally experienced by civil structures in the tropical region. The results showed that the effect of bonding can be neglected even for thickness up to 2/3 of the PZT patch's thickness, provided that the excitation frequency does not exceed 100 kHz. Above this frequency, the adverse effect of thick (larger than 1/3 of PZT thickness) bonding is obvious. With thick bonding and at high frequency of excitation, the PZT resonance will dominate the structural resonance as a result of localized actuation and sensing, rendering contamination to the admittance signatures and reduction in the damage detection capability. The effect of increase in temperature on the admittance signatures was found to be similar to the increase in bonding thickness.

2.6 Conclusions

This chapter described the recent developments in SHM using PZT impedance transducers. In addition to various analytical PZT-structure interaction models, numerical models based on non-coupled and coupled field FEA were also described. Overall outcome of coupled field FEA impedance modeling was found to be superior to the existing analytical models in terms of ability to model the bonding layer and complex structures. Moreover, coupled field FEA impedance modeling enables direct acquisition of admittance signatures. However, the process of simulation could be tedious and time consuming.

For qualitative damage assessment using statistical damage index, it was concluded that the SMI-based damage index is superior to the admittance-based damage index, with the cost of extracting SMI from the admittance signature. For quantitative damage assessment using system identification techniques, low frequency range is preferred due to the necessity of repeated analysis of SMI during the system identification process. In contrast to the wide applications of qualitative damage assessment, quantitative damage assessment in the EMI technique is still limited. Theoretical and experimental investigations on the sensing region of PZT transducers showed that the reliable sensing region is within 2–2.5 m in aluminium material.

Experimental studies on the reliability of EMI technique under different environmental conditions and with different levels of protection applied on the PZT transducer showed excellent consistency of admittance signature. The results also showed that the effect of bonding can be neglected even for thickness up to 2/3 of the PZT patch's thickness, provided that the excitation frequency does not exceed 100 kHz. Above this frequency, thin bonding layer which is less than 1/3 of PZT thickness is recommended.

2.7 References

Annamdas VGM and Soh CK (2007). 'An electromechanical impedance model of a piezoceramic transducer-structure in the presence of thick adhesive bonding', *Smart Materials and Structures*, 16, 673–686.

Annamdas VGM, Yang YW and Soh CK (2007). 'Influence of loading on electromechanical admittance of piezoceramic transducers', *Smart Materials and Structures*, 16, 1888–1897.

ANSYS (2004). *ANSYS Reference Manual; Release 8.1*, ANSYS Inc., Canonsburg, PA, USA.

Ayres JW, Lalande F, Chaudhry Z and Rogers CA (1996). 'Qualitative health monitoring of a steel bridge structure via piezoelectric actuator/sensor patches', *Proceedings of SPIE Nondestructive Evaluation Techniques for Aging Infrastructure and Manufacturing*, Scottsdale, AZ, 2946, 211–218.

Ayres JW, Lalande F, Chaudhry Z and Rogers CA (1998). 'Qualitative impedance-based health monitoring of civil infrastructures', *Smart Materials and Structures*, 7, 599–605.

Bhalla S (2004). *A Mechanical Impedance Approach for Structural Identification, Health Monitoring and Non-Destructive Evaluation Using Piezo-Impedance Transducer*, PhD Thesis, Nanyang Technological University, Singapore.

Bhalla S and Soh CK (2004). 'Structural health monitoring by piezo-impedance transducers. I: Modeling', *J of Aerospace Engineering*, 17, 154–165.

Chaudhry Z, Joseph T, Sun F and Rogers C (1995). 'Local-area health monitoring of aircraft via piezoelectric actuator/sensor patches', *Proceedings of SPIE Conference on Smart Structures and Materials*, San Diego, CA, 26 Feb–3 March, 2443, 268–276.

Esteban J (1996). *Analysis of the Sensing Region of a PZT Actuator-Sensor*. PhD Dissertation, Virginia Polytechnic Institute and State University, Blacksburg, VA.

Fairweather JA (1998). *Designing with Active Materials: An Impedance Based Approach*, PhD Thesis, Rensselaer Polytechnic Institute, New York.

Fogel DB (1992). *Evolving Artificial Intelligence*, PhD Thesis, University of California, San Diego.

Ghoshal A, Harrison J, Sundaresan MJ, Hughes D and Schulz MJ (2001). 'Damage detection testing on a helicopter flexbeam', *Journal of Intelligent Material Systems and Structures*, 12(5), 315–329.

Giurgiutiu V and Rogers CA (1998). 'Recent advancement in the electromechanical impedance method for structural health monitoring and NDE', *Proceedings of SPIE* 3329, 536–547.

Giurgiutiu V and Zagrai AN (2000). 'Characterization of piezoelectric wafer active sensors', *J of Intelligent Material Systems and Structures*, 11, 959–976.

Giurgiutiu V, Zagrai A and Bao J (2004a). 'Damage identification in aging aircraft structures with piezoelectric wafer active sensors', *J of Intelligent Material Systems and Structures*, 15, 673–687.

Giurgiutiu V, Lin B and Bost J (2004b). 'Durability and survivability of piezoelectric wafer active sensors for structural health monitoring using the electromechanical impedance technique', *Proc. IMECE 2004, ASME International Mechanical Engineering Congress, November 13–19, 2004*, Anaheim, California.

Goldberg DE (1989). *Genetic Algorithms in Search, Optimization and Machine Learning*, Addison-Wesley, Reading, MA.

Hu YH and Yang YW (2007). 'Wave propagation modeling of PZT sensing region for structural health monitoring', *Smart Materials and Structures*, 16, 706–716.

Ikeda T (1990). *Fundamentals of Piezoelectricity*, Oxford University Press, Oxford, UK.

Lalande F (1995). *Modelling of the Induced Strain Actuation of Shell Structures*, PhD Dissertation, Virginia Polytechnic Institute and State University, Blacksburg, VA.

Liang C, Sun FP and Rogers CA (1993). 'An impedance method for dynamic analysis of active material systems', *Proceedings of ATAA/ASME/ASCE Conference on Material Systems*, La Jolla, California, 3587–3599.

Liang C, Sun FP and Rogers CA (1994). 'Coupled electro-mechanical analysis of adaptive material systems – determination of the actuator power consumption and system energy transfer', *J of Intelligent Material Systems and Structures*, 5, 12–20.

Liang C, Sun FP and Rogers CA (1996). 'Electro-mechanical impedance modelling of active material systems', *Smart Materials and Structures*, 5, 171–186.

Lim YY, Bhalla S and Soh CK (2006). 'Structural identification and damage diagnosis using self-sensing piezo-impedance transducers', *Smart Materials and Structures*, 15, 987–995.

Makkonen T, Holappa A, Ella J and Salomaa MM (2001). 'Finite element simulations of thin-film composite baw resonators', *IEEE Transactions on Ultrasonics, Ferroelectrics and Frequency Control*, 48, 1241–1258.

Moveni S (2003). *Finite Element Analysis, Theory and Application with ANSYS*, 2nd Edn., Pearson Education, New Jersey.

Naidu ASK (2004). *Structural Damage Identification with Admittance Signatures of Smart PZT Transducers*, PhD Thesis, Nanyang Technological University, Singapore.

Ong CW, Yang YW, Wong YT, Bhalla S, Lu Y and Soh CK (2002). 'The effects of adhesive on the electro-mechanical response of a piezoceramic transducer coupled smart system', *Proc. of SPIE*, 5062, 241–247.

Park G, Kabeya K, Cudney HH and Inman DJ (1999). 'Impedance-based structural health monitoring for temperature varying applications', *JSME International Journal*, 42, 249–258.

Park G, Cudney H and Inman DJ (2000). 'Impedance-based health monitoring of civil structural components', *Journal of Infrastructure Systems*, ASCE, 6(4), 153–160.

Park G, Cudney H. and Inman DJ (2001). 'Feasibility of using impedance-based damage assessment for pipeline systems', *Earthquake Engineering and Structural Dynamics Journal*, 30(10), 1463–1474.

Park G, Sohn H, Farrar CR and Inman DJ (2003). 'Overview of piezoelectric impedance-based health monitoring and path forward', *The Shock and Vibration Digest*, 35(6), 451–463.

PI Ceramic (2006). *Product Information Catalogue*, Lindenstrabe, Germany, http://www.piceramic.de.

Rossi A, Liang C and Rogers CA (1993). 'Coupled electric-mechanical analysis of a piezoceramic actuator driven system – an application to a circular ring', *Proceedings of the AIAA/ASME/ASCE/AHS/ASC 34th Structures, Structural Dynamics and Materials Conference*, LaJolla, CA, April 19–22, 3618–3624.

Schulz MJ, Sundaresan MJ, McMichael J, Clayton D, Sadler R and Nagel B (2003). 'Piezoelectric materials at elevated temperature', *Journal of Intelligent Material Systems and Structures*, 14, 693–704.

Soh CK, Tseng KKH, Bhalla S and Gupta A (2000). 'Performance of smart piezoceramic patches in health monitoring of a RC bridge', *Smart Materials and Structures*, 9(4), 533–542.

Sun F, Chaudhry Z, Liang C and Rogers CA (1995a). 'Truss structure integrity identification using PZT sensor-actuator', *Journal of Intelligent Material Systems and Structures*, 6(2), 134–139.

Sun F, Chaundhry Z, Rogers CA, Majmunder M and Liang C (1995b). 'Automated real-time structural health monitoring via signature pattern recognition', *Proc. of SPIE*, 2443, 236–247.

Xu JF, Yang YW and Soh CK (2004). 'EM impedance-based structural health monitoring with evolutionary programming', *J of Aerospace Engineering*, ASCE, 17(4), 182–193.

Xu YG and Liu GR (2003). 'A modified electro-mechanical impedance model of piezoelectric actuator-sensors for debonding detection of composite patches', *J of Intelligent Material Systems and Structures*, 13, 389–396.

Yang YW and Hu YH (2008). 'Electromechanical impedance modeling of PZT sensors for health monitoring of cylindrical shell structures', *Smart Materials and Structures*, 17(1), 015005.

Yang YW, Bhalla S, Wang C, Soh C K and Zhao J (2007). 'Monitoring of rocks using smart sensors', *Tunnelling and Underground Space Technology*, 22, 206–221.

Yang YW, Hu YH and Lu Y (2008a). 'Sensitivity of PZT impedance sensors for damage detection of concrete structures', *Sensors*, 8, 327–346.

Yang YW, Lim YY and Soh CK (2008b). 'Practical issues related to the application of EMI technique in SHM of civil structures: part I – experiment', *Smart Materials and Structures*, 17(3), 035008.

Yang YW, Lim YY and Soh CK (2008c). 'Practical issues related to the application of EMI technique in SHM of civil structures: part II – numerical verification', *Smart Materials and Structures*, 17(3), 035009.

Yang YW, Xu JF and Soh CK (2005). 'Generic impedance-based model for structure-piezoceramic interacting system', *J of Aerospace Engineering*, ASCE, 18(2), 93–101.

Zagrai AN and Giurgiutiu V (2001). 'Electro-mechanical impedance method for crack detection in thin plates', *J of Intelligent Material Systems and Structures*, 12, 709–718.

Zhou S, Liang C and Rogers CA (1994). 'A dynamic model of piezoelectric actuator-driven thin plates', *Proceeding of the Smart Structures and Materials Conference*, Orlando, SPIE, 2190, 550–562.

Zhou S, Liang C and Rogers CA (1996). 'An impedance-based system modeling approach for induced strain actuator-driven structures', *Journal of vibration and Acoustics*, 118, 323–331.

3
Wireless sensors and networks for structural health monitoring of civil infrastructure systems

R A SWARTZ and J P LYNCH,
University of Michigan, USA

Abstract: This chapter describes the development of low-cost wireless sensors for monitoring civil infrastructure systems. The historical development of wireless sensor hardware and software design is described in detail. The embedded data processing algorithms that allow wireless sensors to locally process raw structural response data are presented. To illustrate the utility of wireless structural monitoring systems, a variety of field studies are presented including instrumentation upon complex bridges and buildings. The chapter concludes with more recent work in integrating wireless sensors within feedback control systems for the seismic protection of civil structures.

Key words: smart sensors, wireless sensors, structural monitoring, embedded data processing.

3.1 Introduction

Structural health monitoring systems provide valuable insight into the condition of a structure, enabling planners to make better decisions regarding maintenance, and help to ensure the safety of a structure's inhabitants. Unfortunately, two factors have led to the lack of widespread adoption of structural health monitoring systems. First, systems are expensive to install with costs increasing faster than a linear rate as systems grow in size. Second, the benefits currently derived from a permanently installed structural monitoring system are difficult to quantify in terms of costs saved to structural owners. Clearly, if the installation cost of monitoring systems can be reduced, while system capabilities are expanded to include robust identification of structural damage, implementation of health monitoring systems would become more widespread.

A robust monitoring system capable of accurately detecting and localizing damage requires a dense network of sensors installed throughout the system. For such a system, the cost of installing wires to connect the sensors to a centralized monitoring station can run into thousands of dollars per sensing channel (Celebi, 2002). Alternatively, replacing tethered sensors with low-cost wireless sensor nodes can substantially reduce system costs to a few hundred dollars or less per sensing channel; this is a significant saving, especially for systems requiring a large number of nodes. Wireless sensing nodes, with their on-board data processing abilities are also ideal for monitoring applications where data interrogation is performed automatically, thus eliminating the requirement for an engineer to examine a prohibitively enormous aggregation of data collected by the sensing network (Straser and Kiremidjian, 1998). Additionally, wireless sensing networks can be installed and uninstalled rapidly making temporary, emergency deployments of health monitoring systems possible at relatively short notice. With these motivations in mind, we explore in this chapter the unique challenges encountered in the practical implementation of wireless structural health monitoring systems, strategies for overcoming those challenges including hardware considerations and embedded data processing architectures, integration of wireless sensors into larger cyber-environments, and the extension of wireless sensors into applications requiring actuation such as active sensing and feedback structural control.

3.2 Challenges in wireless monitoring

Wireless sensors costing only a few hundred dollars per sensing node are low-cost alternatives to traditional wired sensors. They are also easier to install due to the eradication of extensive wiring between sensors. However, the lack of the dedicated communication channel offered by a wired system presents unique challenges during implementation of wireless monitoring systems in practice. The two primary challenges encountered when deploying wireless sensors are limited power supplies and bandwidth constraints of the wireless communication channel between sensing nodes. In addition, transmission range becomes a concern in spatially separated networks, as is often the case in large civil engineering structures that are often defined by dimensions of hundreds of meters. Finally, data flow over the air in wireless networks poses an additional security concern that must be addressed. These challenges, and strategies for alleviating their effects, are presented in detail in this section.

3.2.1 Power supply

In some structures, such as commercial buildings, wireless sensors can be conveniently operated using AC power native to the structure. However, many civil structures do not have AC power outlets distributed throughout. Without cables to supply power, wireless sensors in these structures would be reliant on battery power to function. For battery-powered monitoring systems intended to operate independently in the field for years at a time, power consumption is a major concern. The cost savings that can be obtained by employing wireless sensing will not justify a wireless system that requires constant maintenance and battery replacement, especially in the civil engineering environment when sensors may be very difficult to access. The design of a wireless sensing unit must therefore incorporate low power components in its design in order to preserve battery power as long as possible. However, lower power consumption often comes with reduced functionality: lower resolution, lower communications range, and/or reduced speed. These are all tradeoffs that must be judiciously analyzed during the design of wireless sensors in order to reduce power consumption yet obtain adequate sensor performance.

The largest consumer of battery power in the wireless sensor hardware design is the wireless radio. Given this fact, reducing radio use is the most effective way of preserving battery power within a well-designed wireless sensing network. Because computational operations within the sensing unit are less costly (in terms of energy drain) than data transmission, any on-board data processing that can reduce the amount of raw data transmitted wirelessly throughout the network will result in a net decrease in energy expended (Zimmerman *et al.*, 2008 and Lynch *et al.*, 2004d). Besides simply preserving battery life, on-board, automated data processing is advantageous in any monitoring system as it helps to avoid the situation where a very large collection of data is compiled within a repository at a rate faster than a qualified person (e.g. engineers) can manually process. By collocating computational power at the sensor, data can be processed as it is collected, without the added labor and expense of human interaction.

For many monitoring applications, some additional options exist to help overcome power supply limitations. First is the strategic use of a wireless sensor's sleep mode, where the sensor is powered down for a prolonged period of time. Another option is to scavenge energy from the environment, such as capturing solar power (Shinozuka, 2003 and Chung *et al.*, 2004), or harvesting power from mechanical vibrations (Sodano *et al.*, 2004). For applications with little to no computational requirements, passive radio frequency identification (RFID) sensors are an additional option to consider. RFID sensors do not require a collocated power source since power is received from a reader through electromagnetic coupling (Finkenzeller, 1999). Generally, appropriate power saving approaches are often application specific, and require careful thought and creativity by the system designer.

3.2.2 Bandwidth

The majority of wireless sensing units today are designed to operate within the unlicensed industrial, scientific, and medical (ISM) radio band. In the United States, the Federal Communications Commission (FCC) has designated the 900 MHz, 2.4 GHz, and 5.0 GHz frequency bands as unlicensed ISM bands for general use, but limits the output power of devices that operate within those bands to 1 W. Many wireless technologies (e.g. Wi-Fi, Bluetooth, Zigbee) operate well within these frequency requirements. The limited number of unlicensed frequencies and the potential for interference from other wireless technologies using the same bands restrict the amount of data that can be reliably transmitted within a network during a given time period, even in cases where power consumption is not a concern. Another factor to consider is that wireless signals may be sent either as narrow-band signals (i.e., modulated on a single frequency) or as a spread-spectrum signal (i.e., modulated over a range of frequencies). Narrow-band signals are more susceptible to environmental interference and multi-path distortions (Mittag, 2001), however spread-spectrum signals, while more reliable (Bensky, 2004), monopolize more bandwidth and further limit the total amount of data that can be moved over a particular range of frequencies in a given time period.

Multiple devices sharing a common bandwidth must coordinate their actions to avoid collisions that would corrupt the data they transmit. A number of medium access control (MAC) protocols are available for this purpose. A MAC protocol defines the rules a device must follow in order to access a shared communication medium; in the case of wireless sensors, that medium is a wireless channel. These rules are designed to avoid collisions and the corruption of data, ensure proper data reception, and offer uniform quality of service throughout the network (Zhao and Guibas, 2004). Two MAC protocols that are popular for wireless sensing applications include carrier sense multiple access with collision avoidance (CSMA/CA), in which sensing units detecting a collision back off for a random period of time before attempting to resend, and time division multiple access (TDMA) in which guaranteed time slots are allocated to each wireless sensor. In large civil structures, the ability for multiple sensors to share a single medium is especially important when taking into account limitations on transmission range between nodes.

3.2.3 Transmission range

As mentioned above, the power levels of transmissions made within unlicensed frequency bands are limited by the FCC to 1 W. Limiting the output power also limits the effective communication ranges of devices that use these bands. In open space, wireless signals lose power in proportion to their wavelength and in inverse proportion to the square of their distance from the transmitter (Rappaport, 2002). High power broadcasts would also drain available battery power quickly. Boundaries such as floors and walls also reduce the wireless signal; this effect is called path loss. In civil engineering structures, the size of the structure can be considerably larger than the effective range of low-power wireless devices. Nodes may be able to communicate with neighboring nodes but not distant ones. A number of solutions are available to overcome range restrictions. First, altering the antenna can produce substantial improvements. High gain and directional antennas can increase the effective range of wireless sensor nodes, but may be expensive solutions. Such a solution is ideal for star networks in which a single unit is able to communicate with all units. Where time is not critical, multi-hopping networks can transmit data from node to node over the entire length of the network but, the delay induced in multi-hopping networks increases as the network grows larger. The total energy expended by multi-hop, peer-to-peer networks is generally less than that consumed in star networks with comparable spatial coverage (Zhao and Guibas, 2004). Finally, a multi-tier network architecture may be employed in which high-power, high throughput central nodes serve as intermediaries for lower-power sensor nodes. The central nodes, powered from a structure's electrical grid, collect data from their local sub-network and transmit it to other central nodes on a second carrier frequency (Mitchell *et al.*, 2002). Figure 3.1 presents schematics of peer-to-peer, multi-tier, and star network topologies.

3.2.4 Security

As owners of Wi-Fi networks are well aware, wireless networks are vulnerable to security threats, both passive and active. Passive attacks come in the form of attempts to steal data as it is transmitted over the airwaves. One type of active attack involves the transmission of malicious data into the network to negatively impact its performance. Both of these forms of attack may be defeated by use of an effective encryption algorithm. Encryption increases the time and energy overhead involved in wireless transmissions, but may be necessary in critical applications. The other form of active attack that might be perpetrated against a wireless sensing network is jamming, which is the flooding of the radio band with interfering signals to block communications. In such cases, unless the power output of the transmitting radio can be increased dramatically, this kind of attack will be debilitating to a wireless network. In applications with a reasonable possibility of suffering such an attack, and where communications between nodes are critical, wireless networks are probably not ideal.

3.3 Hardware requirements for wireless sensors

Specific hardware requirements must be satisfied in wireless sensor designs in order to overcome the inherent challenges of wireless network operations and to ensure performance advantages can be reaped. For wireless sensor nodes to communicate with one another, a digital wireless radio is required. Because the output from most sensors is analog, the signal at some point must be converted into the digital domain in order to be transmitted.

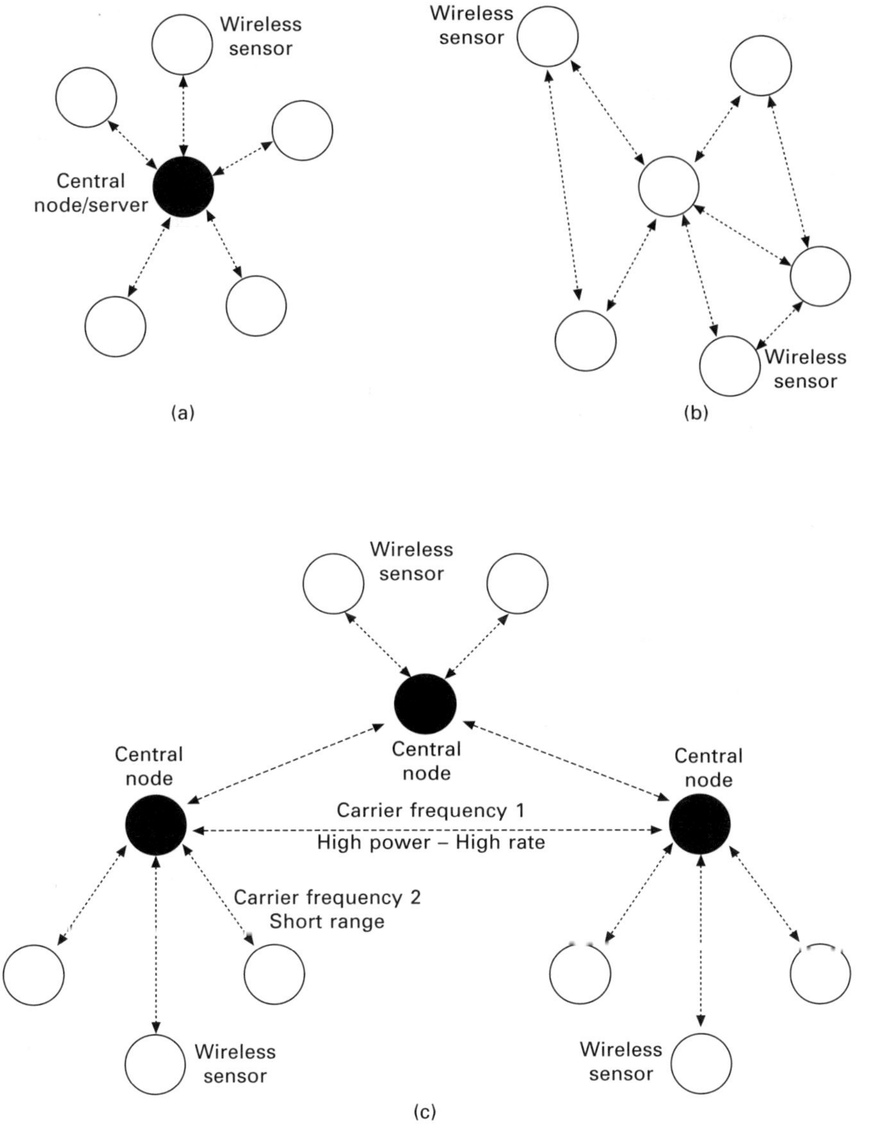

3.1 Wireless network topologies: (a) star; (b) peer-to-peer; (c) multi-tier.

Additionally, the activities of the sensing node: sampling, computations, and communications, require time-specific coordination. These requirements necessitate that a wireless sensing unit contain three primary modules: the sensing interface, the communications interface, and the computational core, see Fig. 3.2. 'Active' sensing, if used, requires a fourth module termed the actuation interface, which allows the sensor to interact with its environment

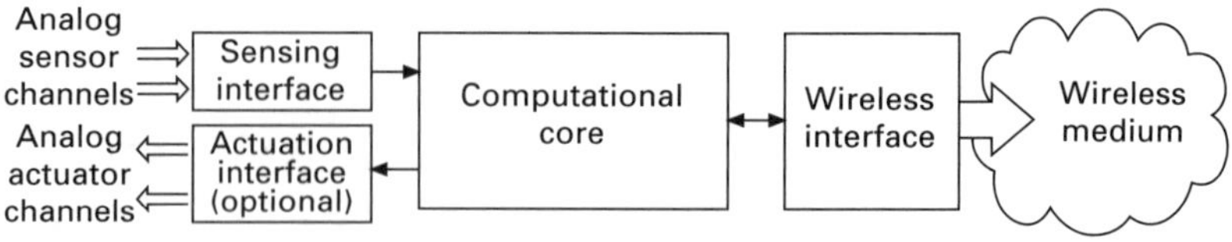

Sensing interface:
- Consists of analog-to-digital converter.
- Can support multiple sensors.
- Provides power for sensors.
- Requires careful attention in design to reduce noise.

Actuation interface:
- Consists of digital-to-analog converter.
- Can support multiple actuators.
- Does not necessarily provide power for actuators.
- Optional.

Computational core:
- Consists of embedded microcontroller and memory.
- Operates sensing interface, radio, and other peripherals.
- Computes engineering algorithms for embedded data processing.

Wireless interface:
- Consists of a digital radio.
- Generally operates on ISM frequency bands.
- Limited range.
- Major power consumer.

3.2 Wireless sensing unit architecture.

through actuators. The compositions and roles of each of these components are described in this section with an emphasis on providing solutions to the unique challenges involved in wireless structural health monitoring.

3.3.1 Sensing interface

The sensing interface is responsible for converting analog voltage output signals from sensors interfaced to a wireless sensor unit into digital signals that are usable by a digital processor. Many types of sensors commonly used in monitoring of civil structures (e.g. strain gages, linear variable differential transformers, geophones, accelerometers, etc.) output analog signals that are not immediately usable by digital circuitry. Therefore, an analog to digital converter (ADC) is needed to transform these analog signals into a digital format. Key considerations when selecting an ADC are resolution, maximum sampling frequency, allowable input voltage range, and noise characteristics. Resolution is especially important in civil applications where measurements are often made of the structural response to ambient conditions. Here, high resolution is required in order to adequately differentiate low energy signals from noise. Many commercially available wireless sensing units implement low resolution ADCs in the range of 10 to 12-bits. Higher resolution (16-bits or higher) is more optimal for civil monitoring applications. Sampling frequency should be adequately high to capture the dynamics of the structure under consideration. Signals outside of the ADC's input range will not be measured correctly and sensors that only output within a small fraction of the allowable input range waste valuable resolution. The range of the sensor should be matched to the range of the ADC or additional amplification circuits may be added between the sensor and ADC (Wang, 2007). In addition to voltage range, the noise characteristics of the sensing interface impact the final resolution that a sensing unit can realize. Noise should be kept as low as possible to preserve resolution. Generally, noise finds its origin in the analog/digital circuit that surrounds the actual ADC component; therefore, careful circuit layout is mandatory when integrating high resolution ADCs in wireless sensors.

Other important characteristics in the design of the sensing interface include number of sensing channels, power consumption, and cost. Providing multiple sensing channels per node can reduce the cost per sensing channel when sensors are located close together. Low power consumption is vitally important for wireless monitoring applications; however, low power components come with performance tradeoffs in terms of speed, resolution, noise, and other factors. For applications that rely solely on battery power, the lowest power ADC meeting the minimum requirements of the intended application should be selected.

3.3.2 Computational core

The programming that operates the sensing node is contained within the computational core. More specifically, this programming runs on a microcontroller. The microcontroller is a low-power computing platform capable of executing complex tasks reliably and efficiently. The microcontroller is responsible for operation of the peripheral devices on the sensing node, coordination of wireless communications between sensors, embedded data processing, and power management. For some applications, the memory required for data storage or embedded processing exceeds the capacity of the microcontroller. In these cases, external memory may be added for additional data storage capacity. The microprocessor selected for the computational core is the most important component of the wireless sensor. Key properties in selecting a microcontroller include power consumption, clock speed, memory, number and type of peripheral interfaces offered, timers, and cost.

3.3.3 Communications interface

Sensors must communicate with the end-user of the monitoring system and, in some cases, with other sensors in the network for collaborative data analysis. Communicating data or the results of embedded algorithms is accomplished by the communications interface. A wireless radio contained within this interface provides the communication link. Key parameters for wireless modem selection include transmission data rate, transmission range, power consumption, frequency range, compliance with communication standards, and cost.

3.3.4 Actuation interface

For active sensing applications (e.g. ultrasonic inspection or feedback control) in which the wireless sensing unit must interact with its environment, a fourth interface is required to command actuators. For motor-based actuators, a pulse width modulator (PWM) interface can supply the command signal. The PWM interface is often generated directly by the microcontroller, though amplification may be necessary. Most other actuators are commanded using analog voltage signals necessitating a digital to analog converter (DAC) to bridge the gap between the microprocessor and an actuator. A DAC converts discrete-time digital signals into continuous analog signals, generally via zero-order hold outputs. Key properties in DAC selection include resolution, output voltage range, power consumption, number of channels, settling time, and cost. Considering civil structures, it is often the case that the resolution is not as critical for the actuation interface as it is for the sensing interface, as civil engineering actuators are rarely precision instruments. Output range, settling time, and power consumption are usually more important properties in structural monitoring applications.

3.4 Wireless sensing prototypes

Since the late 1990s many wireless sensing unit prototypes have been developed for both academic and commercial applications. With different intended application and priorities in mind, wireless sensor designers have gone in a myriad of different directions with their development. Depending on the goals of the designers, sensing unit design may emphasize speed, transmission range, reliability of communications, security, versatility, sensitivity, low power consumption, low cost, or some combination of those factors. Clearly, it is impossible to emphasize all of these objectives in a single design; the best sensing unit design for one application is not necessarily the best design for another application. With that fact in mind, Tables 3.1–3.4, taken and adapted from tables compiled by Lynch and Loh (2006), present the development of wireless sensing units from 1998 to 2007. Tables 3.1–3.2 present seventeen academic wireless sensing units developed since 1998 ranging from short-range, low-power mites (Mitchell *et al.*, 2002), to powerful and versatile behemoths (Farrar *et al.*, 2005 and Allen, 2004). Table 3.3 presents commercial sensors while Table 3.4 presents active wireless sensing units that uniquely include actuation interfaces in their design.

In this section we will take a closer look at two similar wireless sensing units developed using two different approaches for wireless monitoring of civil structures, both using low-cost commercial off-the-shelf (COTS) components. In the first approach, Wang *et al.* (2005) have designed a low

Table 3.1 Summary of academic wireless sensing unit prototypes

	Straser and Kiremidjian (1998)	Bennett *et al.* (1999)	Lynch *et al.* (2001, 2002a, 2002b)	Mitchell *et al.* (2002)	Kottapalli *et al.* (2003)	Lynch *et al.* (2003a, 2004a, 2004b)	Aoki *et al.* (2003)	Basheer *et al.* (2003)
Data Acquisition Module								
ADC channels	8	4	1		5	1		Multiple
Sample rate	240 Hz		100 kHz	20 MHz	20 MHz	100 kHz		
ADC resolution	16-bit	16-bit	16-bit	16-bit	8-bit	16-bit	10-bit	
Digital inputs	0		2		0	2		
Embedded Computing Capabilities								
Processor	Motorola 68HC11	Hitachi H8/329	Atmel AVR8515	Cygnal 8051	Microchip PIC16F73	Atmel AT90S8515 AVR/MPC555 PowerPC	Renesas H8/4069F	ARM7TDMI
Bus size	8-bit	8-bit	8-bit	8-bit	8-bit	8-bit/32-bit	8-bit	32-bit
Clock speed	2.1 MHz	4.9 Hz	4 MHz		20 MHz	4 MHz/20 MHz	20 MHz	
Program memory	16 kB	32 kB	8 kB	2 kB	4 kB	8 kB/26 kB	128 kB	
Data memory	32 kB		32 kB	128 kB	192 kB	512 kB/448 kB	2 MB	
Wireless Communications Specifications								
Radio	Proxim ProxLink	Radio-metrix	Proxim RangeLan2	Ericsson Bluetooth	BlueChip RBF915	Proxim RangeLan2	Realtek RTL-8019AS	Phillips Blueberry Bluetooth
Frequency band	900 MHz	418 MHz	2.4 GHz	2.4 GHz	900 MHz	2.4 GHz		2.4 GHz
Wireless standard				IEEE 802.15.1				IEEE 802.15.1
Spread spectrum	Yes		Yes	Yes	Yes	Yes		Yes
Outdoor range	300 m	300 m	300 m	10 m	500 m	300 m	50 m	100 m
Indoor range	150 m		150 m	10 m	200 m	150 m	50 m	
Data rate	19.2 kbps	40 kbps	1.6 Mbps		10 kbps	1.6 Mbps		

Table 3.1 Cont'd

	Straser and Kiremidjian (1998)	Bennett *et al.* (1999)	Lynch *et al.* (2001, 2002a, 2002b)	Mitchell *et al.* (2002)	Kottapalli *et al.* (2003)	Lynch *et al.* (2003a, 2004a, 2004b)	Aoki *et al.* (2003)	Basheer *et al.* (2003)
Assembled Unit Attributes								
Dimensions	15×13×10 cm	15D×30 cm	10×10×5 cm	5×3.8×1.2 cm	10×5×1.5 cm	12×10×2 cm	30×6×8 cm	2.5×2.5×2.5 cm
Power				120 mW	100 mW			
Power source	Battery (9V)	Battery (6V)	Battery (9V)	Battery	Battery (9V)	Battery (9V)		Battery

Table 3.2 Summary of academic wireless sensing unit prototypes (cont.)

	Casciati *et al.* (2003, 2004)	Wang *et al.* (2003, 2004); Gu *et al.* (2004)	Mastroleon *et al.* (2004)	Shinozuka (2003); Chung *et al.* (2004)	Ou *et al.* (2004)	Sazanov *et al.* (2004)	Farrar *et al.* (2005); Allen (2004)	Wang *et al.* (2005)	Pei *et al.* (2005)
Data Acquisition Module									
ADC channels	8	8	5		4/2	6	6	4	
Sample rate		> 50 Hz	480 Hz				200 kHz	100 kHz	100/500 Hz
ADC resolution	12-bit	12-bit	16-bit		8-bit/ 10-bit	12-bit	16-bit	16-bit	10/12/ 16-bit
Digital inputs		multiple	0		2	16	0		
Embedded Computing Capabilities									
Processor		Analog Devices ADuC832	Micro-chip PIC-micro		Atmel AVR ATMega 8L	Texas Instruments MSP430F1611	Intel Pentium/ Motorola	Atmel AVR ATMega 128	Motorola 68HC11
Bus size		8-bit	16-bit/ 8-bit		8-bit	16-bit	16-bit	8-bit	8-bit
Clock speed							120/233 MHz	8 MHz	
Program memory		62 kB			8 kB	16 MB	256 MB	128 kB	32 kB
Data memory		2 kB			1 kB		Compact Flash	128 kB	32 kB
Wireless Communications Specifications									
Radio	Aurel XTR-915	Linx Technologies	BlueChip RFB915B		Chipcon CC1000	Chipcon CC2420	Motorola neuRFon	Max-stream 9XCite	Max-Stream Xstream
Frequency band	914.5 MHz	916 MHz	900 MHz	2.4 GHz	433 MHz	2.4 GHz	2.4 GHz	900 MHz	900 MHz/ 2.4 GHz
Wireless standard			IEEE 802.15.1	IEEE 802.11b		IEEE 802.15.4	IEEE 802.15.4		

Table 3.2 Cont'd

	Casciati *et al.* (2003, 2004)	Wang *et al.* (2003, 2004); Gu *et al.* (2004)	Mastroleon *et al.* (2004)	Shinozuka (2003); Chung *et al.* (2004)	Ou *et al.* (2004)	Sazanov *et al.* (2004)	Farrar *et al.* (2005); Allen (2004)	Wang *et al.* (2005)	Pei *et al.* (2005)
Spread spectrum	No	No	Yes	Yes	Yes	Yes	Yes	Yes	Yes
Outdoor range		152 m	200–300 m	250 m		75 m	9.1 m	300 m	
Indoor range		61 m					9.1 m	100 m	
Data rate	100 kbps	33.6 kbps	19.2 kbps		76.8 kbps	250 kbps	230 kbps	38.5 kbps	
Assembled Unit Attributes									
Dimensions			8×8×2 cm	6×9×3.1 cm				10×6×4 cm	
Power						75 mW	6 W		
Power source		Battery		Battery + Solar	Battery			Battery (7.5V)	Battery (9V)

Table 3.3 Summary of commercial wireless sensing unit prototypes

	UC Berkeley Crossbow WeC: 1999	UC Berkeley Crossbow Rene: 2000	UC Berkeley Crossbow MICA: 2002	UC Berkeley Crossbow MICA2: 2003	Intel iMote Kling (2003)	Intel iMote 2, Kling (2005)	Microstrain, Galbreath *et al.* (2003)	Rockwell, Agre *et al.* (1999)
Data Acquisition Module								
ADC channels	8	8	8	8			8	4
Sample rate	1 kHz	1 kHz	1 kHz	1 kHz			1.7 kHz (one channel)	400 Hz
ADC resolution	10-bit	10-bit	10-bit	10-bit			12-bit	20-bit
Digital inputs								
Embedded Computing Capabilities								
Processor	Atmel AT90LS8535	Atmel ATMega 163L	Atmel ATMega 103L	Atmel ATMega 128L	Zeevo ARM7TDMI	Intel PXA270 XScale	MicroChip PIC16F877	Intel Strong-ARM 1100
Bus size	8-bit	8-bit	8-bit	8-bit	32-bit	32-bit	8-bit	32-bit
Clock speed	4 MHz	4 MHz	4 MHz	7.383 MHz	12 MHz	13–416 MHz		133 MHz
Program memory	8 kB	16 kB	128 kB	128 kB	64 kB	256 kB		1 MB
Data memory	32 kB	32 kB	512 kB	512 kB	512 kB	32–64 MB	2 MB	128 kB
Wireless Communications Specifications								
Radio	TR1000	TR1000	TR1000	Chipcon CC1000	Wireless BT Zeevo	Chipcon CC2420	RF Monolithics DR-3000-1	Conexant RDSSS9M
Frequency band	868/916 MHz	868/916 MHz	868/916 MHz	315, 433, or 868/916 MHz	2.4 GHz	2.4 GHz	916.5 MHz	916 MHz
Wireless standard					IEEE 802.15.1	IEEE 802.14.4		
Spread spectrum	No	No	No	Yes (software)	Yes	Yes		Yes
Outdoor range								
Indoor range								100 m
Data rate	10 kbps	10 kbps	40 kbps	38.4 kbps	600 kbps	250 kbps	75 kbps	100 kbps

Table 3.3 Cont'd

	UC Berkeley Crossbow WeC: 1999	UC Berkeley Crossbow Rene: 2000	UC Berkeley Crossbow MICA: 2002	UC Berkeley Crossbow MICA2: 2003	Intel iMote Kling (2003)	Intel iMote 2, Kling (2005)	Microstrain, Galbreath *et al.* (2003)	Rockwell, Agre *et al.* (1999)
Assembled Unit Attributes								
Dimensions	2.5×2.5×1.3 cm					3.6×4.8 cm		7.3×7.3 ×8.9 cm
Power	575 mAh	2850 mAh	2850 mAh	1000 mAh				
Power source	Coin Cell	Battery (3V)	Battery (3V)	Coin Cell	Battery		Battery (3.6V)	Battery (two 9V)

Table 3.4 Summary of academic active wireless sensing unit prototypes

	Lynch *et al.* (2003b, 2004c)	Grisso *et al.* (2005)	Allen (2004)	Liu *et al.* (2005)	Narada, Swartz *et al.* (2005)
ADC channels	32	8	6	1	4
Sample rate	40 kHz	>50 kHz	200 kHZ	10 MHz	10 kHz
ADC resolution	10-bit	16-bit	16-bit	10-bit	16-bit
Digital inputs	0	1		0	0
DAC channels	1				2
Sample rate	40 kHz				10 kHz
DAC resolution	12-bit				12-bit
Voltage outputs	± 5 V				0–4.095 V
Processor	Motorola MPC555 PowerPC	Diamond Systems PC 104	Pentium	Atmel AT94K10AL (MCU/FPGA)	Atmel ATMega 128
Bus size	32-bit		32-bit	8-bit	8-bit
Clock speed	40 MHz	100 MHz	133 MHz		8 MHz
Program memory	448 kB	64 kB	256 MB	32 kB	128 kB
Data memory	512 kB	32 MB	Compact Flash		128 kB
Radio	Proxim ProLink	Radiometrix	Motorola neuRFon	Atmel SmartRF AT86RF211	Chipcon CC2420
Frequency band	902-928 MHz	480 MHz	2.4 GHz		2.4 GHz
Wireless standard			IEEE 802.15.4		IEEE 802.15.4
Spread spectrum		Yes	Yes	Yes (software)	Yes
Outdoor range	300 m	1,000 m	9.1 m	305 m	50 m
Indoor range	150 m		9.1 m	30.5 m	20 m
Data rate		5 kbps	230 kbps	14.4 kbps	250 kbps
Dimensions	7x7x2.5 cm				
Power				6 W	200 mW
Power source	Battery (9V)	Battery (9V)	Battery (9V)		Battery (9V)

power wireless sensing unit, referred to henceforth as the Stanford WiMMS (wireless modular monitoring system) unit, with far communication range and moderate data throughput rate (Fig. 3.3). The sensing interface consists of a Texas Instruments ADS8341 16-bit ADC with four analog input channels that can read analog signals ranging from 0 to 5V. The ADC interfaces with an Atmel ATMega 128 microcontroller over its serial-peripheral interface (SPI). The ATMega 128 is an 8-bit, low-power microcontroller that has 128 kB of flash memory to store data and embedded algorithms, and 4 kB of electrically erasable programmable read-only memory (EEPROM). The computational core of the unit consists of the ATMega 128 augmented with

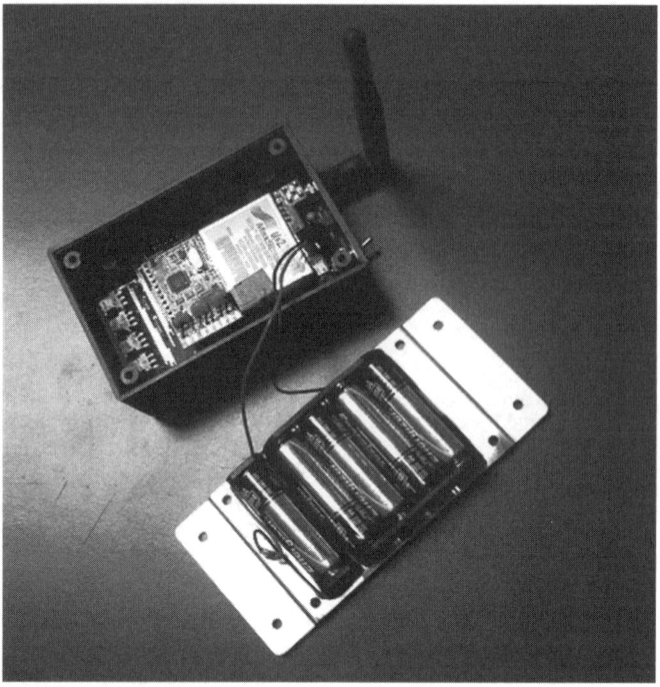

3.3 Stanford WiMMS wireless sensor.

128 kB of external static random access memory (SRAM) for additional data storage.

In the Stanford WiMMS unit, the communications interface is compatible with two different wireless modems. For use in the United States, the MaxStream 9XCite wireless modem having an outdoor line-of-sight range of 300 m using a 2.1dB gain dipole antenna and a maximum throughput rate of 38.4 kilobits per second (kbps) is interfaced with the microcontroller over the universal synchronous/asynchronous receiver/transmitter (USART) interface. Although more power efficient than many commercial wireless modems, the 9XCite consumes 275 mW during transmit mode and 175 mW during receive mode. The 9XCite communicates in the 900 MHz band making it unsuitable for many international applications where unlicensed use of the 900 MHz band is prohibited. When that is the case, the MaxStream 24XStream radio that communicates within the 2.4 GHz ISM Band is used. Power consumption is greater at 750 mW during transmission and 400 mW during reception with data transmission rates only 19.2 kbps. The outdoor line-of-sight range improves with the extra power consumed, up to 5 km using a 2.1 dB gain dipole antenna. The long range of this radio makes it especially well suited to use on large civil infrastructure systems though battery consumption may be a concern.

The second wireless sensing unit considered here is the 'Narada' wireless sensing unit, Fig. 3.4, developed by Swartz *et al.* (2005). Similar to the Stanford WiMMS unit, the Narada unit utilizes the Texas Instruments ADS8341 ADC and the Atmel ATMega 128 microprocessor; Fig. 3.5 shows its architectural diagram. The Narada wireless sensor, however, features an IEEE 802.15.4 compliant, Zigbee wireless modem: the Chipcon (Texas Instruments) CC2420, making it suitable to form ad-hoc peer-to-peer networks. The CC2420 uses 57 mW of energy during transmission and 62 mW during reception. Its range is 50 m outdoors, line-of-sight, and 20 m indoors with a maximum data throughput of 250 kbps. The IEEE 802.15.4 data packet structure provides the Narada unit with several advantages. Automated addressing, personal area network identification, optional auto-acknowledgement, packet type

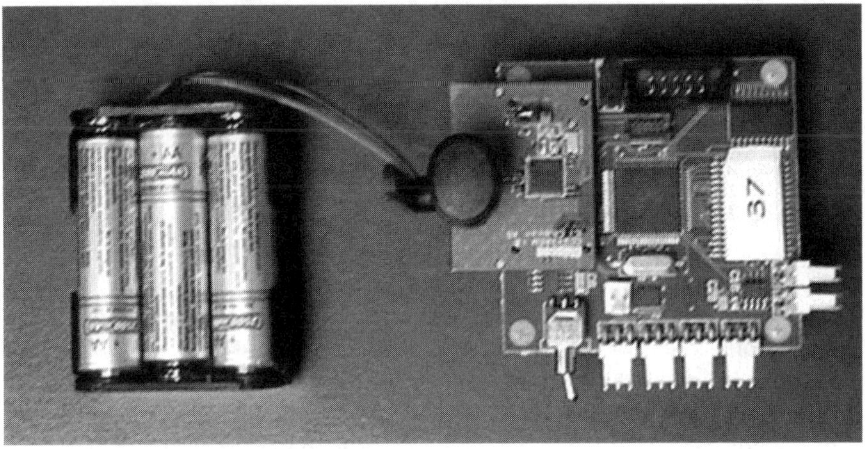

3.4 Narada wireless sensor.

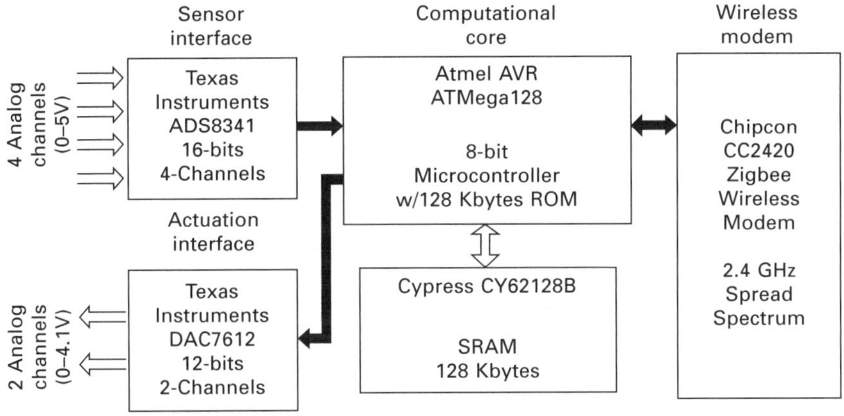

3.5 Narada wireless sensor architecture.

definitions, variable packet lengths, and optional security encryption are all covered by the IEEE 802.15.4 specifications to provide network reliability and flexibility. A customized network layer has been developed for the Narada wireless unit to allow it to be used to form very large, dynamic monitoring networks (defined by hundreds of sensors) that are included to capture a very complete picture of the state of the health of the structure.

The other major difference between the Narada and Stanford WiMMS units is the inclusion of an actuation interface. The actuation interface allows the network to engage in active sensing (e.g. ultrasonic inspection) or to be applied to wireless feedback control applications. The actuation interface consists of a Texas Instruments DAC7612 2-channel, 12-bit DAC capable of outputting analog signals from 0 to 4.1 V with a resolution of 1 mV. The DAC7612 has a settling time of 7 μs and consumes 3.7 mW of power during operation. With such an interface, the monitoring network is no longer restricted to passive observation but in fact, could now act proactively to protect the structure, when necessary, using actuators.

3.5 Embedded data processing

Coordination of the various tasks required for wireless sensing (e.g. sampling, data storage, data transmission, etc.) requires computing power, usually in the form of a microcontroller. The collocation of computing power with the wireless sensor introduces the possibility of embedded data processing directly at the wireless sensor. This ability differs from traditional wired sensing paradigms in which data is immediately transmitted to, and stored within, a centralized computer repository for later interrogation. In a wireless sensing network however, small amounts of computing power (microcontrollers) are spatially distributed throughout the system. In such a system, locally executed data interrogation methods offer two distinct advantages. The first advantage is in energy efficiency as, in wireless networks, data transmission over the wireless modem is a more energy-intensive operation than data interrogation within the microcontroller (Lynch *et al.*, 2004d and Gao *et al.*, 2006). By wirelessly reporting only the results of the embedded algorithm rather than the entire raw data stream, the network preserves battery power. The other advantage is that embedded algorithms eliminate the potential data glut that can occur when the collected database grows large enough to overwhelm the person responsible for manual data interrogation. Many times, even in cable-based monitoring, more data are collected than can be processed during the limited time that the human operator has available, potentially resulting in missed warnings; automated embedded data processing eliminates this possibility.

Embedded software for the wireless sensors (termed firmware) is made up of two general categories: the operating system that controls the node and engineering algorithms that perform the desired data interrogation tasks. The operating system is responsible for both coordinating the operations within the wireless sensor and for providing device drivers that operate peripheral components of the sensor (e.g. ADC, wireless modem, DAC). One popular operating system used on commercial wireless sensors is TinyOS. TinyOS is an open-source operating system originally designed at UC Berkley (Levis *et al.*, 2004 and Ruiz-Sandoval *et al.*, 2006).

One feature of certain operating systems (including those employed by the Stanford WiMMS unit as well as the Narada wireless sensor) is their ability to simultaneously execute multiple tasks. This ability, called multi-threading, is similar to the multi-tasking operation of a personal computer. In wireless sensors, multi-threading is an indispensible tool that allows the sensor to transmit data within the network while not interrupting sensing (or even actuation) activities. Both the operating system and the engineering algorithms may be written in a high-level programming language (e.g. C) with only the most time-critical operations requiring assembly level instructions that are microprocessor specific.

One key to good performance using wireless sensors is to minimize the size of the operating system within the sensor memory. Inefficient or overly generic operating systems will eat up the memory space available for storage of data and engineering algorithms. Depending on the application, large blocks of memory may be required to run the necessary algorithms. As in the case of the example wireless sensor prototypes of the previous section, additional memory may be added to augment the on-processor memory. This memory may be necessary, but accessing external memory requires additional clock cycles over and above what is required to access internal memory which may become a problem in time-critical applications.

The development of an operating system for the wireless sensor is only half of the solution. Another critical step is the development of a library of embedded algorithms that may be combined for monitoring operations such as modal analysis, system identification, model updating, damage detection, and even feedback control. Table 3.5 presents a list of embeddable algorithms developed for the Stanford WiMMS and Narada platforms along with their targeted applications. Fast Fourier transform (FFT) with peak-picking, random decrement, or frequency domain decomposition (FFD) algorithms are available for embedded modal analysis (Zimmerman *et al.*, 2008). Simulated annealing may be employed for model updating (Zimmerman and Lynch, 2006). Modal analysis and model updating techniques provide a parametric system model of the structure being monitored. The parameters may be mode shapes, modal frequencies, damping ratios, or stiffness values. Changes in these values may indicate damage to the structure. Autoregressive modeling (with and without exogenous inputs) provides the sensing network with a non-parametric model of the structure (though under certain circumstances,

Table 3.5 List of embedded algorithms successfully implemented on sensing prototypes

Algorithm	Application
Fast Fourier Transform (FFT)	Modal analysis
Peak Picking (PP)	Modal frequency identification
Random Decrement (RD)	Modal analysis
Frequency Domain Decomposition (FDD)	Modal analysis
Simulated Annealing (SA)	Model updating Damage detection
Autoregressive (AR) Modeling	System identification Damage detection
AR with Exogenous Input (ARX) Modeling	System identification Modal analysis
Singular Value Decomposition (SVD)	Modal analysis Principle component analysis
Kalman Filter (KF)	State estimation System identification Feedback control
Linear Quadratic Regulation (LQR)	Feedback control
Wavelet Transform (WT)	Damage detection Data compression

the non-parametric values may be related directly to modal frequencies and damping ratios), changes of which can again indicate damage (Swartz and Lynch, 2008 and Sohn and Farrar, 2001). Singular value decomposition is also useful in modal analysis and for determining the principle components of a model. Linear quadratic regulation and Kalman filtering may be used for wireless feedback control (covered at the end of this chapter) and the wavelet transform is useful in data compression and also, changes in the wavelet coefficients may indicate damage in the structure. Details on some of these, and other methods are available in later sections of the book.

Besides being effective for monitoring, algorithms developed for wireless networks should be written to optimally leverage the distributed data and computational resources inherent to a dense wireless sensor network. Even if there is no energy overhead associated with wireless data transmission between units, it would still make a little sense to centralize data processing within a single node, due to the memory and computational power constraints placed on the node by the use of low-power microsystems. For these reasons, it is necessary to take complex tasks normally reserved for more powerful computers and break them down into smaller and simpler tasks that can be allocated to the microprocessors for parallel execution within the network. For instance, modal analysis requires insight both into the temporal and spatial properties of the system requiring some sharing of data between spatially distributed nodes. The amount of data required and the complexity of the algorithm would overwhelm any particular node attempting to calculate a centralized solution for any but the simplest of systems. An example of such an algorithm is the FDD method. The traditional FDD approach requires an enormous amount of data to be handled by a single computer to find the modal properties of the entire system at once. By decomposing the global FDD problem into a chain of two point FDD algorithms, the wireless sensors can tackle the problem in small pieces with portions being processed in parallel. The two point FDD results may then be stitched together to form the final modal solution for the entire system (Zimmerman *et al.*, 2008).

3.6 Wireless monitoring: case studies

An important step in the validation of wireless sensors is field deployment on real-world structures to prove their functionality. The functionality of a wireless sensor may be described in three parts: data collection reliability, data quality, and accuracy of embedded algorithms. The first, collection reliability, refers to the very basic ability of the wireless sensor to acquire data and transfer it (wirelessly) into a repository for human analysis. For example, in Fig. 3.6, a Narada wireless sensor reliably sends its data to a laptop computer for analysis. While this function is not strictly necessary for wireless systems with fully embedded data processing abilities, it is necessary to validate the functionality of the sensor as well as its ability to send automated alarms when necessary. The second step is the validation of the quality of the data collected. In this step the wireless sensor is checked for noise levels,

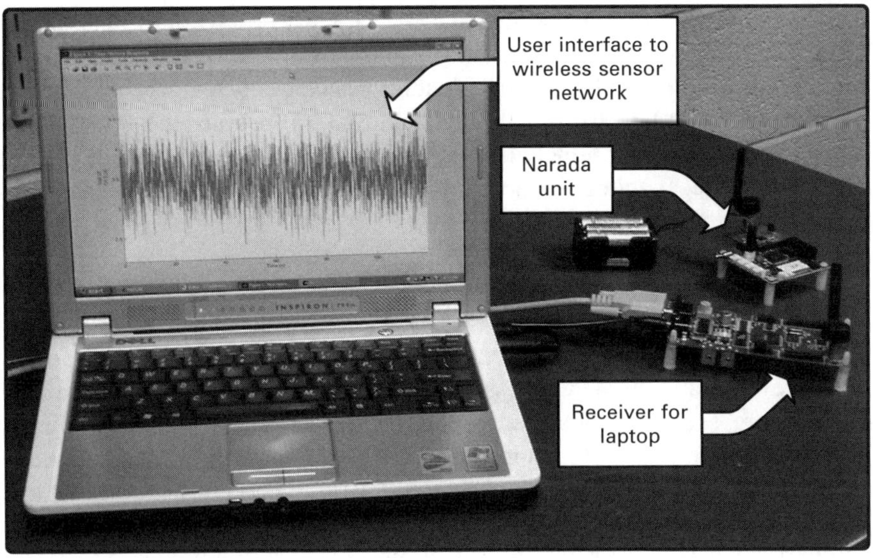

3.6 PC based network human interface.

quantization errors, bias errors, jitter, or other problems that may affect the accuracy of the data. Data quality is often validated by placing the wireless network in parallel with a traditional tethered monitoring system that is known to be accurate. The final metric of functionality checks the accuracy of the embedded algorithms. Once data are collected successfully and demonstrated to be of good quality, the results of the embedded data processing must be verified against a working computer model. In this section, we will examine a case study concerning each of these functionality metrics.

3.6.1 Vestas wind turbine, Germany

Wind turbines are subjected to strong and complex wind loadings during their operation. Because of the potential for fatigue as well as a desire to better understand the response of the turbine to loading, there is a desire to measure their dynamic responses to wind loads. Besides simple conditional assessment, monitoring may also lead to more efficient turbine operation. With these goals in mind, wireless sensors were installed within the steel tower of a 78 m tall Vestas V80 wind turbine located in northern Germany (Rolfes *et al.*, 2007).

In this study, four Stanford WiMMS sensors were distributed along the height of the turbine's steel tower with two Crossbow CXL01 uniaxial accelerometers, oriented in orthogonal lateral directions interfaced to each wireless sensor. The sensors were installed at approximately 11, 28, 52, and 76 m above grade and mounted to the inside face of the turbine tower. Signal conditioning boards were also utilized to magnify the signal (20×) before sampling in order to improve the signal-to-noise ratio and reduce quantization effects. For comparison, a tethered monitoring system (HBM-MGC Plus) employing PCB 3701 capacitive accelerometers was installed in parallel at the top level of the turbine. Figure 3.7 illustrates the acceleration collected by the wireless network in both X and Y directions at each level of the structure. It should be noted, the system was highly reliable with no data lost during transmission.

3.6.2 Geumdang Bridge, Korea

The next step in wireless sensor validation is data quality assurance. To quantify the quality of the wireless sensor data, the Geumdang Bridge study in Korea is presented in which a network of fourteen Stanford WiMMS wireless sensors were employed for monitoring the southern span of the Geumdang Bridge (Lynch *et al.*, 2006). The Geundang Bridge was constructed in 2002, and spans 273 m across an irrigation valley in Icheon, South Korea. The southern span is 122 m long and is composed of a continuous box girder supported on three concrete piers as well as a sloped retaining wall abutment.

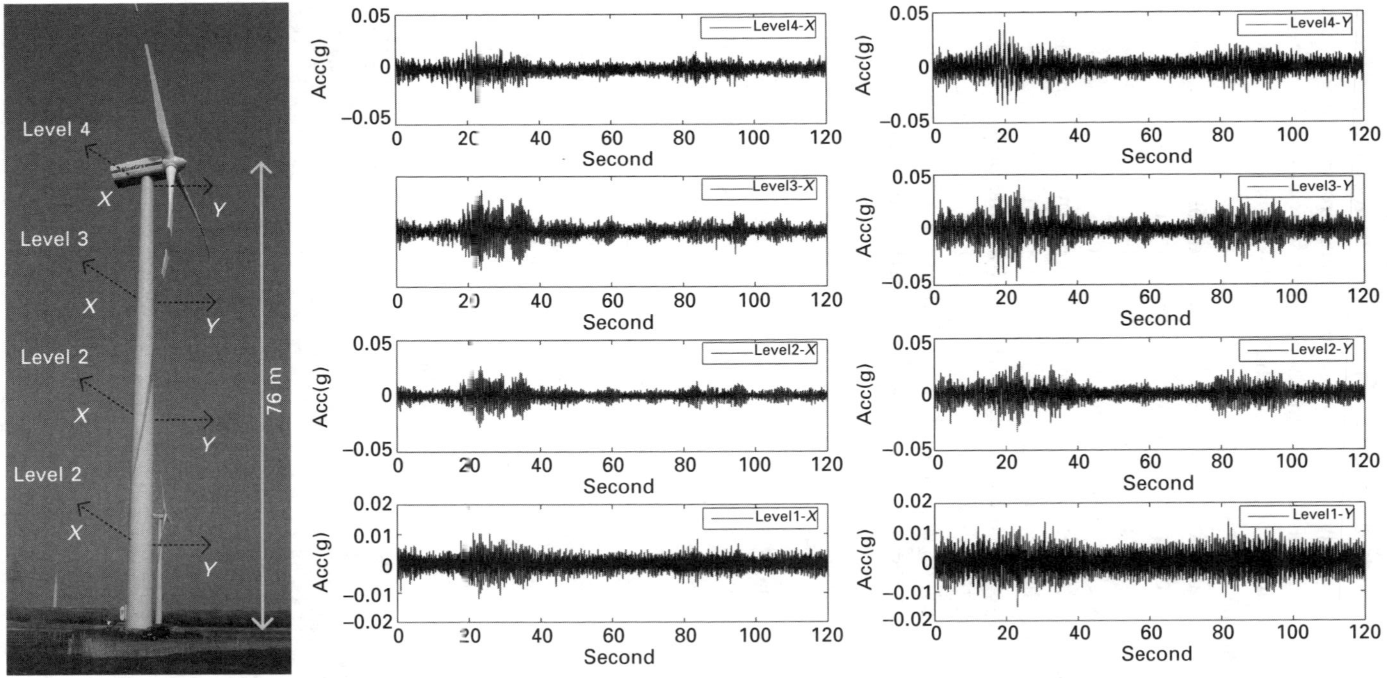

3.7 Left: Vestas wind turbine. Right: Acceleration data as measured by the wireless sensing network. (Rolfes *et al.*, 2007).

The wireless sensors were deployed with PCB Piezotronics 3801 capacitive accelerometer interfaced to each. The accelerometers were affixed to an aluminum mounting plate and orientated to measure vertical acceleration. Conditioning boards magnifying the accelerometer output (20×) were once again used. Data collection was coordinated through use of a laptop computer which also collected the data for later review.

To assure the quality of the wirelessly collected data, a traditional tethered system was installed in parallel to the wireless network. The tethered system was composed of a 12-bit National Instruments data acquisition system with PCB Piezotronics 393 piezoelectric accelerometers interfaced. The system was augmented with a Piezotronics 481A03 signal analyzer to magnify the outputs (10×) of the accelerometers. Figure 3.8 illustrates the monitoring systems as deployed on the bridge. During testing, the bridge was closed to normal traffic and forced vibration was obtained by use of trucks of known weight and velocity. As depicted in Fig. 3.9, the data collected by the wireless network as well as the tethered system are nearly identical.

3.6.3 Theater balcony, Detroit, MI

To illustrate the final stage of wireless sensor validation (validation of the embedded algorithms), a case study involving vibration of a cantilevered

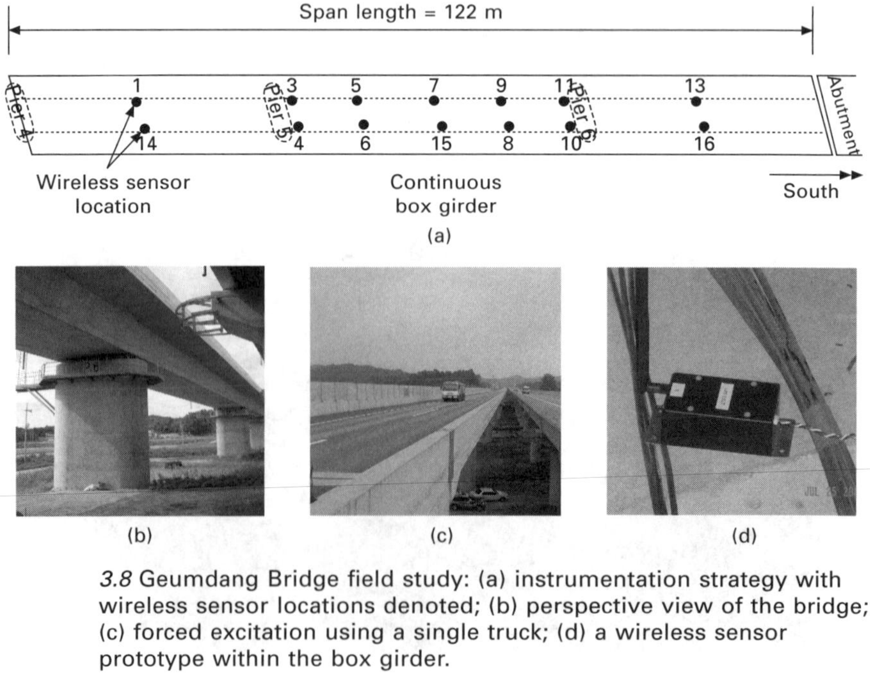

3.8 Geumdang Bridge field study: (a) instrumentation strategy with wireless sensor locations denoted; (b) perspective view of the bridge; (c) forced excitation using a single truck; (d) a wireless sensor prototype within the box girder.

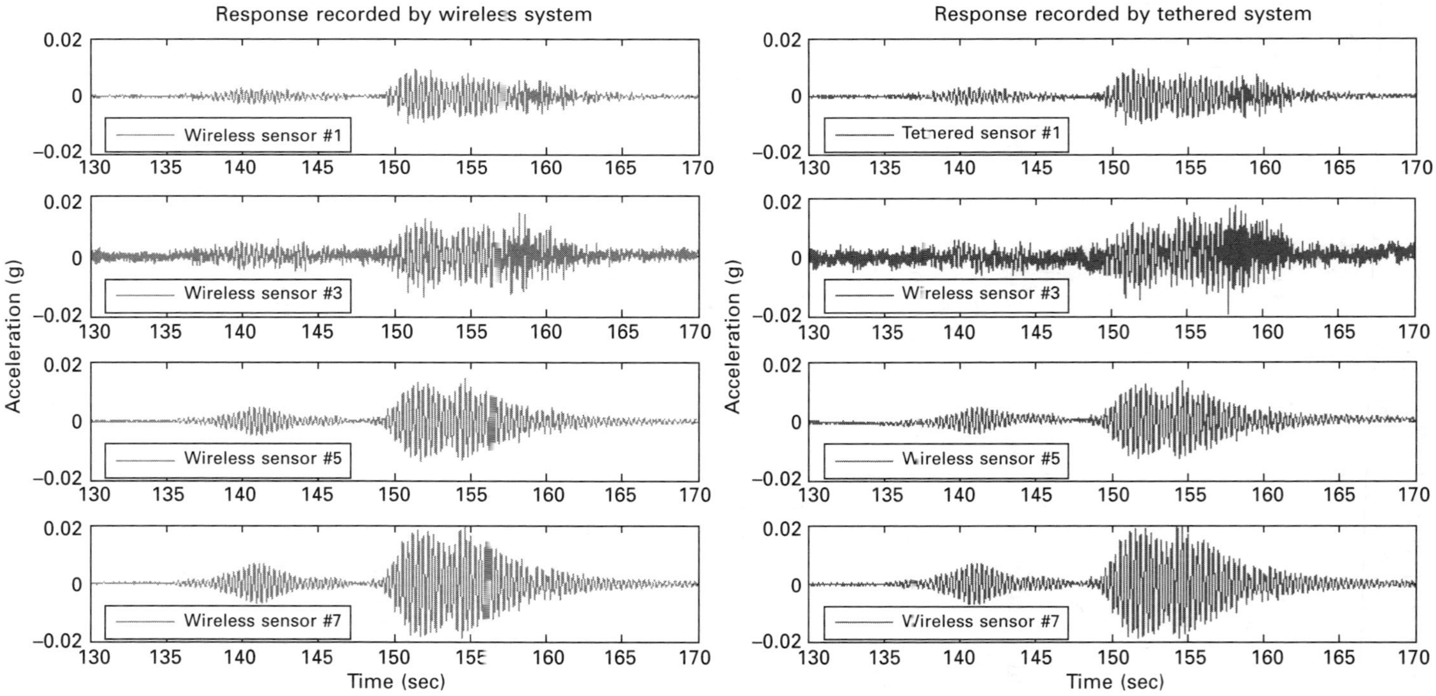

3.9 Comparison of wirelessly acquired data and data acquired via traditional tethered system.

theater balcony is presented (Zimmerman *et al.*, 2008). The cantilevered balcony, consisting of five rows of seating approximately 50 m wide, was instrumented with a network of 21 Stanford WiMMS wireless sensors following complaints of excessive vibrations. Three rows of seven sensors were deployed to measure vibrations and to calculate the modal properties of the structure. Forced vibration was introduced through impact loading (heel drops) while sensors recorded the vertical acceleration of the balcony. Simultaneously, sensors were allowed to compute the structure's modal properties using a number of techniques. First, embedded FFT data was computed from the collected data (Fig. 3.10). With the data, modal frequencies and operational deflection shapes were calculated using peak picking methods as well as the distributed FDD algorithm described in the embedded data processing section of this chapter. These algorithms produced very good agreement both with each other and with traditional offline modal analysis using the same data set. Figure 3.11 depicts the mode shapes obtained using the distributed FDD algorithm. Naturally, the embedded algorithm validation step must be repeated for each new embedded algorithm developed.

3.7 Wireless sensors and cyber-infrastructures

Advances in the science of information technology have made possible new forms of collaboration between researchers within the earthquake engineering community. Spatially separated researchers may now participate in on-line collaborations in which participation in experiments is conducted by internet. Recent implementations of such systems include the Network for Earthquake Engineering Simulation (NEES) in the United States, E-defense/E-grid in Japan, and the Korea Construction Engineering Development Program (KOCED). These efforts have yielded new and useful tools for advanced networking and data management that will prove to be valuable for future developments in structural health monitoring of civil infrastructure systems. When applied to wireless monitoring, these tools provide: (1) unhindered access to sensor data and health monitoring results via the internet, (2) autonomous storage of data and results in on-line databases, and (3) allow collaborative computing between the wireless sensor network and simulation servers for especially time-critical or poorly parallelizable algorithms.

One particular challenge in networked computing is time synchronization of results. To overcome this challenge, the NEES cyber-environment offers the 'Data Turbine' (designed by Creare), which is a ring-buffer repository that may be remotely accessed, either in real-time or after the fact. Data Turbine time synchronizes data from multiple sources. An additional wireless node with internet access must be provided to bridge the gap between the wireless network and the NEES servers (Fig. 3.12). A laboratory test illustrates the integration of wireless sensors and the NEES infrastructure as an example.

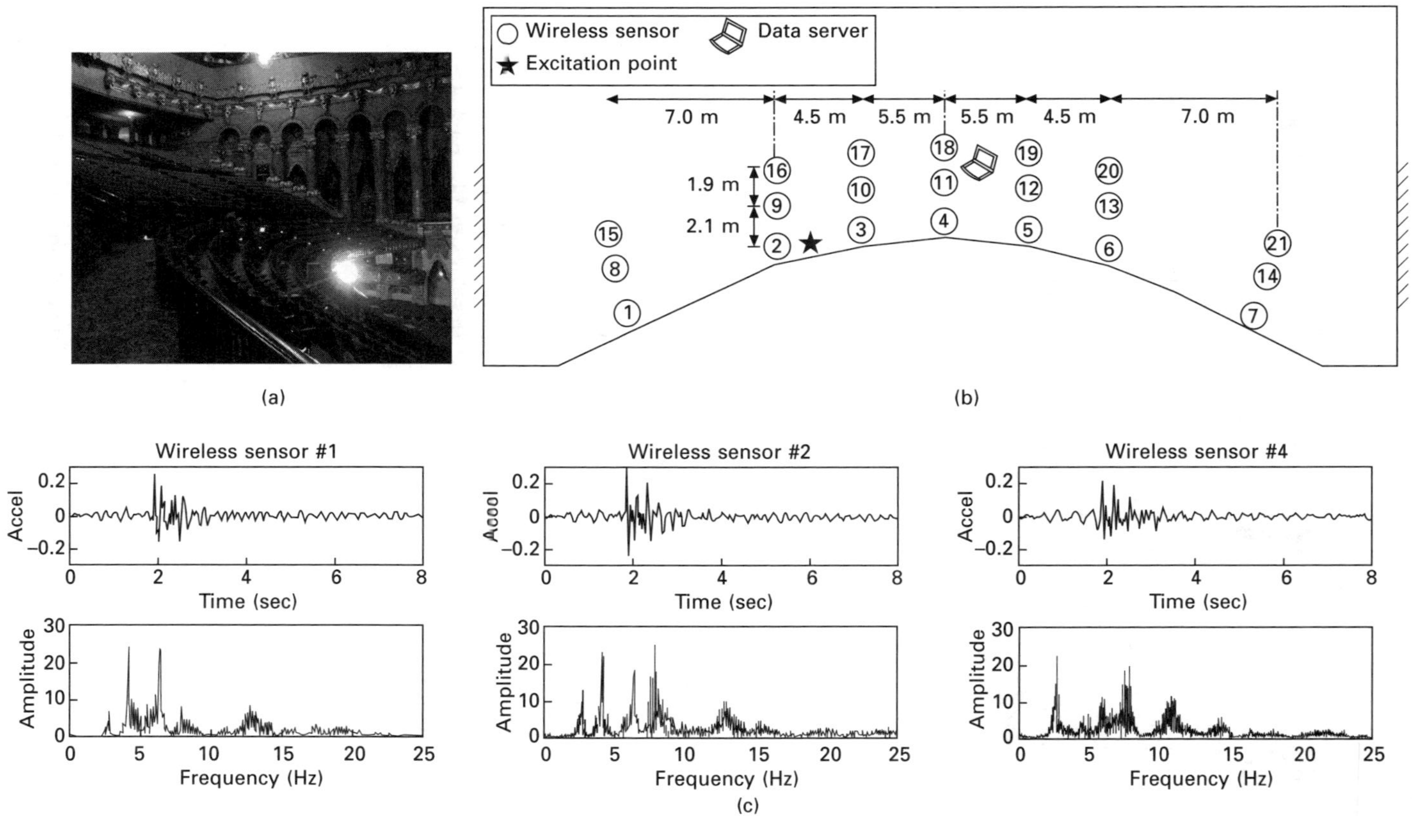

3.10 Historic theater balcony study: (a) view of balcony; (b) instrumentation strategy with wireless sensor locations denoted; (c) acceleration time histories recorded at three sensor locations along with corresponding Fourier spectra as calculated by each wireless sensor using an embedded FFT algorithm.

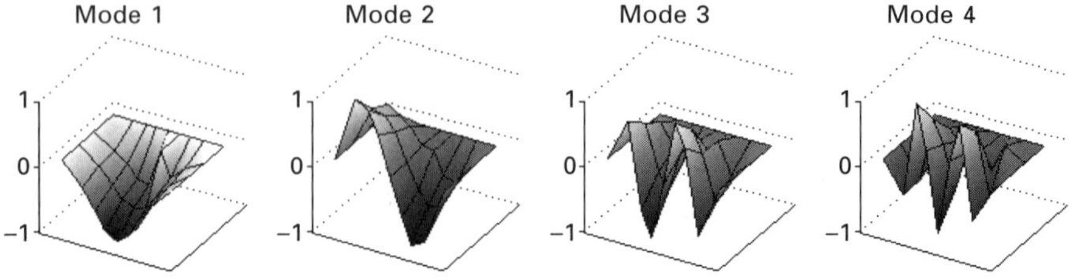

3.11 Balcony mode shapes calculated using the embedded wireless FDD algorithm.

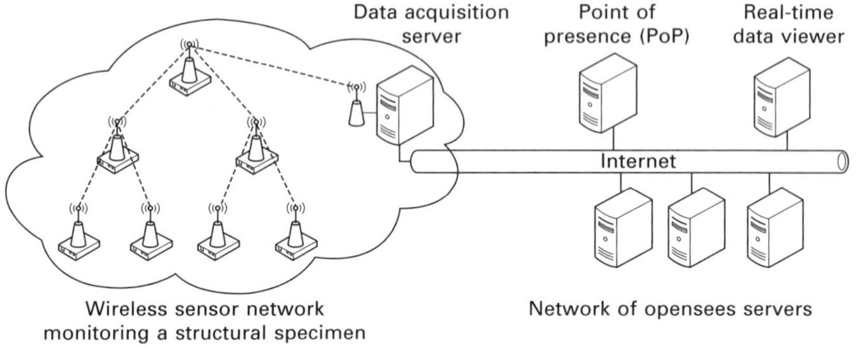

3.12 Wireless sensors integrated with the NEES cyber-environment.

Here, the data acquisition node collects data from the wireless sensors, time stamps it, and passes it on to the NEES Data Turbine located on the point-of-presence (POP) server via internet sockets. Once in the turbine, the data may be viewed using the real-time data viewer (RDV) by client from anywhere using a standard web browser. The RDV displays buffered data in a number of formats and includes a time-lapsed playback feature. A screenshot of the RDV is provided in Fig. 3.13 in which wireless sensor feeds are synchronized to video of a test specimen consisting of a concrete slab-column connection.

3.8 Wireless feedback control

While structural monitoring is vital for assuring the health of civil infrastructure systems, an embedded monitoring system that can also react to potential harm and take proactive measures to prevent damage is even more beneficial. Structural control is used to protect vital civil structures from extreme loading events due to wind and earthquakes (Soong, 1990 and Spencer and Nagarajaiah, 2003). It can also be used to mitigate vibrations that pose no risk to the structure but that might make occupants uncomfortable. The

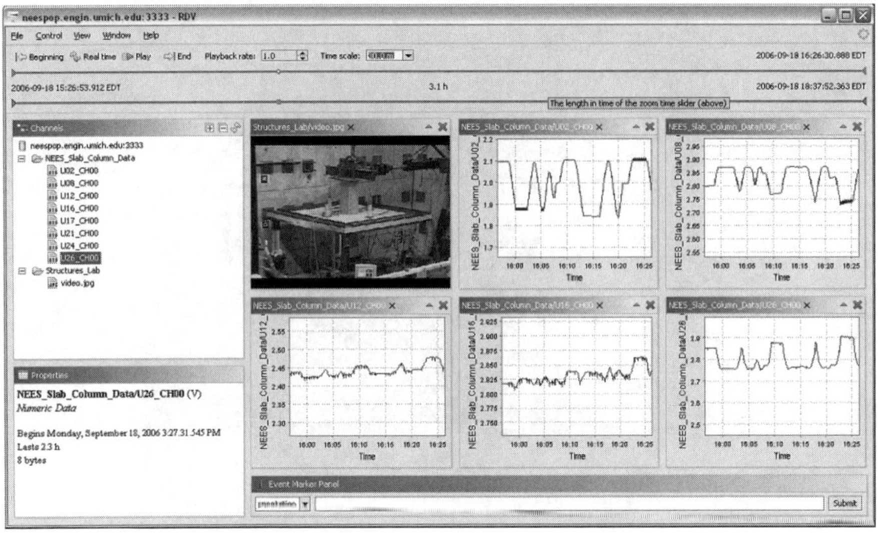

3.13 Screenshot of RDV client depicting the output from five wireless sensors installed on a full-scale slab-column laboratory specimen undergoing cyclic displacements along with a synchronized video image of the experiment.

impediments to widespread adoption of structural control are similar to those that exist for widespread adoption of structural health monitoring. Namely, those impediments are cost and perceptions of reliability, but these impediments are diminishing over time. Advances in actuator design, in particular the development of the class of semi-active actuators that do not impart forces directly into the structure but instead strategically change structural properties (i.e. stiffness and damping), have reduced the cost and power requirements for actuation. Lower power requirements allow these actuators to run on battery power in an emergency thereby increasing the reliability of any control system employing them. Both of these impediments, cost and reliability, may be further mitigated by the use of wireless sensors for real-time feedback control. Wireless real-time feedback control presents its own challenges that are also very similar to those challenges encountered in wireless structural health monitoring and will be presented briefly in this section.

3.8.1 Wireless structural control: validation

Experimental validation of real-time feedback control for seismic disturbance rejection was conducted by Wang *et al.* (2006 and 2007) using the Stanford WiMMS sensing unit. The sensing unit, lacking an integrated actuation interface was augmented with an external interface capable of producing outputs in the range of ±1 V (Fig. 3.14). In this study, wireless sensors were employed

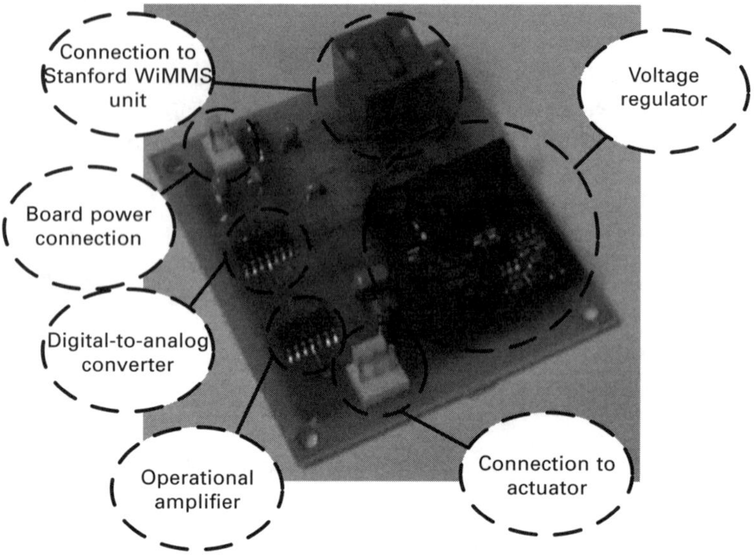

3.14 External actuation interface for the Stanford WiMMS wireless sensor.

to monitor the motion of floors of a three-story 9 m tall shear structure (Fig. 3.15), calculate the appropriate control forces (based on linear quadratic regulation (LQR)), and actuate collocated actuators (magnetorheological (MR) dampers) such that all control activities were handled within the wireless sensor network. By replacing the high-cost, traditional cabled sensing and control network with a low-cost, wireless sensing and control network, this system can bring down the cost of implementing a wireless control strategy within a large civil structure. In addition, because the wireless sensors performed the control tasks in a distributed manner, it may be argued that in one sense, the wireless control system is more reliable than the traditional centralized tethered control system in that there are multiple controllers responsible for the safety of the structure, eliminating the single point of failure present in centralized control systems.

Because of the necessary overhead involved in wireless packet transmissions, sharing data between wireless units may add latency to the controller which may in turn affect performance. Not sharing data, however, may also lead to adverse effects upon the controller, creating a conundrum for the designer. Balancing the need to share spatially distributed information regarding the state of the system versus the need to eliminate use of wireless channels for transmissions that can slow the controller is the most critical challenge in wireless networked control. The second most critical challenge using wireless sensors for feedback control is the reliability of data transmissions. Because

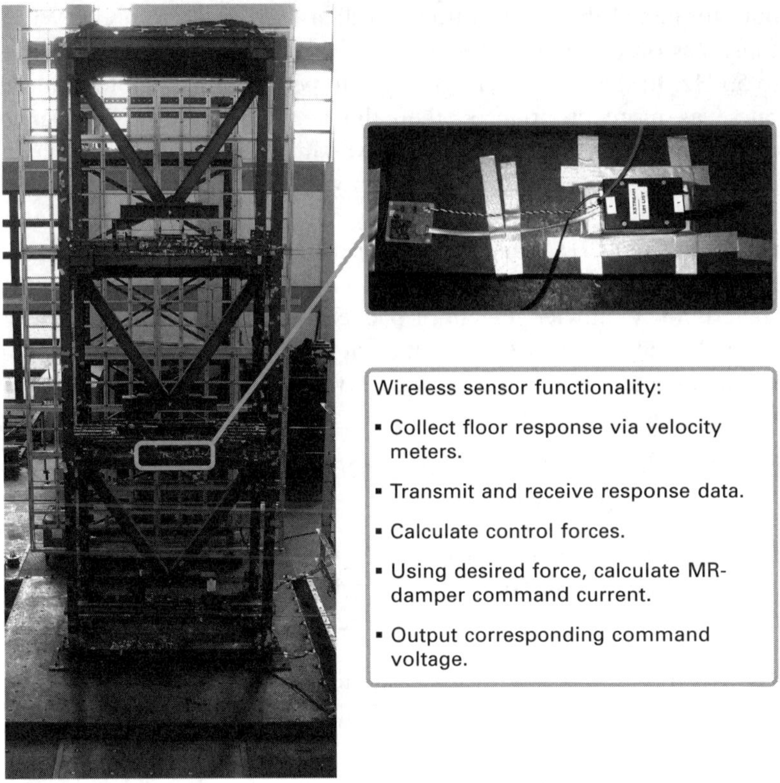

3.15 Three-DOF test structure with MR-dampers.

dropped packets are inevitable within wireless networks, the network must have a means of dealing with packet loss that does not unduly increase latency within the real-time system.

In the validation study by Wang *et al.* (2006), the authors employed three basic approaches for dealing with the problem of sharing data between units. The first approach was a completely centralized approach under which every wireless sensor shared its data with the entire network using the TDMA protocol to avoid collisions. This method was the slowest, however, achieving a sample rate of only 12.5 Hz for the three degree of freedom system using both acceleration and velocity feedback control. The slow speed negatively impacted the controller performance despite the full availability of information throughout the network. In a second approach, the authors employed a fully decentralized approach under which no sensors were allowed to share information and had to rely on on-board state estimation and state feedback to determine the control forces that they should use. The use of estimators introduced a new source of error into the control algorithm but eliminated the need to transmit data from node to node. With the data transmission eliminated, the authors were able to increase the control rate to 50 Hz. In the end, the degradation in performance due to reduced control rate was more pronounced than the degradation in performance due to estimator error. A better approach was then proposed under which limited data sharing takes place within the network. Preserving speed by transmitting only the most useful data, a partially decentralized approach yielded better results at 16.67 Hz than were obtained using the fully centralized or fully decentralized methods (Fig. 3.16). Under the approaches in which data are shared, no acknowledgement of packet transmission was allowed given the added latency acknowledgement creates. Instead, if a packet is not received when expected, the data from the previous time step are used instead.

3.8.2 Wireless structural control: additional development

An improved wireless control scheme was presented by Swartz *et al.* (2007) using the Narada wireless sensor. The scheme proposed is aimed at overcoming the unique challenges inherent in wireless control and expands on the idea

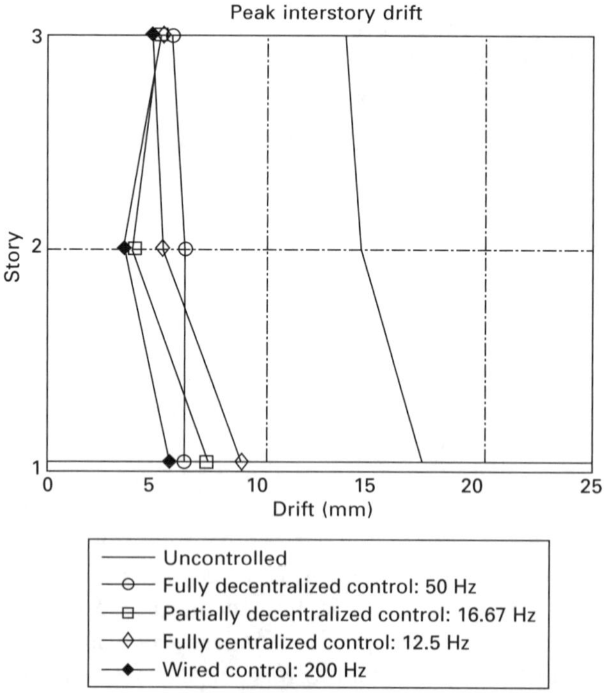

3.16 Feedback control results, interstory drift minimization on three-DOF structure.

of partially decentralized control and of sharing data only between wireless sensors when the data is most critical. The first and foremost challenge lies in maintaining the necessary sampling and actuation rate to control the structure effectively. The biggest source of latency in wireless networks is data transmission between units. Using a fast radio and limiting the amount of data for transmission can help tremendously in that regard. Narada enjoys a higher speed wireless and actuation interface as compared to the Stanford WiMMS.

Additionally, reduction in the overhead involved in transmission, collision avoidance and acknowledgement, in particular, can further reduce this delay. Elimination of acknowledgements entirely is a tremendous boon for speed, but the system must then be provided with a mechanism for recovery in the case of dropped packets. Unlike the partially distributed control scheme example given in the previous section, in which the designer chooses *a priori* which nodes transmit data, in this example, the network itself automatically chooses which sensors are to transmit data and when to transmit. Each wireless sensing node is programmed with its own redundant state estimator to calculate, from locally measured velocity data, the full state vector for the entire system (displacement and velocity for all degrees of freedom).

Adapting a network control methodology first proposed by Yook *et al.* (2002), the wireless sensing nodes compare their measured velocity with their estimated velocity value and find the error, E. If the error exceeds a predetermined threshold, the sensing node will broadcast the measured velocity so that the entire network may then replace their estimate of that velocity value with the measured velocity. In this manner, the network limits the error in its state estimate, keeps the control performance high, and limits the use of the wireless channel. By trading communication for on-board estimation, the quality of the communication channel, when needed, is higher, since fewer nodes contend for its use at any one time. Another advantage of this method is its handling of dropped packets. In the previous section's example, when data are not received on a particular time step, the data from the previous time step are substituted instead. This practice introduces additional, random, temporary asynchronicity into the controller as data from old time steps are used concurrently with new data. Under the redundant state estimator approach, when a transmission is not received, the sensor still has its estimate of the state value to use for future calculations thus reducing the negative effects of missed data. By using such a system, the authors demonstrated the ability to trade bandwidth for control performance on a six degree of freedom system (Fig. 3.17). Here, the redundant state estimator approach out performs the passive case where the MR dampers are set to their maximum damping coefficient (at a 0.8V command signal). Furthermore, as the error threshold on the estimator gets smaller (E reduces) control performance improves.

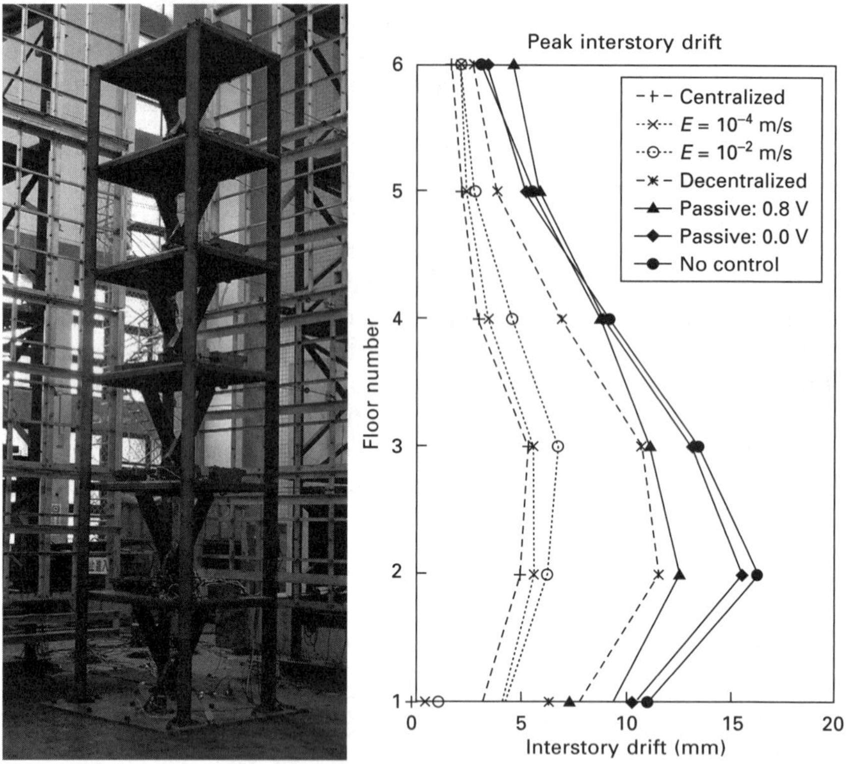

3.17 Six-DOF system and feedback controlled interstory drift using Narada wireless sensor.

Besides methods concerning transmission and reception, other means of increasing the speed of the wireless controller are also implemented. Since most sensors suitable for wireless control applications are low-powered, the time they take to perform computations each time step also becomes very relevant to their performance. For such applications, it is advantageous to tailor the embedded code to promote speed; eliminating function calls and time-efficient programming will often net time savings. Careful memory management is necessary for proper function but is also vital for speed. Accessing external memory takes longer than accessing internal microprocessor memory and therefore programming instructions and frequently accessed data should be stored internally. For successful wireless control, the designer should take advantage of every opportunity to increase the speed and efficiency of the algorithm. By taking the steps outlined above, Swartz and Lynch (2007) were able to increase the sampling frequency of the six degree of freedom system to 33 Hz, a marked improvement over the 12.5 Hz achieved for the three degree of freedom system presented in the previous section. Future developments in technology will also lead to advancements in wireless control.

3.9 Future trends

Developments in devices for embedded data processing and wireless communications show exciting promise for the field of wireless structural health monitoring. For example, improvements in embedded processing devices are yielding lower-power, cheaper, and significantly more powerful tools for wireless processing. Field-programmable gate arrays (FPGA) and digital signal processors (DSP) are capable of performing many calculations at a rate much faster than microcontrollers of comparable power. Inclusion of such devices will allow future generations of wireless sensors to perform more complicated monitoring tasks and control larger and more complex systems faster and more effectively. New wireless networking protocols will allow wireless sensors to form dense, ad hoc networks yielding information about the state of a monitored system that is unprecedented in its completeness. Adaptable and energy-aware recursive algorithms will give wireless sensing networks the means of adjusting to changing conditions and to best utilize their scarce resources without direct input from an engineer. Advances in cyber-infrastructure tools will lead to wireless sensing networks that can alert authorities to danger via existing information infrastructure, namely cell phones or the internet. In short, the future of wireless sensors is moving toward more capable, less expensive, more pervasive and autonomous systems, hence increasing their attractiveness and promise.

3.10 Sources of further information and advice

- Bensky, A., 2004, *Short-Range Wireless Communication*
- Finkenzeller, K., 1999, *RFID Handbook: Radio Frequency Identification Fundamentals and Applications*
- Rappaport, T. S., 2002, *Wireless Communications: Principles and Practice*
- Zhao, F. and Guibas, L. J., 2004, *Wireless Sensor Networks – an Information Processing Approach*
- Lynch, J. P. and Loh, K. J., 2006, 'A Summary Review of Wireless Sensors and Sensor Networks for Structural Health Monitoring', *Shock and Vibration Digest*

3.11 References and further reading

Agre, J. R., Clare, L. P., Pottie, G. J., and Romanov, N. P., 1999, 'Development Platform for Self-organizing Wireless Sensor Networks', in Proceedings of the Conference on

Unattended Ground Sensor Technologies and Applications, Orlando, FL, April 8–9, *Proceedings of the SPIE*, Vol. 3713, 257–268.

Allen, D. W., 2004, 'Software for Manipulating and Embedding Data Interrogation Algorithms into Integrated Systems', MS Thesis, Department of Mechanical Engineering, Virginia Polytechnic Institute and State University, Blacksburg, VA.

Aoki, S., Fujino, Y., and Abe, M., 2003, 'Intelligent Bridge Maintenance System Using MEMS and Network Technology', in Smart Systems and NDE for Civil Infrastructures, San Diego, CA, March 3–6, *Proceedings of the SPIE*, Vol. 5057, 37–42.

Basheer, M. R., Rao, V., and Derriso, M., 2003, 'Self-organizing Wireless Sensor Networks for Structural Health Monitoring', in Proceedings of the 4th International Workshop on Structural Health Monitoring, Stanford, CA, 1193–1206.

Bennett, R., Hayes-Gill, B., Crowe, J. A., Armitage, R., Rodgers, D., and Hendroff, A., 1999, 'Wireless Monitoring of Highways', in Smart Systems for Bridges, Structures, and Highways, Newport Beach, CA, March 1–2, *Proceedings of the SPIE*, Vol. 3671, 173–182.

Bensky, A., 2004, *Short-Range Wireless Communication*, 2nd Ed, Elsevier, Amsterdam.

Casciati, F., Faravelli, L., Borghetti, F., and Fornasari, A., 2003, 'Tuning the Frequency Band of a Wireless Sensor Network', in Proceedings of the 4th International Workshop on Structural Health Monitoring, Stanford, CA, 1185–1192.

Casciati, F., Casciati, S., Faravelli, L., and Rossi, R., 2004, 'Hybrid Wireless Sensor Network', in Smart Structures and Materials: Sensors and Smart Structures Technologies for Civil, Mechanical, and Aerospace Systems, San Diego, CA, March 15–18, *Proceedings of the SPIE*, Vol. 5391, 308–313.

Celebi M., 2002, 'Seismic Instrumentation of Buildings (With Emphasis on Federal Buildings)', *Technical Report No. 0-7460-68170, United States Geological Survey*, Menlo Park, CA.

Chung, H-C., Enomoto, T., Shinozuka, M., Chou, P., Park, C., Yokoi, I., and Morishita, S., 2004, 'Real-time Visualization of Structural Response with Wireless MEMS Sensors', in Proceedings of the 13th World Conference on Earthquake Engineering, Vancouver, BC, Canada.

Farrar, C. R., Allen, D. W., Ball, S., Masquelier, M. P., and Park, G., 2005, 'Coupling Sensing Hardware with Data Interrogation Software for Structural Health Monitoring', in Proceedings of the 6th International Symposium on Dynamic Problems of Mechanics (DINAME), Ouro Preto, Brazil.

Finkenzeller, K., 1999, *RFID Handbook: Radio Frequency Identification Fundamentals and Applications*, John Wiley and Sons, Chichester, UK.

Galbreath, J. H., Townsend, C. P., Mundell, S. W., Hamel, M. J., Esser, B., Huston, D., and Arms, S. W., 2003, 'Civil Structure Strain Monitoring with Power-efficient, High-speed Wireless Sensor Networks', in Proceedings of the 4th International Workshop on Structural Health Monitoring, Stanford, CA, September 15–17, 1215–1222.

Gao, Y., Spencer Jr., B. F., and Ruiz-Sandoval, M., 2006, 'Distributed computing strategy for structural health monitoring', in *Structural Control and Health Monitoring*, Vol. 13, No. 1, 488–507.

Grisso, B. L., Martin, L. A., and Inman, D. J., 2005, 'A Wireless Active Sensing System for Impedance-based Structural Health Monitoring', in Proceedings of the 23rd International Modal Analysis Conference, Orlando, FL, USA.

Gu, H., Peng, J., Zhao, Y., Lloyd, G. M., and Wang, M. L., 2004, 'Design and Experimental Validation of a Wireless PVDF Displacement Sensor for Structure Monitoring', in

Non-destructive Detection and Measurement for Homeland Security II, San Diego, CA, March 16– 17, *Proceedings of the SPIE*, Vol. 5395, 91–99.

Kling, R. M., 2003, 'Intel Mote: An Enhanced Sensor Network Node', in Proceedings of the International Workshop on Advanced Sensors, Structural Health Monitoring and Smart Structures, Tokyo, Japan.

Kling, R. M., 2005, 'Intel Motes: Advanced Sensor Network Platforms and Applications', in *IEEE MTT-S International Microwave Symposium Digest*, 365–368.

Kottapalli, V. A., Kiremidjian, A. S., Lynch, J. P., Carryer, E., Kenny, T. W., Law, K. H., and Lei, Y., 2003, 'Two-tiered Wireless Sensor Network Architecture for Structural Health Monitoring', in Smart Structures and Materials, San Diego, CA, March 3–6, *Proceedings of the SPIE*, Vol. 5057, 8–19.

Levis, P., Madden, S., Gay, D., Polastre, J., Szewczyk, R., Woo, A., Brewer, E., and Culler, D., 2004, 'The emergence of networking abstractions and techniques in TinyOS', in Proceedings of the First Symposium on Networked Systems Design and Implementation (NSDI '04), 1–14.

Liu, L., Yuan, F. G., and Zhang, F., 2005, 'Development of Wireless Smart Sensor for Structural Health Monitoring', in Smart Structures and Materials, San Diego, CA, March 6–10, *Proceedings of the SPIE*, Vol. 5765, No. 1, 176–186.

Lynch, J. P., and Loh, K., 2006, 'A Summary Review of Wireless Sensors and Sensor Networks for Structural Health Monitoring' in *Shock and Vibration Digest*, Vol. 38, No. 2, 91–128.

Lynch, J. P., Law, K. H., Kiremidjian, A. S., Kenny, T. W., Carryer, E., and Partridge, A., 2001, 'The Design of a Wireless Sensing Unit for Structural Health Monitoring', in Proceedings of the 3rd International Workshop on Structural Health Monitoring, Stanford, CA, USA.

Lynch, J. P., Law, K. H., Kiremidjian, A. S., Kenny, T. W., and Carryer, E., 2002a, 'A Wireless Modular Monitoring System for Civil Structures', in Proceedings of the 20th International Modal Analysis Conference (IMAC XX), Los Angeles, CA, USA, 1–6.

Lynch, J. P., Law, K. H., Kiremidjian, A. S., Carryer, E., Kenny, T. W., Partridge, A., and Sundararajan, A., 2002b, 'Validation of a Wireless Modular Monitoring System for Structures', in Smart Structures and Materials: Smart Systems for Bridges, Structures, and Highways, San Diego, CA, March 17–21, *Proceedings of the SPIE*, Vol. 4696, No. 2, 17–21.

Lynch, J. P., Sundararajan, A., Law, K. H., Kiremidjian, A. S., Carryer, E., Sohn, H., and Farrar, C. R., 2003a, 'Field Validation of a Wireless Structural Health Monitoring System on the Alamosa Canyon Bridge', in Smart Structures and Materials: Smart Systems and Nondestructive Evaluation for Civil Infrastructures, San Diego, CA, March 3–6, *Proceedings of the SPIE*, Vol. 5057, 267–278.

Lynch, J. P., Sundararajan, A., Law, K. H., Sohn, H., and Farrar, C. R, 2003b, 'Design and Performance Validation of a Wireless Active Sensing Unit', in Proceedings of the International Workshop on Advanced Sensors, Structural Health Monitoring, and Smart Structures, Tokyo, Japan.

Lynch, J. P., Sundararajan, A., Law, K. H., Carryer, E., Farrar, C. R., Sohn, H., Allen, D. W., Nadler, B., and Wait, J. R., 2004a, 'Design and Performance Validation of a Wireless Sensing Unit for Structural Health Monitoring Applications', in *Structural Engineering and Mechanics*, Vol. 17, No. 3, 393–408.

Lynch, J. P., Parra-Montesinos, G., Canbolat, B. A., and Hou, T-C., 2004b, 'Real-time Damage Prognosis of High-performance Fiber Reinforced Cementitious Composite

Structures', in Proceedings of Advances in Structural Engineering and Mechanics (ASEM'04), Seoul, Korea.

Lynch, J. P., Sundararajan, A., Law, K. H., Sohn, H., and Farrar, C. R., 2004c, 'Design of a Wireless Active Sensing Unit for Structural Health Monitoring', in Proceedings of the 11th Annual International Symposium on Smart Structures and Materials, San Diego, CA, March 14–18, *Proceedings of the SPIE*, Vol. 5394, 157–169.

Lynch, J. P., Sundararajan, A., Law, K. H., Kiremidjian, A. S., and Carryer, E., 2004d, 'Embedding Damage Detection Algorithms in a Wireless Sensing Unit for Attainment of Operational Power Efficiency', in *Smart Materials and Structures, IOP*, Vol. 13, No. 4, 800–810.

Lynch, J. P., Wang, Y., Loh, K., Yi, J. H. and Yun, C. B., 2006, 'Performance Monitoring of the Geumdang Bridge Using a Dense Network of High-Resolution Wireless Sensors', in *Smart Materials and Structures*, Vol. 15, No. 6, 1561–1575.

Mastroleon, L., Kiremidjian, A. S., Carryer, E., and Law, K. H., 2004, 'Design of a New Power-efficient Wireless Sensor System for Structural Health Monitoring', in Non-destructive Detection and Measurement for Homeland Security II, San Diego, CA, March 16–17, *Proceedings of the SPIE*, Vol. 5395, 51–60.

Mitchell, K, Dang, N., Liu, P., Rao, V. S., and Pottinger, H. J., 2001, 'Web-controlled Wireless Network Sensors for Structural Health Monitoring', in Smart Structures and Materials – Smart Electronics and MEMS, Newport Beach, CA, March 5–7, *Proceedings of the SPIE*, Vol. 4334, 234–243.

Mitchell, K., Rao, V. S., and Pottinger, H. J., 2002, 'Lessons Learned About Wireless Technologies for Data Acquisition', in Smart Structures and Materials 2002: Smart Electronics, MEMS, and Nanotechnology, San Diego, CA, March 18–21, *Proceedings of the SPIE*, Vol. 4700, 331–341.

Mittag, L., 2001, 'Magic in the Air', *Embedded Systems Programming*, Vol. 14, No. 10, 49–60.

Ou, J., Li, H., and Yu, Y., 2004, 'Development and Performance of Wireless Sensor Network for Structural Health Monitoring', in Smart Structures and Materials, San Diego, CA, March 15–18, *Proceedings of the SPIE*, Vol. 5391, 765–773.

Pei, J-S., Kapoor, C., Graves-Abe, T. L., Sugeng, Y., and Lynch, J. P., 2005, 'Critical Design Parameters and Operating Conditions of Wireless Sensor Units for Structural Health Monitoring', in Proceedings of the 23rd International Modal Analysis Conference (IMAC XXIII), Orlando, FL, USA.

Rappaport, T. S., 2002, *Wireless Communications: Principles and Practice*, Prentice-Hall, Englewood Cliffs, NJ.

Rolfes, R., Zerbst, S., Haake, G., Reetz, J. and Lynch, J. P., 2007, 'Integral SHM-System for Offshore Wind Turbines Using Smart Wireless Sensors', in 6th International Workshop on Structural Health Monitoring Stanford, CA. USA.

Ruiz-Sandoval, M., Tomonori, N., and Spencer, B. F., 2006, 'Sensor Development Using Berkeley Mote Platform', in *Journal of Earthquake Engineering*, Vol. 10, No. 2, 289–309.

Sazonov, E., Janoyan, K., and Jha, R., 2004, 'Wireless Intelligent Sensor Network for Autonomous Structural Health Monitoring', in Smart Structures and Materials: Smart Sensor Technology and Measurement Systems, San Diego, CA, March 15–17, *Proceedings of the SPIE*, Vol. 5384, 305–314.

Shinozuka, M., 2003, 'Homeland Security and Safety', in Proceedings of the International Conference on Structural Health Monitoring and Intelligent Infrastructure, Tokyo, Japan, Vol. 2, 1139–1145.

Sodano, H. A., Inman, D. J., and Park, G., 2004, 'A review of power harvesting from vibration using piezoelectric materials' in *Shock and Vibration Digest*, Vol. 36, No. 3, 197-205.

Sohn, H., and Farrar, C., 2001, 'Damage Diagnosis Using Time Series Analysis of Vibration Signals', in *Smart Materials and Structures*, Vol. 10, No. 3, 446-451.

Soong, T. T., 1990, *Active Structural Control: Theory and Practice*, Longman Scientific, Essex, UK.

Spencer, B. F., and Nagarajaiah, S., 2003, 'Start of the Art of Structural Control', in *Journal of Structural Engineering*, Vol. 129, No. 7, 845-856.

Straser, E. G. and Kiremidjian, A. S., 1998, 'A Modular, Wireless Damage Monitoring System for Structures', Technical Report 128, John A. Blume Earthquake Engineering Center, Stanford University, Stanford, CA. USA.

Swartz, R. A., Jung, D., Lynch, J. P., Wang, Y., Shi, D. and Flynn, M. P., 2005, 'Design of a Wireless Sensor for Scalable Distributed in-Network Computation in a Structural Health Monitoring System', in 5th International Workshop on Structural Health Monitoring, Stanford, CA.

Swartz, R. A., and Lynch, J. P, 2007, 'Partial decentralized wireless control through distributed computing for seismically excited civil structures: theory and validation', in Proceedings of the 2007 American Control Conference, New York City, USA.

Swartz, R. A., and Lynch, J. P., 2008. 'Damage characterization of the Z24 Bridge by transfer function pole migration', in Proceedings the 26th IMAC Conference on Structural Dynamics, Orlando, FL, USA.

Wang, M. L., Gu, H., Lloyd, G. M., and Zhao, Y., 2003, 'A Multichannel Wireless PVDF Displacement Sensor for Structural Monitoring', in Proceedings of the International Workshop on Advanced Sensors, Structural Health Monitoring and Smart Structures, Tokyo, Japan.

Wang, X., Wang, M. L., Zhao, Y., Chen, H., and Zhou, L. L., 2004, 'Smart Health Monitoring System for a Prestressed Concrete Bridge', in Smart Structures and Materials: Sensors and Smart Structures Technologies for Civil, Mechanical, and Aerospace System, San Diego, CA, March 15–18, *Proceedings of the SPIE,* Vol. 5391, 597–608.

Wang, Y., Lynch, J. P., and Law, K. H., 2005, 'Wireless Structural Sensors Using Reliable Communication Protocols for Data Acquisition and Interrogation', in Proceedings of the 23rd International Modal Analysis Conference (IMAC XXIII), Orlando, FL, USA.

Wang, Y., Swartz, R. A., Lynch, J. P., Law, K. H., Lu, K-C., and Loh, C-H., 2006, 'Decentralized Real-time Velocity Feedback Control of Structures using Wireless Sensors', in Proceedings of the 4th International Conference on Earthquake Engineering, Taipei, Taiwan.

Wang, Y., Swartz, R. A., Lynch, J. P., Law, K. H., Lu, K-C., and Loh, C-H., 2007, 'Decentralized Civil Structural Control using Real-time Wireless Sensing and Embedded Computing', in *Smart Structures and Systems*, Techno Press, 3(3):321–340.

Wang, Y., 2007, 'Wireless Sensing and Decentralized Control for Civil Structures: Theory and Implementation' PhD Thesis, John A. Blume Earthquake Eng. Ctr., Stanford University, Stanford, CA. USA.

Yook, J. K., D. M. Tilbury, and N. R. Soparkar, 2002, 'Trading computation for bandwidth: reducing communication in distributed control systems using state estimators', in *IEEE Transactions on Control Systems Technology*, vol. 10, no. 4, 503–518.

Zhao, F. and Guibas, L. J., 2004, *Wireless Sensor Networks – an Information Processing Approach*, Morgan Kaufmann Publishers, San Francisco, CA.

Zimmerman, A. T., and Lynch, J. P., 2006, 'Data driven model updating using wireless sensor networks', in *Proceedings of the 3rd Annual ANCRiSST Workshop*, May, Lake Tahoe, CA, USA.

Zimmerman, A. T., Shiraishi, M., Swartz, R. A., and Lynch, J. P., 2008, 'Automated Modal Parameter Estimation by Parallel Processing within Wireless Monitoring Systems,' in *Journal of Infrastructure Systems, ASCE*, 14(1): 102–113.

4

Synthetic aperture radar and remote sensing technologies for structural health monitoring of civil infrastructure systems

M SHINOZUKA, University of California, Irvine, USA and B MANSOURI, International Institute of Earthquake Engineering and Seismology, Iran

Abstract: This chapter provides an introduction to the different remote sensing systems and the development of related change-damage detection techniques in the built environment. It begins by discussing optical remote sensing techniques. Radar remote sensing is discussed next, including a description of the synthetic aperture radar (SAR) system and its applications. The feasibility of change detection in the built environment is discussed using SAR simulation methodology and tools. The use of actual space-borne SAR technology, using Envisat ASAR data for the earthquake in Bam, Iran, in 2003, and related change detection methodologies are presented. Finally, the light detection and ranging (LIDAR) system and its applications are presented.

Key words: synthetic aperture radar (SAR), optical remote sensing, light detection and ranging (LIDAR), radar remote sensing, change detection.

4.1 Introduction

Remote sensing technologies in tandem with emerging imaging techniques have shown their effectiveness in the realm of Structural Health Monitoring (SHM) in a broad range of scales. By definition, remote sensing is the acquisition of data/images or the detection of a phenomenon without physical contact with the object under study. In this context, a variety of such techniques, including nondestructive evaluations, are available over a wide range of electromagnetic spectrum. For example, x-ray imaging provides detailed information about the inside of structural elements. This is applicable in steel weld testing and monitoring the deterioration of steel components and joints. Also, this is used in detecting the position and measuring the size of steel rebars or fiber embedment in composite structures such as in concrete beams. Also, such techniques provide information about the cracks and the delamination of bonding interfaces within the structure. When Computerized Tomography technique (CT SCAN) is used in conjunction with x-ray imaging, three-dimensional subsurface information can also be obtained with minute details.

However, the term 'remote sensing' is being progressively applied to aerial- and space-borne detection and imaging of geometrical, textural, and spectral patterns on the ground surface and near ground subsurface. It is in this context that this section mainly introduces the principles and describes applications of remote sensing technologies in the built environment. The applications include monitoring of urban areas for any change that are caused by natural and manmade disasters such as earthquakes and a large-scale explosion of a chemical plant. The usable electromagnetic spectrum encompasses from ultra violet, visible, infra-red and thermal regions to microwave and radio wave ranges. Both passive (i.e. optical systems) and active techniques (i.e. radar) are explored in here. For example, very high resolution (VHR) optical satellites and hyper-spectral aerial images reveal structural details within sub-meter spatial resolutions. In ground penetrating radars, the use of longer wavelength imaging systems (order of centimeters) can reveal information about subsurface structures (e.g., buried pipelines). Also considering the all-weather (minimal atmospheric effects) and all-time capabilities (daylight independency) of synthetic aperture radar (SAR) technology, urban areas can be monitored continuously for disaster induced changes. Considering the large sensor-to-object distances and the associated imaging techniques under remote sensing applications, the scales and the levels of the detectable details are quite different from other SHM techniques. The spatial resolutions are usually coarser in comparison with near range sensing techniques. Moreover, the interaction of electromagnetic waves with the matters must be safe for the human and the environment. This is a restriction on the use of lower energy photons and/or controlled bursts of electromagnetic energy from and to the sensor in active systems (example: light detection and ranging (LIDAR)). Typically, the technology can rapidly identify locations of severe seismic damage over a vast area influenced by the earthquake, on the basis of large-scale changes found in geometrical, textural and spectral features. Then emergency response teams can be sent immediately to these locations to minimize human and property losses.

The scope of this chapter is to give an introduction to the different remote sensing systems and the development of related change-damage detection techniques in the built environment. We start from optical remote sensing techniques. The Radar remote sensing is discussed next including the description of SAR system and its application. The feasibility of change detection in built environment in sought using a SAR simulation methodology and tool. Exploiting actual spaceborne SAR technology, using Envisat ASAR data for Bam earthquake of 2003, related change detection methodologies are presented next. Finally, LIDAR system and its application are briefly presented.

4.2 Optical remote sensing: background

The year 1891 is an important reference date as the International Geographical Congress proposed the development of 1:1000000 scale map of the world. The process was slow and after World-War II, many countries contributed and by mid 1980s most of the task was completed. Owing to military needs, during World Wars I and II, major programs of aerial photography and reconnaissance mapping were conducted. Photogrammetry, invented as early as 1851, has gained many improvements and has been applied for mapping. Stereoscopic photography, which imitates human vision, is a means to measure dimensions and shapes of ground objects in depth. This technique showed the potential for developing a topographic map of the Earth. In fact, most topographic maps are the products of aerial stereograms interpreted by overlapping pairs of photographs.

Now, most countries possess aerial systems of photography. Traditionally aerial photos consist of monochromatic panchromatic band that imitates black and white photography. Nowadays, these systems provide high quality digital data with high spatial resolution and can be furnished with multi spectral or hyper spectral bands.

After commercialization of Landsat satellites in 1984 and industrializing commercially operated satellites in 1994, civilian applications of remote sensing platforms were introduced for urban areas. The first VHR (very high resolution) commercial satellite, Ikonos, was put in orbit in 1999. Now, Quickbird satellite detects small objects on the ground surface with a spatial resolution of 60 cm. Figure 4.1 shows a pair of Quickbird images for a small area in Bam, Iran, around the earthquake of 2003.

Generally, the sensor consists of an optical telescope, an imaging system, a detection device and a data recorder. In earlier systems, photographic films were recorded similar to photographic cameras (film framing cameras). Next, a number of digital sensors appeared that enjoyed different methods of imaging. These imaging systems are categorized as electronic framing cameras, scanning systems, and pushbroom imagers. Charge coupled device (CCD) detectors (electronic framing) are used in most advanced multi-spectral very high resolution imagers (mostly visible and near infrared bands). The classical theories of optics govern the physics of image formation and can be found vastly in the literatures. Table 4.1 lists some successful high resolution (HR) and very high resolution (VHR) optical sensors.

4.3 Change/damage detection in urban areas

After natural and manmade disastrous events, optical aerial or satellite data can be used to detect the extent of the hit areas and also to estimate the order of magnitude of damage. These schemes are routinely being incorporated in disaster management activities worldwide. These systems have the abilities to draw vital information quickly and directly from the area of interest.

4.3.1 Elements of change detection

It is desired that the components of change detection algorithm be studied and determined prior to an extreme event in order to devise a fast and effective

(a)

(b)

4.1 Quickbird pansharpened images of before and after Bam earthquake.

Table 4.1 A list of optical satellites

Optical satellite	Country/ operator	Panchromatic (m)	Multispectral (m)	Number of bands	Revisit frequency (days)	Launch date	Orbit	Swath (km)
Geoeye-1	US	0.4	1.65	4	2.1–8.3	2008*	684	15.2
WorldView-1	US	0.5	–	1	1.7–4.6	2007	496	16
Quick bird-2	US	0.6	2.44	5	1–3.5	2001	450	16
IKONOS-2	US	1	4	5	1–3	1999	681	11
Orbview -3	US	1	4	4	< 3	2003	470	8
EO-1	US	10	30	10	16	2000	705	37
Landast-7	US	15	30	8	16	1999	705	185
TERRA (ASTER)	Japan/US	15	15, 30, 90	14	16	1999	705	60
Spot-2	France	10	20	4	26	1990	822	60–120
Spot-4	France	10	20	4	26	1998	822	60–120
Spot-5	France	2.5	10	5	3–26	2002	832	120
TOPSAT (SSTL)	UK	2.5	5	4	4	2005	686	10–15
IRS Cartosat -1	India	2.5	–	1	5	2005	618	30
IRS Cartosat -2	India	1	–	1	4	2005	630	10
IRS- Resource Sat-1	India	6	6, 23, 70	3–4–3	24	2003	817	24–140–740
IRS1C	India	6	23	4	24	1995	817	70–142
IRS1D	India	6	23	4	25	1997	817	70–142
DMC CHINA	China	4	32	3	24	2005	686	600

*: Launch scheduled for August 2008

automated procedure. The basic change/damage indices can generally be categorized as:

- Image spectral characteristics
- Image textural characteristics.

Researchers have successfully identified earthquake damage due to the 2003 Bam earthquake using these characteristics as will be discussed in this chapter.

Image spectral characteristics

Optical sensors, record the reflectance of ground pixels. The reflectance is a function of the target materials and also the spectral regions of electromagnetic waves being used in the sensing system. A matrix of pixels forms the image. A sensor can be designed to detect different regions of electromagnetic spectrum in sequential bands. When the number of imagery bands is in the order of a few to tens of bands, the associated imagery is considered as multi-spectral (MS). Sensors using hundreds of spectral bands are referred to as hyperspectral. Civilian remote sensing satellites have operated in multi-spectral fashion since ETS-Landsat program in the 1970s. Now very high resolution (VHR) sensors such as Ikonos, Quickbird, Orbview etc., operate in space in MS mode. Airborne Visible/Infrared Imaging Spectrometer (AVIRIS) is an operating civilian hyperspectral system that possesses 224 bands, each 10 nm wide, and can identify the chemical composition of the ground surface. Hepner *et al.* (1998) have used this hyperspectral data fused with the airborne Interferometric SAR (IFSAR) data to create a three-dimensional map for a part of Los Angeles metropolitan area. The accelerated advances in the civilian remote sensing technology and effective digital communication breakthrough to handle extremely large data streams promise the development of future space-borne hyperspectral platforms.

As briefly discussed above, reflectance behavior is specific to the chemical compositions of the material under study. The absorption spectrum of materials reveals the signatures of different constituents of each pixel. The higher spectral definition of the optical system leads to a better capability in identifying and differentiating between materials. However, the use of actual MS systems (i.e. Quickbird images) has shown acceptable results in identifying disaster (earthquake) induced physical damage to structures.

Image textural characteristics

Image textural or equivalently spatial information reflect neighborhood characteristics of the image. A rectangular digital window, with a selected size, is usually convolved within the image in order to extract or magnify some predefined textural aspects from the scene. Each texture possesses a specific periodicity, a sense of direction and reflects how coarse or fine the appearance is perceived in the human brain.

There are many textural indices that describe an image. Here, some common measures are defined and some mathematically presented. The occurrence probability – $P(k, l)$ is the probability of a pixel (valued as l) being detected, with a specific distance and orientation with respect to a reference pixel (valued as k). Co-occurrence matrix is constructed using all values of k and l at each selected distance and orientation. Useful statistical measures can be named as the mean, variance, homogeneity, contrast, similarity, dissimilarity, entropy, angular second moment and correlation.

All these concepts and quantities are explained in many text books. Here, angular second moment and entropy are explained as visual examples to detect physical damage from the Bam earthquake using Quickbird satellite data (Fig. 4.2). Angular second moment and entropy are formulated as T_a and T_e in below with considering neighborhood size of one pixel ($r = 1$) and all four possible directions:

$$T_a = \sum_{k=0}^{m-1} \sum_{l=0}^{m-1} \{P(k, l)\}^2 \tag{4.1}$$

$$T_e = - \sum_{k=0}^{m-1} \sum_{l=0}^{m-1} P(k, l) \log \{P(k, l)\} \tag{4.2}$$

The selected window size is 7 × 7 and the orientation that relates to the maximum value for the co-occurrence matrix is used. When intact buildings have relatively brighter roofs as compared with destroyed houses, their angular second moments are high as can be seen from Fig. 4.2. Using the entropy filter, the locations (pixels and their neighborhoods) that have more disorders are highlighted more, therefore; darker locations represent intact roofs.

Image classification

Image classification is the process of categorizing and labeling groups of pixels or vectors within an image based on specific rules. The categorization law can be devised using one or more spectral or textural characteristics. Two general methods of classification are 'supervised' and 'unsupervised'.

Unsupervised classification method is a fully automated process without the use of training data. Using a suitable algorithm, the specified characteristics of an image is detected systematically during the image processing stage. The classification methods used in here are 'image clustering' or 'pattern recognition'. Two frequent algorithms used are called 'ISODATA' and

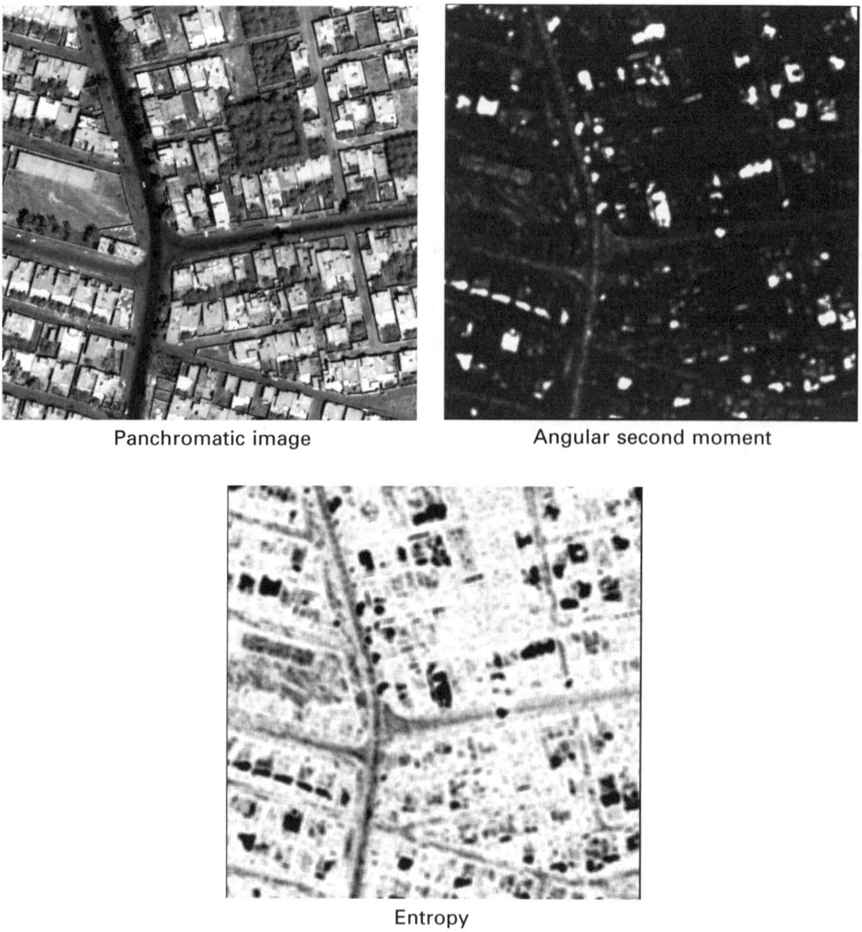

4.2 Textural information extraction using after Bam Earthquake Quickbird optical data. (Mansouri 2008) – Panchromatic band of Quickbird image (courtesy of Digital Globe).

'K-mean'.

Supervised classification method is the process of visually selecting samples (training data) within the image and assigning them to pre-selected categories (i.e., roads, buildings, water body, vegetation, etc.) in order to create statistical measures to be applied to the entire image. 'maximum likelihood' and 'minimum distance' are two common methods to categorize the entire image using the training data. For example, 'maximum likelihood' classification uses the statistical characteristics of the data where the mean and standard deviation values of each spectral and textural indices of the image are computed first. Then, considering a normal distribution for the pixels in each class and using some classical statistics and probabilistic relationships, the likelihood of each pixel to belong to individual classes is computed. Finally, the pixels are labeled to a class of features that show the highest likelihood.

4.3.2 Regional scale damage assessment (pixel-based)

Damage evaluation methodology using a single after-event image
Unless we have systematic plans in advance to archive adequate remote sensing data of urban areas and to pre-process them to have a timely ability to compare before and after-event images immediately after a disastrous event, we have no choice but to rely on the processing of after-event images.

As mentioned earlier, both spectral and spatial characteristics of an image can help in image classification using one after-event data. Many researchers agree that using solely spectral indices will not be sufficient. It is suggested to use some of the spatial characteristics such as mean, standard deviation, correlation, angular moment, entropy, dissimilarity, etc., in conjunction with a spectral feature in mind. The selection of the window size is of importance, since it directly involves the number of neighborhood pixels into our spatial feature computations.

The following researchers have worked on the optical Quickbird data related to the Bam earthquake. Huyck *et al.* (2005) use the dissimilarity index as an effective spatial change detection feature with a 25 by 25 pixels window. Vu *et al.* (2005) use both the entropy and the angular second moment concepts in a 7 by 7 pixels convolving window. They point out that at building collapse locations, the entropy (or disorder) increases and the angular second moment decreases. Rathje *et al.* (2005) have devised an algorithm for pair-wise classification of different spatial (8) and spectral (4) features within different window sizes of 6 by 6 pixels, 10 by 10 pixels, and 25 by 25 pixels. In this method, suitable pairs of features are selected. The process involves comparison between the results and the most effective pairs of features are reported. Finally, using the maximum likelihood scheme the damage levels are reported. Mansouri *et al.* (2008) have selected the combination of three spatial features in conjunction with three window sizes (25 × 25, 11 × 11 and 5 × 5 pixels) for the post earthquake pan-sharpened Quickbird image with three spectral features. A co-occurrence matrix calculates the spatial feature indices (mean, entropy and angular second moment) within each window. Using a supervised method, they delineate between intact structures, vegetation, roads, open spaces, shadows and destroyed buildings. The final regional building damage ratio is calculated using the block statistics (10 by 10 pixels) for the 'destroyed building class'.

Damage evaluation methodology using both before and after images

In general, these types of methodology are more accurate as compared to the case when only one image is analyzed. The comparison between pre- and post-event images adds to the knowledge. Also it is feasible to extract the building layers from the pre-event images and to apply any change detection algorithms to the building pixels only. The general idea is that changes in spectral or spatial characteristics between temporal images can be associated with the actual physical changes. It is logical to imagine that the correlation, or the subtraction of the before/after images or the density and the scattering of building edges are useful change detection indices.

Below, panchromatic 60 cm resolution Quickbird images of adjacent buildings are shown for before and after earthquake (Fig. 4.3 and 4.4). Also the results of the edge detection algorithm are shown for both cases. By comparing the edge detection results of before and after events visually, the human brain associates the disorders in the edges with the actual physical changes. Using this concept, it is feasible to translate the human perception into the machine. The increase in the edge density and disorders, the decrease in standard deviation, etc., are among spatial features suitable for change detection.

Vu *et al.* (2005) considered the nominal orientation of the edges in addition to other textural indices such as the edge variance, entropy and second angular moment. Then defining related threshold values, the levels of change are assigned to the scene. Stasolla *et al.* (2006) have exploited a segmentation method that uses the pansharpened image and the ISODATA classification scheme to create the building mask (Fig. 4.5). Using the opening

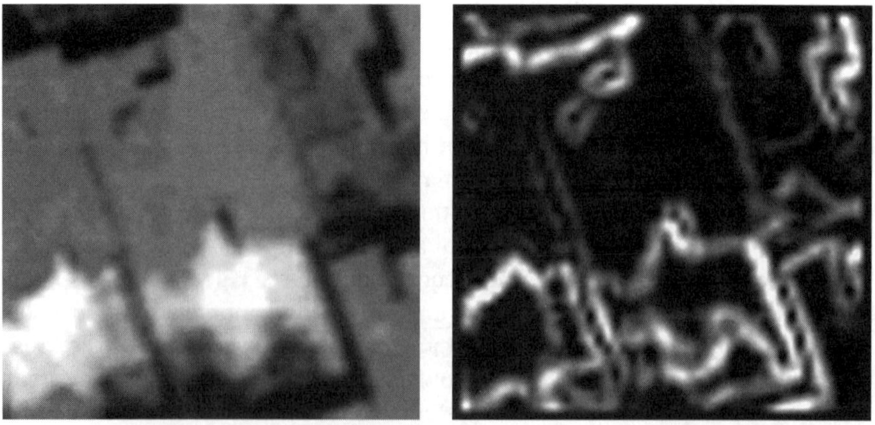

4.3 Panchromatic VHR image (Quickbird) of some intact buildings (left) and their edge detection result (right) – Quickbird sub-image of Bam (courtesy of Digital Globe).

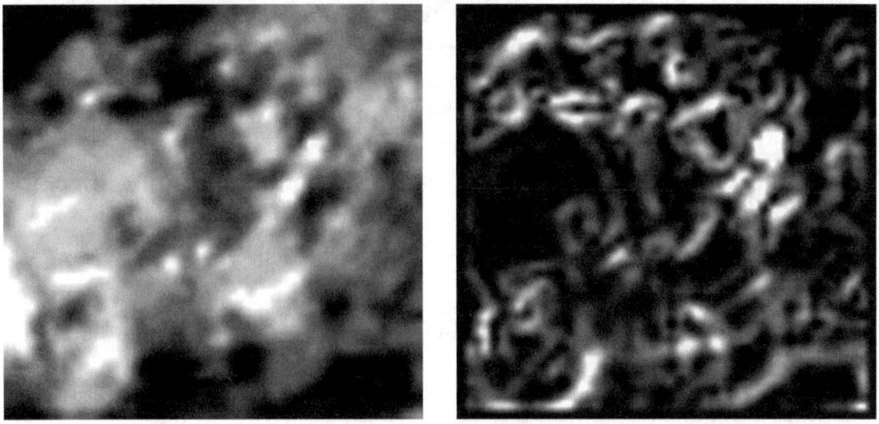

4.4 Panchromatic VHR image of some destroyed buildings (left) and their edge detection result (right) – Quickbird sub-image of Bam (courtesy of Digital Globe).

4.5 Result of ISODATA classification (classes: roads , vegetation , buildings , shadows).

and closing operators along with the watershed algorithm, they compute a measure of physical changes to the buildings. Huyck *et al.* (2005) use the edge detection algorithm for the two before and after images and compute the related textural dissimilarity. The comparison between these results (difference and standard deviation values) indicates levels of the damage. Mansouri *et al.* (2008) have presented a method that computes the difference in before and after edge densities within the building mask where using a supervised classification process, damaged buildings are highlighted.

4.3.3 Building scale (object-oriented and parcel-based) damage assessment

Regional damage detection schemes, as previously discussed, produce results with limited accuracy but good enough to draw a rough estimation of the regional loss rapidly right after a disaster. The progressive advances in imagery systems and the availability of real-time monitoring technology dedicated for urban areas promote the development of damage assessment techniques and tools for change detection at individual building scale. Also complementing urban databases such as building inventory information with remote sensing change detection results potentially produces more accurate estimations.

The general idea here is that the group of pixels that represent each individual building (each parcel) must be identified and delineated from the background. Here, it is emphasized that the interpretation of an image is not considered in individual pixels, but in the meaningful image objects, and their relationships. For example, 'E-cognition' (a computer code by Definiens) uses a region-merging segmentation process that starts from one pixel. Objects (group of pixels) are fused together when a heterogeneity criterion is met. This technique uses scale, color and compactness/smoothness as segmentation parameters.

Alternatively, when building parcels are extracted from precise stereography (1:2000 scale urban mapping by aerial photography) or a method of ground survey operations in advance, there is no need to apply any image segmentation algorithm to the images. These maps as shown in Fig. 4.6, usually possess the height information that helps in producing three-dimensional damage maps. The parcel layer (building mask) is coregistered with the before and after images and the change detection algorithms are applied to the parts of the images that just overlap with the building mask.

Damage evaluation methodology

Since in this approach we are dealing with a group of pixels, the randomness and the statistical characteristics such as moments, mean, standard deviation,

4.6 Part of a 1:2000 scale urban map – a neighborhood in Tehran, Iran.

skewness, etc., of the ensemble in all spectral bands are of interest. Also gradient values of the object pixels reveal information about the edges. Correlation, ratio and subtractions of the object pixels are also useful indices.

As an example, the predefined three levels of building damage states such as 'slight or none', 'moderate', and 'severe' are valued in a fuzzy classification methodology (Mansouri *et al.* 2008). The fuzzy classifier curves are applied on the difference of edge densities and on the spectral correlation between bands of the 'before' and 'after' images. Then, by a 'defuzzification' process, the entire parcel layer is classified accordingly, showing the expected extents of different damage states. In Fig. 4.7, a part of Bam is shown representing the panchromatic band of the Quickbird satellite imagery related to before and after the earthquake, and also the parcel layer (building mask) showing the color-coded detected levels of damage. Figure 4.8 shows the same results for the entire city of Bam.

4.4 Radar remote sensing: background

Radar (radio detecting and ranging) has been the subject of active research in the past 70 years. The system basically comprises an electromagnetic wave transmitter and receiver usually operating during the range of microwave frequencies. It is an active sensor providing its own radiation source, and

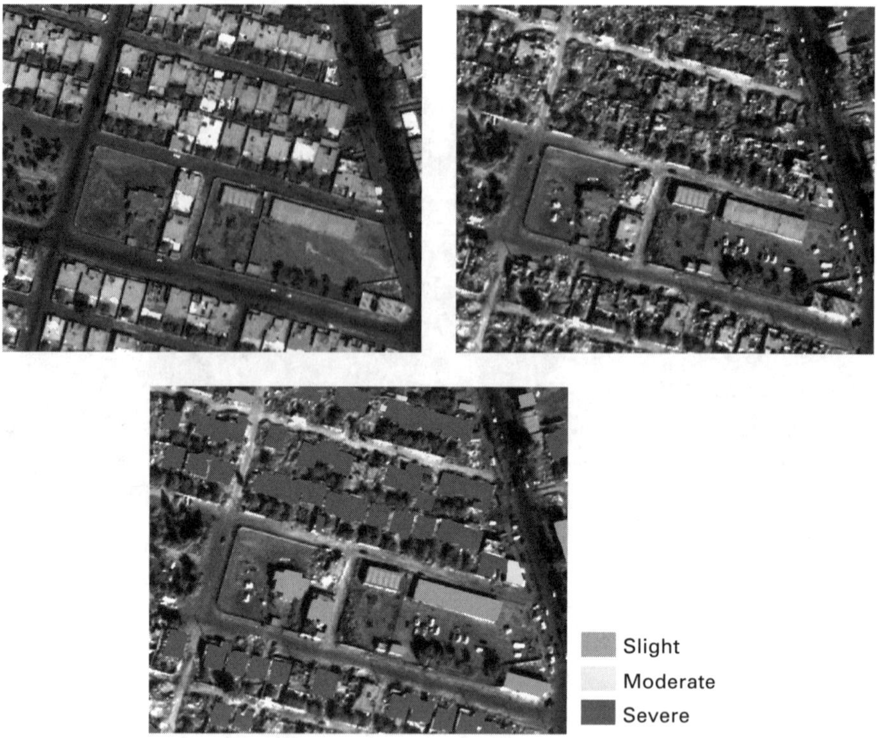

4.7 Optical image of an urban area in Bam; intact buildings (top left), destroyed neighborhood (top right), and building damage detected in the parcel layer (bottom). Panchromatic bad of Quickbird VHR data – courtesy of Digital Globe.

hence capable of operating during day or night. In addition, its operating frequency allows propagation through cloud and fog. Consequently, it is capable of any time, all weather imaging. Radar is generally used for detecting objects based on their reflection properties at the radar operating frequency, or determining object's motion and speed based on the Doppler shift in the received signal. Other applications for Radar include image formation, and determination of topography. Since the physics of image formation in radar is totally different and relatively a new concept as compared with the optical remote sensing technique, useful explanations are given as follows.

4.5 Side-looking aperture radar

Airborne side-looking aperture radar (SLAR) showed capabilities for determining elevations. The inherent 'Parallax errors' is the key. Height distortions and shadows can give some estimate of the elevations. Radar

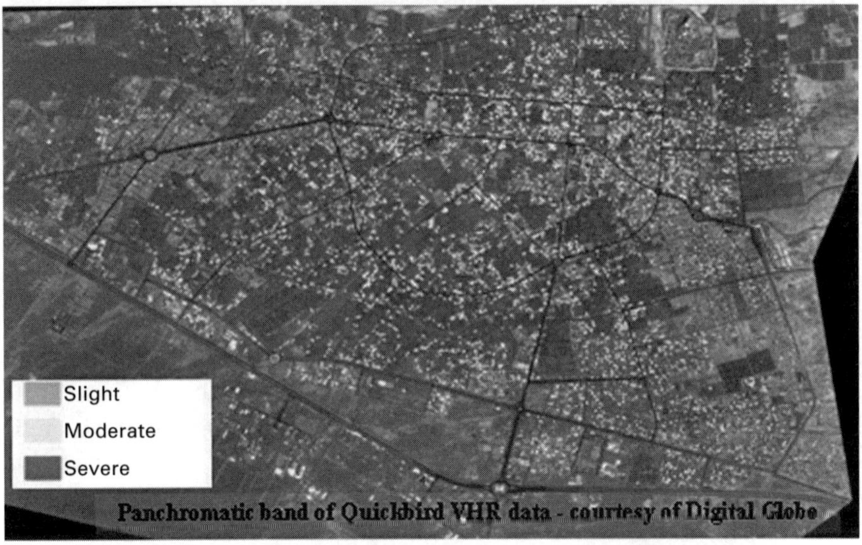

4.8 The damage detection results shown for the entire city.

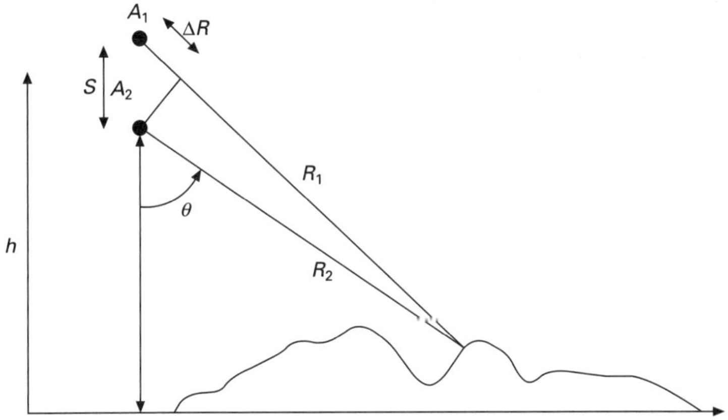

4.9 Radar interferometry arrangement – (Ulaby *et al.*, 1982).

stereo is introduced in analogy with stereo-photography but due to the layover, the fact that higher objects appear closer in a radar image but further away in a photograph, successive overlapping photographs must be acquired as the aircraft travels. The flight lines can be either on the same side or on the opposite side of the objects. The difficulty in opposite-side stereo arises when shadowing exists. It is when shadows from one image lie on the opposite image and vice versa. The objects become hard to recognize (Ulaby *et al.*, 1982). This is the case in urban areas. Another method for determining height and elevation data is radar interferometry. In Fig. 4.9, antenna A_1 both transmits and receives radar pulses but antenna A_2 only works in receiving mode. The resultant received voltages are the additions of V_{R1} and V_{R2}:

$$V_R = V_{R1} + V_{R2} = |V_{R1}| \, [\exp(-j2kR_1) + \exp(-jk(R_1 + R_2))] \qquad 4.3$$

$$V_R = |V_{R1}| \exp(-j2kR_1) \, [1 + \exp(jk\Delta R)], \; \Delta R = S\cos(\theta) \qquad 4.4$$

a null occurs at angle θn when:

$$k\, s \cos(\theta n) = (2n + 1)\, \pi \quad \text{or} \quad \cos(\theta n) = (2n + 1)\, \lambda/2s \qquad 4.5$$

If the angle $\Delta\theta n$ is the spacing between nulls it is given by (Ulaby *et al.*, 1982):

$$\Delta\, \theta n \approx \lambda/s \sin(\theta n) \qquad 4.6$$

By measuring the angle spacing between nulls $\Delta\theta$, the side looking angle and by determining slant ranges R_n, the height information is extracted at the focused point.

Civilian use of high resolution SLAR was permitted after its declassification in mid 1960s. Many projects, such as geologic mapping, oceanography and land use studies have been carried out since then by MacDonald in 1969, Viksne in 1969, and Van Roessel and de Godoy in 1974 (Curlander and McDonough, 1991). The resolution of such devices suffer in the along-track direction. In the range (cross-track) direction, high resolution can be achieved by considering adequate pulse shape and signal processing. In the azimuth (along-track) direction, antenna dimension plays the main role. The longer antenna provides better resolution but this causes technical difficulties in airborne and spaceborne systems. Figure 4.10 depicts the radar illumination footprint on the ground showing the resolution cell dimensions in both range (Xr) and azimuth (Xa) directions.

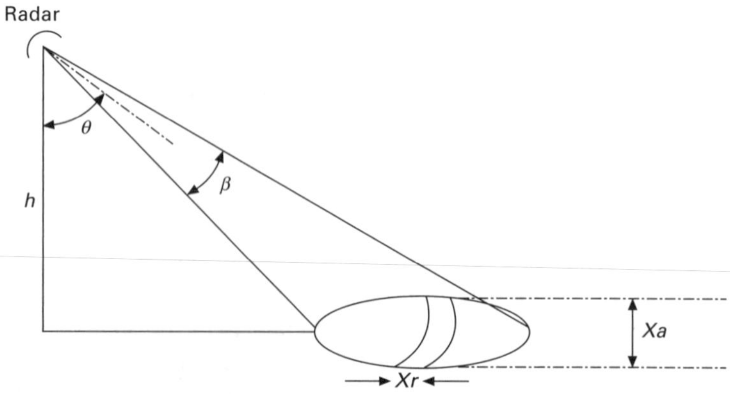

4.10 Radar resolution cell – (Elachi, 1987).

The range resolution is computed as:

$$Xr = C/2\ B \sin(\theta) \tag{4.7}$$

The angular resolution in the azimuth direction is:

$$\beta = \lambda/L \tag{4.8}$$

The azimuth resolution (Elachi, 1987) is:

$$Xa = h\ \beta/\cos(\theta) = \lambda h/L \cos(\theta) \tag{4.9}$$

λ: Radar wavelength
L: Antenna length (azimuth direction)
h: Radar altitude
B: Pulse bandwidth

As an example, for a typical satellite h = 800 Km, L = 10m, θ = 30°, λ = 25 cm (L-band) and B = 20MHz, *Xa* is about 23 Km and *Xr* is around 15 m. This shows clearly, how radar azimuth resolution is poor due to its dependence on altitude.

4.6 Synthetic aperture radar

4.6.1 SAR imagery

Improving the resolution of radar systems has been an active field of research. In the 1950s, it was recognized that a high-resolution image can be constructed by observing an area of interest from multiple angles. This type of imaging is possible, for example, by installing the radar antenna on the fuselage of an aircraft. It was also noticed that reflected signals from two separated objects with respect to the along-track (azimuth) direction can be discriminated by their Doppler shifts. Thereafter, this technique was patented under the name of Doppler beam sharpening, which is known today as SAR.

A number of civilian airborne SAR systems have been developed to map the ground surface. NASA's GeoSAR, Intermap and the BYU system have mapped urban areas with spatial resolution of the order of a few meters. The metropolitan area of Los Angeles has been mapped with about 5-meter resolution around year 2000. The Twin-Otter and UAV Lynx SAR systems can provide 30 cm ground resolution in strip mode and 10 cm resolution in spotlight mode. Strip mode SAR imaging is the conventional method where the line of sight (LOS) vector of the radar is constant and the footprint of the radar on the ground form a strip. Spotlight SAR imaging methodology is an advanced method that combines a series of successive SAR images targeted at a specific location (gradually changing LOS vector) and achieve a higher resolution as compared to a single SAR image. The SAR image (5 m resolution) of Los Angeles metropolitan area acquired from the Intermap

STAR-3I system (Fig. 4.11), the high resolution (<1 m) airborne X-band SAR, DRA image of a rural area (Fig. 4.12), the one-foot-resolution spotlight-mode image from the Twin-Otter SAR system of the US Capitol (Fig. 4.13), and

4.11 SAR image of a part of Los Angeles metropolitan area (5-meter resolution) (Intermap STAR-3I system).

4.12 High-resolution (<1m) DRA X-band SAR image of typical rural scene (British Crown Copyright 1997/DERA).

4.13 One-foot-resolution spotlight–mode image – US Capitol acquired by the Sandia National Laboratories Twin-Otter SAR system.

4.14 Albuquerque Atomic Museum, KAFB (1 ft Res. Spotlight mode) by Sandia National Laboratories UAV Lynx system.

also a similar image from the Unmanned Aerial Vehicle UAV Lynx system of an urban setting (Fig. 4.14) explain clearly that important urban features can be detected with good details.

Owing to its capability of any-time and all-weather monitoring of the Earth's surface, which is by using appropriate microwave wavelength and the nature of the SAR as an active sensor (providing its own illumination), and the importance of remote sensing applications in military, geographic mapping, vegetation study, textural information extraction, topography, change detection, continuous monitoring of urban areas, land motion detection and monitoring, soil moisture measurement, mine exploration and the need for global coverage, spaceborne SAR has been developed. To date, a number of successful spaceborne SAR systems have been deployed for scientific studies and a summary is presented in Table 4.2.

Very high resolution SAR systems are likely to be declassified for civilian use. Recently civilian remote sensors such as Radarsat2 (2007) with 3 m spatial resolution in super fine mode and also the German Terrasarx with 1 m resolution have been reported to deliver very high resolution SAR images of the ground surface from space.

The concept of SAR is rather simple. It is well known that a large aperture is required for high-resolution real aperture radar (RAR) imaging systems (described earlier as SLAR systems). The implementation of such a large aperture is not mechanically feasible. Instead, a large aperture is synthesized by a single antenna moving along a line. An array of antennas is equivalent to a single antenna moving along the array line (Curlander and McDonough, 1991). This approach synthesizes a long aperture and will improve the along-track resolution as long as signals are recorded coherently and then added together in analogy to waveguide network. The range resolution (cross-track) is determined by the bandwidth and the nature of the modulation of the sent pulses, while the azimuth resolution (along-track) is achieved by Doppler shift frequencies detected in the along-track direction. To visualize the synthetic array approach depicted in Fig. 4.15, consider that a radar system with antenna length L is moving with the velocity $\mathbf{V}$ and covering the surface at each instant equal to D. Successive echoes are received at discrete points Xi's along the SAR trajectory. The static point target 'T', is seen by the radar while the radar has traveled a distance equal to D. Then n discrete echoes are combined together coherently in a processor which

Table 4.2 A list of important SAR satellites

Radar satellite	Country	Spatial resolution (m)	Revisit (days)	Launch date	Orbit altitude (km)	Swath (km)
Radarsat-1	Canada	8.5	16	1995	798	50–500
Radarsat-2	Canada	3	24	2007	798	20–500
ENVISAT	ESA	30		2002	790	100
ERS-1	Europe	30	35	1991	780	100
ERS-2	Europe	30	35	1995	785	100
JERS-1	Japan	18×42	44	1992	568	75
ALOS	Japan	2.5	2–46	2006	692	70
Terrasarx	Germany	1,3,16	11	2007	512	1–3–100
COSMO-SKYMED-1 & 2	Italy	1–3–15–30–100	10 hrs	2007	620	10–200
RISAT-1	India	3–12–25–50	5	delayed	608	30–240
Space Shuttle – SIR-C	US/GER	25	N/A	1994	~258	15–90

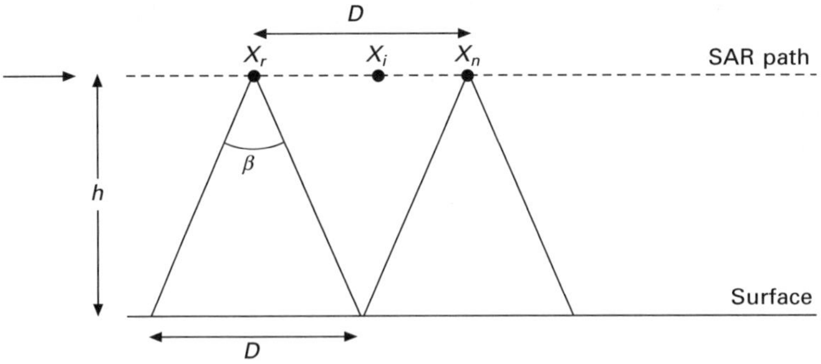

4.15 Schematic for the synthetic array – (Elachi, 1987).

synthesizes a linear array. Therefore using the aperture formula for the main beam width:

$$\beta s = \lambda / D = L/2h \tag{4.10}$$

βs = synthetic array beam width

The theoretical finest achievable resolution or the resulting array footprint on the surface is:

$$Xa = h\ \beta s = L/2 \tag{4.11}$$

The range resolution is the same for the case of real aperture radar:

$$Xr = C/2\ B \sin(\theta) \tag{4.12}$$

Xa is half of the antenna length. Comparing this with the previous example for a real aperture case (SLAR), the azimuth resolution has improved from 23 Km to about 5 m. The SAR resolution is not a function of altitude, suggesting development of spaceborne SAR. But, in order to receive detectable echoes, the required power is highly dependent on the SAR altitude (Elachi, 1987).

4.6.2 SAR polarimetry

When nearly simultaneous SAR images are obtained, each having different polarization states, additional information can be deduced from the set. Usually radar transmits and receives linearly polarized (horizontal or vertical) waves. This will give rise to four images such as HH, HV, VH and VV. The first and second letters indicate transmitted and received polarized radiation states respectively. Useful information may be found in the phase difference of the polarimetric images depending on the physics of the interactions with target. Important parameters such as phase difference, correlation coefficient and amplitude ratio can be extracted by the combination of these images.

4.6.3 SAR interferometry

The interference patterns or interferograms can be constructed using two images that are mutually coherent and correlated. This can reveal more details and information of the scene. SAR interferogram can be obtained either by repeat-pass scheme (single antenna on board) or by single-pass approach (two antennas connected together with a rigid baseline). In the single pass interferometric SAR, the role of the transmitter and the receiver can be interchanged between the two antennas. The phase difference between the scenes can be used to infer the height of scatterers within the image and the digital elevation model (DEM) can be constructed.

Repeat pass (single antenna) data acquisition is also used for derivation of the scene DEM. Data acquisition geometry is separated by a fixed baseline length, which results in viewing the scene from two slightly different angles. The crucial condition for repeat-pass DEM generation is that the scene remains unchanged during the data acquisition interval. A change in the geometry, such as vegetation growth, vegetation geometry change due to wind, and atmospheric changes, reduces the DEM height accuracy. In extreme conditions, the change in the scene is such that the DEM can not be retrieved from the repeat pass SAR images. In such cases, the coherence between two images is low due to temporal changes. Single-pass (dual antenna) interferometric SAR measurement for DEM generation is currently available. Two antennas separated by a rigid baseline are used to acquire the interferometric data. The loss of coherence due to temporal changes is not a factor for this data acquisition geometry since the interferometric data are obtained at the same time. The accuracy of the derived DEM is limited by such factors as the system noise and multiple reflections of radar signal. Figure 4.16 shows the geometry of interferometric measurements.

A number of relationships can be derived from Fig. 4.16:

$$\phi_1 = \frac{4\pi}{\lambda} D,\ \phi_2 = \frac{2\pi}{\lambda}(2D + \Delta D),\ \Delta\phi = \frac{2\pi}{\lambda}\Delta D \qquad 4.13$$

$$z(y) = H - D\cos(\theta) \qquad 4.14$$

$$z(y) = H - \frac{1}{2}\left\{\frac{(\lambda\Delta\phi/2\pi)^2 - B^2}{B\sin(\alpha-\theta) - (\lambda\Delta\phi/2\pi)}\right\}\cos(\theta) \qquad 4.15$$

where B denotes the baseline between antennas A_1 and A_2. In a repeat-pass mode, (single antenna) analysis is quite similar to the one-pass case (dual antenna), keeping in mind that both antennas are transmitting and receiving (NASA – JPL site). Therefore,

$$\Delta D = \frac{\lambda\Delta\phi}{4\pi} \qquad 4.16$$

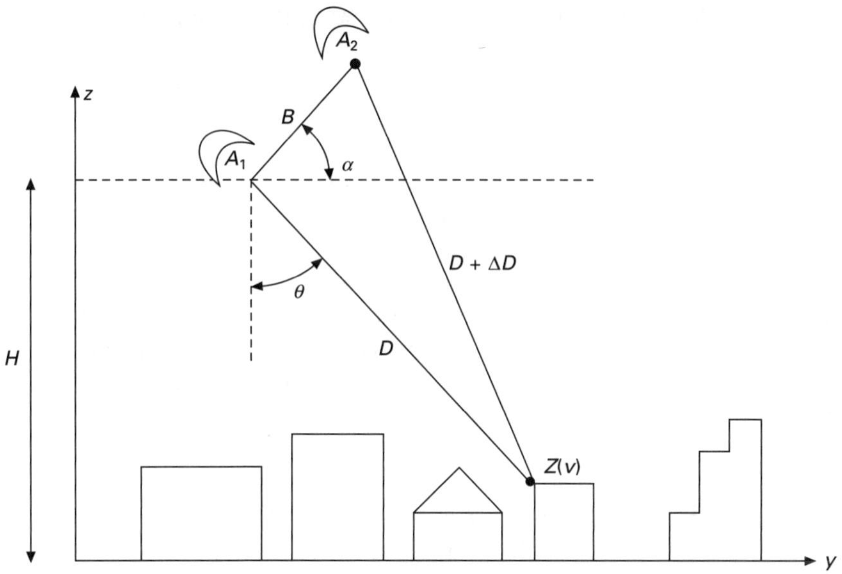

4.16 SAR interferometry geometry in urban area.

A typical SAR interferometer is much more sensitive to absolute surfacial changes than to topographic changes, as can be seen from the following sensitivity coefficients,

$$\frac{d\Delta\phi}{d\Delta D} = \frac{4\pi}{\lambda} \tag{4.17}$$

and

$$\frac{d\Delta\phi}{dH} = \frac{4\pi}{\lambda}\frac{B\cos(\theta - \alpha)}{D\sin(\theta)} \tag{4.18}$$

Typically D is very large (order of 15 km for airborne SAR and order of 1000 km for spaceborne SAR) and B is relatively small (order of few meters for single-pass airborne and spaceborne and about order of km for repeat-pass spaceborne). It is clear from these equations that accuracy of the order of a meter in the topographic features corresponds to an accuracy of the order of millimeters in the surfacial features.

For the purpose of interferometric calculations, each image is associated with proper phase and magnitude patterns. Image function consists of complex reflectivity, due to the radar/surface interaction, modulated by a term describing the phase as path length (Ghiglia and Pritt, 1998):

$$S_1 = a_1 \exp(j4\,\pi D_1/\lambda) \tag{4.19}$$

$$S_2 = a_2 \exp(j4\,\pi D_2/\lambda) \tag{4.20}$$

S_1, S_2, a_1, a_2, D_1 and D_2 are two-dimensional and functions of the scene coordinate. The interferogram can be regarded as the conjugate multiplication of these two image functions, and is thus given by the following equation:

$$S_1 S_2^* = | a |^2 \exp [j (4 \pi/\lambda) (D_1 - D_2)] \tag{4.21}$$

where it has been assumed that $a_1 \approx a_2 \approx a$. This means that image functions from the same scene are highly correlated. Moreover, the measured phase is computed in the interval $(-\pi, \pi]$. As a result, additional processing of the phase information is required to relate the measured phase to the path length difference $(D_1–D_2)$ which is the quantity of interest in the interferometric measurements. To emphasize this again, the sought phase function $\phi(t)$ is wrapped into the interval $(-\pi, \pi]$ by interferometry through the following highly nonlinear equation,

$$\phi(t) = \theta(t) + 2 \pi n(t) \tag{4.22}$$

$n(t)$ is an integer causing $-\pi < \theta(t) \leq \pi$.

Therefore in order to reveal the underlying physical quantities such as the topography, the phase must be unwrapped.

4.7 Feasibility of change detection by SAR simulation

In this section we study the feasibility of SAR imagery to the detection of changes and damage in urban areas with particular emphasis on changes caused by a destructive earthquake. Electromagnetic waves and their properties governed by Maxwell equations are summarized first. Then, a numerical simulation tool, XPATCH, is introduced that can reasonably well reproduce the real SAR image formation based on electromagnetic scattering of realistic scenes. Using the properties of SAR imagery as a coherent 3-D complex imagery system, the location and extent of the simulated change/damage can be extracted. In these simulations, the issue of noise arising from various sources which can hinder the damage detection capabilities is not addressed.

4.7.1 Theoretical background for SAR simulation

In free space and in the absence of charge or current (vacuum), Maxwell's equations can be decoupled, yielding,

$$\nabla^2 \vec{E} = \varepsilon_0 \mu_0 \frac{\partial^2 \vec{E}}{\partial t^2} \tag{4.23}$$

where,

$\vec{E}$ = electric field (V/m)

ε_0 = permittivity of free space ($8.85 * 10^{-12}$ Farad/meter)
μ_0 = the permeability of free space ($4\pi * 10^{-7}$ N/A)

A fundamental solution for the electric field is given by the plane wave equation,

$$\vec{E}(\vec{r}, t) = \vec{E}_0 \exp(j(\vec{k}.\vec{r} - wt)] \qquad 4.24$$

where,
$\vec{k}$ = Propagation or wave vector – it is pointing in the direction of propagation and its magnitude is the same as the wave number ($2\pi/\lambda$)
$\vec{r}$ = Position vector
w = Angular frequency ($w = 2\pi v$ and v is the operating frequency)
$\vec{E}_0$ = Electric field amplitude vector indicating the polarization state in addition to the field magnitude.

Simulations of SAR measurements are useful for proper image interpretation and image understanding. A high frequency shooting and bouncing ray (SBR) technique (Ling *et al.*, 1989, Andersh *et al.*, 1994) is used for the simulation of SAR measurements of buildings. It computes the scattering electromagnetic field from a scene which is represented by a geometrical model. Its operations can be divided into three segments: ray tracing based on geometrical optics, electromagnetic field computations, and post processing.

The computation starts by launching a bundle of parallel rays (plane wave approximation) from the source in a regular grid towards the scene. The rays are traced based on geometrical optics. Scattered far-field is then computed by physical optics integration for rays that exit the scene. Once the ray tracing is completed, the scattered field is computed either in the time or in the frequency domain. For SAR image formation, the ray tracing portion of the computation is carried out from each discretized antenna position (frequency domain algorithm). In order to reduce the computation time, an approximation is considered by using only one transmission direction (time domain algorithm).

For the case of a single-bounce ray, the range and cross-range positions are the same as the one for hit-points. For the case of a multi-bounce ray, the range position is determined by half of the ray's path length in the range direction. The cross-range related to a multi-bounce ray is the average of the cross-range positions of the first and last hit-points. The next step in the process involves computing the far field for the electromagnetic waves. The incident time-harmonic electromagnetic plane wave is described as the following,

$$\vec{E}_{\text{incident}}(\vec{D}) = \vec{E}_0 \exp[-jkD] \qquad 4.25$$

The scattered field is then given by,

$$\vec{E}_{\text{scattered}}(\vec{D}) = \vec{E}_{0s} \frac{1}{\sqrt{4\pi}\, D} \exp[-jkD] \qquad 4.26$$

The SAR image is regarded as the Fourier Transform of the complex valued scattered field amplitude vector ($\vec{E}_{0s}$), which is the contribution of all exiting rays within the angular span (ϕ) and all the frequencies 'v' within the bandwidth 'BW'. This is basically a two-dimensional compression of the simulated data in the range and cross-range in the far field and is written as,

$$E_{\text{SAR}}(x', z') = \frac{1}{BW \cdot \phi} \int_{\phi} \mathrm{d}k_x \int_{BW} \mathrm{d}k_z \vec{E}_{0s}(k_x, k_z) \exp[-j(k_x x' + k_z z')] \qquad 4.27$$

with,

$$k_x = k \sin\phi,\ k_z = k \cos\phi,\ \ k = \frac{2\pi v}{\mathrm{c}}$$

$\mathbf{E}_{\text{SAR}}$ denotes a complex-valued matrix that in addition to the magnitude image (usually expressed in decibels) has useful phase information as well. The scattered field is computed along a line from point a to point b in Fig. 4.17. In order to reduce the computation time, the incident field is assumed to be unidirectional where the look direction **I** is perpendicular to the velocity vector **V**. The image is constructed on the slant plane.

In order to simulate the SAR image of realistic objects, the object's surface is discretized by the small triangles (facets) connected to each other. Each facet contributes in the final simulation result.

4.7.2 Simulation examples

Our simulations are based on an X-band (central frequency of 10 GHz or central wavelength of 3 cm) SAR system. This is to imitate the Intermap aerial SAR system (STAR-3I Intermap) to some degree. Structures and their front edges are usually very well detectable in the simulation data. Reflections from the corner of structures are expected to result in the largest signal return to the SAR antenna. This effect is called corner reflection, and is clearly observed in our simulated results. Due to layover, the fact that higher objects appear closer in a radar, buildings are skewed in a predictable manner. Roofs appear shifted towards the SAR sensor but the building footprints look further away. We have shown that geometrical changes such as tilting, overturning or pancaking can be observed and measured by comparing SAR images before and after change.

Figure 4.18 is the simulated SAR image of the real-sized building with 7.63 m height (DRB building in USC campus, Los Angeles). A realistic resolution value of 2 meters as compared to a high resolution aerial or spaceborne SAR system has been used. Elevation, azimuth and ground squint

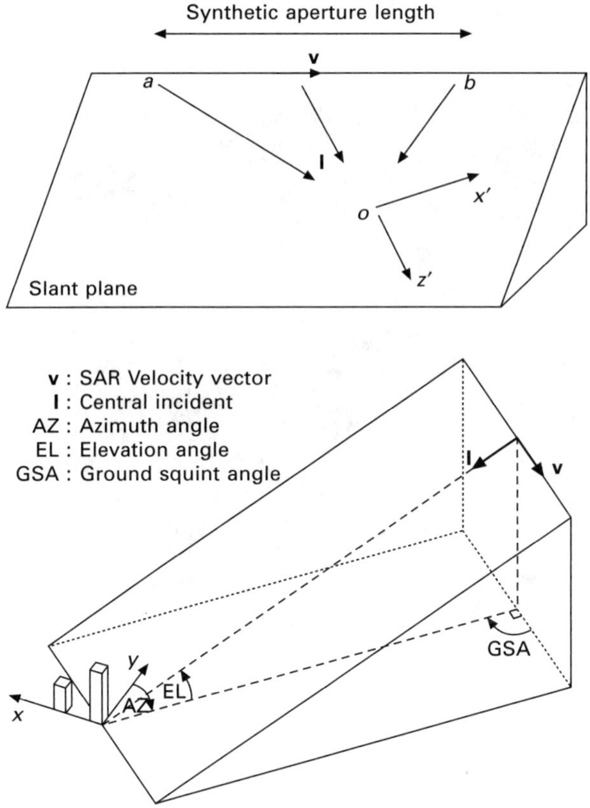

4.17 SAR coordinate (*x*′-*z*′) in slant plane and (*x*-*y*) on the ground.

angles are 30, 40 and 90 degrees respectively. The angular span is 0.43 degrees and the signal bandwidth is 80 MHz. To reduce the computation time, we isolated the building in free space and did not consider any contribution to scattering from the ground. The front edges are well defined and basically two parallel bright contour-like regions are highlighted. The closer edge to the SAR sensor is from the roof. Corner reflector signature is seen along the front edge of the building footprint. The distance between these parallel edges can give estimates of building heights (flat roof assumption).

In order to model the SAR image of the after event, some changes in the building geometry are introduced. Partial collapse, modeled as a 10 cm reduction in the height of six columns at the front entrance of the building, with the resulting inclination in the roof down towards the entrance. The simulated SAR image, Fig. 4.19, clearly shows the region of the geometrical changes.

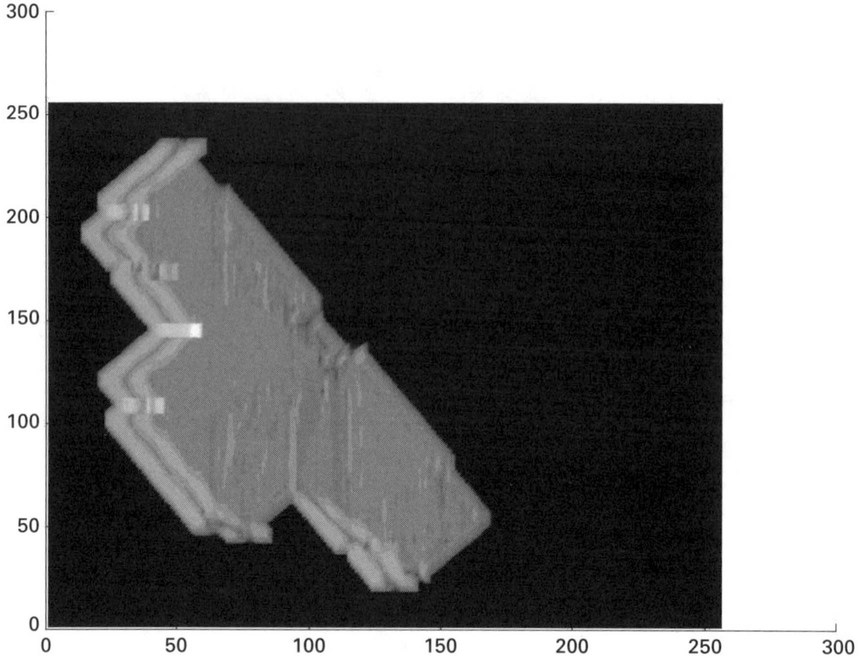

4.18 SAR image of DRB building before change.

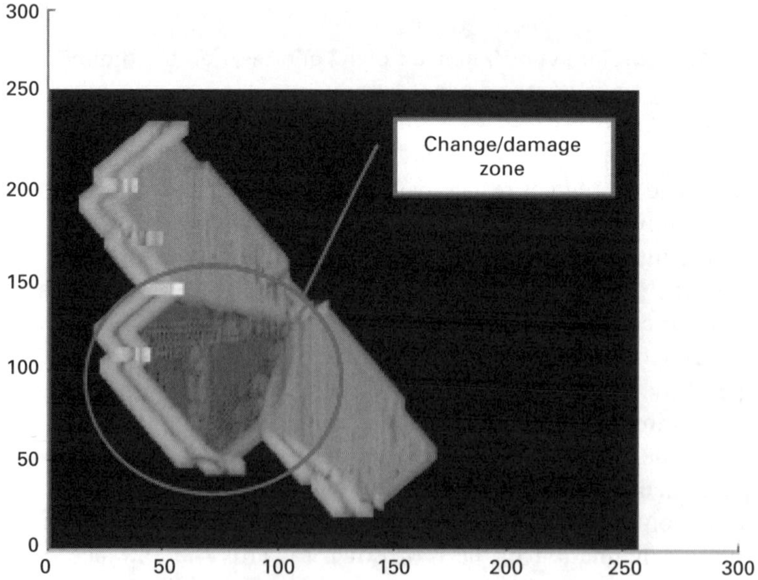

4.19 SAR image after introducing changes.

4.8 Change/damage detection using actual satellite SAR data

In the previous section it was investigated that the SAR imagery has the potential of detecting the location of the physical changes to the buildings. It was also mentioned that very high resolution SAR images (order of 1m and less) can be acquired from aerial or spaceborne sensors. To date, these data are not necessarily accessible for civilian urban monitoring. However, in this part, the feasibility of change/damage detection using civilian SAR satellite data with a ground resolution of about 20 meters is sought, keeping in mind that the rapid advancement in such technologies delivered much higher resolutions (order of 1m for Terrasarx) and better abilities to detect. These data are intended to be vastly accessible for civilian uses.

The Envisat satellite collected before- and after-event imagery on the Bam, Iran earthquake that occurred on 26 December 2003. The process of change detection analysis is to select adequate data pairs with respect to 'before' and 'after' event imagery, and to analyze changes resulting from a comparison of these sets of images using appropriate indices, i.e. backscattering, complex coherence, and self- and cross-power. For this study, two sets of before and after SAR data are used from the ASAR sensor onboard of the Envisat platform. The change detection scheme evaluates these results using orbital information to assess the levels of change in different city zones. Such damage maps can potentially serve in disaster response/management and also in estimating economic losses to urban settings.

4.8.1 Backscattering

Urban environments can essentially be represented by a combination of different geometrical shapes, i.e. rectangular plates, dihedral and trihedral corner reflectors. The Envisat SAR system is consistent with a monostatic measurement/simulation, i.e. the transmitter and the receiver are regarded as the same antenna and located at the same position with respect to the scene. It is expected that after a building collapses, the backscattering coefficient (or RCS) of the image is reduced drastically in average sense.

4.8.2 Interferometric data sets and change/damage index

In the case of repeat-pass interferometric SAR, the same SAR system is imaging the scene at two different times. The basic assumption for change detection using a repeat-pass interferometric technique (single antenna but two image acquisitions) is that scene distances to the receiving antennas are generally the same. The interferometric phase is then mainly affected by changes in the scattering behavior of the scene, or changes in the scene geometry. If the scattering properties of a scene are completely different for each SAR measurement, then there is no coherence between the SAR images, and the interferometric phase cannot be related to a quantitative change in the scene. Also the radar cross section values of the objects are highly sensitive functions of the sensor-object observation angles. Table 4.3 lists the interferometric data pairs and their respected baseline information that were acquired for change detection evaluation as it is reported in the following parts.

The total correlation between two radar signals can be described as (Zebker and Villasenor 1992):

$$\rho_{\text{total}} = \rho_{\text{temporal}} \cdot \rho_{\text{spatial}} \cdot \rho_{\text{thermal}} \tag{4.28}$$

$$\rho_{\text{spatial}} = 1 - \frac{2|B|\,R_y \cos\theta}{\lambda r} \tag{4.29}$$

The spatial baseline correlation of echoes in interferogram pairs is almost a linear function. This value is unity for zero baseline length and zero for the critical baseline by definition. In Equation (4.29), B is the antenna baseline separation, θ is the average look angle of the two antennae that are measured from nadir, R_y is the ground range resolution, λ is the radar wavelength and r is the distance from the antenna to the resolution cell. Table 4.3 presents also the baseline information between the interferometric pairs.

$$\text{Coherence}\,(C_1, C_2) = \frac{|\sum C_1 C_2^*|}{\sqrt{(\sum C_1 C_1^*)(\sum C_2 C_2^*)}} \tag{4.30}$$

Table 4.3 Satellite baseline information for interferometric data pairs used in this study (at about the image center)

Satellite baseline information		Sat-target plane (m)		Baseline correlation
		Normal	Parallel	ρ_{spatial}
Before I June 11, 03	Before II Dec 3, 03	473.21	147.98	0.65
Before I June 11, 03	After I Jan 7, 04	990.24	422.50	0.27
Before I June 11, 03	After II Feb 11, 04	476.12	133.22	0.65
Before II Dec 3, 03	After I Jan 7, 04	516.85	275.12	0.62
Before II Dec 3, 03	After II Feb 11, 04	59.06	14.76	0.96
After I Jan 7, 04	After II Feb 11, 04	519.08	289.88	0.62

Equation (4.30) is defined as the coherence between two complex images; its denominator is defined as the cross-power (Xp). When the same image is used in the cross-power formula it is called the self-power (Sp) of the image. The sigma is evaluated within a window. Window computations allow for compensation of minute misregistrations of the data pairs and for the reduction of inherent noises, which often occur at the expense of reducing data resolution. It is best to compare before-before and before-after interferograms, coherence maps and X-powers that have similar baseline correlation. The use of a common 'before' dataset serves as a baseline image. Coherence maps reflect scene/object changes that are independent of the locality, largely because of the normalization process. While for cross-power, strong backscattering (i.e. corner reflectors) changes are more pronounced and more suitable for urban damage assessment.

Using the above data for Bam as an example, the difference values have been statistically analyzed and the measure of change is density sliced with standard deviation steps around the mean. This map has been overlaid on top of an optical Quickbird image for better visualization. The highlighted colored spots are determined to be building-related changes (i.e. collapsed buildings). Nevertheless, the presence of false alarm, random objects (moving object such as cars) and also feature changes observed in the nature is unavoidable. Since the level of radar returns is not only city specific but also sensor and building orientation specific, an additional step of averaging is applied to help summarize the difference values by zones.

4.8.3 SAR image calibration by urban texture

As observed from Fig. 4.20, some parts of Bam showed false alarm (red marking of some areas with minimal actual damages) and in some other locations the detection system was blind to the changes. It is expected that the detection accuracy is improved by scaling the radar return (or comparably the SAR related damage index) with respect to buildings orientations. The focus of this section is on the city of Bam because as said Envisat ASAR data were available for before and after the earthquake, and also because enough reconnaissance findings and high resolution optical images were available for the area to evaluate this hypothesis. The related before and after complex SAR data sets are processed and coregistered. The cross-power values of before-before and before-after sets are computed mutually.

It was shown that by comparing cross-power data of before and after event, it is feasible to create a damage map (Mansouri, *et al.*, 2005). This damage detection procedure is explained in this part with some modifications. The sensor-target orientation plays an important role in the detection of cubical objects (i.e. buildings), that is, the RCS (radar cross section) is a strong function of azimuth and elevation angles in the SAR imaging coordinate

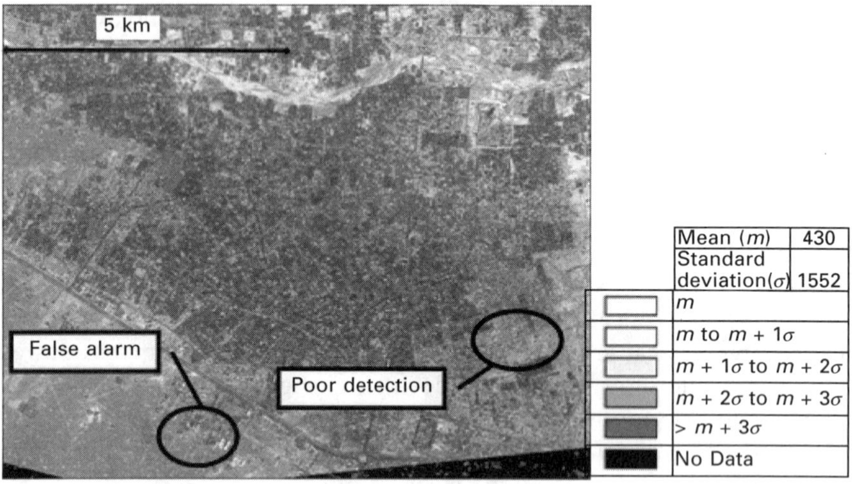

4.20 Difference in cross-power displayed from light grey (low) to dark grey (high) Xp(Jun-11-03,Dec-3-03) - Xp(Jun-11-03,Feb-11-04) or Xp(Before I,Before II) – Xp(Before I,After II).

system. Therefore, it is desired to calibrate the response of the scene in each window with respect to a default orientation angle. The high-resolution optical Quickbird image of the region of interest is used to locate the buildings and their orientations. Each building cluster (zone) is chosen to indicate the azimuth directional angle.

Urban environments can dominantly be represented by an arrangement of more and less regular geometrical shapes such as rectangular plates, dihedral and trihedral corner reflectors. To estimate the calibration coefficients, the RCS value is simulated for a dihedral corner reflector with 10 m by 10 m faces that is comparable to the size of the scene dominant features, i.e. buildings. The change detection algorithm uses processed SAR values, the orbital information, the zonal building orientation as derived by the optical images (assuming a before event knowledge) and also the calibration curve from the simulation to assess the levels of change in different city zones. Table 4.4 lists major information about the Envisat ASAR satellite and data. Figure 4.21 depicts the setup for a monostatic radar cross-section simulation/measurement from the same incident angle as the Envisat antenna. The vertical dihedral corner reflector represents a typical exterior wall adjacent to the pavement.

The case of ***VV*** polarization corresponds to the present data sets and the results from the radar cross section (RCS) simulation is shown in Fig. 4.22.

For global applicability of this method, it is assumed that enough georeferenced high resolution optical images (aerial or satellite) are available for any region of interest. These data must be processed and RCS calibration

Table 4.4 Envisat ASAR satellite and data

Orbit	Sun-synchronous
Orbit near polar inclination	98°
Orbital period	101 minutes
Repeat cycle	35 days
Altitude	800 km
Polarization	VV (for this study)
Radar frequency band	C-band λ = 5.6 cm
Incidence angle	~ 22° at image center

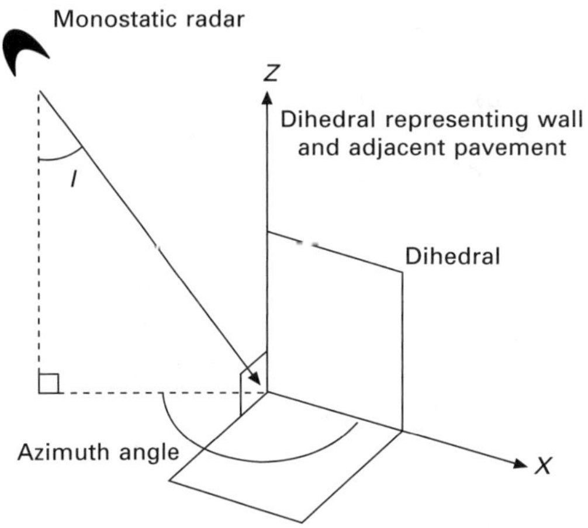

4.21 Geometric setup for RCS simulation of dihedrals.

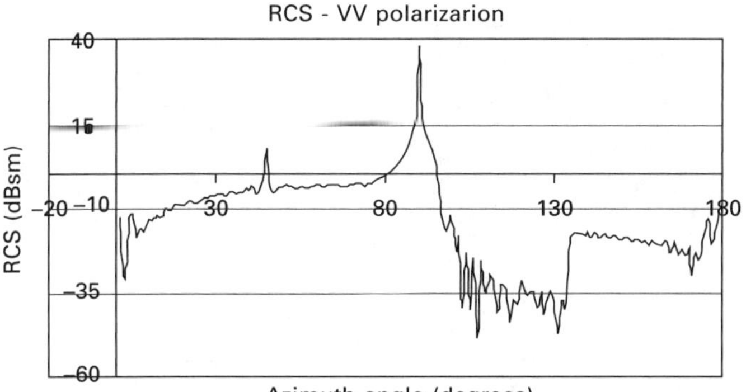

4.22 Example of a RCS curve simulated for concrete dihedral with 10 m by 10 m face size (Mansouri *et al.*, 2005).

weighing coefficients must be assigned to each zone. If this process is performed ahead of time, before any disastrous event, excessive processing time and labor-intensive work is saved for any intended future rapid post-disaster change/damage assessment objectives.

Calibration mask for buildings

This step comprises the creation of urban zones by building density and orientation via a georeferenced high-resolution optical image. The before event optical pan-sharpened Quickbird image acquired on 9/30/03 was used. The operator selects each neighborhood by creating a polygon where each polygon represents a group of densely packed parallel structures having similar orientations. From the SAR orbit inclination (near polar with 98° here), side-looking position of the antenna, the ascending or descending imaging orbit of the satellite and the orientation assigned to each polygon, the SAR sensor-target azimuth angle is computed for buildings. The process of calibrating individual zones using the simulated RCS model (Fig. 4.23) with respect to a reference value is performed and stored (calibration mask). The result of weighing the zones of Fig. 4.24 with the information from the curve in Fig. 4.22 is a calibrated zonal map reflecting the zonal (polygonal) RCS correction coefficient.

In order to perform such corrections in a more sophisticated manner, individual building masks can be produced, for example from city parcel geodatabase. In previous sections, it was seen that 1:2000 scale aerial stereo-photography technique helps in creating parcel records. Also, it was explained that ground survey records, some pixel-based image processing algorithms and object-oriented image processing technique have successfully created building masks. By computing the azimuth angles, and considering the size of the visible faces (with respect to the line of sight, LOS, of the

4.23 Urban zones extracted from the before Quickbird pan-sharpened image of 9/30/03.

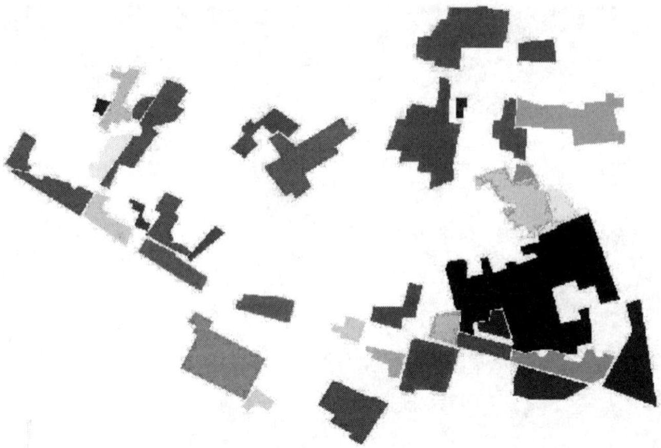

4.24 Urban zones – each zone indicates a similar building orientation.

radar antenna) of the buildings, and using proper RCS curves, a parcel-based calibration mask can be produced.

Parcel-based damage detection using SAR data

Remote sensing in general has the capabilities of detecting some important phenomena on the ground surface with minimal knowledge of the study area. However, ancillary site data help in reducing errors and provide a base for result validation and calibration. So far, pixel-based remote sensing methods have been exploited by different research groups around the world and the basic image processing schemes have been well documented. Also some relatively new object-based (object-oriented) image processing algorithms were developed for the purpose of detecting and classifying objects on the ground. For example, in urban areas where the physical changes to buildings are of interest, in order to reduce the detection errors and minimize the false alarms, it seems logical to apply any proper change detection algorithms only to the patches that correspond exactly to building parcels. This is even more crucial for the case of SAR image processing because SAR returns are strongly sensitive to the imagery geometry and features comprised within each pixel. Figure 4.25 shows the outcome of the calibration process mentioned in the previous section and applied on the results of the Fig. 4.20.

4.9 Light detection and ranging remote sensing

3D modeling of urban areas using aerial laser scanners or light detection and ranging (LIDAR) systems, map all the urban components in a digital

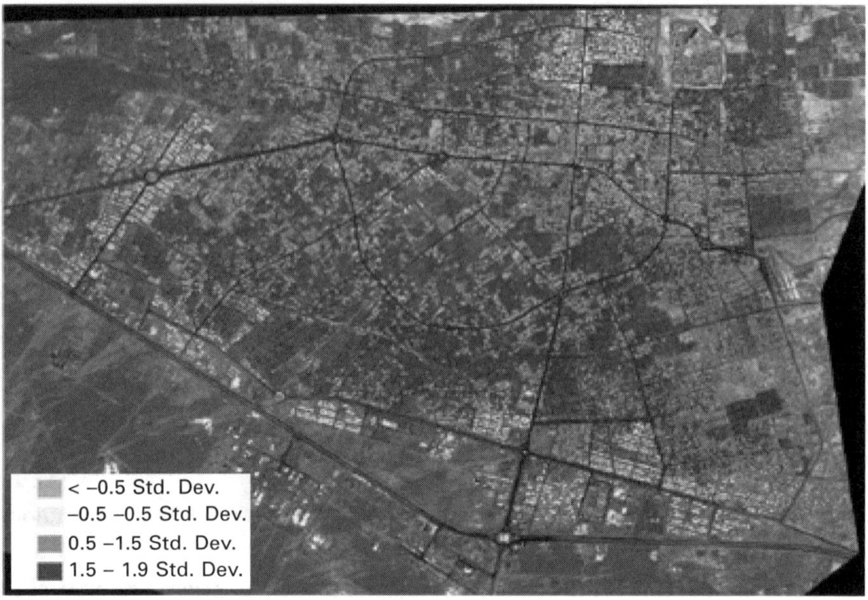

4.25 SAR change detection results (shown in Fig. 4.20) calibrated with the RCS orientation dependent curves.

medium. Basically the airborne laser light hits the ground surface from above and based on the time delay of the incident pulse to the received signal, the sensor-target distance is evaluated with high accuracy. Also, the reflectance coefficients of the surface materials are recorded and compared, since various chemical compounds affect the spectrum of the reflected electromagnetic signal differently. Usually, the LIDAR sensor is installed under the airplane (or the helicopter). The sensor shoots pulses on the ground as the platform sweeps parallel tracks in order to cover the entire region of interest. The system relies on precise instrumentation such as the Inertia Measurement Unit (IMU) and onboard Global Positioning System (GPS) system. The combination of a GPS and an IMU is called an Inertial Navigation System (INS) which provides the position, velocities and the altitude of the sensor. IMU records the time history of accelerations (in all directions) experienced during the flight. This includes all rotations such as pitch, yaw and roll. The combination of IMU and GPS data allows the positioning and orientation of the footprint of a laser beam as it hits an object, to a high degree of accuracy. Since all flights experience random deviations from the desired path, an important phase of recovering the image in a regular grid is to transform the raw image considering the actual flight path data. That is by correcting the geometry of the flight tracks, the deviations during the flight are accounted for in the LIDAR images. This kind of modeling, describes the texture in three dimensions including the topography. When all these information are acquired, processed and compared, physical changes can be detected and stored in the dedicated database and 3D maps of the changes can be generated.

Figure 4.26 depicts the processed image of an airborne LIDAR imagery system acquired by the Hanza Luftbilt company (Germany). The positioning and topographic accuracy is claimed to be achievable in the order of 10 cm. The railway is clearly distinguishable in this image. Note that displaying such images can be based on the topography or based on the albedo. Three dimensional data reveal both the topographic and the albedo maps. Considering the achievable measurement precision, geometrical changes of structures such as settlements, pancaking and tilting can be evaluated within mentioned levels of accuracy. Also by evaluating the overall pattern changes, for example after an earthquake, the locations of damages to the urban settings can be detected. Vu *et al.* (2004) have used 1m resolution LIDAR data to create the Digital Surface Model (DSM) and Digital Terrain Model (DTM) of an urban area in 1999 and 2004 where they could detect the details of the urban temporal changes such as building demolitions and new constructions.

4.10 Acknowledgments

The authors would like to thank EERI and UCI for their purchase of the Quickbird imagery. The European Space Agency is appreciated for providing Envisat ASAR data for Bam. The LIDAR image was provided by Hanza Luftbilt and acknowledged.

4.26 LIDAR image of Cologne (Germany) (courtesy of Hanza Luftbilt).

4.11 References and further reading

Andersh, D. J., Hazlett, M., Lee, S. W., Reeves, D. D., Sullivan, D. P., and Chu, Y., 1994. Xpatch: a high frequency electromagnetic-scattering prediction code and environment for complex three-dimensional objects, *IEEE Antennas and Propagation Magazine*, Vol. 36, No. 1 pp. 65–69, Feb. 1994.

Curlander, J. C., and McDonough, R. N., 1991. *Synthetic aperture radar systems and signal processing*, John Wiley & Sons Inc.

Elachi, C., 1987. Introduction to the physics and techniques of remote sensing, John Wiley & Sons Inc.

Ghiglia, D. C., and Pritt, M. D., 1998. *Two-dimensional phase unwrapping theory, algorithms, and software*, John Wiley & Sons Inc.

Hepner, G. F., Houshmand, B., Kulikov, I., and Bryant, N., 1998. Investigation of the integration of AVIRIS and IFSAR for Urban Analysis, *Photogrammetric Engineering & Remote Sensing*, Vol. 64, No. 8, August 1998, pp. 813–820.

Huyck, C. K., Adams, B. J., Cho, S. B., Chung H, and Eguchi, R. T., 2005. Towards rapid citywide damage mapping using neighborhood edge dissimilarities in VHR optical satellite imagery – Application to the 2003 Bam, Iran, Earthquake, *Earthquake Spectra, Journal of EERI*, S255, special issue 1, volume 21, December 2005.

Ling, H., Chou, R. C., and Lee, S. W., 1989. Calculating the RCS of an arbitrarily shaped cavity, *IEEE Transactions on Antennas and Propagation* Vol. 37, No. 2, pp. 194–205, February 1989.

Mansouri, B., Shinozuka, M., Huyck, C. K., and Houshmand, B., 2005. Earthquake-induced change detection in the 2003 Bam, Iran, earthquake by complex analysis using Envisat ASAR data, *Earthquake Spectra, Journal of EERI*, S275, special issue 1, volume 21, December 2005.

Mansouri, B., and Ghafory-Ashtiany, M., (Principle investigators), and Amini-Hosseini K., Ghayamghamian M. R., Nourjou, R., and Mousavi M., 2008. Urban Seismic Loss Estimation using Optical and Radar Satellite Imagery and GIS, Research Report, International Institute of Earthquake Engineering and Seismology, Tehran, Iran.

NASA - JPL site - Basic Principles of SAR Interferometry: http://southport.jpl.nasa.gov/scienceapps/dixon/report2.html

Oliver, C., and Quegan, S., 1998. *Understanding synthetic aperture radar images*, Artech House.

Rathje, M. E., Crawford, M., Woo, K., and Neuenschwander, A., 2005. Damage patterns from satellite images of the 2003 Bam, Iran, earthquake, *Earthquake Spectra, Journal of EERI*, S295, special issue 1, volume 21, December 2005.

Rihaczek, A. W., and Hershkowitz, S. J., 1996. *Radar resolution and complex-image analysis*, Artech House.

Sandia National Laboratory Site: http://www.sandia.gov/RADAR/sar.html

Stasolla, M., Gamba, P., Dell'Acqua, F., Rathje, E. M., 2006. Matching spectral with spatial analysis to improve building damage recognition in VHR images, 4th International Workshop on Remote Sensing for Disaster Response (Technology application and deployment for disaster management) 25–26th September 2006, Cambridge, UK.

Vu, T. T., Matsuoka, M., and Yamazaki, F., 2004. Employment of LIDAR for disaster assessment, the 2nd international workshop on remote sensing for post-disaster response, Newport Beach, 2004.

Vu, T. T., Matsuoka, M., and Yamazaki, F., 2005. Detection and animation of damage using very high resolution satellite data following the 2003 Bam, Iran, earthquake,

Earthquake Spectra, Journal of EERI, S319, special issue 1, volume 21, December 2005.

Ulaby, F. T., Moore, R. K., and Fung, A. K., 1982. *Microwave remote sensing active and passive – Volume II – Radar remote sensing and surface scattering and emission theory*, Addison-Wesley Publishing Company, Inc.

Zebker, H. A., and Villasenor, J., 1992. Decorrelation in interferometric radar echoes, *IEEE Transaction on Geoscience and Remote Sensing*, Vol. 30, No. 5, Sepember 1992.

5
Magnetoelastic stress sensors for structural health monitoring of civil infrastructure systems

M L WANG, Northeastern University, USA

Abstract: In accordance with the theory of magnetoelasticity, the magnetic properties of ferromagnetic materials depend dramatically on the stress level. As an engineering application of the said theory, the magnetoelastic (EM) stress sensor has been used in the stress monitoring of civil infrastructure. In this section, the theoretical background of EM stress sensors is reviewed, its technical methodology is introduced, and the influence of temperature is clarified. Through the application of EM stress sensors in representative infrastructures, their promising engineering advantages have been demonstrated, which is a prelude to a viable application stage.

Key words: structural health monitoring, steel cable force, magneto-elasticity, EM sensor, cable-stayed bridge, post-tensioning, suspension bridge.

5.1 Introduction

Since the early 1980s there has been an increasing awareness of the deterioration and lack of performance of civil infrastructure systems. As the world's infrastructure grows and existing infrastructure ages, evaluating the condition of existing structures and monitoring the engineering behaviors of new structures become more significant. To be efficient, economical and convenient, improved inspection methods must be devised to assess the deterioration of infrastructure. Nondestructive testing (NDT) has grown into a reliable alternative to meet these requirements. The main benefit of such nondestructive evaluation systems (NDE) is that the structure need not be altered in any way while being monitored. The condition of the structure can be assessed on-site. The information derived can be instrumental in making engineering decisions concerning the fate of a structure. This leads to better informed judgments as to whether or not a structure is safe, thus avoiding construction, labor, and social costs of replacing a structure. In addition, NDT techniques can be applied to new structures as part of a monitoring scheme and result in a better understanding of the behavior and performance of the structure under loads in construction and service stages.

However, there are significant problems among the available NDT technologies, especially for monitoring the stress status of steel tendons and cables in post- and pre-stressed concrete beams, cable stayed bridges, and suspension bridges. High costs and complicated equipment often hinder these NDT methods from being used. Some NDT technologies may involve instruments that require skilled professionals to install and operate. Others may have technical limitations and yield unacceptable errors.

Vibrating wire strain gages installed at some critical structural locations is a successful method for stress monitoring in strands and cables. The advantage of the vibrating wire strain gage lies mainly in the measurement of a resonant frequency of its sensing element as the output signal and subsequently inferred to strain value. Analog frequency signals generally transmit well over a long cable without appreciable degradation caused by variations in cable resistance, contact resistance, or leakage to the ground. This has been implemented in quite a few monitoring schemes. However, significant errors may occur when the measured strain is transferred into stress. While it is appropriate for a very large number of situations, the method above has its limitations in dynamic nonlinear situations. This means that unless the strain sensors are attached to the structure prior to being subjected to dynamic loading, it is impossible to obtain the true strain or stress that the structure experienced during the event.

Magnetoelastic technology is a novel approach to monitoring cable forces in pre-stressed structures and bridge cables. With a theoretical basis in magnetoelasticity, magnetoelastic(EM) sensors have been employed in health monitoring for infrastructures [1–4]. Relative permeability is used to monitor the tensile stress [1–3]. This technology overcomes the drawbacks of the current available NDT while still retaining the advantages of normal NDT methods. They measure the internal stress in steel tendons and cables directly. Easy installation for new structures and *in-situ* installation adaptability for existing structures are some key characteristics of this method. Other attractive points include being compact, easy to operate, accurate, and a theoretically unlimited service lifetime.

5.2 Stress and magnetization

5.2.1 Magnetoelasticity

For most ferromagnetic materials, the magnetic properties correlate with stress levels [5–11]. This phenomenon is *magnetoelasticity*. Magnetoelasticity has its roots in magnetic stress anisotropy, which states that the magnetizing of ferromagnetic material requires less work in specific direction. Several intrinsic and extrinsic factors lead to magnetic anisotropy, such as crystal anisotropy, shape anisotropy, and anisotropy caused by specific heat and mechanical treatments. Crystal anisotropy means that along an easy axis and plane, magnetization requires relatively less amount of work; therefore, it is also called magnetocrystalline anisotropy. In non-cubic crystals, the magnetostatic interaction between atomic pairs and the directional ordering of some atomic pairs results in crystal anisotropy [10]. Shape anisotropy is indeed an extrinsic property caused by the direction-dependent demagnetization constants. Besides magnetic annealing, stress annealing, and plastic deformation, magnetic irradiation can also introduce magnetic anisotropy, due to the preferred diffusion or sliding of the interstitial and substitutional atoms in favor of energetic equilibrium [7].

Magnetic stress anisotropy causes the magnetic behaviors in ferromagnetic materials to vary with external stress. Stress affects magnetization with respect to two mechanisms: magnetoelastic energy rotates magnetic moments and rearranges domain structures and stress introduces pressure on domain walls. More details appear in [6–7].

5.2.2 Influence of stress on magnetic moment rotation

Stress can rotate magnetic moments in order to reduce magnetoelastic energy [6–7]. As an example, assume that in a small sample with uniaxial magnetic moment M_S, stress σ is applied along the direction with angle θ from the magnetic moment. The magnetization induced from all the other anisotropies combined as a whole is along B, with an angle a from the applied stress, as indicated in Fig. 5.1.

The stress anisotropic energy is expressed in

$$E_{\text{me}} = \frac{3}{2}\lambda_s \sigma \sin^2\theta \tag{5.1}$$

where, λ_s is the magnetostriction constant under magnetic saturation.

The energy combined from all the other anisotropies as a whole is summarized in

$$E_{\text{other}} = K_{\text{other}} \sin^2(\alpha - \theta) \tag{5.2}$$

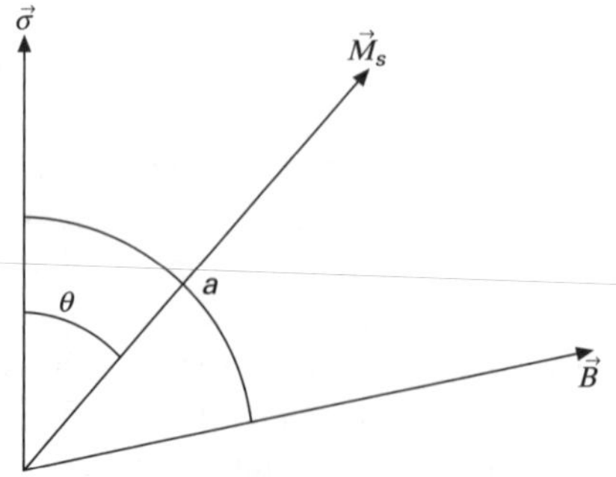

5.1 Magnetic moments under stress.

K_{other} indicates the combined anisotropy constant.

With stress applied, the magnetic moment will rotate until the following conditions are fulfilled:

$$d\left(\frac{3}{2}\lambda_s\sigma\sin^2\theta + K\sin^2(\alpha-\theta)\right)\Big/d\theta = 0 \tag{5.3}$$

$$d^2\left(\frac{3}{2}\lambda_s\sigma\sin^2\theta + K\sin^2(\alpha-\theta)\right)\Big/d\theta^2 > 0 \tag{5.4}$$

5.2.3 Influence of stress on domain wall movement

To illustrate the process, we assume there is a small specimen containing four domains with negative magnetostriction, as shown in Fig. 5.2. Arrows within each domain indicate the orientation of the local magnetization M_s. The domains with magnetic moments perpendicular to the tension grow at the expense of the domains parallel to the tension due to the lower magnetoelastic energy of the former, as indicated in Fig. 5.2. 90° walls and 180° walls require different descriptions due to the different types of wall motions. The moving distance of the 90° walls and 180° walls is controlled by the balance of pressures exerted by the field and the stress controls the moving distance of the 90° walls and 180° walls, as indicated in the following equation [7, 12]:

$$dE/dx = -HM_s + \frac{3}{2}\lambda_S gx \tag{5.5}$$

where, E refers to the total energy per unit volume within the domain, g denotes the stress gradient along the sliding direction of the wall, and x represents the sliding distance. Under energetic equilibrium, the 90° wall must be aligned 45° from the neighboring magnetic moment. Otherwise, magnetic poles will be introduced on each side of the wall according to:

$$\vec{M}_1\cdot\vec{n} - \vec{M}_2\cdot\vec{n} = \rho_s \tag{5.6}$$

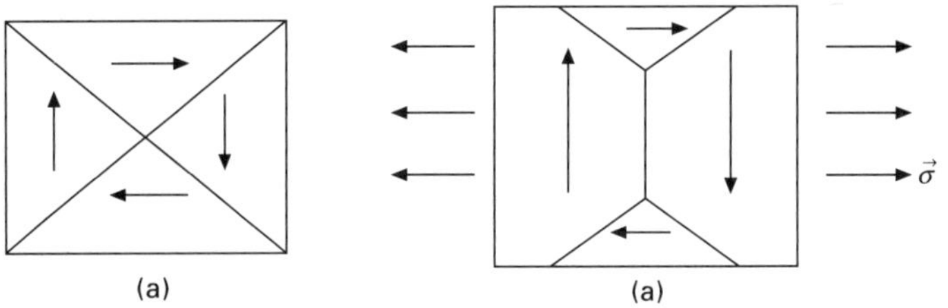

5.2 Domain variation in material under tension and with negative magnetostriction, (a) demagnetized domain under zero stress, (b) demagnetized domain under tension σ.

Where, M_1 and M_2 are magnetic moments on the adjacent 90° domain, and ρ_s is the magnetic pole density. More details are given in [7] and [13].

Under the equilibrium of magnetostatic and magnetoelastic energy, magnetoelasticity is expressed in [6]:

$$\frac{1}{l}\frac{\partial l}{\partial H} = \frac{1}{4\pi}\frac{\partial B}{\partial \sigma} \qquad 5.7$$

where l is the length of the specimen. Eq. (5.7) can be rewritten as

$$\frac{1}{l}\frac{\partial l}{\partial B} = \frac{1}{4\pi\mu_r}\frac{\partial B}{\partial \sigma} \qquad 5.8$$

Where, μ_r is the relative permeability.

In order to have a straightforward view of the effect of stress on magnetization, the following equation can be derived from Eq. (5.8):

$$\left(\frac{dB}{d\sigma}\right)_H = \left(\frac{d\lambda}{dH}\right)_\sigma = \frac{d\lambda}{dM}\frac{dM}{dH} = \frac{2\mu_0 M_S}{N}\left(\frac{\lambda_S}{K}\right) \qquad 5.9$$

where, K refers to value of magnetic anisotropy, and N is a constant with a value of 3 for steel [9]. It can be seen that if $\lambda_s \, d\sigma > 0$, magnetization increases with tension.

With the equilibrium of stress anisotropic energy and magnetostatic energy, the magnetization M under applied tension σ_a and field H is expressed in

$$M = \frac{M_S^2 H}{3\lambda_{si}\sigma} \qquad 5.10$$

Equations (5.8) – (5.9) are based on the assumption that no other anisotropy is present except stress anisotropy. However, in steel, crystal anisotropy is more important than stress anisotropy. Therefore, magnetization M does not vary linearly with H [13–14].

Figures 5.3 and 5.4 indicate the stress dependence of hysteresis.

5.3 Magnetoelastic stress sensors

Magnetoelastic (EM) stress sensors function by utilizing the direct dependence of the magnetic properties of structural steel on the state of stress. These properties are measured by subjecting the steel to a pulsed or periodic magnetic field. An advantage of this approach is that the application of the magnetic field does not require physical contact with the structure. Changes in magnetic flux in the steel allow those magnetic properties to be sensed and deduced through Faraday's law. EM sensors can be designed for all sizes of pre-stressed steel, strands, cables, and tendons. They are suitable for measuring quasi-static loads under any environmental conditions. In

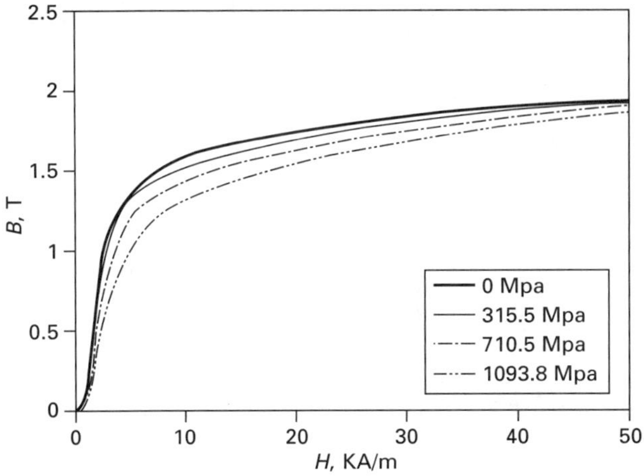

5.3 Initiative hysteresis curves of 7 mm piano steel wires under various stress levels.

magnetoelastic stress sensors, two magnetic parameters have been applied in tension monitoring: apparent incremental relative permeability and real incremental relative permeability. Both are discussed below.

5.3.1 Apparent relative permeability

Apparent relative permeability is measured with a primary coil and a secondary coil (sensing coil), as indicated in Fig. 5.5. Pulsed current in the primary coil introduces a pulsed magnetic field and a gentle upward-trend to initiate the *B-H* magnetizing curve. When the magnetic field reaches its maximum value, it begins to decrease, and the induction *B* follows a gentle return. The apparent incremental relative permeability is

$$\mu_{rr} = \Delta B/(\mu_0 \Delta H_a) \tag{5.11}$$

where, ΔB signifies the induction variation in the solenoid with a steel rod in it, ΔH_a is the variation of the magnetic field in the solenoid with a steel rod omitted, and μ_0 refers to the permeability of the air. The apparent relative permeability is measured in the descending stage of the hysteresis curve under technical magnetic saturation, which guarantees stabilization of magnetization. However, in order to avoid several uncertain variables, the relative permeability is not measured directly from the hysteresis curve. Instead, it is derived from analog signals from the primary (energizing) and sensing coils.

The sensing coil picks up the electromotive force (EMF) that is proportional to the varying rate of the magnetic flux during a small time interval Δt_1. The flux variation within the secondary coil is:

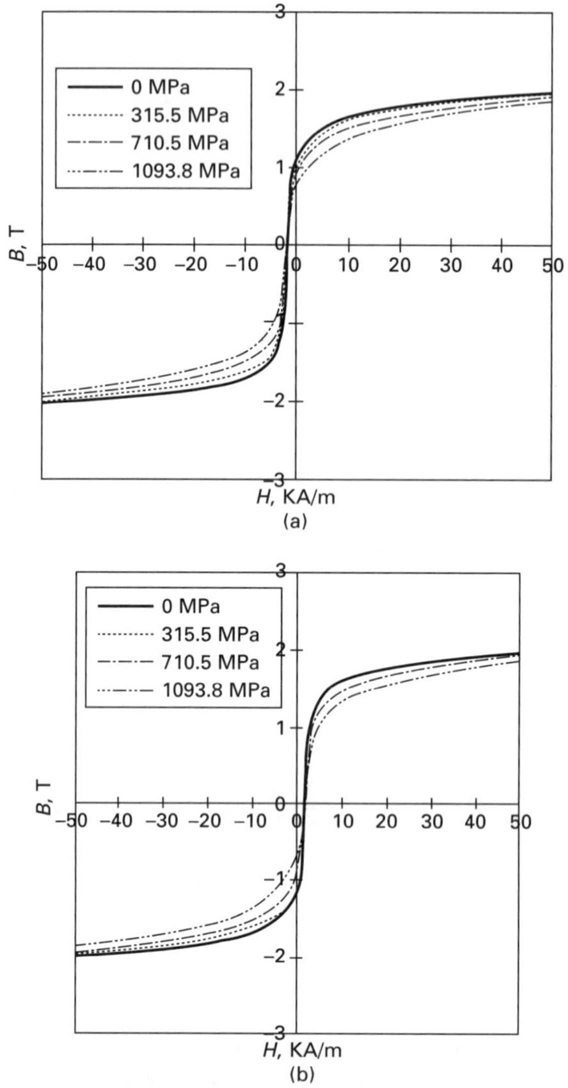

5.4 (a) descending stage and (b) ascending stage of the hysteresis curves of 7 mm piano steel wire under various stress levels.

$$\Delta\Phi_1 = N[A_f(\Delta B) + (A_0 - A_f)\,\mu_0(\Delta H)] \qquad 5.12$$

where, A_0 and A_f stand for cross-sectional areas of the sensing coil and the steel rod respectively, and H refers to the field between the steel rod and the secondary coil. The first part of the right side of Eq. (5.12) is determined by the flux variation within the steel rod, while the second part indicates the flux variation in the air gap between the steel rod and the secondary coil.

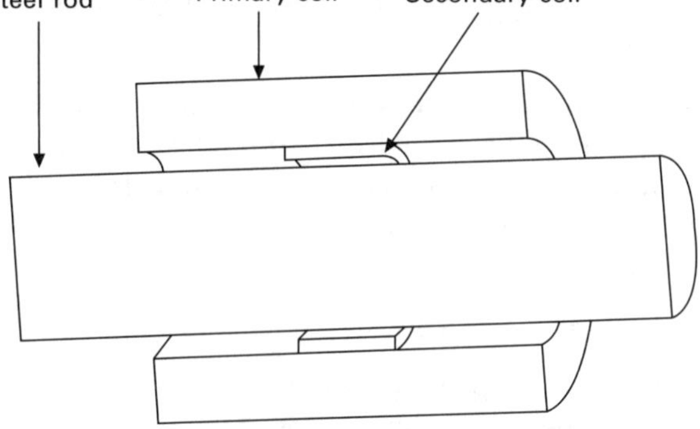

5.5 Indicative figure of EM stress sensor.

If the rod is omitted, and the same discharging voltage is applied, during another time interval Δt_2, the flux change in the secondary coil yields:

$$\Delta\Phi_2 = N[A_0\mu_0(\Delta H_a)] \quad 5.13$$

where, ΔH_a indicates the variation in the applied field. Under stress σ, temperature T, and field H, the apparent incremental relative permeability can be derived from Equations (5.11) – (5.13), as given below:

$$\mu_{ar}(\sigma, T, H) = \frac{\Delta H}{\Delta H_a} + \frac{A_0}{A_f}\left(\frac{\Delta\Phi_1}{\Delta\Phi_2} - \frac{\Delta H}{\Delta H_a}\right) \quad 5.14$$

Under technical magnetic saturation,

$$\Delta H \approx \Delta H_a \quad 5.15$$

Therefore, Eq. (5.14) can be rewritten into

$$\mu_{ar}(\sigma, T, H) = 1 + \frac{A_0}{A_f}\left(\frac{\Delta\Phi_1}{\Delta\Phi_2} - 1\right) \quad 5.16$$

According to Faraday's Law, $V = -\Delta\Phi/\Delta t$, so $\Delta\Phi_1 = \int_{\Delta t1} Vdt$, and $\Delta\Phi_2 = \int_{\Delta t2} Vdt$. The time boundaries of the integration are defined as working points in lieu of energizing currents and therefore, magnetic fields. It is noted that the applied magnetic field needs to magnetically saturate the steel rod in this technique.

The apparent relative permeability of the steel rod can be rewritten as

$$\mu_{ar}(\sigma, T, H) = 1 + \frac{A_0}{A_f}\left(\frac{V_{out}(\sigma, T, H)}{V_0} - 1\right) \quad 5.17$$

where V_{out} indicates the integrated voltage with the rod in the solenoid, and V_0 is the integrated voltage with the rod omitted from the solenoid.

5.3.2 Measurement of real incremental relative permeability

An alternative magnetic parameter sensitive to tension is the real incremental relative permeability derived from double pick-up coils, which does not require the measurement of V_0. In this approach, it is assumed that the magnetic field is homogeneous within the outside pick-up coil C_2. Themagnetic flux variation within a short time can be expressed as

$$\Delta\Phi_2 = N[A_f\Delta B + (A_{02} - A_f)\mu_0\Delta H] \qquad 5.18$$

N is the number of turns in any pick-up coil; ΔH stands for the magnetic field density variation within the coil, ΔB means the magnetic induction variation in the steel rod, and μ_0 is the permeability of the air. Similarly, the magnetic flux variation within the inner pickup coil C_1 is

$$\Delta\Phi_1 = N[A_f\Delta B + (A_{01} - A_f)\mu_0\Delta H] \qquad 5.19$$

where, A_{01} is the cross-section area of the pickup coil.

Subtracting Eq. (5.18) from Eq. (5.19) yields

$$\Delta\Phi_2 - \Delta\Phi_1 = N(A_{02} - A_{01})\mu_0\Delta H \qquad 5.20$$

In order to derive an expression that can be practically used, Eq. (5.19) and Eq. (5.20) need to be reformed. Dividing Eq. (5.19) by Eq. (5.20) we have

$$\frac{\Delta\Phi_1}{\Delta\Phi_1 - \Delta\Phi_1} = \frac{A_f}{A_{02} - A_{01}}\mu_{rr} + \frac{A_{01} - A_f}{A_{02} - A_{01}} \qquad 5.21$$

where, μ_{rr} refers to the real relative permeability of the steel rod $\mu_{rr} = \frac{\Delta B}{\mu_0\Delta H}$.

The voltages introduced in the two concentric pick-up coils can be integrated using two electric integrators. The output voltage from the outside pickup coil is

$$V_{\text{out2}} = -\frac{1}{RC}\int_1^2 \left(-\frac{d\Phi_2}{dt}\right) dt = \frac{1}{RC}(\Phi_2(t_2) - \Phi_2(t_1)) = \frac{\Delta\Phi_2}{RC}, \qquad 5.22$$

where, t_2 and t_1 are the time boundaries of the pulsed voltage range (reflecting primary current range) for integration, and RC is the time constant. Similarly, for the inner pickup coil:

$$V_{\text{out1}} = \frac{\Delta\Phi_1}{RC}. \qquad 5.23$$

From Equations (5.21) – (5.23) there is

$$\mu_{rr}(H,\sigma,T)=\left(\frac{V_{\text{out1}}}{V_{\text{out2}}-V_{\text{out1}}}-\frac{A_{01}-A_f}{A_{02}-A_{01}}\right)\frac{A_{02}-A_{01}}{A_f} \tag{5.24}$$

For mass production and ease of operation, apparent relative permeability is currently used in stress monitoring.

5.4 Effect of temperature on magnetic permeability

Previous research revealed that temperature has a notable influence on magnetization in steel [2–3]. In a low magnetic field, an increase in temperature raises the magnetization level and visa versa in an elevated magnetic field, as indicated in Fig. 5.6. The remedy to temperature dependence of permeability in EM sensors is to carry out lab and field calibration. Previous tests demonstrated that the change in temperature shifts the curve of relative permeability versus stress in a parallel way [2–3]. Therefore, it is definitely necessary to test the temperature dependence of the zero-stress permeability. The results are given in Fig. 5.7, where two observations can be derived. First, relative permeability shifts monotonically and linearly with temperature, at least within the temperature range tested. Second, the influence of temperature on relative permeability does not depend on the diameter of the steel cable, provided that the samples are largely similar in gross composition and microstructure. The relative permeability of the 7 mm piano steel wire, 0.6 inch twisted piano steel strand, and cable consisting of 37 × 7 mm piano steel wires demonstrate a nearly congruent temperature dependence, due to the great resemblance in composition and microstructure in these samples. *On-site* measurements conducted on the hanger cables and

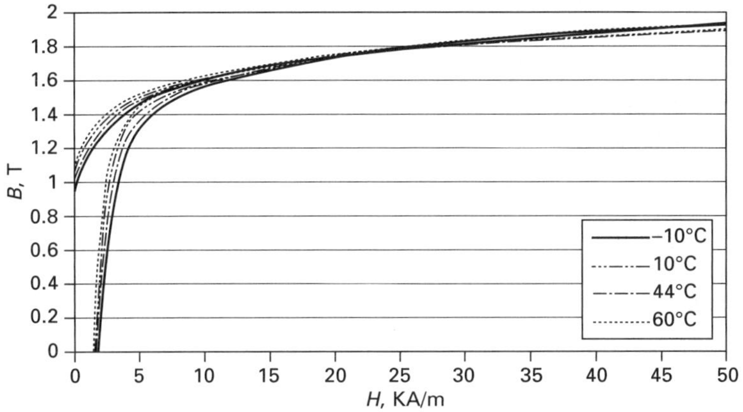

5.6 Dependence of initial magnetization curve on temperature variation.

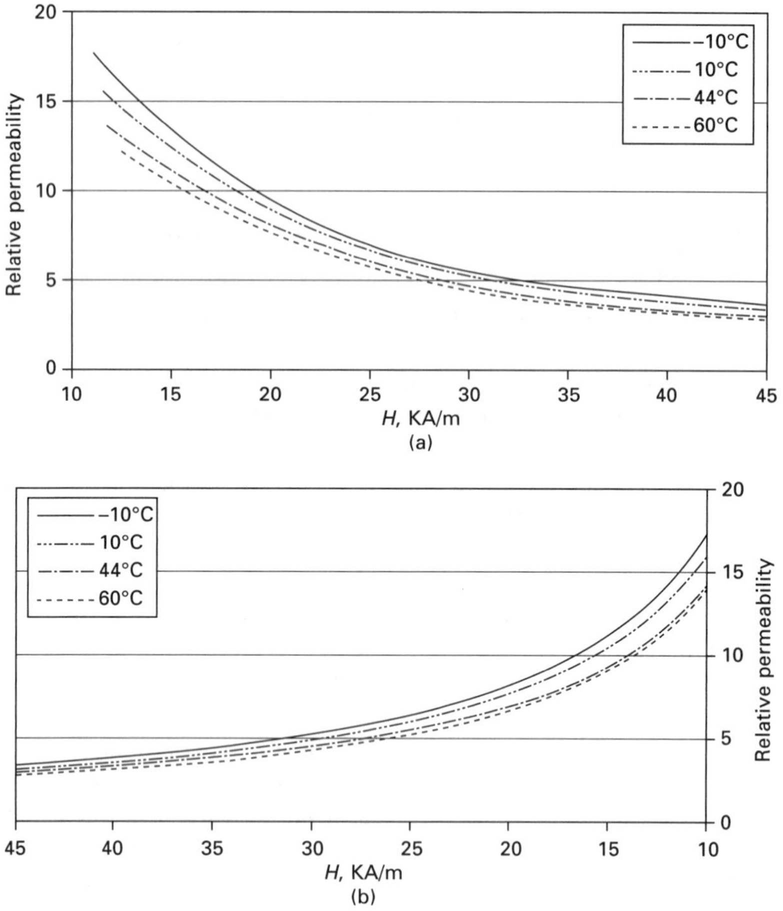

5.7 Dependence of real relative permeability on temperature for piano steel in (a) initial magnetizing stage and (b) descending stage of magnetic hysteresis.

multi-strand post-tensioned cables (both made of piano steels) in a bridge yielded similar observations [2]. The permeability of G60 steel demonstrated a dissimilar temperature dependence that can be attributed to this hot-formed steel containing only two-thirds of the carbon content of piano steel and a higher volume of ferrite.

Thus, in the application of the EM stress sensor, *in-situ* temperature monitoring is absolutely necessary to exclude the temperature influence. Attention should be given to the reliability of the temperature measurement. It is noted that the linear compensation of permeability on temperature variation can only be rendered possible when temperature varies within a certain range. It is also noted that the thermal-flux between steel cable, plastic sheath, and ambient air leads to non-uniform thermal topographies. The side-effects of thermal-flux in temperature measurement and the relative counteracting strategies were studied at the University of Illinois at Chicago [15].

5.5 Magnetoelastic sensor and measurement unit

As the zero-stress saturated permeability varies linearly with temperature and the permeability-stress curves are parallel over the ambient atmospheric temperature range [2–3], we use differential permeability as a parameter to monitor stress:

$$\Delta\mu = \mu(\sigma, T) - \mu(0, T) \qquad 5.25$$

If the saturated permeability is measured under temperature T_0, $\mu(0, T_0)$ can be compensated by using the temperature coefficient A_T, which is the slope in Fig. 5.8. Temperature coefficient A_T is only dependent on the type of material, and is used to exclude the influence of temperature fluctuation. It shifts saturated permeability as:

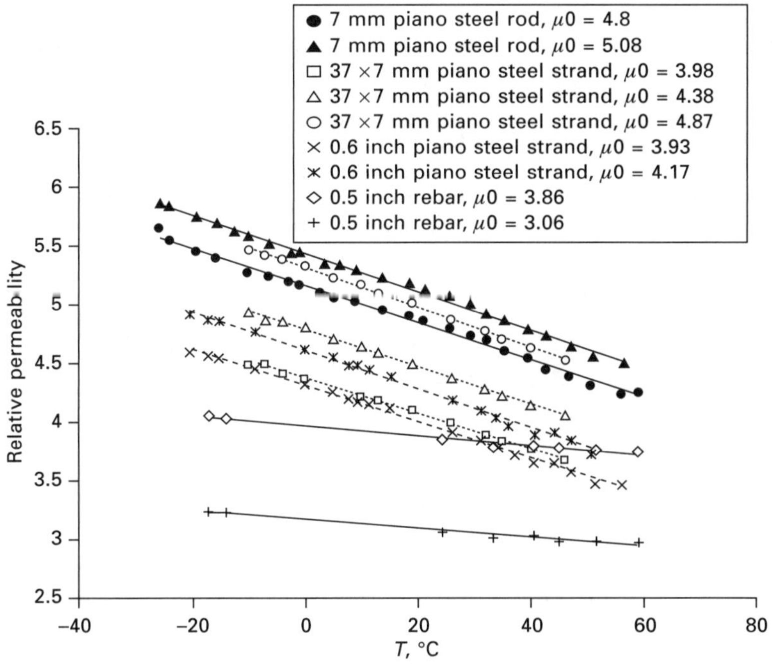

5.8 Temperature dependence of permeability – $\mu(0, T)$ vs. T for 7 mm piano steel wire, 0.6 inch twisted strand and Japan 37@7mm strand, and G60 rebar (0.60% C normalized steel), μ0 indicates permeability at room temperature.

$$\mu(0, T) - \mu(0, T_0) = A_T(T - T_0) \quad 5.26$$

Therefore,

$$\Delta\mu = \mu(\sigma, T) - \mu(0, T) = \mu(\sigma, T) - (\mu(0, T_0) + A_T(T - T_0))$$
$$= \mu(\sigma, T) - \mu(0, T_0) - A_T(T - T_0) \quad 5.27$$

Successfully monitoring the tension in steel cables requires attending to the following key points: (1) the same calibration curve can only be applied to cables with same type of material and configuration, regardless of the diameter of the cables. However, the cables with diameters larger than 300 mm or smaller than 3 mm must be calibrated separately; (2) the EM sensor system including an electronic unit can be used for the measurement of static stress or quasi-static stress. The sampling rate is about 10 seconds for each measurement.

EM Sensors for cables up to 300 mm in diameter are ready to use for various applications as shown in Fig. 5.9. Power stress units performing magnetizing and data acquisition are shown in the same diagram. EM sensors can be built either in the laboratory or in the construction field, as shown in Figs 5.10–5.11.

5.6 Application of magnetoelastic sensor on bridges

5.6.1 Penoscot Bridge

The Penoscot Bridge, under construction in Maine is a cable-stayed bridge. In each anchor, three EM sensors were installed inside the anchor to

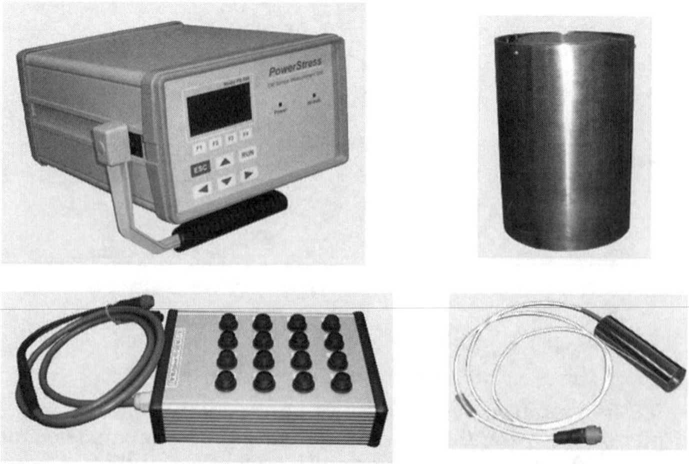

5.9 EM sensors and power stress units.

5.10 Sensor manufactured in laboratory.

Sensor PS139 wound *in-situ* at the PE coated cable 135 mm diameter

Sensor PS139 before closing the steel cover

Filling the sensor PS139 with the polyurethane foam

Sensor PS139 wound *in-situ* at the PE coated cable 135 mm diameter

5.11 Sensor manufactured in the construction field.

monitor the cable force during and after construction as seen in Figs 5.12–5.14. As demonstrated in Fig. 5.15, the consistency between load cell and EM sensor measurements revealed the load relaxation in the cables after construction.

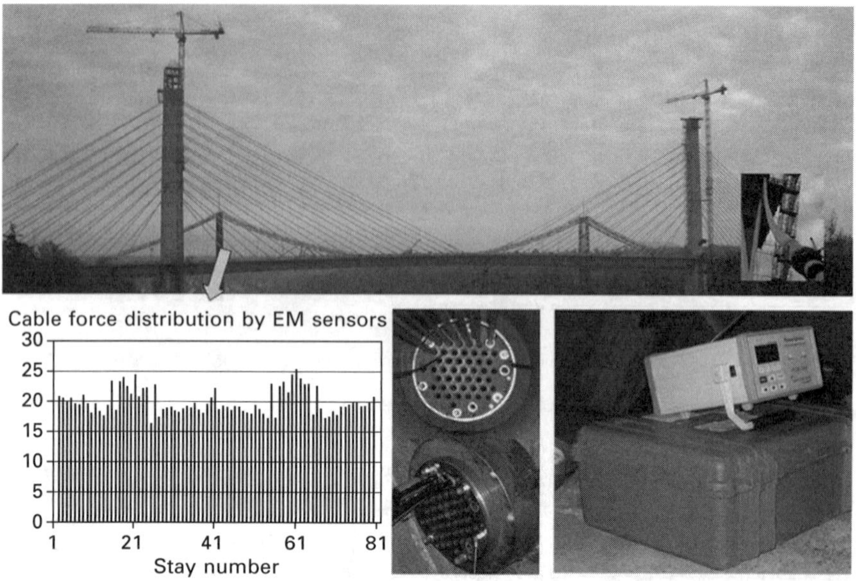

5.12 Application of EM sensor on Penoscot River Bridge.

5.13 Strands in the cable in Penoscot River Bridge.

5.6.2 Qianjiang No. 4 Bridge

Shown in Fig. 5.16, QJ No. 4 Bridge, under construction in Hangzhou of China, is the longest double-deck and multi-arch bridge in China. The upper deck is a six-lane highway, while the lower one is for railway with sidewalk

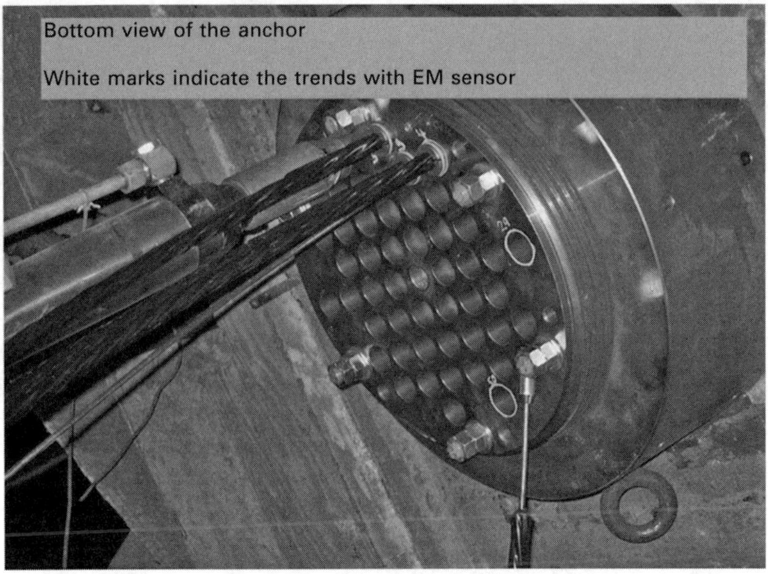

5.14 Bottom view of the anchor in Penoscot River Bridge.

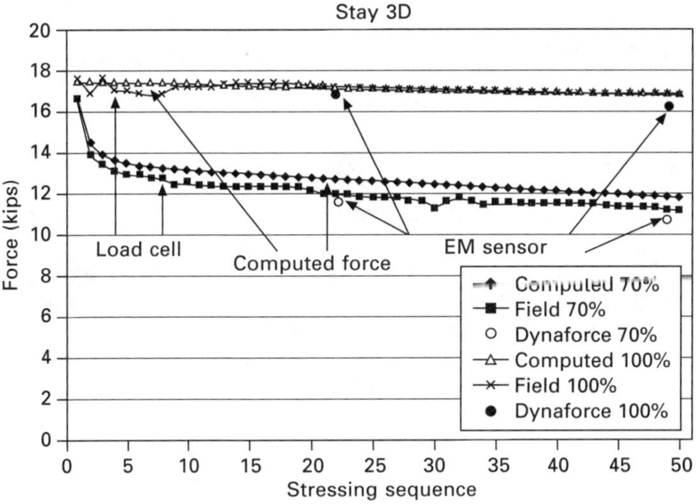

5.15 Tension monitoring results from EM sensor used in Penoscot River Bridge during construction.

for pedestrians. In an attempt to guarantee the reliability of its service, a state-of-the-art health monitoring system was built during the bridge construction, including the EM stress sensors on the hangers and post-tensioned tendons as seen in Fig. 5.17. The EM sensors on the hanger cables were calibrated with the load cell in laboratories, while those on the post-tensioned cables

5.16 Qianjiang No. 4 Bridge.

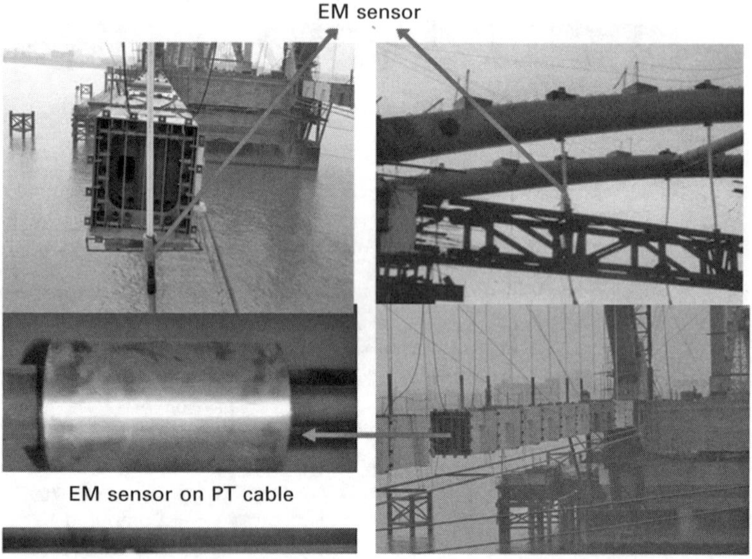

5.17 Sensor used in Qianjiang No. 4 Bridge.

were calibrated in construction fields. The tension measurement on the post-tensioned cable during construction and truck loading testing is shown in Fig. 5.18. Cable tension variation due to post-construction loading and traffic can be observed. The tension in the hangers on the main arch was continuously measured when the bridge began its service, as shown in Fig. 5.19.

For a multi-wire cable, the value of zero-stress permeability $\mu(0, T)$ drops and then gets stabilized when several measurements have been conducted, owing to preferred magnetic moments/walls reorientation. The loading and

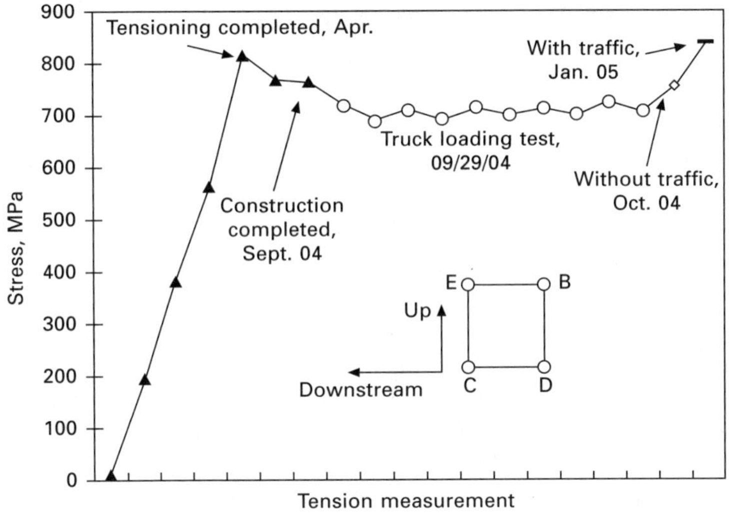

5.18 Tension in post-tensioned cable (D) in a box-girder in QJ No. 4 Bridge.

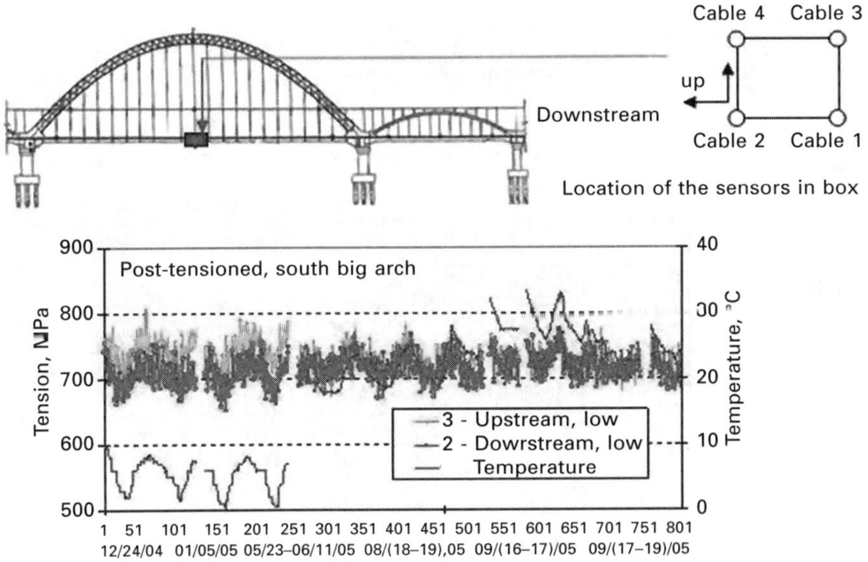

5.19 Continuous tension measurement for post-tensioned cables on the bridge.

unloading process helps stabilize the zero-stress permeability. However, in the situation that prevents cyclic loading and unloading, repeating the measurement under a zero-loading status also contributes to obtain a sound zero-stress permeability value.

5.6.3 Zhanjiang Bay Bridge

Zhanjiang Bay Bridge is located in Zhanjiang city in the Guangdong Province of China. It is one of the longest in China with a main span of about 500 meters long and a navigational clearance of 48 meters. An advanced health monitoring system developed by the University of Illinois at Chicago was employed and is still used today, as shown in Fig. 5.20. Sixteen EM sensors of about 150 mm in diameter as part of sensor system were installed during construction. The EM stress sensors are used to monitor the cable forces as shown in Figs 5.21(a) and 5.21(b). It seems that cable forces are not affected by the temperature as much as we expected. Suspender cables of an arch bridge in the previous example also behaved the same. These cables behave according to traffic and external loadings such as from wind and earthquake. EM sensors can be easily calibrated in the cable company for new construction as shown in Fig. 5.22. Levels of warning are calculated to prevent over stressing of the cable for decision making and maintenance measure.

5.6.4 Stonecutters Bridge

The Stonecutters Bridge in Hong Kong is one of the longest in the world. It is a cable-stayed bridge with two towers located in the back-up areas of container terminals. It has a main span of 1018 meters across the Rambler

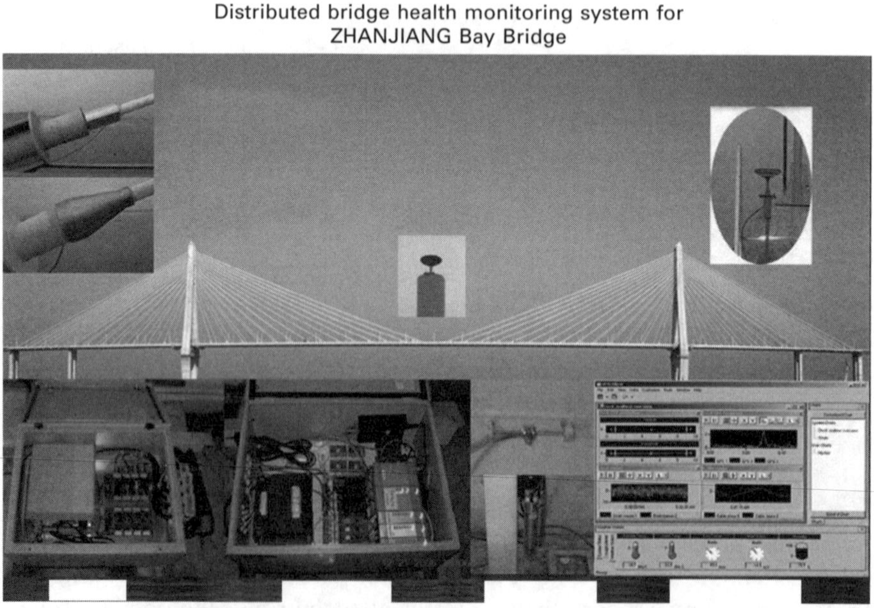

5.20 Real-time health monitoring system in Zhanjiang Bay Bridge.

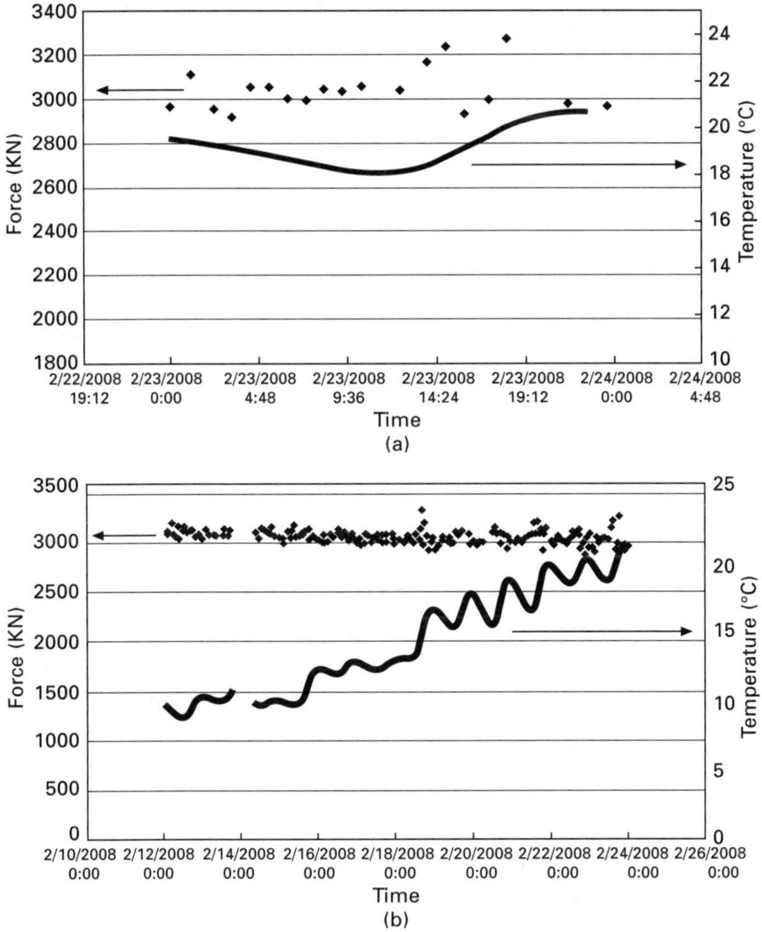

5.21 Cable force history in Zhangjiang Bay Bridge within 24 hours (a) and 14 days (b).

Channel and of a total length of 1.6 km, including the approaching spans. Some 32 EM sensors have been used to monitor the tensions of the post-tension concrete girder at the interface between concrete girder and steel girder, indicated in Fig. 5.23. EM sensor assembling and *in-situ* calibration were shown in Fig. 5.24 and Fig. 5.25 respectively. High linearity and accuracy were achieved in load monitoring via EM sensors, as demonstrated in Figs 5.26–5.27.

5.7 Conclusions

The measurement of cable forces is important for monitoring excessive wind or traffic loadings, gaging the redistribution forces present after seismic events,

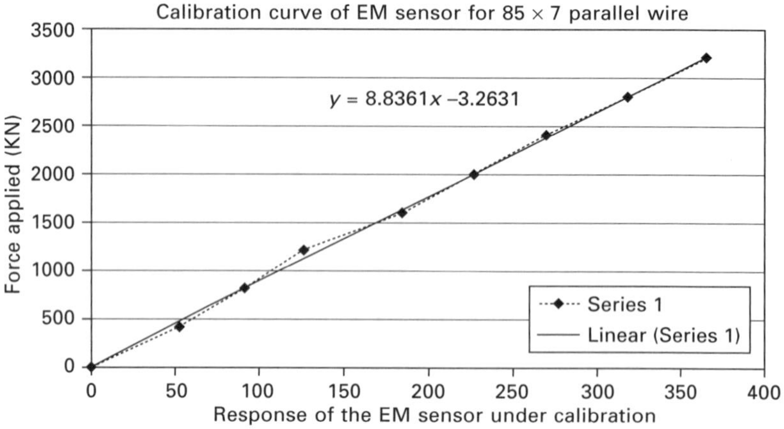

5.22 Calibration of steel cable on Zhanjiang Bay Bridge.

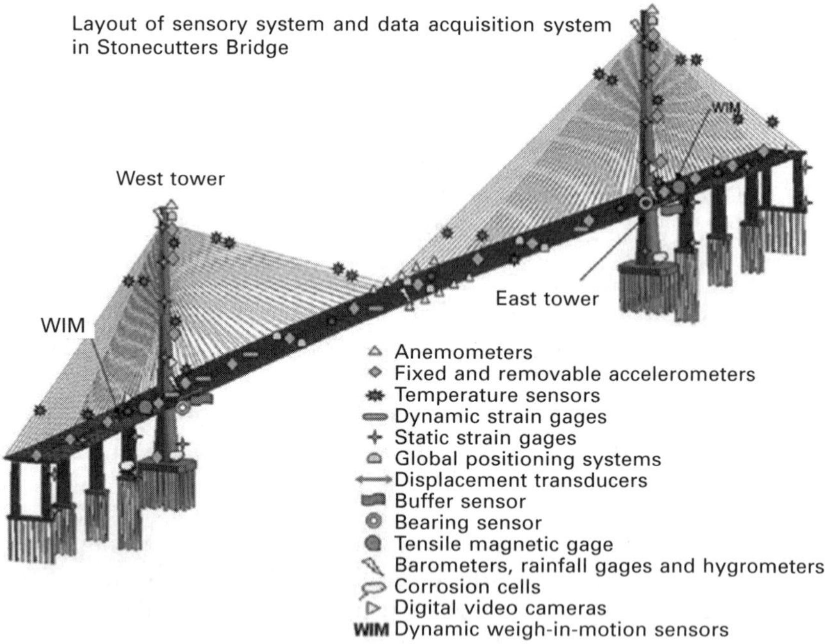

5.23 Layout of sensory system in Stonecutters Bridge.

and detecting corrosion via loss of the cross section. Magnetoelastic (EM) stress sensors function by utilizing the direct dependence of the magnetic properties of structural steels on the state of stress. These properties are measured by subjecting the steel to a pulsed or periodic magnetic field, which can be accomplished without any contact. Changes in magnetic flux in

5.24 EM sensor calibration.

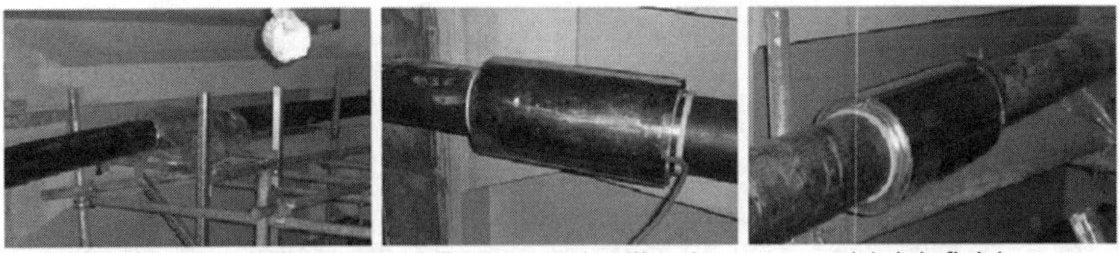

(a) Sensor installation (b) Tension and calibration (c) Job finish

EM Sensor *in-situ* calibration and test in Stonecutters Bridge

5.25 EM sensor *in-situ* calibration in Stonecutters Bridge.

the steel allow those magnetic properties to be sensed and deduced through Faraday's law. EM sensors can be designed for all sizes of prestressing steel cables and tendons. They are suitable for measuring quasi-static loads under any environmental conditions. The sensors can be embedded in concrete or fabricated *in situ* for exposed cables. The sensors are entirely suitable

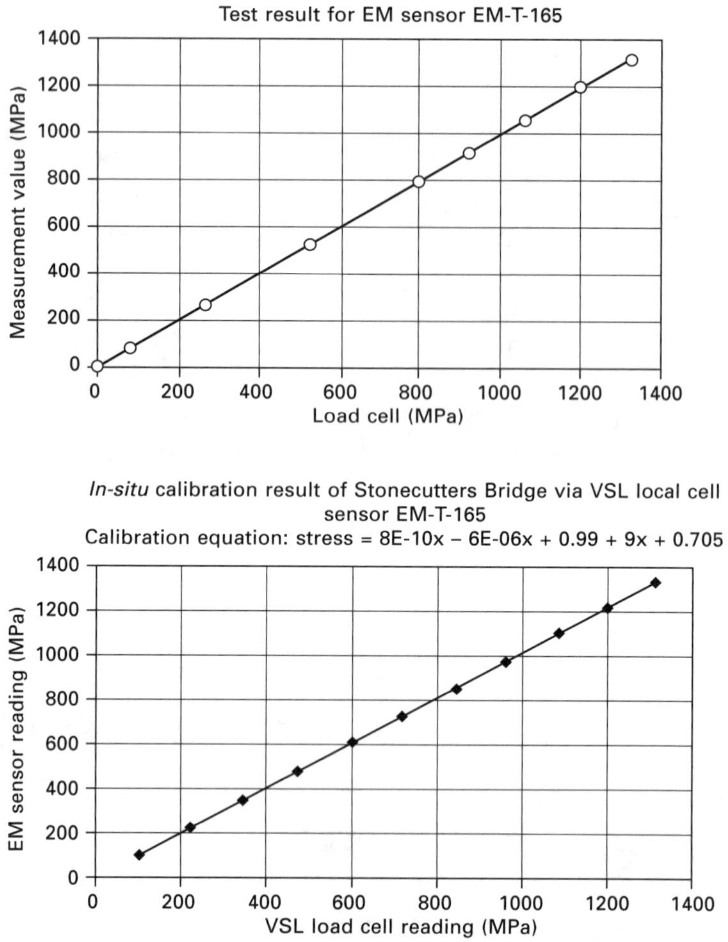

5.26 EM sensor calibration results in Stonecutters Bridge.

for sheathed cables and require no physical contact with the cable itself. In this chapter, the viability of EM stress sensor was demonstrated through theoretical review, sensor design and fabrication, and field application examples. The temperature influence was evaluated in order to compensate for the effect of ambient temperature on magnetic performance of the tested structures. Embodying a systematic magnetic non-destructive inspection technology, the EM stress sensor is facing an ever increasing application prospect, especially in an era with an increasing need of health monitoring for public infrastructures.

Sensor number	Laboratory test result (0-7000KN)		*In-situ* test results (0-7428KN)	
	Standard deviation σ(KN)	Relative accuracy 3σ to max load	Standard deviation σ(KN)	Relative accuracy 3σ to max load
1	31	1.86%	11.2	0.45%
2	13	0.78%	11.2	0.45%
3	18	1.08%	22.4	0.90%
4	17	1.02%	39.2	1.58%
5	14	0.84%	28	1.13%
6	15	0.90%	28	1.13%
7	17	1.02%	28	1.13%
8	11	0.66%	28	1.13%
9	13	0.78%	28	1.13%
10	14	0.84%	33.6	1.36%
11	23	1.38%	11.2	0.45%
12	16	0.96%	16.8	0.68%
13	10	0.60%	33.6	1.36%
14	16	0.96%	16.8	0.68%
15	19	1.14%	28	1.13%
16	17	1.02%	33.6	1.36%
17	17	1.02%	22.4	0.90%
18	22	1.32%	11.2	0.45%
19	14	0.84%	11.2	0.45%
20	18	1.08%	33.6	1.36%
21	5	0.30%	22.4	0.90%
22	15	0.90%	16.8	0.68%
23	15	0.90%	16.8	0.68%
24	19	1.14%	22.4	0.90%
25	21	1.26%	16.8	0.68%
26	16	0.96%	28	1.13%
27	26	1.56%	22.4	0.90%
28	21	1.26%	28	1.13%
29	29	1.74%	22.4	0.90%
30	17	1.02%	22.4	0.90%
31	21	1.86%	28	1.13%
32	23	1.38%	28	1.13%

5.27 Accuracy used of the series of EM sensors used in Stonecutters Bridge.

5.8 References

1. Wang M. L. , Wang G. and Yim J. (2006), Smart Cables for Cable-stayed Bridge. Smart Structures Technology for Steel Structures, 16-18 November Seoul, Korea.
2. Wang G. and Wang M. L. (2006), Application of EM Stress Sensors in Large Steel Cables, *International Journal of Smart Structures and Systems*, Vol. 2, No. 2.
3. Wang M. L. Chen Z. Koontz S. and Lloyd G. D. (2000), Magneto-elastic permeability measurement for stress monitoring, In Proceeding of the SPIE 7th Annual Symposium on Smart Structures and Materials, Health Monitoring of the Highway Transportation Infrastructure, 6-9 March, CA, Vol. 3995, pp. 492–500.
4. Jiles D. C. and Lo C. C. H. (2003), The role of new materials in the development of magnetic sensors and actuators, *Sensors and Actuators A*, Vol 106, pp. 3–7.
5. Becker R. and Doring W. (1939), *Ferromagnetismus*, Berlin.

6. Bozorth R. M. (1951), *Ferromagnetism*, D. Van Nostrand Company, Inc., Toronto, Canada.
7. Cullity B. D. (1972), *Introduction to Magnetic Materials*, Addison-Wesley Publishing Company, Reading, MA.
8. Mix P. E. (1987), *Introduction to Nondestructive Testing*, John Wiley & Sons, Inc., Hoboken, NJ.
9. Schneider C. S. Cannell P. Y. and Watts K. T. (1992), Magnetization for Large Stresses, *IEEE Transactions on Magnetics*, Vol 28 (No.5), pp. 2626–2631.
10. Wohlfarth E. P. (1982), *Ferromagnetic Materials*, Vol 3, North-Holland Publishing Company, New York.
11. Li L. and Jiles D. C. (2003), Modeling of magnetomechanical effect: application of the Rayleigh law to the stress domain, *J. of Appl. Phys.*, Vol 93 (No. 10), 2003, pp. 8480–8482.
12. Sablik M. J. and Jiles D. C. (1993), Coupled magnetoelastic theory of magnetic and magnetostrictive hysteresis, *IEEE Transactons on Magnetics*, vol. 29, no. 3, July, pp. 2113–2123.
13. Bertotti G. (1992), *Hysteresis in Magnetism*, Academic Press Series in Electromagnetism, MD.
14. Birss R. (1971), Magnetomechanical effects in the Rayleigh region, *IEEE Transactions on Magnetics*, Vol MAG-7, pp. 113–133.
15. Lloyd G. M. Singh V. and Wang M. L. (2002), Experimental evaluation of differential thermal errors in magnetostatic stress sensors for Re<180, *IEEE Sensors, Magnetic Sensing III*, Paper No. 6.54.

6

Vibration-based damage detection techniques for structural health monitoring of civil infrastructure systems

V M KARBHARI, University of Alabama in Huntsville, USA
and L S-W LEE, University of the Pacific, USA

Abstract: In order to mitigate deterioration and efficiently manage maintenance efforts on reinforced concrete (RC) bridge structures, two methodologies are needed:

1. A methodology to extend the service life of bridge structures
2. A methodology to monitor performance changes of bridge structures.

While the use of fiber reinforced polymer (FRP) composites provides an efficient means for repair and strengthening of civil infrastructure, methods of structural health monitoring (SHM) of civil infrastructure provide the means of assessing the effectiveness and continued performance of the rehabilitated structure, including the determination of serviceability, reliability, and remaining functionality of the structure. This chapter provides both a general review of SHM techniques for dynamic testing and vibration-based damage detection and a case study showing the applicability of the technique on a FRP rehabilitated bridge system.

Key words: dynamic testing, vibration-based damage detection, rehabilitation, reliability, fiber reinforced polymer composites.

6.1 Introduction

The deterioration and functional deficiencies of highway infrastructure are attributed to aging, weathering of materials (i.e. corrosion of steel), accidental damage (i.e. natural disasters), and increased traffic and industrial needs as exhibited by the need for higher load ratings of structures and increasing the number of lanes to accommodate traffic flow (Tajlsten, 2002; Karbhari and Seible, 2000; Meier, 2000). However, deficiencies in structures are not restricted to the effects of aging; poor engineering judgment, inadequate design and changes in code requirements are other factors contributing to deficiencies at any time during the service life of the structure. Regardless of root cause, functional deficiencies are present in civil infrastructure, and solutions to monitor and resolve these deficiencies are necessary. In order to mitigate deterioration and efficiently manage maintenance efforts on reinforced concrete (RC) bridge structures, two methodologies are needed:

- A methodology to extend the service life of bridge structures
- A methodology to monitor performance changes of bridge structures.

In order to maximize the serviceability of civil infrastructure, two specific research areas have experienced significant developments in past decades. While the use of fiber reinforced polymer (FRP) composites provides an efficient means for repair and strengthening of civil infrastructure (Teng *et al.*, 2003; Bakis *et al.*, 2002; Stallings *et al.*, 2000) methods of structural health monitoring (SHM) of civil infrastructure (Chong *et al.*, 2003; Yuen *et al.*, 2004; Catbas and Aktan, 2002; Sikorsky, 1999) provide the means of assessing the effectiveness and continued performance of the rehabilitated structure.

In this context, structural health monitoring (SHM) provides the methodology that evaluates the condition of a structure for a given point in time. A proficient structural health monitoring approach is capable of determining and evaluating serviceability, reliability, and remaining functionality of the structure (Sikorsky, 1999). The methodology involves periodic investigation of the structure during service/operation, occasional maintenance, and repair-retrofit or replacement as deemed necessary.

A general paradigm for structural health monitoring requires implementation of a global non destructive evaluation (NDE) procedure to assess the state of a new or existing structure. Results of the global NDE act as input into a calculated performance measure and service life of the structure. Figure 6.1 provides a schematic of a structural health monitoring paradigm that uses an estimate of the remaining service life as a means of decision making.

The most essential part of the monitoring procedure is the global NDE component, since it provides the primary interaction between the physical

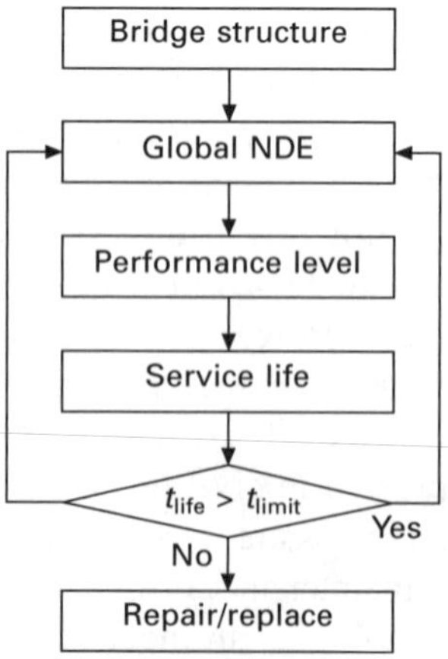

6.1 Schematic showing application of SHM.

state of the structure and analytical methods employed in the structural health monitoring process. The robustness of a structural health monitoring procedure is often defined in terms of levels (Rytter, 1993):

Level I: Identify that damage has occurred.
Level II: Identify that damage has occurred and determine the location of damage.
Level III: Identify that damage has occurred, locate the damage, and estimate its severity.
Level IV: Identify that damage has occurred, locate the damage, estimate its severity, and evaluate the impact of damage on the structure or estimate the remaining useful life of the structure.

For civil structures, a global NDE technique utilizing the vibration characteristics of a structure is effective in assessing the condition of the overall structure because of its large size and the impractical nature of using localized nondestructive testing (NDT) methods such as ultrasonics, piezoelectrics, and acoustic emission (Sikorsky, 1999; Johnson *et al.*, 2004). Ideally, a localized NDE technique is utilized upon identification of a damage location, so as to determine the specific nature of the damage. The global nondestructive examination technique utilizing vibration characteristics generically involves the following features: (1) dynamic testing for the acquisition of modal parameters (i.e., natural frequencies, mode shapes, and damping properties) or other features (i.e., time histories, frequency response functions, etc.), and (2) a damage detection algorithm to identify damage in the structure, its location, and severity.

The implementation of a process of SHM is critical application for determining a structure's ability to provide adequate service, evaluating the necessity for maintenance, and assessing the need for repair or replacement of a component of or the entire structure. An appropriate structural health monitoring system is capable of determining and evaluating the serviceability of the structure, the reliability, and the remaining functionality of the structure in terms of durability (Sikorsky, 1999).

The development and implementation of structural health monitoring systems utilizing vibration characteristics of the structure have been the focus of a number of researchers (Salawu, 1997; Park and Reich, 1998; Sikorsky, 1999; Stubbs *et al.*, 2000; Farrar *et al.*, 2001). A schematic for the general approach to structural health monitoring is shown in Fig. 6.2. Data acquisition and extraction of vibration properties are associated with the first phase of structural health monitoring. These components are typically associated with dynamic testing of structures. Dynamic testing requires a source of excitation to vibrate the structure, the use of sensors to acquire time history data, and experimental modal analysis procedures to extract modal parameters such as frequencies and mode shapes. Identification, localization, and quantification

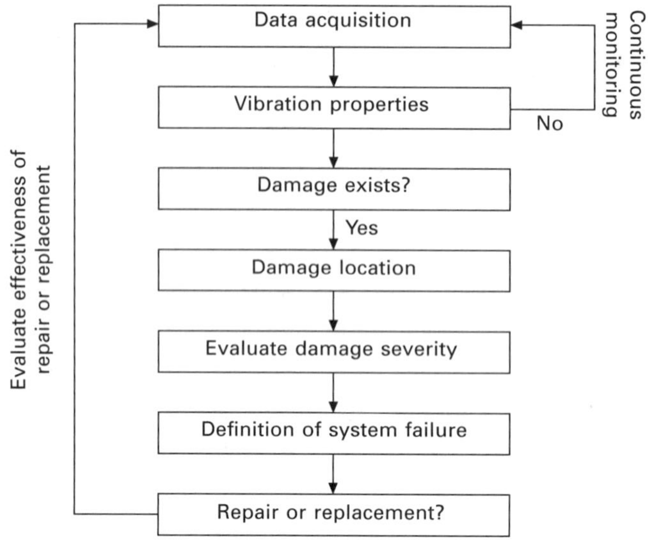

6.2 Schematic of SHM structure.

of damage are components associated with vibration-based damage detection. The vibration-based damage detection procedure assesses changes from a measured feature (i.e., mode shapes, frequencies, etc.). Dynamic testing and vibration-based damage detection provide the necessary components for the structural health monitoring of structures.

This chapter provides both a general review of SHM techniques for dynamic testing and vibration-based damage detection and a case study showing the applicability of the technique on a FRP rehabilitated bridge system.

6.2 Dynamic testing of structures

This section highlights the major components of modal testing and modal analysis for civil infrastructure. Theoretical background to modal testing is readily available in (McConnell, 2001; Ewins, 2000; Maia and Silva, 1997). Methods of excitation for bridges are categorized into input-output methods and output only methods for modal testing. Input-output methods of excitation involve a contact procedure such that a forcing function is introduced to vibrate the bridge structure. Output only methods, typically described as ambient excitation methods, utilize sources of 'natural' vibration that include vehicular traffic, wind, pedestrian traffic, ocean waves, and micro-earthquakes (Green, 1995; Salawu and Williams, 1995; Farrar *et al.*, 1999). Implementation of the testing procedure is described with an overview of the types of transducers available for use on modal tests. Finally, methods for extraction of modal parameters are discussed. The selection of an appropriate experimental modal analysis procedure to extract the vibration properties of a structure is dependent on the type of modal test being conducted.

6.2.1 Sources of excitation: input-output methods

The input-output method involves introducing a known input into a structure such as impulse load or known forcing function and subsequently measuring the free vibration response of the structure (Farrar and Sohn, 2001). Input-output excitation techniques are advantageous as compared to output-only methods, since they are able to suppress the effects of extraneous noise in the measured structural response (Salawu and Williams, 1995) and a known input is introduced to the structure. However, the primary disadvantage for an input-output modal test is that the test is conducted outside conditions of normal operation and thus necessitates disruption in use and does not allow for continuous monitoring of a structure. Typical input-output techniques include the use of an impact hammer (Green, 1995), drop weight impactor (Green, 1995; Bolton *et al.*, 2001a; Farrar *et al.*, 1999), electrodynamic or servohydraulic shaker. Table 6.1 highlights the advantages and disadvantages associated with input-output excitation techniques.

6.2.2 Sources of excitation: output only methods

Ambient excitation or output-only methods measure the response of the structure under normal operating conditions. As compared to input-output excitation techniques, the measurement of the structural response is performed

Table 6.1 Common sources for input-output techniques

Input-output	Advantages	Disadvantages
Impact hammer	• Cost effective • Portable • Easy operation	• Poor signal to noise ratio • High sensitivity to nonlinearities • Lack of control over frequency content
Drop weight impactor	• Mass normalized mode shapes • Cost effective • Low (< 1 Hz) frequency modes with up to 20 Hz modes observed in field • Can control amplitude of input	• Not viable for continuous monitoring • Susceptible to input noise
Shaker	• Mass normalized mode shapes • Capable of higher frequency excitations (1.5 to 100 Hz) • Can apply a static preload to test structure	• Expensive • Difficult to excite frequencies below 1 Hz • Heavy weight makes it difficult to install and move

while the structure is in service (i.e., no lane closures are needed). The technique is cost effective (essentially no cost for the excitation source), and is available for the continuous monitoring of the bridge structure (Green, 1995; Salawu and Williams, 1995; Farrar and Sohn, 2001).

Sources for ambient vibration methods include vehicular traffic, wind, pedestrian traffic, ocean waves, and low seismic activity (Green, 1995; Salawu and Williams, 1995; Farrar *et al.*, 1999; Farrar and Sohn, 2001). Several assumptions for ambient excitation test methods are necessary since the input is unknown. First, the excitation forces are assumed to be a stationary random process, having a flat frequency spectrum, thus implying that the vibration response of the bridge contains all the normal modes (Salawu and Williams, 1995). This eliminates concern that input-output excitation methods may have with input noise. Second, the output-only excitation methods assume that the recorded response of the structure alone is sufficient for extraction of modal parameters. While the method is certainly cost effective and can be implemented without disruption of traffic, ambient excitations are of unknown amplitude and often are unable to achieve high frequency excitations. Nevertheless, the development and maturation of acquisition systems and modal extraction techniques have helped to mitigate the disadvantages associated with ambient vibration techniques (Farrar and Sohn 2001). Advantages and disadvantages of ambient vibration excitation are listed in Table 6.2.

6.2.3 Transducers

The most commonly used transducer types implemented for dynamic testing of structures are accelerometers, velocity, and displacement transducers to measure acceleration, velocity, and displacement response histories of a structure, respectively. Selection of the transducer type must be determined such that the mass of the transducer does not interfere with the response of

Table 6.2 Advantages and disadvantages of output-only techniques

Output-only	Advantages	Disadvantages
Ambient excitation	• Capable of continuous monitoring • Cost effective, excitation source is essentially free • Applicable for long span bridges	• Difficult to extract damping properties • Uncontrolled amplitude input into the structure • Limited to low frequency excitation (<1 Hz) • Difficult to excite the lateral modes of a bridge, which are of interest for seismic studies

the structure (Maia and Silva, 1997) and the transducer provides the type of data required for structural assessment. Typically for large civil structures such as bridges, the mass of the transducer is not a concern but rather care should be taken to make sure that the transducer does not distort the response of the structure.

Accelerometers are the most common and applicable sensors used during dynamic testing of civil structures, since they are capable of operation over a wide range of frequencies and are easy to install (Green, 1995). Piezoelectric and capacitance accelerometers are two types of accelerometers. The piezoelectric accelerometer measures the acceleration of a seismic mass in the sensor through deformations in a piezoelectric crystal. In a capacitance accelerometer, semiconductor elements and a seismic mass form an active wheatstone bridge; as the structure vibrates the wheatstone bridge becomes unbalanced and the differential output provides a measure of the acceleration.

Other transducers include velocity and displacement transducers. An example of a velocity transducer is the scanning laser Doppler velocimeter (Stanbridge and Ewins, 1999; Ewins, 2000), which is a noncontact device that measures the velocity of a point from the Doppler shift between incident and scattered light returning to a measurement point. Displacement transducers include potentiometers and linear variable displacement transducers (LVDT). Potentiometers are limited to low frequency vibrations. The LVDT measures displacements through changes in voltage levels of the coils surrounding a free moving magnetic core.

6.2.4 Experimental modal analysis

Experimental modal analysis techniques are divided into two groups: (1) frequency domain and (2) time domain techniques. Furthermore, algorithms for identification of modal properties are divided according to input-output and output-only excitation methods.

Examples of frequency domain modal identification techniques for output-only dynamic testing include peak picking of the auto- and cross-powers of the measured response, in which peaks are selected in the spectra to acquire estimates of the resonance frequencies and subsequently operational deflection shapes are obtained (Hermans and Van der Auweraer, 1999). The natural excitation technique (NExT) essentially involves applying time domain curve-fitting algorithms to cross-correlatiom measurements made between various response measurements on an ambiently excited structure to estimate the resonant frequencies and modal damping (James *et al.*, 1995; Farrar and James, 1997). The nonlinear least squares curve-fit approach is a general multi-degree-of-freedom curve-fit approach utilizing weight factors at each frequency point of interest and minimizing the curve-fit error by differentiation (Ewins, 2000). The frequency domain decomposition method (FDD) (Brincker *et al.*, 2000) involves computation of the power spectral density matrix and uses singular value decomposition (SVD) to decompose the matrix at every frequency into a set of autospectral density functions to identify modal parameters.

Time domain modal parameter identification techniques for output-only dynamic testing include the Ibrahim time domain (ITD) technique, which is a methodology for extracting modal parameters directly from decaying time or impulse response functions (Bolton *et al.*, 2001a; Huang *et al.*, 1999). A computationally efficient time domain methodology, the time domain decomposition technique (TDD), conducts a singular value decomposition of the output energy correlation matrix from filtered time history data to directly calculate the mode shape vector and corresponding frequencies (Kim, 2002). Peeters and DeRoeck (1999) present a modal identification technique that implements a data-driven stochastic subspace identification approach where the row space of future outputs are projected into the row space of past reference outputs. Selection of an appropriate experimental modal analysis procedure is important since autonomous structural health monitoring systems require techniques, which efficiently extract mode shapes and then identify corresponding natural frequencies.

6.3 Overview of vibration-based damage detection

Table 6.3 provides a summary of features used to identify, locate, and quantify damage in a structure.

Table 6.3 Summary of damage detection categories and methods

Features		Methodology
Modal parameters	Natural frequencies	• Frequency changes • Residual force optimization
	Mode shapes	• Mode shape changes • Modal strain energy • Mode shape derivatives
Matrix methods	Stiffness-based	• Optimization techniques • Model updating
	Flexibility-based	• Dynamically measured flexibility
Machine learning	Genetic algorithm	• Stiffness parameter optimization • Minimization of the objective function
	Artificial neural network	• Back propagation network training • Time delay neural network • Neural network systems identification with neural network damage detection

Frequency-based methods are developed on the basis that resonant frequency shifts occur as the structure experiences some change in its structural properties. In general, changes in frequencies are unable to provide spatial information regarding damage in a structure (Farrar *et al.*, 2001); thus damage detection methods relying solely on changes in frequency are typically Level 1 methods. Frequency information alone does not provide reliable results, especially because several combinations of damage in the structure can produce the same changes in the natural frequencies. For applications to large civil engineering structures the low sensitivity of frequency shifts to damage requires either very precise measurements of frequency change or large levels of damage.

Bicanic and Chen (1997) presented a method for damage identification that utilized a characteristic equation for the relative stiffness change in a structure from a baseline mode shape and the measured natural frequencies before and after the occurrence of damage. Messina *et al.* (1997, 1998) and Contursi *et al.* (1998) presented a structural damage detection methodology based on changes in the natural frequencies in combination with theoretical frequency changes for a damage of a known size or location. Hassiotis (2000) formulated an optimization algorithm on the basis that damage resulted in localized changes in the stiffness matrix, where the stiffness matrix was resolved through natural frequency measurements and the classical eigenvalue problem was used to find the eigenvalue sensitivities to the stiffness matrix. Ray and Tian (1999) proposed a method for enhancing modal sensitivity to damage using feedback control to address disadvantages associated frequency measures for damage detection. Table 6.4 provides a list of positive and negative aspects of frequency based damage detection methods.

Mode shapes provide an advantage over a feature such as frequency since they are spatially defined quantities and thus identification of damage using mode shapes implies that damaged locations are known. However, mode shapes are difficult to measure and a large number of measurement locations may be required to accurately characterize mode shape vectors and to provide sufficient resolution for determining the damage location (Doebling *et al.*, 1996). Methods employing mode shapes typically compare measured mode shapes directly, or the properties of mode shapes such as curvature or modal strain energy to enhance sensitivity to damage detection and localization. In addition the use of mode shapes follows a response based approach where the response data are compared and related directly to damage and in some cases to damage severity, thus making the methodology suitable for continuous monitoring of structures.

Law *et al.* (1998) proposed the expansion of measured modal data to match a finite element model; the modal strain energy of each element was normalized with its potential energy to locate a damage domain; the measured modal frequency changes were used to estimate damage severity

Table 6.4 Frequency-based damage detection methodologies

Method	Positive aspects	Negative aspects
Bicanic and Chen (1997)	• Back calculation of mode shapes • Frequencies only for damage localization	• Unable to identify or locate damage with signal noise levels of 0.5% and 2.0% • No validation with field structure • No examination with reduced measurements
Contursi *et al.* (1998), Messina *et al.* (1997, 1998)	• Capable of damage identification and localization with frequencies alone	• Requires 10 to 15 modes for accurate damage detection • Computationally expensive • No validation with field structure
Hassiotis (2000)	• Only frequencies required to evaluate stiffness matrix of the system • Capable of damage identification and localization • Able to identify damage with 0.8% signal noise	• Unable to determine damage severity of structure • Dependent on number of sensors and sensor locations (i.e. requires large amount of data for accuracy) • No validation with real structures
Ray and Tian (1999)	• Increased frequency sensitivity to damage by change in control gain • Capable of damage identification	• Tailored to smart structures, not applicable to existing structures • Sensitivity to damage dependent on vicinity of sensor and actuator • No validation with real structures

using a sensitivity-based method. Stubbs *et al.* (2000) developed the damage index method to detect changes in modal strain energy to identify, locate and quantify damage where mode shapes were used to identify the modal stiffness properties of the as-built and existing structures. The method was based on an assumption of the invariance of the sensitivity of fractional modal strain energy of a potential damaged element during a small damage event. The damage identification approach is potentially the most developed approach available for damage detection procedures with a number of publications from outside researchers evaluating the validity and applicability of the approach (Farrar and Jauregui, 1998a,b; Cornwell *et al.*, 1999; Wang *et al.*, 2000; Bolton *et al.*, 2001b; Barroso and Rodriguez, 2004). Table 6.5 provides a list of positive and negative aspects of the described mode shape based damage detection methods.

Assembly and evaluation of the system matrices from modal parameters provide inherent advantages of being able to locate and estimate the severity of damage by a comparison of damaged and undamaged system matrices. However, the problem of incomplete measurements or inability to identify all modes of the structure results in partial population of system matrices. Estimation of a stiffness reduction is used to identify, locate and quantify

Table 6.5 Damage detection utilizing mode shapes

Method	Positive aspects	Negative aspects
Law *et al.* (1998) Shi *et al.* (1998, 2000)	• Capable of identifying, locating, and quantifying damage • Contains modal expansion procedure addressing reduced measurements • Able to expand additional modes from 2–3 experimentally measured modes	• Presence of signal noise results in severity estimate errors from 0% to 30%. • No field evaluation on bridge structure
Stubbs *et al.* (2000) Stubbs and Park (1996)	• Capable of identifying, locating, and quantifying damage • Applies statistical model (hypothesis testing) to differentiate between damaged and undamaged areas • Damage characterization using individual mode shapes • Field application and verification of methodology on reinforced concrete bridge structures • Procedure for acquiring baseline modal properties of existing structure • Method for evaluation of system reliability • Most developed and applied damage detection procedure	• Dependent on experimentally calibrated numerical model • Valid only for damage severity levels up to 30% • Effect of signal noise or not explicitly addressed • No definition of required minimum number of mode shapes for accurate damage characterization

damage. Matrix update methods are typically sensitivity-based matrix updating techniques, optimal matrix update procedures, or control-based algorithms. Matrix update methods generally vary amongst the following three considerations (Doebling, *et al.*, 1996): (1) objective function to be minimized; (2) constraints placed on the problem; (3) numerical scheme used to implement the optimization.

Escobar *et al.* (2001) proposed a transformation matrix method that reduces the global stiffness matrix of a structure to a condensed state with only the primary degrees of freedom, which correspond to the rigid body movements of a structure. Sivico *et al.* (1997) developed a damage detection algorithm that utilized a discrete state-space representation of the time domain structural response to evaluate stiffness and damping parameters with the eigensystem realization algorithm.

Park and Reich (1998) suggested a flexibility-based approach using the partitioned flexibility equation in order to detect changes in substructural characteristics by identifying changes in the measured global flexibilities before and after damage. The global flexibility matrix of a structure was determined from experimentally acquired modal parameters. A substructural flexibility matrix was determined from the relationship between measured global and local FRFs. Damage was identified, localized, and quantified from an increase in flexibility from comparison of localized flexibilities of the undamaged and current state of a structure. Table 6.6 provides a list of positive and negative aspects of matrix based damage detection methods.

Table 6.6 System matrix-based damage detection methodologies

Method	Positive aspects	Negative aspects
Escobar *et al.* (2001)	• Transformation to rigid body modes reduces computational costs • Capable of identifying, locating, and quantifying damage	• Increases in signal noise results in increase of severity estimate • Accurate damage detection requires a minimum of 8 modes • Decrease in damage severity estimate with decrease in number of measured modes • Assumes stiffness matrix of structure is readily available from analytical model • No field evaluation studies
Sivico *et al.* (1997)	• Capable of identifying, locating, and quantifying damage • Evaluates changes in damping	• Computationally expensive • Minimum detectable reduction in stiffness and/or damping is 10% • Number of actuators or multiple single input systems must be same as degrees of freedom in problem • No field evaluation studies
Park and Reich (1998)	• Capable of damage identification, localization and quantification • Flexibility determined directly from modal identification procedure • Identification and localization of damage using field data • Increased sensitivity to damage	• Does not address the effects of signal noise and reduced measurements • No severity validation provided from field data application

Machine learning is the development of computing systems, or expert systems, with learning capability (Adeli and Hung, 1995). Computational intelligence methods such as neural networks and genetic algorithms are attractive processes in the area of structural damage detection because of their effectiveness and robustness in coping with uncertainty, insufficient information, and noise (Adeli and Hung, 1995). The application of machine learning techniques to structural damage detection is typically observed under the classification of inductive learning, or learning by examples. Specifically, artificial neural networks (ANN) and genetic algorithms (GA) are used for the characterization of damage in vibration based damage detection of structures.

Zang and Imregun (2001) applied a principal component analysis, which is a linear data compression technique achieving dimensionality reduction, with the principal components of the FRF as input in a neural network. Hung and Kao (2002) developed a neural damage detection network (NDDN) that was trained to recognize the partial derivatives of the accelerations, velocities, and displacements from a finite element update using experimental data. It was assumed that some *a priori* information about the system is available.

Chou and Ghaboussi (2001) utilized static displacement measurements for structural damage detection posed as an optimization problem solving for unknown stiffness variables of the structure. GA was employed here so as to find the best-fit solution of the unknown stiffness parameters. Hao and Xia (2002) suggested using GA to compare changes in measured modal parameters from the undamaged and damaged structure with those of an analytical model with the goal being to estimate the stiffness reduction factor for each element structural element such that the objective function is minimized. Table 6.7 provides a list of positive and negative aspects of machine learning techniques. Although, no specific damage detection procedure displays a significant advantage over their respective counterparts, it is observed that those methods utilizing mode shapes are the most developed in terms of displaying the ability to identify, locate, and estimate the severity of damage.

It is important to note, a number of methodologies that have been discussed in this section demonstrate the ability to identify, locate, and estimate the severity of damage in structures using numerical simulations. However, the absence of field validations detracts from their performance due to signal noise thus limiting their potential for damage detection of FRP rehabilitated bridge structures. Machine learning techniques continue to receive a significant amount of attention in the area of structural damage detection also showing ability to identify, locate, and estimate damage severity; however, training of the network or quantity of input information necessary for GA and ANN are still unresolved issues with no methods demonstrating robustness with field measured data. The advantages and disadvantages of features for damage

Table 6.7 Damage detection utilizing machine learning techniques

Method	Positive aspects	Negative aspects
Zang and Imgruen (2001)	• Capable of identifying and locating damage • Damage localization in the presence of 5% signal noise • FRF data reduction to reduce computational costs	• Unable to estimate damage severity • Increasing the number of principal components in analysis does not improve results because of increased susceptibility to signal noise
Hung and Kao (2002)	• Use neural network for system identification approach to acquire characteristics of undamaged and damaged states of structure • Capable of damage identification and localization • Able to detect damage scenarios for which specific training has not been implemented	• Systems identification requires displacement, velocity, and acceleration in addition to quantification of input source • Incapable of severity estimation • Signal noise and reduce measurements not addressed
Chou and Ghaboussi (2001)	• Capable of damage identification and localization • Does not require solving system of equations in finite element method • Uses measured displacements without the need for additional processing	• Increase in signal noise increase scatter of severity estimation • No application to real structures
Hao and Xia (2002)	• Flexibility in terms of accuracy of FEM • Capable of damage identification, localization, and quantification	• Signal noise causes false-positive indications • Underestimates damage severity • Weighting factors for contribution of frequencies and mode shape measurements unclear

detection methods discussed in this section are summarized in Table 6.8. These global NDE algorithms are developed with the intent to identify changes in a system regardless of improvement or degradation. Since degradation is a more critical aspect to the safety of structures, the severity of damage is typically estimated by defining damage as a loss in stiffness with the inherent assumption that damage affecting the performance of a structure is realized by losses in stiffness.

Table 6.8 Summary of advantages and disadvantages

Technique	Advantages	Disadvantages
Frequencies	• Capable of damage identification • Simplest derived modal parameter	• No spatial information provided by frequency measurements • Qualitative damage severity estimation • Low sensitivity to damage
Mode shapes	• Contains spatially related information, thus damage location is readily available	• Large number of measurement locations required to accurately characterize mode shapes
Matrix update methods	• Resolving system matrix provides damage location and severity	• Most precise solution is an approximation since all modes of a structure cannot be measured
Artificial neural networks	• Able to solve complex problems difficult to model and explain by classical mathematics • Flexibility available in feature used for damage detection	• Uncertainty in assigning weights to connections between layers • Training of networks requires prior knowledge of damage mechanisms in the system • Potential convergence instability with large quantities of data
Genetic algorithms	• Capable of solving large complex problems for optimal solutions • Optimization begins from a population unlike traditional methods which initiate from a single point • Operates in the presence of uncertainty and insufficient information	• Dependent on validity of the objective function • Appropriate size of population, crossover rate, and mutation rate not clearly defined for structural problems

6.4 Application to a fiber reinforced polymer rehabilitated bridge structure

The Watson Wash Bridge, located on California Interstate 40 was constructed in 1968 and consists of two parallel structures each of which is a skewed, two-lane bridge 225.9 m long. The superstructure consists of a cast-in-place reinforced-concrete deck and girder structural system with sixteen 12.8 m central spans and two shorter spans of 10.5 m at each abutment. The 15.6 cm thick deck spans transversely across six girders at 2.13 m centers. The bridge consists of 18 spans and five bays in each span. Frame 3 of the southern bridge component, denoted Frame S-3, is the primary substructure of interest and is shown schematically in Fig. 6.3.

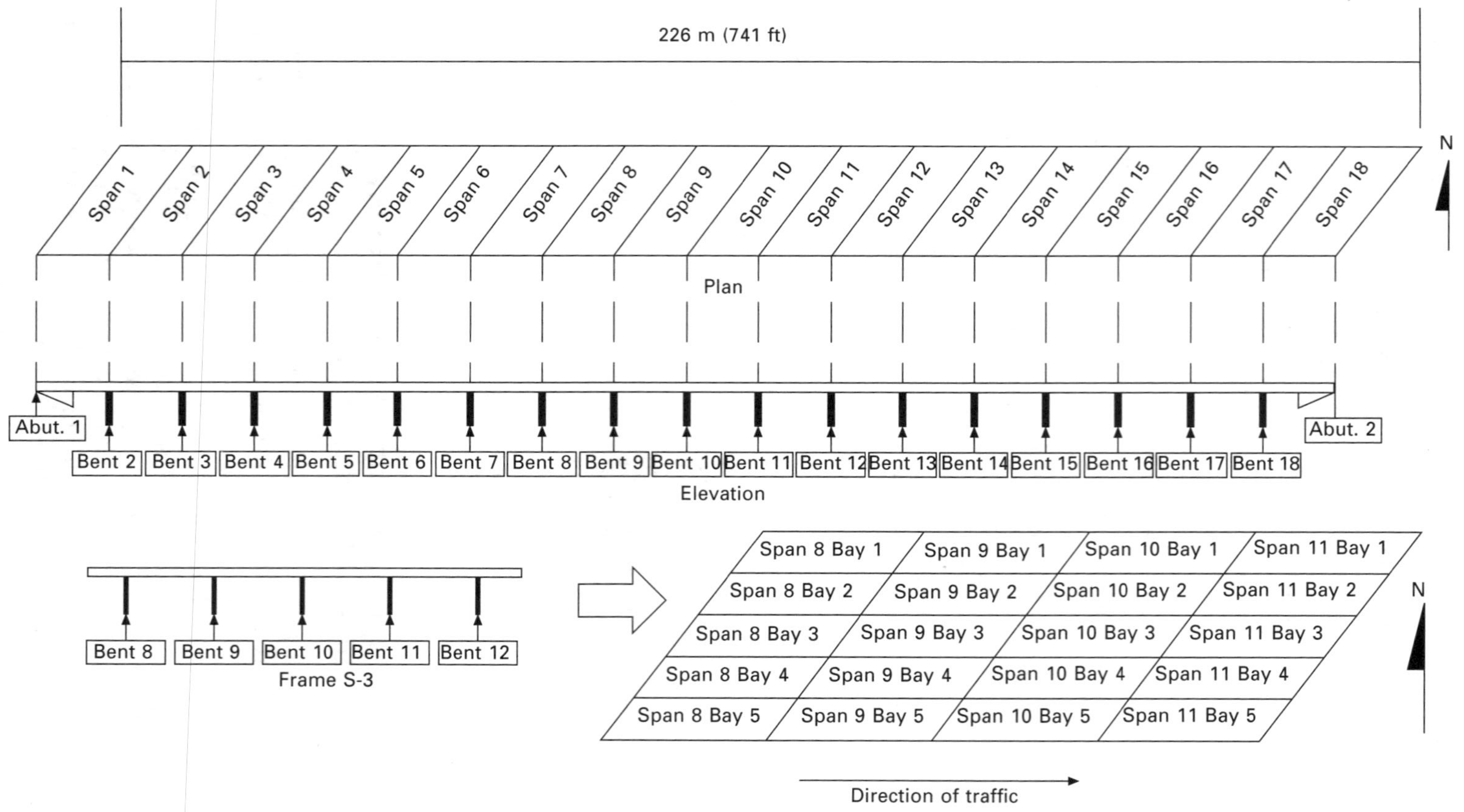

6.3 Overview of the Watson Wash Bridge with details of Frame 3.

A visual inspection of the bridge showed the development of transverse and longitudinal cracks on the soffit of the bridge deck caused by increased traffic loads and steel reinforcement deficiencies. Transverse cracks were spaced at approximately 14 cm corresponding to the spacing of bottom transverse steel reinforcement. Longitudinal cracks were observed at 24.4 cm centers corresponding to bottom longitudinal steel reinforcement distributed in the deck slab. A global inspection of the structure was conducted using a vibration-based damage detection procedure in order to identify stiffness losses in the structure. The global evaluation indicated that spans 8 and 9 contained damage as a result of which flexural rehabilitation of the deck was conducted with the application of carbon fiber reinforced polymer (CFRP) composites to the soffits of spans 8 and 9 so as to extend the service-life of the bridge. In this specific case the extension was to enable a new bridge to be built in the next 5 years. Utilizing computed steel reinforcement deficiencies; an equivalent CFRP design was determined. The number of CFRP strips corresponding to the deficiency of the #5 steel rebar was determined for both composite strips manufactured via wet lay-up and pultrusion techniques. The minimum requirement for the deck rehabilitation was prevention of punching shear failure. Locations 8-1, 9-1, and 9-4 were rehabilitated with pultruded CFRP composites for the punching shear load criterion. Locations 8-2, 8-3, 9-2, and 9-3 were rehabilitated considering the permit truckload requirement of 106.8 KN with wet lay-up CFRP in 8-3, 9-3 and pultruded CFRP in 8-2 and 9-2. Locations 8-5 and 9-5 were strengthened for the permit truckload with a nominal safety factor applied.

SHM of the structure was conducted using output-only modal tests both before rehabilitation and at intervals of time after completion of the rehabilitation to assess both the efficacy of the rehabilitation and the progression of damage. Standard capacitive accelerometers were used for the data acquisition procedure of the modal test, since accelerometers are able to operate over a wide range of frequencies and are typically easy to install. Accelerometers were mounted onto the soffit of the RC bridge structure using aluminum mounting plates attached to the structure. For the modal tests of the Watson Wash Bridge structure a sensor grid of six lines in the longitudinal deck directions and 11 lines in the transverse deck direction is used. Effectively, the longitudinal and transverse lines represent the row and column numbers of a matrix, respectively. For girder lines 1, 2, 5, and 6, accelerometers are attached at the hinges, at bent locations, and at mid span of spans 8, 9, 10, and 11. For girder lines 3 and 4 sensors are applied at hinges and midspan, sensors are not applied at the bent locations. Therefore, sensor lines 1, 2, 5, and 6 contain 11 sensors each, while sensor lines 3 and 4 are composed of 6 sensors locations. The total number of sensor locations is 56. Accelerometer locations are shown in Fig. 6.4. All sensors are bonded to the soffit of longitudinal girders in the bridge structure. Sensors are placed

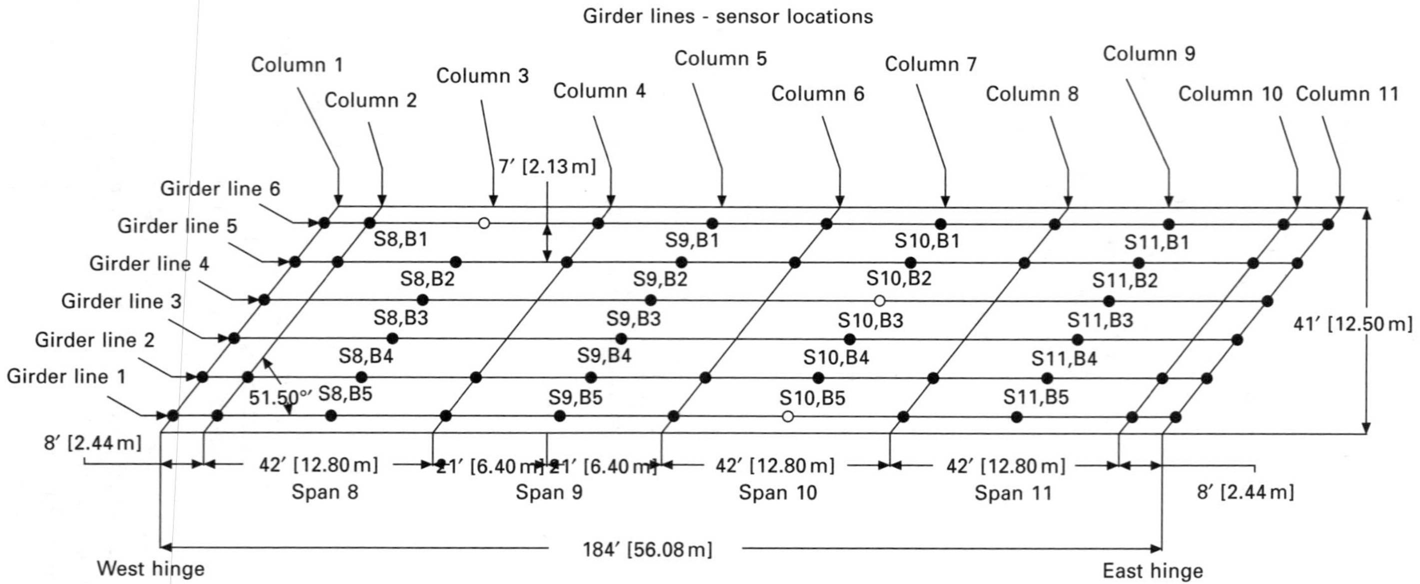

6.4 Location of sensors.

along the line of the girders at midspan since the primary regions of interest are bays or deck slabs between girders. It is desired to assess the performance of each bay, or the slab between girders, as components, which assemble the deck area of the bridge structure. In essence the deck slab between bents 8, 9, 10, and 11 are divided into 20 elements, with each element representing an area of the deck slab between girders. As shown in Fig. 6.4 each deck slab location is identified by span and bay number, i.e. span 8, bay 3 is denoted S8, B3.

As normal traffic traverses the bridge structure, acceleration data are recorded at 200 samples/sec at each sensor for a total duration of approximately 1 minute per sensor configuration/setup. The sampling rate of 200 Hz corresponds to a Nyquist frequency of 100 Hz or half the sampling frequency.

A procedure for output-only experimental modal analysis in the time domain referred to as time domain decomposition (TDD) (Kim, 2002) is implemented under the premise that any vector can be spanned by its basis. Similarly, the basis of the output of a linear structural dynamic system consists of its mode shapes. An acceleration time history response of a structure is the multi-output response of a multi degree of freedom system. For a time, t, the acceleration response of the structure is approximated as,

$$\ddot{\vec{y}}(t) \approx \sum_{i=1}^{n} \ddot{\mathbf{c}}_i(t)\,\boldsymbol{\varphi}_i \qquad 6.1$$

where n, is the number of modes in the measured acceleration signals; $c_i(t)$, is the ith modal contribution factor at time, t, and $\boldsymbol{\varphi}_i$, is the ith mode shape vector from the measure acceleration response. Each measured time signal contains n modes within the Nyquist frequency; however, it is difficult to decipher the exact frequency of the mode. Nonetheless, a frequency band for the ith mode is obtainable by visual inspection of power spectral density (PSD) plots for use in digital filter design. Then a digital band pass filter for the measured acceleration time history is designed to isolate each target mode of the structure. The filtered acceleration time history represents a multi-output single degree of freedom system for identification. If N samples are measured the filtered acceleration time history containing the ith mode is described by the following equation.

$$[\mathbf{Y}_i] = \boldsymbol{\varphi}_i \ddot{\mathbf{c}}_i^T \qquad 6.2$$

where, $[\mathbf{Y}_i]$ is a p x N matrix containing filtered acceleration time history information for the ith mode; p is the number of sensor locations, and N is the number of measured sample points at the time of test. Next, a p x p output energy correlation matrix, $[\mathbf{E}_i]$, is computed from a multiplication of the filtered time history data and its transpose.

$$[\mathbf{E}_i] = [\mathbf{Y}_i]\,[\mathbf{Y}_i]^T \qquad 6.3$$

Substituting, equation 6.2 into equation 6.3, results in,

$$[\mathbf{E}_i] = \varphi_i \ddot{\mathbf{c}}_i^T \ddot{\mathbf{c}}_i \vec{\varphi}_i^T = \vec{\varphi}_i q_i \vec{\varphi}_i^T \qquad 6.4$$

The output energy matrix is a real semi-positive symmetric matrix, which can be decomposed into

$$[\mathbf{E}_i] = [\mathbf{U}][\Sigma][\mathbf{U}]^T \qquad 6.5$$

where $[\mathbf{U}] = [\vec{\mathbf{u}}_1 \ldots \vec{\mathbf{u}}_p]$ is the singular vector matrix, containing p orthogonal vectors and $[\Sigma] = diag\,[\boldsymbol{\sigma}_1 \ldots \boldsymbol{\sigma}_p]$ is a diagonal $p \; x \; p$ matrix of singular values of $[\mathbf{E}_i]$. In the case of noise free signals, σ_1 is the only nonzero singular value, and the first column of the singular vector matrix is the mode shape. In general, the first column of the singular vector matrix is the ith undamped mode shape of the structure and singular values $\boldsymbol{\sigma}_2 \ldots \boldsymbol{\sigma}_p$ are small relative to σ_1.

The frequency result is attained via a time history result of the ith modal contribution factor. The ith modal contribution factor is calculated by multiplying both sides of equation 6.2 with the transpose of the ith mode shape.

$$\ddot{\mathbf{c}}_i^T = \frac{1}{\vec{\varphi}_i^T \vec{\varphi}_i} \vec{\varphi}_i [\mathbf{Y}_i] \qquad 6.6$$

The result is analogous to a single output, single degree of freedom system representing the ith modal behavior of the structure. Analysis of the autospectrum of the modal contribution factor shows a single peak whose frequency location is the ith modal frequency of the structure.

The TDD technique requires the design of a digital band pass filter, which in turn requires a definition of the frequency band for which to filter the acceleration time history data. Visual inspection of autospectrums of the measured data provides the frequency range, which then allows for computation of mode shapes and frequencies. The primary computational component of the TDD does not require the discrete Fourier transform. The technique does require the use of a singular value decomposition (SVD), but the number of analyses using a SVD is limited to the number of modes desired in the structure. Thus, for cases where $n << p$, the method is computationally efficient and is able to extract unbiased mode shapes from closely spaced modes by adjusting the pass band range of a filter.

The TDD methodology is extended during the vibration testing of the Watson Wash Bridge by using a simple patching procedure based upon normalizing the partial mode shape to a single reference sensor location. For each setup of sensor locations the modal amplitudes for each location are acquired then incrementally joined with respect to the reference location.

For 56 sensor locations of Frame S-3, five setups are used to resolve the entire mode shape of the structure.

The frequency results per setup from each modal test are averaged together to gain an indication of the frequency of the entire structure. Use of the TDD allows for a real-time evaluation of the frequencies and mode shapes with a simple programming language, such as the one available in Matlab, thus providing an immediate indication as to the quality and consistency of the data. The efficiency with which the TDD technique computes mode shapes and frequencies of the test provides a check of each partial mode shape and is advantageous for testing of large structures, as opposed to collecting data and merely examining acceleration time history plots, where such data quality assessments are subject to operator judgment.

However, patching of partial mode shapes of a large structure is not without its limitations or assumptions. The reference sensor locations must be selected away from vibration nodes, so as to avoid normalization by zero or a number near zero; this implies that prior knowledge of mode shapes is necessary prior to placing sensors. The application of the TDD technique for a single setup is applicable to damage detection algorithms since the mode shape extracted does not require the normalization process to join partial mode shapes.

The modal parameters of the ambient vibration tests on Frame S-3 of the Watson Wash Bridge are extracted using the TDD technique. Acceleration time histories are recorded from all sensor locations of the bridge structure. From the acceleration time history, the power spectral density plots are generated to determine the frequency bands that act as input into the TDD technique. Selection of frequency bands is based on peaks observed from PSD plots.

The frequency bands are ranges input into the TDD to filter acceleration time history data in order to isolate a response of the structure. The frequency ranges are used as input into a low pass filter such as a Butterworth filter (Lathi, 2002) to isolate a single frequency within a visually identified range. For each of the ambient vibration tests the same band of frequencies are used since frequencies do not exceed the band range during the monitoring period of the structure. From the PSD plots provided in the previous sections, the frequency bands were determined. Applying the TDD technique a vibration mode shape for a given frequency band can be extracted using the TDD technique; however, the mode shape must be verified. Verification is determined utilizing the modal assurance criterion, to determine if correlation between mode shapes of different sets exists. A common method used to compare any two sets of vibration mode shapes is the modal assurance criterion (MAC). The MAC value indicates the correlation between two sets of mode shapes (Ewins, 2000). The MAC value between the qth mode of the first data set A and rth mode of second data set B is defined as follows:

$$MAC(\{\phi_A\}_q, \{\phi_B\}_r) = \frac{|\{\phi_A\}_q^T \{\phi_B\}_r|^2}{(\{\phi_A\}_q^T \{\phi_A\}_q)(\{\phi_B\}_r^T \{\phi_B\}_r)} \qquad 6.7$$

where $\{\phi_A\}_q$ is the mode shape vector for mode q of data set A and $\{\phi_B\}_r$ is the mode shape vector for mode r of data set B. A MAC value close to 1 indicates that the two modes are well correlated and a value close to 0 is indicative of uncorrelated modes.

Plotting the surface of the first vibration modes from the modal tests shows the first bending mode of vibration of the bridge structure in Fig. 6.5. The identified mode shapes of the structure are used as input parameters for the vibration-based damage detection procedure to determine if increases or decreases in stiffness can be detected and if stiffness changes can be related to the wheel load capacity of the deck slab over time.

With the identified mode shapes from output-only modal tests, the damage detection algorithm is implemented. In order to locate stiffness changes in the bridge deck a beam element formulation is applied to the damage detection model (Stubbs *et al.* 1997). For the beam element formulation the damage index, β_j:

$$\boldsymbol{\beta}_j = \frac{EI_j}{EI_j^*} = \frac{1}{2}\left[\frac{\int_{x_j}^{x_j+\Delta x_j} \{\phi_i''^*(x)\}^2\, dx}{\int_{x_j}^{x_j+\Delta x_j} \{\phi_i''(x)\}^2\, dx} \cdot \frac{\int_0^L \{\phi_i''(x)\}^2\, dx}{\int_0^L \{\phi_i''^*(x)\}^2\, dx} + 1\right] \qquad 6.8$$

where ϕ_i'' and $\phi_i''^*$, are the undamaged and damaged ith modal curvature, x_j is the initial coordinate of element j; Δx_j is the length of element j. The vibration-based damage detection procedure compares two sets of mode shapes of a structure to identify and locate changes in stiffness of the structure. If $\boldsymbol{\beta}_j > 1$, indicates a stiffness loss in element j; $\boldsymbol{\beta}_j < 1$ indicates a stiffness increase in element j; and $\boldsymbol{\beta}_j = 1$ indicates no stiffness change in element j. The procedure is applied according to the following steps:

1. Calculate mode shape curvatures using a cubic spline curve fit of the mode shape and numerical derivatives (computations are conducted using commercial programming languages such as in Matlab).
2. Calculate the damage index, $\boldsymbol{\beta}_j$, for each element, j.
3. The fractional stiffness change, α_j, (loss or gain) is determined. If $\alpha_j > 0$, then an increase in stiffness has occurred; if $\alpha_j < 0$, then a loss in stiffness is deemed to have occurred.

The damage indicator results are used to identify locations where increases or decreases in stiffness have occurred during normal service operation of the

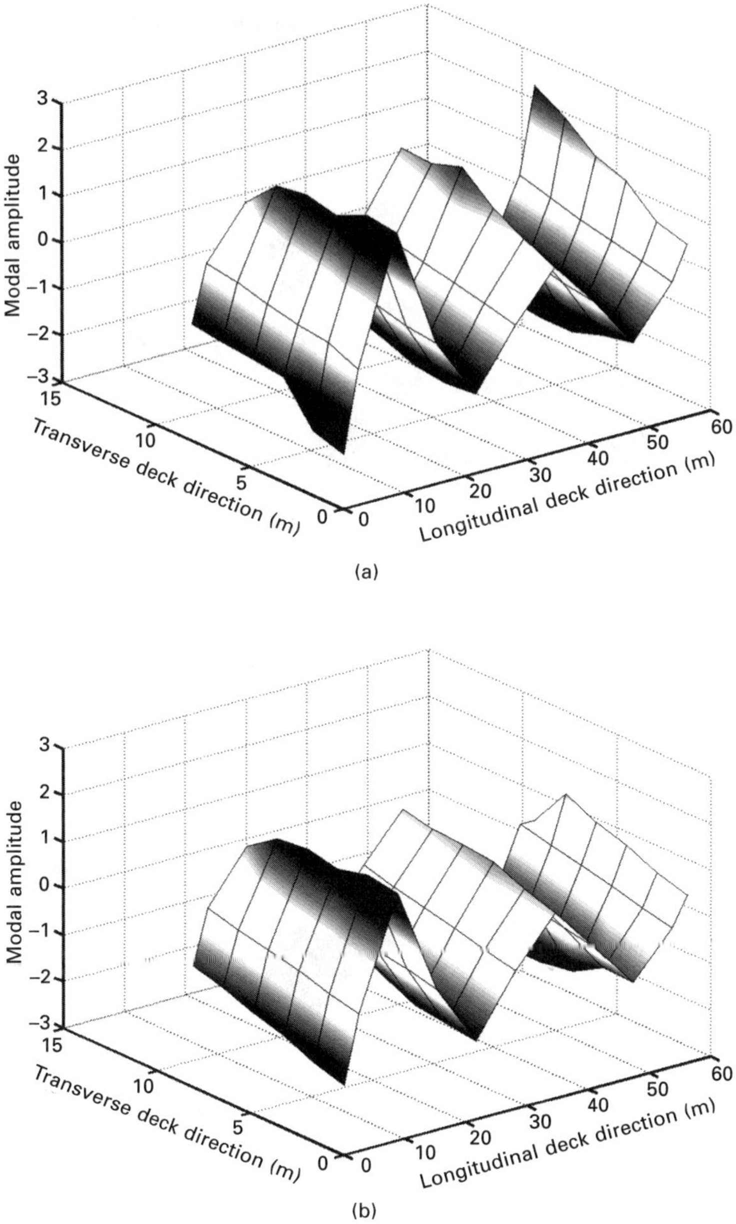

6.5 Progression in the first bending mode; (a) prior to rehabilitation; (b) immediately after rehabilitation; (c) one year after rehabilitation; (d) two years after rehabilitation.

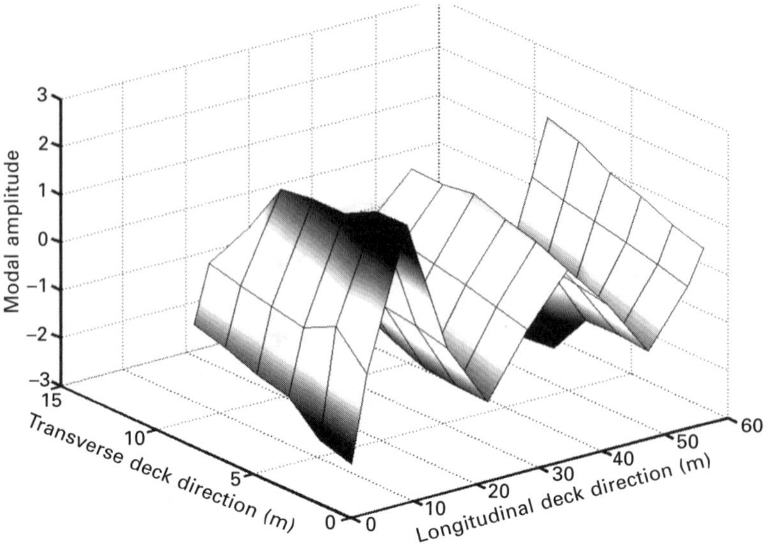
Modal amplitude
3
2
1
0
–1
–2
–3
15
10
5
0
Transverse deck direction (m)
0
10
20
30
40
50
60
Longitudinal deck direction (m)

(c)

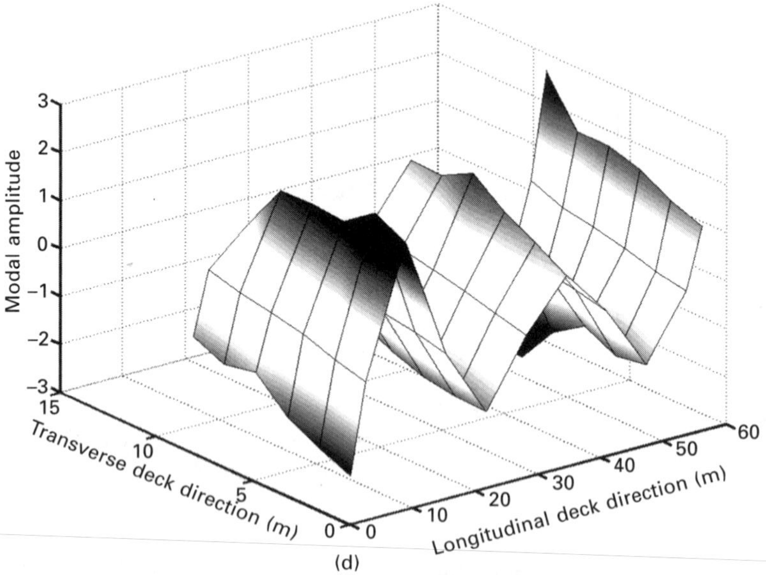
Modal amplitude
3
2
1
0
–1
–2
–3
15
10
5
0
Transverse deck direction (m)
0
10
20
30
40
50
60
Longitudinal deck direction (m)

(d)

6.5 Cont'd

structure. For the monitoring of spans 8, 9, 10, and 11 of the Watson Wash Bridge, the structure is divided into 20 elements. Each element represents an area of the deck slab between girders and bents of the span; Fig. 6.6 shows the elements representing the deck slab of the bridge. One element represents a single bay of the Watson Wash Bridge. Of these elements, those that are rehabilitated with CFRP composites are denoted with the color blue; locations that are not rehabilitated are denoted in the color orange. Each element is identified by its span and bay location, i.e. span 9, bay 5 is element S9B5.

Figure 6.7(a) shows damage index results from equation 6.10, comparing mode shapes measured before and after rehabilitation of spans 8 and 9 with CFRP composites. A damage index, $\boldsymbol{\beta}_j$, value less than one indicates that stiffness has increased in a location or element; a $\boldsymbol{\beta}_j$ value greater than one indicates that a decrease in stiffness in a location has occurred. In Fig. 6.7(a), damage index values less than one are measured in spans 8 and 9 as expected since CFRP composite rehabilitations are constructed in those locations. A damage index value less than one in S8B4, an unrehabilitated location, is attributed to the stiffening effects in adjacent locations. In the unrehabilitated locations of spans 10 and 11, damage index values greater than one are observed, indicating stiffness losses in the region.

Figure 6.7(b) shows damage index results comparing mode shapes measured before and 12 months after rehabilitation. In bays 3, 4, and 5 of spans 8 through 12, a uniform distribution of damage index values is observed, which suggests that stiffness redistribution occurs in those locations in the right lane of traffic where heavier truck loads are observed. Bays 3 and 5 of spans 8 and 9 correspond to regions surrounding the unrehabilitated location of S8B4, as well as wet lay-up manufactured CFRP composites. In bays 1 and 2 of spans 8 through 12, the damage index results show a similar pattern as compared to Fig. 6.7(a). The rehabilitated locations S8B1, S8B2, S9B1, and S9B2 continue to show damage index values less than one, indicating

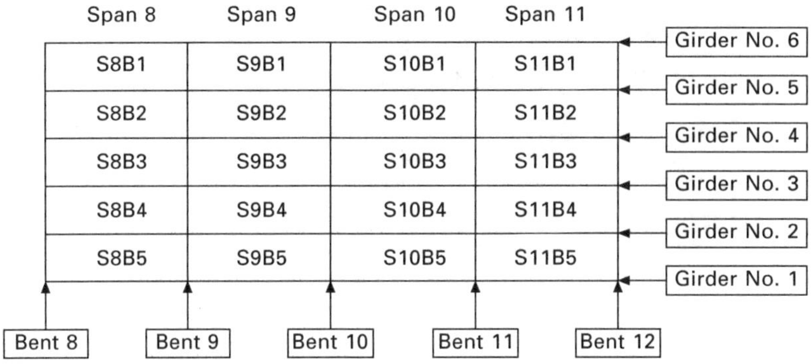

6.6 Division of elements corresponding to bays in the bridge structure.

the stiffness increase is maintained at 12 months. S8B1, S8B2, S9B1 and S9B2 are rehabilitated using pultruded CFRP composites.

Figure 6.7(c) shows damage index results comparing mode shapes measured before and 20 months after rehabilitation. Bays 3, 4 and 5 of spans 8 through

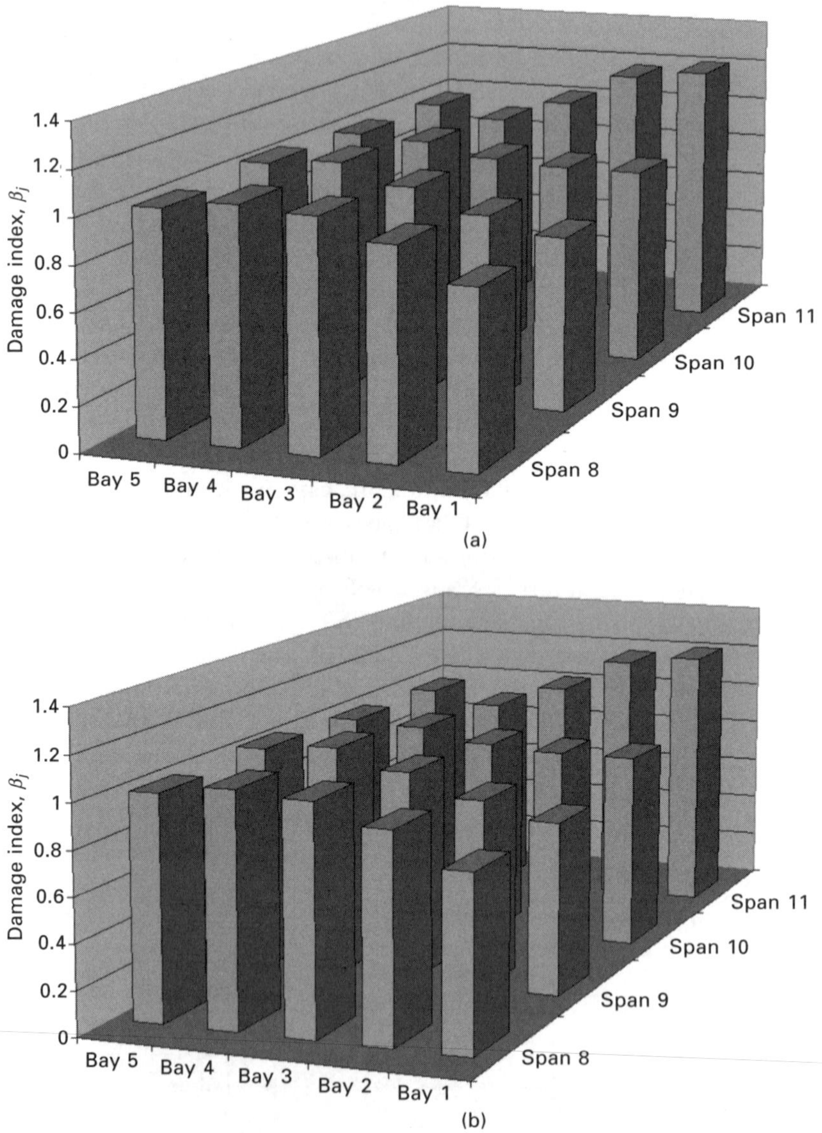

6.7 Representation of damage severity; (a) damage indices after rehabilitation; (b) damage indices one year after rehabilitation; (c) damage indices two years after rehabilitation.

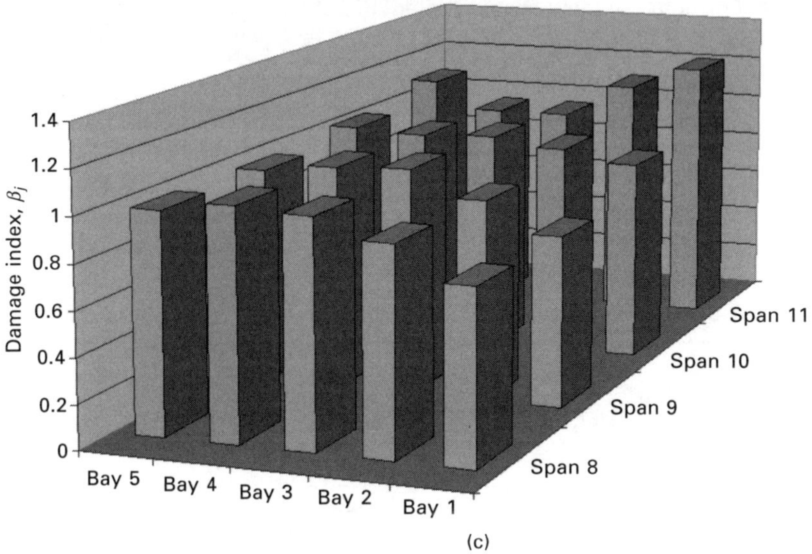

6.7 Cont'd

12 show similar results as compared to Fig. 6.7(b). Furthermore, bays 1 and 2 of spans 8 through 12 also show similar damage index results. At twenty months, damage index results in spans 10 and 11, compared to Fig. 6.7(a) indicate stiffness increases have occurred although no rehabilitation measures were conducted in the regions.

The severity estimation in terms of fractional stiffness loss or increase, α_j, is given for each potentially changed element, j, by the following equation.

$$\boldsymbol{\alpha}_j = \frac{k_j^* - k_j}{k_j} = \frac{1}{\boldsymbol{\beta}_j} - 1 \qquad 6.9$$

where $\boldsymbol{\beta}_j$ is the damage index. Tables 6.9(a)–(c) show fractional stiffness losses measured in each element after, 12 months after, and 24 months after CFRP composite bonding to spans 8 and 9 of the Watson Wash Bridge. Table 6.9(a) shows an average stiffness increase of 16.63% in span 8 and 13.10% in span 9. In spans 10 and 11, average stiffness losses of –3.48% and –19.64% are calculated, respectively. All bays of span 8 show increases in stiffness with the greatest increase occurring in location S8B1 at 28.77%. The lowest stiffness increase is observed in S8B5 at 9.77%. It is important to note that location S8B4 is unrehabiltiated and its stiffness increase is attributed to the stiffening provided by adjacent bays of the bridge structure. In span 9, the highest stiffness increase occurs in S9B1 opposite S8B1. The lowest stiffness

Table 6.9 (a) Fractional stiffness changes after FRP rehabilitation by location; (b) stiffness changes 12 months after FRP rehabilitation by location; (c) stiffness changes 20 months after FRP rehabilitation by location

(a)

Span No.	Fractional stiffness change by location				
	Bay 5	Bay 4	Bay 3	Bay 2	Bay 1
Span 8	9.77%	10.43%	10.46%	23.71%	28.77%
Span 9	7.27%	13.72%	10.65%	13.47%	20.41%
Span 10	–10.35%	–3.24%	0.22%	–3.03%	–1.01%
Span 11	–25.24%	–23.14%	–14.82%	–18.00%	–16.98%

(b)

Span No.	Fractional stiffness change by location				
	Bay 5	Bay 4	Bay 3	Bay 2	Bay 1
Span 8	0.08%	–4.00%	–1.82%	8.07%	28.58%
Span 9	–1.92%	–4.32%	4.34%	17.27%	28.09%
Span 10	1.05%	2.89%	9.47%	12.11%	12.26%
Span 11	2.25%	8.42%	–2.64%	–15.48%	–18.09%

(c)

Span No.	Fractional stiffness change by location				
	Bay 5	Bay 4	Bay 3	Bay 2	Bay 1
Span 8	1.48%	–2.67%	–0.93%	8.70%	29.72%
Span 9	2.27%	–1.20%	–2.73%	9.95%	29.47%
Span 10	–1.39%	0.33%	–0.76%	3.14%	9.34%
Span 11	–8.70%	4.03%	4.02%	–10.67%	–18.46%

increase of span 9 is measured in S9B5 at 7.27%. The stiffening of spans 8 and 9 results in measured stiffness losses in spans 10 and 11.

Table 6.9(b) shows stiffness changes 12 months after rehabilitation with CFRP composites. Average stiffness increases of 6.18% and 8.7% are calculated for spans 8 and 9, respectively. In bays 3, 4, and 5 of spans 8 and 9 the effect of the CFRP rehabilitation is reduced. More specifically, a redistribution of stiffness is observed in bays 3, 4, and 5 of all spans that correspond to the right wheel load of traffic and with rehabilitation locations influenced by the unrehabilitated state of S8B4. As deterioration in span 8 and span 9 occurs a stiffening effect is observed in spans 10 and 11 for bays 3, 4, and 5. The pultruded CFRP composites applied in bays 1 and 2 of spans 8 and 9 continue to show increases in stiffness as compared to wet lay-up constructed CFRP composites.

Table 6.9(c) shows stiffness changes 20 months after rehabilitation with CFRP composites. Average stiffness increases of 7.26% and 7.55% are calculated for spans 8 and 9, respectively. The stiffness changes are similar to the those measured 12 months after rehabilitation, where the stiffness distributions occur in bays 3, 4, and 5 of spans 8 through 12. These locations correspond to the right lane of traffic on the Watson Wash Bridge where heavier truck traffic is observed and the wet lay-up constructed CFRP composites exist in spans 8 and 9.

These results can be shown graphically in terms of stiffness changes and Figs 6.8(a) and (b) illustrate stiffness changes in spans 8 and 9 after

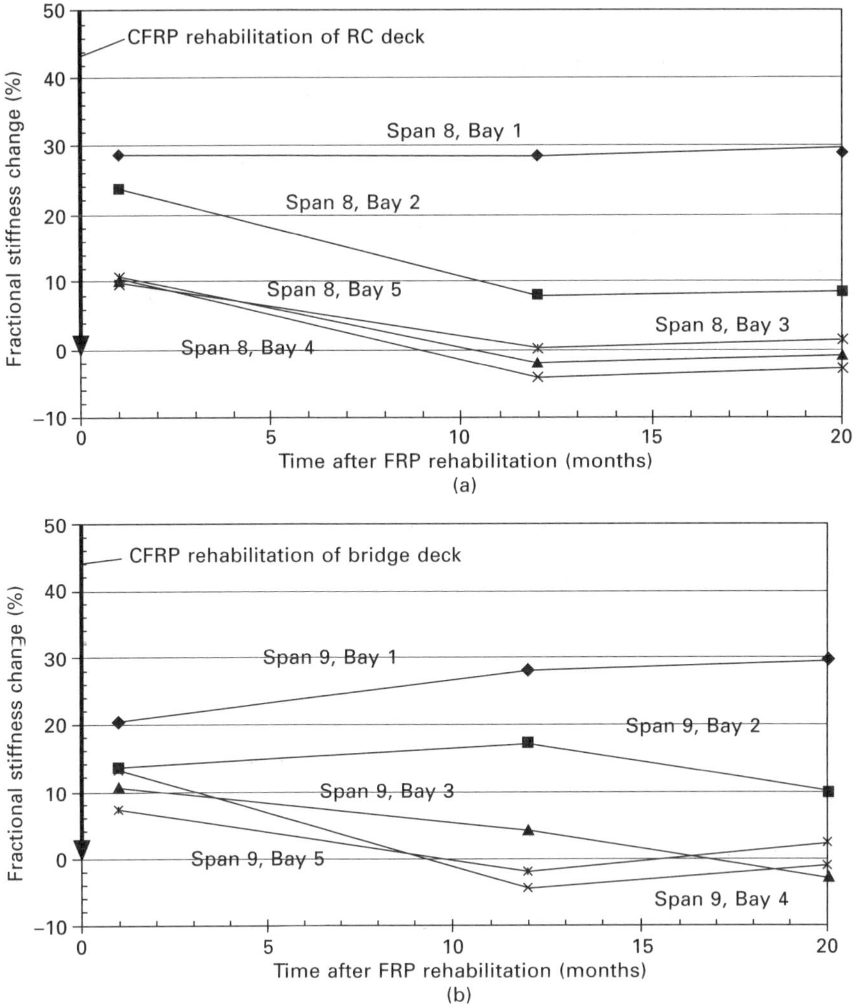

6.8 Changes in stiffness as a function of time; (a) stiffness change in span 8 vs. time after rehabilitation with CFRP; (b) stiffness change in span 9 vs. time after rehabilitation with CFRP.

rehabilitation with CFRP composites. As observed previously, a decrease in stiffness occurs in locations adjacent to S8B4 at 12 months and 20 months after rehabilitation.

6.5 Extension to prediction of service life

A methodology to estimate the remaining service life of a structure, which includes measurements from the global NDE procedure, is necessary for completion of the bridge management approach. A condition-based monitoring approach is considered for service life prediction, which involves the following, (1) acceptance that damage is present or will occur, (2) an adequate method of inspection is available, and (3) adequate strength is retained in the damaged structure (Sierakowski and Newaz, 1995). Damage and degradation are measured in terms of a cumulative stiffness loss in the system, and then correlated to a measure of performance. The reliability, β, defined by system probability of failure is used as the performance measure of the structure. A time-dependent measure of reliability, $\beta(t)$, is developed for service life estimation by introducing time-dependence to variables within the second moment reliability equation (Sarja and Vesikari, 1996):

$$\beta(t) = \frac{\mu[R,t] - \mu[S,t]}{(\sigma^2[R,t] + \sigma^2[S,t])^{1/2}} \qquad 6.10$$

where $\beta(t)$, denotes time-dependent reliability of the system, μ denotes the mean value, σ^2 is the variance, R is resistance, S is demand, and t is time. The remaining service life of the system can then be determined by solving for time, t, at the minimum acceptable reliability of the structure. Assuming the demand on the structure does not vary with time, the reliability of an element in terms of moment resistance and moment demand can be expressed as

$$\beta(t) = \frac{M_y(t) - M_T}{(\sigma^2[M_y(t)] - \sigma^2[M_T])^{\frac{1}{2}}} \qquad 6.11$$

where $M_y(t)$ is the mean moment resistance as a function of time; M_T is the mean demand on the structure.

The theoretical reliabilities of the rehabilitated Watson Wash Bridge can be calculated; for example, for the two different rehabilitation designs. In span 8, bay 1 (8-1), the rehabilitation is specified for prevention of punching shear without increasing capacity of the structure, i.e. the scheme is designed to sustain the design load of 71.2 KN only. Span 9, bay 5 (9-5) is rehabilitated to prevent punching shear failure and to increase the capacity of the slab to sustain a wheel load of 106.8 KN, corresponding to permit loads. Theoretical reliabilities of locations 8-1 and 9-5 after FRP rehabilitation can be determined to be 2.403 and 3.271, respectively. The service life of the deck slabs can then be calculated using results of an investigation into accelerated degradation of carbon fiber reinforced composites fabricated using the wet layup process similar to the method used in the field for externally bonded rehabilitation. Figure 6.9 shows plots of estimates of the remaining life of the deck slabs for a limit reliability of 2.33, or 1% probability of failure. The result indicates that in approximately 13 years, the reliability of the system degrades to 2.333 or a 1% probability of failure.

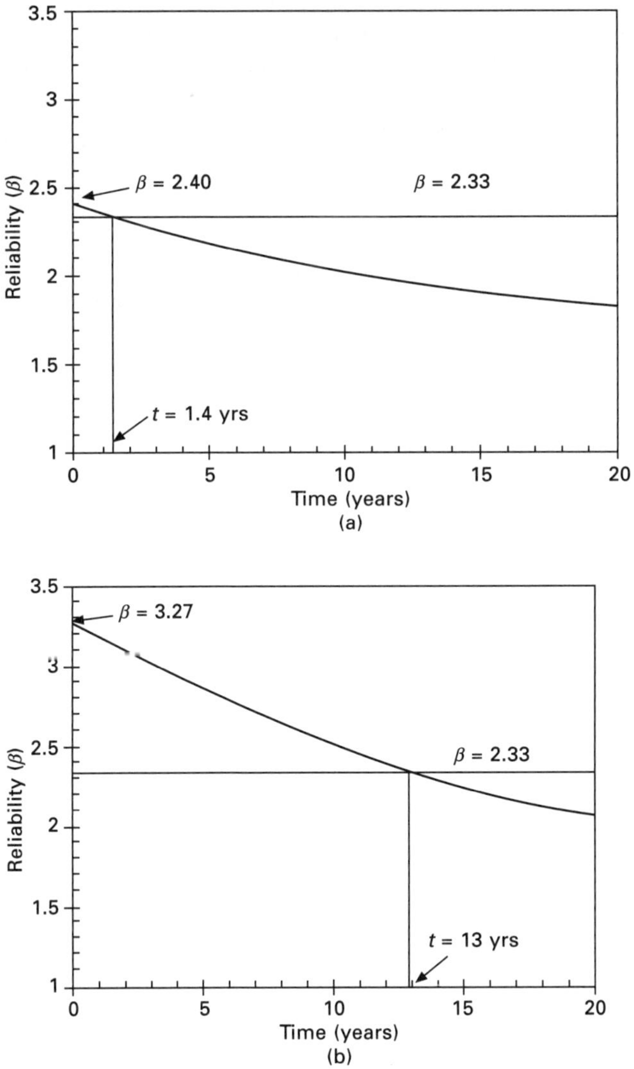

6.9 Results of service life prediction (a) location 8-1 (b) location 9-5.

Introducing the time dependence to the reliability following each damage case and time superposition an estimate of the change in reliability with respect to time can be determined incorporating measured stiffness loss within the system. Following each systems level inspection an update can be provided for the system reliability relative to the baseline reliability. The bridge management paradigm is a practical tool for evaluation of existing structures; in addition, it provides the necessary components to evaluate the durability of FRP rehabilitation designs prior to implementation on the structure. Figure 6.10 provides an example of a design chart for flexural rehabilitation of the Watson Wash Bridge T-girder RC bridge deck with a simple FRP degradation model based on accelerated tests conducted through immersion of the FRP composite. This is developed by plotting the FRP area required to meet design truckload demands as a function of service life for fixed reliability levels. Only a flexural failure mode, defined by yielding of steel reinforcement, is considered. The inclusion of additional failure modes and mechanisms introduces additional complexity, since interaction and boundaries to the design are considered. Nonetheless, Fig. 6.10 illustrates the potential to evaluate different FRP systems and select various designs for specific classes of bridge decks with designer input as the reliability and desired service life extension.

6.6 Future trends

While SHM currently provides a means of monitoring health of a structure, its real potential is in changing the entire paradigm for design itself. For bridge structures that are appropriately monitored, and where data from monitoring

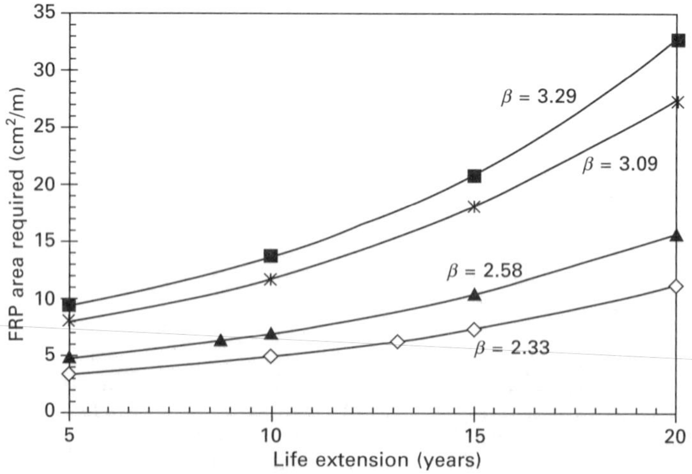

6.10 CFRP design chart for Watson Wash deck slab.

are linked to established and validated service-life models, engineers/owners will have the ability to determine remaining life and capacity on a real-time basis thereby enabling much better allocation of resources for maintenance and construction. It is anticipated that this will enable appropriate decisions to be made by operators/owners as related to not only when maintenance/rehabilitation should be conducted, but also the level that needs to be conducted to ensure full operability for the anticipated period of service at a pre-defined level of reliability. In addition design itself will be re-envisioned since the large factors of safety used traditionally to encompass all unknown effects may not be needed since reliability can be determined in real time through the data obtained from the SHM system.

6.7 References

Adeli, H. and Hung, S. (1995). *Machine Learning – Neural Networks, Genetic Algorithms, and Fuzzy Systems*. John Wiley & Sons.

Bakis, C.E., Bank, L.C., Brown, V.L., Cosenza, E., Davalos, J.F., Lesko, J.J., Machida, A., Rizkalla, S.H., and Triantafillou, T.C. (2002). 'Fiber-Reinforced Polymer Composites for Construction – State-of-the-Art Review.' *J. Composites for Construction*, 6(2), 73–87.

Barroso, L.R. and Rodriguez, R. (2004). 'Damage Detection Utilizing the Damage Index Method to A Benchmark Structure.' *J. Engineering Mechanics*, 130(2), 142–151.

Bicanic, N and Chen, H. (1997). 'Damage Identification in Framed Structures Using Natural Frequencies.' *International Journal for Numerical Methods in Engineering*, 40, 4451–4468.

Bolton, R, Stubbs, N., Sikorsky, C., and Choi, S. (2001a). 'A Comparison of Modal Properties Derived from Forced And Output-Only Measurements for a Reinforced Concrete Highway Bridge.' *Proceedings of the 19th International Modal Analysis Conference (IMAC), Kissimmee, Florida*, 1, 857–863.

Bolton, R., Stubbs, N., Park, S. and Sikorsky, C. (2001b). 'Documentation of Changes in Modal Properties of a Concrete Box Girder Bridge Due to Environmental and Internal Conditions.' *Computer-Aided Civil and Infrastructure Engineering*, 16(1), 42–57.

Brincker, R., Zhang, L. and Andersen, P. (2000). 'Modal Identification from ambient responses using frequency domain decomposition.' Proceedings of the 18th International Modal Analysis Conference (IMAC). San Antonio, Texas, 5–8 February 2000.

Catbas, F.N. and Aktan, A.E. (2002). 'Condition and Damage Assessment: Issues and Some Promising Indices.' *J. Struct. Eng.*, 128(8), 1026–1036.

Chong, K.P., Carino, N.J. and Washer, G. (2003). 'Health Monitoring of Civil Infrastructures.' *Smart Mater. Struct.*, 12, 483–493.

Chou, J.-H. and Ghaboussi, J. (2001). 'Genetic Algorithm in Structural Damage Detection.' *Computers and Structures*, 79(14), 1335–1353.

Contursi, T., Messina, A. and Williams, E.J. (1998). 'A Multiple Damage Location Assurance Criterion Based on Natural Frequency Changes.' *J. Vibration Control*, 4(5), 619–633.

Cornwell, P., Doebling, S.W. and Farrar, C.R. (1999). 'Application of the Strain Energy Damage Detection Method to Plate-like Structures.' *J. Sound and Vibration*, 224(2), 359–374.

Doebling, S.W., Farrar, C.R., Prime, M.B. and Shevit, D.W. (1996). 'Damage Identification and Health Monitoring of Structural and Mechanical Systems from Changes in Their Vibration Characteristics: A Literature Review.' Los Alamos National Laboratory. LA-13070-MS. Issued: May 1996.

Escobar, J.A., Sosa, J.J. and Gomez, R. (2001). 'Damage Detection in Framed Buildings.' *Canadian Journal of Civil Engineering*, 28(1), 35–47.

Ewins, D.J. (2000). *Modal Testing: Theory, Practice and Application*. Research Studies Press, Ltd. Second Edition.

Farrar, C.R. and James III, G.H. (1997). 'System Identification from Ambient Vibration Measurements on a Bridge.' *J. Sound and Vibration*, 205(1), 1–18.

Farrar, C.R. and Jauregui, D.A. (1998a). 'Comparative Study of Damage Identification Algorithms Applied to Bridge: Part I. Experiment.' *Smart Materials & Structures*, 7, 704–719.

Farrar, C.R. and Jauregui, D.A. (1998b). 'Comparative Study of Damage Identification Algorithms Applied to Bridge: Part II. Numerical Study.' *Smart Materials & Structures*, 7, 720–731.

Farrar, C.R. and Sohn, H. (2001). 'Condition/Damage Monitoring Methodologies.' Invited Talk, *The Consortium of Organizations for Strong Motion Observation Systems (COSMOS) Workshop, Emeryville, CA, November* 14–15, 2001.

Farrar, C.R., Duffey, T.A., Cornwell, P.J. and Doebling, S.W. (1999). 'Excitation Methods for Bridge Structures.' *Proceedings of the 17th International Modal Analysis Conference, Kissimmee, Florida*. 1, 1063–1068.

Farrar, C.R., Doebling, S.W. and Nix, D.A. (2001). 'Vibration-based Structural Damage Identification.' *Philosophical Transactions: Mathematical, Physical, & Engineering Sciences*, 359(1778), 131–149.

Green, M.F. (1995). 'Modal Test Methods For Bridges: A Review.' *Proceedings of the 13th International Modal Analysis Conference, Nashville, Tennessee*, 1, 552–558.

Hao, H. and Xia, Y. (2002). 'Vibration-based Damage Detection of Structures by Genetic Algorithm.' *J. Computing in Civil Engineering*, 16(3), 222–229.

Hassiotis, S. (2000). 'Identification of Damage Using Natural Frequencies and Markov Parameters.' *Computers and Structures*, 74, 365–373.

Hermans, L. and Van der Auweraer, H. (1999). 'Modal Testing and Analysis of Structures Under Operational Conditions: Industrial Applications.' *Mechanical Systems and Signal Processing*, 13(2), 193–216.

Huang, C.S., Yang, Y.B., Lu, L.Y. and Chen, C.H. (1999). 'Dynamic Testing and System Identification of a Multi-Span Highway Bridge.' *Earthquake Engineering and Structural Dynamics*, 28, 857–878.

Hung, S-L. and Kao, C.Y. (2002). 'Structural Damage Detection Using the Optimal Weights of the Approximating Artificial Neural Networks.' *Earthquake Engineering and Structural Dynamics*, 31, 217–234.

James, G.H., Carne, T.G. and Lauffer, J.P. (1995). 'The Natural Excitation Technique (NExT) for Modal Parameter Extraction from Operating Structures,' *Modal Analysis*, 10, 260–267.

Johnson, E.A., Lam, H.F., Katafygiotis, L.S. and Beck, J.L. (2004). 'Phase I IASC-ASCE Structural Health Monitoring Benchmark Problem Using Simulated Data.' *J. Eng. Mech.*, 130(1), 3–15.

Karbhari, V.M. and Seible, F. (2000). 'Fiber Reinforced Composites – Advanced Materials for the Renewal of Civil Infrastructure.' *Applied Composite Materials*, 7, 95–124.

Kim, B-H. (2002). 'Local Damage Detection Using Modal Flexibility.' PhD Dissertation, Civil Engineering, Texas A&M University.

Lathi, B.P. (2002). *Linear Signals and Systems.* Oxford University Press, Inc., New York.

Law, S.S., Shi, Z.Y. and Zhang, L.M. (1998). 'Structural Damage Detection From Incomplete and Noisy Modal Test Data.' *J. Engineering Mechanics*, 124(11), 1280–1288.

Maia, N. M. M. and Silva, J. M. M. editors. (1997). *Theoretical and Experimental Modal Analysis*. Research Studies Press Ltd.

McConnell, K.G. (2001). 'Modal Testing.' *Philosophical Transactions of the Royal Society of London Series A-Mathematical, Physical, and Engineering Sciences*, 359 (1778), 11–28.

Meier, U. (2000). 'Composite Materials in Bridge Repair.' *Applied Composite Materials*, 7, 75–94.

Messina, A., Contursi, T. and Williams, E.J. (1997). 'Multiple Damage Evaluation Using Natural Frequency Changes.' *Proceedings of the 15th International Modal Analysis Conference, Orlando, Florida*, 1, 652–657.

Messina, A, Williams, E.J. and Contursi, T. (1998). 'Structural Damage Detection by a Sensitivity and Statistical-Based Method.' *J. Sound and Vibration*, 216(5), 791–808.

Park, K.C. and Reich, G.W. (1998). 'Structural Damage Detection Using Localized Flexibilities.' *J. Intelligent Material Systems and Structures*, 9, 911–919.

Peeters, B. and DeRoeck, G. (1999). 'Reference Based Stochastic Subspace Identification for Output-Only Modal Analysis.' *Mechanical Systems and Signal Processing*, 13(6), 855–878.

Ray, L.R. and Tian, L. (1999). 'Damage Detection in Smart Structures Through Sensitivity Enhancing Feedback Control.' *J. Sound and Vibration*, 227(5), 987–1002.

Rytter, A. (1993). 'Vibration based inspection of civil engineering structures.' PhD Thesis, Department of Building Technology and Structural Engineering, Aalborg University, Denmark.

Salawu, O.S. (1997). 'Assessment of Bridges: Use of Dynamic Testing.' *Canadian Journal of Civil Engineering*, 24, 218–228.

Salawu, O.S. and Williams, C. (1995). 'Review of Full-Scale Dynamic Testing of Bridge Structures.' *Engineering Structures*, 17(2), 113–121.

Sarja, A. and E. Vesikari. (1996). *Durability Design of Concrete Structures, Report of RILEM Technical Committee 130 CSL.* E&FN Spon, London.

Shi, Z.Y., Law, S.S. and Zhang, L.M. (1998). 'Structural damage localization from modal strain energy change.' *Journal of Sound and Vibration*, 218(5), 825.

Shi, Z.Y., Law, S.S. and Zhang, L.M. (2000). 'Structural damage detection from modal strain energy change.' *Journal of Engineering Mechanics*, 126(12), 1216.

Sierawoski, R.L. and G.M. Newaz (1995). *Damage Tolerance in Advanced Composites*, CRC Press.

Sikorsky, C. (1999). 'Development of a Health Monitoring System for Civil Structures Using a Level IV Non-Destructive Damage Evaluation Method.' *Proc., the 2nd International Workshop on Structural Health Monitoring*, 68–81.

Sivico, J. V., Rao, V. S. and Koval, L. R. (1997). 'Health monitoring of bridge like structures using state variable models.' *The International Society of Optical Engineering, SPIE Proceedings*, 3043, 156–168.

Stallings, J.M., Tedesco, J.W., El-Mihilmy, M. and McCauley, M. (2000). 'Field Performance of FRP Bridge Repairs.' *J. Bridge Engineering*, 5(2), 107–113.

Stanbridge, A.B. and Ewins, D.J. (1999). 'Modal Testing Using a Scanning Laser Doppler Vibrometer.' *Mechanical Systems and Signal Processing*, 13(2), 255–270.

Stubbs, N. and Park, S. (1996). 'Optimization of Sensor Placement for Mode Shapes Via Shannon's Sampling Theorem.' *Microcomputers in Civil Engineering*, 11, 411–419.

Stubbs, N., Park S. and Sicorsky, C. (1997). 'A General Methodology to Non-destructively Evaluate Bridge Structural Safety.' State of California, Department of Transportation, Sacramento, CA, TEES Project 32525-44990CE.

Stubbs, N., Park, S., Sikorsky, C. and Choi, S. (2000). 'A Global Non-destructive Damage Assessment Methodology for Civil Engineering Structures.' *Intl. J. Systems Science*, 31(11), 1361–1373.

Tajlsten, B. (2002). *FRP Strengthening of Existing Concrete Structures – Design Guidelines*. Lulea University Printing Office, Lulea, Sweden.

Teng, J.G., Chen, J.F., Smith, S.T. and Lam, L. (2003). 'Behavior and Strength of FRP-Strengthened RC structures: A State-of-the-Art Review.' *Structures & Buildings*, 156(1), 51–62.

Wang, M.L., Xu, F.L. and Lloyd, G.M. (2000). 'A Systematic Numerical Analysis of the Damage Index Method used for Bridge Diagnostics.' *Smart Structures and Materials 2000: Smart Systems for Bridges, Structures, and Highways, Proceedings of SPIE*, 3988, 154–164.

Yuen, K-V., Au, S.K. and Beck, J.L. (2004). 'Two Stage Structural Health Monitoring Approach for Phase I Benchmark Studies.' *J. Eng. Mech.*, 130(1), 16–33.

Zang, C. and Imregun, M. (2001). 'Combined Neural Network and Reduced FRF Techniques for Slight Damage Detection Using Measured Response Data.' *Archive of Applied Mechanics*, 71, 525–536.

7

Operational modal analysis for vibration-based structural health monitoring of civil structures

V M KARBHARI, University of Alabama in Huntsville, USA,
H GUAN, HDR, USA and C SIKORSKY,
California Department of Transportation, USA

Abstract: Work to date on structural health monitoring systems for civil structures has been useful, but resembles existing bridge management systems. These management systems focus on processing collected data, but are unable to measure or evaluate the rate of structural deterioration for a specific bridge. In the last decade and a half or so, starting from the early 1990s, Operational modal analysis (OMA) has drawn significant attention in the civil engineering field as an attractive way to tackle this problem. OMA utilizes only response measurements of the structure under operational or ambient conditions to identify modal parameters. Compared with traditional experimental modal analysis (EMA), OMA does not require expensive excitation sources and can be applied to structures while they are in operation. The latter attribute is particularly attractive for vibration-based bridge health monitoring applications because the target bridge does not need to be closed to traffic to perform the modal parameter identification. This chapter discusses the use of OMA in long-term vibration-based structural health monitoring applications.

Key words: operational modal analysis, bridge, accelerometers, vibration, frequency, finite element modal.

7.1 Introduction

All structures, including critical civil infrastructure facilities like bridges and highways, deteriorate with time. This deterioration is due to various reasons including fatigue failure caused by repetitive traffic loads, effects of environmental elements, and extreme events such as an earthquake. In recent years, the situation of aging infrastructure has become a global concern. This is especially true in the case of highway bridges in the United States, because a large number of structures in the current bridge inventory were built decades ago and are now considered structurally deficient (Chase and Laman 2000). In order to maintain the safety of the these 'life-line' structures, the States are mandated by the National Bridge Inspection program to periodically inventory and inspect all highway bridges on public roads. The National Bridge Inspection Standards (NBIS 1998), implemented in 1971, prescribe minimum requirements for the inspection of highway bridges in the United

States. A substantial amount of research has been conducted in this area in order to improve the speed and reliability of such inspections. According to a recent survey performed by the Federal Highway Administration (Moore *et al.* 2001), visual inspection is still the primary tool used to perform these inspections. The implementation of these inspections consists of scheduled field trips to bridge sites at routine intervals, usually once every several years. If a significant increase in distress between inspections is noted the period between inspections is decreased and the level of inspection is increased till such time that the distress has been corrected by replacement or repair. Research has shown that such inspections have limited accuracy and efficiency (FHWA 2001). Not only is this method of time-based inspection inefficient in terms of resources, because all bridges are inspected with the same frequency, regardless of the condition of the bridge, but there is also a potential danger that serious damage could happen to the bridge in between two inspections, thus posing a hazard to public safety. Furthermore, rapid assessment of structural conditions after major events such as earthquakes is not possible using such an approach.

With the increasing importance of life-lines, such as highways, to the national economy and the well-being of the nation, there is a need to maximize the degree of mobility of the system. During inspections, issues such as serviceability, reliability and durability need to be answered in precise terms. More specifically the owners (the Federal Highway Administration, State Departments of Transportation, etc.) need to be able to answer the following questions: (a) Has the load capacity or resistance of the structure (serviceability) changed? (b) What is the probability of failure of the structure (reliability)? and (c) How long will the structure continue to function as designed (durability)? (Sikorsky *et al.* 1999). This requires not just routine, or critical event (such as an earthquake) based, inspections, but rather a means of continuous monitoring of a structure to provide an assessment of changes as a function of time and an early warning of an unsafe condition using real-time data.

Over the past decade, the implementation of Structural Health Monitoring (SHM) systems has emerged as a potential solution to the above challenges. Housner *et al.* (1997) provide an extensive summary of the state of the art in the control and monitoring of civil engineering structures, and the link between structural control and other forms of control theory. They also define structural health monitoring as ‘the use of *in-situ*, nondestructive sensing and analysis of structural characteristics, including the structural response, for detecting changes that may indicate damage or degradation.’

Work to date on structural health monitoring systems for civil structures has been useful, but resembles existing bridge management systems. These management systems focus on processing collected data, but are unable to measure or evaluate the rate of structural deterioration for a specific bridge.

While most ongoing work related to structural health monitoring conforms to the definition given by Housner *et al.* (1997), this definition also identifies the weakness associated with these methods. 'A health monitoring system, which detects only changes that may indicate damage or degradation in the civil structure without providing a measure of quantification, is of little use to the owner of that structure' (Sikorsky *et al.* 1999). While researchers have attempted to integrate quantitative non-destructive testing (NDT) with health monitoring, the focus to date has primarily been on data collection, not evaluation. It could be concluded that these efforts have produced better research tools than approaches to bridge management. What is needed is an efficient method to collect data from an in-service structure and process the data to evaluate key performance measures, needed by the owner, such as serviceability, reliability and durability. For the current work, the definition by Housner *et al.* (1997) is modified and structural health monitoring is defined as the use of *in-situ*, nondestructive sensing and analysis of structural characteristics, including the structural response, for the purpose of estimating the severity of damage and evaluating the consequences of damage on the structure in terms of response, capacity, and service-life (Guan *et al.* 2006). More simply, structural health monitoring represents the implementation of a Level IV (Rytter 1993) non-destructive damage evaluation method.

Based on this, a more effective 'condition-based' approach could conceivably be implemented, in which, the condition of the bridge is constantly monitored using an appropriate non-destructive evaluation (NDE) technique without requiring the inspector to actually be on site, with the 'in-person' visual inspection being only performed when necessary. The word 'constantly' is used to indicate that the assessment of bridge condition would be performed at much shorter intervals than would be possible using current visual inspection procedures. More importantly, the condition assessment could include more quantitative contents than could be provided by a visual inspection. The following assessment, for example, would be typically desired by the bridge management authority: (a) damage to the structure and changes in structural resistance, (b) probability of failure or of the structure's performance falling below a certain threshold, and (c) estimation of the severity of damage and the remaining service life. Condition-based monitoring can thus not only reduce resources needed for inspection, but when combined with advances in sensors, computational and telecommunications technology, could also provide for continuous and autonomous assessment of structural response.

On the other hand, structural health monitoring systems can also contribute to rapid post-extreme-event condition screening. With automated monitoring systems in place on critical life-line structures, the condition of these structures can be evaluated shortly after an extreme event has occurred. This rapid evaluation would not be possible using traditional inspection techniques. Necessary decisions to best utilize the remaining intact life-lines can be made based on these evaluations. This could potentially give the authority faster access to the affected areas and thus improving public safety.

Of the various structural health monitoring techniques proposed to date, vibration-based structural health monitoring (VBSHM) has drawn significant attention. The basic premise of vibration-based structural health monitoring is that changes in structural characteristics, such as mass, stiffness and damping, will affect the global vibrational response of the structure. Thus, by studying the changes in measured structural vibration behavior and in essence solving an inverse problem, the unknown changes of structural properties can be identified. In cases where the changes in structural properties that adversely affect the performance of the structure are defined as 'damage', the process of identifying such changes is also referred to as vibration-based damage identification (VBDI) or vibration-based damage detection (VBDD).

The global nature of the vibrational characteristics of interest to VBSHM provides advantages compared to other health monitoring techniques. Utilization of global vibration signatures such as natural frequencies and mode shapes leads to the monitoring of the entire structural system, not just each structural component, which means a large civil engineering structure can be monitored effectively with a relatively small set of sensors and equipment.

Conceptually, the general procedure of the proposed VBSHM system consists of five steps, as shown in Fig. 7.1, namely:

(1) measurement of structural dynamic response, e.g. in terms of accelerations or displacements,
(2) characterization of an initial bridge model through dynamic and static tests,
(3) continuous monitoring and damage localization of the structure,
(4) performing finite element model updating in order to obtain up-to-date structure model, and
(5) evaluation of structural performance using the updated finite element model.

The measurement of structural dynamic responses is achieved with an instrumentation system handling the sensing, transmission and storage of dynamic response data. Various characteristics of the instrumentation system, such as sensor types, sampling rate, and storage capacity, etc., need to be customized based on each unique application. Acceleration, velocity and displacement are the most common types of measurement for dynamic response. It should be noted that in order to achieve continuous monitoring of the bridge structure, large amount of dynamic data need to be collected and processed. The instrumentation system must be designed to handle such types of data throughput.

In order to identify structural properties, the raw dynamic response of the

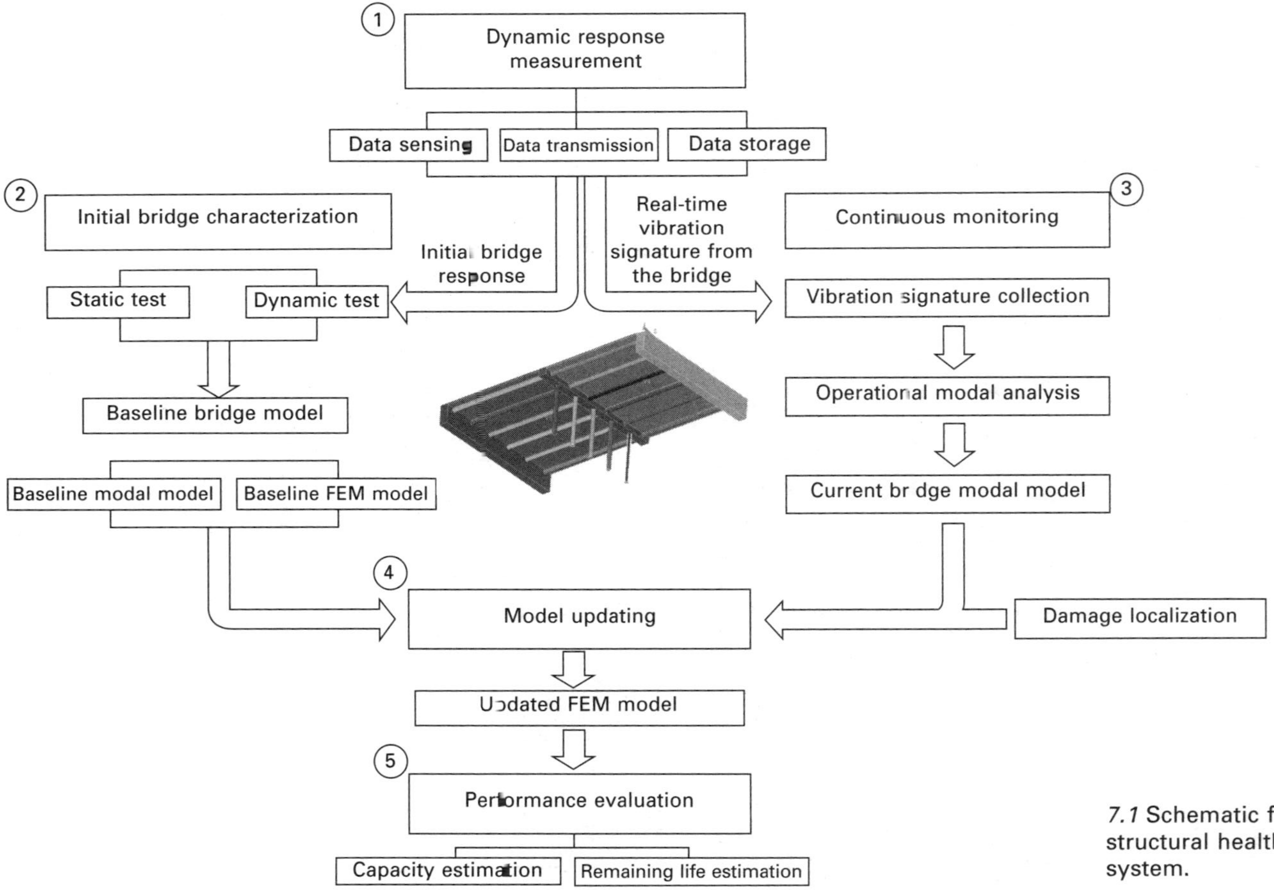

7.1 Schematic flow-chart of a structural health monitoring system.

structure such as acceleration time history can be utilized. However, it is more common that vibrational features such as modal parameters are extracted from the raw dynamic response. Modal parameters contain important characteristics of the structural dynamic response but are highly compressed compared to raw data, easing further analysis and storage. Operational modal analysis is typically used to identify the modal model in terms of modal parameters of the structure from the dynamic responses under operational conditions.

The initial characterization of the structure provides a baseline model that adequately predicts the structural behavior in its pristine state. Through continuous monitoring, an up-to-date modal model reflecting the current dynamic characteristics of the structure can be maintained. Finite element model updating can then be performed to obtain an up-to-date representative model of structure based on the changes in modal parameters observed. The purpose of the finite element model updating is to make certain that the model accurately represents the structure and is able to predict structural behavior. Damage localization based on modal data can be utilized to facilitate the process of finite element model updating by reducing the number of unknown structural parameters in the updating process.

Finally, by comparing the baseline model with the current model of the structure, information regarding the location and magnitude of the damage that the structure has experienced can be deduced. Current structural performance can be evaluated and a prediction regarding the remaining life of the structure can be made.

The last three decades have seen a great increase of interest in the field of structures of *vibration-based structural health monitoring*. Research papers on the theory and application of damage identification using structural dynamic properties, pioneered by the research in the field of offshore oil platforms, began emerging in the late 70s. On the other hand, development in some of the related fields, such as modern modal testing techniques and system identification theory, can be dated back to the early 60s. As a result, there has been a tremendous amount of literature published in these fields.

The basic premise of *vibration-based structural health monitoring* is that changes of structural properties, such as mass, stiffness and damping, will affect the vibrational response of the structure. Thus, by studying the changes in measured structural vibration behavior and in essence solving an inverse problem, the unknown changes of structural properties can be identified. In cases where the changes in structural properties that adversely affect the performance of the structure are defined as 'damage', the process of identifying such changes is also referred to as *vibration-based damage identification* (VBDI) or *vibration-based damage detection* (VBDD). The integration of VBDI with an appropriate damage prognosis technique can lead to the estimation of the effect of damage on structural response.

There are two integral components of *vibration-based damage identification*:

feature extraction and damage identification. The first step of VBDI is the identification and extraction of vibration-related features. Many features can be used to characterize a structure's vibrational response. For example, acceleration time history measured by accelerometers mounted on the structure during its vibration can be directly used as a feature. Modal parameters of the structure, such as natural frequency, damping, mode shape and its derivatives, can also be used as features. Other candidate features include model parameters of the autoregressive moving average (ARMA) models fitted to the response time-history, system frequency response functions and transfer functions, residual modal forces in the formulation of equations of motion, the stability and dimension of attractors in the state space, analytic signal generated by Hilbert transform, etc. A large amount of research effort has been devoted to identifying vibration-related features that are sensitive to changes of structural properties and the experimental techniques to extract those (see, for example, Doebling *et al.* 1996).

The second step of VBDI is the correlation of features to the structural properties, i.e. using vibration-related features to infer the condition of the structure. The most straightforward method is to compare the features at two different states. It is customary to define one of the structural states as the 'baseline' or 'undamaged' state, and use it as the level that all subsequent states will be compared with. The change in the features can reveal information about the occurrence, location (if the feature contains spatial information, for example, mode shape), type and relative severity of the damage (if data about more than one damage states are available). More sophisticated techniques have been developed to statistically discriminate the features for the purpose of damage detection. Statistical pattern recognition and neural networks are two commonly used techniques. Through supervised or unsupervised learning, these techniques can successfully distinguish changes in specific features between undamaged and damaged states and thus obtain information about change of structural properties. Sohn *et al.* (2003) provide an extensive review on these areas which is hence not repeated herein.

Another approach that has been adopted by some researchers directly relates features to the changes in structural properties. The finite element model updating technique is commonly used for this purpose. The initial, or as-built, finite element model is first updated to reproduce as closely as possible the measured dynamic response of the baseline structure. Then the updating process is repeated for each set of measured responses from different damage stages using the same technique and the changes of finite element model properties in-between stages, in theory, should reflect the changes in actual structural properties.

The task of relating certain features to structural properties can also be achieved without a finite element model. Such methods usually require the features involved to have a direct physical interpretation. One prominent example is that of modal curvature, which is analogous to the deflection curvature of structural static response. Modal curvature can be related to the stiffness of the structure through a simple moment-curvature relationship. The dynamic flexibility matrix is another example. Computed from structural dynamic response, the dynamic flexibility matrix is the dynamic equivalent of the static flexibility matrix. The elements of the matrix carry information regarding the local flexibility of the structure.

To date, most of the research found in the existing literature is targeted at solving Level I to Level III VBDI problems with very few attempts to address the Level IV (i.e., the integration of VBDI with damage prognosis) problem. Furthermore, most of existing literature is related to the application of theories of damage detection to either numerical or laboratory test examples. Real world applications of vibration-based structural health monitoring systems, especially applications on civil engineering structures such as bridges, are relatively rare. The reviews by Doebling *et al.* (1996) and Sohn *et al.* (2003) discussed some applications of vibration-based damage detection on civil engineering structures. These applications are mostly for the purpose of proving the feasibility of vibration-based damage detection techniques and were usually carried out for a short period of time. To date, little information can be found about long-term application of vibration-based structural health monitoring system on civil engineering structures.

In the broadest sense, *vibration-based structural health monitoring* also includes applications that utilize wave propagation phenomenon to monitor changes in structures, such as lamb wave and ultra-sonic techniques. However, the frequencies of vibrational phenomenon used in these applications are usually much higher compared with the applications discussed in the earlier part of this chapter. The area of investigation of these techniques is typically limited to a comparatively small area. As a result, these techniques are usually categorized as local non-destructive evaluation (NDE) techniques and will not be discussed in detail here.

Based on the different types of models used in the second step of the damage identification process, the various techniques found in existing literature can be classified into two main categories: *Physical model based* (PMB) methods and *Data-driven model based* (DMB) methods. *Physical model based* methods refer to the techniques that are based on directly relating features to structural properties, such as mass, stiffness and damping, with or without a finite element model. In this approach, an inherent assumption is that the form of the physical model of the structure is known *a priori*. An example of a physical model that can be utilized to model the structure is the moment-curvature relationship of a beam. *Physical model based* methods are generally capable of estimating both the location and absolute severity of the damage and are thus at least Level III techniques.

For the case where a finite element model is not available, the physical models are usually expressed in the form of analytical equations containing uncertain parameters that need to be identified. The process of damage detection is a means of identifying these parameters using experimentally measured features. A significant difficulty in such an approach lies in the fact that, for complex structures, an analytical model is not always available and solutions of the analytical equations may be difficult to obtain. When a finite element model of the structure is utilized in the damage identification process, such *physical model based* methods are sometimes also referred to as *finite element model updating* (FEMU) based methods. Typical approaches for the *finite element model updating* based methods include sensitivity-based approaches (Abdel Wahab *et al.* 1999), Optimal matrix update based approaches (Kaouk and Zimmerman 1994) and optimization-based approaches (Teughels *et al.* 2003). Extensive reviews of *finite element model updating* techniques can be found in Friswell and Mottershead (1995) and Maia and Montalväao e Silva (1997). Previous researchers have shown that FEMU can be an extremely useful technique for damage identification under certain conditions. But it should also be noted that some difficulties still exist when implementing FEMU technique in a VBSHM system. Firstly, due to the fact that only a small number of degree-of-freedoms can be measured experimentally and there exist a large number of uncertain parameters to be updated, the updating problem is usually ill-conditioned. This directly leads to the second problem of numerical convergence difficulties. A small amount of noise in the measured structural response can sometime corrupt the result to a great extent.

Data-driven model based methods refer to techniques that rely on comparing features between different states to assess structural conditions without a physically meaningful model of the structure. The comparison can be made either directly or through more sophisticated techniques such as those associated with statistical pattern recognition. For example, methods that utilize neural networks to relate changes in frequencies and mode shapes to changes in system parameters fall into this category. These techniques do not require a known physical model of the structure or a finite element model. However, methods in this category often have the drawback that they cannot provide information about the type and absolute severity of the damage unless incorporated in a supervised learning mode. Here, supervised learning refers to the situation when information of the feature from both undamaged and damage states is known *a priori* (Farrar 2005). In contrast, unsupervised learning refers to the situation when data are available only from the undamaged state. While it is possible to obtain features for each damage states in a manufactured environment, it is typically not possible for civil structures, due to their complexity and uniqueness. Although some researchers have suggested the use of finite element models to simulate the structural response under damaged states when experimental data are not available, the applicability and accuracy of such simulations to replicate the complex damaged behavior of real world structures are questionable. Hence *data-driven model based* methods are typically limited to Level II techniques when applied to civil engineering structure since an unsupervised learning mode has to be used.

As mentioned earlier, the ultimate goal of structural health monitoring for civil engineering structures is the prediction of the capacity and remaining life of the structure. This is essentially a Level IV task based on the classification discussed earlier. *Data-driven model based* methods have considerable difficulties in accomplishing such a task, because they cannot provide estimation of absolute damage severity under an unsupervised learning mode. At the same time, *physical model based* methods, despite the difficulties mentioned, appear to be a very promising technique for such applications due to their direct physical interpretation and the ability to determine both location and severity of damage. Based on this, the scope of the first part of the current literature review is limited to *physical model based* methods that are at least Level III techniques. The examples of Level IV techniques are relatively rare but will also be included in the discussion.

Figure 7.2 shows an overview of the state of the art in terms of both theory and application of *vibration-based structural health monitoring* of civil engineering structures. The relative merits and disadvantages of a number of commonly used methods described by Fig. 7.2 are presented in Table 7.1.

Long-term vibration-based health monitoring of bridge structures is still in its infancy. This can be clearly seen from the rarity of successful real world applications. Many different types of *bridge health monitoring systems* (BHMS) have been developed and implemented. However, it should be noted

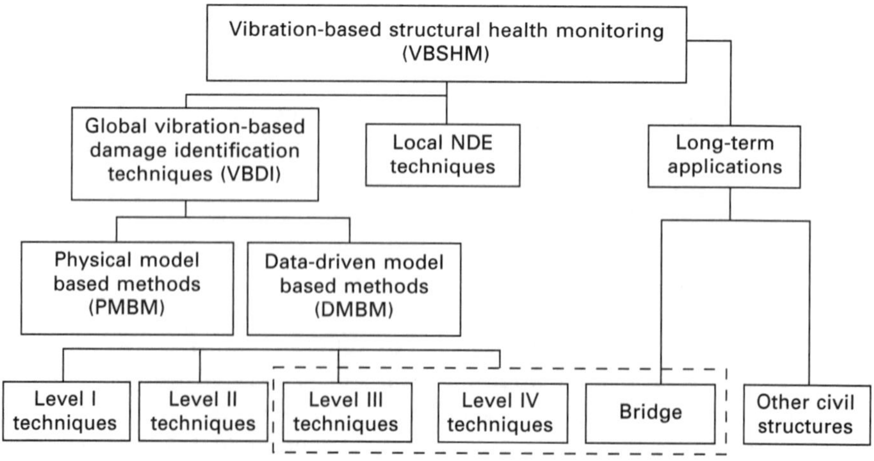

7.2 Overview of methods.

Table 7.1 Summary and comparison of physical model based methods

Method	Feature used*	Merits	Disadvantages
Stubbs and Osegueda (1990a,b)	FQ	Using sensitivity of frequency change with respect to parameter change to determine the size and location of damage.	Accurate FE model or theoretical solution needed for sensitivity matrix; numerical ill-conditioning when number of unknown parameter is larger than number of measured frequencies.
Kim and Stubbs (2003)	FQ	Sensitivity calculated theoretically without numerical perturbation.	Require system stiffness matrix to calculate sensitivity matrix; same numerical ill-conditioning problem as above.
Gudmundson (1982)	FQ	Accurate determination of crack size from frequency change.	Only applicable to crack-type damage.
Yuan *et al.* (1998)	FQ/MS	Utilizing both frequency and mode shape information to estimate mass and storey stiffness.	Only applicable to shear building type structure with lumped mass; damping not considered.
Chakraverty (2005)	FQ/MS	Improved accuracy over method of Yuan *et al.* (1998).	Same as the method of Yuan *et al.* (1998).
Udwadia (2005)	FQ/MS	Adopting the general form of equation of motion, does not depend on specific structural type.	Require knowledge of the form of the system stiffness matrix; full mode shape measured at all degree-of-freedoms required; also require known mass matrix.
Yoshimoto *et al.* (2005)	FQ/MS	Can identify both stiffness and damping of the structure.	Only applicable to shear building type of structure.
Ren and De Roeck (2002a, b)	FQ/MS	More robust parameter identification based on equation of motion using SVD and non-negative least squares.	Require knowledge of the form of the system stiffness matrix; numerical difficulty with complex structure; damping cannot be considered.
Stubbs and Kim (1996)	MSE	Utilizing more damage sensitive features such as modal strain energy and modal curvature.	Assuming element modal sensitivity unchanged; unable to accurately predict the severity of the damage.
Choi and Stubbs (1997)	MSE	Extension of MSE concept to 2D plate-like structures.	Assuming constant element modal sensitivity; unable to accurately predict the severity of damage.

Table 7.1 Cont'd

Method	Feature used*	Merits	Disadvantages
Kim and Stubbs (2003)	MSE	Improved damage identification accuracy compared with Stubbs and Kim (1996).	Assuming structure having uniform stiffness at undamaged state; only applicable for single damage case.
Park *et al.* (2004)	MSE	Extension of MSE concept to truss type structure.	Assuming damage is small and internal force state of the structure is not changed by damage.
Shi *et al.* (1998, 2000)	EMSE	Correctly estimate the severity of the damage when sufficient number of modes are used.	Need relatively large number of modes to achieve convergence.
Shi *et al.* (2000)	EMSE	Improved convergence compared with Shi *et al.* (2000).	Still need sufficient number of modes to achieve numerical stability.
Maeck and De Roeck (1999), Maeck *et al.* (2000)	MC	Conceptually straightforward calculation of member stiffness.	Only applicable to statically determinate structure.
Bernal and Gunes (2004)	DF	Flexibility can be extracted from ambient test data without measured input, less susceptible to noise compared with mode shape.	Two stage process, flexibility only used to locate damage. Damage severity estimation strategy based on mode shape.
Kim *et al.* (2002)	DF	Can accurately identify location and severity of damage.	Assuming internal force remain unchanged before and after damage; also assume the flexural rigidity of intact structure is uniform.
Kim *et al.* (2005)	DF	Extension of above dynamic flexibility concept to 2D plate-like structures.	Assuming internal force remains unchanged due to small damage; flexural rigidity of intact structure needs to be uniform.
Sampaio *et al.* (1999)	FC	Information at all frequency can be utilized.	No damage severity estimation results were given.
Choi and Stubbs (1997)	SE	Direct use of measured vibration signature. No need to extract modal parameters.	Can locate damage area relatively accurately but gives poor severity estimation.
Choi *et al.* (2005)	MCP	Applicable to 2D plate-like structures.	No result given for damage severity estimation.

* Feature used : FQ – Frequency; MS – Mode Shape; MSE – Modal Strain Energy; EMSE – Element Modal Strain Energy; MC – Modal Curvature; DF – Dynamic Flexibility; FC – FRF Curvature; SE – Strain Energy; MCP – Modal Compliance.

that bridge health monitoring system is not equivalent to *vibration-based bridge health monitoring system* (VBBHMS). The reason for making such a distinction is that current bridge health monitoring systems place more emphasis on monitoring of local structural behavior such as strain, stress and force rather than the global dynamic response of the structure. Although local structural behavior can be a useful indicator of the health condition of the structure, such a monitoring system provides no information about the global behavior of the structure and will face difficulty in accomplishing Level IV tasks of estimating remaining capacity and usable life.

Ultimately, the Level IV problem must be solved in order to fulfill the requirements from bridge owners and administrators. Among the large number of papers in the literature on the topic of *vibration-based damage identification*, only a small number of papers deal with Level III and Level IV problems. The majority are limited to the modest goal of discovering the occurrence and the location of the damage. *Physical model based* damage identification methods seem to be a promising class of approach for accomplishing Level III and Level IV tasks. There exist a number of Level III and IV *physical model based* methods proposed for the purpose of VBDI, some of which appear to be quite promising in laboratory experiments or numerical simulations. However, in the context of integrating such techniques in the *vibration-based structural health monitoring* system, almost all the methods in their current formulation suffer from problems of one sort or another that will likely limit their applications to real world structures. Some are based on theoretical assumptions and simplifications difficult to justify in real-world applications, and others face numerical problems that arise from the complexity of civil engineering structures, as shown in Table 7.1. New approaches with improved performance under real-world situations are thus needed.

7.2 Overview of operational modal analysis

From the discussion in the introductory section, it becomes clear that the measurement of structural dynamic properties such as modal parameters is an important step in vibration-based structural health monitoring. Modal analysis has been widely used for the task of extracting structural modal parameters from the response of structural components and systems to vibration. Traditional experimental modal analysis (EMA) makes use of measured input excitation as well as output response. EMA has made substantial progress in the past three decades. Numerous modal identification algorithms, including single-input-single-output (SISO), single-input-multiple-output (SIMO) and multiple-input-multiple-output (MIMO) techniques, have been developed both in the time domain and the frequency domain. Traditional EMA has been applied in various fields such as vibration control, structural dynamic modification, and analytical model validation, as well as vibration-based structural health monitoring in mechanical, aerospace and civil applications. For large civil structures, however, it is typically very difficult to excite the structure using controlled input. It is also impossible to measure all the inputs under operational conditions, especially those from ambient sources. In the last decade and a half or so, starting from the early 1990s, operational modal analysis (OMA) has drawn significant attention in the civil engineering field as an attractive way to tackle this problem. OMA utilizes only response measurements of the structure under operational or ambient conditions to identify modal parameters. Compared with traditional EMA, OMA does not require expensive excitation sources and can be applied to structures while they are in operation. The latter attribute is particularly attractive for vibration-based bridge health monitoring applications because the target bridge does not need to be closed to traffic to perform the modal parameter identification. For these reasons, OMA has become the method of choice when it comes to identification of structural modal parameters in long-term vibration-based structural health monitoring applications.

The development of OMA in the time domain can be classified into three main approaches: natural excitation technique (NExT) based approaches, autoregressive moving average (ARMA) model based approaches, and stochastic subspace identification (SSI) based approaches.

The Natural excitation technique was first proposed in the early 1990s by James *et al.* (1993) to address the problem of modal identification using ambient excitations. The basic idea of NExT is that the cross-correlation function of two random responses of the structure that result from an unknown white noise excitation can be expressed as a summation of decaying sinusoids. These sinusoids have the same characteristics as the system's impulse response function. Therefore, time domain modal identification techniques, which are typically applied to impulse response functions, can also be applied to these cross-correlation functions to estimate modal parameters. Modal identification using NExT is a two-step process: first, the correlation function is estimated using measured response data, typically by transforming the cross-spectrum function of the response from frequency domain to time domain; and then a time domain modal parameter identification technique is applied to the correlation function to estimate modal parameters. NExT has been paired with various time domain modal identification techniques, such as the polyreference complex exponential (PRCE) technique (Vold *et al.* 1982), Extended Ibrahim time-domain (EITD) technique (Ibrahim and Mikulcik 1977), and Eigensystem realization algorithm (ERA) (Juang and Pappa 1985). A technique that is related to NExT is the random decrement signature (RDS) first proposed by Cole (1973). It has been shown that the random decrement signature is related to the correlation function when the excitation is stationary Gaussian white noise (Asmussen *et al.* 1998, 1999;

Vandiver 1977). Thus, similar to NExT, RDS can be paired with various time domain modal identification techniques.

Autoregressive moving average (ARMA) models are typically applied to time series data. Typical system identification techniques based on ARMA models such as the prediction-error method (PEM) identify the parameters by minimizing the prediction errors. Once the model parameters are identified, modal parameters can be computed from the coefficient matrices of the AR polynomials (Anderson 1997).

The stochastic subspace identification (SSI) method is based on the concept of system realization, i.e. recovery or identification of system matrices. It was developed for stochastic systems in parallel with deterministic realization algorithms such as ERA. In the covariance-driven stochastic subspace identification (SSI-COV) method (Arun 1989), stochastic realization is calculated by performing the decomposition of the covariance matrix of the response instead of the decomposition of impulse response function matrix which is typically performed in the deterministic case. Thus the procedure is in essence similar to the NExT-ERA method discussed previously. Another approach, which is usually called the data-driven stochastic subspace identification (SSI-DATA) method (Van Overschee and De Moor 1993), makes direct use of the stochastic response without the calculation of the covariance matrix.

A common difficulty in all time domain based OMA methods is the estimation of model order. Under experimental conditions, the order, or the number of vibrational modes, of the structure is not known *a priori*. Modal identification in the time domain is thus usually first performed with presumed model order much higher than the number of possible structural modes. Stabilization diagrams are then used to filter out non-structural or 'computational' modes after modal identification is completed. However, the use of a stabilization diagram has a limited effect in distinguishing true structural modes from those caused by noise. Over- or under-determination of model order results in inaccurate estimation of modal parameters. At the same time, user-interaction is needed in order to interpret results from the stabilization diagrams.

The simplest method to estimate modal parameters from operation data in the frequency domain is the so-called peak-picking (PP) or basic frequency domain (BFD) method (Maia and Montalväao e Silva 1997). In this method, the natural frequencies are simply taken from the observation of the peaks on the power spectrum plots. The method yields estimations of acceptable accuracy when the structure exhibits low damping, and structural modes are well separated in frequency. However, a violation of these conditions leads to erroneous results. Another disadvantage is that the method does not give any estimate of modal damping.

Another group of OMA methods in the frequency domain consists of methods utilizing singular value decomposition of the cross-spectrum matrix. These methods are discussed in many references and are referred to as either complex mode indication function (CMIF) method (Ni *et al.* 2003) or Frequency Domain Decomposition (FDD) method (Brincker *et al.* 2000). These methods do not rely on the assumptions of low damping and well-separated modes. Damping ratios can be obtained by transforming the singular values near the peak to time domain (Brincker *et al.* 2001). The resulting time domain function is an approximation of the correlation function of a SDOF system and the damping ratio can be calculated by use of the logarithmic decrement technique. However, since only truncated data are used for damping calculation, the damping estimation may be biased.

A third group of frequency domain OMA methods are those based on the least squares complex frequency-domain (LSCF) approximation. Originally intended for finding initial estimates for the iterative maximum likelihood (ML) method (Guillaume *et al.* 1999), it was found these 'initial estimates' yield accurate enough modal parameters with smaller computational effort. The main drawbacks of the LSCF approach, which is based on a common-denominator transfer function model, are that mode shapes and modal contribution factors are difficult to obtain.

Table 7.2 summarizes time and frequency domain operational modal analysis techniques in the existing literature and their limitations. Most of the existing time domain based methods rely on user interaction to select the correct model order and are clearly not suitable for long-term monitoring applications. Although some automatic model order identification algorithms have been proposed (Peeters and De Roeck 2000), the effectiveness of these algorithms in health monitoring applications is not yet fully verified.

Table 7.2 Comparison of OMA techniques

Domain	Technique[1]	Limitations
Time domain	NExT based	Accurate model order estimation is difficult to obtain under noisy conditions
	ARMA model based	Accurate model order estimation is difficult to obtain under noisy conditions
	SSI based	Accurate model order estimation is difficult to obtain under noisy conditions
Frequency domain	Peak-picking	Only accurate for structure with low damping and well-separated modes
	FDD/CMIF	Damping estimate biased
	LSCF	Mode shape estimate hard to obtain

[1] -- NExT: natural excitation technique; ARMA: autoregressive moving average; SSI: stochastic subspace identification; FDD: frequency domain decomposition; CMIF: complex modal indicator function; LSCF: least square complex frequency-domain

In this aspect, frequency domain based OMA techniques seem to be more promising. On the other hand, the accurate localization of damage using some vibration-based damage detection techniques such as the modal curvature method requires sufficient spatial resolution of the mode shape. An accurate estimation of modal parameters for higher modes also requires a higher sampling rate. In such applications, the previously discussed time domain and frequency domain OMA techniques may be computationally too intensive for continuous monitoring applications. Techniques that are more suitable for automation and also computationally efficient are required.

7.3 The time domain decomposition technique

The vibration response of a linear time-invariant dynamic system can be expressed in terms of its mode shapes and generalized coordinates as

$$\mathbf{u}(x, t) - \sum_{r=1}^{\infty} \boldsymbol{\varphi}_r(x)\, q_r(t) \tag{7.1}$$

where $\boldsymbol{\varphi}_r(x)$ is the rth mode shape function and $q_r(t)$ is the corresponding generalized coordinate at time instant t. Assuming all modes are well separated, by applying a bandpass filter to the system responses, it is possible to isolate the individual modal components in the response time-history (Kim *et al.* 2002).

$$\mathbf{u}_n(x, t) = \boldsymbol{\varphi}_n(x) q_n(t) \tag{7.2}$$

where $\mathbf{u}_n(x, t)$ is the nth modal contribution to the response, and $\boldsymbol{\varphi}_n(x)$ and $q_n(t)$ is the nth mode shape function and generalized coordinates, respectively.

Consider a system with N_d degrees-of-freedom and assuming the measured response quantity is an acceleration response sampled at N_s discrete time points, Eq. (7.1) can be expressed in discrete time as,

$$[U] = \sum_{r=1}^{N_d} \boldsymbol{\varphi}_r\, \ddot{\mathbf{q}}_r^T \tag{7.3}$$

where, $[U]$ is the $N_d \times N_s$ response matrix, $\boldsymbol{\varphi}_r$ is the $N_d \times 1$ r^{th} mode shape vector and $\ddot{\mathbf{q}}_r$ is the $N_s \times 1$ vector containing values of the rth generalized coordinate at each time instant. At the same time, Eq. (7.2) can also be expressed in matrix form as

$$[U_n] = \boldsymbol{\varphi}_n\, \ddot{\mathbf{q}}_n^T \tag{7.4}$$

$$[U_n] = \begin{bmatrix} \ddot{u}_{1n}(1) & \dots & \ddot{u}_{1n}(N_s) \\ \vdots & \ddots & \vdots \\ \ddot{u}_{N_d n}(1) & \dots & \ddot{u}_{N_d n}(N_s) \end{bmatrix} = \begin{bmatrix} \phi_{1n} \\ \vdots \\ \phi_{N_d n} \end{bmatrix} [\ddot{q}_n(1) \dots \ddot{q}_n(N_s)] \tag{7.5}$$

The autocorrelation of the nth mode-isolated acceleration time history is thus given by

$$[E_n] \equiv [U_n][U_n]^T = \boldsymbol{\varphi}_n \ddot{\mathbf{q}}_n^T \ddot{\mathbf{q}}_n \boldsymbol{\varphi}_n^T = \boldsymbol{\varphi}_n Q_n \boldsymbol{\varphi}_n^T = Q_n \boldsymbol{\varphi}_n \boldsymbol{\varphi}_n^T \qquad 7.6$$

where Q_n is a scalar. In expanded matrix form this can be expressed as:

$$[E_n] = Q_n \begin{bmatrix} \phi_{1n} \\ \vdots \\ \phi_{N_d n} \end{bmatrix} [\phi_{1n} \; \cdots \; \phi_{N_d n}] = Q_n \begin{bmatrix} \phi_{1n}\phi_{1n} & \phi_{1n}\phi_{2n} & \cdots & \phi_{1n}\phi_{N_d n} \\ \phi_{2n}\phi_{1n} & \ddots & & \vdots \\ \vdots & & & \vdots \\ \phi_{N_d n}\phi_{1n} & \cdots & \cdots & \phi_{N_d n}\phi_{1n} \end{bmatrix} \qquad 7.7$$

where $[E_n]$ is a $N_d \times N_d$ symmetric matrix of rank 1.

A close examination of the structure of the $[E_n]$ matrix reveals that each column of $[E_n]$ is a proportional to the modal vector of the nth mode. The spectral decomposition theorem (Lay 2003) states that, the symmetry matrix $[E_n]$ can be expanded by its eigenvalues and eigenvectors,

$$[E_n] = PDP^{-1} = [\mathbf{u}_1 \; \cdots \; \mathbf{u}_{N_d}] \begin{bmatrix} \lambda_1 & & 0 \\ & \ddots & \\ 0 & & \lambda_{N_d} \end{bmatrix} \begin{bmatrix} \mathbf{u}_1^T \\ \\ \mathbf{u}_{N_d}^T \end{bmatrix}$$

$$= \lambda_1 \mathbf{u}_1 \mathbf{u}_1^T + \lambda_2 \mathbf{u}_2 \mathbf{u}_2^T + \ldots + \lambda_{N_d} \mathbf{u}_{N_d} \mathbf{u}_{N_d}^T \qquad 7.8$$

where $\lambda_1 > \lambda_2 > \ldots > \lambda_{N_d}$ are the eigenvalues of matrix $[E_n]$ and $\mathbf{u}_1$, $\mathbf{u}_2$, …, $\mathbf{u}_{N_d}$ are its eigenvectors. Comparing Eq. (7.6) with Eq. (7.8), it becomes clear that if there is no noise in the measurement response, the spectral decomposition of $[E_n]$ will generate a single non-zero eigenvalue λ_1, and the corresponding eigenvector will be proportional to the modal vector $\boldsymbol{\varphi}_n$. Considering the fact that the modal vector can be arbitrarily scaled, the eigenvector $\mathbf{u}_1$ can be effectively treated as the modal vector.

When noise is present in the measurement, other eigenvalues of the matrix $[E_n]$ will not be equal to zero. However, the contribution to system response from the physical mode will usually dominate the response within the frequency range close to the resonance of that particular mode. Thus, with appropriate selection of band-pass filter parameters, the largest eigenvalue λ_1 always corresponds to the physical mode and the corresponding eigenvector is same as the modal vector. The existence of noise does not affect the identification of the modal vector. It is noted that Eq. (7.8) holds true no matter what kind of motion the system is experiencing, either free vibration or forced vibration due to some external excitations.

Pre-multiplying Eq. (7.4) with the transpose of the identified n^{th} mode shape yields

$$\boldsymbol{\varphi}_n^T [U_n] = \boldsymbol{\varphi}_n^T \boldsymbol{\varphi}_n \ddot{\mathbf{q}}_n^T \quad 7.9$$

The response of nth mode in generalized coordinates can then be obtained as

$$\ddot{\mathbf{q}}_n^T = \frac{1}{\boldsymbol{\varphi}_n^T \boldsymbol{\varphi}_n} \boldsymbol{\varphi}_n^T [U_n] \quad 7.10$$

Here Eq. (7.10) represents the response of a single degree-of-freedom system corresponding to the nth mode. Therefore, the natural frequency and modal damping of the nth mode can be readily identified using time-domain modal identification techniques such as the complex exponential (CE) method or the eigensystem realization algorithm (ERA).

This technique is subsequently referred to as the time domain decomposition (TDD) technique. The general steps of TDD method start with identifying the frequency region where a certain mode might be located, typically from power spectrum plots of the response signal or from the frequency response function if input is measured. The second step consists of applying a band-pass filter to isolate the desired modes while eliminating the contribution from other modes. In the third step the matrix $[E_n]$ is formed and the modal vector can be conveniently extracted using Eq. (7.8) and singular value decomposition (SVD) algorithm. The last step involves the construction of SDOF response using Eq. (7.10) and the identification of natural frequencies and modal damping. The process is repeated for each mode within the frequency range of interest.

The computationally intensive part of the process, the singular value decomposition, deals with time domain data only and no Fourier transform is needed. The size of the matrix used for SVD in the TDD method is $N_d \times N_d$, with N_d equals to the number of measurement sites. If n modes are to be identified, the SVD process needs to be repeated n times for the $N_d \times N_d$ matrix. This compares favorably with the time domain based ERA technique, where SVD is also used and the size of the matrix used is $sN_d \times s$, with s equaling to the time lag in the Henkel matrix (Juang and Pappa 1985). For civil engineering applications, s is typically much larger than N_d and nN_d. The computation time required by ERA is thus significant longer than TDD when applied to problems where only a few modes are needed.

7.4 The frequency domain natural excitation technique

The Natural Excitation Technique (NExT) was first introduced by James *et al.* (1993) as a technique for modal testing of wind turbines utilizing natural excitation. The basic idea is that a multiple input multiple output (MIMO) structural system excited by random input produces autocorrelation and cross-correlation functions that have the same form as the impulse response functions of the system. Although the original development presented in James *et al.* (1993) used the second order differential equation form of the equation of motion, a state-space formulation (Chiang and Cheng 1999) will be used below because it helps to clarify the derivation considerably.

The equation of motion of discrete linear system can be expressed in state-space form as

$$[A]\{\dot{X}(t)\} + [B]\{X(t)\} = \{F(t)\} \tag{7.11}$$

where

$$[A] = \begin{bmatrix} [C] & [M] \\ [M] & [0] \end{bmatrix}, [B] = \begin{bmatrix} [K] & [0] \\ [0] & -[M] \end{bmatrix}, \tag{7.12}$$

$$\{X(t)\} = \begin{Bmatrix} \{x(t)\} \\ \{\dot{x}(t)\} \end{Bmatrix}, \{F(t)\} = \begin{Bmatrix} \{x(t)\} \\ \{0\} \end{Bmatrix}$$

in which $[M]$ is the mass matrix, $[K]$ is the stiffness matrix, $[C]$ is the damping matrix, $\{f(t)\}$ is the vector of input forcing functions, $\{x(t)\}$ is the structure response vector. Introducing the modal transformation as

$$\{X(t)\} = [\Psi]\{q(t)\} = \begin{bmatrix} [\Phi] \\ [\Phi][\Lambda] \end{bmatrix} \{q(t)\} \tag{7.13}$$

where $[\Psi]$ is the $2N_d \times 2N_d$ complex modal matrix, $[\Phi]$ denotes the $N_d \times 2N_d$ system eigenvector or mode shape matrix, $[\Lambda]$ denotes the $2N_d \times 2N_d$ complex eigenvalue matrix, $\{q(t)\}$ is the $2N_d \times 1$ vector of generalized coordinates, N_d is the number of system degree of freedom. Pre-multiplying equation (7.11) by the complex modal matrix $[\Psi]^T$ yields

$$[\Psi]^T [A] [\Psi] \{\dot{q}(t)\} + [\Psi]^T [B] [\Psi]\{q(t)\} = [\Psi]^T \{F(t)\} \tag{7.14}$$

Invoking the modal orthogonality condition gives

$$[a]\{\dot{q}(t)\} + [b]\{q(t)\} = [\Psi]^T \{F(t)\} \tag{7.15}$$

in which $[a]$ and $[b]$ are diagonal matrices given by

$$[\Psi]^T [A] [\Psi] = [a], [\Psi]^T [B] [\Psi] = [b] \tag{7.16}$$

The equation of motion is thus decoupled into a series of equations in terms of each generalized or modal coordinate. For the rth generalized coordinate, the decoupled equation can be expressed as:

$$a_r \dot{q}_r(t) + b_r q_r(t) = \{\phi_r\}^T \{f(t)\} \quad (r = 1, 2, \ldots, 2N_d) \qquad 7.17$$

in which a_r and b_r are the diagonal elements of diagonal matrices $[a]$ and $[b]$, respectively, and $\{\phi_r\}$ is the rth mode shape.

Assuming that the system is initially at rest, the solution to Eq. (7.17) can be determined as

$$q_r(t) = \frac{1}{a_r} \int_{-\infty}^{t} \{\phi_r\}^T \{f(\tau)\} e^{\lambda_r (t-\tau)} d\tau \qquad 7.18$$

where $\lambda_r = -b_r/a_r$. The response vector $\{x(t)\}$ can then be obtained as

$$\{x(t)\} = \sum_{r=1}^{2N_d} \{\phi_r\} q_r(t) = \sum_{r=1}^{2N_d} \frac{1}{a_r} \{\phi_r\} \int_{-\infty}^{t} \{\phi_r\}^T \{f(\tau)\} e^{\lambda_r (t-\tau)} d\tau \qquad 7.19$$

The response $x_i(t)$ at the ith degree of freedom (DOF) due input $\{f(t)\} = [f_1(t)\, f_2(\text{t}) \ldots f_{N_d}(t)]^T$ is thus given by the expression

$$x_i(t) = \sum_{r=1}^{2N_d} \frac{1}{a_r} \phi_{ir} \int_{-\infty}^{t} \{\phi_r\}^T \{f(\tau)\} e^{\lambda_r (t-\tau)} d\tau \qquad 7.20$$

in which, ϕ_{ir} and ϕ_{kr} are the ith and k^{th} components of rth mode shape, respectively.

The cross-correlation function between the two stationary responses from the ith DOF and the jth DOF can be defined following Bendat and Piersol (1996):

$$R_{ij}(T) = E[x_i(t+T) x_j(t)] \qquad 7.21$$

Substituting Eq. (7.20) into Eq. (7.21) and interchanging the order of expectation and integration and summation leads to the following expression

$$R_{ij}(T) = \sum_{r=1}^{2N_d} \sum_{s=1}^{2N_d} \frac{1}{a_r} \phi_{ir} \frac{1}{a_s} \phi_{js} \int_{-\infty}^{t} \int_{-\infty}^{t+T} e^{\lambda_r (t+T-\sigma)} e^{\lambda_s (t-\tau)} d\tau$$

$$E[\{\phi_r\}^T \{f(\sigma)\} \{\phi_s\}^T \{f(\tau)\}]\, d\sigma d\tau \qquad 7.22$$

Assuming that the input $\{f(t)\}$ is uncorrelated white noise, then

$$E[f_i(\sigma) f_j(\tau)] = \begin{cases} \alpha_i \delta(\tau - \sigma) & i = j \\ 0 & i \neq j \end{cases} \qquad 7.23$$

where α_i is a constant and $\delta(t)$ is the Dirac delta function. Eq. (7.22) can then be reduced to

$$R_{ij}(T) = \sum_{r=1}^{2N_d}\sum_{s=1}^{2N_d}\frac{1}{a_r}\phi_{ir}\frac{1}{a_s}\phi_{js}\sum_{k=1}^{N_d}\alpha_k\phi_{kr}\phi_{ks}\int_{-\infty}^{t} e^{\lambda_r(t+T-\tau)}e^{\lambda_s(t-\tau)}d\tau \tag{7.24}$$

Making a change in the variable and changing the limits of integration correspondingly, Eq. (7.24) can be further reduced to

$$R_{ij}(T) = \sum_{r=1}^{2N_d}\sum_{s=1}^{2N_d}\frac{1}{a_r}\phi_{ir}\frac{1}{a_s}\phi_{js}\sum_{k=1}^{N_d}\alpha_k\phi_{kr}\phi_{ks}\, e^{\lambda_r T}\int_{0}^{+\infty} e^{\lambda_r\theta}e^{\lambda_s\theta}\, d\theta \; (T \geq 0) \tag{7.25}$$

It is noted that the time lag T in Eq. (7.25) must be positive which is required by the causal condition of the impulse response function. Evaluating the indefinite integral yields

$$R_{ij}(T) = \sum_{r=1}^{2N_d}\sum_{s=1}^{2N_d}\sum_{k=1}^{N_d}\frac{-1}{a_r a_s(\lambda_r+\lambda_s)}\phi_{ir}\phi_{kr}\phi_{js}\phi_{ks}\alpha_k e^{\lambda_r T} \; (T \geq 0) \tag{7.26}$$

For negative time lags ($T < 0$), the order of x_i and x_j in Eq. (7.21) can be reversed. This results in the cross-correlation function expression:

$$R_{ij}(T) = \begin{cases} \sum_{r=1}^{2N_d}\left[\sum_{k=1}^{N}\sum_{s=1}^{2N_d}\frac{-\alpha_k}{a_r a_s(\lambda_r+\lambda_s)}\phi_{kr}\phi_{js}\phi_{ks}\right]\cdot\phi_{ir}\cdot e^{\lambda_r T} = \sum_{r=1}^{2N_d} Q_{jr}\cdot\phi_{ir}\cdot e^{\lambda_r T} & (T \geq 0) \\ \sum_{r=1}^{2N_d}\left[\sum_{k=1}^{N}\sum_{s=1}^{2N_d}\frac{-\alpha_k}{a_r a_s(\lambda_r+\lambda_s)}\phi_{kr}\phi_{is}\phi_{ks}\right]\cdot\phi_{jr}\cdot e^{-\lambda_r T} = \sum_{r=1}^{2N_d} Q_{ir}\cdot\phi_{jr}\cdot e^{-\lambda_r T} & (T < 0) \end{cases} \tag{7.27}$$

where Q_{jr} and Q_{ir} represent the double summation inside the bracket. Both are complex constants that are only dependent on DOF j, i and mode number r.

Comparing Eq. (7.27) with the impulse response function between DOF i and j of the original system $h_{ij}(t)$, which can be expressed as (Maia and Montalväao e Silva 1997)

$$h_{ij}(t) = \sum_{r=1}^{2N_d} W_{ir}\phi_{ir}e^{\lambda_r t} \tag{7.28}$$

where W_{ir} is the modal participation factor. It can be seen that the positive lag part of the cross-correlation function $R_{ij}(T)$, i.e., when $T \geq 0$, can be expressed as the summation of a series of complex exponentials in the same form as the impulse response function. Although the scalar constants $Q_{jr} \neq W_{jr}$ generally, they are constants for a given mode number r and DOF j. If all measured channels are correlated to a common reference channel, all the components of the cross-correlation function will then possess the common Q_{jr} component for a certain mode r. Thus the value of Q_{jr} will only affect the contribution of different modes to the total system response and will have no effect on the identification of modal parameters λ_r and (ϕ_r).

Eqs. (7.27) and (7.28) give the relation between the displacement response cross-correlations function and system impulse response functions and so far the derivation has followed the traditional definition of NExT technique. However, in practice it is often preferable to measure the acceleration response. Although the displacement response can be obtained from the acceleration response through numerical integration, the results are not always ideal. It is then of interest to find out if similar relations as expressed in Eqs. (7.27) and (7.28) also holds for the cross-correlations of acceleration response. The following section extends the NExT technique to the case of acceleration response.

The acceleration response at DOF i due to a single input force at DOF k can be obtained by taking derivatives of Eq. (7.20) with respect to time

$$\ddot{x}_{ik}(t) = \sum_{r=1}^{2N_d} \frac{1}{a_r} \phi_{ir}\phi_{kr} \frac{d^2}{dt^2} \int_{-\infty}^{t} \{f(\tau)\} e^{\lambda_r (t-\tau)} d\tau \qquad 7.29$$

The cross-correlation between two stationary acceleration responses can then be found as

$$R''_{ijk}(T) = E[\ddot{x}_{ik}(t+T)\ddot{x}_{jk}(t)] \qquad 7.30$$

in which, $R''_{ijk}(T)$ represents the cross-correlation of acceleration response. If the input is ideal white noise, theoretically the cross-correlation between acceleration responses does not exist. However, in practice ideal white noise excitation is never achieved. Assuming the input excitation is broad band white noise such that the following equation holds

$$E[f_k(\sigma) f_k(\tau)] \approx \alpha_k \delta(\mathrm{t} - \sigma) \qquad 7.31$$

the cross-correlation in Eq. (7.30) exists under this assumption and can be expressed as

$$R''_{ijk}(T) = \sum_{r=1}^{2N_d} \sum_{s=1}^{2N_d} \frac{1}{a_r} \phi_{ir}\phi_{kr} \frac{1}{a_s} \phi_{js}\phi_{ks}\alpha_k \frac{d^2}{dt^2} \frac{d^2}{d(t+T)^2} \times \int_{-\infty}^{t} e^{\lambda_r (t+T-\tau)} e^{\lambda_s (t-\tau)} d\tau \qquad 7.32$$

Evaluating the derivatives and integrals in Eq. (7.32) leads to

$$R''_{ijk}(T) = \sum_{r=1}^{2N_d} \sum_{s=1}^{2N_d} \frac{-1}{a_r a_s (\lambda_r + \lambda_s)} \phi_{ir}\phi_{kr}\phi_{js}\phi_{ks}\alpha_k \lambda_r^2 e^{\lambda_r T} \quad (T \geq 0) \qquad 7.33$$

Summing over all input locations and using notations similar to Eq. (7.27), Eq. (7.33) can be further written as

$$R''_{ij}(T) = \begin{cases} \sum_{r=1}^{2N_d} Q_{jr} \cdot \lambda_r^2 \cdot \phi_{ir} \cdot e^{\lambda_r T} & (T \geq 0) \\ \sum_{r=1}^{2N_d} Q_{ir} \cdot \lambda_r^2 \cdot \phi_{jr} \cdot e^{-\lambda_r T} & (T < 0) \end{cases} \quad 7.34$$

Comparing Eq. (7.34) with Eq. (7.27) shows that the cross-correlation between acceleration responses shares the same form as the displacement cross-correlation function except for a constant. The constant is different for each mode but will not affect the identification of modal parameters λ_r and $\{\phi_r\}$. Taking derivatives of Eq. (7.29) with respect to t yields

$$\ddot{h}_{ij}(t) = \sum_{r=1}^{2N_d} W_{ir} \lambda_r^2 \phi_{ir} e^{\lambda_r t} \quad 7.35$$

Similar reasoning as used for Eq. (7.27) and Eq. (7.28) can be applied to Eq. (7.34) and Eq. (7.35) to yield the conclusion that the acceleration cross-correlation function $R''_{ij}(T)$ can be used in place of $\ddot{h}_{ij}(t)$ for modal parameter identification purposes.

Further extension of the NExT technique can be introduced in the frequency domain. By converting both Eq. (7.34) and Eq. (7.35) from the time domain to the frequency domain, we obtain

$$G_{ij}(j\omega) = \sum_{r=1}^{2N_d} \frac{\lambda_r^2 Q_{jr} \phi_{ir}}{j\omega - \lambda_r} + \sum_{r=1}^{2N_d} \frac{\lambda_r^2 Q_{ir} \phi_{jr}}{-j\omega - \lambda_r} \quad 7.36$$

$$H_{ij}(j\omega) = \sum_{r=1}^{2N_d} \frac{\lambda_r^2 W_{jr} \phi_{ir}}{j\omega - \lambda_r} \quad 7.37$$

where $G_{ij}(j\omega)$ is the cross-spectral density function, or cross-spectrum, of the acceleration response. $H_{ij}(j\omega)$ is the accelerance frequency response function. The first term in Eq. (7.36) corresponds to the positive lag portion of the cross-correlation function in Eq. (7.34). The second term corresponds to the negative lag portion. Note that the second term in Eq. (7.36) (corresponding to the negative time lag portion) has poles in the negative frequency range. Thus if we limit our discussion to the cross-spectrum function in the positive frequency range only, the second term will have little contribution to the cross-spectrum. It can be easily seen that, just like the relation between cross-correlation functions and impulse response functions, the cross-spectral density functions that correspond to the positive lag cross-correlation have the same form as the frequency response functions except for a constant.

Thus, the former can be used in place of frequency response functions for modal parameter identification when input measurement is not available.

Eq. (7.37) is usually referred to as the partial fraction form of the frequency response function (Maia and Montalväao e Silva 1997). Correspondingly, we should also refer to Eq. (7.36) as the partial fraction form of the cross-spectrum. Alternatively, the cross-spectrum can be expressed in rational fraction polynomial form as

$$G_{ij}(\omega) = \frac{\sum_{k=0}^{2N_d-1} \beta_k (j\omega)^k}{\sum_{k=0}^{2N_d} \alpha_k (j\omega)^k} \quad 7.38$$

Here, for clarity, we only retain the part of cross-spectrum that corresponds to the positive lag cross-correlation. The part of cross-spectrum that corresponds to the negative time lag cross-correlation is omitted due to their insignificant contribution in the positive frequency range. Further rearranging terms yields the following equation that is linear in unknown parameters α_k and β_k

$$\sum_{k=0}^{2N_d} \alpha_k (j\omega)^k G_{ij}(\omega) - \sum_{k=0}^{2N_d-1} \beta_k (j\omega)^k = 0 \quad 7.39$$

The equation is valid at each frequency of the measured cross-spectrum function. The total number of unknowns in Eq. (7.39) is $4N_d - 1$, where N_d is the number of system degree of freedom. So as long as the cross-spectrum is measured at more than $4N_d - 1$ discrete frequencies, the unknown coefficients can theoretically be determined. In most practical conditions, the number of measured discrete frequencies is much larger than $4N_d - 1$ and thus results in a system of over-determined equations. Eq. (7.39) can also be generalized to the multiple reference case as

$$\sum_{k=0}^{2N_d} [\alpha_k] (j\omega)^k [G_{ij}(\omega)] - \sum_{k=0}^{2N_d-1} [\beta_k] (j\omega)^k [I] = 0 \quad 7.40$$

where $[G_{ij}(\omega)]$ is the $N_o \times N_{Ref}$ cross-spectrum matrix, with N_o denoting the number of measured response locations and N_{Ref} denoting the number of reference locations used to calculate the cross-spectrum function. The size of the coefficient matrix $[\alpha_k]$ will normally be $N_o \times N_o$ and the size of the coefficient matrix $[\beta_k]$ will be $N_o \times N_{Ref}$.

Since Eq. (7.39) is a homogenous equation, one of the unknown coefficients can be chosen arbitrarily. It is customary to choose $\alpha_{2N_d} = 1$. The resulting basic equation is given by

$$\sum_{k=0}^{2N_d-1} \alpha_k (j\omega)^k G_{ij}(\omega) - \sum_{k=0}^{2N_d-1} \beta_k (j\omega)^k + (j\omega)^{2N_d} G_{ij}(\omega) = 0 \quad 7.41$$

Defining the error vector $\{E\}$ for L measured discrete frequencies as:

$$\{E\} = [\Theta]\{A\} - [\Xi]\{B\} + [\Gamma] \tag{7.42}$$

where, the vectors $\{E\}$, $\{A\}$, $\{B\}$ and $\{\Gamma\}$ are given as

$$\{E\} = \begin{Bmatrix} e_1 \\ e_2 \\ \vdots \\ e_L \end{Bmatrix} \quad \{A\} = \begin{Bmatrix} \alpha_0 \\ \alpha_1 \\ \vdots \\ \alpha_{2N_d} \end{Bmatrix} \quad \{B\} = \begin{Bmatrix} \beta_0 \\ \beta_1 \\ \vdots \\ \beta_{2N_d-1} \end{Bmatrix}$$

$$\{\Gamma\} = \begin{Bmatrix} (j\omega)^{2N_d} \; G_{ij}(\omega_1) \\ (j\omega)^{2N_d} \; G_{ij}(\omega_2) \\ \vdots \\ (j\omega)^{2N_d} \; G_{ij}(\omega_L) \end{Bmatrix} \tag{7.43}$$

and the matrices $[\Theta]$, $[\Xi]$ as

$$[\Theta] = \begin{bmatrix} G_{ij}(\omega_1) & G_{ij}(\omega_1)(j\omega_1) & \dots & G_{ij}(\omega_1)(j\omega_1)^{2N_d-1} \\ G_{ij}(\omega_2) & G_{ij}(\omega_2)(j\omega_2) & \dots & G_{ij}(\omega_2)(j\omega_2)^{2N_d-1} \\ \vdots & \vdots & & \vdots \\ G_{ij}(\omega_L) & G_{ij}(\omega_L)(j\omega_L) & \dots & G_{ij}(\omega_L)(j\omega_L)^{2N_d-1} \end{bmatrix} \tag{7.44}$$

$$[\Xi] = \begin{bmatrix} 1 & j\omega_1 & \dots & (j\omega_1)^{2N_d-1} \\ 1 & j\omega_2 & \dots & (j\omega_2)^{2N_d-1} \\ \vdots & \vdots & & \vdots \\ 1 & j\omega_L & \dots & (j\omega_L)^{2N_d-1} \end{bmatrix} \tag{7.45}$$

The unknown coefficient vectors $\{A\}$ and $\{B\}$ can be found by minimizing the least squares error function J, defined as

$$J = \{E\}^H \{E\} \tag{7.46}$$

In Eq. (7.46), the superscript H stands for complex conjugate transpose. The minimization of J can be achieved by finding the derivatives of J respect to vectors $\{A\}$ and $\{B\}$ and setting them to zero:

$$\frac{\partial J}{\partial A} = 2\,[\Xi]^H\,[\Xi]\{A\} - 2\,\mathrm{Re}\,([\Xi]^H\,[\Theta])\{B\} - 2\,\mathrm{Re}\,([\Xi]^H\,\{\Gamma\}) = \{0\}$$

$$\frac{\partial J}{\partial B} = 2\,[\Theta]^H\,[\Theta]\{B\} - 2\,\mathrm{Re}\,([\Theta]^H\,[\Xi])\{A\} - 2\,\mathrm{Re}\,([\Theta]^H\,\{\Gamma\}) = \{0\}$$

7.47

or, in matrix form:

$$\begin{bmatrix} [\mathrm{O}] & [P] \\ [\mathrm{P}]^H & [\Lambda] \end{bmatrix} \begin{Bmatrix} \{A\} \\ \{B\} \end{Bmatrix} = \begin{Bmatrix} \{\Delta\} \\ \{Z\} \end{Bmatrix} \qquad 7.48$$

where,

$$\begin{aligned} [\mathrm{O}] &= [\Xi]^H\,[\Xi] \\ [P] &= -\mathrm{Re}\,([\Xi]^H\,[\Theta]) \\ [\Lambda] &= [\Theta]^H\,[\Theta] \\ \{\Delta\} &= \mathrm{Re}\,([\Xi]^H\,\{\Gamma\}) \\ \{Z\} &= \mathrm{Re}\,([\Theta]^H\,\{\Gamma\}) \end{aligned} \qquad 7.49$$

In Eqs. (7.47) and (7.49), the term Re () denotes the real part of a complex number. By solving Eq. (7.48), which is essentially the normal equations of the least square problem in Eq. (7.46), the unknown coefficients α_k and β_k can be found.

Matrices [Θ] and [Ξ] in Eq. (7.42) are of the Vandermonde form (Allemang 1999) and are known to be numerically ill-conditioned for cases involving wide frequency range (Maia and Montalväao e Silva 1997). To solve this problem, Richardson and Formenti (1982) proposed rewriting the complex polynomials in Eq. (7.38) in the following form:

$$G_{ij}(\omega) = \frac{\sum_{k=0}^{2N_d-1} d_k \phi_k(\omega)}{\sum_{k=0}^{2N_d} c_k \phi_k(\omega)} \qquad 7.50$$

where, $\phi_k(\omega)$ are orthogonal Forsythe polynomials given by

$$\begin{aligned} \phi_0(\omega) &= a_0 \\ \phi_1(\omega) &= a_1\,(j\omega) \\ \phi_2(\omega) &= a_2 + a_3\,(j\omega)^2 \\ \phi_3(\omega) &= a_4\,(j\omega) + a_5\,(j\omega)^3 \\ \phi_4(\omega) &= a_6 + a_7\,(j\omega)^2 + a_8\,(j\omega)^4 \\ &\vdots \end{aligned} \qquad 7.51$$

Once the coefficients c_k and d_k in Eq. (7.50) are found by minimizing error function J, values of coefficients α_k and β_k of the ordinary polynomial equation can be recovered. Following same procedure as Eq. (7.39) through Eq. (7.49), a new set of normal equations can be formed. Solving the equations leads to the values of c_k and d_k. Natural frequencies and modal damping can then be calculated by finding the roots of the characteristic polynomial in the denominator of Eq. (7.38). Modal vectors can be found by rewriting Eq. (7.38) in partial fraction form.

The computationally intensive part of the modal parameter identification process outlined above involves solution of the systems of linear equations. There exist many efficient algorithms for the solution of such system of equations (Lay 2003). Compared with NExT based techniques discussed in Section 7.3, the FNExT method does not require the transformation of cross-spectrum functions into time domain, which might introduce error in the calculated cross-correlation functions. At the same time, FNExT technique also does not involve singular value decomposition of a large matrix as utilized in the ERA and FDD method, which can be computationally intensive.

7.5 Application of operational modal analysis techniques to highway bridges

In this section, the two OMA techniques discussed in the previous sections – the time domain decomposition technique and the frequency domain NExT technique – are applied to the real world cases of two highway bridges.

7.5.1 Application to the Watson Wash Bridge

The Watson Wash Bridge is a reinforced concrete T-girder bridge located on the California section of Interstate Highway 40. The bridge site is west of the city of Needles and approximately 10.3 km east of Essex Road in the Mojave Desert. The superstructure consists of a cast-in-place reinforced-concrete deck and girder system with sixteen central spans of 12.8 m each and two shorter end spans of 10.5 m each. Each span consists of five bays separated by six girders at 2.13 m center. The spans are further grouped into five frames connected with shear transfer hinges. A series of modal tests were performed on the bridge in between July 2001 and June 2003. The purpose of these tests was to monitor the change of dynamic characteristics, such as modal parameters, of the structure resulting from rehabilitation performed on the bridge, using fiber reinforced polymer (FRP) composites, during the same time period. The resulting modal parameters are then used as the inputs for vibration-based damage detection algorithms to provide quantitative evaluation of the effect of FRP rehabilitation. Detailed discussion of the FRP rehabilitation and monitoring of the Watson Wash Bridge can be found in

Lee (2005). All modal tests were conducted in the Frame S-3 consisting of spans 8 through 12, as shown in Fig. 7.3

During the test carried out in June 2003, normal traffic over the bridge structure was used as the source of ambient excitation. The use of traffic induced ambient excitation was mainly dictated by the physical constraint that the bridge must remain open to traffic during the test. Since input force was not measured, the use of OMA to identify modal parameters was warranted.

PCB 3701G2FA3G capacitive accelerometers were used to measure the vertical acceleration of the structure during the modal test. The usable frequency range of the accelerometers is 0~100 Hz and amplitude range is ± 3 g. Accelerometers were mounted on the bridge structure using aluminum mounting plates attached to the soffit of longitudinal girders. A sensor grid of six lines in the longitudinal deck directions and eleven lines in the transverse deck direction is used. For girder lines 1, 2, 5 and 6, accelerometers are attached at the hinges, at bent locations, and at mid span of spans 8, 9, 10 and 11. For girder lines 3 and 4 accelerometers are only applied at hinge and mid span locations but not the bent. Therefore, lines 1, 2, 5, 6 consist of 11 sensor locations each, while lines 3 and 4 are composed of 6 sensor locations, giving a total of 56 sensor locations.

Owing to limited availability of sensors and data acquisition equipment, only 15 sensor locations could be monitored simultaneously and hence the modal test was conducted using multiple setups. For each setup, 15 accelerometers were used. Among the 15 accelerometers, 3 were used as 'reference' accelerometers and their location remained unchanged throughout the test. The rest of the 12 accelerometers were used as 'roving' accelerometers and were moved from setup to setup in order to cover all sensor locations. The test procedure starts with installing the accelerometers at sensor locations for the current setup. Measurement of the structure response due to ambient traffic excitation is then performed for a duration of approximately 2 minutes. The Roving accelerometers are then detached from their current location and moved to the next set of locations. A total of five setups were needed to cover all sensor locations. Ambient vibration response data were collected with a sampling rate of 200 samples/sec. The total number of data points collected for the duration of one setup is approximately 24000 points/channel. Typical acceleration time histories recorded during the modal test are plotted in Fig. 7.4. A significant amount of noise can be observed on several channels of the time history. Five ambient vibration modal tests were carried out during the period between 7 June and 10 June 2003. The date and time when each test was carried out are listed as follows: Test 1 was carried out in the morning of 7 June. Tests 2 and 3 were carried out in the morning of 8 June. Tests 4 and 5 were performed in the afternoon and evening of 10 June, respectively. Each test consists of all five setups and takes approximately 3~4 hours to finish.

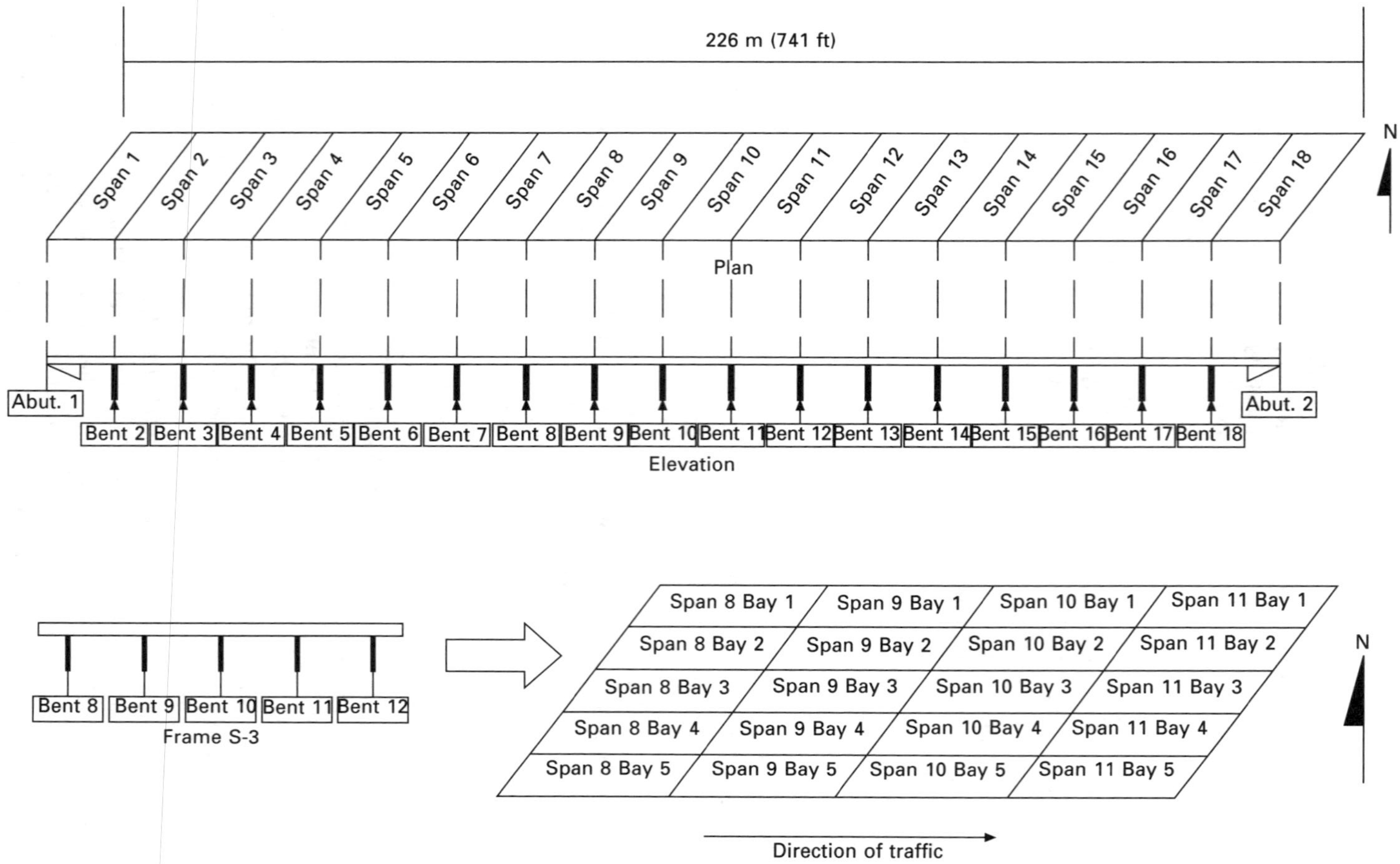

7.3 Configurational overview of Watson Wash Bridge and numbering of spans.

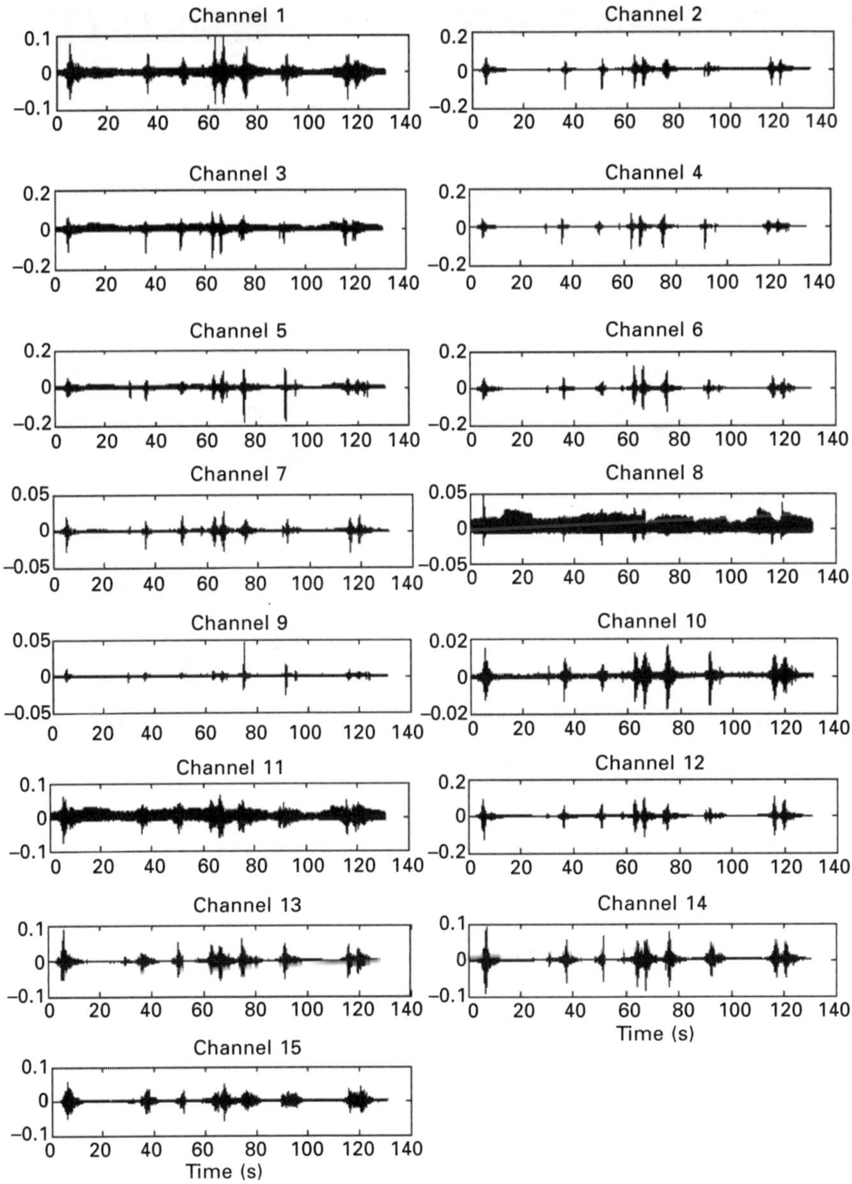

7.4 Typical acceleration time history recorded during the modal test.

The time domain decomposition technique presented earlier was implemented in Matlab and used for the identification of modal parameters of the Watson Wash Bridge during the ambient vibration modal test. The graphical user interface (GUI) of the program used during the test is presented in Fig. 7.5. Data from each setup are analyzed independently using the TDD method

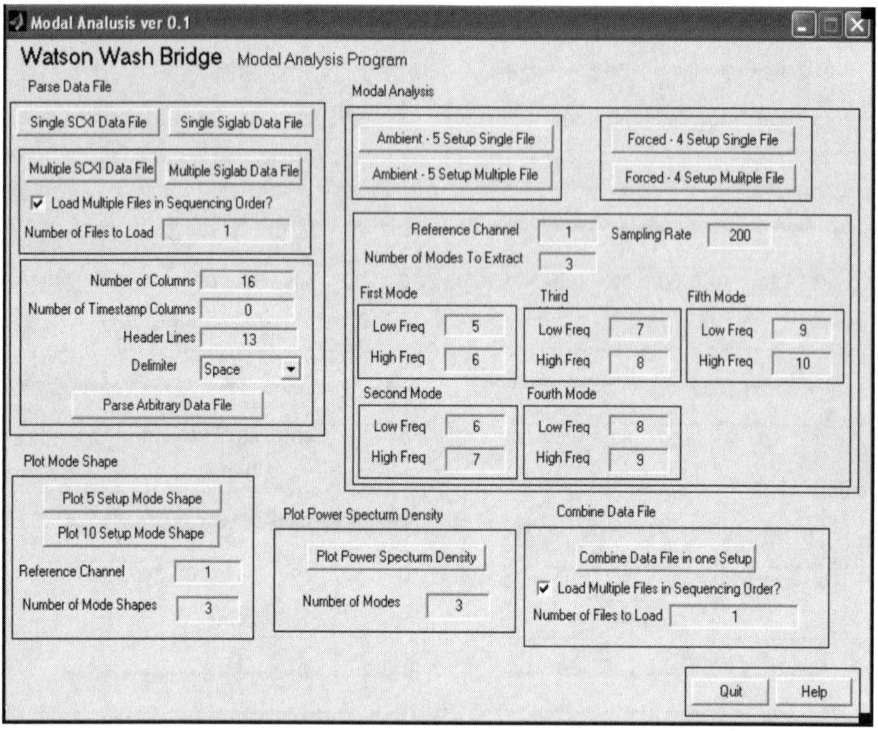

7.5 Graphical user interface of the modal analysis program.

to retrieve natural frequency and mode shape information. The frequencies from each setup are then averaged to obtain the natural frequencies of the entire structure. The partial mode shapes obtained during each setup are normalized with respect to one reference sensor location. Therefore, the modal amplitude at the chosen reference location is always unity for every setup. The partial mode shapes for different setups are then 'glued' back together based on the information of the common reference location.

As discussed earlier, the first step of the TDD method involves the isolation of the modal response of each mode using a digital bandpass filter. A 3rd order Butterworth filter is chosen for the present investigation due to its sharp roll off outside the passband. The selection of the initial estimates of the passband frequencies is carried out by inspecting the power spectral density (PSD) plots of the measured response and noting respective peaks within the frequency range of interest. Typical power spectral density of the response signal is plotted in Fig. 7.6 for the frequency range of 0~10 Hz. Three distinctive peaks are immediately observed in the frequency range between 5 and 5.5 Hz, 5.5 and 6 Hz, and 7 and 8 Hz. These frequency ranges are thus selected as the initial estimate of passband ranges. A closer examination of the PSD plot reveals that a number of other frequency bands contain peaks which may correspond to vibration modes of the bridge structure. However, only the first two modes are identified consistently throughout all tests.

Table 7.3 lists the identified modal frequencies for the first and second mode. The first mode is dominated by longitudinal bending of the bridge where the vibration of adjacent spans is out-of-phase. The second mode is a combined bending and torsion mode. It should be noted that although the ambient vibration data exhibit strong non-stationary features, TDD method is still able to consistently identify both modes in all four tests. Both the identified natural frequencies and mode shapes show very good consistency. Results from field tests of Watson Wash Bridge show that the TDD method is a fast and efficient way to extract modal parameters from ambient vibrations

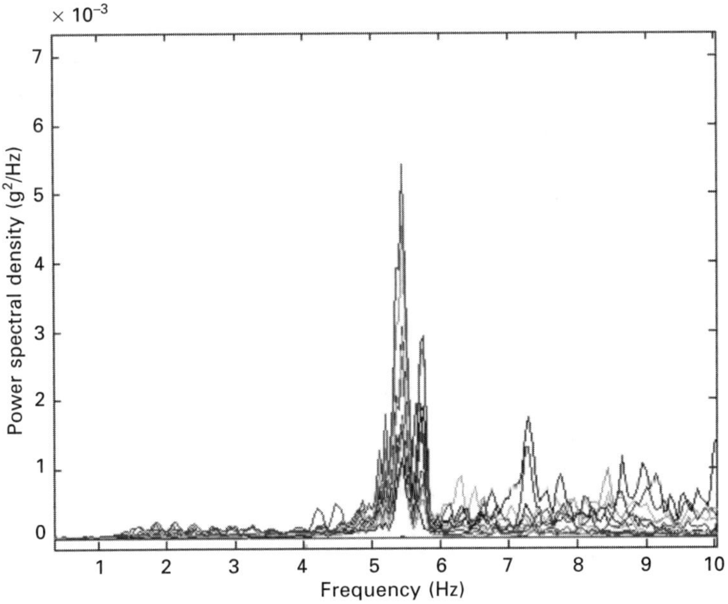

7.6 Typical power spectral density of the response.

Table 7.3 Natural frequencies of ambient vibration tests

Test No.	Frequency (Hz)	
	Mode 1	Mode 2
1	5.33	5.76
2	5.44	5.69
4	5.39	5.71
5	5.44	5.74

in situations where the natural modes of the structure are well separated. Although each modal test took about 3 to 4 hours to complete, most of the testing time was accounted for by the time spent on moving roving sensors and necessary cables from one location to another, which was made necessary by the multiple setup nature of the test. The task of modal parameter calculation took less than a minute for each test when performed using the pervious mentioned Matlab program on a Pentium III 1.0 GHz laptop computer. It is also noted that the process of modal parameter identification using the TDD method does not involve the estimation of model order once the initial frequency bands are determined. Also, the TDD method seems to perform reasonably well in the presence of noise and non-stationary data. Combined, these features make the TDD method very attractive for long-term monitoring applications.

7.5.2 Application to the Vincent Thomas Bridge

The Vincent Thomas Bridge is a suspension bridge located in Los Angeles Harbor, San Pedro, California. The bridge superstructure consists of a main span of approximately 457 m, two suspended side spans of 154 m each, and a 10-span approach of approximately 545 m length on either end. The total bridge length is approximately 1850 m. The bridge was completed in 1964, and in 1980 was instrumented with 26 accelerometers as part of a seismic upgrading project. The strong-motion instrumentation was installed and is maintained by the California Division of Mines and Geology. Figure 7.7 shows the elevation and plan view of the sensor locations. A summary of the sensor locations and numbering is presented in Table 7.4.

As an example of the frequency domain NeXT method, two sets of acceleration data collected from the bridge on occasions two months apart due to ambient excitation were used. Ambient excitations to the bridge are mainly caused by wind load and traffic load. The total length of the time history was 380 seconds for Set 1 and 360 seconds for Set 2. The 26 accelerometers installed on the bridge to measure accelerations in three different directions, namely, vertical, lateral and longitudinal directions. For the purposes of the current discussion, it was surmised from previous inspection records that deck vertical vibration was of the primary concern as related to structural health. Six sensors measuring the deck vertical acceleration were thus chosen for analysis. The six sensors chosen are sensors 15, 16, 17, 18, 21, and 22 as shown in Fig. 7.7.

The time histories pertaining to data from Set 1 are plotted in Fig. 7.8 as an example. It should be noted that the time histories shown in Fig. 7.8 exhibit some non-stationary features. Direct current (DC) shift is also observed on some of the channels. Similar features were also seen in Set 2. After detrending the data, the cross spectra between sensor 15 and sensors 16, 17, 18, 21, 22

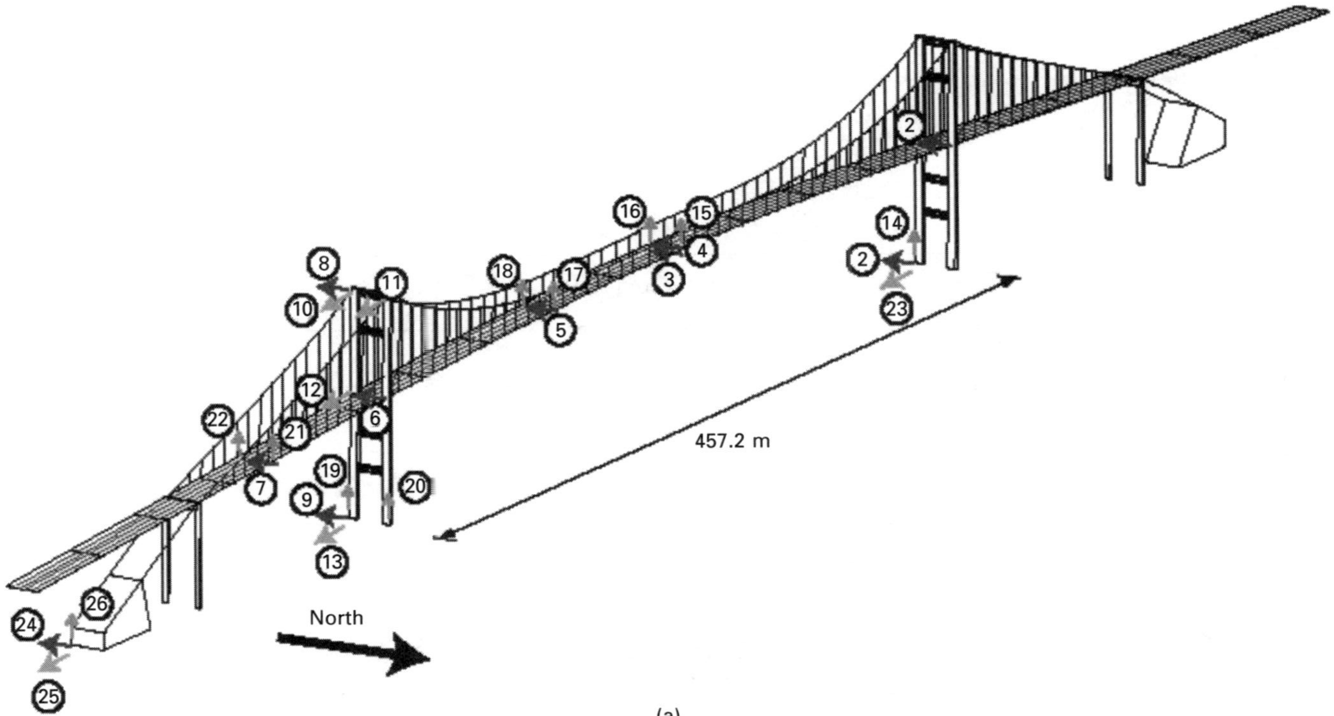

(a)

7.7 (a) Overall schematic of the bridge with sensor locations; (b) elevation of the bridge and plan view of sensor locations.

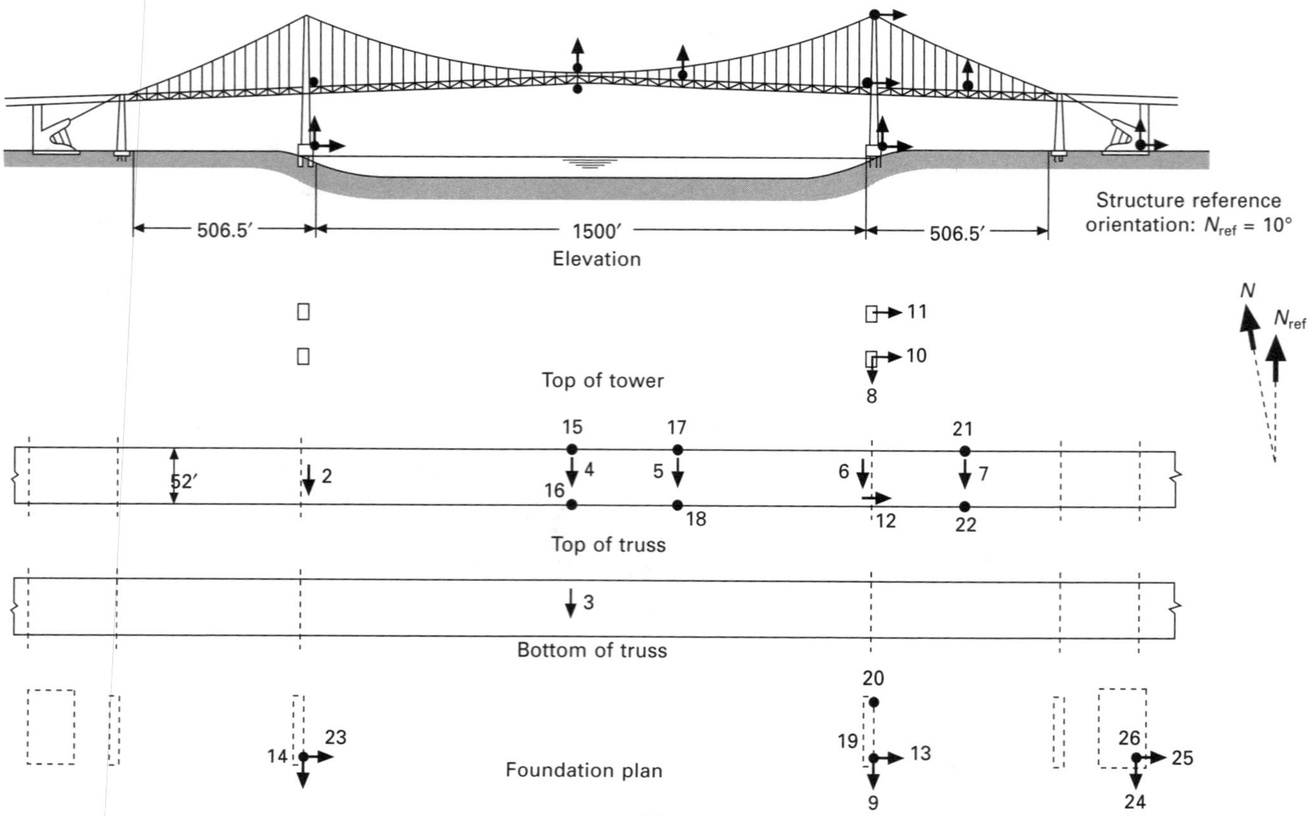

Structure reference orientation: N_{ref} = 10°
506.5′
1500′
506.5′
Elevation
N
N_{ref}
11
10
8
Top of tower
15
17
21
52′
2
4
5
6
7
16
18
12
22
Top of truss
3
Bottom of truss
20
23
14
19
13
26
25
24
9
Foundation plan

(b)

7.7 Cont'd

Table 7.4 Numbering and locations of sensors

Sensor No.	Location
1, 14, 23	West tower, base of south column
2	West tower, top of deck truss
3	Center of main span, bottom of deck truss
4	Center of main span, top of deck truss
5	Main span, 1/3rd Pt., top of deck truss
6	East tower, top of deck truss
7	Center of side span, top of deck truss
8, 10	East tower, top of south column
9,13, 19	East tower, base of south column
11	East tower, top of north column
12	East tower, top of deck truss
15	Center of main span, N. edge of deck
16	Center of main span, S. edge of deck
17	Main span, 1/3rd Pt., N. edge of deck
18	Main span, 1/3rd Pt., S. edge of deck
20	East tower, base of north column
21	Side span, center, N. edge of deck
22	Side span, center, S. edge of deck
24, 25, 26	East anchor, base

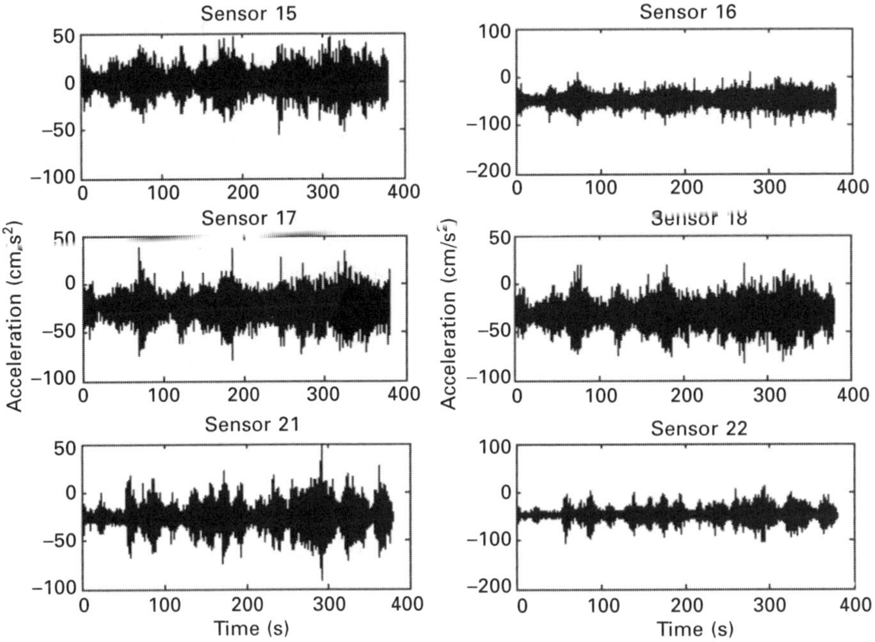

7.8 Acceleration time history from Set 1.

together with 15 itself are calculated. The FNExT technique described in the earlier section was used to identify modal parameters from ambient vibration data. Previous studies have shown that the dominant modes of vibration of the bridge concentrate in the frequency range between 0.2 Hz and 1.1 Hz. Focus is thus placed on this frequency range during the FNExT technique identification process. The selection of model order in FNExT technique can be facilitated by directly observing the peaks in cross-spectrum plots or by using more sophisticated frequency domain indicators such as the modal indicator function and complex modal indicator function.

A comparison of results obtained through the use of the proposed technique with those from two previous studies is presented in Table 7.5. Niazy (1991) studied the dynamics of the Vincent Thomas Bridge using both FEM based and ambient vibration based experimentally identified modal parameter. Luş *et al.* (1999) used the Observer/Kalman filter Identification (OKID) technique to identify modal parameters of the Vincent Thomas Bridge using response data from the 1987 Whittier earthquake and 1994 Northridge earthquake. As can be seen from Table 7.5 the results from the proposed method show good agreement with previous results. In particular, all modes identified using ambient vibration reported by Niazy (1999) are identified using the proposed method with good accuracy with the exception of a single mode around 0.579 Hz. Figures 7.9 and 7.10 show the measured and synthesized (using identified modal parameters) cross spectrum function of sensors 15, 16, 17, 18, 21 and 22 pertaining to Sets 1 and 2, respectively. The agreement between the measured and synthesized cross spectrum function is excellent.

Table 7.5 Modal frequencies of vertically dominant modes as reported by Niazy (1991) and Luş *et al.* (1999) and Identified by FNExT technique using only deck vertical response (Unit: Hz)

FNExT Ambient[1]	FNExT Ambient[2]	Luş *et al.* – Whittier earthquake	Luş *et al.* – Northridge earthquake	Niazy – Ambient	Niazy – FEM
0.226	0.227	0.234	0.225	0.216	0.201
0.242	0.242	–	–	0.234	0.223
0.366	0.369	0.388	0.304	0.366	0.336
–	–	–	–	–	0.344
0.464	–	0.464	0.459	0.487	0.422
0.537	0.540	0.576	0.533	0.579	0.526
–	–	0.6170	0.600	–	–
0.637	0.637	0.6174	0.632	–	–
0.773	0.767	0.769	0.791	–	0.772
0.804	0.805	0.804	0.811	0.835	
0.853	0.859	0.857	–	–	–
0.974	0.965	0.947	0.974		
1.088	0.068	–	1.110	–	1.065

[1]: Set 1 [2]: Set 2

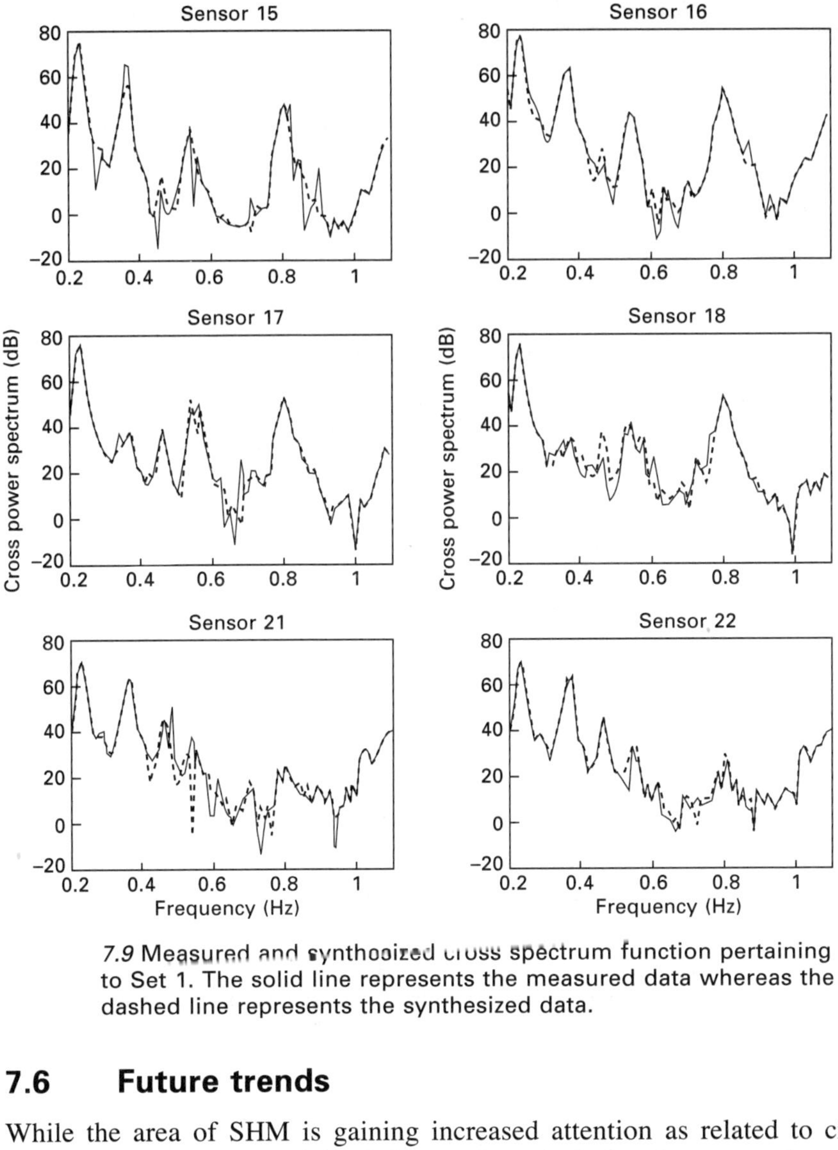

7.9 Measured and synthesized cross spectrum function pertaining to Set 1. The solid line represents the measured data whereas the dashed line represents the synthesized data.

7.6 Future trends

While the area of SHM is gaining increased attention as related to civil infrastructure, and especially bridges, there is lack of a comprehensive understanding of the needs for a viable system in the field, often leading to inadvertant ommissions, which cause the system to either not be viable or to provide significantly less data than is essential. The following steps are suggested for the design and implementation of future vibration-based health monitoring systems for highway bridges:

1. The target structure should be surveyed and studied carefully in order to establish its baseline structural and response characteristics. Dynamic

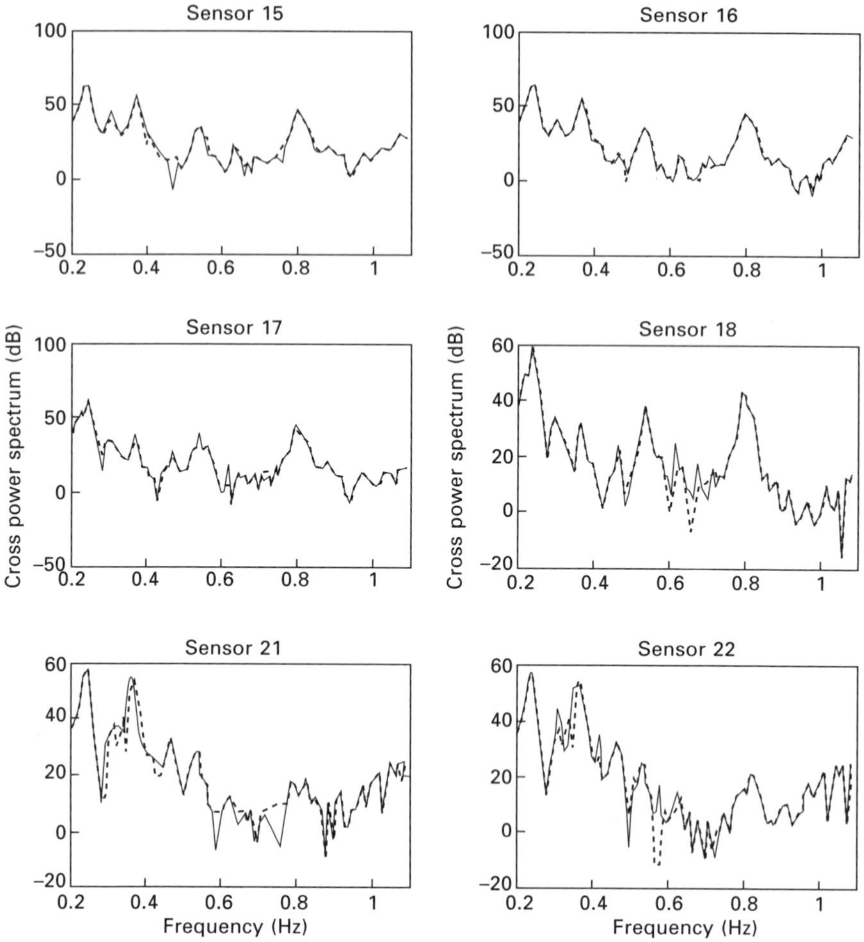

7.10 Measured and synthesized cross spectrum function pertaining to Set 2. the solid line represents the measured data whereas the dashed line represents the synthesized data.

responses should be measured at appropriate locations on the structure during its typical operational conditions during the initial survey. Mobile instrumentation should be used in order to investigate as many locations as possible. These locations will form the basis of potential sensor locations for a long-term health monitoring system. Currently, acceleration is usually the preferred type of measurement in terms of dynamic response. The magnitude and frequency content of the acceleration collected during typical operation conditions of the structure will dictate the type and parameters of the sensors to be used in the health monitoring system. For example, the maximum amplitude range of the sensor at specific locations should be able to accommodate the largest acceleration the structure is expected to experience at that particular location. Also, the accelerometers selected should be able to accurately measure the frequency range over which the structural modes of interest are located. Or more generally, the accelerometer should be able to accurately measure the frequency range where most of the signal power of the response is located. For many large civil engineering structures, the dominant structural modes as well as the majority of the signal power in the response due to ambient excitation exist in the lower end of frequency spectrum – less than 1 Hz in many cases. Traditional piezoelectric accelerometers have limited accuracy operating in such low frequency ranges. Capacitive or resistive accelerometers are thus more suitable for such types of applications. In cases where the health monitoring system is also expected to collect data during extreme events such as earthquakes or hurricanes, actual structural response induced by extreme events might not be available during the design and implementation stage of the health monitoring system. Predicted response based on finite element models of the structure and past knowledge of the excitation due to extreme events can be used in place of this data.

2. Modal analysis should be performed to identify the initial modal parameters. Operational modal analysis can be used for identification when responses caused by ambient excitation are used. The excitation and response level used for identification should correspond to those typical of normal operation of the structure in order to minimize the effect of nonlinearity. Alternatively, forced excitation sources such as an impact hammer or an electromagnetic shaker can also be utilized. In the case where forced excitation source is utilized, attention must be paid to make sure that the amplitude and frequency characteristics of the forced excitation is similar to that of the ambient excitation the structure is likely to be subjected to during its daily operations. The characteristics of the identified dominant modes should be studied carefully in order to determine the number and location of the sensors needed to effectively characterize these modes. The minimum number of sensors needed to successfully identify a mode can be determined by Shannon's sampling theorem. The density of the sensor network will also be determined by the intended spatial resolution of the damage localization. In order to successfully identify localized damage, the number of sensors needed is usually much larger than that dictated by Shannon's sampling theorem.
3. Once the type, number and location of the sensors in the sensing system are determined, the data acquisition, transmission and archiving system can be designed accordingly in the third step. Apart from the necessary requirements imposed by the need to interface with the sensing system,

another important characteristic of the data acquisition system is the sampling rate. The sampling rate should be determined by the frequency range of interest identified in the second step. Generally speaking, the Nyquist frequency, or half of the sampling frequency, should be larger than the highest frequency of interest. But due to some practical considerations such as avoiding aliasing effects, the Nyquist frequency is usually selected to be at least two times the highest frequency of interest. The amount of data collected is directly proportional to the sample rate and the number of sensors or channels simultaneously measured. For large civil engineering structures, tens of thousands of samples may be recorded every second and the data acquisition, transmission and archiving system must be designed to accommodate that.

4. A baseline finite element model, initially built based on design documents, should then be updated using the identified modal parameters by means of a finite element model updating method. Uncertain structural parameters should be identified using sensitivity analysis. The finite element model updated with identified values of structural parameters is a better presentation of the baseline structure. Depending on the modal parameter used in the model updating process, the 'baseline' model can represent the pristine state of the structure or its state at a selected point in time. The latter case usually happens when an existing structure needs to be monitored and modal parameters from its pristine state are not available. The model updating process can also be augmented by the static response measured during load tests.
5. Once the hardware of the monitoring system is in place, continuous monitoring of the structure should be performed. Operational modal analysis can be used to extract modal parameters from the measured structural response using algorithms presented in this chapter.
6. Damage localization should then be performed utilizing the identified modal parameters and techniques. The baseline finite element model needs to be constantly updated, using an appropriate method. The change between each updated model can be considered as a record of the changes that the actual structure has been experiencing.
7. Estimation of present structural capacity and remaining life can be performed at each stage of service-life of the structure enabling the SHM system to be truly effective.

It is noted that operational modal analysis is becoming a relatively mature technology with a broad array of standard techniques. However, some of the inherent assumptions that underlie all techniques, such as the white noise excitation assumption, remain to be verified. Moreover, there exists no uniform framework to evaluate the statistical properties of the modal parameters identified through various methods. Further, the performance of different methods cannot be easily compared. The study of environmental effects has gradually drawn more attention but much work still remains to be done.

Damage identification is one of the key components in a structural health monitoring system. Currently, there is a significant lack of research in terms of evaluating the statistical characteristics of the various damage detection algorithms proposed to date, including the one proposed in this chapter. In contrast to the already well-accepted probability-based design philosophies, most damage identification methods are still based on a deterministic framework. Future research should lead to the integration of a statistical framework into the damage identification process. Operational variability must be quantified and confidence bounds given. Extreme value statistics and Bayesian statistical models can be utilized to provide valuable insights to the statistical properties of the identification results.

Finite element model updating has been shown to be an efficient technique for damage diagnostics. However, it is not always an easy task to guarantee the accuracy and validity of a finite element model. Some of the current challenges involve the non-uniqueness of the solution, ill-conditioning of the identification problem, and numerical convergence problems of the optimization algorithm. Although some of these challenges are inherent to the inverse identification problem to which the FEMU problem belongs, others can be solved or alleviated through the use of appropriate techniques. For example, dense sensor networks could be used to improve the spatial dimension of measured data, thus reducing the ill-conditioning of the problem. Dynamic properties other than mode shapes and frequencies could also be used to provide higher sensitivity to structural changes. Globally robust optimization algorithms can be adopted to alleviate the convergence problem.

Lastly, on a broader scale, the current approach to the structural health monitoring problem can be divided into two distinct areas: (1) using structure dynamic properties to detect structural changes at global level, and (2) using local NDE methods to locate and quantify damages in local components. Both approaches have their own advantages and limitations. Neither alone can satisfy all the stringent requirements from the end users. A new multi-level structural health monitoring system integrating global- and local-level diagnostics needs to be developed. Global-level techniques can be used to provide rapid condition screening, locate the proximities of the anomalies and evaluate their influence on global structural behavior, while local NDE techniques can be applied to the identified damage region in order to better define the location and severity of the damage and its effect on local components. Mission-tailored new sensor technologies such as piezoelectric and fiber-optic sensors with wireless communication capabilities will be essential to reduce the system cost and improve efficiency.

7.7 References

Abdel Wahab, M. M., and De Roeck, G. (1999). 'Damage detection in bridges using modal curvatures: Application to a real damage scenario.' *Journal of Sound and Vibration*, 226(2), 217.

Abdel Wahab, M. M., De Roeck, G., and Peeters, B. (1999). 'Parameterization of damage in reinforced concrete structures using model updating.' *Journal of Sound and Vibration*, 228(4), 717.

Allemang, R. J. (1999). 'Vibrations: Experimental Modal Analysis (Class Notes).' University of Cincinnati, Cincinnati, Ohio.

Anderson, P. (1997). 'Identification of civil engineering structures using vector ARMA model,' Aalborg University, Aalborg, Denmark.

Arun, K. S. (1989). 'Principal components algorithms for ARMA spectrum estimation.' *IEEE Transactions on Acoustics, Speech, and Signal Processing*, 566.

Asmussen, J. C., Ibrahim, S. R., and Brincker, R. (1998). '*Random decrement: Identification of structures subjected to ambient excitation.*' Santa Barbara, CA, USA, 914.

Asmussen, J. C., Brincker, R., and Ibrahim, S. R. (1999). 'Statistical theory of the vector random decrement technique.' *Journal of Sound and Vibration*, 226(2), 344.

Bernal, D., and Gunes, B. (2004) 'Flexibility based approach for damage characterization: benchmark application.' *Journal of Engineering Mechanics*, ASCE, Vol. 130, No. 1, pp. 61–70.

Bendat, J. S., and Piersol, A. G. (1996). *Random Data: Analysis and Measurement Procedures*, John Wiley & Sons, New York, USA.

Brincker, R., Zhang, L., and Anderson, P. (2000). 'Output-Only Modal Analysis by Frequency Domain Decomposition.' *International Seminar on Modal Analysis* (*ISMA 25*), Katholieke Universiteit Leuven, Belgium.

Brincker, R., Ventura, C. E., and Andersen, P. (2001). '*Damping estimation by frequency domain decomposition.*' Kissimmee, FL, 698.

Chakraverty, S. (2005). 'Identification of structural parameters of multistorey shear buildings from modal data.' *Earthquake Engineering and Structural Dynamics*, 34(6), p. 543.

Chase, S. B., and Laman, J. A. (2000). 'Dynamics and Field Testing of Bridges.' Transportation in The New Millennium: State of the Art and Future Directions, Perspectives from the Transportation Research Board Standing Committees.

Chiang, D.-Y., and Cheng, M.-S. (1999). 'Modal Parameter Identification from Ambient Response.' *AIAA Journal*, 37(4), 513–519.

Choi, S., and Stubbs, N. (1997) 'Nondestructive damage detection algorithms for 2D plates.' *SPIE Proceedings: Smart Structures and Materials 3043*, pp. 193–198.

Choi, S., Park, S., Yoon, S. and Stubbs, N. (2005). 'Nondestructive damage identification in plate structures using changes in modal compliance.' *NDT and E International*, 38(7), 529–540.

Cole, H. A., Jr. (1973). 'On-line failure detection and damping measurement of aerospace structures by random decrement signatures.' *NASA Contractor Reports*, 77.

Doebling, S. W., Farrar, C. R., Prime, M. B., and Shevitz, D. W. (1996). 'Damage Identification and Health Monitoring of Structural and Mechanical Systems from Changes in Their Vibration Characteristics: A Literature Review.' *LA-13070-MS*, Los Alamos National Laboratory Report LA-13070-MS, Los Alamos, New Mexico.

Farrar, C. R. (2005). Principles of Structural Health Monitoring, Course Notes.

FHWA. (2001). '*Reliability of Visual Inspection for Highway Bridges, Volumn I: Final Report.*' U.S. Department of Transportation, Federal Highway Administration.

Friswell, M. I., and Mottershead, J. E. (1995). *Finite element model updating in structural dynamics*, Kluwer Academic Publishers, Dordrecht; Boston.

Guan, H., Karbhari, V. M., and Sikorsky, C. S. (2006). 'Web-Based Structural Health Monitoring of a FRP Composite Bridge.' *Computer-Aided Civil and Infrastructure Engineering*, 21, 39–56.

Gudmundson, P. (1982). 'Eigenfrequency changes of structures due to cracks, notches or other geometrical changes.' *J. Mech. Phys. Solids*, 30, 339–353.

Guillaume, P., Hermans, L., and Van der Auweraer, H. (1999). '*Maximum likelihood identification of modal parameters from operational data.*' Kissimmee, FL, USA, 1887.

Housner, G. W., Bergman, L. A., Caughey, T. K., Chassiakos, A. G., Claus, R. O., Masri, S. F., Skelton, R. E., Soong, T. T., Spencer, B. F., and Yao, J. T. P. (1997). 'Structural control: Past, present, and future.' *Journal Of Engineering Mechanics-Asce*, 123(9), 897–971.

Ibrahim, S. R., and Mikulcik, E. C. (1977). 'Method for the direct identification of vibration parameters from the free response.' *Shock and Vibration Bulletin*(47), 197.

James III, G. H., Carne, T. G., and Lauffer, J. P. (1993). '*The Natural Excitation Technique (NExT) for Modal Parameter Extraction From Operating Wind Turbines.*' Sandia National Laboratories, Albuquerque, New Mexico, USA.

Juang, J.-N., and Pappa, R. S. (1985). 'Eigensystem realization algorithm for modal parameter identification and model reduction.' *Journal of Guidance, Control, and Dynamics*, 8(5), 620.

Kaouk, M., and Zimmerman, D. C. (1994). 'Structural damage assessment using a generalized minimum rank perturbation theory.' *AIAA Journal*, 32(4), 836.

Kim, J. T., and Stubbs, N. (2003). 'Crack detection in beam-type structures using frequency data.' *Journal of Sound and Vibration*, 259(1), 145.

Kim, B.-H., Stubbs, N., and Sikorsky, C. (2002). 'Local Damage Detection Using Incomplete Modal Data.' *20th IMAC*, 435–441.

Kim, B. H., Stubbs, N., and Park, T. (2005). 'Flexural damage index equations of a plate.' *Journal of Sound and Vibration*, 283, 341–368.

Lay, D. C. (2003). *Linear algebra and its applications*, Addison Wesley, Boston.

Lee, L. S.-w. (2005). '*Monitoring and Service Life Estimation of Reinforced Concrete Bridge Decks Rehabilitated with Externally Bonded Carbon Fiber Reinforced Polymer (CFRP) Composites*,' Unviersity of California, San Diego, La Jolla, CA.

Luş, H., Betti, R., and Longman, R. W. (1999). 'Identification of linear structural systems using earthquake-induced vibration data.' *Earthquake Engineering and Structural Dynamics*, 28, 1449–1467.

Maeck, J., and De Roeck, G. (1999). 'Dynamic bending and torsion stiffness derivation from modal curvatures and torsion rates.' *Journal of Sound and Vibration*, 225(1), 153–170.

Maeck, J., Wahab, M. A., Peeters, B., De Roeck, G., De Visscher, J., De Wilde, W. P., Ndambi, J. M., and Vantomme, J. (2000). 'Damage identification in reinforced concrete structures by dynamic stiffness determination.' *Engineering Structures*, 22(10), 1339.

Maia, N. M. M., and Montalväao e Silva, J. M. (1997). *Theoretical and experimental modal analysis*, Research Studies Press; Wiley, Hertfordshire, England / New York.

Moore, M., Rolander, D., Graybeal, B., Phares, B., and Washer, G. (2001). 'Highway Bridge Inspection: State-of-the-Practice Study.' *FHWA-RD-01-033*, Federal Highway Administration.

NBIS. (1998). 'National Bridge Inspection Standards.' Code of Federal Regulations, US Government Printing Office via GPO Access. revised April 1, 1998.

Ni, Y. Q., Fan, K. Q., Zheng, G., Chan, T. H. T., and Ko, J. M. (2003). '*Automatic modal identification of cable-supported bridges instrumented with a long-term monitoring system.*' San Diego, CA, United States, 329.

Niazy, A. M. (1991). 'Seismic performance evaluation of suspesnsion bridges,' PhD Dissertation, University of Southern California.

Park, S., Choi, S., Sikorsky, C., and Stubbs, N. (2004). 'Efficient method for calculation of system reliability of a complex structure,' *International Journal of Solids and Structures*, 41, 5035–5050.

Peeters, B., and De Roeck, G. (2000) '*One year monitoring of the Z24-bridge: Environmental influences versus damage events.*' San Antonio, TX, USA, 1570.

Ren, W.-X., and De Roeck, G. (2002a). 'Structural damage identification using modal data. I: Simulation verification.' *Journal of Structural Engineering*, 128(1), 87.

Ren, W.-X., and De Roeck, G. (2002b). 'Structural damage identification using modal data. II: Test verification.' *Journal of Structural Engineering*, 128(1), 96.

Richardson, M. H., and Formenti, D. L. (1982). 'Parameter estimation from frequency response measurements using rational fraction polynomials.' Orlando, FL, USA, 167.

Rytter, A. (1993). 'Vibration Based Inspection of Civil Engineering Structures,' PhD Thesis, University of Aalborg, Denmark.

Sampaio, R. P. C., Maia, N. M. M. and Silva, J. M. M. (1999). 'Damage detection using the frequency-response-function curvature method.' *Journal of Sound and Vibration*, 226(5), 1029–1042.

Shi, Z. Y., Law, S. S., and Zhang, L. M. (1998). 'Structural damage localization from modal strain energy change.' *Journal of Sound and Vibration*, 218(5), 825.

Shi, Z. Y., Law, S. S., and Zhang, L. M. (2000). 'Structural damage detection from modal strain energy change.' *Journal of Engineering Mechanics*, 126(12), 1216.

Sikorsky, C., Stubbs, N., Park, S., Choi, S., and Bolton, R. (1999). 'Measuring Bridge Performance using Modal Parameter Based Non-Destructive Damage Detection.' *the 17th International Modal Analysis Conference*, 1223–1229.

Sohn, H., Farrar, C. R., Hemez, F. H., Shunk, D. D., Stinemates, D. W., and Nadler, B. R. (2003). 'A Review of Structural Health Monitoring Literature: 1996-2001.' *LA-13976-MS*, Los Alamos National Laboratory Report LA-13976-MS, Los Alamos.

Stubbs, N. S., and Osegueda, R. A. (1990a), 'Global non-destructive damage evaluation in solids.' *International Journal of Analytical and Experimental Modal Analysis*, 5(2), April, pp. 67–80.

Stubbs, N. S., and Osegueda, R. A. (1990b), 'Global damage detection in solids experimental verification.' *International Journal of Analytical and Experimental Modal Analysis*, 5(2), April, pp. 81–97.

Stubbs, N., and Kim, J. T. (1996). 'Damage localization in structures without baseline modal parameters.' *AIAA Journal*, 34(8), 1644–1649.

Teughels, A., De Roeck, G., and Suykens, J. A. K. (2003). 'Global optimization by coupled local minimizers and its application to FE model updating.' *Computers and Structures*, 81(24–25), 2337.

Udwadia, F. E. (2005). 'Structural identification and damage detection from noisy modal data.' *Journal of Aerospace Engineering*, 18(3), 179.

Van Overschee, P., and De Moor, B. (1993). 'Subspace algorithms for the stochastic identification problem.' *Automatica*, 29(3), 649.

Vandiver, J. K. (1977). 'Detection of structural failure on fixed platforms by measurement of dynamic response.' *JPT, Journal of Petroleum Technology*, 29, 305.

Vold, H., Kundrat, J., Rocklin, G. T., and Russell, R. (1982). 'Multi-input modal estimation algorithm for mini-computers.' Detroit, MI, Engl, 820194.

Yoshimoto, R., Mita, A., and Okada, K. (2005). 'Damage detection of base-isolated buildings using multi-input multi-output subspace identification.' *Earthquake Engineering and Structural Dynamics*, 34(3), 307.

Yuan, P., Wu, Z., and Ma, X. (1998). 'Estimated mass and stiffness matrices of shear building from modal test data.' *Earthquake Engineering and Structural Dynamics*, 27(5), 415.

8 Fiber optic sensors for structural health monitoring of civil infrastructure systems

F ANSARI, University of Illinois at Chicago, USA

Abstract: From the very beginnings of time mankind has been intrigued with the potential applications of light and the possibilities that it could bring about. The origins of optical fibers probably go back to mid 19th century when the scientists tried to guide, bend, and transmit the light from one location to another. Now, optical fibers have found widespread usage in telecommunications as well as in medical and sensing applications. This article provides a summary review of principles involved in sensing with optical fibers and specific methods more prevalently employed in industrial applications. In particular, the focus will be on the specific applications of fiber optic sensors to civil structures.

Key words: bridges, cracks, fiber optic sensors, FBG, SHM, CSHM, strain, structures, inspections, construction, monitoring.

8.1 History

Physicists throughout the history considered light a fascinating subject of study for investigating its fundamental properties and to learn of potential applications. How fast does the light travel? How far can it go? Can it bend and get transmitted around corners? And how is it transformed and modulated? Mid to late nineteenth century is considered the renaissance years for optics. Measurement of the speed of light is credited to two scientists, Jean Bernard Léon Foucault, the French physicist, and then Albert Abraham Michelson in USA. Foucault in 1850 performed the famous Foucault–Fizeau rotating mirror experiment to measure the speed of light. This same experiment also contradicted the Newton's corpuscle theory of light (Cassidy, 2002). Later on, during a two-year period of experimentation (1877–1878), Albert Abraham Michelson refined the rotating-mirror method of Foucault for measuring the speed of light.

During the same period in 1850s, John Tyndall, the British physicist, was the first to demonstrate that light could be bent and transmitted around a corner. In his experiments at the Royal Society of London, Tyndall showed that light could be guided through a curved flow of water without escaping contour (Allan, 1973). This discovery proved that light could be bent around corners. In essence, the experiment was the first step towards development of optical fibers and guiding the light by way of total internal reflection. According to the Snell's law, at the interface between two optically different media for a certain angle of incidence, the light totally reflects into the first medium (Fig. 8.1). This is mathematically demonstrated in Eq. (8.1), where for two media with different refractive indices when the angle of incidence, θ, becomes sufficiently large, β increases and approaches the interface and the signal totally reflects back to medium 1:

$$\frac{\sin \theta}{n_1} = \frac{\sin \beta}{n_2} \qquad 8.1$$

In the case of Tyndall's experiment, a careful selection of the water channel dimensions for considerations pertaining to the angle of incidence at the bends and the refractive index differences between the water ($n_1 = 1.33$) and air ($n_2 \approx 1$), light was totally contained within the water and followed its contour.

Early applications using plastic rods for transmission of light from one point to another were in the medical field. In early 20th century (1930s), Heinrich Lamm, a medical student in Germany worked on the idea of guiding the light through a number of fibers (optical fibers) in order to be able to see the internal organs of human body. The medical applications took center stage through the 1950s, when the researchers invented devices such as gastroscopes for examination of inside the stomach. Despite these advances, until this time period, optical fibers merely consisted of a glass or plastic rod that relied on the total internal reflection at the interface with air or oils and waxes. The first glass-clad fibers were developed in 1956 by an undergraduate Physics student, Lawrence E. Curtiss, at the University of Michigan (Hecht, 1999). Basically the refractive index of the glass cladding is designed to be less than the refractive index of the glass core and therefore,

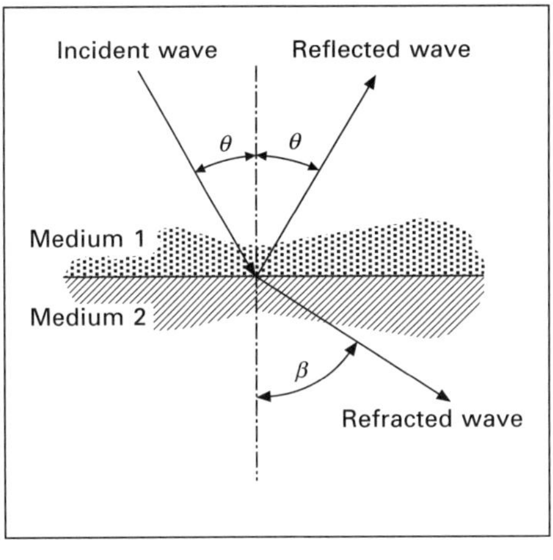

8.1 Snell's law.

it assures that the light launched into the core is contained in the core (Fig. 8.2). To protect the fiber against brittle fracture during handling another layer of soft protective coating is used to coat the optical fiber (not shown in Fig. 8.2). Typical single-mode fibers have a core, cladding, and protective coating diameters of respectively 5, 125, and 250 microns.

Introduction of glass cladding paved the way for efficient transmission of light through the optical fibers over short transmission lengths. However, the attenuation issues did not allow the technology to be used for transmission of light over long distances. It was generally understood that the attenuation in fibers available at the time in the 1960s was caused by impurities, which could be removed, rather than fundamental physical effects such as scattering. The crucial attenuation level of 20 dB was first achieved in 1970, by researchers Robert Maurer, Donald Keck, Peter Schultz, and Frank Zimar at Corning Incorporated in USA. They eventually produced a fiber with only 4 dB/km using germanium dioxide as the core dopant. These developments had an exponential effect in expanding the field of telecommunications and enabled internet.

8.2 Fiber optic sensors

The early applications of optical fibers were in the field of medicine, but in time they found their niche in telecommunications. It is difficult to map out the origins of optical fiber sensors. However, survey of technical literature reveals mid 1970s as the period in which optical fibers were considered to have potential for use as sensors and not just media for delivery of signal. The earliest research demonstrating the capability of optical fibers to interferometrically measure the strain fields in structural mechanics can probably be attributed to Butter and Hocker (Butter, 1978). This is the period of time during which fiber reinforced composites were being increasingly employed in aeronautics. High strength to weight ratio and their invulnerability to corrosion made these composites materials of choice in structural applications. Despite their excellent strength, weight and corrosion-resistant characteristics, not much

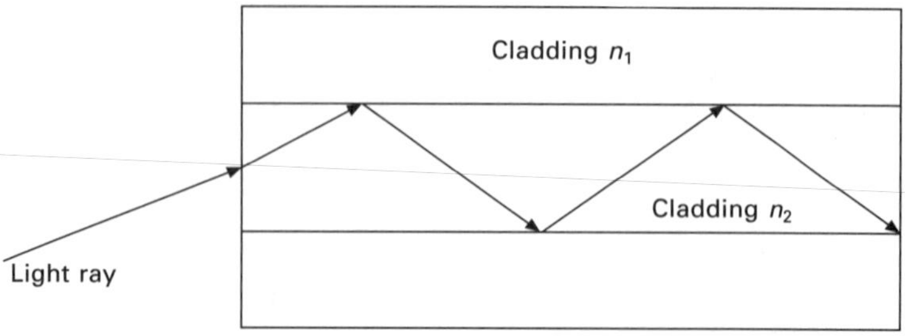

8.2 Light transmission at the core-cladding.

more was known about fiber reinforced composites. Brittleness and transverse vulnerability to stress concentrations as well as long-term stability were the issues to reckon with.

The subject of smart structures, a buzzword which was created then, at some point specifically referred to the composites with embedded optical fibers as sensors. This was considered an important area of research and development in order to establish a database for the in-service as well as long-term monitoring of composites. Moreover, optical fibers possess superior attributes. They are geometrically adaptable and can be configured to arbitrary shapes. Optical fibers are small in size, typically 250 microns in diameter, and immune to electric and electromagnetic interference. Moreover, optical fibers are inherently capable of serving as both the sensing element and the signal transmission medium, allowing the electronic instrumentation to be located remotely from the measurement site. Raymond Measures referred to composites with embedded optical fiber sensors as structures with nerves of glass (Melle, 1993). Measures devoted a great deal of time to development of a number of fiber optic sensors at the institute for aerospace studies at the University of Toronto. The results of many years of his research have been enumerated in a number of publications and in an in-depth compendium (Measures, 2001).

The emergence of optical fibers for monitoring of composite materials led to an outburst of new applications in the aeronautics industry. However, it was not until the late 1980s when the civil engineering discipline started experimenting with the idea of using optical fibers in conjunction with construction materials. In 1988, under a contract from the Federal Highway Administration, Ansari developed a fiber optic sensor for determination of the air content in freshly mixed concrete (Ansari, 1990). The kinematics of relative motion between the sensor tip and individual constituents of varying refractive indices in concrete will give rise to a reflectivity pattern indicative of the air content (%) in the concrete (Fig. 8.3). Figure 8.4 is representative of a reflected signal pattern as received from an optical fiber for a period of 10 seconds in concrete. The horizontal axis in Fig. 8.4 corresponds to the number of data points scanned for the ten seconds period during which the experiment was performed. The vertical axis represents the intensities of the reflected signals. Larger reflectivities correspond to air bubbles, and the percentage of air in the fresh concrete is determined from statistical analysis of data in Fig. 8.4. This application demonstrates the direct use of signal intensity modulations in an optical fiber for sensing the presence of air bubbles. Other intensity based optical fibers can be developed. For instance, intensity modulation in optical fibers through micro and macro bending effects can be related to strains or deformations through proper calibrations. Micro-bend effect sensors are referred to as the types of sensors that are extrinsically modulated by way of finely spaced gratings (Fig. 8.5).

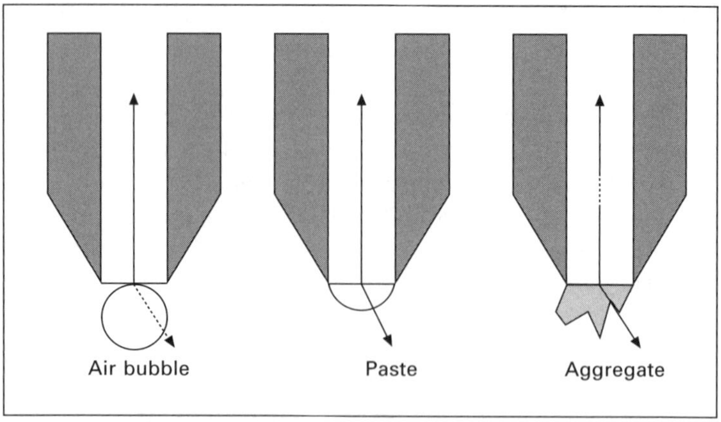

8.3 Reflection and refraction at the tip of the optical fiber (Ansari, 1990).

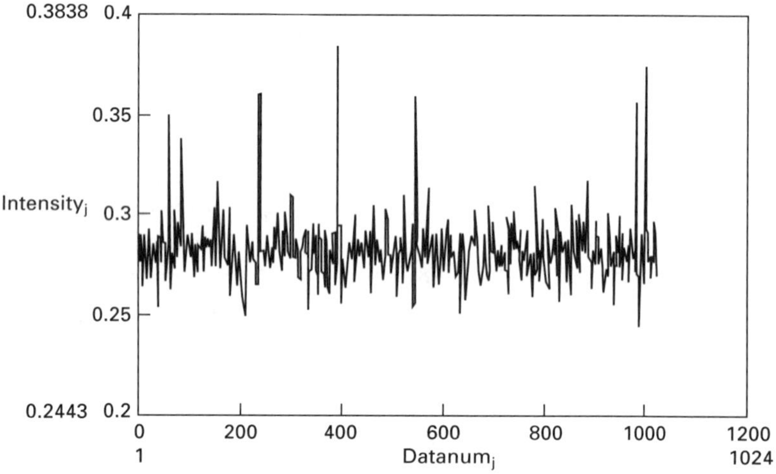

8.4 Reflected intensity plot in fresh concrete.

Macro-bend sensors take advantage of smooth changes in the fiber optic curvature for sensing (Fig. 8.6). This type of sensor has been employed in monitoring of crack opening displacements in concrete subjected to impact loading (Ansari, 1993).

Most of the current sensor designs are wavelength- or frequency-based. These include fiber Bragg gratings (FBG) and interferometric sensors based on Fabry Perot, white light, and others (Maaskant, 1998, Claus, 1993, Vohra, 1998, Yuan, 1997, Zhao, 2001). Principle of operation in FBG-based sensors is based on interrogation of strain-induced wavelength shifts in optical fibers (Fig. 8.7). Introduction of Bragg gratings in optical fibers can be achieved

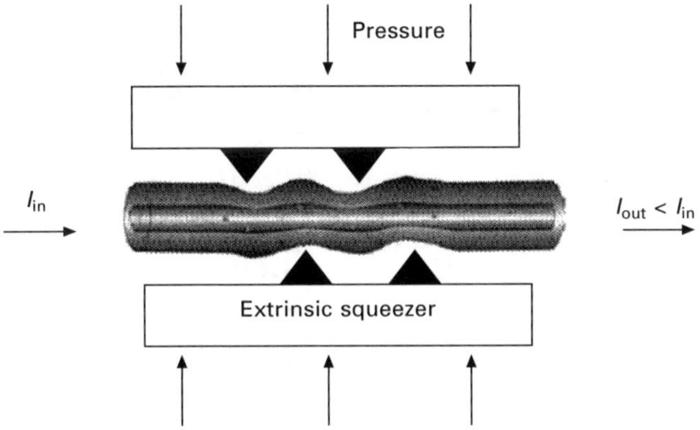

8.5 Extrinsic micro-bend pressure sensor.

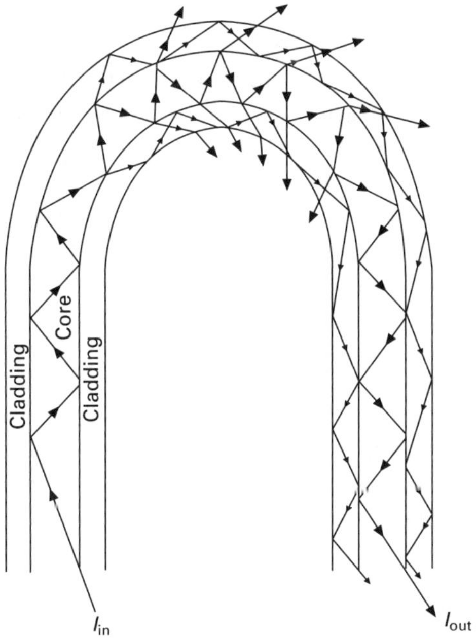

8.6 Macro-bend sensor (Ansari, 1993).

either by exposing the core of the optical fiber to intense UV laser through a mask to achieve specific wavelength reflectivity, or by holographic means using UV lasers. These sensors are highly sensitive and practical for many applications. They can be also serially multiplexed by writing several Bragg gratings of different wavelengths on one length of optical fiber. These sensors have capability for dynamic measurements.

Interferometric sensors cover a broad range of optical phenomena for sensing purposes. A number of different configurations can be employed

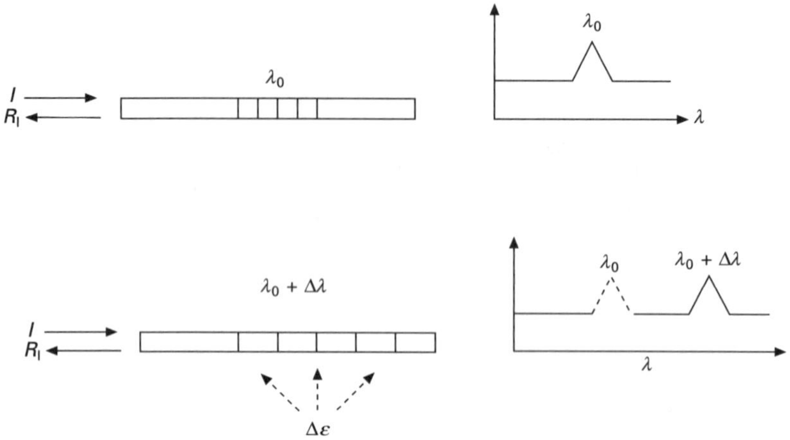

8.7 Strain-induced wavelength shift in FBG sensors.

for measuring the change in the phase of light by an interferometric sensor. They are highly sensitive for measuring strains. However, these sensors require the interference of light from two identical single-mode fibers, one of which is used as a reference arm and the other is the actual sensor. An exception to a two-arm interferometric sensor is a single-fiber Fabry-Perot type sensor (Fig. 8.8). In a Fabry-Perot type sensor, the fiber is manipulated in such a way as to form two parallel reflectors (mirrors), perpendicular to the axis of the fiber. The interference of the reflected signals which are formed in the cavity by the two partial mirrors creates the interference pattern. A Fabry-Perot sensor is only capable of providing localized measurements at the cavity formed by the two mirrors. The interference pattern generated at the output end of the phase sensors is sinusoidal in shape and is directly related to the intensity of the applied strain field. The period of this waveform constitutes a fringe and, if properly calibrated, it relates the optical signal to the magnitude of the measurand (i.e. strain). These sensors are highly sensitive and most of them have capability for dynamic measurements. A special class of interferometric sensors, white light sensors also referred to as long gage sensors, have found widespread applications in a number of civil engineering applications. Long gage sensors are briefly described here as well as in the section pertaining to multiplexing technologies.

8.3 White light interferometric sensors

A white light source such as an LED produces broadband emissions. In a Michelson white light interferometer arrangement, light from an LED is split into two beams (Fig. 8.9). One of the beams travels in the sensing fiber until it is perturbed by an external event such as pressure. The path length of the

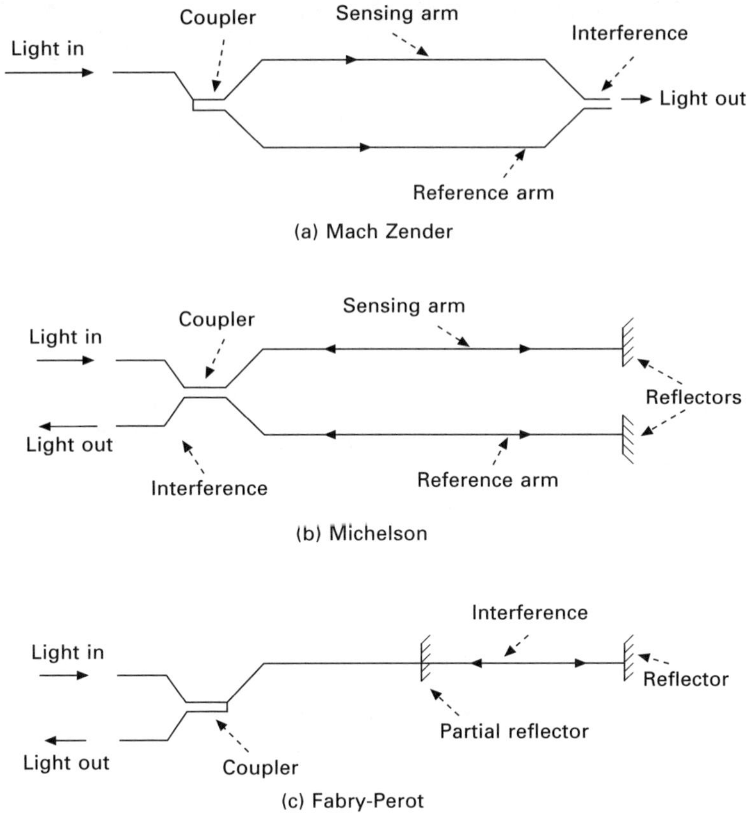

8.8 Interferometric fiber optic sensors (Ansari, 1997).

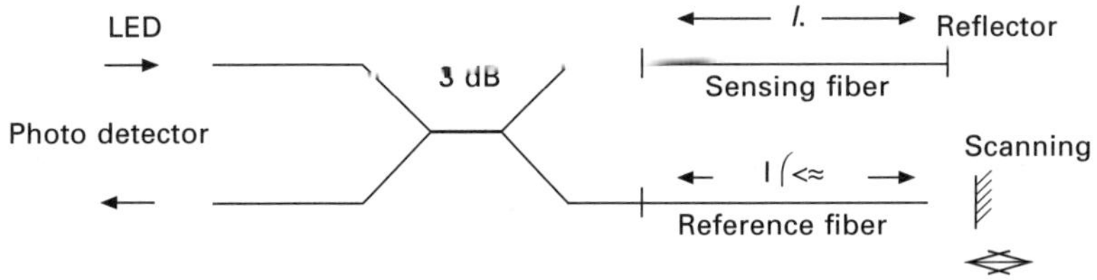

8.9 Basic setup for a white light michelson interferometer.

other beam is allowed to change by a moving mirror (reference arm). Then the beams are recombined, and if the path length of the variable beam is made equal to that of the sensing arm an interference pattern or a fringe is generated. With further perturbations in the sensing arm the fringe is lost and the moving mirror scans the length to find a new fringe position. The optical length change (OLC) which is the distance between the two fringes, is the perturbation sensed by the optical fiber (Fig. 8.10). Displacement

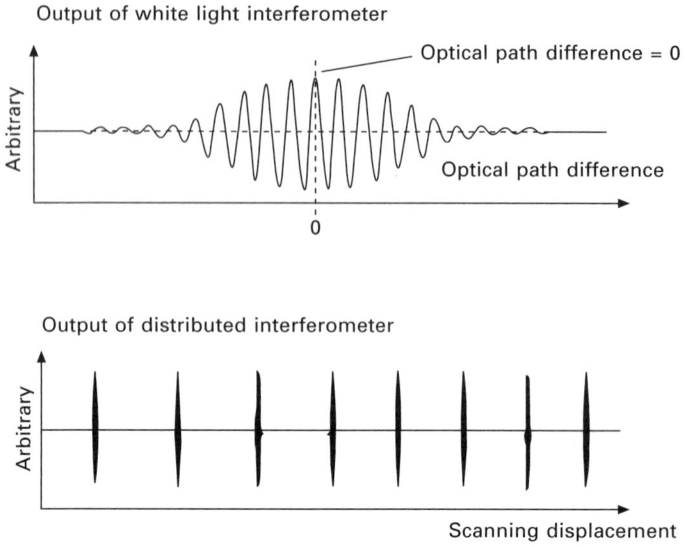

8.10 Fringe shift in long gage sensors.

resolutions of one micrometer or better are achieved by this technique. The sensor in this case can be of any length in the order of centimeters or meters. Calibration and determination of gage factors in these sensors are described in the following sections.

8.4 Strain optic law and gage factors

External perturbations such as strains modulate the propagating lightwave in the core of the optical fiber by changes in length and the refractive index. The modulated lightwave is then transmitted to an interrogation system for detection and demodulation. Calibration is required to convert the optical change into strain. In a manner similar to strain gages, calibration of optical fibers is related to the strain and temperature sensitivities of the fiber by appropriate gage factors. Measures (2001) provide a complete review of theoretical basis in formulating strain and temperature sensitivities. The basic principles are given here for completeness (Ansari, 2007).

The opto-thermo-mechanical process involved in fiber optic sensing relies on the optical path length, L_n, which is the product of the gage length, L, and the core refractive index, n:

$$L_n = Ln \tag{8.2}$$

While L corresponds to the gage length of the interferometric sensor, for FBG, L corresponds to the period of the Bragg and not the length of grating. The change in optical path length due to the changes in strain, $\Delta\varepsilon$ and in temperature Δ_T can be represented by strain and temperature sensitivities, ψ_ε, and ψ_T, respectively:

$$\frac{\Delta L_n}{L_n} = \psi_\varepsilon \Delta\varepsilon + \psi_T \Delta T \qquad 8.3$$

$$\psi_\varepsilon = \left[1 + \frac{1}{n}\left(\frac{\partial n}{\partial \varepsilon}\right)\right] \qquad 8.4$$

$$\psi_T = \left[\alpha_F + \frac{1}{n}\left(\frac{\partial n}{\partial T}\right)\right] \qquad 8.5$$

Where α_F is the coefficient of thermal expansion for optical fiber and the rest of the parameters were defined earlier. The relationship between the induced strain and the refractive index of the fiber is governed by the strain optic principle through photoelastic constants (Pockel's constants). In the case of uniaxial strain field and the absence of thermal gradients, the strain sensitivity in terms of the photoelastic coefficients takes the following form:

$$\psi_\varepsilon = G_\varepsilon = 1 - \frac{n^2}{2} p_\varepsilon \qquad 8.6$$

where, G_ε is the gage factor, and:

$$p_\varepsilon = p_{12} - \nu(p_{11} - p_{12}) \qquad 8.7$$

In Eq. (8.7) ν, p_{11}, and p_{12} are the Poisson's ratio, and the pockel constants for the fiber optic core, respectively. Therefore, for the isothermal condition, in a uniaxial field, Eq. (8.3) is reduced to the following form:

$$\frac{\Delta L_n}{L_n} = G_\varepsilon \Delta\varepsilon \qquad 8.8$$

Eq. (8.8) is independent of the sensor transduction mechanism, i.e. FBG or interferometric:

$$\frac{\Delta L_n}{L_n} = \frac{\Delta\lambda}{\lambda} = \frac{\Delta\phi}{\phi} \qquad 8.9$$

where, λ and $\Delta\lambda$ are the Bragg wavelength, and the wavelength shift in FBG, respectively. $\Delta\phi$ is the phase change due to strain, and φ is the reference phase in the interferometric sensor:

$$\phi = \frac{2\pi}{\lambda} = nL_n \qquad 8.10$$

Therefore, the gage factors for FBG and interferometric sensors are defined as:

$$G_F = \frac{\Delta\lambda/\lambda}{\varepsilon} \tag{8.11}$$

and,

$$G_\phi = \frac{\Delta\phi/\phi}{\varepsilon} \tag{8.12}$$

The calibration process for any of the sensors described above is determined by mounting of the sensor to a calibration beam which is deflected to produce a known strain ε. The wavelength change, or the phase change is measured and the corresponding gage factors are determined by Eqs. (8.10) and (8.11). Although, the gage factors for typical optical fibers are also computed through known properties of the optical core, calibration is necessary to alleviate errors. For instance for a typical optical fiber with $n = 1.458$, $p_{11} = 0.113$, and $p_{12} = 0.252$, and, $\upsilon = 0.17$, G_ε is 0.8. However, in most direct calibrations values of 0.7 to 0.8 have been reported for G_ε (Alavie, 1995, Russell, 1996)

8.5 Multiplexing and distributed sensing issues

Ideally for civil structures it is desirable to monitor all the critical and highly stressed regions. Clearly, cost and efforts associated with monitoring are directly related to the multiplicity of sensors employed. This is especially true when several sensors have to be multiplexed in parallel increasing the costs of the optical interrogation unit, data acquisition, and labor for dealing with large arrays of lead lines for the sensors in the structure. Fiber optic sensors provide advantages over the conventional sensors in this respect as it is both possible to use the optical fiber sensors for distributed monitoring or by serially multiplexing a number of sensors on one line of optical fiber.

Several technologies have become available for serial or parallel multiplexing of sensors using Brillouin scattering, Bragg gratings, and interferometry (Brooks, 1985, McGarrity, 1995, (Davis, 1997, Murray and Krishnawamy, 2001, Zhao, 2001, Wu, 2002, Zeng, 2002). Current state-of-the-art in distributed sensing with Brillouin scattering provides spatial resolutions in the order of 1m which is sufficient for civil engineering applications. FBG based systems have the capability for both serial as well as parallel multiplexing at sampling rates of 1000 Hz or more (Fig. 8.11). The maximum number of FBG sensors that can be used in series is dependent on the strain requirements, considering that the strains can only vary within the scanning bandwidth of the system which is around 60 nm. A wavelength shift of ± 1.2 nm corresponds to about ± 1000 $\mu\varepsilon$, and therefore, for strains in the order of ± 4000 $\mu\varepsilon$, the number of serially multiplexed sensors is limited to five or six.

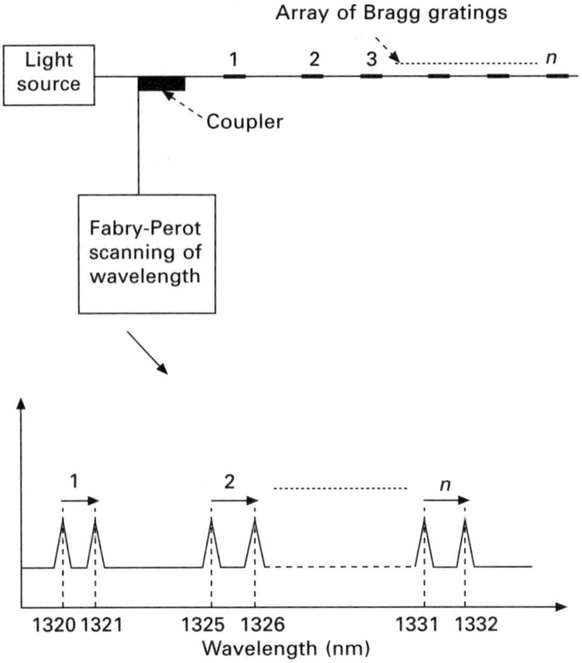

8.11 Serial multiplexing of FBG sensors (Ansari, 1997).

Similar limitations hold for long gage interferometric sensors where the strain measurement limits correspond to the scanning range of the displacement scanning stage employed to balance the interferometer arms. Because of long gage sensing capability, when several sensors are connected along a single line they basically act as a distributed or better said a quasi-distributed sensor. Development of the quasi-distributed long gage sensor has been detailed elsewhere (Zhao, 2001). A brief description of the system is given here for completeness.

An example of a serially multiplexed sensor consisting of *m*-segments in series is shown in Fig. 8.12. The system consists of two parts: sensing interferometer module, and the receiving interferometer. The sensor comprises a number of individual single-mode fibers coated on both ends and of desired gage lengths. The individual fibers are mechanically connected through ferrules and a portion of the beam is reflected when the light wave passes through them. Individual sensor segments, starting from sensor 1 all the way to the last sensor in the series act as reference arms for the adjacent sensors. Since every sensor shares a common pathway through the coupler and other fiber segments, possible errors due to disturbances caused by the lead fiber phase variations are automatically compensated for. The receiving interferometer consists of a Michelson white light interferometer with a scanning translation stage, signal processing and the system control unit.

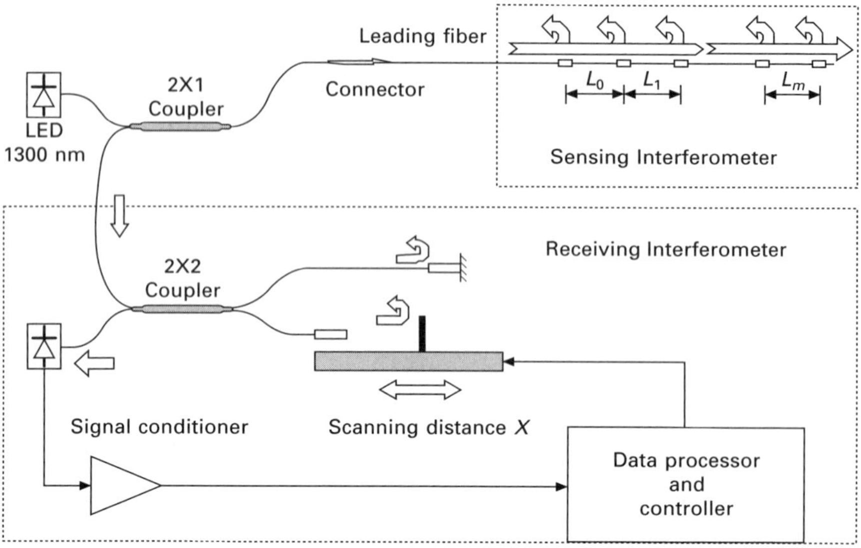

8.12 Serially multiplexed long gage sensor (Zhao, 2001).

White light from a wide-band LED is fed into the sensor by way of a 2X1 coupler. The power is transmitted through the entire sensor system and returned to the interferometer by way of a coupler. The returned optical field, *E,* from the individual sensor segments is expressed in the following form:

$$E = \sum_{i=1}^{m} E_i \exp\left\{-j\left[2\pi vt - 2\bar{k}\left(L_0 + \sum_{h=1}^{h=i} nL_h\right)\right]\right\} \qquad 8.13$$

where E_i is the amplitude of the reflected beam, v is the mean frequency of the signal, $\bar{k}$ is the mean wave number in vacuum, L_0 is initial optical path length, L_j is gage length of each strain sensor, n is the effective index of refraction of the sensing fiber, m is the number of the sensors, $i = 1, 2, 3,\ldots m$ and $h = 1, 2, 3,\ldots i$. The individual reflected signals that contain the information pertaining to the measurand. The generalized strain–optic relationship between the optical length change (OLC) and the axial strain, ε_{xx}, induced over the gage length of a single segment of the optical fiber is given below:

$$\mathrm{OLC} = \frac{\Delta x_i}{2} = nL\left\{n - \frac{1}{2}n^2\left[P_{12} - v_f(P_{11} + P_{12})\right]\right\}\varepsilon_{xx} \qquad 8.14$$

where P_{11} and P_{12} are Pockels constants, v_f is the Poisson's ratio as described earlier, Δx_i is the fringe shift in the i-th sensor, and L is the length (gage length) of the optical fiber. For single-mode silica optical fibers at a wavelength of 1300 nm, the refractive index, n = 1.46. For $P_{11} \approx 0.12$, $P_{12} \approx 0.27$, v_f = 0.25 Eq. (8.14) can be re-written as:

$$\varepsilon_{xx} = \frac{\Delta x_i}{2.38\,L} \qquad 8.15$$

The scanning time required for interrogation of all the sensors in one line will depend on many factors including the number of sensors, gage lengths, speed of the scanning system in the reference arm of the interferometer, and the efficiency of the hardware or the software employed for detection of the fringe patterns. For instance, in an eight-sensor serially multiplexed assembly, with one-meter gage sensors, the scanning time for the system described in (Zhao, 2001) is 0.03 Hz. Therefore, this technique is not suitable for dynamic monitoring applications.

Techniques based on optical time domain reflectometry (OTDR) provide distributed sensing capabilities based on measurement of propagation time delays of light traveling in the fiber based on the measure and induced change in the transmission of light. Several sensing techniques have been developed based on this principle. In one method a pulsed light signal is transmitted onto one end of the fiber, and light signals reflected from a number of partial reflectors along the fiber length are recovered from the same fiber end. By using this concept, it is possible to determine the distance to the strain field, d, by way of the two-way propagation time delay, 2, through the simple relationship (relating velocity and distance):

$$d = 2tv \qquad 8.16$$

where v is velocity of light in the fiber, and $2t$ is the time required for the two-way travel of the signal from individual reflectors. Since the velocity of light is known, an OTDR is capable of detecting the location of strain fields ($d_1, \ldots, d_n$) through measurement of reflected time signals (Fig. 8.13).

Sensing based on the Brillouin scattering phenomenon provides the opportunity for distributed monitoring of strain and temperature. Brillouin scattering, named after Leon Brillouin, the French physicist, occurs when light in a medium such as an optical fiber interacts with time dependent density variations in the core of the optical fiber which in turn changes its frequency and path. The density variations are due to the quantized modes of vibrations that occur in the lattice structure of crystals. This is at the atomic scale with vibration amplitudes much smaller than lattice spacing. These quantized atomic scale vibration modes are called phonons or in the literature are referred to as the acoustic modes of the optical fiber. Interaction of light (photons) with the acoustical modes of the optical fiber (phonons) result in a scattering process in which it either gives rise to new acoustical modes or creation of new phonons (Stokes process) or annihilating the modes or phonons (anti-Stokes process). The energy and, therefore, the frequency of

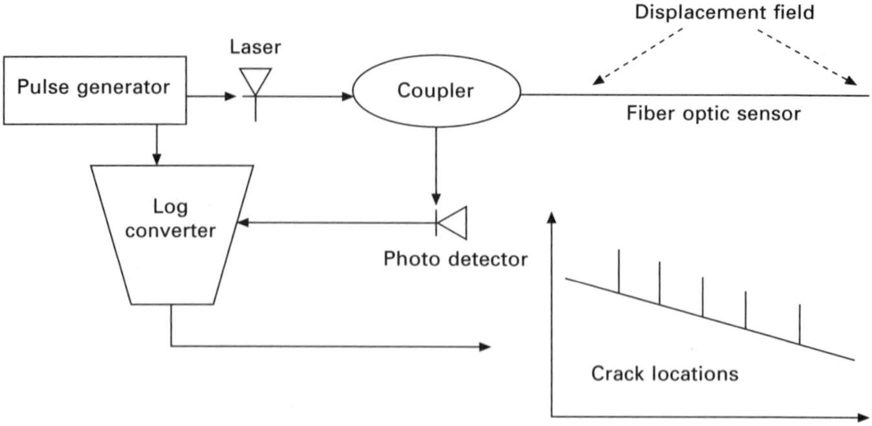

8.13 Distributed sensing with an OTDR (Ansari, 1997).

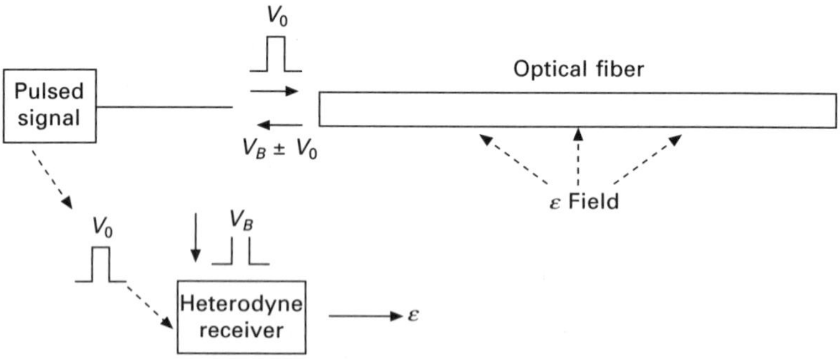

8.14 BOTDR distributed sensing principle.

the scattered light are slightly changed, that is decreased for a Stokes process and increased for an anti-Stokes process. This shift in energy (or frequency of the scattered light) is referred to as Brillouin scattering. External perturbations such as strains results in interatomic changes to the lattice structure and the related Brillouin shift due to changes in the acoustical modes of the optical fiber can be captured using different techniques including stimulated Brillouin scattering techniques. In general an OTDR is employed for monitoring of the Brillouin scattering (BOTDR) from several locations along the optical fiber length giving rise to distributed sensing (Fig. 8.14). This technique allows for simultaneous measurement of strain and temperature and eliminates the need for temperature compensation. The spatial resolution for distributed sensing is currently in the range of 5 to 10 meters which is sufficient for applications involving miles of pipelines. Significant amount of research efforts are on the way to reduce the range to meters and centimeters.

8.6 Applications

The geometric adaptability of optical fibers allows them to sense strains and other parameters of importance in structural engineering. This is accomplished by proper packaging of the sensors for transduction of the parameters of interest (Fig. 8.15). Moreover, the civil structural applications of bare optical fibers are limited mainly due to the fact that they easily damage during placement and integration within large structural components and materials either during construction operations or under routine service load environment. Therefore, sensor package design needs to satisfy two criteria: (1) to properly sense the parameter of interest; and (2) to protect the optical fiber against damage in the structure. It is beyond the scope of this article to discuss packaging of all the sensor types described here. For completeness, a few examples are provided where FBG-based sensors were packaged and employed in structural applications. Sensor packaging is, however, not limited to FBG-based sensors and similar designs can be configured for other sensor types (Ansari, 2007, Gu, 1999).

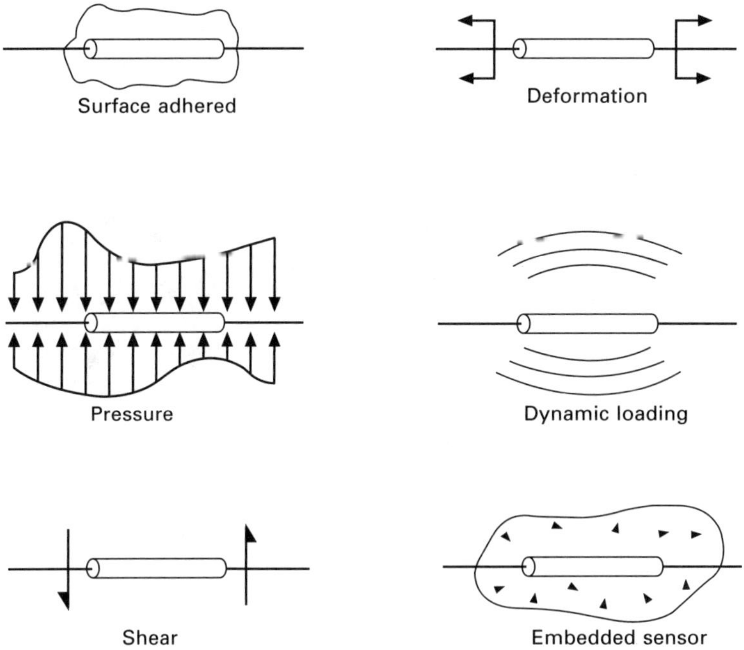

8.15 Configuration of optical fibers for sensing of structural parameters (Ansari, 2007).

8.7 Monitoring of bridge cables

An example of a specially designed fiber optic sensor for sensing of bridge cable strains and deformations for the pedestrian Lingotto Bridge in Turin, Italy is shown in Fig. 8.16 (Talebinejad, 2007). Lingotto Bridge was constructed in 2005, in time for the Winter Olympics, connecting the general market area to the Lingotto exhibition center. The bridge goes over the railroad tracks over a total length of 365 meters with a main span of 150 meters. It is 69 meters above the ground and it has a single arch that supports the suspended deck by the cables. The deck is curved and provides an aesthetically pleasing but structurally challenging situation in terms of vibrations under pedestrian and wind loads (Fig. 8.17). The cable sensors were constructed using an individual FBG. The FBG was pre-tensioned and protected inside a PVDF tube. A fiber reinforced polymer composite cable was employed for strengthening the optical fiber and the FBG was attached to steel angle supports. The steel angle supports were then attached to the cables with a tension clamp (Fig. 8.18).

The deformation and dynamic characteristics of this bridge were investigated by using a pendulum type loading mechanism shown in Fig. 8.19. Typical dynamic strain data as measured by the FBG cable sensor are shown in Fig. 8.20. It can be seen that the sensors are highly sensitive with strain resolving capabilities in the order of few micro-strains.

8.8 Monitoring of cracks

Fiber optic sensors can be used for monitoring of cracks using innovative configurations. The arch sensor shown in Fig. 8.21 is shaped with a specific

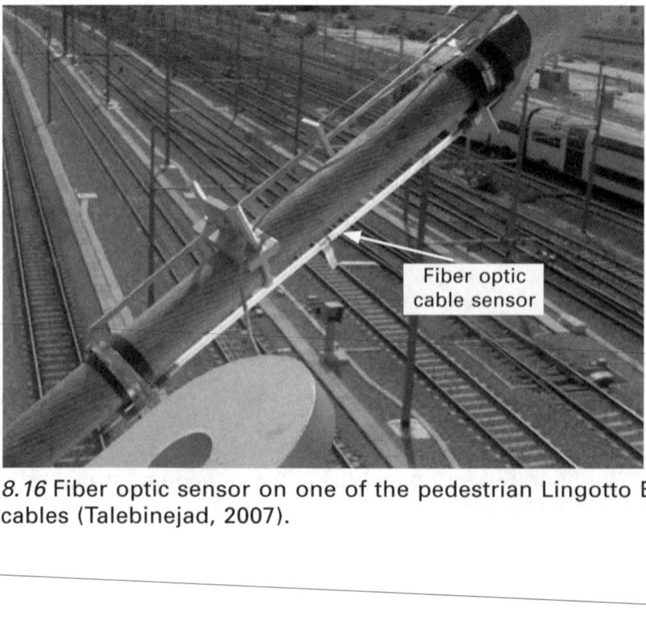

8.16 Fiber optic sensor on one of the pedestrian Lingotto Bridge's cables (Talebinejad, 2007).

8.17 Aerial view of the Lingotto Bridge's single arch suspended deck.

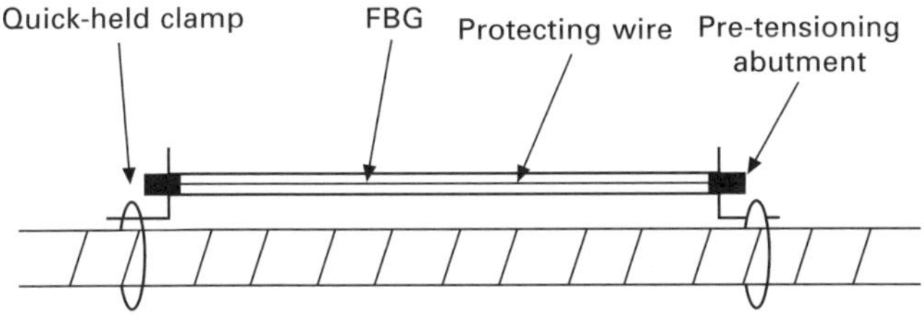

8.18 Schematics of the FBG cable sensor (Talebinejad, 2007).

8.19 Pendulum swing on the Lingotto.

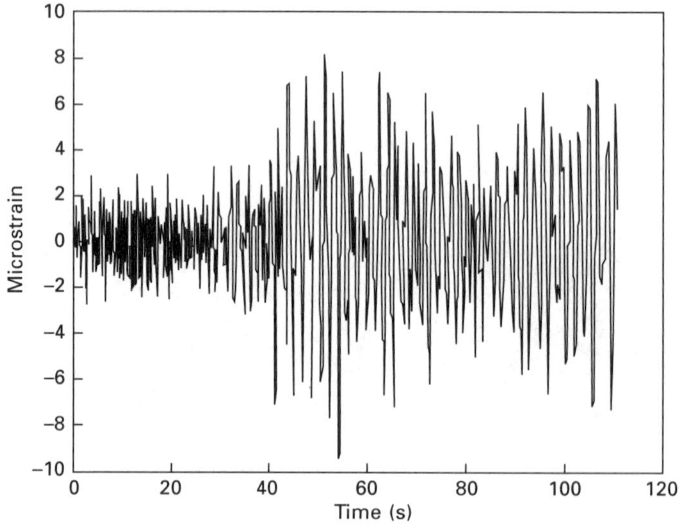

8.20 Typcial dynamic strain data as measured by the fiber optic bridge cable sensor.

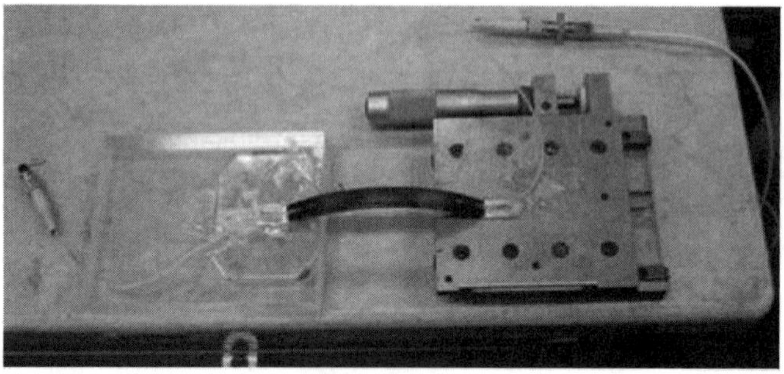

8.21 Fiber optic crack sensor.

parabolic curvature in order to increase the dynamic range of the fiber adhered to the arch (Bassam, 2008). The sensor is protected by a soft PVC material. A number of these sensors can be spliced along a single cable in series in order to monitor many sections of structures. The fiber optic crack sensors have been employed in a number of applications including monitoring of bridge pier plastic hinge zones under seismic loadings and monitoring of masonry cracks in vaulted structures (Figs 8.22–8.23). Typical time domain crack sensor data for a bridge pier subjected to shake table tests are given in Fig. 8.24.

8.22 Crack sensor installed for monitoring a cracked masonry vault.

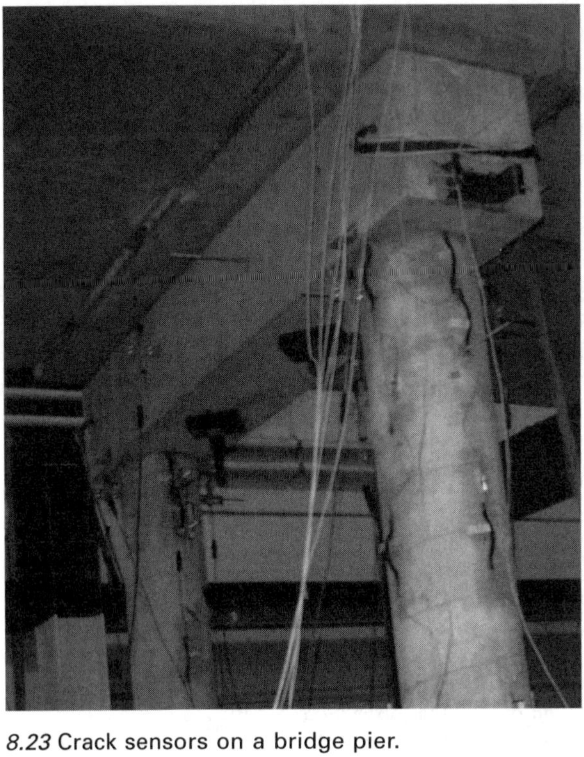

8.23 Crack sensors on a bridge pier.

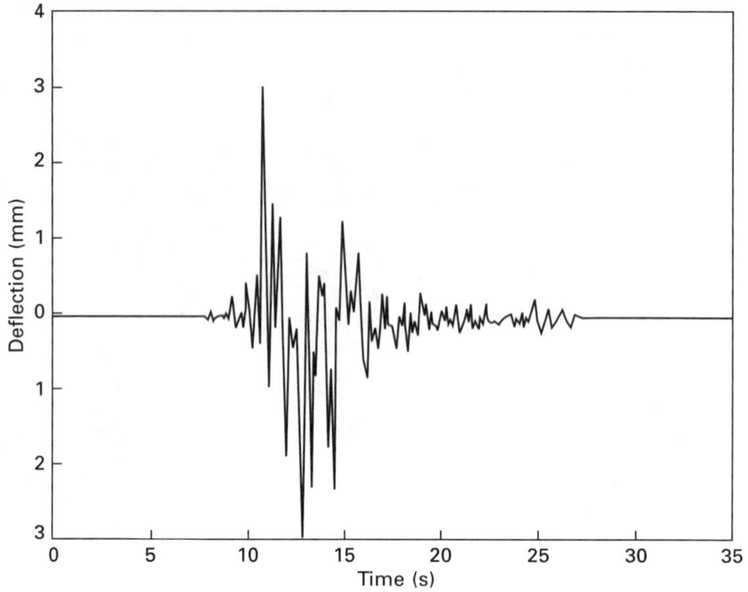

8.24 Time domain response of the bridge pier crack sensor subjected to seismic loads.

8.9 Conclusions

Sensors are essential elements of structural health monitoring systems. Optical fiber sensors when properly utilized provide superior structural health monitoring capabilities for structural health monitoring of civil structures. The primary advantage of optical fiber sensors in structural health monitoring is the geometric conformity and capability for sensing of a variety of perturbations. Properly configured sensors will be able to sense the structural effect of importance without affecting the structural behavior. This article provides a summary of basic principles pertaining to the structural health monitoring of civil engineering structures with optical fiber sensors. The general areas covered included fiber optic sensors types and representative applications. It is possible to design optical fiber systems for measurements of myriads of perturbations including strain, cracks, deformations, accelerations, cable dynamics, etc. Other issues include protection of fibers against damage by design of proper sensor packaging systems.

8.10 References

Alavie, A. M. (1995). *Characteristics of Fiber Grating Sensors and Their Relation to Manufacturing Techniques*. 2444, pp. 528–535. SPIE.

Allan, W. (1973). *Fiber Optics, Theory and Practice*. New York: Plenum Press.

Ansari, F. (1990). A New Method for Assessment of Air Voids in Plastic Concrete. *Cement and Concrete Research*, 20 (6), pp. 901–910.

Ansari, F. N. (1993). Kinematics of Crack Formation in CEmentitious Composites by Fiber Optics. *ASCE, J. of Engineering Mechanics*, 119 (5), pp. 1048–1061.

Ansari, F. (1997). *State-of-the-art in the Applications of Fiber Optic Sensors to Cementations Composites, Cement and Concrete Composites*, 19 (1), pp. 3–19.

Ansari, F. (2007). Practical Implementation of Optical Fiber Sensors in Civil Structural Health Monitoring. *Journal of Intelligent Material Systems and Structures*, 18 (8), pp. 879–889.

Bassam, S. I. (2008). Structural Health Monitoring Of A Concrete Bridge Subjected To Northridge Earthquake Seismic Motions. *Concrete Bridge Conference*. St. Louis.

Brooks, J., W. R. (1985). Coherence Multiplexing of Fiber-Optic Interferometric Sensors. *J. Lightwave Technology*, 3 (5), pp. 1062–1072.

Butter, C. H. (1978). Fiber Optics Strain Gauge. *Applied Optics*, 17, 2867– 2869.

Cassidy, D. H. (2002). *Understanding Physics*. Netherland: Springer.

Claus, R. G. (1993). Extrinsic Fabry-Perot Sensor for Structural Evaluation. In F. Ansari (Ed.), *Applications of Fiber Optic Sensors in Engineering Mechanics* (pp. 60–70). Reston, VA: ASCE.

Davis M. A., B. D. (1997). Distributed fiber Bragg grating strain sensing in reinforced concrete structural components. *Cement and Concrete Composites*, 19 (1), pp. 45–57.

Gu, X. C. (1999). Method and Theory for a Multi-Gauge Distributed Fiber Optic Crack Sensor. *Journal of Intelligent Materials Systems and Structures*, 10 (2), pp. 176–183.

Hecht, J. (1999). *City of Light, The Story of Fiber Optics*. Oxford: Oxford Univrsity Press.

Maaskant, R. A. (1998). A Recent Experience in Bridge Strain Monitoring with Fiber Grating Sensors. In F. Ansari (Ed.), *Fiber Optic Sensors for Construction materials and Bridges* (pp. 129–135). Technomic (CRC).

McGarrity C., C. B. (1995). Multiplexing of Michelson interferometer sensors in a matrix array topology. *Applied Optics*, 34 (7), pp. McGarrity C., Chu B. C. B. and Jackson D. A. (1995), Multiplexing of Michelson interferometer, 1262–1268.

Measures. (2001). *Structural Monitoring with Fiber Optic Technology*. London: Academic Press.

Melle, S. L. (1993). Practical Fiber Optic Bragg Grating Strain Gauge System. *Applied Optics*, 32, pp. 3601–3609.

Murray, T., Krishnawamy, S. (2001). Multiplexed interferometer for ultrasonic imaging application, 40 (7), pp. 1321–1328.

Russell P. S. J. (1996). Fiber gratings. In B. A. Culshaw (Ed.), *Optical Fiber Sensors, Components and Subsystems*. 3, pp. 9–67. Artech House.

Talebinejad, I. F. (2007). Structural Health Monitoring of Lingoto Cable-Stayed Pedestrian Bridge. In A. Mufti (Ed.), *SHMII 3*. Vancouver.

Vohra, S. C. (1998). Preliminary Results on the Monitoring of an In-Service Bridge Using a 32-Channel Fiber Bragg Grating Sensor System. In F. Ansari (Ed.), *Fiber Optic Sensors for Construction Materials and Bridges* (pp. 148–158). Technomic (CRC Press).

Wu, Z. (2002). Infrastructural Health Monitoring with BOTDR Fiber Optic Sensing Technique. In A. Mufti (Ed.), *Structural Health Monitoring Workshop*, (pp. 217–226). Winnipeg.

Yuan, L. (1997). White Light Interferometric Fiber Optic Distributed Strain Sensing system. *Sensors and Actuators, Part A, Physical*, 63 (3).

Zeng, X. B. (2002). Strain and Temperature Monitoring of a Concrete Structure Using a Distributed Brillouin Scattering Sensor. In A. Mufti (Ed.), *Structural Health Monitoring Workshop*, (pp. 207–216).

Zhao, Y. (2001). Quasi-Distributed Fiber-Optic Strain Sensor: Principle and Experiment. *Applied Optics*, 40 (19), pp. 3176–3181.

9

Data management and signal processing for structural health monitoring of civil infrastructure systems

D K MCNEILL, University of Manitoba, Canada

Abstract: In order for measurements collected via structural health monitoring (SHM) to provide a meaningful indicator of a structure's performance over the long-term, it is important that the data be collected and managed properly. This chapter provides guidance in collecting useful sensor measurements, presents the basics of connecting SHM systems to the Internet, discusses the use of standard database systems to store and organize measurements, and presents methodologies for data archiving. In addition, basic SHM data processing is discussed in the context of noise reduction and novel event identification.

Key words: data acquisition, SHM data management, novelty detection, competitive learning, noise reduction.

9.1 Introduction

Structural health monitoring (SHM) systems can, in general, be split into four main steps or stages (Fig. 9.1). These are:

1. The direct measurement of one or more structural properties using sensors and their associated measurement equipment.
2. The communication or transportation of the collected measurements from the structure to a location where they will be analyzed or processed.
3. Storage of the measurements in a suitable manner that ensures data integrity and which facilitates efficient, reliable and robust access.
4. Finally, analysis or examination of the measurements so as to deliver the end objective of the monitoring activity, that being the evaluation of the structure's health.

These four operations can take on a variety of forms depending on the equipment being used, the extent to which a structure is being monitored, and whether that monitoring is being performed on a periodic or continuous basis. In addition, the complexity and cost of the overall monitoring process grows with the number of observations to be taken and the time period over which those measurements are to be retained.

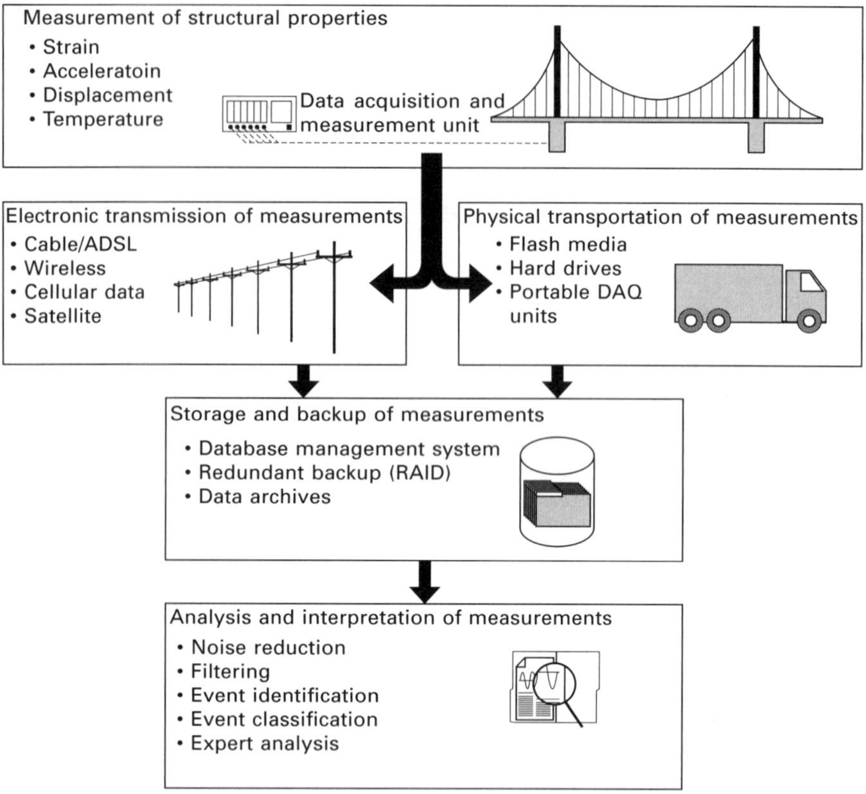

9.1 SHM system block diagram.

9.1.1 Documenting the measurement process

While it is true that the collection of data and its subsequent analysis is the main objective of the monitoring activity; for that to be successful it is equally important that good records are kept of what was monitored and how that monitoring was carried out. Failure to do so can easily render the collected data unusable, particularly in situations where there is a significant delay between the time of collection and the time at which the data are to be examined.

The measurement process for any SHM installation necessarily begins with the decision on the part of engineers as to what aspects of a structure's state or performance are to be observed. These typically include information such as strain, vibration/acceleration, displacement, or temperature of various structural components. Once those decisions have been made, it is then possible to select sensors and the data acquisition system that will interface to those sensors. Detailed records should be kept at this early stage that include:

1. a brief description of the objective of the monitoring activity;
2. the locations on the structure where the sensors are to be placed;
3. the manufacturer and model number of the sensors to be used;
4. the manufacturer and model number of the data acquisition system to be used;
5. the input channel on the acquisition equipment to which each sensor is connected;
6. configuration information for the data acquisition system;
7. calibration information for each of the sensors.

Documenting the objective and the placement of the sensors ensures that it is clear why a specific sensor was chosen and what is actually being measured as a consequence of using those sensors. The placement information should not only include the general position of each sensor on the structure, but also how they are affixed to the structure and their specific location on the structural component being observed. The purpose of this is to ensure that should it be necessary to examine the collected measurements months or years after they are taken, that one can be confident of what physical properties of the structure have actually been recorded in the data.

Keeping account of the manufacturer and model numbers of the sensors and data acquisition equipment also helps to ensure that the measurements taken with those instruments are interpreted properly. Furthermore, it is advisable that technical detail, such as datasheets for the sensors and documentation for the acquisition equipment, be retained as well. While such information may be easily accessible from the manufacturer of those components today, there is no guarantee that the technical documentation will continue to be accessible after several years. This is particularly crucial in the case of continuous monitoring, since it is a certainty that sensors will fail over the monitoring period and will therefore need to be replaced. The ability to properly evaluate the long term performance of a structure based on the collected data requires that we are aware of the specific properties and performance of the sensors that were used to gather those data throughout the entire monitoring period.

While the technical characteristics of the sensors and acquisition equipment are important, it is also essential that records are kept that describe which input on the equipment was used to measure which sensor. Different manufacturers of measurement equipment will have different native formats for how the acquired measurements are stored. These may range from a simple text file containing columns of raw measurements, one for each sensor channel, to a more compact binary file format. In either case the ability to provide a meaningful label to each sensor channel within the data files will be limited, so it is critical that additional information is kept which clearly associates each measurement channel with its corresponding sensor. Care should also be taken to assign as meaningful a label as possible to the sensor channels within the equipment to help in matching the sensors to the data.

In addition to the labeling of each input channel, the data acquisition equipment will also have a variety of configuration parameters. Depending on the sophistication of the unit these configuration parameters may be extensive. The configuration used in setting up the equipment should be recorded in detail. This information is likely to include items such as the sampling frequency of the input channels, the resolution of the measurements being taken, detail of any signal conditioning that is performed on the measurements (such as filtering component settings), sensor type selection in the case where inputs may accept a variety of different sensors, network configuration options such as hostname or network address and associated passwords for access control.

Finally, each sensor channel will be calibrated at the time of installation to establish a baseline for subsequent measurements. This calibration information should also be recorded for each of the individual sensors and sensor channels. Should the data acquisition system itself require replacement, both the aforementioned unit configuration information and the sensor calibration information will be required to setup a replacement acquisition unit and ensure consistency in the recorded measurements. Sensor cables should be labeled with the corresponding calibration information for that sensor, where possible, or records should be kept with the sensors to describe the calibration. Some equipment, such as the fibre-optic strain measurement equipment manufactured by SHM Systems, assist with this process by providing electronic tagging in the form of a hardware data key which is physically attached to the sensor cable to store the calibration information for that sensor (Fig. 9.2). Failure to accurately record calibration or the loss of calibration information will result in the inability to properly interpret the signals coming off the sensors and thereby reduce the quality of the measurements or render them useless.

9.2 Data collection and on-site data management

9.2.1 Obtaining meaningful measurements

In order for the data collected from an SHM installation to be of use, it must provide a true representation of a structure's actual physical behavior. If the measurement system is configured incorrectly, the data collected may be meaningless, or may include measurement artifacts that were not present in reality. Clearly, if the data themselves are unreliable due to errors made in their collection, then any conclusions that might be drawn from those data can not be viewed with confidence. In order to address these concerns, it is important that any sensor be interrogated properly to ensure that conversion

9.2 IDERS USB key.

of the sensor signal into a digital measurement gives a result that is both true and meaningful.

Many SHM systems make use of general purpose data acquisition equipment that is used to interrogate sensors, such as strain gages and accelerometers. The sensors themselves consist of electromechanical transducers that transform the physical phenomena being observed into an analog electrical signal. This signal is then further converted into a digital measurement for the convenience of storage, communication and analysis. The theory underlying the process of digital conversion imposes the strict requirement that any analog signal be sampled at a rate that is *at least* twice that of the highest frequency component present within the signal (Shannon, 1949). Or, alternatively, that the signal to be converted must only contain frequencies that are less than half of the selected sampling frequency. Failing to satisfy this requirement will result in measurements being taken too infrequently to accurately reconstruct the original signal. As a consequence, the poorly reconstructed signal may appear to be entirely different in shape from the signal originally measured.

A simple illustration of this phenomenon is outlined in Fig. 9.3. Here a hypothetical sinusoidal input signal of 9 Hz is shown. If the signal is sampled at a frequency of 12 Hz (instead of the minimum theoretical requirement of 18 Hz), the resulting sample points clearly do not capture the shape of the 9 Hz waveform in any meaningful way. As well, the sample points are identical to those corresponding to a sinusoid of 3 Hz. There is no way to

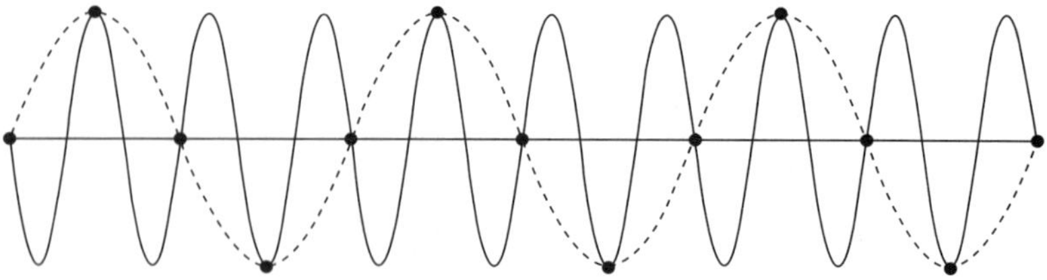

9.3 Sampling waveform showing aliasing.

determine from the data that the points came from a 9 Hz signal. They appear, instead, to come from a 3 Hz signal because of the error in sampling. This effect is known as *aliasing*.

To avoid this problem, any frequencies above those that can be accurately represented by the selected sampling rate of the system must be removed. The data acquisition system accomplishes this by introducing filters at each sensor input that are configured (tuned) to discard unwanted frequencies present within that signal, before the digital conversion process takes place. The filtered signal can then be properly digitized with no risk that aliasing will occur.

However, as a consequence of the fact that the filtering operation is being performed on an analog signal, the filters themselves are constructed using analog electronic components. Thus, it is not normally possible to select an arbitrary cut-off or rejection frequency for each input (above which all frequencies are eliminated and below which the signal is passed unaffected). Instead, these systems provide a range of electronic filters with pre-determined cut-off frequencies. The user is able to choose the filter that is most appropriate for the task at hand from amongst those available. It should be noted, however, that the range of cut-off frequencies that are available may not match the sampling requirements of the task particularly well. In such cases, it is important to choose a filter frequency and sampling rate that are high enough to correctly capture the desired components of the input signal. Having done so, the digital measurements may be processed further in software by applying a digital filter to remove other unwanted frequencies. A software filter can be programmed to use an effectively arbitrary cut-off frequency. In this way the frequency content of the digital signal can be reduced to precisely the range desired for the SHM task. Once digitally filtered, the number of stored measurements can be subsequently reduced, provided that the sampling requirement is maintained.

For example, a standard commercial data acquisition system might offer a choice of analog filters for each input channel that will discard signals above either 10 Hz, 100 Hz, 1 kHz, 10 kHz, or 100 kHz. If it is determined that the important frequencies to record from a sensor are those below 25 Hz, then the most appropriate selection, given the limitations of the acquisition equipment, is a filter with cut-off frequency of 100 Hz. The resulting analog signal should then be sampled at a frequency of 200 Hz (or above). This will insure that the information up to 25 Hz will be captured correctly. It will, however, result in the information from 25 Hz to 100 Hz also being captured. That additional information can be discarded through the use of a software filter, programmed with a cut-off frequency of 25 Hz, which is then applied to the sampled data. Once this secondary filtering operation has been performed, the recorded data may be down-sampled from 200 Hz to as low as 50 Hz to reduce the quantity of stored information. Commercial systems, such as those manufactured by National Instruments, provide digital filtering and down-sampling components as easily configurable software elements.

9.2.2 Obtaining measurements from multiple sources

Some SHM installations may require an extensive array of sensors or may make use of different sensor technologies that will require the simultaneous use of more than one data acquisition unit in order to capture all the desired measurements. For example, fiber-optic measurement equipment from manufactures such as SMARTEC or Micron Optics might be used together with units from National Instruments that record data from metal-foil strain gages, accelerometers and/or thermocouples. The data collected using these separate pieces of measurement equipment will need to be merged together so as to facilitate analysis of the combined data. To make this possible, the equipment associates a time-stamp with each measurement that is taken. These times are obtained from a real-time clock present within each instrument. When data from multiple acquisition sources are to be combined, it is essential that the individual clocks be synchronized to a common reference so that measurements that are obtained simultaneously by different units are given the same timestamp.

The ideal situation is to have the clocks in each of the measurement units accurately synchronized to coordinate universal time (UTC). If the equipment is connected to the Internet, either periodically or continuously, it is possible to achieve this level of synchronization using the network time protocol (NTP). NTP enabled devices communicate with other networked systems that are themselves set-up as NTP time servers. Time servers are available world-wide and it is best to select a server which is geographically close to the location where the monitoring system is to be used so as to improve the accuracy of the synchronization. By its very nature, NTP is designed to maintain clock synchronization in spite of variability in network communication. Further information on NTP and a list of publicly accessible time servers can be obtained through www.ntp.org.

If the instruments are not network connected, then it will be necessary to synchronize the times manually. While this is not as precise as NTP synchronization, for most SHM applications it is sufficient. It should be noted, however, that the real-time clocks in any computer system, while relatively accurate over the short term, do drift by a small amount each day. This introduces an error in the recorded time that accumulates over an extended period. In the case of installations involving continuous monitoring in particular, it will be necessary to periodically resynchronize the individual clocks to maintain agreement in the recorded timestamps.

9.2.3 On-site data management

SHM installations may employ either periodic or continuous monitoring. In the case of periodic monitoring, all data collected during the monitoring process will ordinarily be stored on-site as it is unlikely that an economical communication infrastructure will be available to facilitate off-site communications. In this situation the SHM equipment will take on one of two configurations. If measurements are being taken over a short time period of days or weeks, and from a small number of sensors using a single data acquisition unit, then the unit itself may be all that is required to both collect and store the measurement data. If multiple acquisition units are to be used, a large number of sensors are to be monitored, or the monitoring is to continue for an extended period of time, then it is likely that additional computing and storage resources will be required. A laptop or other portable computer will normally serve this purpose. The determining factor in deciding whether a computer is required is the quantity of data to be collected relative to the storage capacity available within the acquisition unit itself.

One of the inherent challenges of SHM is the volume of data that is produced by the monitoring system. In the majority of cases, sensors are sampled at a frequency of 100 Hz and at a resolution of 16 or 24 bits per sample. The result is a daily volume of approximately 26 MB of data from a single sensor channel. Even a modest installation of a dozen sensors being recorded for one week accumulates nearly 2.2 GB of measurements. Some acquisition systems do provide on-board storage on the order of 1–2 GB, but the majority of systems offer far less. The units do, however, provide the capability to connect to a PC through either a standard Ethernet network interface, a serial interface, or both. This connectivity, together with the manufacturer's or third party software, allows the measurements to be transferred to the PC for storage. When a system is made up of multiple acquisition units, external data storage on a single computer offers a convenient means of bringing together the separate data sources into one location.

For sites with continuously monitoring and reliable external communications capabilities, it is possible to transfer the data directly from the acquisition units to a data server located off-site. However, should the communication infrastructure be subject to occasional service interruptions, such an arrangement may result in data loss in situations where the on-board storage is insufficient to buffer all measurements until communication is restored. In these instances, an on-site computer can again act as an intermediate storage location for measurements prior to their communication off-site.

9.3 Issues in data communication

9.3.1 Connecting an SHM site to the Internet

This section is intended to provide the background needed to set-up basic network communications between data acquisition equipment located onsite and a remote data server located offsite. Most acquisition units now provide an Ethernet network interface for communications and control. As a result, it is possible to set-up local network connectivity on-site in the same manner, and using the same equipment, available for deploying a small home network.

The computer networking infrastructure is built upon the Internet protocol (IP), which is a protocol for exchanging data between two networked computing systems across the Internet. Each system on the network has a unique numerical address (IP address) assigned to it. Information is exchanged between any two computers using a series of small messages called packets. IP packets sent between systems include both the address of the sender and the address of the intended recipient. The networking equipment to which the computers are connected, accepts and delivers packets based on these two addresses. If the data to be transferred are larger than can be transmitted using a single packet (which is almost always the case), it is broken down into several packets which are then sent independently. These packets are later reassembled at the receiving system to recover the original data.

For a computer to be individually accessible to others across the Internet, it needs to be assigned its own unique IP address. However, doing so for every computing system that might be attached to a network would mean that all the numbers that are possible under the most widely adopted version of the IP protocol (IPv4) would be used up. In actual fact, such a practice would be wasteful since many systems do not require their own unique network-wide address. Instead, what is commonly done is to have multiple computers or systems on a local network share a single connection to the Internet using the same public IP address. When communicating on the local network, these systems use a separate group of private internal IP addresses to communicate. This local group of private addresses can then be used over and over again by many local networks, since they are never used to communicate with the wider Internet.

IP addresses are made-up of four 8-bit numbers separated by decimal points (i.e. 192.168.1.42). The range of addresses beginning with 192.168.xxx.xxx is one group of addresses reserved for use on private local networks only. Computers that are connected to a private network can be assigned any address from within this range, as long as the address used by each system is unique from all the others. If only two systems need to communicate, they could be physically connected to each other through a single cable. If, however, more than two systems must communicate, then an extra piece of networking equipment is required. For a private network, a network switch (or simply 'switch') offers this basic capability. It provides a series of connection ports, typically for four or eight computers in the case of small networks, although switches with much larger capacity are also available. Multiple switches can themselves be connected together to build larger networks. The job of the switch is to accept packets from one computer and deliver them to the other computer to which they are addressed. They provide the basic communications support needed for local networks, but can not be used to connect a private network to the wider Internet in most cases. To accomplish that, a separate networking component, called a router, is needed.

Routers perform all the functions of a simple network switch, but provide the added capability of allowing machines on the local network to share a single public IP address when communication across the Internet. When a computer on the private network communicates with a computer on the Internet, the router keeps track of which local machine is communicating with which external system and passes the appropriate messages back and forth between them. It also modifies packets as they move from the local network through to the public Internet and vice-versa by replacing the internal address of the local computer with the shared public address. In this way, all communications between computers on the local network and systems on the Internet appear, from the perspective of the Internet, to be coming from one machine addressed using the public IP address.

Figure 9.4 illustrates how this is applied in the organization of systems in an SHM installation. Here the data acquisition equipment and any on-site computers form the local (private) network. They are connected through a router to the Internet via a connection supplied by a commercial Internet service provider (ISP). In many situations, the ISP is a cable television company that also offers computer networking services. In this situation, the ISP will provide another piece of equipment, a cable modem, that convert the signals from the local network into a form that can be sent over the ISP's coaxial cable network. Using the basic network configuration shown in Fig. 9.4, a data acquisition system can be made accessible from any other computer with Internet connectivity. One thing to keep in mind, however, when arranging a connection through an ISP is the volume of information that must be transferred through that connection. ISPs offer a variety of connection services with increasing data capacity (bandwidth) and price. It is important to take the time to determine exactly how much data will need to be transferred through the network and to arrange for a connection that can support your needs.

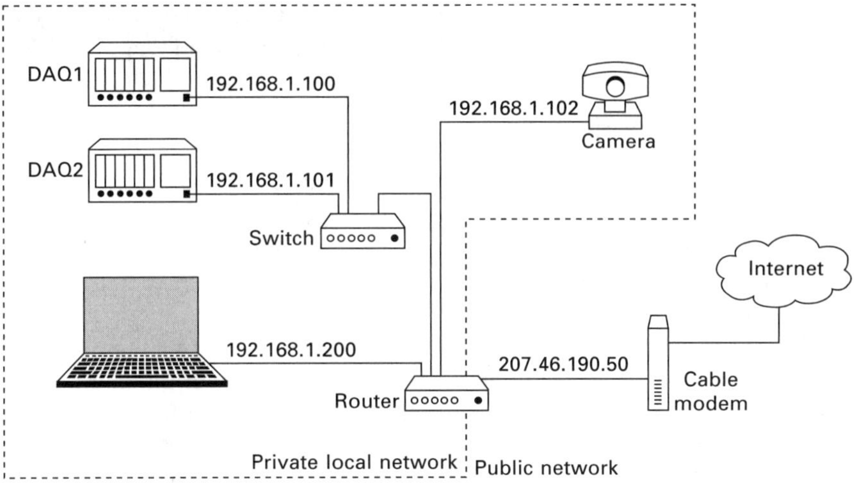

9.4 Basic network structure.

9.3.2 Transferring SHM data off-site

Having a data acquisition system connected to the Internet now makes it easy to transfer data from the monitoring site to another location for both storage and analysis. There are several mechanisms that can be used to accomplish this. Some manufacturers of data acquisition equipment, such as National Instruments, SMARTEC and others, provide their own software for communicating with equipment over a network connection. This software can be used to both configure and control the acquisition of measurements, as well as to transfer the measurements off the instrument. The actual method of communication may involve a proprietary protocol, but it will nonetheless use IP for its low-level data exchange. In this case it will be necessary to rely upon the manufacturer's own software for data transfers.

Equipment manufacturers may also offer the ability to communicate with their equipment using other standard high-level protocols. These include the ability to control and configure the instrument through a regular web browser. This web interface may also provide the ability to download copies of measurement data stored on the equipment. In addition, many instruments implement the file transfer protocol (FTP), which is a general protocol for transferring data between computer systems. Many standalone applications exist that provide FTP capabilities for whatever brand of PC and operating system you might happen to prefer. While most of these will be intended for the manual transfer of files, some can be configured to monitor a specific location for files and to download those files when they appear. In this way, automatic transfer of measurements can be performed. In other cases, the operating system itself can provide the capability to schedule regular tasks, one of which can be the downloading of files through an FTP application.

9.3.3 Data security

One final network-related issue to consider is that of data security. Having a system, even a data acquisition system, connected to the Internet means that it is potentially vulnerable to attack from any computer on the network. For this reason it is important to follow some basic steps to help keep access to your data and your equipment secure.

The first of these is to be aware of the security features that are provided to you by the equipment manufacturers to help lock-down the equipment, and to use as many of them as possible. In most cases, security will involve the setting of passwords to limit access to the equipment. Manufacturers often set default passwords for their equipment that are documented in the system manuals and are, therefore, easy for anyone to find. It is important to change these passwords from their default value and to choose a new password that is difficult to guess. The best passwords use both uppercase and lowercase letters, numbers, and symbols, and avoid the use of words that can be found in a dictionary. They should also be as long as possible.

The second method of improving your security is to keep the software that runs your equipment and computers up-to-date. No computer system is completely secure, and from time-to-time security vulnerabilities will come to light. Manufacturers will occasionally offer upgrades to their software to add new features and to fix security issues. By keeping your software up-to-date, you help to ensure that the only software vulnerabilities your system might have are the ones that are yet to be discovered. In addition to watching for updates to software for the instruments and computers on the network, also keep an eye out for software updates offered for routers as well. These will have their own updates to install and passwords to set.

Finally, while your system may be secure when it comes to someone attempting to gain unauthorized access to your equipment, the data that you are transferring between that equipment are traveling across the wide-open Internet. As a result, there is a small possibility that information, such as passwords or measurement data, can be captured as it moves between the monitoring site and a remote computer. To remove this risk, equipment manufacturers may provide the option to encrypt the data being transmitted. There is a secure version of the FTP protocol (SFTP), for example, which operates identically to the regular version, but which encrypts the information being transmitted before it is sent off to the intended recipient. Only the true recipient will be able to decipher the data received. If the data to be transferred are considered to be of a sensitive nature, you may wish to make use of this or other forms of encrypted communications.

9.4 Effective storage of structural health monitoring data

9.4.1 Organizing SHM data for efficient access

Once the measurement data have been transferred away from the monitoring site to the location where they will be analyzed, it is of great value to store the data in such a way that facilitates easy examination and backup. The best approach for meeting both those needs is to load the data into a commercial database system. Database software is specifically designed to meet the challenges of efficiently storing very large amounts of data, while making it easy to examine any portion of that data quickly. There are a variety of database packages which are available and may be suitable for a given SHM application. SMARTEC, for example, has integrated a database system directly into their data acquisition and monitoring software.

Even if the equipment manufacturer does not provide their own integrated database system, a system from a third party can be used. One of the most popular choices of database system is MySQL (www.mysql.com). This software was developed as an open-source database system, meaning that the computer source code that runs the database was produced through a collaborative effort by a large number of software developers from the wider Internet community. The source code is free to be read and improved upon by anyone who wishes to participate in its development. As a result, there are a large number of programmers who have worked and continue to work with the software and improve its operation and security.

MySQL was acquired in 2008 by Sun Microsystems, who offer two versions of the software depending on the needs of the user. The MySQL Community Server is a freely available version of the database software that can be downloaded and installed on a range of computers running a variety of operating systems. This free version comes with all the basic functionality but no technical support. It is intended for use by software developers or other individuals with the background to comfortably install and maintain it themselves. For customers who require more support and management assistance, a commercial version of the system, the MySQL Enterprise Server is available. As well, an alternative open source database PostgreSQL (www.postgresql.org) is also available.

Whichever database system is used, they commonly implement SQL which is an abbreviation for structured query language. SQL is a standardized language for communicating with database systems to retrieve and manipulate the data stored within them. Some manufacturers of data acquisition equipment, such as National Instruments, provide the capability for their instruments to communicate directly with the database software running on a server, immediately storing measurements in the database as they are collected. In other cases, it will be necessary to take the data files saved by the measuring instrument and have these loaded into the database through an additional step. The process for accomplishing this step will vary depending on the format of the files produced by the data acquisition equipment. Although it is not very efficient in terms of storage, most acquisition systems provide the option of saving measurements as text files, which can then be easily loaded into the database.

9.4.2 Archiving SHM measurements

In addition to the need to efficiently store measurements, there is also the need to backup those measurements to protect against data loss and also for long-term archiving. The approach undertaken to achieve this very much depends upon the goals of the monitoring project being undertaken. Generally speaking, the motivation for data archiving is to maintain a historical record of a structure's behavior so as to facilitate further comparative analysis in the future when new inspections and measurements are performed. There are several factors that will affect the decision of what and how much data should be archived.

The first factor is, quite simply, the volume of measurements being collected. As discussed previously, at a typical sampling rate of 100 Hz, a single sensor will produce 720 kB to 1.1 MB of data every hour. In the case of periodic monitoring where data are only collected over a limited time period it is not unreasonable to consider an archiving approach for a single SHM application that would retain all of this data. Attention is then directed to selecting a suitable storage technology to use for the archive. There are two approaches one might consider – online versus offline archives.

An online archive would involve the long-term storage of the measurement data on a file server, which essentially translates into storage using hard drive technology. This type of storage is extremely mature and provides fast access to the archived information. Current device capacities are in the range of hundreds of gigabytes to a few terabytes and can be purchased at very low cost. Such storage choices can easily accommodate large quantities of periodic data. A hard drive with a modest capacity of 100 GB could store the equivalent of 15.85 years of raw (unprocessed) measurements from a single sensor. Even if a database system is used to provide online storage and access to measurement data, it is important to regularly backup/archive those data to avoid data loss.

The alternative archiving approach is to use offline storage, where the data are copied to some form of removable storage media. Currently the most ubiquitous offline option is optical storage on DVD. A standard recordable (single layer) DVD has a capacity of 4.7 GB of information, which would permit approximately 270 days of measurements for one sensor or the equivalent volume spread across multiple sensors. This type of storage option is commonly available on most computing platforms. If dual layer DVD technology is used, the storage capacity per disc increases to 8.5 GB, which is equivalent to approximately 490 days of measurements from one sensor. While dual layer media does offer increased capacity, the discs themselves are currently four to five times the cost of the single layer media. However, it is reasonable to expect a reduction in this cost with dual-layer recording capabilities now becoming standard on new computing systems. While the capacity of DVD media is far less than that of hard drive storage, it is still sufficient to serve as a reasonable storage option for periodic monitoring applications. Larger capacity storage using newer disc technology, such as Blu-ray, is also becoming available.

In contrast to periodic monitoring, SHM installations performing continuous monitoring of many sensors will quickly accumulate vast amounts of data. In these situations, one sensor, sampled at 100 Hz, would be responsible for 6.3 GB of data in a year. It is common for SHM installations to include tens to hundreds of sensors, which easily increases the data volume to hundreds of gigabytes of data per year for a single structure. While the storage capacity of hard drive technology is comparable with this volume over the short-term, it does not provide a realistic option for long-term data storage for most structures. Offline storage using DVD media is similarly impractical for storing all measurement data over the long-term.

It is arguable whether there is any advantage in storing the entire history of measurement data for a structure that is being continuously monitored, even if a suitable storage option were available. The goal of monitoring, overall, is to provide an economically effective means of assessing the health of structures. To retain a vast archive of measurements from a structure so as to permit the potential future analysis of all data is inconsistent with this goal. One can easily argue the merits of keeping a much smaller, representative, selection of measurements that would be useful as a comparative reference for future data analysis without the need to retain all data. This leads then to the approach of selective data archiving.

Selective data archiving would involve the retention of a small subset of raw measurements taken at regular intervals. For example, measurements covering only a couple of minutes of activity each hour, or every couple of hours, would reduce the data volume significantly. Furthermore, the fact that the structure is being monitored continuously implies that the data that are not being archived are still subject to analysis and interpretation using a data analysis scheme, but once examined the data are not necessarily retained. As a result of selective archiving, performance issues that are captured in the measurement data may be identified and acted upon, while data that indicate no unusual performance issues can be discarded without the loss of important operational information.

9.4.3 Integrity of archived data

In addition to identifying a suitable method of data storage, it is also important to consider one's ability to access the stored data in the future. It is the intention of the civil engineering community to extend the useful life of structures from 50 to upwards of 100 years. This time frame greatly exceeds the practical lifetime of the current computing equipment used for data acquisition and analysis, as well as the storage devices on which data would be archived. In the case of online storage, this means that the archived information will need to be moved to newer systems as current equipment becomes obsolete. It is also important to remain cognizant of the need to ensure the online systems being used include redundancy in the event of failure of storage components. Various options are available in the case of online storage that involves the duplication of data across multiple hard drives to provide redundancy that protects against data loss.

For offline storage, it is expected that DVD media would provide reliable storage on the order of 100 years (Bryers 2003). However, one must remain aware of the fact that future computing systems may lose the ability to access that media type. For example, consider the difficulties one might encounter reading data stored on 3.5 inch floppy disks, or worse yet 5.25 inch disks or magnetic tape. Based on experience with these and earlier storage technologies, it is reasonable to anticipate the need to migrate the data from one storage technology to another to ensure the continued accessibility of the information (Rothenberg 1995).

In the case of both online and offline archiving, access to the data files alone may not be sufficient to insure long-term availability of the data. It is also important that the format in which the data are stored remains one that is readable to current computing systems. File formats from different programs and data acquisition hardware are often specific to that equipment. While there is a good deal of interoperability between existing programs in terms of their ability to read several different formats, even those from competing sources, this can not be assured in the long term. If knowledge of the form of those file types is not retained, or the data are not converted to newer formats, the data may become effectively unreadable (Rothenberg 1995, Clausen 2004).

9.5 Structural health monitoring measurement processing

The final stage of the SHM process involves the analysis of the collected data. Interpretation of measurements will generally be specific to the structure under investigation and will draw upon documentation and the expertise of civil engineers familiar with the structure of interest. However, even before expert analysis is undertaken, it is important to perform checks on the collected data to ensure the measurements are meaningful. There are several sources of error which may be introduced into the measurement process that can corrupt the resulting data to varying degrees. Several of these are outlined by Zhang and Aktan (2005).

9.5.1 Noise

It is common for researchers to speak of 'noisy data,' but what does that mean in the context of SHM? In general terms, noise refers to variations in the observed input signal which are not due to the phenomenon being measured, but rather are introduced into the measurements from other sources. These unwanted signals interfere with the desired signals to varying degrees and in extreme situations may completely overwhelm them. In many cases, the noise will be due to electromagnetic interference from other electronic equipment or electrical sources in the vicinity of the structure when the measurements are taken. The measurement equipment itself may also contribute to the observed noise, depending on how well it is designed.

Most commonly, noise takes the form of random variations in the sensed signal over time. The extent of noise introduced from external electromagnetic sources can be reduced through the use of sensor cables and leads which include internal shielding, and where this shielding is properly grounded at the data acquisition equipment. Using cables comprising pairs of twisted conductors will assist in reducing the impact of electrical noise. It will, however, not be possible to completely eliminate noise from the input signal. What is important is that the magnitude of the noise be reduced, relative to the magnitude of the desired input signal, so as to minimize the impact of the noise on the data interpretation.

To further assist in reducing the effects of residual noise on measurements, it may be possible to compensate for the presence of noise by oversampling the input signal and performing a local average of the resulting data. Oversampling involves the collection of measurements at a sampling rate that is significantly higher than the minimum required by the sampling theory. If the noise has characteristics which are indeed random and with zero mean, then averaging a series of consecutive measurements would be expected to reduce the magnitude of the noise-induced variation. The data may then be down-sampled to an appropriate data rate for the application.

While beneficial, oversampling of sensors may not always be possible for a variety of reasons. These may include the data acquisition equipment's inherent inability to collect measurements at a higher rate from any given sensor, an inability of the equipment to handle a higher total volume of data from multiple sensors simultaneously, or an inability to support higher data volumes due to limited communication bandwidth. In other situations, the data may have been collected at some earlier time, limiting the processing to the rate used at the time those measurements were collected. Nonetheless, a form of windowed averaging could still be applied to these readings. Such averaging must be used judiciously, however, as it will smooth features of the input signal itself, a fact that may have a serious impact on later analysis. To minimize this impact, the size of the averaging window should cover only a small number of samples.

Other forms of noise present within the data may not be random, but instead may be systemic in nature. This type of interference introduces regular variations in the sensed signals that can not be removed with averaging because the mean of the noise would not be expected to be zero over a short averaging window. An example of such a signal is noise introduced from an AC power (mains) source or from within the power supply components of near-by equipment. Interference from the mains supply manifests itself as a sinusoidal variation at a frequency of 60 Hz (or multiples thereof) in North America or 50 Hz in Europe. These types of unwanted signals may be removed using additional digital filtering. This is accomplished by applying a notch filter to the measurements that is tuned to the frequency of the noise. A notch filter attenuates signals over a narrow range of frequencies while leaving the signal at other frequencies unaltered. In addition, as was the case with random noise, proper shielding and grounding of sensor leads and cables will also help to reduce the effects of external systemic noise.

Lastly, measurements may include spurious readings or outliers that are neither systematic, nor random with zero mean. In such situations, more sophisticated approaches must be sought to isolate these spurious measurements and to eliminate them from the subsequent analysis. Huang (2007) explores this problem in the context of structural health monitoring of the Confederation Bridge in Canada, using a technique proposed by Basu and Meckesheimer (2007).

The goal of any noise reduction methods is to decrease the impact of the noise while ideally leaving the important underlying sensor signal intact. Doing so increases the integrity of the signal and therefore its usefulness as a source of information for data interpretation and mining operations.

9.5.2 Unreliable or failed sensors

A further source of potential error in interpreting SHM measurements comes about from the failure of individual sensors. It is a certainty, in the case of long-term monitoring, that some sensors will cease operation. Even in the case of periodic monitoring, some unexpected failures may occur. Since SHM systems employ an array of sensors to monitor a structure, it should be possible to make use of this fact by performing tests on the consistency of data across a series of sensors. For example, if there are several strain gages installed in the transverse direction within a bridge deck or on the girders supporting that deck, it is reasonable to expect that the time-series of measurements from those sensors would show strong similarity. If a single sensor produces readings that are inconsistent with its neighbors, this is a strong indication that there is a deficiency in that sensor. Perhaps it has come detached from the structure, or the connection between the sensor and the data acquisition system has been damaged or degraded in some way. It is less likely, though not impossible, that the difference in reading is the result of a structural issue. Were that the case, one might expect the structural degradation to affect several sensors to varying degrees.

9.5.3 Novel measurement detection

The final aspect of measurement processing to be explored here is that of novel measurement detection. As a consequence of the high volume of data collected from continuous monitoring installations, it is helpful to provide basic techniques for reducing the data to a more manageable size. One method of achieving this is to use statistical regularities of the data to serve as the basis of a model for those data. Once the parameters of that model are established, it is possible to compare new measurements against those predicted by the model and thereby to separate new measurements of interest from those which are simply repeated instances of past data. In so doing, it is possible to significantly reduce the quantity of data that must be examined in detail. Our past studies (McNeill and Card, 2005) have found that applying this approach to SHM measurements, with no explicit information pertaining to the nature of the structuring being monitored, resulted in a 97% reduction in the quantity of data needing to be retained and examined.

The technique used here was frequency sensitive competitive learning (FSCL) (Krishnamurthy *et al.*, 1990), which is a type of neural computing algorithm or neural network. While the name reflects the biological motivation for this type of information processing, it is, in fact, simply a self-adaptive approach for modeling the basic structure of a large collection of data based upon statistical regularities recorded within it. This makes FSCL well suited to SHM applications where the quantities of data are very large.

For the structures we examined, small windowed portions of time-domain measurements of strain, temperature and acceleration were transformed into the frequency-domain. The resulting spectrum was then provided as input to the FSCL modelling algorithm. In our studies, windows of four seconds were used with 50% overlap with the previously encoded window. The output of the system is a continuously variable quantity, which is a measure of the similarity between the current input and that of the modeled data distribution. We refer to this output as a novelty index, since it is an indication of how novel the current input is in comparison to past data. Figure 9.5 is an example

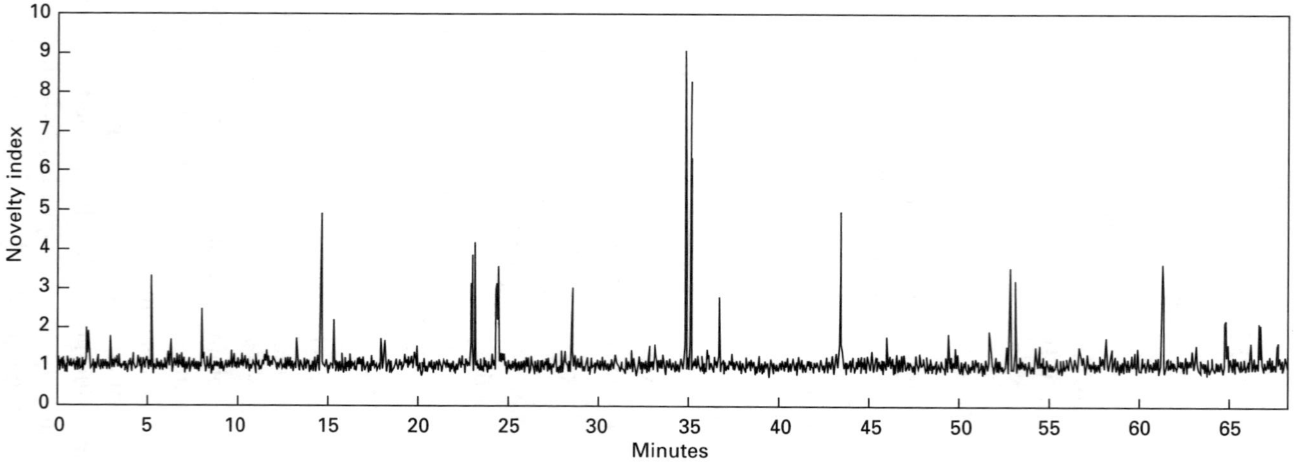

9.5 Novelty index from a continuously monitored bridge in Victoria, Canada.

of the output novelty value for a structure in Victoria, Canada. The greater the magnitude of the novelty index, the more atypical the current input. By simply thresholding the novelty value, it is possible to quickly separate novel data from the mundane.

9.6 Future trends

One of the most significant future trends relating to the collection and management of SHM data is the emergence of wireless sensing and communication technologies. Considerable research is underway to produce accurate and economical sensor nodes that can be attached to structures to form portions of an SHM installation. This eliminates the need to run an extensive network of conduits and cabling from the sensor locations to the cabinetry in which the data acquisition equipment is housed. This in turn reduces the overall cost of an SHM installation, with a corresponding reduction in installation time. The drawback, though, to such an approach is the need to provide battery power to operate each individual sensor. This is not a significant disadvantage for periodic monitoring applications, but can result in reducing performance in the case of continuous monitoring.

A further development in wireless technology that is certain to affect SHM is the development and anticipated widespread adoption of WiMAX. WiMAX is a next generation wireless communication technology designed to provide significantly increased data communication capacity to cellular telephone users. Given the difficulties and cost associated with providing on-site communications at many SHM locations, a generally available and high-speed wireless communication infrastructure would facilitate simple setup and operation of both a period and continuously monitored SHM installation. WiMAX is still in the early stages of its adoption, so it remains to be seen to what extent it gets deployed and what the associated costs will be for the cellular service providers.

9.7 Sources of further information and advice

The *International Society for Structural Health Monitoring of Intelligent Infrastructure* (ISHMII) was founded in 2003 with the goal of promoting the development and deployment of SHM technologies. Its website (*www.ishmii.org*) and related conferences, workshops and publications provide a source of further reading on SHM related topics, including data management.

The *ISIS Canada Research Network* grew out of a highly successful 14-year research initiative of the Canadian government involving academics from across the country. It continues to apply innovative materials, methods and health monitoring to improve civil infrastructure in Canada and worldwide. Its website (*www.isiscanada.com*) contains numerous publications and design manuals relating to monitoring of civil infrastructure. As well, it provides links to demonstration projects and examples of live monitoring projects that are ongoing.

The *International Society for Weigh-in-Motion* (ISWIM) was established to support the development and deployment of weigh-in-motion system for both bridges and pavements. Its website (*iswim.free.fr*) contains information relating to advances in vehicle weigh-in-motion, links to weigh-in-motion vendors, conferences and workshops. Weigh-in-motion systems may form one part of an SHM system and, even when not used in the context of SHM, are subject to many of the same data management issues associated with SHM.

9.8 References

Basu S and Meckesheimer M (2007), 'Automatic Outlier Detection for Time Series: an Application to Sensor Data', *Knowledge and Information Systems*, 11 (2), 137–154.

Bryers F (2003), *Care and Handling of CDs and DVDs – A Guide for Librarians and Archivists*, NIST Publication 500–252.

Clausen L (2004), *Handling File Formats*, The State and University Library, Denmark, http://www.netarkivet.dk/publikationer/FileFormats-2004.pdf

Huang J (2007), *Systems Engineering and Data Management for Structural Health Monitoring*, MASc. Thesis, Dalhousie University.

Krishnamurthy A, Ahalt S, Melton D and Chen P (1990), 'Neural Networks for Vector Quantization of Speech and Images', *IEEE Journal on Selected Areas in Communications*, 8 (8), 1449–1457.

McNeill D and Card L (2005), 'Adaptive Event Detection for SHM System Monitoring', *Sensing Issues in Civil Structural Health Monitoring*, Ansari F, ed., Springer, 311–219.

Rothenberg J (1995), 'Ensuring the Longevity of Digital Documents', *Scientific American*, 272 (1), 42–47.

Shannon C E (1949), 'Communication in the Presence of Noise', *Proceedings of the IRE*, 37 (1), 10–21.

Zhang R and Aktan E (2005), 'Design Considerations for Sensing Systems to Ensure Data Quality', *Sensing Issues in Civil Structural Health Monitoring*, Ansari F, ed., Springer, 281–290.

10 Statistical pattern recognition and damage detection in structural health monitoring of civil infrastructure systems

K WORDEN, G MANSON and S RIPPENGILL,
University of Sheffield, UK

Abstract: The main problems of structural health monitoring (SHM) can be cast or regarded as problems in *pattern recognition* (PR) or *machine learning*. This approach makes use of the availability of appropriate data to learn the relationship between measured quantities and a diagnosis of state-of-health. This chapter describes how PR provides a natural framework for addressing questions of SHM from basic detection to damage location and quantification. The basic theory and practice are illustrated via the use of two experimental case studies; the first concerns the classification of acoustic emission data as part of a damage assessment of a bridge box girder and the second considers the problem of damage location within an aircraft wing. A number of PR algorithms are illustrated, based on both statistical and neural network approaches. A modern approach to machine learning based on concepts of *statistical learning theory* is also illustrated using the aircraft wing data.

Key words: pattern recognition, machine learning, statistical pattern recognition, neural networks, statistical learning theory, support vector machines.

10.1 Introduction

The fundamental problem of structural health monitoring (SHM) concerns the question of damage *detection*, and this question is very simply posed. The objective is just to identify if and when the system departs from normal condition; this is the most basic level of damage *identification* which can be addressed. Generally speaking, there are two approaches to damage detection. Model-driven methods establish a high-fidelity physical model of the structure, usually by finite element analysis, and then establish a comparison metric between the model and measured data from the real structure. If the model is for a system or structure in normal (i.e. undamaged) condition, any departures indicate that the structure has deviated from normal condition and damage is inferred. Data-driven approaches also establish a model, but this is usually a statistical representation of the system, e.g. a probability density function of the normal condition. Departures from normality are then signalled by measured data appearing in regions of very low density. The algorithms that have been developed over the years for data-driven approaches are mainly drawn from the discipline of pattern recognition, or more broadly, machine learning. The objective of this chapter is to illustrate the utility of the data-driven approach to damage identification by way of two case studies. The first is an analysis of acoustic emission data from a component of a bridge; the second is concerned with damage location on an aircraft wing.

As the title of this chapter suggests, it is concerned with a specific class of algorithms that are applicable to damage detection problems and more generally, problems of damage identification. Because of space limitations, the chapter will not attempt to discuss the desirability of SHM – the interested reader will be directed elsewhere within this book. The assumption here is that SHM is a good thing and one should only be concerned with how it is to be accomplished. Even within this philosophy, the remit of this chapter will be limited to a discussion of *pattern recognition* and *machine learning* algorithms.

At a more sophisticated level than damage detection, the problem of damage *identification* can be approached. This seeks to determine a much finer diagnosis and can even address issues of prognosis. The broader problem can be regarded as a hierarchy of levels (Rytter, 1993).

- Level 1. (Detection) The method gives a qualitative indication that damage might be present in the structure.
- Level 2. (Localization) The method gives information about the probable position of the damage.
- Level 3. (Assessment) The method gives an estimate of the extent of the damage.
- Level 4. (Prediction) The method offers information about the safety of the structure, e.g. estimates a residual life.

Many people would add an extra level – that of *classification* – to this scheme. This would give information about the *type* of damage experienced by the system or structure. This could be of significant importance for the later levels in the hierarchy. For example, consider a composite material which may sustain damage of several different types: matrix cracking, fibre snapping, delamination, etc. If one were to attempt prognosis, i.e. predict how the damage were to evolve, one would need to know the type of damage in order to apply the appropriate damage evolution model.

This chapter will argue that the fields of pattern recognition and machine learning theory offer a natural framework in which to address the problems of damage identification (at least at levels one to three). Before this can begin, it is necessary to specify the remit of machine learning. This is a body of knowledge that attempts to construct computational relationships between quantities on the basis of observed data and rules. It is characterized by the fact that computational rules are inferred or *learned* on the basis of observational evidence. This contrasts with the 'classical' view of computation where the algorithmic rules are imposed in the form of a sequence of serially enacted instructions. It is sometimes stated that learning theory is designed to address three main problems (Cherkassky and Mulier, 1998):

- Classification, i.e. the association of a class or set label with a set or vector of measured quantities. The set of observations may be sparse and/or noisy.
- Regression, i.e. the construction of a map between a group of continuous input variables and a continuous output variable on the basis of a set of (again, potentially noisy) samples.
- Density estimation, i.e. the estimation of probability density functions from samples of measured data.

The classical field of pattern recognition (PR) is essentially that part of machine learning concerned with classification. The case studies in this chapter are only concerned with classification. A further division of learning algorithms may be made between *unsupervised* and *supervised* learning. The former is concerned with characterizing a set on the basis of measurements and perhaps determining underlying structure. The latter requires examples of input and output data for a postulated relationship so that associations might be learnt and errors corrected. Although it is not universally so, regression and classification problems usually require supervised learning, while density estimation can be conducted in an unsupervised framework.

In general, the actual PR or machine learning step may only be a part of the required analysis. It is usually necessary to convert measured data into *features*, i.e. quantities that make explicit the rule to be learned. Alternatively, feature selection can be regarded as a process of amplification. In the context of damage detection, one transforms the data in such a way as to retain only the information necessary for a diagnosis, any other redundant information is discarded. This is clearly desirable. Another frequent aim of feature selection is to produce quantities with low (vector) dimension. The reason for this is that the data requirements of learning algorithms usually grow explosively with the dimension of the problem – the so-called *curse of dimensionality*. Before feature selection it may be necessary to clean the data or attend to it in other ways: filtering might be employed as a means of noise rejection, missing values may need to be estimated, etc.

The point of the foregoing discussion is that the classification or regression step is not necessarily the most complex part of the problem, data pre-processing or feature selection themselves may prove very difficult. For example, careful feature selection may yield a simple classification problem that yields to an elementary algorithm.

The objective of this chapter is to illustrate the application of PR classification algorithms to two damage identification problems. In broad terms, there are three different approaches to PR: statistical, neural and syntactic (Schalkoff, 1991); because of the greater conceptual difficulties presented by the syntactic approach, only the statistical and neural approaches will be illustrated here. In illustrating the different problems and approaches, the authors will draw only on their own work; this is purely for convenience – the material is readily available. In order to convince oneself of the widespread application of these techniques, one need only consult the current literature. A good summary of the initial efforts in the field is in Doebling *et al.* (1996) that exhaustively surveys the field of damage identification (using vibration data) up to 1995, citing 20 papers that apply neural networks alone. The sequel to this survey is also available (Sohn *et al.*, 2003) and shows that more research effort has been expended in the field between 1995 and 2001 than was expended up to 1995. It also shows that researchers are now exploiting a considerably greater range of algorithms; neural networks are still popular, but systems like support vector machines from statistical learning theory are beginning to appear more regularly. Their use will be discussed later in this chapter.

As mentioned above, this chapter is restricted to PR solutions. There are many competing approaches to damage identification which have different formulations, e.g. schemes based on finite element updating. These approaches, when used with care, are the equal of those from learning theory. They are usually based on the concept of an inverse problem and employ solution methods drawn from computational linear algebra. Again, Doebling *et al.* (1996) is an excellent place to find out about these other methods. Another compact source of reference is Worden (2003), which describes the benchmarking activities of the European COST F3 Action on Structural Dynamics. Within this action, Working Group 2 concerned itself with SHM and carried out benchmarking work on two large-scale civil structures. Both machine learning and inverse problem approaches are shown and compared.

The layout of this chapter is as follows: the next section describes the background for the first of the two case studies, it is concerned with acoustic emissions in a bridge box girder. Section 10.3 describes how classical statistical and neural pattern recognition approaches are used to classify the acoustic emission data from the first case study. Section 10.4 describes the second case study which is concerned with damage location on an aircraft wing. Section 10.5 introduces the concepts of statistical learning theory and support vector machines and then applies the latter to the aircraft wing data. The chapter is rounded-off in Section 10.6 with some conclusions.

10.2 Case study one: an acoustic emission experiment

This study concerns the classification of experimental acoustic emission data obtained from a box girder of a bridge. The data here were obtained from a test at Cardiff University concerned with the classification of Acoustic Emission (AE) data from the box girder of a bridge. Five sensors (WDI-PCA Ltd.) of resonant frequency 100–1000 kHz were attached around the diaphragm using magnetic clamps as shown in Fig. 10.1. The surface of the box girder was smoothed by light sanding to remove irregularities, prior to installation of the sensors. Grease was used as an acoustic couplant and the integrity of the sensor was checked using an Hsu-Nielson (H-N) source. Digitized AE signal waveforms were recorded using a 12-channel Physical Acoustics Corporation (PAC) MISTRAS system under cyclic loading of 0.1–85 kN.

Figure 10.2 shows one of the AE samples from the box girder. Each sample comprised 2048 points sampled at a frequency of 4 MHz.

The object of the exercise was to distinguish the various AE sources, in particular, to distinguish the AE from crack growth from the others. This

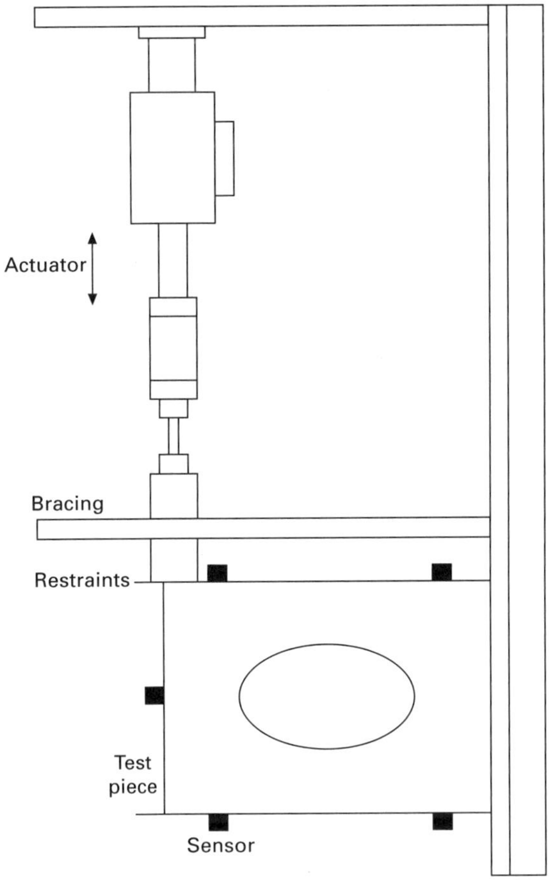

10.1 Schematic of the box girder experiment.

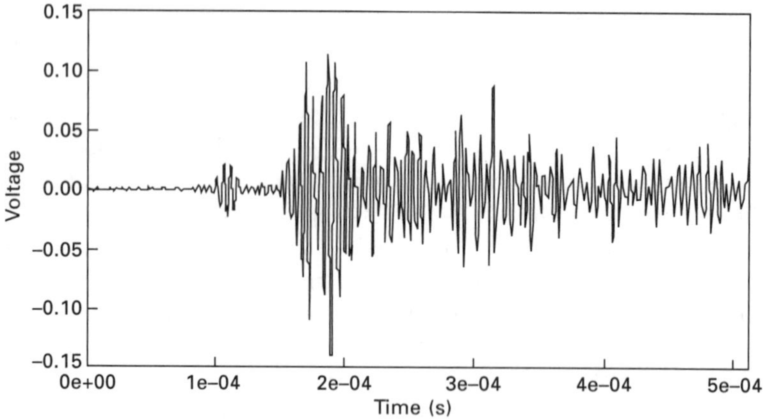

10.2 Typical AE signal obtained from the box girder.

would be a prerequisite for carrying out any damage prognosis on the basis of AE activity.

The AE bursts were separated from the background by establishing a detection threshold on initial data, known to be free of AE activity. The threshold is then set at the mean plus six standard deviations for the initial data, and any activity above this threshold is then considered to be burst activity. Each signal contained one AE burst, and as each burst was identified, the basic features were recorded. Figure 10.2 illustrates these traditional AE features, namely: rise time, peak amplitude, duration and ring down count.

Ninety-one AE bursts were available for classification based on tabulated values of the four aforementioned parameters. The tabulated values for each burst are known as the signal *feature vector*.

10.3 Analysis and classification of the AE data

The first analysis applied to the AE data was for dimensionality reduction and visualization.

10.3.1 Principal component analysis (PCA)

Theory

As a means of dimension reduction, PCA is a classical method of multivariate statistics and its theory and use are documented in any textbook from that field, e.g. (Sharma, 1996). A brief introduction will suffice here. The PCA algorithm can be used as a tool for data dimension reduction by projecting, through a linear transformation, the data into a new set of Cartesian coordinates. The new variables are referred to as the principal components and the values of these variables are called the principal component scores.

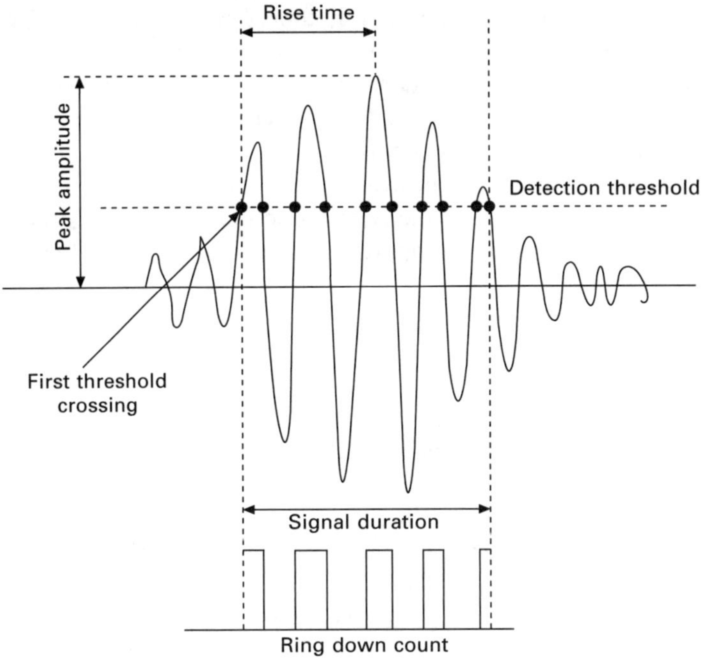

10.3 Basic features of an acoustic emission burst.

Each principal component is a linear combination of the original data and is both uncorrelated and orthogonal to all other principal components. Furthermore, the first principal component accounts for the maximum variance in the data, the second principal component accounts for the maximum of the remaining variance and so on. The number of significant components to retain is user-defined.

Calculation is as follows, where $\underline{x}$ and $\underline{z}$ denote vectors in the measured and reduced space respectively:

Given the data $\underline{x}_i = (x_{1i}, x_{2i}, \ldots, x_{pi})$, i = 1,...N, form the covariance matrix Σ,

$$\Sigma = \sum_{i=1}^{N} (\underline{x}_i - \overline{\underline{x}})(\underline{x}_i - \overline{\underline{x}})^T \qquad 10.1$$

where $\overline{\underline{x}}$ is the vector of the means of the x-data, and decompose so,

$$\Sigma = A\Lambda A^T \qquad 10.2$$

where Λ is diagonal. (Singular value decomposition can be used for this step). The transformation to principal components is then,

$$\underline{z}_j = A^T (\underline{x}_i - \overline{\underline{x}}) \qquad 10.3$$

As a means of dimension reduction therefore, PCA works by linearly transforming the data to retain the maximum variance in the principal components whilst discarding those combinations of the data that contribute least to the overall variance of the data set. There is a caveat associated with this transformation. The components of least variance may in practice be most relevant for damage identification, and may be erroneously discarded. In the more general case of dimension reduction or feature extraction, more advanced techniques may be applied in order to preserve the features of interest.

Results of PCA on AE data

Principal component analysis was used to reduce the dimension of the feature vectors to a level where visualization of the data were possible. Before transformation to principal components, the data was standardized by dividing the mean-corrected data for each parameter by its respective standard deviation. This ensures that all parameters receive equal weighting. The technique was used to reduce the dimension of the four AE parameters to two principal components. The first two principal component scores of the standardized AE feature vectors are shown plotted in Fig. 10.4.

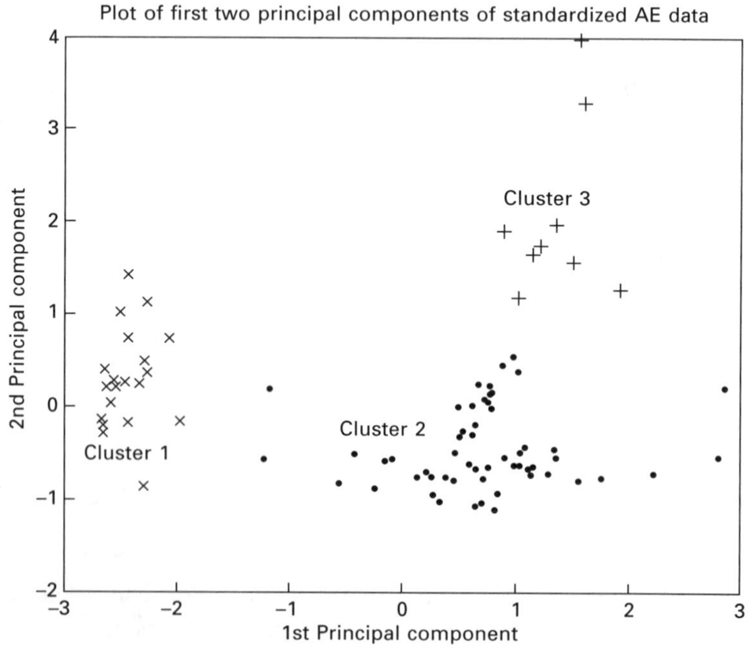

10.4 PCA reduction of standardized AE feature vectors from box girder (three clusters identified).

A complete analysis of this can be followed in Manson *et al.* (2002). The key point to note from this figure is the three sizeable clusters of reduced feature vectors labelled in the figure. The work in Manson *et al.* (2002) concluded that the three clusters blindly identified using PCA each related to a different AE activity known from the experimentation procedure. Those observations in cluster 1 arose from crack related events, all those in cluster 2 from frictional processes away from the crack and all those in cluster 3 from crack-related events detected at a distance away from the sensor. Figure 10.5 shows an example of each of the three distinct AE signals.

The three clusters of AE data identified formed the basis for the later analysis: an attempt to automatically classify an AE feature vector according to the generation mechanism of the AE activity. Note the simplicity of the problem. It is encouraging that a situation of real engineering interest breaks down into a separable classification problem. This will allow the use – in subsequent sections – of simple processing procedures. However, this is specific only to laboratory conditions where background noise, i.e. the number of competing sources, is controllable.

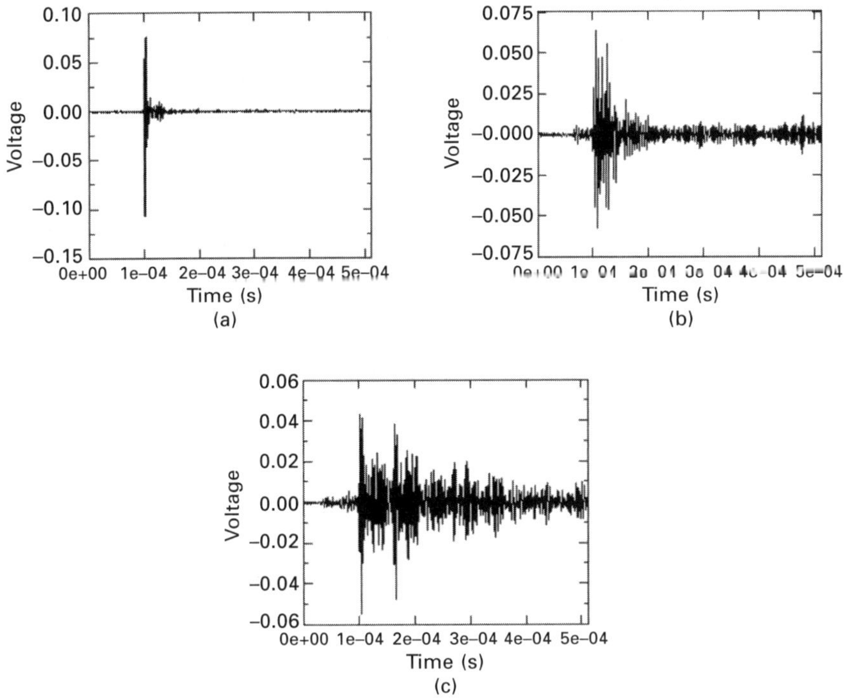

10.5 Example of each of the three distinct AE signals.

10.3.2 Training and validation data

In each of the pattern recognition techniques, it is advantageous to employ the maximum amount of available information in designing the pattern recognition system. The generation mechanism of each AE burst is known *a-priori* so the clusters are assigned as in Fig. 10.4. The complete data set is then split into a training set and a validation set with equal numbers of feature vectors belonging to each class assigned to each. The training data set is split further into three separate clusters, each containing AE feature vectors representing a different generation mechanism. The training set provides information on how to associate input data with output decisions and is used to allow the system to 'learn' relevant information, such as statistical parameters or key features. This is known as 'supervised' learning, whereby information on pattern class is available from the training data. The information 'learnt' from the training data can then be used to make a decision on classification when testing data is presented (Bishop, 1998). Rigorous procedure requires that three data sets are distinguished, *training*, *validation* and *testing*. The idea of the training set is to fix the parameters of the learning algorithm, i.e. the weights of a neural network. The validation set is used to set hyperparameters, e.g. the number of hidden units in the neural network or the smoothing parameter in kernel discriminant analysis. For true rigour, a third testing set is required in order to judge generalization performance. However, given the sparsity of the data set used here, only a training and validation set were selected. The visualization results show later that this course of action is not too destructive.

10.3.3 Statistical methods

The first two approaches to pattern recognition apply a statistical methodology based on the assumption that the data take a multivariate Gaussian distribution. The Gaussian distribution for multidimensional data is given by,

$$p(\underline{x}; \overline{\underline{x}}, \Sigma) = \frac{1}{(2\pi)^{\frac{d}{2}} \sqrt{|\Sigma|}} \exp\left\{-\frac{1}{2}(\underline{x} - \overline{\underline{x}})^T \Sigma^{-1} (\underline{x} - \overline{\underline{x}})\right\} \qquad 10.4$$

This is determined by knowledge of the mean vector, $\overline{\underline{x}}$ and covariance matrix, Σ. d represents the number of dimensions and $|\Sigma|$ represents the determinant of the covariance matrix.

The two Gaussian statistical techniques used here manipulate this expression into a form suitable for classification of the AE feature vectors.

Quadratic discriminant analysis

The multidimensional Gaussian distribution was used as a *discriminant function*, i.e. a function that signals class membership. In the first case, the full four-dimensional feature vector was used. For each of the three training data sets, the mean vector, $\bar{\underline{x}}$, and covariance matrix, Σ, were calculated. The class dependence in $p_i(\underline{x})$ was obtained parametrically via class-specific mean vectors and covariance matrices, i.e. $\bar{\underline{x}}_i$ and Σ_i. These were used in equation (10.4) to construct the functions for $p_1(\underline{x})$, $p_2(\underline{x})$ and $p_3(\underline{x})$; one for each AE cluster.

$p_1(\underline{x})$, $p_2(\underline{x})$ and $p_3(\underline{x})$ were then evaluated for each feature vector, $(x_1, x_2, x_3, x_4) = \underline{x}$, in the test data set. Based on these probabilities, each test data point $\underline{x}$ was assigned to the cluster i that gave the largest value of p_i. The results are presented in Table 10.1 in the form of a confusion matrix, displaying assigned class against true class (known from the experimental technique).

This shows that only one of the test data points was incorrectly assigned using the Gaussian discriminant function. Considering that the objective of engineering interest here is to separate class 1, i.e. crack related events, the single error is no real cause for concern.

The data point that was incorrectly assigned is identified in Fig. 10.6. This shows that the incorrectly assigned point is that of cluster 2 that is closest to cluster 3 where one may expect some confusion. The numerical results show that the technique did not confidently assign the point to either cluster as the probability densities given for assignment to clusters 2 and 3 were extremely close, being 0.0213 and 0.0220 respectively.

Decision boundaries

For this analysis, the quadratic discriminant analysis was applied to the two-dimensional data. This is essentially another visualization technique in that it displays the data in relation to the class labelled decision regions. The border of each region is a decision boundary and the data are classified by assigning each point into the decision region that it falls.

Equation (10.4) can be rewritten as,

$$\log p_i(x) = -\frac{1}{2}(\underline{x} - \bar{\underline{x}}_i)^T \Sigma_i^{-1} (\underline{x} - \bar{\underline{x}}_i) - \frac{1}{2}\log|\Sigma_i|$$

Table 10.1 Confusion matrix of results from quadratic discriminant analysis

		Assigned class (cluster)		
		1	**2**	**3**
True	**1**	11	0	0
class	**2**	0	28	1
(cluster)	**3**	0	0	5

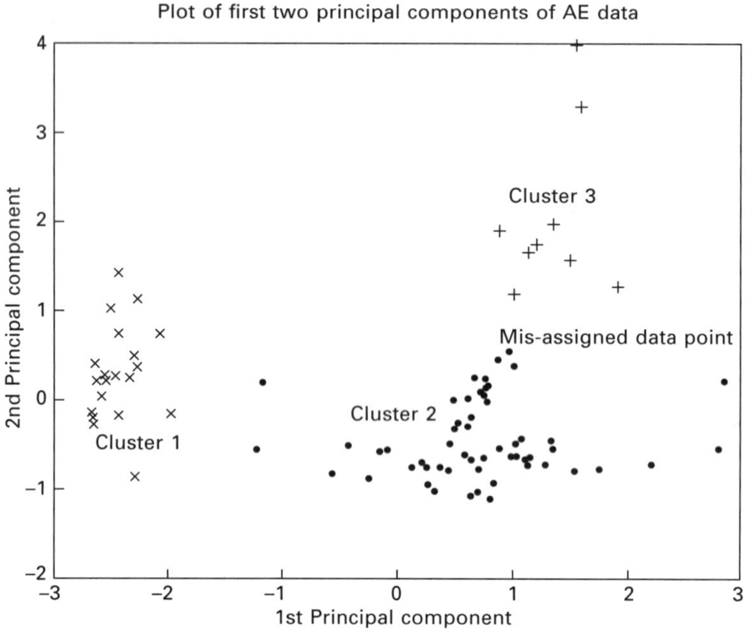

10.6 PCA reduction showing mis-assigned data point by quadratic discriminant analysis.

$$= -\frac{1}{2}\underline{x}^T \Sigma_i^{-1} \underline{x} + 2\overline{\underline{x}}_i^T \Sigma_i^{-1} \underline{x} - \frac{1}{2}\overline{\underline{x}}_i^T \Sigma_i^{-1} \overline{\underline{x}}_i - \frac{1}{2}\log|\Sigma_i| \qquad 10.5$$

where the class independent terms have been ignored. If two clusters are defined as i and j, a decision boundary based on this is specified by the condition,

$$p_i(\underline{x}) = p_j(\underline{x}) \qquad i \neq j \qquad 10.6$$

The mean vector, $\overline{\underline{x}}$, and covariance matrix, Σ, were again calculated for each training cluster and inserted in turn into the above. Three equations were defined and used to plot decision boundaries between the three clusters. The decision boundaries can be seen in Fig. 10.7 on the reduced dimension AE test data set.

The plot illustrates that the decision boundaries have accurately classified the AE data into its true classes. As with the four-dimensional analysis, slight confusion results between clusters 2 and 3 whereby one data point is visibly positioned on the decision boundary. This point cannot therefore be blindly assigned with any degree of confidence to a specific cluster. The single misclassification is there purely because of the simplicity of the classification procedure. Each cluster distribution was assumed Gaussian.

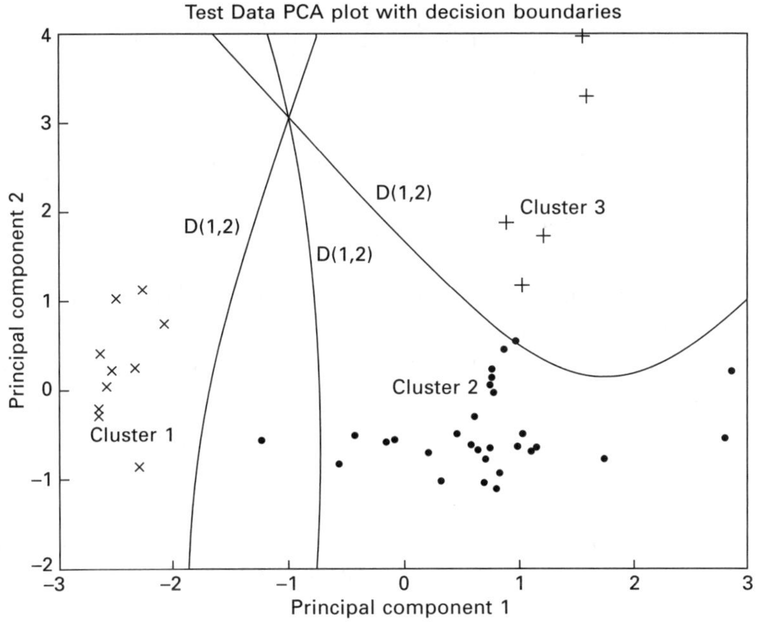

10.7 Decision boundaries with reduced dimension AE training data.

Kernel density estimation (KDE)

KDE offers another systematic procedure for diagnosing damage in structures and machines. For pattern recognition and damage classification, a probability density function (PDF) can be defined over each class of training data. Once the PDF is known, new data can be classified on the basis of the PDF value for the pattern. The algorithm used here (Silverman, 1986; Worden, 1998), estimates PDFs using the Parzen window approach, otherwise known as kernel density estimation.

The basic idea is that each point in the training data set contributes an 'atom' of probability density to the estimate. The basic mathematical form of the estimate for multivariate data is,

$$\hat{p}(\underline{z}) = \frac{1}{nh} \sum_{i=1}^{n} K\left(\frac{\underline{z} - \underline{Z}_i}{h}\right) \qquad 10.7$$

where Z_i is the ith data point, n is the number of points in the training set and h is the smoothing parameter which controls the width of the atoms. $\hat{p}(\underline{z})$ is the estimate of the true density $p(\underline{z})$. The kernel function $K(\underline{x})$ can be any localised function satisfying certain constraints (Silverman, 1986); the most popular choice and the one used here is the multivariate Gaussian,

$$K(\underline{x}) = \frac{1}{(2\pi)^{\frac{d}{2}}} \exp\left(-\frac{1}{2}\|x\|^2\right) \qquad 10.8$$

where d is the dimension of the data space. Once the estimate $\hat{p}(\underline{z})$ is established, the PDF values at any new measurement points are trivially evaluated.

The quality of the output depends critically on the size of the training set and the value of the smoothing parameter, h. There is an optimum value for h and there are a number of ways of estimating it (Wand and Jones, 1995). One of the simplest methods and the one adopted here, is least-squares cross-validation (Silverman, 1986). This seeks to minimize the squared error between the density estimate and the true density,

$$J[\hat{p}] = \int d\underline{x}\,(p(\underline{x}) - \hat{p}(\underline{x}))^2 \qquad 10.9$$

This creates a problem because $p(\underline{x})$ is unknown. However, an approximate solution based on cross-validation can be found. The approach here uses a quadratic-fit Newton type method to carry out the minimization of an approximate form of the mean-squared error between $p(\underline{x})$ and $\hat{p}(\underline{x})$ (Worden, 1998).

If the true density is known to be Gaussian, a simple formula exists for the optimum smoothing parameter as follows:

$$h^* = An^{\frac{1}{d+4}} \qquad 10.10$$

for a multivariate distribution, where,

$$A = \begin{cases} 1 & \text{when } d = 2 \\ \left(\frac{4}{d+2}\right)^{\frac{1}{d+4}} & \text{otherwise} \end{cases}$$

The algorithm forms a density estimate, estimates the PDF at each point in the training set and reports the range of values encountered. The density can then be estimated on a test data set that is not used in the construction of the density. Kernel discriminant analysis (KDA) is accomplished by estimating a density on the basis of each class. When a new point is encountered it is classified by assignment to the class that gives the highest density value.

The analysis is conducted here using the first two principal components of the feature vectors, again for visualization purposes.

The analysis was first conducted using estimates of the smoothing parameter given by least-squares cross-validation. The results are summarized as a confusion matrix in Table 10.2. The analysis was repeated but this time the kernel density estimates were made using the values of smoothing parameters given by applying the Gaussian assumption, equation (10.10). The results produced were the same as those in Table 10.2. The values of smoothing parameter being used were in the range of 0.5 to 1. Only one misclassified test data point is present in both cases.

Figure 10.8 shows a density plot of the test data generated by KDE applying a value of smoothing parameter of 0.5 (top plot). Inspection of this plot suggested that the values of smoothing parameter being generated were too large, resulting in over-smoothing of the data. The analysis was repeated by determining a value of smoothing parameter using cross-validation over the complete training data set, rather than over the individual clusters. The results can be seen in Table 10.3. This shows completely correct classification of the AE test data set. The suggested value of smoothing parameter is therefore 0.2, as opposed to approximately 0.5 estimated over the individual training data sets. The difference in density plots can be seen by comparing the two respective plots in Fig. 10.8. These demonstrate the criticality in setting the value of smoothing parameter for the kernel density estimation.

10.3.4 Neural networks

The neural network paradigm used for this study was the standard multi-layer perceptron (MLP) trained with the backpropagation learning rule. An introduction is given here; for more details the reader is referred to Bishop (1998):

The MLP is a collection of connected processing elements called nodes or neurons arranged together in layers. Input signals pass into the input layer, progress forward through the network hidden layer nodes and the result emerges from the output layer nodes. Each node i is connected to each node j in the preceding and following layers through the connection of weight w_{ij}. Signals pass through the network nodes by performing a weighted sum at i of all the signals x_j from the preceding layer, giving the excitation z_i of the node. This is then passed through a nonlinear activation function f to emerge as the output of the node x_i to the next layer, i.e:

Table 10.2 Confusion matrix for classification of AE test data using KDE with h value given by cross validation

		Assigned class (cluster)		
		1	**2**	**3**
True	**1**	11	0	0
class	**2**	0	28	1
(cluster)	**3**	0	0	5

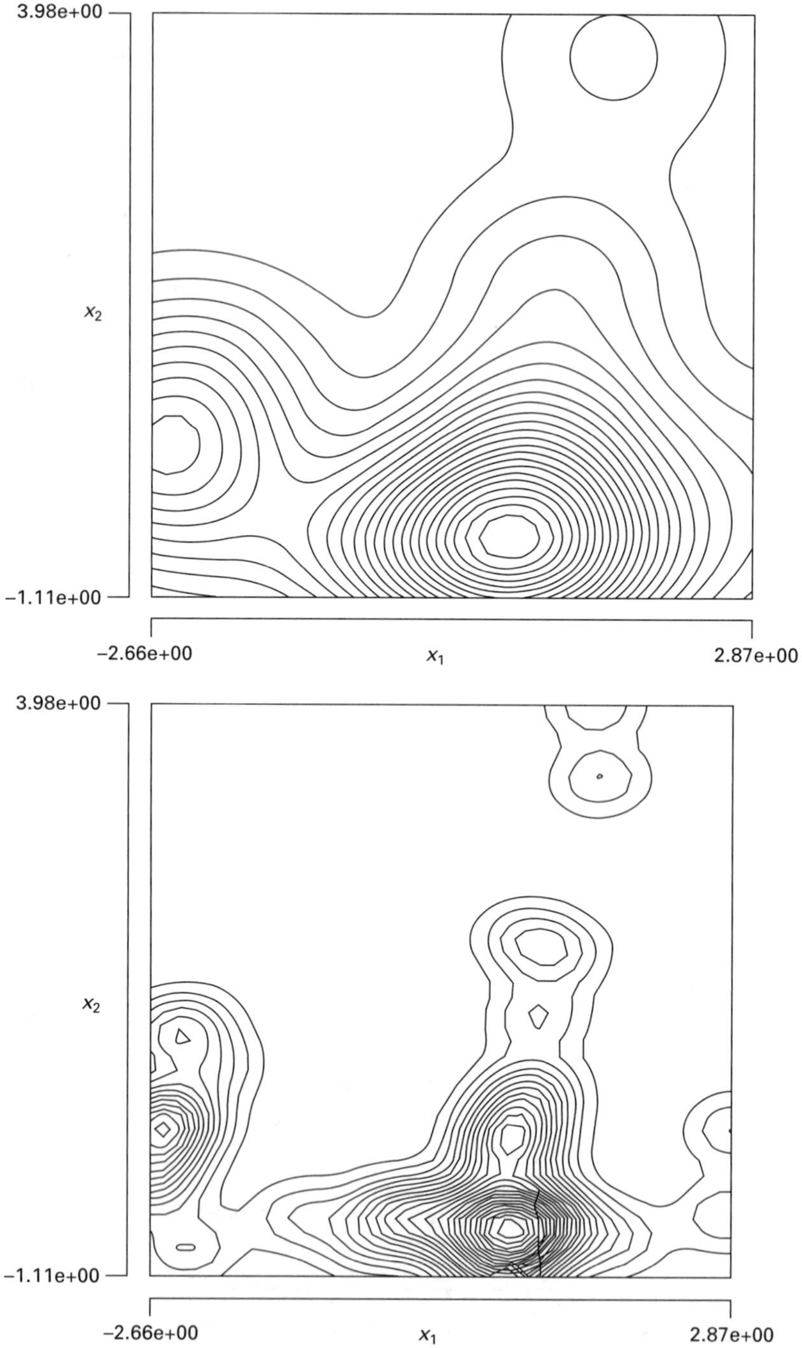

10.8 KDE density estimations of AE test data applying smoothing parameter values of 0.5 (top plot) and 0.2 (bottom plot).

Table 10.3 Confusion matrix for classification of AE test data using KDE taking h = 0.2

		Assigned class (cluster)		
		1	**2**	**3**
True	**1**	11	0	0
class	**2**	0	29	0
(cluster)	**3**	0	0	5

$$x_i^{(k)} = f\,(z_i^{(k)}) = f\left(\sum_j w_{ij}^{(k)} x_j^{(k-1)}\right) \qquad 10.11$$

Various choices for f are possible, and in this case it is taken as the hyperbolic tangent function $f(x) = \tanh(x)$. The network has one additional node, the bias node, which is special in that it is connected to all other nodes in the hidden and output layers. The output of the bias node is held constant throughout in order to allow constant offsets in the excitations z_i of each node.

The operation of an MLP has two distinct stages: training and testing. When training, both the inputs and desired outputs (class) are known, and a form of supervised learning can therefore be used to establish values for the connection weights w_{ij}. At each training stage a set of inputs are passed forward through the network producing trial outputs that are compared to the desired outputs. If a significant error is obtained, the error is passed backwards through the network and a training algorithm uses the error to adjust the connection weights. The algorithm used here is the backpropagation learning algorithm (Bishop, 1998), (it is a simple variant of gradient descent and is by no means state-of-the-art). The cycle repeats until the error is reduced to an acceptable level, and at this point the training phase ends and the network is established.

The problem here is to train the network to classify the test data. The problem is to associate the input data with one of the known classes. If there are N_c classes for classification, then the network should be defined with N_c outputs; one associated to each of the classes. The network is trained with the aim of signalling a value of unity at output node N_i and zero at all other output nodes if the input vector is class i. Likewise, N_j should signal unity for input feature vector class j, with all other outputs zero, and so on. This is called a 1 of N_c strategy. The advantage of using such a strategy is that (under certain conditions), the trained neural network will estimate posterior class probabilities in the Bayesian sense. This means that class assignment is simply allocating the label corresponding to the highest output (Bishop, 1998).

In the current research, the neural network was defined as having two input nodes, one corresponding to each of the first two principal components of the AE feature vectors, and three output nodes, one corresponding to each of the three possible AE classes. The number of layers and the number of neurons per layer were determined by minimizing the error on the validation set. The best network structure from the validation exercise had two hidden units. With this structure the network gave perfect classification.

The optimum network was then used to generate the network weights, w_{ij}. By a slightly more complicated procedure than applied to the quadratic discriminant analysis, one can compute the decision boundaries for the neural network and these are illustrated in Fig. 10.9.

Note that the decision boundary for separating classes 2 and 3 is very close to cluster 3 indicating that there may be a marginal generalization problem.

10.4 Case study two: damage location on an aircraft wing

The structure of interest was a Gnat trainer aircraft, or more specifically, the starboard wing of the aircraft as shown in Fig. 10.10. (A very full description of this case study can be found in Manson *et al.* 2003)

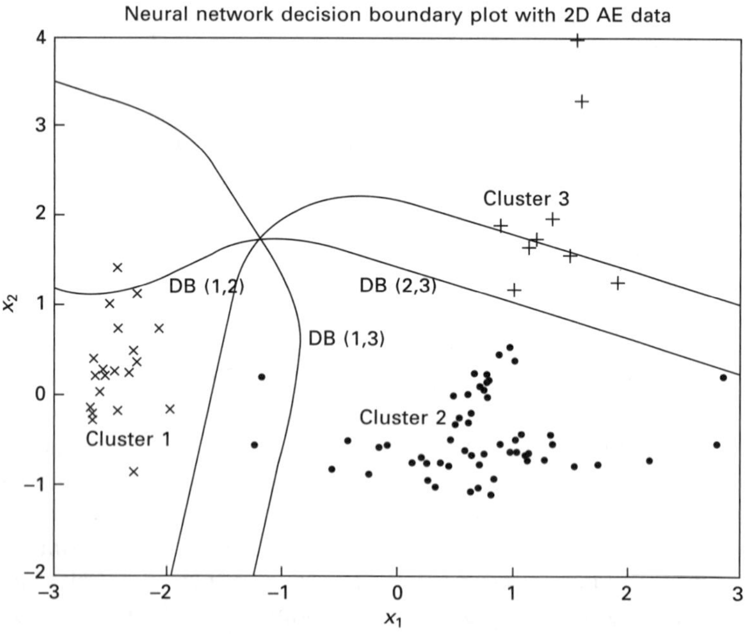

10.9 MLP neural network generated decision boundaries with reduced dimension AE data, applying a hyperbolic tangent output function.

10.10 Gnat aircraft and acquisition system.

This study investigated level 2 in Rytter's damage hierarchy, namely damage location. Having detected that damage is present in the structure there is generally a desire for further information regarding the location of the damage. This problem is often cast in a regression framework with the output being the coordinates of the damage. This was the framework used to detect impacts to a composite panel in Worden and Staszewski (2000). In this study, due to restrictions upon actually damaging the structure, the problem of damage location was cast as one of classification. The question on this occasion was concerned with identifying which of nine inspection panels had been removed.

Owing to the general success of using novelty detectors for damage detection problems, it was decided to attempt to extend this approach to see whether it could be used for the level 2 problem. A network of sensors was used to establish a set of novelty detectors, the assumption being that each would be sensitive to different regions of the wing.

10.4.1 Test set-up and data capture

As described above, damage was simulated by the sequential removal of nine inspection panels on the starboard wing: this also had the distinct advantage that each damage scenario was reversible and it would be possible therefore to monitor the repeatability of the measurements. Figure 10.11 shows a schematic of the wing and panels.

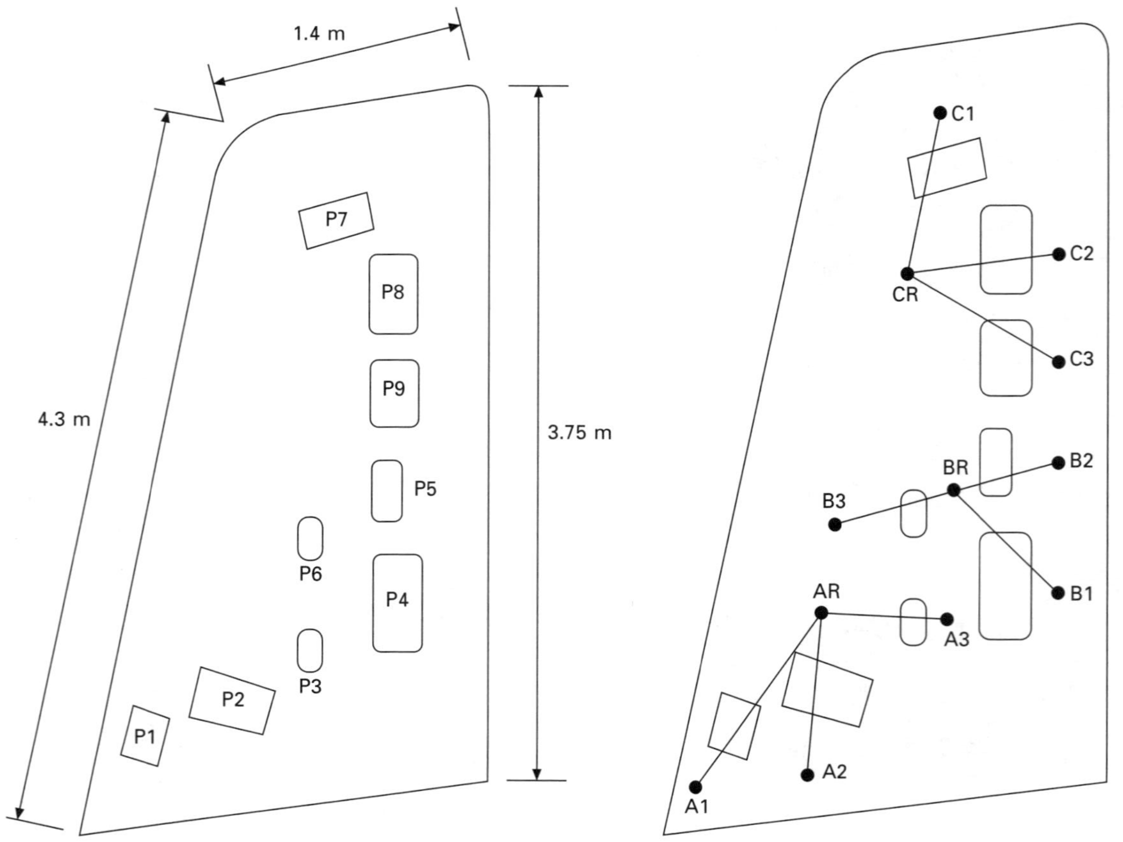

10.11 Schematic of the starboard wing inspection panels and transducer locations.

The area of the panels varied from about 0.008 m^2 to 0.08 m^2 with panels P_3 and P_6 the smallest. The basic features selected for the problem were transmissibilities, i.e. the ratio of the acceleration spectra recorded at two distinct points. The reason is that they are known to be sensitive to local variations in the structure and this is a prerequisite for successful damage location. A further reason is that the transmissibilities do not require a reference excitation measurement and therefore offer the possibility of use in flight where the excitation is not known. The transmissibilities were recorded in three groups, A, B and C as shown in Fig. 10.11. Each group consisted of four sensors (a centrally placed reference transducer and three others). Only the transmissibilities directly across the plates were measured in this study.

The excitation and recording of the transmissibilites were conducted as follows. One 16-average transmissibility and 100 one-shot measurements were recorded across each of the nine panels for seven undamaged conditions (which were recorded at various stages of the data acquisition phase to increase robustness against variability) and the 18 damaged conditions (two repetitions for the removal of each of the nine panels). Figure 10.12 shows two averaged transmissibilities measured over panel 4 of the wing.

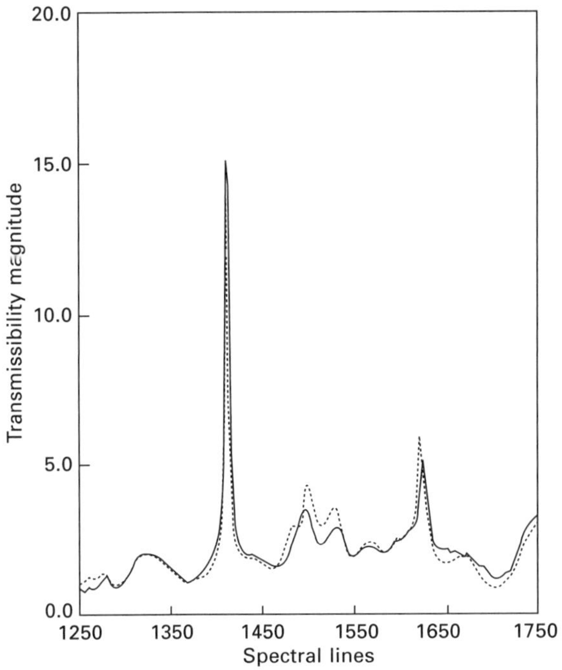

10.12 Examples of averaged transmissibility measurements.

(In fact, the positions of the accelerometers were slightly different for this measurement.) Several peaks are visible in the transmissibility; the basic features are obtained by taking transmissibility measurements around peaks which are found to be sensitive to the damage. An example might be the points between lines 1375 and 1425 in Fig. 10.12; downsampling by a factor of two would then produce a 25-point feature vector.

10.4.2 Feature selection and novelty detection

The feature selection process was conducted visually for simplicity. This just means that each of the peaks was examined visually in order to find those which showed marked and systematic variation with the onset of damage. In order to simplify matters, only the group A transmissibilities were considered to construct features for detecting the removal of one of the group A panels; similarly for groups B and C.

The next step in the process was to convert the feature vectors to novelty indices; the algorithm adopted here was outlier analysis. The novelty index is a scalar which shows significant increase when damage is present. The significance of the increase is signalled by a threshold crossing. Details of outlier analysis and a description of how threshold levels are calculated are given in Worden *et al.* (1999). For a more in-depth analysis, readers are referred to Barnett and Lewis (1994).

Outlier analysis basically calculates a distance measure – the squared (sample) Mahalanobis distance – D_ζ, for each testing observation, x_ζ, from

$$D_\zeta = (\underline{x_\zeta} - \underline{\overline{x}})^T\, \Sigma^{-1} (\underline{x_\zeta} - \underline{\overline{x}}) \qquad 10.12$$

where $\underline{\overline{x}}$ and Σ are the mean vector and covariance matrix of the training set. These measures are then compared to a statistically calculated threshold; above the threshold and the observation is declared an outlier, otherwise it is declared an inlier.

Candidate features were then evaluated using the outlier analysis. The best features were chosen according to their ability to correctly identify the 200 (per panel) damage condition features as outliers while correctly classifying as inliers, those features corresponding to the undamaged condition. Figure 10.13 shows the results of the outlier analysis for the feature that was designed to recognize removal of inspection panel P_4. The data are divided into training, validation and testing sets in anticipation of presentation to the neural network classifier. As there are 200 patterns for each damage class, the total number of patterns is 1800. These were divided evenly between the training, validation and testing sets, so (with a little wastage) each set received 594 patterns, comprising 66 representatives of each damage class. The plot shows the discordancy values returned by the novelty detector over

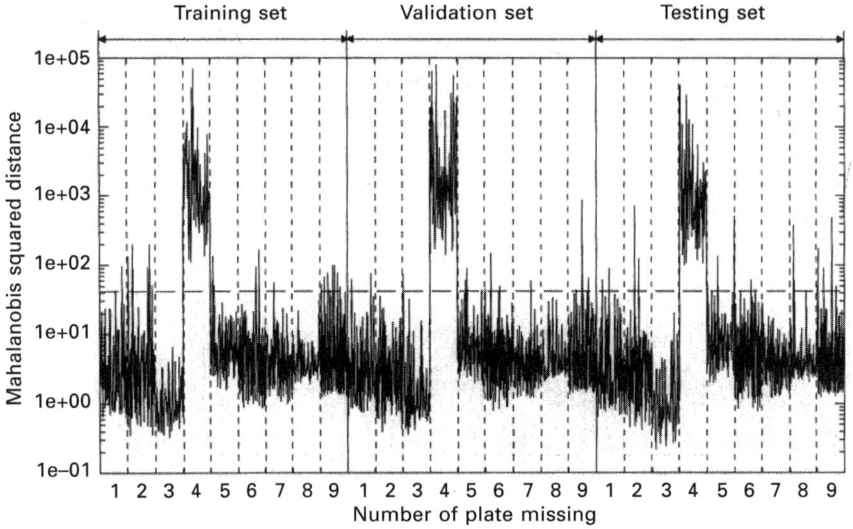

10.13 Outlier statistic for all damage states for the novelty detector trained to recognize panel 4 removal.

the whole set of damage states. The horizontal dashed lines in the figures are the thresholds for 99% confidence in identifying an outlier, they are calculated according to the Monte Carlo scheme described in Worden *et al.* (1999). The novelty detector substantially fires only for the removal of panel P_4 for which it has been trained. This was the case for most panels but there were exceptions (e.g., there were low sub-threshold discordancies for the smaller panels and some novelty detectors were sensitive to more than one damage type).

10.4.3 Network of novelty detectors for damage location

Once the relevant features for each detector had been identified and extracted, a classifier was used to interpret the resulting set of novelty indices. (A further reason for using novelty indices for localization features is that this substantially reduces the dimension of the feature vector. If all the points of the various transmissibility ranges were used, the required classifier would need many more parameters and would possibly have difficulty generalizing.) Altogether, nine features (novelty indices) were used as the data for the classifier. As the panels were of different sizes, the analysis gave some insight into the sensitivity of the method. The final stage of the analysis was to produce the damage location classifier. The algorithm chosen was a support vector machine.

Note that there are now two layers of feature extraction. At the first level, certain ranges of the transmissibilities were selected for sensitivity to the various damage classes. These were used to construct novelty detectors for the classes. At the second level of extraction, the nine indices themselves were used as features for the damage localization problem. This depends critically on the fact that the various damage detectors are *local* in some sense, i.e., they do not *all* fire over *all* damage classes. This was found to be true in this case.

10.5 Analysis of the aircraft wing data

10.5.1 Statistical learning theory

The support vector machines (SVMs) used as classifiers in this study are algorithms motivated by *Statistical Learning Theory* (Vapnik, 1995,1998) which attempts to formalize much of the basic foundations of machine learning. The basic principle is that an algorithm is defined which learns a relationship between two sets of data. The first is defined on a d-dimensional *input space* and denoted $\underline{x}$, the second will be taken (without loss of generality) as 1-dimensional and denoted y. The relationship is induced by or constructed on the basis of training data $(\underline{x}_k, y_k)$; $k = 1,\ldots, N$. If y is a continuous variable, the problem is one of regression, and if y is a class-label, the problem is one of classification. The mapping between the two will be denoted f.

Suppose a relationship $y = f(\underline{x}, \underline{w})$ is learned from the data where $\underline{w}$ is a vector of free parameters which are adjusted to give best-fit of the model. The mean error in the function is denoted by,

$$R(\underline{w}) = \int d\underline{x}dy \; |y - f(\underline{x}, \underline{w})| \; p(\underline{x}, y) \qquad 10.13$$

and is termed the *actual risk*. This function measures the acceptability of the model; unfortunately, it is impossible to compute. Firstly, only a finite set of data will usuably be available for training or testing. Secondly, the joint density of the inputs and outputs, $p(\underline{x}, y)$, is not normally known. In the absence of the actual risk, the *empirical risk*,

$$R_{\text{emp}}(\underline{w}) = \sum_{i=1}^{N} |y_i - f(\underline{x}_i, \underline{w})| \qquad 10.14$$

is usually computed. It is impossible to tell on the basis of this quantity whether the map f will generalize well, i.e. will give low errors on different data sets generated with the joint density $p(\underline{x}, y)$. The basis of Vapnik's work over the last 20 years has been to construct a framework – statistical learning theory – which allows the definition of *bounds* on the actual risk of the form,

$$R(\underline{w}) \leq R_{\text{emp}}(\underline{w}) + \Phi(h) \qquad 10.15$$

where the *confidence interval* Φ is a function of the parameter h which is the *Vapnik-Chervonenkis (VC) dimension*. This parameter scales with the complexity of the model basis used for fitting f (and is usually rather difficult to compute). An important point about (equation 10.15) is that it is independent of $p(\underline{x}, y)$ – it depends only on the training data and h. Bounds of this type form the basis for the idea of *structural risk minimization*.

The idea is to form a nested group of model bases as illustrated in Fig. 10.14. Each model has VC-dimension h_i with $h_i \leq h_{i+1}$. For each group, one computes h_i (or estimates an upper bound) and thus determines the confidence interval. The model is selected which minimizes the sum of the empirical risk and the confidence interval. The principle is that better generalization will result if the complexity of the model is controlled carefully. Consider fitting a function with a neural network; if enough weights are included the network will fit any relationship without error on the training data, but will be unable to generalize.

10.5.2 Basic theory of support vector machines

It is simplest to begin the discussion of SVMs with a consideration of linear discriminant analysis. This is a statistical technique that seeks to separate two classes of data using a hyperplane (i.e., a straight line in two dimensions). Suppose that the two classes of data are indeed linearly separable as shown in Fig. 10.15(a). In general there will be many separating hyperplanes. The problem with many of them is that they will not generalize well, the reason is that they pass too close to the data. The idea of an SVM for linear

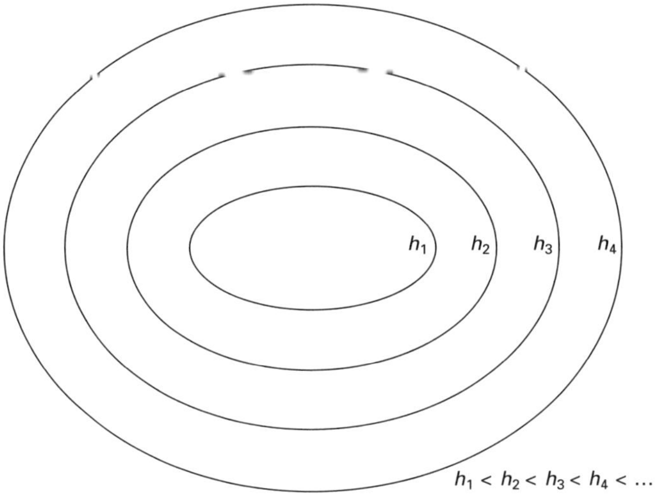

10.14 A hierarchy of models parametrized by VC-dimension.

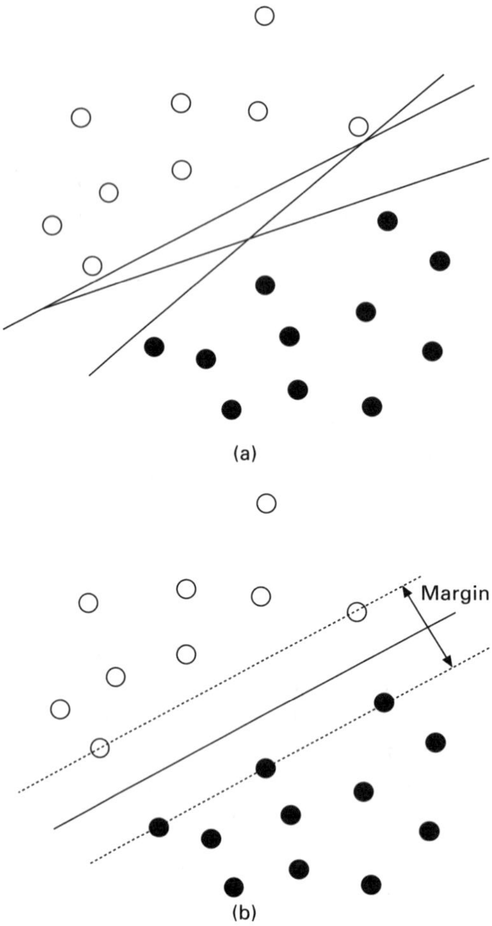

10.15 (a) Arbitrary separating hyperplanes. (b) Optimal separating hyperplane.

discrimination is that it will select the hyperplane that generalizes best, and as shown in Fig. 10.15(b) this means the one that is furthest from the data in some sense.

Suppose the hyperplane has the equation,

$$D(\underline{x}) = \langle \underline{w}, \underline{x} \rangle = 0 \qquad 10.16$$

where $\langle \sim, \sim \rangle$ is the standard Euclidean scalar product. The separation condition is given by,

$$\underline{x}_k \in C_1 \Rightarrow D(\underline{x}_k) = \langle \underline{w}, \underline{x}_k \rangle \geq 1$$

$$\underline{x}_k \in C_2 \Rightarrow D(\underline{x}_k) = \langle \underline{w}, \underline{x}_k \rangle \leq -1 \qquad 10.17$$

(where C_1 and C_2 are the two classes), or more concisely,

$$D(\underline{x}_k) = y_k < \underline{w}, \underline{x}_k > \quad \geq 1 \qquad 10.18$$

where y_k in this case is a class-label. $y_k = 1$ (resp. $y_k = -1$) if $\underline{x}_k \in C_1$ (resp. $\underline{x}_k \in C_2$).

It is a simple matter to show that the distance of each point in the training set $\underline{x}_k$ from the separating hyperplane is $|D(\underline{x}_k)|/||\underline{w}||$. Now, τ is a *margin* (an interval containing the hyperplane but excluding all data - Fig. 10.15b), if,

$$y_k \frac{D(\underline{x}_k)}{||\underline{w}||} > \tau \qquad \forall k \qquad 10.19$$

Note that the parametrization of the hyperplane is currently arbitrary. This can be fixed by specifying,

$$||\underline{w}|| \ \tau = 1 \qquad 10.20$$

and this converts (10.19) into the separation condition (10.18). It is clear now that maximizing the margin will place the hyperplane at the furthest point from the data and this can be accomplished – in the light of (10.20) – by minimizing $||\underline{w}||$ subject to the constraints (10.18). This is a large but well-understood quadratic programming problem. For details of the optimization procedure the reader can consult Cristianini and Shawe-Taylor (2000) or the excellent tutorial by Burges (1998).

10.5.3 SVM results for Gnat location classification

Before training the SVM classifier, the data were divided into training, validation and testing sets. Each set had 594 training vectors, 66 for each location class as described in Section 10.4.2.

The SVMs described in the last section are designed to separate two classes, i.e. to form a *dichotomy*. However, the problem of interest here is to assign data to nine classes. The usual method of using the SVM for multi-class problems is to train one SVM for each class so that each separates the class in question from all the others. This means that nine quadratic programming problems have to be solved for the current problem. There are strategies for multi-class problems which overcome the need for several SVMs, some are summarized in Bennett (1999). The software used in this study was SVM^{light} (Joachims, 1999).

The SVM expresses the discriminant function in terms of a series of basis functions, in this study it was decided to adopt a radial basis kernel. The basis functions are,

$$\phi_i(\underline{x}) = \exp(-\gamma \, || \, \underline{x} - \underline{x}_i \, ||^2) \qquad 10.21$$

and the discriminant function is thus equivalent to a radial-basis function network (Bishop, 1998) with the centres at each of the training data points and the radii of each of the basis functions equal. The parameter γ is to be specified for each of the classifiers, along with the strength of the margin C. (This is a parameter which decides how severly to punish misclassifications in the event that the data are not separable.) The 'best' values for these constants were determined by optimizing the performance of the classifiers on the validation sets. The final performance of the classifiers was determined by their effectiveness on the testing sets. A fairly coarse search was carried out with candidate values of γ taken from range between 0.01 and 10.0 and with C taken from the range 1.0 to 1024.0 in powers of two.

The results from the nine classifiers on the testing set are given in Table 10.4. Note that this is different from the usual confusion matrices in one important respect. When a neural network is used to create a classifier, each data point is assigned to one and one only class of the M possibilities. In the case of the support vector machine, each data point is presented to all of the M SVMs and could in principle be assigned to all or none of the classes. This means that the numbers in the rows of the class matrices do not add up to the number of points in the class.

Overall, on the testing set, the multiple SVM scheme gives 89.2% correct classifications (including multiple classifications where the correct class is identified) and 7.2% misclassifications. As discussed above, the classifier does not respond to 5.6% of the data and 2.7% points give multiple class labels. Also, the SVM indicates which data points are the source of confusion. One of the other strengths of the SVM approach discussed here is that it is *universal* and the same algorithm embedded in the same software could just as easily have fitted polynomial or neural network discriminants. This offers the possibility of optimizing the performance over the model basis.

One of the often-cited strengths of the SVM approach is that the quadratic programming problem is convex and thus has a single global minimum.

Table 10.4 Confusion matrix for testing data – SVM on Gnat damage location problem

Prediction	1	2	3	4	5	6	7	8	9
True Class 1	55	1	0	0	1	0	0	1	0
True Class 2	0	60	2	0	2	0	0	0	2
True Class 3	0	1	58	0	0	5	0	2	0
True Class 4	1	0	0	60	0	1	0	1	0
True Class 5	0	2	2	0	61	0	0	0	0
True Class 6	2	0	9	0	0	53	0	0	0
True Class 7	2	0	1	0	0	0	63	0	1
True Class 8	0	0	0	0	0	2	0	59	1
True Class 9	1	0	0	1	0	0	0	2	61

However, in the case described above, this is only true once appropriate values for γ and C have been fixed. If these values were left free for optimization, the problem would no longer be quadratic.

10.6 Discussion and conclusions

There are many lessons to be learned from the examples in the previous sections. The overwhelming message is that the system will only perform as well as the data that have been used to train the diagnostic, the adage *garbage in – garbage out* is particularly apt. The most important issue is already raised at the lowest level of *detection*. This is: *how does one acquire data corresponding to damage states*? Clearly, in the case of high-value engineering structures like bridges or aircraft, it is simply not possible to deliberately damage one in order to collect training data. Model-based approaches may also be prohibitively costly, due to the very high fidelity of model needed to reliably generate data representative of the structure. This problem of sourcing the data for pattern recognition is the most pressing for the application of data-driven approaches.

If one wishes to carry out a program of automatic monitoring for an aircraft, it is conceivable that one might do it off-line in the reasonably well-controlled environment of a hangar. This is not possible for a bridge that is at the mercy of the elements. It is known that changes in the natural frequencies of a bridge as a result of daily temperature variation are likely to be larger than the changes from damage (Sohn, 2007). Bridges will also have a varying mass as a result of taking up moisture from rain, etc. However, one does not ever wish to diagnose damage in a structure simply because the normal condition has changed for understandable reasons. There are two possible solutions to this problem. The first is to accumulate normal condition data spanning all the possible environmental conditions. This is time-consuming and will generate such a large normal condition set that it will likely be insensitive to certain types of damage. The second solution is to determine features that are insensitive to environmental changes but sensitive to damage. This of course raises the first problem discussed above, where is the damage data coming from?

A third problem relating to data-driven approaches is that the collection or generation of data for training the diagnostic is likely to be expensive, this means that the data sets acquired are likely to be sparse. This puts pressure on the feature selection activities as sparse data will usually require low-dimensional features if the diagnostic is ever going to generalize away from the training set. There are possible solutions to this, e.g. regularization can be used in the training of neural networks in order to aid generalization and this can be as simple as adding noise to the training data. Other possibilities are to use learning methods like support vector machines which are implicitly regularized and therefore better able to generalize on the basis of sparse data.

The overall conclusion for the chapter is that if the conditions are favourable, PR and machine learning algorithms can be applied to great effect on damage identification problems. In the light of the comments above, 'favourable' conditions largely mean that data are available in order to train the machine learning diagnostics. Even if the conditions seem to exclude such a solution, one should bear in mind that even a model-driven approach will need appropriate data for model validation.

10.7 Acknowledgements

The authors would like to thank Professor Karen Holford and Dr Rhys Pullin of The University of Wales Cardiff for providing the box girder data.

10.8 References and further reading

Barnett, V. & Lewis, T. 1994 *Outliers in Statistical Data, 3rd ed.* John Wiley and Sons, Chichester.

Bennett, K.P. 1999 Combining support vector and mathematical programming methods for classification. In (B. Schoelkopf, C.J.C. Burgess and A.J. Smola, eds.), *Advances in Kernel Methods - Support Vector Learning*, MIT Press, pp. 307–326.

Bishop, C.M. 1998 *Neural Networks for Pattern Recognition.* Cambridge University Press.

Burges, C.J.C. 1998 A tutorial on support vector machines for pattern recognition. *Data Mining and Knowledge Discovery*, **2**, pp. 1–47.

Cherkassky, V. & Mulier, F. 1998 *Learning from Data, Concepts, Theory and Methods.* Wiley Interscience.

Cristianini, N. & Shawe-Taylor, J. 2000 *An Introduction to Support Vector Machines and Other Kernel-based Learning Methods.* Cambridge University Press.

Doebling, S.W., Farrar, C.R., Prime, M.B. & Shevitz, D.W. 1996 Damage Identification and Health Monitoring of Structural and Mechanical Systems from Changes in their Vibration Characteristics: A Literature Review. *Los Alamos National Laboratories Report* **LA-13070-MS**.

Joachims, T. 1999 Making large-scale support vector machine learning practical. In (B. Schoelkopf, C.J.C. Burgess and A.J. Smola, eds.), *Advances in Kernel Methods – Support Vector Learning*, MIT Press, pp. 169–184.

Manson, G., Worden K., Holford K., Pullin R., Martin A. & Tunnincliffe D.L. 2002 Visualisation and Dimension Reduction of Acoustic Emission Data for Damage Detection, *Journal of Intelligent Material Systems and Structures*, **12**, pp. 529–536.

Manson, G., Worden, K, & Allman, D.J. 2003 Experimental Validation of Structural Health Monitoring Methodology II: Novelty Detection on a Aircraft Wing. *Journal of Sound and Vibration*, **259**, pp. 345–363.

Rytter, A. 1993 Vibration based Inspection of Civil Engineering Structures. PhD Thesis, Department of Building Technology and Structural Engineering, University of Aalborg, Denmark.

Sharma, S. 1996 *Applied Multivariate Techniques*. John Wiley and Sons.

Schalkoff, R.J. 1991 *Pattern Recognition: Statistical, Structural and Neural Approaches*. John Wiley and Sons.

Silverman, B.W. 1986 *Density estimation for statistics and data analysis*. Chapman and Hall Monographs on Statistics and Applied Probability, **26**.

Sohn, H. (2007) Effects of environmental and operational variability on structural health monitoring. *Philosophical Transactions of the Royal Society – Series A*, **365**, pp. 539–560.

Sohn, H., Farrar, C.R., Hemez, F.M., Shunk, D.D., Stinemates, D.W., Nadler, B., & Czarnecki, J.J. 2003 A Review of Structural Health Monitoring Literature: 1996–2001. *Los Alamos National Laboratories Report* **LA-13976-MS**.

Vapnik, V. 1995 *The Nature of Statistical Learning Theory*. Springer-Verlag.

Vapnik, V. 1998 *Statistical Learning Theory*. John Wiley and Sons.

Wand, M.P. & Jones, M.C. 1995 *Kernel Smoothing*. Chapman and Hall Monographs on Statistics and Applied Probability, **60**.

Worden, K., Manson, G. & Fieller, N.R. 1999 Damage Detection using Outlier Analysis. *Journal of Sound and Vibration*, **229** pp. 647–667.

Worden, K. & Staszewski, W.J. 2000 Impact Location and Quantification on a Composite Panel using Neural Networks and Genetic Algorithms. *Strain*, **36**, pp. 61–70.

Worden, K. 1996 *MLP 3.4 – A Users Manual*. (Obtainable via k.worden@sheffield.ac.uk).

Worden, K. 1998 *KDE – Kernel Density Estimator Version 1.1 – A Users Manual*. (Obtainable via k.worden@sheffield.ac.uk).

Worden, K. 2003 Cost Action F3 on Structural Dynamics: Benchmarks for Working Group 2 – Structural Health Monitoring. *Mechanical Systems and Signal Processing*, **17**, pp.73–75.

Part II

Applications of structural health monitoring in civil infrastructure systems

11
Structural health monitoring of bridges: general issues and applications

D INAUDI, SMARTEC SA, Switzerland

Abstract: Structural health monitoring aims to provide quantitative and reliable data on the real conditions of a bridge, observe its evolution and detect the appearance of degradations. By permanently installing a number of sensors, continuously measuring parameters relevant to the structural conditions and other important environmental parameters, it is possible to obtain a real-time picture of the structure's state and evolution.

SHM is a new safety and management tool that ideally complements traditional methods such as visual inspection and FEM modelling, but requires a rigorous design and implementation approach to fully materialize its benefits.

Key words: structural health monitoring (SHM), bridge monitoring, bridge management, instrumentation, damage detection.

11.1 Introduction: bridges and cars

A bridge owner is driving his car across one of the bridges he is managing.

As a car owner, he is feeling in control of his vehicle, the fuel gauge tells him that the tank is more than half full and the on-board computer calculates how many kilometres are left before refuelling is necessary. The same computer also tells him that he will need to service the car at the garage in 12 000 km. A number of gauges are constantly checking and adjusting the performance of the car engine and if something is out of the normal parameters, the driver is immediately alerted. The GPS unit is receiving traffic information through a wireless network and updating the recommended route home in real time. The driver is also reassured by knowing that in case of an accident, the GPS will automatically forward his position to the emergency centre.

As a bridge owner, he does not enjoy the same level of confidence about the performance of the structure he is driving across. The latest information he has about the bridge is almost two years old and was the result of a short visual inspection. He smiles and thinks this is like walking around a car and kicking tyres to assess its performance. He can make an estimation of the current condition of the bridge and how long it will operate before needing significant repair, but that estimation is plagued by a lot of uncertainties and he is not certain to prioritize his investments correctly. When he is in his office or travelling with his smart-phone, he has no way to connect with the bridge and see its current condition or even a live picture of it: a strange feeling these days when everything seems to be connected and online, including his car and fridge. Even in the case of a major problem, such as the collapse of a bridge span due to foundation scour, the bridge is unable to alert him and the incoming drivers immediately to avoid unnecessary casualties.

Although the bridge cost was 200 times higher that the cost of the car, the car is doing a better job at providing him with the information he needs. He feels that there must be a better way to interact with his bridges. Maybe 'structural health monitoring' (SHM) could help.

11.2 Integrated structural health monitoring systems

The life of each structure is far from being monotonous and predictable. Much like our own existence, its evolution depends on many uncertain events, both internal and external. Some uncertainties arise right during construction, creating structural behaviours that are not predictable by design and simulations. Once in use, each structure is subject to evolving patterns of loads and other actions. Often the intensity and type of solicitations are very different form the ones taken into account during its design and in many cases they are mostly unknown in both nature and magnitude. The sum of these uncertainties created during design, construction and use poses a great challenge to the engineers and institutions in charge of bridge safety, maintenance and operation. Defining service levels and prioritizing maintenance budgets relying only on models and superficial observation can lead to dangerous mistakes and inefficient use of resources. Regular inspection can certainly reduce the level of uncertainty, but still presents important limitations being confined to the observation of the structure's surface during short times spaced by long periods of inactivity.

Structural health monitoring aims to provide more reliable and up-to-date information on the real conditions of a structure, observe its evolution and detect the appearance of new degradations. By permanently installing a number of sensors, continuously measuring parameters relevant to the structural conditions and other important environmental parameters, it is possible to obtain a real-time picture of the structure's state and evolution (Glisic and Inaudi, 2007).

Instrumental monitoring is a new safety and management tool that ideally complements traditional methods such as visual inspection and modelling. Monitoring even allows a better planning of the inspection and maintenance activities, shifting from scheduled interventions to on-demand inspection and maintenance (Del Grosso and Inaudi, 2004).

11.2.1 Monitoring strategies

Each monitoring project presents its peculiarities and although it is possible to standardize most elements of a monitoring system, each application is unique in the way they are combined. It is, however, possible to classify the monitoring components according to several categories (Glisic, and Inaudi, 2003), (Glisic *et al.*, 2002), (Measures, 2001).

Scale

Local scale: the performance is analyzed looking at the local properties of the construction materials. Local strain distributions or penetration of chemicals in concrete are examples of measurements at this scale.
Member scale: a number of selected critical members are observed for their global behaviour. For example, the load in a prestress cable is measured.
Global scale: the structure is observed from the point of view of the overall performance and response. For example, global deformations are observed.
Network scale: The monitoring of several structures belonging to an infrastructure system allows the owner to make decision at the system level, e.g. allocating budget or planning repairs on several structures in the same stretch of highway.

Parameter

Mechanical: strain, displacement, curvature, rotations, etc.
Physical: material temperature, humidity, etc.
Chemical: pH, chlorine, sulfate, etc.
Environmental: air temperature, humidity, solar irradiation, wind, etc.
Actions: vehicle loads, forces, etc.

Periodicity

Periodic: manual measurements at pre-defined intervals, for example once every three months.
Semi-continuous: automatic measurements over pre-defined time periods (for example, one measurement per hour, for one week every three months).
Continuous: permanent automatic measurements, for example every hour.

Response

Static: measurement of slowly varying parameters.

Dynamic: measurement of vibrations and other dynamic responses.

Data collection

None: sensors are installed but not measured. They are activated only when necessary.
Manual: measurements are performed by an operator on site.
Off-line: data are collected automatically by the system and downloaded periodically through a data line or manually.
On-line: all data are permanently available online.
Real-time: data are collected on-line and analyzed immediately to allow immediate feed-back to the owner and users.

All these types of monitoring can be mixed and combined according to the specific need of the bridge under exam. This freedom requires a rigorous design approach to select the appropriate approach.

11.2.2 System integration

It is of fundamental importance that a monitoring system is designed as an integrated system, with all data flowing to a single database and presented through a single user interface. The integration between the different sensing technologies that can be simultaneously installed on the structure, e.g. fibre optic sensors (Kersey, 1997), (Glisic and Inaudi, 2007), vibrating wire sensors, tilt meters, weather stations and corrosion sensors, can be achieved at several levels. Different sensors can be connected to the same datalogger; otherwise several dataloggers can report to a single data management system, typically a PC, which can be installed either on site or at a remote location. The data management system must interface to all types of dataloggers and translate the incoming data into a single format that is forwarded to the database system.

Although many vendors of sensors and data acquisition systems provide their own software for data management and presentation, these tend to be closed systems that can only handle data from their specific sensors. Since a monitoring project often requires the integration of several technologies, it is important to provide the end-users with a single integrated interface that does not require them to learn and interact with several different user interfaces.

11.2.3 Benefits of SHM

The benefits of having a structural health monitoring system installed on a bridge or any significant structure are many and depend on the specific application. Here are the more common ones.

Monitoring reduces uncertainty

The bridge owners are facing a lot of uncertainties: about the real state of the materials, about the real loads acting on the structure and about its ageing. When making decisions about the structure, they have to take these unknowns into account and keep the structure on the safe side by assuming the worst case scenario for all uncertainties. Monitoring helps by reducing uncertainty and therefore allows the owner to take informed decisions supported by factual data. Monitoring can also reduce insurance costs by reducing the uncertainty associated with the insured risk.

Monitoring discovers hidden structural reserves

Many structures are in much better condition than expected. In these cases, monitoring will allow an actual increase in the safety margins without any intervention on the structure. Taking advantage of better material properties, over-design and synergetic effects, it is often possible to safely extend the lifetime or load-bearing capacity of a structures without any intervention, therefore delaying repair or replacement costs.

Monitoring discovers deficiencies in time and increases safety

A few structures might present deficiencies which cannot be identified by visual inspection or modelling. In these cases it is crucial to undertake appropriate remedial or preventive actions before it is too late. Repair will be cheaper and will cause less disruption to the use of the structure if it is done at the right time. Having permanent and reliable monitoring data from a structure significantly improves the safety of the structure and its users.

Monitoring insures long-term quality

Each quality policy requires measurements and feedback to insure that the objectives are attained and that corrective actions can be taken in case of deviations. By providing continuous and quantitative data, a monitoring system helps in assessing the quality of the structure during construction, operation, maintenance and repair, therefore eliminating the hidden costs of non-quality. Most defects and damages to a structure are built-in during the construction process. However, many of them will produce a visible result only after many years, when repair is much more expensive and no longer covered by the contractor's warranty.

Monitoring allows structural management

Monitoring data can be used to perform 'maintenance on demand', optimizing the operation, maintenance, repair and replacing of structures based on reliable and objective data. Monitoring data can be integrated in structural management systems and increase the quality of decisions by providing reliable and unbiased information and allowing owners to spend on maintenance and reconstruction when required and not only when budgets are available.

Monitoring increases knowledge

Learning how a structure performs in real conditions will help to design better structures for the future. This leads to cheaper, safer and more durable structures with increased reliability and performance. A small investment at the beginning of a project can lead to savings later in the project by optimizing the design and discovering weaknesses in time.

11.2.4 Return on investment

As any investment, a monitoring system must prove its effectiveness, not only as a qualitative improvement of the bridge performance, but also as a way of reducing the overall life-cycle-cost (Radojicic *et al.*, 1999). A well designed integrated structural health monitoring system can be shown to be cost effective for both newly built structures as for existing ones.

New bridges

For a new bridge, the typical initial investment for an SHM system ranges between 0.5% and 3% of the total construction cost. This includes the hardware, the installation and the configuration of the system. The percentage figure tends to be higher for smaller structures, because some costs do not scale down well with smaller bridges. The management of the monitoring system and of the resulting data as well as the data analysis typically adds 5% to 20% of the SHM system cost every year. Over the first 10 years in the life of a structure, having an SHM system installed on a medium-size bridge will typically require an investment in the order of 2% to 5% of the total construction cost.

There are several ways in which this cost can be paid back in the first 10 years of use:

1. The owner can request the contractor to remedy any discovered defect at his cost, if they are spotted within the warranty period, typically 2 to 5 years.
2. Being able to immediately check the real behaviour of a structure against

the design assumptions provides a quick way to spot any trouble during the construction process, when they are easier and cheaper to correct. For example, the contractor can change the concrete recipe on subsequent pours or correct the pre-tensioning of cables and stays. These corrections are very expensive to implement once the building site is dismantled and construction equipment is removed. Some construction mistakes can also be spotted and corrected immediately. Examples of these problems include non-working bearings, lack of post-tension or wrong thickness of load-bearing elements and defects to water barriers. SHM is therefore also beneficial for the contractor in order to avoid subsequent repair claims.

3. It is proven that measuring it has a significant and positive effect on any process. Construction is no exception. If measurements are taken during construction, the contractors and all the involved personnel will have an additional motivation to deliver a high-quality product with lower defect rate.
4. Observing the bridge behaviour during the first 10 years of its life provides an excellent baseline to compare and assess its future performance or reduction thereof.

If we assume that 10% of newly constructed bridges have some type of construction defects and that its remedy and indirect consequences costs the owner on average 30% of the original construction cost over the bridge lifetime, we can see that the 3% investment in the SHM system can on average be paid back by the first benefit alone. All other benefits will therefore be available without cost for the owner. It has to be noticed that repairing a bridge under traffic conditions, for example because of corrosion problems, can often cost more than the original construction cost. These types of problems can often be detected in the first 10 years of life with appropriate instrumentation and analysis.

Deficient bridges

Many bridges are classified as deficient and are repaired or replaced without a quantitative assessment of their real condition and load-bearing capacity. Deciding about the reliability of a bridge based on visual inspection and modelling alone cannot be considered an efficient way to manage a bridge inventory. Experience has shown that basing condition assessment on visual inspection leads to an underestimation of the bridge conditions in a vast majority of the cases. This practice can therefore be considered as acceptable from a safety point of view, but inefficient from an economic point of view.

Let's assume that an SHM monitoring system is systematically installed on any bridge identified as a candidate for replacement, based on its estimated structural condition (Vanderzee, 2008). The SHM system and the engineering data analysis will typically cost 3% of the rebuild cost and will assess if the bridge really needs to be replaced, if it can be repaired or if it can continue operation without repair. We assume, again conservatively, that after the assessment 20% of the bridges are found to be in much better condition than expected and can be further operated without any intervention. Furthermore, assume another 20% of the bridges can be rehabilitated at 30% of the replacement cost. Finally 60% of the bridges will be deemed to really require replacement.

Assuming the costs for replacing each bridge, without a prior assessment with an SHM approach, to 100%; let's calculate the cost for the proposed strategy:

- Instrumentation cost: 3%
- Replacement of bridges that cannot be saved: 100% cost for 60% of bridges = 60%
- Repair of bridges that can be rehabilitated: 30% cost for 20% of bridges = 6%
- Cost for bridges that do not need any action: 0% cost for 20% of bridges = 0%
- **Total cost: 69%**.

This example, based on realistic and conservative figures, shows that systematically implementing an SHM system on all bridges identified for replacement can provide a 30% reduction in the overall investments for the owner. This is achieved by safely deferring only 40% of the replacements.

11.3 Designing and implementing a structural health monitoring system

Designing and implementing an effective SHM system is a process that must be carried out following a logical sequence of analysis steps and decisions. Too often SHM systems have been installed without a real analysis of the owner needs, often based on the desire to implement a new technology or follow a trend. These monitoring systems, although working perfectly from a technical point of view, often provide data that are difficult to analyze or which cannot be used by the owner to support management decisions.

The 7-step procedure that is detailed in the next paragraphs has proven over the years to deliver integrated SHM systems that respond to the needs of all parties involved in the design, construction and operation of structures of all kinds.

11.3.1 Step 1: identify structures needing monitoring

This step might seem trivial, but is indeed a very important first step. Before considering a SHM system, it is important to consider if a specific structure will really benefit from it. The following list includes some of the situations where an SHM system is believed to be beneficial:

- New structures including innovative aspects in the design, construction procedure or materials used.
- New structures with unusual associated risks or uncertainties, including geological conditions, seismic risk, meteorological risk, aggressive environment, vulnerability during construction, quality of materials and workmanship.
- Structures that are critical at a network level, since their failure or deficiency would have a serious impact on the rest of the network and the users.
- New or existing structure which is representative of a larger population of identical or very similar structures. In this case most information obtained from a subset of structures can be extrapolated to the whole population.
- Existing structures with known deficiencies or very low rating resulting from visual inspections.
- Candidates for replacement or major refurbishment works. In this case SHM is used to assess the real need for such action and to better design and execute the repair.

The result of this step is a list of structures that need an SHM system.

11.3.2 Step 2: risk analysis

The SHM system designer, the design engineers or the engineers in charge of the structural assessment and the owner, must jointly identify the risks associated with the specific structure and their probability. The risk analysis will lead to a list of possible events and degradations that can possibly affect the structure.

Example of risks and uncertainties are corrosion, loss of pre-stressing, creep, subsidence of foundations, earthquake strike, unauthorized overloads, impact, inaccuracy of finite elements models, poor building material quality and poor execution.

The severity and probability of each risk will be classified using the usual risk analysis procedure to produce a ranking of risks. At this point, some risks will be retained and others will be dropped because of a low impact or probability.

The result of this step is a list of risks that must be addressed by the SHM system.

11.3.3 Step 3: responses to degradations

For each of the retained risks, we now need to associate one or several responses that can be observed directly or indirectly. For example, corrosion will produce a chemical change, but also a section loss. Subsidence will produce a settlement or a change of pore pressure. The inaccuracy of the finite element model will produce a difference in the response between the structure and the model.

At this stage, it is also useful to roughly quantify the expected responses. For example, if a tilt is expected as the result of an uneven settlement, one should estimate if the tilt is in the order of milliradians or several degrees. It is very important to select the sensors with the appropriate specifications. At this stage it is also possible to determine which responses are easily and efficiently observed by a periodic visual inspection and which others require instrumentation. The physical locations where these responses are expected or will appear at their maximum extend also needs to be established.

The output of this step is a list of responses that need to be detected and measured, their estimated amplitudes and their location.

11.3.4 Step 4: design SHM system and select appropriate sensors

This is typically the first step that is approached by inexperienced SHM system proponents or by those offering a specific sensing technology and trying to find applications for it.

In our approach it is, however, only the fourth step and it becomes a much easier one. The goal is now to select the sensors that have the appropriate specifications to sense the expected responses and are appropriate for installation in the specific environmental conditions and under the technical constraints found in the structure. At this stage, one should also consider the required lifetime of the SHM system and the available budget.

It is often beneficial to include sensors based on different technologies to increase the system redundancy and complementarity. On the other hand, having too many types of data acquisition systems will increase the system cost and complexity, so a good balance is required. The design of the system also needs to take into account the constraints associated with its installation and the construction schedule in the case of a new structure.

The result of this step is a design document, including a list of sensors, installation and cable plans, installation procedure and schedule as well as a budget.

11.3.5 Step 5: installation and calibration

Installation of all systems must adhere to the supplier's specifications. Parts of the installation work can be carried out by the general contractor, with appropriate instruction and supervision.

The system calibration and testing must be carried out by the SHM contractor and can sometimes be divided into different phases, if the sensors are not all installed at the same time. This step can be concluded by a site acceptance test (SAT). If needed, the thresholds for automatic warning generation can be defined at this step by the responsible engineer and the owner.

The result of this step is an as-built plan of the SHM system, a system manual and a calibration report.

11.3.6 Step 6: data acquisition and management

This is the operational part of the process. The data is acquired and stored in a database, with appropriate backup and access authorizations. Documentation of all interventions on the structure and on the system is also important in this phase.

The result of this step is a database of measurements and a log of events.

11.3.7 Step 7: data assessment

This is often the most difficult step, but having followed the above procedure, it becomes much easier. By analyzing the responses of the structure, the engineer will be able to identify if any of the foreseen risks and degradations have materialized. At this step, the owner will also establish procedures to respond to the detection of any degradation. For example, the detection of a given degradation could simply be listed in a yearly report, while another might require the immediate closure of a bridge for further inspection.

The analysis of the data might prompt further investigation, including inspection, testing or installation of additional sensors.

The output of this step is a series of alerts, warnings and periodic reports.

11.3.8 Summary

Designing and implementing a structural health monitoring system for a bridge is a process that is not much different from designing and building the bridge itself. It requires experienced professionals and a combination of multidisciplinary skills. Unfortunately, this process is not yet formalized in the same way as, for example, the construction process, where codes, laws and regulations reduce the uncertainty and improve the interaction between the different stakeholders involved in the process. Recommendations and drafts codes for the implementation of SHM systems are, however, starting to appear; certainly an important step towards a mature SHM industry.

11.4 Bridge monitoring

To put the previous methodology into practice, we will now consider how it can be applied to design integrated SHM systems for bridges.

Bridges come in many sizes, structural systems and construction materials. Because of their very long design lifetime, sometimes exceeding 100 years, many types of bridges that are no longer considered for new construction are still in service and can become candidates for SHM. Some of these old bridges also have an historical value and their conservation goes further than the mere optimization of their functional value.

To simplify the discussion we will consider the following main types of bridges and their monitoring:

- Concrete beam bridges (Idriss and Liang, 2006)
- Steel beam bridges (Vurpillot *et al.*, 1996)
- Concrete cantilever bridges (Vurpillot *et al.*, 1998)
- Arch bridges (Inaudi *et al.*, 2001)
- Cable stayed bridges (Del Grosso *et al.*, 2005)
- Suspended bridges (Talbot *et al.*, 2007).

The cited references describe examples of monitoring systems installed on each type of bridge.

Table 11.1 summarizes the main risks that are usually associated with each type of bridge. Three stars denote a risk or uncertainty that is to be considered a priority for that type of bridge. Two stars denote one that is very often relevant and one star indicates one that can be added if the budget allows or if the risk is higher than usual for that type of structures.

Table 11.2 discusses the typical expected responses and the proposed types of sensors to measure each identified risk.

These indications should be considered as a starting point for designing an integrated bridge health monitoring system. It is, however, necessary to perform a specific risk analysis for each single bridge or at least for each family of similar bridges. For example, a concrete bridge in the Alps will see an increased risk of corrosion from the use of de-icing salt compared to an identical bridge in the Arizona desert. The ideal monitoring system will therefore be different for these two bridges.

Table 11.1 Typical risks and uncertainties associated with different bridge types

Risk/uncertainty	Concrete beam	Steel beam	Concrete cantilever	Arch	Cable-stayed	Suspended
Correspondence between finite element model and real behaviour	**	**	**	**	*	*
Dynamic strain due to traffic, wind, earthquake, explosion, etc.		***		*	***	***
Creep, relaxation of pre-stress	***		***	*		
Change in cable forces					**	**
Correspondence between calculated vibration modes and real behaviour	*	*	*	*	*	*
Non-working bearings and expansion joints	**	**	**		**	*
Cracking of concrete or steel	*	*	*	*	*	*
Temperature changes and temperature gradients in load bearing elements	***	***	***	***	***	***
Differential settlement between piers or foundations	*	*	**	**		
Change in water table or pore water pressure around foundations	*	*	*	*	*	*
Stability of slopes around foundations and abutments	*	*	*	*		
Change in the concrete chemical environment: carbonation, alkali–silica reaction, chlorine penetration	***	*	***	**	**	**
Environmental conditions				*	***	***
Traffic and overloads	*	*	*	*		
Construction schedule and specific actions	**	**	**	**	**	**

Legend: * = sometimes relevant; ** = usually relevant; *** = always relevant

11.5 Application examples

This section will introduce a few bridge SHM projects showing an effective use of the previously introduced concepts. Different types of bridge, different risks and different ages of the structures lead to very different monitoring concepts.

Table 11.2 Risks, responses and candidate sensor types

Risk/uncertainty	Response/consequence	Proposed sensors
Correspondence between finite element model and real behaviour	Strain distribution and magnitude different form model	Local strain sensors, including strain gauges, vibrating wire gauges and fibre optic sensors, tiltmeters.
Dynamic strain due to traffic, wind, earthquake, explosion, etc.	Large strains, fatigue, cracks	Local strain sensors, including strain gauges, vibrating wire gauges and fibre optic sensors, with dynamic data acquisition systems. Distributed fibre optic sensor to detect new cracks. Crack-meters.
Creep, relaxation of pre-stress	Global deformations, bending	Long-gauge fibre optic strain sensors, settlement gauges, tiltmeters, laser distance meters, topography.
Change in cable forces	Force and strain redistribution	Load cells: vibrating wire, resistive or fibre optics.
Correspondence between calculated vibration modes and real behaviour	Mode shapes and frequencies different from model	Accelerometers, long-gauge fibre optic strain sensors.
Non-working bearings and expansion joints	Reduced movement, movements occur at wrong location, strain redistribution	Joint-meters: potentiometers, vibrating wire or fibre optics.
Cracking of concrete or steel	Crack opening	Crack-meters: potentiometers, vibrating wire or fibre optics
Temperature changes and temperature gradients in load bearing elements	Strain redistribution, cracking	Temperature sensors: electrical, fibre optics point sensors or distributed sensors.
Differential settlement between piers or foundations	Global movements, tilting, strain redistribution	Laser distance meters, topography, settlement gauges, tiltmeters.
Change in water table or pore water pressure around foundations	Change in pore water pressure	Piezometers: vibrating wire or fibre optics.
Stability of slopes around foundations and abutments	Slope sliding	Distributed fibre optic soil stability sensors, laser distance meters, inclinometers.
Change in the concrete chemical environment: carbonation, alkali–silica reaction, chlorine penetration	Corrosion of rebars	Concrete corrosion and humidity sensors.

Table 11.2 Cont'd

Risk/uncertainty	Response/consequence	Proposed sensors
Environmental conditions	Actions on bridge	Weather station, wind speed measurements.
Traffic and overloads	Actions on bridge	Weight-in-motion station, dynamic strain sensors.
Construction schedule and specific actions	Difficulty in analyzing data	Webcam, image capture and archival.

11.1 View of the completed I-35W St. Anthony Falls Bridge (courtesy of Minnesota Department of Transportation).

11.5.1 I-35W St Anthony Falls Bridge (USA)

This first application is a good example of a truly integrated SHM system, combining different sensing technologies to achieve the desired level of monitoring.

The collapse of the old I-35W Bridge in Minneapolis in 2007 shook the confidence of the public in the safety of the infrastructure that we use every day. As a result, the construction of the replacement bridge (see Fig. 11.1) must rebuild this confidence, by demonstrating that a high level of safety can not only be attained during construction, but also maintained throughout the projected 100-year life-span of the bridge (Russel, 2008).

One of the central factors contributing to this is the design and installation of a comprehensive SHM system, which incorporates many different types of sensors measuring parameters related to the bridge performance and ageing behaviour. This system continuously gathers data and allows, through appropriate analysis, to obtain actionable data on the bridge performance and health evolution. The data provided can be used for operational functions, as well as for the management of ongoing bridge maintenance, complementing and targeting the information gathered with routine inspections.

The monitoring system was designed and implemented through a close cooperation between the designer, the owner, the instrumentation supplier and University of Minnesota.

The main objectives of the system are to support the construction process, record the structural behaviour of the bridge, and contribute to the intelligent transportation system as well as to the bridge security. The design of the system was an integral part of the overall bridge design process allowing the SHM system to both receive and provide useful information about the bridge performance, behaviour and expected lifetime evolution.

Monitoring instruments on the new St Anthony Falls Bridge measure dynamic and static parameter points to enable close behavioural monitoring during the bridge's life span. Hence, this bridge can be considered to be one of the first 'smart' bridges of this scale to be built in the United States.

The system includes a range of sensors which are capable of measuring various parameters to enable the behaviour of the bridge to be monitored. Strain gauges measure local static strain, local curvature and concrete creep and shrinkage; thermistors measure temperature, temperature gradient and thermal strain, while linear potentiometers measure joint movements. At the mid-spans, accelerometers are incorporated to measure traffic-induced vibrations and modal frequencies (Eigen frequencies). SensCore corrosion sensors are installed to measure the concrete resistivity and corrosion current.

Meanwhile there are long-gauge SOFO (Surveillance des Ourages par Fibres Optiques) fibre optic sensors which measure a wide range of parameters, such as average strains, strain distribution along the main span, average curvature, deformed shape, dynamic strains, dynamic deformed shape, vertical mode shapes and dynamic damping – they also detect crack formation. The sensors are located throughout the two bridges, the northbound and southbound lanes, and are in all spans. However, a denser instrumentation is installed in the southbound main span over the Mississippi river, as depicted in Fig. 11.2. This span will therefore serve as sample to observe behaviours that are considered as similar in the other girders and spans.

Table 11.3 summarizes the installed instrumentation and the monitoring purpose of each one.

This project is one of the first to combine very diverse technologies,

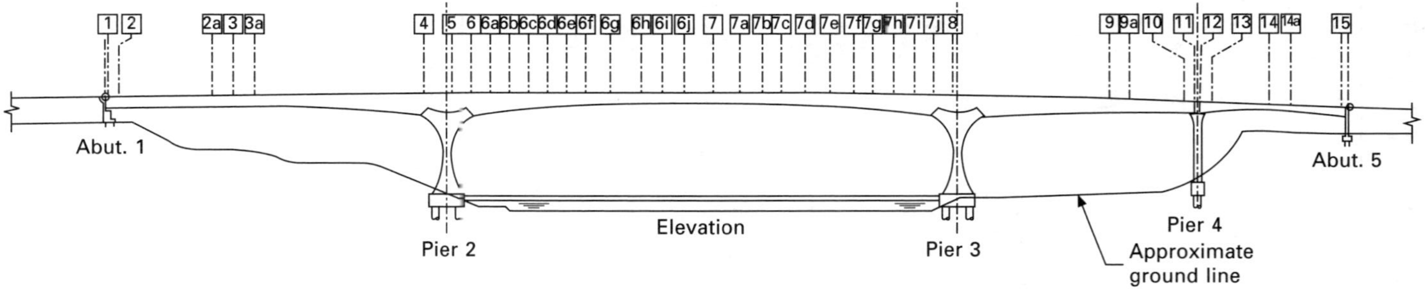

11.2 Global view of the I-35W Bridge health monitoring system (courtesy of Flatiron Mason).

Table 11.3 Sensor types, purpose and addressed risk or uncertainty for the I-35W Bridge

Sensor type	Purpose	Addressed risk/uncertainty
Vibrating-wire strain gauges	Local static strain	Concrete shrinkage and creep. Correspondence with FEM
	Local curvature	Loss of pre-stress, creep
Thermistors	Temperature Temperature gradient	Temperature induced deformations Temperature induced strain
Linear potentiometers	Joint movements	Stuck joints Anomalous global movements
Accelerometers	Traffic induced vibrations Modal Frequencies Dynamic damping	Excessive vibrations Dynamic amplification Correspondence with FEM Stuck joints Anomalous global behaviour
Corrosion sensors	Concrete resistivity Corrosion current	Water exchange in concrete deck Corrosion of concrete deck rebars
Long-gauge fibre optic sensors	Average strains	Detection of cracks Correspondence with FEM
	Strain distribution	Temperature induced deformations Correspondence with FEM
	Average curvature	Loss of pre-stress, creep
	Deformed shape	Correspondence with FEM
	Dynamic strains, dynamic deformations, mode shapes	Anomalous global behaviour

including vibrating wire sensors, fibre optic sensors, corrosion sensors and concrete humidity sensors into a seamless system using a single database and user interface.

11.5.2 Ricciolo Vedeggio Bridge (Switzerland)

This is an example of monitoring applied to a relatively small and simple concrete bridge. Also in this case, fibre optic sensing is combined with conventional sensors. This example also shows how an appropriate design of the monitoring system simplifies the data analysis process.

The Ricciolo ('curl') viaduct was built in period 2004–2005 at the Lugano North exit of Swiss motorway A2. It consists of five spans with total length of 134 meters. The 35-meters long main span crosses Vedeggio torrential river. It is built in the form of curved box girder, post-tensioned in various directions. A view of the main span of the Ricciolo viaduct is given in Fig. 11.3.

Although the main dead and live loads are vertical, due to curved shape, the girders' cross-sections are subject not only to bending moments in the

11.3 View of the main span of the Ricciolo Bridge (courtesy of SMARTEC).

vertical plane but also to the important torsion moments that changes principal strain and stresses. Post-tensioning executed in different directions and sections adds to the complex strain and stress fields. In order to verify the performance and design, to increase safety and improve knowledge of the real structural behaviour of a curved box girder, it was decided to perform long-term monitoring starting at the construction level.

The SOFO monitoring system, based on low-coherence interferometry in fibre optic sensors, was selected for this application (Glisic *et al.* 2008). Being proven for more than ten years of SHM of concrete bridges, its long-gauge deformation sensors are particularly well adapted for concrete structures and are easy to embed in concrete or surface mount on structure. Complemented with fibre optic inclinometers (tilt meter) and compatible thermocouples, SOFO was the most suitable choice for this application. In order to monitor vertical and horizontal curvatures generated by loads and post-tensioning forces, spatial parallel topologies of long-gauge sensors were installed in the characteristic cross-sections: at extremities of the span where the maximal negative vertical bending occurs, in the middle of the span where the maximal vertical bending and maximal horizontal bending occur, and in quarter spans in order to 'follow' the strain between the most loaded sections. Thermocouples are installed in cross-sections at extremities and in the middle in order to monitor temperature and temperature gradients and make possible estimation of thermally generated strains. The position of the sensors along the bridge is given in Fig. 11.4.

In order to evaluate the average shear strain generated by vertical forces and torsion, reduced crossed topologies of sensors were installed at extremities of the span. The length of all deformation sensors (parallel and crossed) is 1 m. The angle between crossed sensors is 45°. Finally, single axis inclinometers are installed in quarter span where maximal rotation in the longitudinal vertical plane is expected due to vertical deflection, and in the middle of the span where maximal rotation due to torsion is expected in the transversal vertical plane. The axis of rotation of each inclinometer is aligned with the axis of expected rotation. Parallel sensors and thermocouples were installed on re-bar cage before pouring of concrete, and embedded in concrete after the pouring. Crossed sensors and inclinometers were surface mounted on hardened concrete. To guarantee vertical orientation of inclinometers, special holders were fabricated and installed. All the cables were guided to the central connection box and protected by ducts. A central measurement unit was installed next to a central connection box.

Table 11.4 summarizes the installed instrumentation and the monitoring purpose of each one.

Continuous monitoring started in January 2005, with one measurement session every hour. This schedule was perturbed a few times by the construction process and availability of power. The average strain measurements, registered during more than one year, are presented for parallel sensors in Fig. 11.5. Results represent total average strain change including elastic strain, thermal

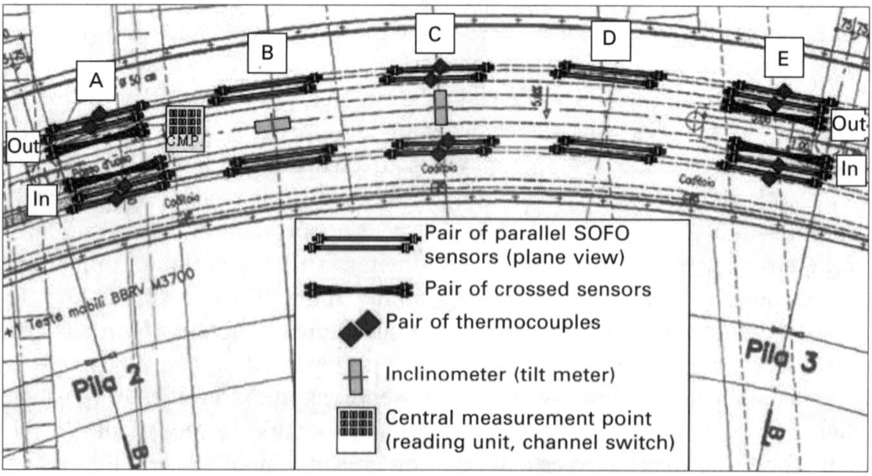

11.4 Schematic representation of sensors' network on Ricciolo viaduct, plane view, sensors not to scale.

Table 11.4 Sensor types, purpose and addressed risk or uncertainty for the Ricciolo Bridge

Sensor type	Purpose	Addressed risk/uncertainty
Long-gauge fibre optic sensors	Average strains	Detection of cracks Correspondence with FEM
	Strain distribution	Temperature induced deformations Correspondence with FEM
	Average curvature	Loss of pre-stress, creep
	Deformed shape	Correspondence with FEM
	Average shear strain	Bridge tensional behaviour
Tiltmeters	Torsion, bending	Loss of pre-stress, creep Correspondence with FEM
Thermocouples	Temperature	Temperature induced deformations

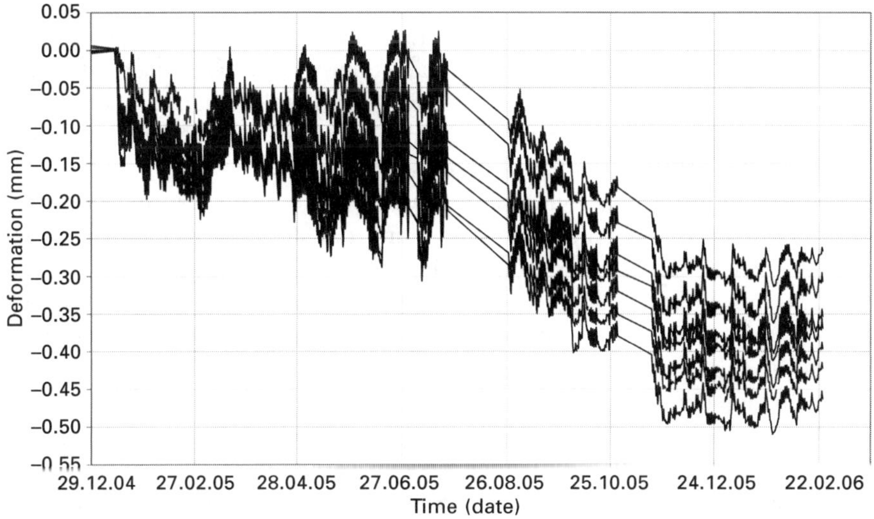

11.5 Average strain measured by parallel sensors.

strain and rheologic strain (creep and shrinkage), with respect to reference measurement performed on 11/01/2005 at 17:30. During the first four months and a half, the bridge was still under construction and important works that might influence the stress and strain distribution were performed on the structure, including:

1. Post-tensioning from 30 to 70% (January 12–14)
2. Partial lowering formworks (January 17)
3. Construction of lateral protection walls (January 17–April 22)
4. Post-tensioning from 70 to 100% (April 25–26)

5. Cast of left side wing (April 25–27)
6. Removal of external formworks (April 25–27).

Beside these works, the structure was exposed to the ambient temperature variations and concrete was subject to rheological strain – creep and shrinkage. The main construction phases were detected by the monitoring system as shown in Fig. 11.6 (a) to (d). The sensors measured changes that are in agreement with the expected deformations.

The global bending of the beam was analyzed by observing vertical and horizontal displacement diagrams. These two parameters were determined from curvatures using double integration algorithm, and the vertical displacement is presented in Fig. 11.7. In order to simplify presentation of the results, only the first 11 days are shown in the figures. In addition, the diagrams of vertical displacements in the middle of the span, with respect to time, are given in the corresponding figure. Two main works are indicated in diagrams: (1) post-tensioning from 30 to 70% performed on January 12–14, 2005 and (2) partial lowering formworks performed on January 17, 2005. The global deformations of the girder in vertical plane due to works are observed in the diagram of vertical displacements. The camber (displacement in the middle of the span) due to post-tensioning changed two times, the first to 5 mm approximately and then to 6.5 mm approximately.

To test the damage detection algorithms, it was decided to consider the construction works as events that create unusual structural behaviour on an inverted time scale. We start considering the finished bridge as the normal state and move back in time to detect the bridge de-construction as a special kind of damage. These events are identified since they caused changes of correlation parameter between different deformation sensors. The construction works change deformed shape or even static system (lowering formworks), thus the regression lines between compared sensors shifts or changes the slope, or the correlation coefficient changes. An example is shown in Fig. 11.8. The measurements recorded during the works are shown in dark gray, out of the threshold lines, while the measurements registered after the works shown in light colour, within the threshold lines).

The monitoring strategy, specifically developed for the risks identified for this bridge allowed the assessment of several parameters, including: time evolution of average strain, time evolution of average shear strain due to vertical forces, time evolution of average shear strain due to torsion, time evolution of average horizontal and vertical curvature, time evolution of rotations, time evolution of horizontal and vertical displacement along elastic line, time evolution of temperature changes and gradients. In addition, a damage detection algorithm was successfully applied and proved its performance through identification of deformations generated by works as unusual structural behaviour. The power of this algorithm lays in the fact

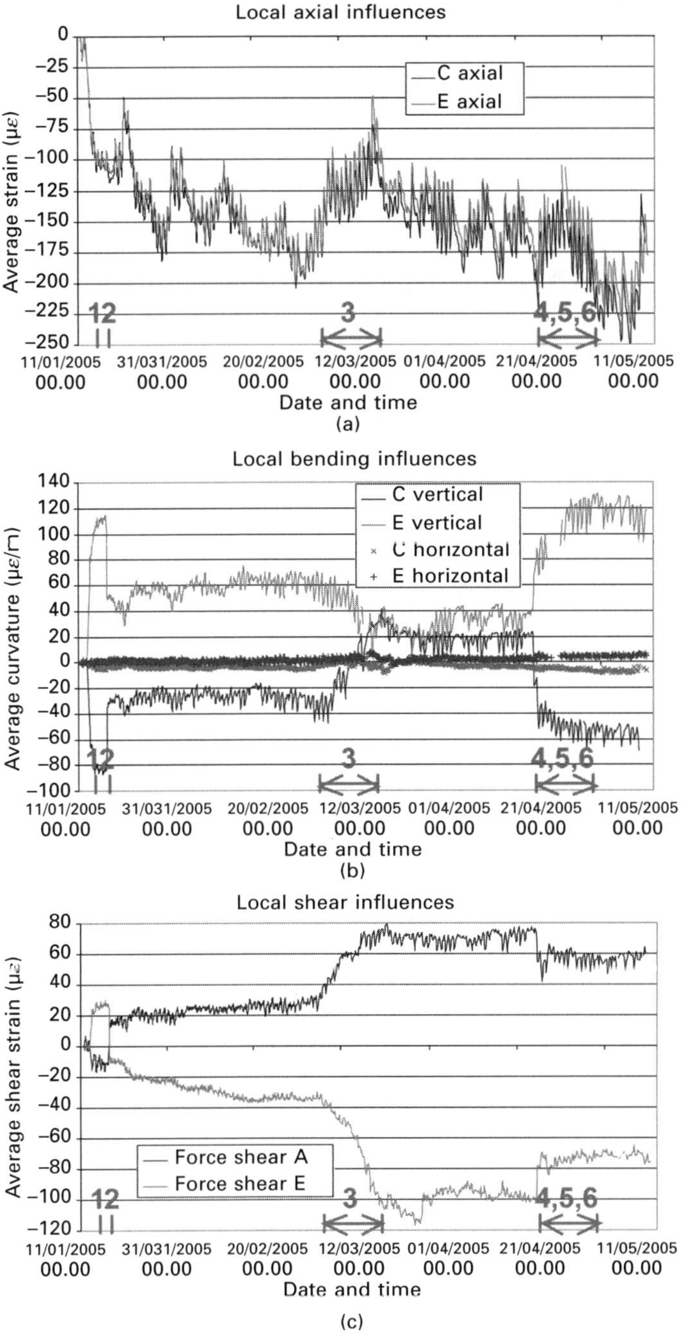

11.6 (a) Axial average strain in cross-sections (cells) C and E. (b) Average curvatures in cross-sections (cells) C and E. (c) Average shear strain due to vertical forces in cells A and E. (d) Average shear strain due to torsion in cells A and E.

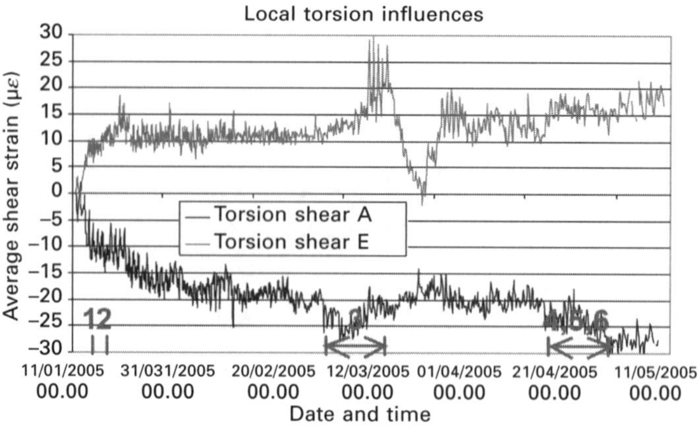

(d)

11.6 Cont'd

that it does not rely on a model of the structure, but it is based on statistical data analysis, unaffected by missing data periods.

11.5.3 Göta Bridge (Sweden)

This example illustrates an unconventional monitoring system designed for a specific monitoring goal. In this case the SHM system is specifically designed to help the owner extend the lifetime of a bridge with well-known issues.

Götaälvbron, the bridge over Göta River (see Fig. 11.9), was built in 1930s and is now more than seventy years old. The steel girders were cracked and two issues are causing the steel cracking: fatigue and mediocre quality of the steel. The bridge is now repaired and the bridge authorities would like to keep it in service for the next 15 years, but new cracks due to fatigue could occur again.

These new cracks could, in an extreme situation, lead to the collapse of cracked girders which may occur suddenly since damage is generated by fatigue. That was the reason to perform continuous bridge integrity monitoring. The monitoring system selected for this project, must provide for both crack detection and localization as well as strain monitoring. Since the cracks can occur at any point of any girder, the monitoring system should cover the full length of the bridge. These criteria have led the bridge authorities to choose a truly distributed fibre optic monitoring system based on stimulated Brillouin scattering (Nikles *et al.*, 1994).

The main issue related to the selection of a monitoring system has been the total length of the girders which, for all the nine girders, represents more than 9 km. It was therefore decided to monitor the most loaded five girders (total length of 5 km approximately). For the first time a truly distributed

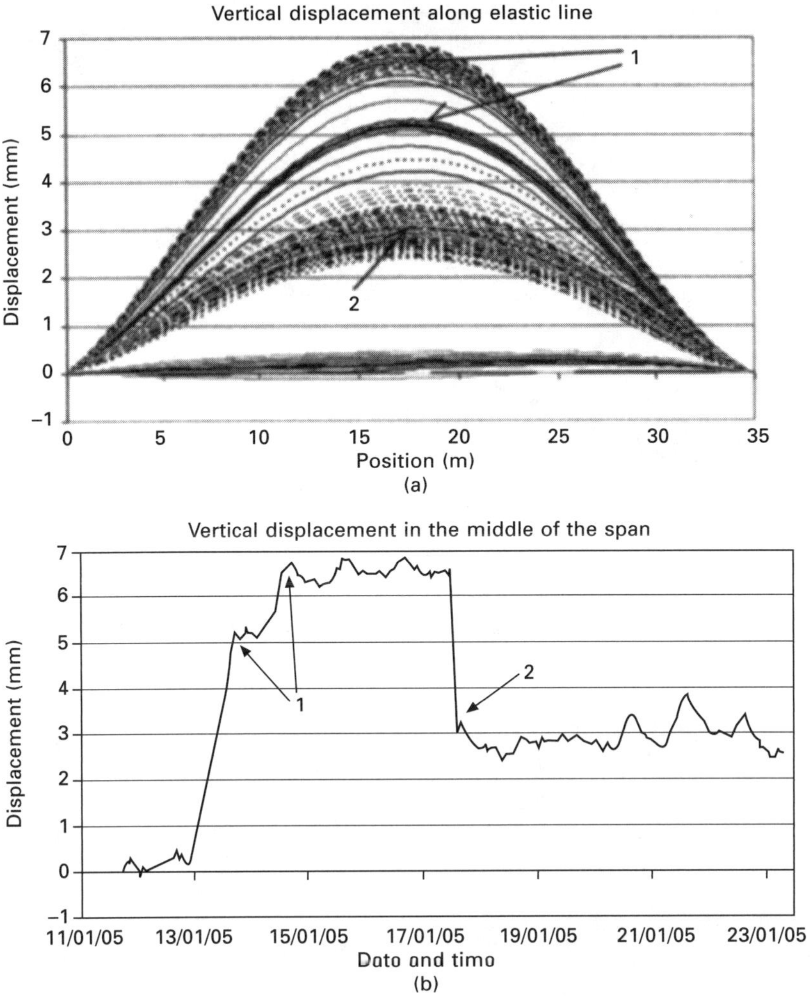

11.7 Distribution of vertical displacements along elastic line (a) and time diagram of vertical displacements in the middle of the span (b).

fibre optic sensing system, based on Brillouin scattering effect is employed on such large scale to monitor new crack occurrence and unusual strain development (Glisic *et al.*, 2007).

The monitoring goal is to perform a long-term integrity assessment of the bridge. The following specifications of the monitoring system have been requested:

(1) To detect and localize new cracks that may occur due to fatigue
(2) To detect unusual short-term and long-term strain changes
(3) To detect cracks and unusual strain changes over the full length of five girders, in total 5 km

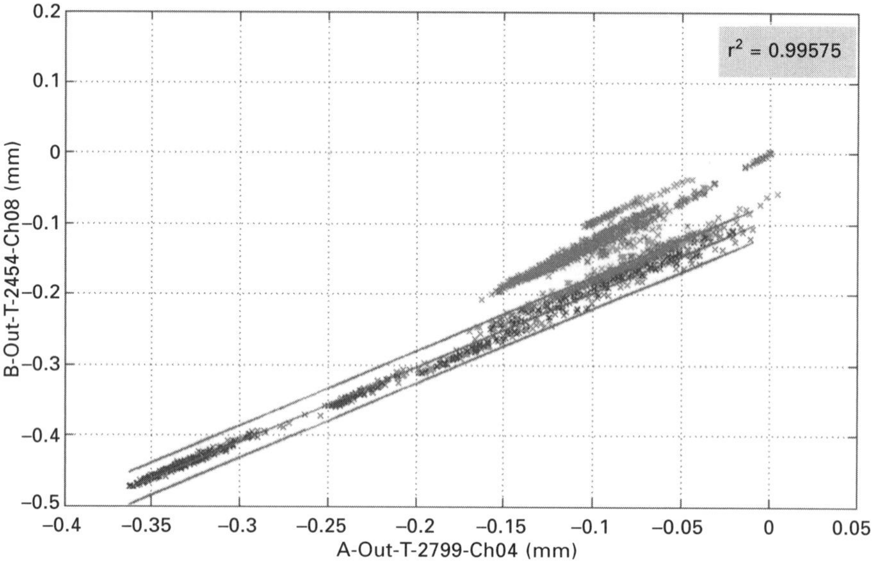

11.8 Detection of construction works as events that create unusual structural behaviour through the change in correlation parameters between two deformation sensors.

11.9 View of the Göta Bridge.

(4) To perform one measurement session every two hours
(5) To perform self-monitoring, i.e. to detect malfunctioning of the system itself
(6) To allow user friendly and understandable data visualization
(7) To automatically send warning messages to responsible entities
(8) To properly function for 15 years.

When strain sensing is required, the optical fibre must be bonded to the host material over the whole length. The transfer of strain is to be complete, with no losses due to sliding. Therefore an excellent bonding between the strain optical fibre and the host structure is to be guaranteed. To allow such a good bonding, it has been recommended to integrate the optical fibre within a tape in a manner similar to the reinforcing fibres in composite materials. To produce such a sensor (named SMARTape,) an optical fibre is embedded in a glass fibre reinforced thermoplastic tape.

The installation of the SMARTape sensors was a challenge itself. Good treatment of surfaces was necessary and a number of transversal girders had to be crossed. Limited access combined with cold and windy environment and night work, made the installation particularly complex. A view of the bridge girders and part of the installation team ready for work is shown in Fig. 11.10. The sensors were glued to the girders near the top flanges and are interconnected with a network of optical fibre cables. These converge to two measurement instruments, integrating a DiTeSt reading unit. The data from the two instruments are transferred to a central PC that analyzes the data and displays warnings if needed as shown in Fig. 11.11.

Table 11.5 summarizes the installed instrumentation and the monitoring purpose of each one.

11.10 View to bridge girders and installation equipment and team.

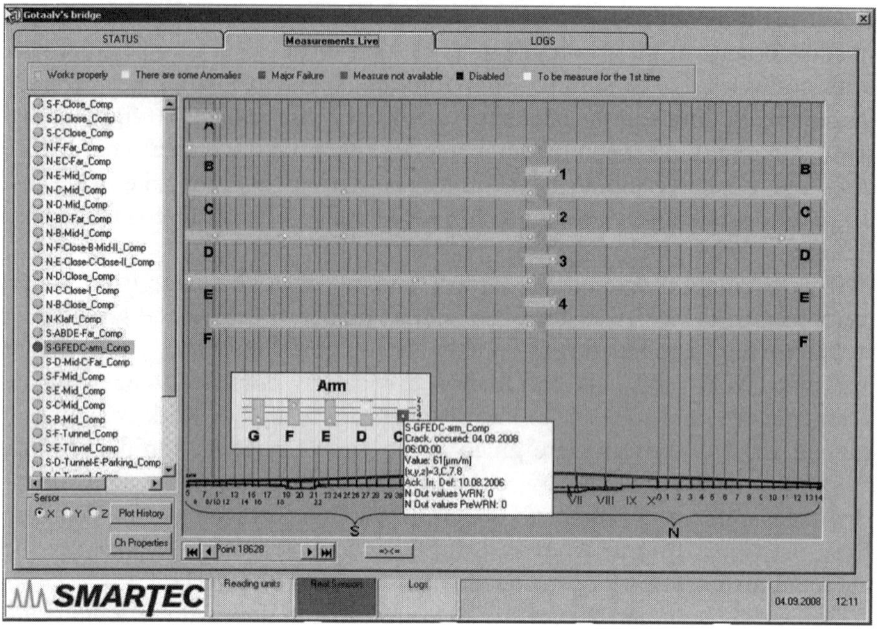

11.11 Example of data presentation for distributed strain and crack detection on the Göta Bridge.

Table 11.5 Sensor types, purpose and addressed risk or uncertainty for the Göta Bridge

Sensor type	Purpose	Addressed risk/uncertainty
Distributed fibre optic strain sensor	Local strain	Cracks Anomalous behaviour, change in behaviour
	Crack detection	Cracks
Distributed fibre optic temperature sensor	Compensation of temperature on strain sensors	Thermal effects on bridge and strain sensors
	Temperature monitoring	Extreme temperatures
Long-gauge fibre optic sensors	Average strains	Verification of distributed sensing system
	Strain distribution	Correspondence with FEM

11.6 Conclusions

Structural health monitoring is not a new technology or trend. Since ancient times, engineers, architects and artisans have been keen on observing the behaviour of built structures to discover any signs of degradation, to extend their knowledge and improve the design of future structures. Ancient builders would observe and record crack patterns in stone and masonry bridges. Longer spans and more slender arches were constructed and sometimes failed during construction or after a short time (Levi and Salvadori, 1992). Those failures and their analysis have led to new insight and improved design of future structures. This continued struggle to improve our structures is driven not only by engineering curiosity, but also by economic considerations. Bridges and buildings must span larger valleys to foster new economic relations and faster movement of people and goods, and be constructed more cheaply and more durably. Now that in many Western countries the main part of the transportation infrastructure is already built, we face new challenges maintaining this network in good condition and serve its users in a dependable and secure way. We now realize that maintaining a large inventory of structures in good and safe conditions is even more challenging, and sometimes more expensive, than building them.

As for any engineering problem, obtaining reliable data is always the first and fundamental step towards finding a solution. Monitoring structures is the best way to get quantitative data about bridges and help us in taking informed decisions about their health and destiny. However, the methods used for monitoring structures vary greatly: bridges are typically monitored only by periodic visual inspections, whereas dams and nuclear power plants are heavily instrumented and monitored continuously. Advances in sensing and data processing technologies are extending the benefits of online monitoring to new classes of structures, such as bridges, buildings and historical monuments. Thanks to the progress in information technology and telecommunications, it is now possible to instrument a small bridge cost effectively and transmit the resulting data to a central database anywhere in the world. New types of sensors, in particular fibre optic sensors have appeared in the last two decades and have become part of the standard toolbox of SHM. These sensors enable the global monitoring of large structures with a reduced number of sensors and connections. This offers new possibilities, but also requires a new approach to the design and implementation of a monitoring system and to the processing and analysis of the resulting data.

This chapter has presented the advantages and challenges related to the implementation of an integrated structural health monitoring system, guiding the reader in the process of analyzing the risks associated with the construction and operation of a specific bridge and benefits of a matching monitoring system and data analysis strategy.

11.7 Future trends

In the very near future we can expect bridge health monitoring systems to become mainstream. The cost of these systems is declining, thanks to the phenomenal developments in the telecommunications and electronics industries. Fibre optic sensors will increase significantly their market share in the global sensor market, no longer only a niche product. It is expected that new types of sensor will also appear, but the main development will be in the consolidation, integration, large-scale production and cost reduction of existing technologies. It is easy to predict that SHM in general will see a more widespread application to many types of structures that are currently not monitored or are only visually inspected. The driving forces in that direction will come from the necessity to optimize the maintenance investments, ensure the safety of ageing structures, extend the lifetime of functionally obsolete structures, respond to new natural and man-made threats and increase our knowledge to improve the design of future structures. We are already witnessing the first examples of an entire 'fleet' of structures, in particular high-rise buildings, equipped with online monitoring systems.

As the hardware cost for a monitoring system continuously declines and makes it appealing for a larger number of structures, the costs of data analysis and interpretation will become the next retaining force to a more generalized use of this technology. It is important, therefore, that more efforts are devoted to the development of efficient and partially automated data analysis methodologies, translating the raw measurement data into high-level information that can be used for decision-making purposes. At the international level, several efforts are currently devoted to creating guidelines and standards for SHM, helping the industry to mature and making the owners more confident in applying it successfully. The most notable initiative at the global level is supported by the International Society for Health Monitoring and Intelligent Infrastructures (www.ishmii.org), which also organizes international symposia on this topic. SHM is also taught as a specialization course in several universities worldwide; this will contribute to a better recognition of these methods and to more widespread use.

11.8 Sources of further information and advice

Recommended books

- Glisic B., Inaudi D. (2007), *Fibre Optic Methods for Structural Health Monitoring*, Wiley.
- Measures R. M. (2001), *Structural Monitoring with Fiber Optic Technology*, Academic Press.
- Guemes A. (2006) *Structural Health Monitoring*, ISTE Publishing Company.
- Boller C., Chang F, Fujino Y. (2009) *Encyclopedia of Structural Health Monitoring*, Wiley.

Professional Journals

- *The Monitor*, journal of ISHMII
- *Maintenance, Management, Life Cycle Design & Performance*
- *Structural Control and Health Monitoring*
- *Structural Health Monitoring*
- *Structure and Infrastructure Engineering*
- *Geotechnical Instrumentation News (GIN)*

Societies and conferences

- IAEBSE, www.iabse.org
- ASCE, www.asce.org
- IABMAS, www.iabmas.org
- ACI, www.concrete.org
- ISHMII, www.ishmii.org
- TRB, www.trb.org
- fib, fib.epfl.ch
- SPIE, spie.org

11.9 References

Del Grosso, A. and Inaudi, D. (2004) *European perspective on monitoring-based maintenance*, IABMAS 2004, International Association for Bridge Maintenance and Safety, Kyoto, Japan (on conference CD).

Del Grosso, A., Torre, A., Inaudi, D. *et al.* (2005) *Monitoring system for a cable-stayed bridge using static and dynamic fiber optic sensors.* 2nd International Conference on Structural Health Monitoring of Intelligent Infrastructure (SHMII 2), Shenzhen, China, 415–420.

Glisic, B. and Inaudi, D. (2003) *Components of structural monitoring process and selection of monitoring system*, PT 6th International Symposium on Field Measurements in GeoMechanics (FMGM 2003), Oslo, Norway, 755–761.

Glisic, B. and Inaudi, D. (2007), *Fibre Optic Methods for Structural Health Monitoring*, Wiley.

Glisic, B., Inaudi, D. and Vurpillot, S. (2002) *Whole lifespan monitoring of concrete bridges*, IABMAS'02, First International Conference on Bridge Maintenance, Safety and Management, Abstract on conference CD, Barcelona, Spain, 487–488.

Glisic, B., Posenato, D., Persson, F. *et al.* (2007) *Integrity monitoring of old steel bridge using fiber optic distributed sensors based on Brillouin scattering*. The 3rd International Conference on Structural Health Monitoring of Intelligent Infrastructure, SHMII-3, Vancouver, Canada (on conference CD).

Glisic, B. Posenato, D. Inaudi, D. and Figini, A. (2008), *Structural health monitoring method for curved concrete bridge box girders*, Smart Structures & NDE, San Diego, California, USA, 9–13 March.

Idriss, R.L. and Liang, Z. (2006) *Monitoring an interstate highway bridge with a built-in fiber-optic sensing system*, IABMAS'06 – Third International Conference on Bridge Maintenance, Safety and Management, Porto, Portugal.

Inaudi, D. *et al.* (2001), *Monitoring a concrete arch bridge during construction using fiber optic sensors* , Third international conference on arch bridges, Paris, France, Presses de l'Ecole Nationale des Ponts et Chaussées, Paris, pp. 201–206.

Kersey, A. (1997) *Optical fiber sensors*, S. Rastogi P. K. Optical Measurement Techniques and Applications, Artech House, 217–254 (on conference CD).

Levi, M. and Salvadori, M. (1992) *Why Buildings Fall Down*, W.W. Norton & Company, New York, USA.

Measures, R.M. (2001) *Structural Monitoring with Fiber Optic Technology*, Academic Press, San Diego, USA.

Nikles, M. *et al.* (1994) *Simple distributed temperature sensor based on Brillouin gain spectrum analysis.* 10th International Conference on Optical Fiber Sensors OFS 10, SPIE Vol. 2360, Glasgow, UK, 138–141.

Radojicic, A., Bailey, S. and Brühwiler, E. (1999) *Consideration of the serviceability limit state in a time dependant probabilistic cost model, Application of Statistics and Probability*, Balkema, Rotterdam, Netherlands, Vol. 2, pp. 605–612.

Russel, H., (2008), Reaching Closure, *Bridge design & Engineering*, Issue 52, Aug 11.

Talbot, M., Laflamme, J.F., Glisic, B. (2007) *Stress measurements in the main cable of a suspension bridge under dead and traffic loads*, EVACES'07 – Experimental Vibration Analysis for Civil Engineering Structures, Porto, Portugal (Paper #138, on conference CD).

Vanderzee P. (2008), *A better way to fix our national bridge problem*, White paper by Lifespan Technologies, October 2008.

Vurpillot, S. *et al.* (1996), Bridge monitoring by fiber optic deformation sensors: design, emplacement and results, *SPIE, Smart Structures and materials*, San Diego, USA, Vol 2719, pp. 141–149.

Vurpillot, S. *et al.* (1998), Vertical deflection of a pre-stressed concrete bridge obtained using deformation sensors and inclinometer measurements, ACI Structural Journal, Vol 95, No 5, pp. 518–526.

12 Structural health monitoring of cable-supported bridges in Hong Kong

K Y WONG, Highways Department, Hong Kong and Y Q NI, The Hong Kong Polytechnic University, Hong Kong

Abstract: Structural health monitoring in bridge engineering is the tracing of the structural conditions of the bridge based on four major categories of physical quantities, namely: environmental loads and status, operation loads, bridge features and bridge responses by reliable on-structure instrumentation system and effective evaluation tools. In the past decade, structural health monitoring system has been adopted to monitor and evaluate the structural health conditions of cable-supported bridges in Hong Kong. The structural health monitoring in Hong Kong is carried out by wind and structural health monitoring system (WASHMS). The WASHMS is devised based on modular architecture and is currently composed of six modules, namely:

Module 1 – Sensory system,
Module 2 – Data acquisition and transmission system,
Module 3 – Data processing and control system,
Module 4 – Structural health evaluation system,
Module 5 – Structural health data management system, and
Module 6 – Inspection and maintenance system.

This chapter introduces the functional and operational requirements of each modular system and tabulates the details of physical quantities required for monitoring and evaluation. Graphical outputs of some typical monitoring results from WASHMS are presented for the demonstration of WASHMS operation. Examples of WASHMS applications are also quoted.

Key words: cable-supported bridges, structural health monitoring, applications, system design and functions, monitoring result analysis, Hong Kong.

12.1 Introduction

In the past decade, five cable-supported bridges in Hong Kong such as the Tsing Ma (suspension) Bridge, the Kap Shui Mun (cable-stayed) Bridge, the Ting Kau (cable-stayed) Bridge and the two cable-stayed bridges in HSWC (Hong Kong – Shenzhen Western Corridor) have been completed and opened to public highway and railway traffic. Currently the Stonecutters Bridge, which is a cable-stayed bridge with a main span length exceeding 1 km, is under construction and will be completed in 2009. Structural health monitoring of these cable-supported bridges is carried out by a structural health monitoring system, named wind and structural health monitoring system (WASHMS).

The WASHMS has been deployed and periodically updated for effectively executing the functions of structural condition monitoring under in-service condition and structural degradation evaluation as it occurs. The objectives of deploying WASHMS are:

(i) to have a better understanding of the structural behavior of the cable-supported bridges under their in-service conditions;
(ii) to develop, validate and harden the bridge evaluation techniques based on measurement results;
(iii) to setup/calibrate/update the monitoring and evaluation models and criteria for describing and limiting the variation ranges of the physical parameters that influence bridge performance under in-service condition;
(iv) to evaluate structural integrity immediately after rare events such as historical typhoons, strong earthquakes and vehicle/vessel collisions, etc.;
(v) to provide information and analytical tools for the planning, scheduling, evaluating and designing of effective long-term bridge inspection and maintenance strategies, hence promoting the conventional bridge maintenance activities from corrective status to preventive status;
(vi) to minimize the lane-closure time required for exercising bridge inspection and maintenance activities, hence maximizing the traffic operational period of the bridges.

The conceptual system design, detailed system design, system installation requirements, system operation and system development of WASHMS are described in References 1–7, 9, 11–12, 17, 19, 23–25, 31, and 34. The typical monitoring results from WASHMS are given in References 8, 13, 20, 28–30, 32 and 33. The extension of the WASHMS concept to the structural health monitoring of concrete viaduct bridges in Hong Kong is also described in References 22 and 26. Based on the WASHMS knowledge and experience gained in the past decade, this chapter outlines the design process for identifying the modules or sub-systems making up WASHMS and the framework for modular control and operation, with the illustration of some typical monitoring results obtained in the past decade.

12.2 Scope of structural health monitoring system

The exact types and ranges of physical parameters for monitoring are dependent upon the bridge structural configurations, such as structural arrangement, geometry, materials and bridge-site location. However, in general, the physical parameters for structural health monitoring and evaluation can be considered to be within four types of physical measurands, namely:

(i) Environments – which include wind, temperature, seismic, humidity, corrosion status, etc.;
(ii) Operation loads – which include highway and railway traffic;
(iii) Bridge features – which include the static features (such as static influence coefficients, creep/relaxation effects, etc.) and the dynamic features (such as modal frequencies, mode shapes, modal damping ratios, and modal mass participation factors, etc.);
(iv) Bridge responses – which include the forces in cables, the geometrical profiles in decks, towers and piers, the load/stress-histories and the accumulative fatigue damage in instrumented and/or key components, and the displacement- and stress-histories in articulated components.

The details of physical parameters for processing and derivation are briefly outlined in Table 12.1.

12.3 Modular architecture of structural health monitoring system

The WASHMS is devised based on modular architecture, and is composed of six modules, namely:

Module 1 – Sensory system (SS),
Module 2 – Data acquisition and transmission system (DATS),
Module 3 – Data processing and control system (DPCS),
Module 4 – Structural health evaluation system (SHES),
Module 5 – Structural health data management system (SHDMS), and
Module 6 – Inspection and maintenance system (IMS).

Modules 1 and 2 are sensors, data loggers and cabling networks for signal collection, processing and transmission; whereas Modules 3, 4 and 5 are computer systems assigned with different functions of system control and system operation. Module 6 is devised to carry out the inspection and minor maintenance works for Modules 1 and 2. Figure 12.1 illustrates the operational block diagram of the WASHMS. Modular architecture is adopted because it allows for the separation of concerns and reduces the overall system complexity via decentralized hardware and software architectures. This modular architecture approach has also been addressed in the design of the structural health monitoring and safety evaluation system for the Sutong Bridge [14] and the Donghai Crossing [18] respectively. The functional applications of these six modules are outlined in subsequent paragraphs.

12.4 Sensory system

The physical quantities occurring in the bridges and their surrounding environments are measured by current-, voltage-, resistance-, magnetic

Table 12.1 List of required sensory systems and physical parameters for processing and derivation

Monitoring category	Physical quantity	Required types of sensory systems	Physical parameters for processing and derivation
Environments	Wind loads monitoring	• Ultrasonic-type anemometers (usually at deck levels) • Propeller-type anemometers (usually at tower-tops) • Barometers[4 and 5] • Rainfall gauges[4 and 5] • Hygrometers[4 and 5]	• Wind speeds and wind direction plots (time-series data) • Wind speeds (mean and gust) and directions (histograms) • Terrain factors; and wind speed profile plots • Wind rose diagrams • Wind incidences at deck level • Wind turbulence intensities; and intensity profile plots • Wind turbulent time and length scale plots • Wind turbulent spectrum and co-spectrum plots • Wind turbulent horizontal and vertical coherence plots • Wind response; and wind load transfer function • Wind induced accumulated fatigue damage • Histograms of air pressure, rainfall and humidity
	Temperature loads monitoring	• Platinum RTD type for measuring the temperatures in structural steel, concrete, asphalt pavement and air • Thermo-couplers for cables	• Effective temperatures in tower, deck and cables • Differential temperatures in deck and tower • Air temperatures and asphalt pavement temperatures • Temperature response • Temperature load transfer function
	Seismic loads monitoring	• Fixed servo-type accelerometers	• Acceleration spectra near tower and anchorage • Deck and tower response spectra • Seismic response, and seismic load transfer function
	Corrosion status monitoring[4 and 5]	• Corrosion sensors[4 and 5] • Hygrometers[4 and 5]	• Potential risk of rebar corrosion in concrete towers and deck
Operation loads	Highway traffic loads monitoring	• Dynamic weigh-in-motion stations (bending-plate type) • Dynamic strain gauges • CCTV cameras[1, 2 and 3]	• Gross vehicular weight (GVW) spectrum in each traffic lane • Axle weight (AW) spectrum in each traffic lane • Equivalent no. of SFV[6] spectrum in each traffic lane • Equivalent no. of SFA[7] spectrum in each traffic lane

		• Digital video cameras [4 and 5]	• Highway-induced accumulated fatigue damage – SFV • Highway-induced accumulated fatigue damage – SFA • Over-load vehicles detection • Traffic composition in each traffic lane • Traffic load response, and traffic load transfer function
	Railway traffic loads monitoring [1 and 2]	• Dynamic strain gauges[1 and 2] • CCTV video cameras[1 and 2]	• Bogie loads in each line of train • Train loading spectrum • Equivalent standard load (train) spectrum • Train induced accumulated fatigue damage • Train load response, and train load transfer function
Bridge features	Static influence coefficients monitoring	• Level sensing stations[1 and 2] • GPS [1, 2 3 and 5] • Dynamic strain gauges	• Lane stress history for each vehicular type and each lane • Lane stress range for each vehicular type and each lane • Influence surfaces for combined deck plates and troughs • Rail stress history for each type of train and each rail • Rail stress range for each type of train and each rail • Influence coefficients at tower-tops and deck mid-span
	Dynamic features monitoring	• Fixed and portable servo-type accelerometers	• Global bridge modal frequencies • Global bridge vibration modes • Global bridge modal damping ratios (derived) • Global bridge modal mass participation factors (derived) • Cable frequencies
Bridge responses	Cable forces monitoring	• Portable servo-type accelerometers	• Cable frequencies, and hence cable forces • Cable damping ratios
	Geometry monitoring	• GPS [1, 2 3 and 5] • Level sensing stations[1 and 2] • Displacement transducers • Servo-type accelerometers • Static strain gauges[1]	• Thermal movements of cables, deck and towers • Wind movements in cables, deck and towers • Seismic movements in deck and towers • Highway load movement in deck and cables • Railway load movement in deck and cables[1 and 2] • Creep and shrinkage effects in concrete towers [4 and 5]

Table 12.1 Cont'd

Monitoring category	Physical quantity	Required types of sensory systems	Physical parameters for processing and derivation
	Stress monitoring	• Dynamic strain gauges • Static strain gauges[4 and 5] • Tensio magnetic gauge[5]	• Stress histories of instrumented components • Stress demand ratios plots of instrumented components • Principal stresses plots of instrumented components • Force demand ratios plots of concrete-steel interfaces
	Fatigue life monitoring	• Dynamic strain gauges	• Total accumulated fatigue damage; hence remaining fatigue life due to combined load-effects • Accumulated fatigue damage, hence remaining fatigue life estimation due to individual load-effects
	Articulation monitoring	• Dynamic strain gauges • Displacement transducers • Bearing sensors[5] • Buffer sensors[5]	• Load histories in bearings [1 and 3] • Stress demand ratios in bearing • Motion histories in movement joints • Stress and motion histories in buffers[5]

Notes: Bridge abbreviations (1) TMB, (2) KSMB, (3) TKB, (4) HSWC, (5) SCB, (6) Standard fatigue vehicle, and (7) Standard fatigue axle.

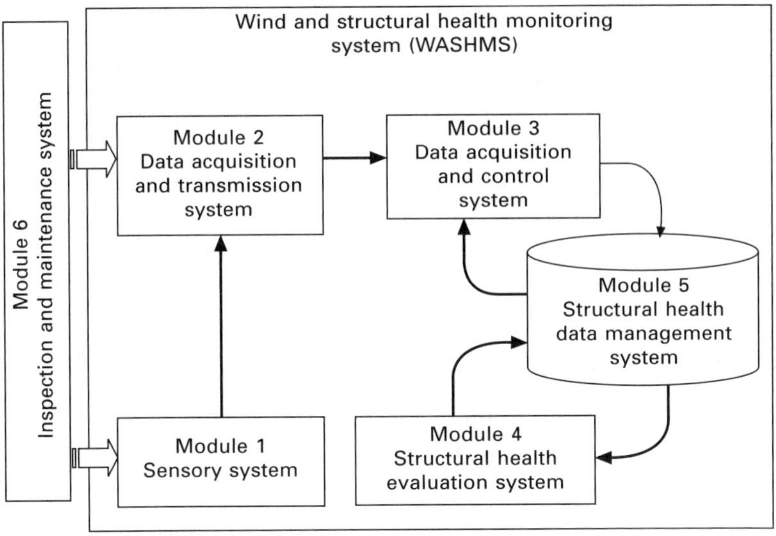

12.1 Block diagram of wind and structural health monitoring system (WASHMS).

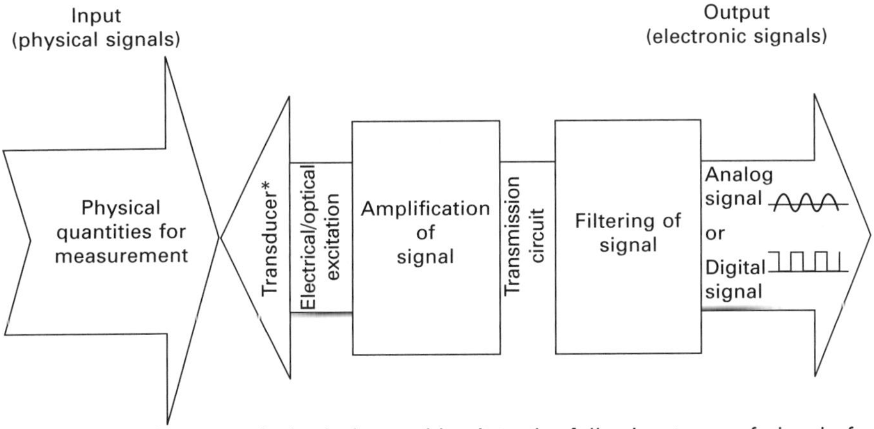

*Conversion of measured physical quantities into the following types of signals for processing and analysis: (1) current; (2) voltage; (3) resistance; (4) magnetic flux; (5) acoustic; and (6) optical.

12.2 Block diagram of a typical sensory system for signal acquisition and conversion.

flux-, acoustic- and optical-types of sensors. Figure 12.2 shows the block diagram of a typical sensory system for signal acquisition and conversion. The sensor system, which is deployed in accordance with the designated bridge operation criteria at key locations and/or components of the bridge, should be able to:

(i) measure the local and global levels of responses;
(ii) integrate the measured data with analyzed data for correlation analysis and model updating;
(iii) acquire data in a consistent manner and retrievable manner for subsequent diagnostic and prognostic analysis of structural health and damage;
(iv) use contemporary commercially available sensors;
(v) carry out supplementary measurements by removable/portable sensors for validation/updating of analytical models;
(vi) carry out cross-calibration of different types of sensors at, at least, one typical location.

The criteria for the selection of sensory system are:

(i) operational bandwidth;
(ii) magnitude and frequency response over that bandwidth;
(iii) sensitivity and accuracy;
(iv) power supply requirements;
(v) physical characteristics (dimensions, weight and material);
(vi) environmental operating conditions such as temperature ranges;
(vii) type of output signal;
(viii) any signal conditioning requirements;
(ix) costs.

Table 12.1 shows a list of the required sensory systems and the physical parameters for processing and derivation. The sensory systems in WASHMS are deployed in accordance with the following three operational strategies:

- Operation strategy I : Normal structural condition monitoring – this refers to the measurement values of the physical quantities ($\sigma_{Measured}$) which are less than 75% of the designated monitoring values (σ_{SLS}). Under such a condition, only routine statistical analysis and report of measurement results are required.
- Operation strategy II : Critical structural condition monitoring – this refers to the values of $\sigma_{Measured}$ which are between 75% and 100% of those of σ_{SLS}. Under such a condition, the structural evaluation of measurement results by finite element and/or surrogate models are required to check any over-displaced or over-stressed phenomenon occurring in non-instrumented or key location and/or component. If yes, inform the bridge maintenance team for carrying out detailed inspection on that problematic location or component.
- Operation strategy III : Structural degradation evaluation – this refers to the values of $\sigma_{Measured}$ which are equal to or greater than 100% of those of σ_{SLS}. Under such a condition, the detailed structural evaluation of measurement results by finite element and/or surrogate models are required to check any damage induced and to assess the adverse effects

of such damage on global bridge performance. If yes, inform the bridge maintenance team for carrying out detailed inspection and assess the scope and time of remedial action, where necessary.

The designated monitoring values refer to the bridge design loads and responses at the serviceability limit state or SLS. The SLS is defined as the baseline of monitoring, because this is the usual loading condition that the bridge frequently encountered and no damage is expected to occur upon removal of loads. The normal monitoring limit set at 75% of the stress or displacement at SLS implies that a safety factor of 1.333 (=1/0.75) is adopted, and the 75% requirement is made reference to the United States' Federation Highway Administration's Bridge Ratings for Operation. In WASHMS, Operation strategy I is normally executed as real-time operation and Operation strategies II and III are normally executed as off-time operation. The structural evaluation carried out in Operation strategies II and III requires the implementation of five analysis steps: (i) confirmation of existence of overstress or damage; (ii) determination of overstressed/damaged location; (iii) identification of type and cause of overstress or damage; (iv) quantification of the amount of overstress or damage; and (v) estimation of any adverse effects on global structural performance or prediction of useful life remaining. The WASHMS operation block diagram is shown in Fig. 12.3. The term 'kinematic quantities monitoring', as shown in Fig. 12.3, refers to the physical quantities of bridge features and bridge responses. Figs 12.4 to 12.9 illustrate the instrumentation layouts in the aforementioned six cable-supported bridges.

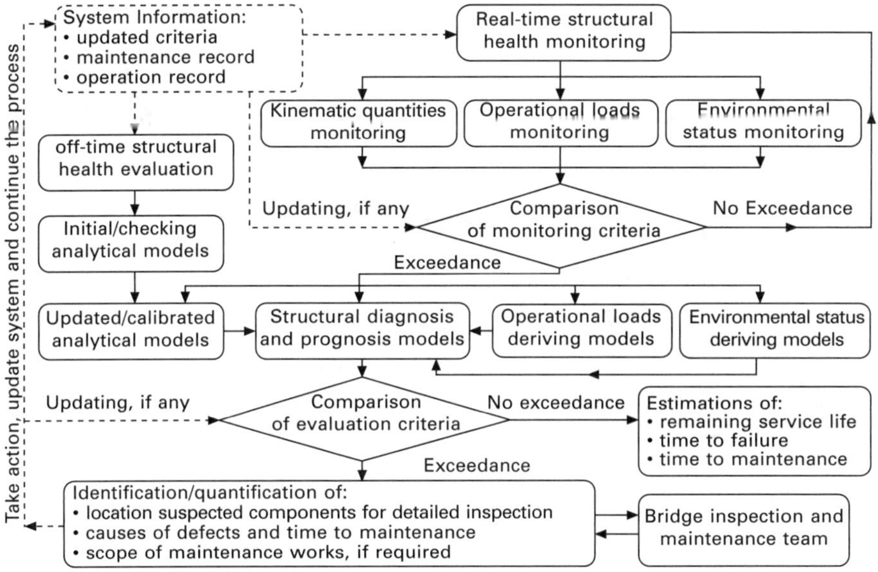

12.3 WASHMS operation block diagram.

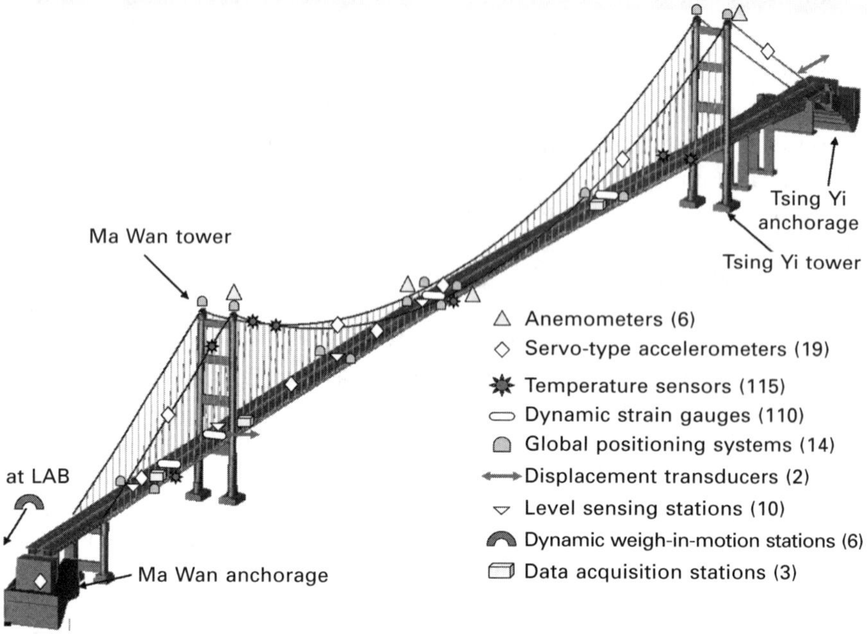

12.4 Instrumentation layout in Tsing Ma Bridge.

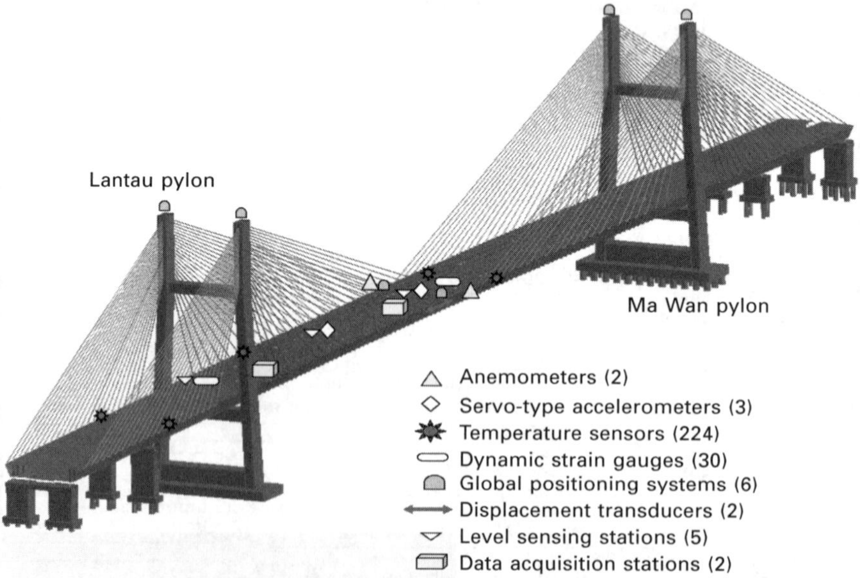

12.5 Instrumentation layout in Kap Shui Mun Bridge.

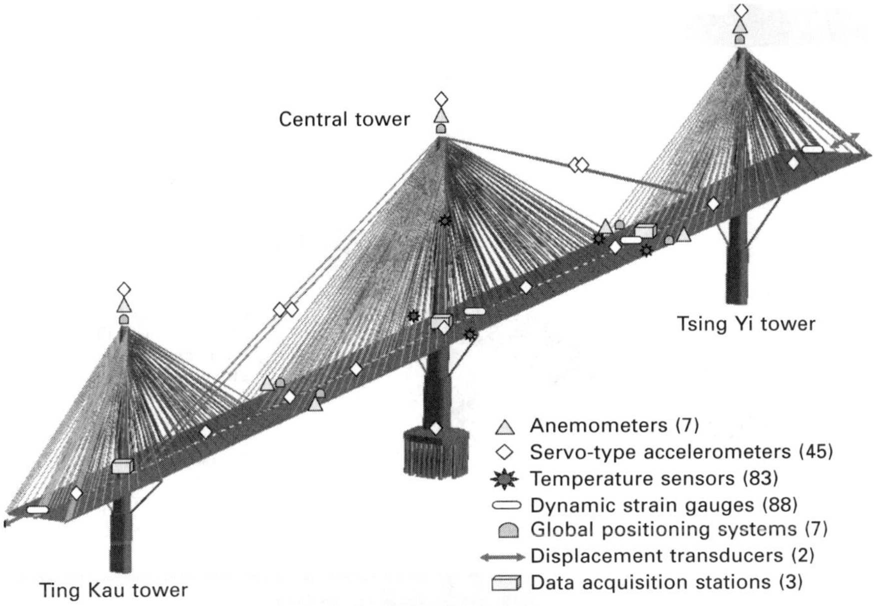

12.6 Instrumentation layout in Ting Kau Bridge.

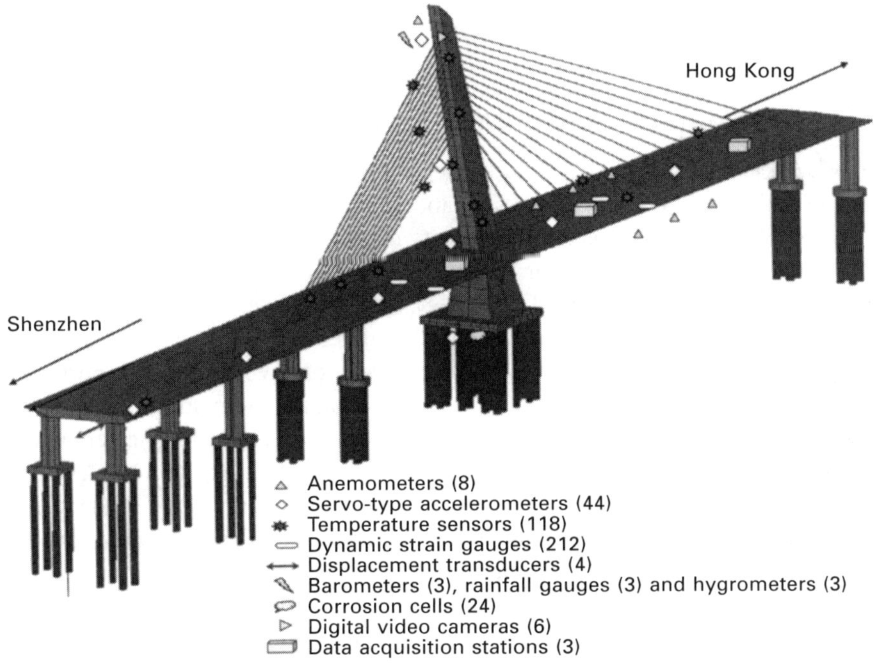

12.7 Instrumentation layout in HSWC (the Hong Kong side cable-stayed bridge).

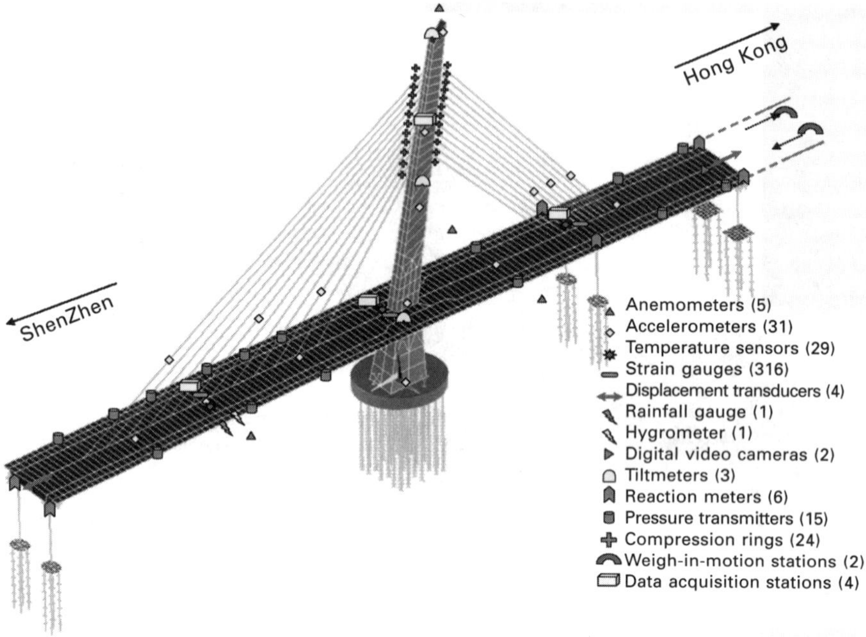

12.8 Instrumentation layout in HSWC (the Shenzhen side cable-stayed bridge).

12.5 Data acquisition and transmission system

The DATS is composed of two categories of equipment, namely data acquisition units (both fixed and portable types) and cabling network systems (Category 5 cable type for most local cabling networks and fiber optic backbones for global cabling networks) for acquisition, processing, temporary storage and transmission of signals. The DATS, in general, deals with two types of signals, i.e. the analog signals and the digital signals. The DAU is a package of software-controlled instruments in the bridge-site, which collects, performs pre-processing of measured signals and transmits them to the DPCS (at administration building) through the global cabling network. The schematic layout of a typical DAU used in WASHMS is given in Fig. 12.10. As most of the dynamic signals such as acceleration and strain are analog signals, and therefore signal conditioning of the acquired analog signals is required. In fact, in WASHMS, over 90% of the signals acquired are analog signals and signal conditioning is therefore an essential task in the operation of data acquisition systems. In order to preserve the acquired signal features and to minimize the noises induced in the process of signal conditioning, tight performance requirements should be set in the designing of the signal conditioning

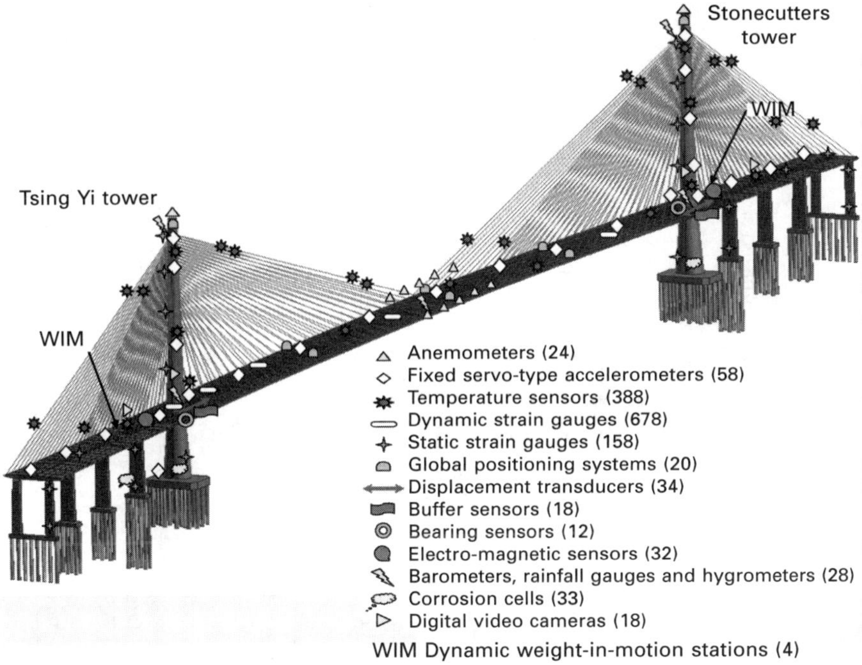

12.9 Instrumentation layout in Stonecutters Bridge.

device, particularly in the aspects of amplification characteristics (such as gain accuracy, gain linearity, gain temperature coefficient, input impedance, input offset voltage, input offset temperature coefficient, long-term stability, common mode rejection ratio, over voltage protection, slew rate, balancing stability, etc.), isolation, high pass filter, low pass filter, gain and the overall performance in terms of noise, gain accuracy, crosstalk and operating range of temperature. The schematic layout of DATS in WASHMS for Stonecutters Bridge is shown in Fig. 12.11, where two separated single mode fiber optic (backbone) cabling networks are used: one for the transmission of the one dimensional (uni-variate) random signals, and the other for the transmission of the two dimensional (bi-variate) video signals. The DAU, as shown in Fig. 12.11, refers to the PC-based data acquisition unit illustrated in Fig. 12.10. DAU is solely required in one-dimensional signal cabling network for reasons of signal conditioning and systematic collection of signals from large numbers of sensors. Normally, one PC-based data acquisition unit will not handle more than 128 numbers of data channels and the PC should be an industrial PC with a maximum operating temperature of no less than 60 °C. The DVC (digital video converter) is used to collect and convert the video signals from video cameras. The backbone cabling networks in Tsing Ma Bridge, Kap Shui Mun Bridge and Ting Kau Bridge are fiber optic

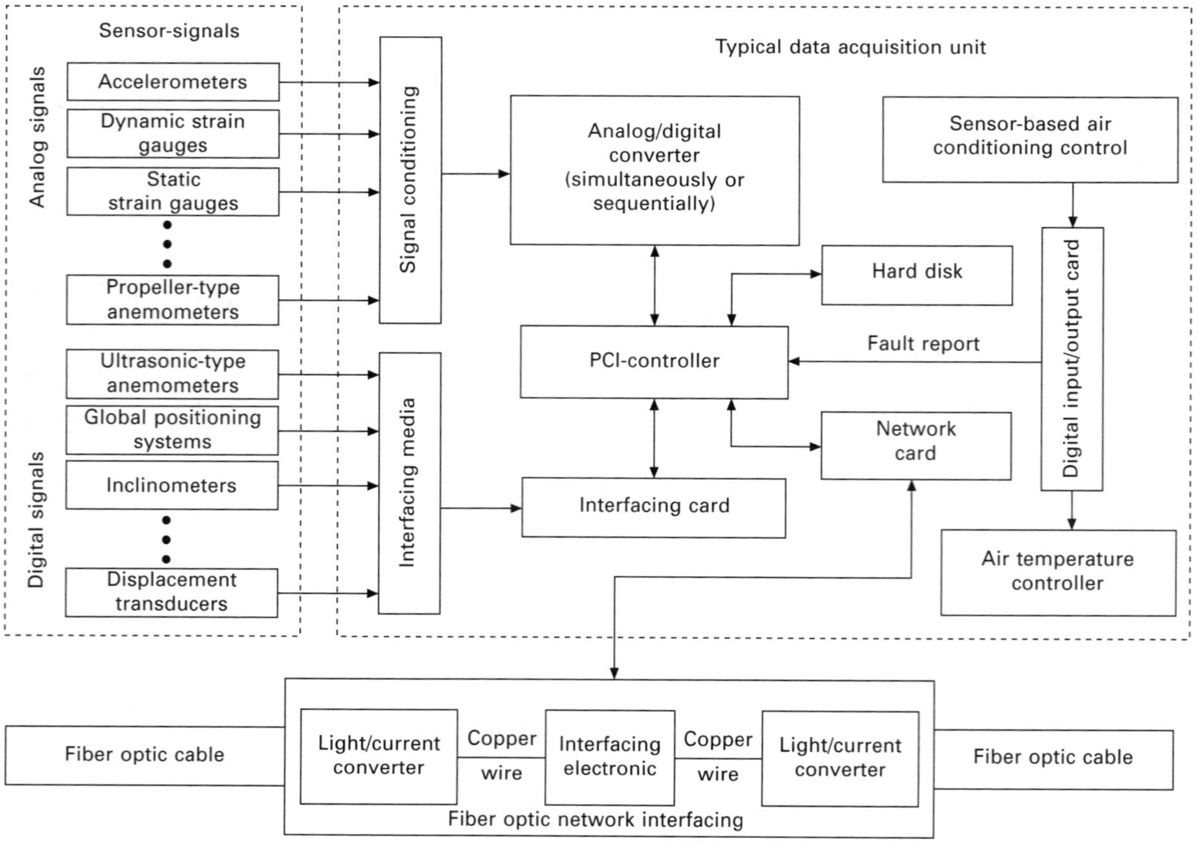

12.10 Schematic layout of a typical DAU and its associated equipment.

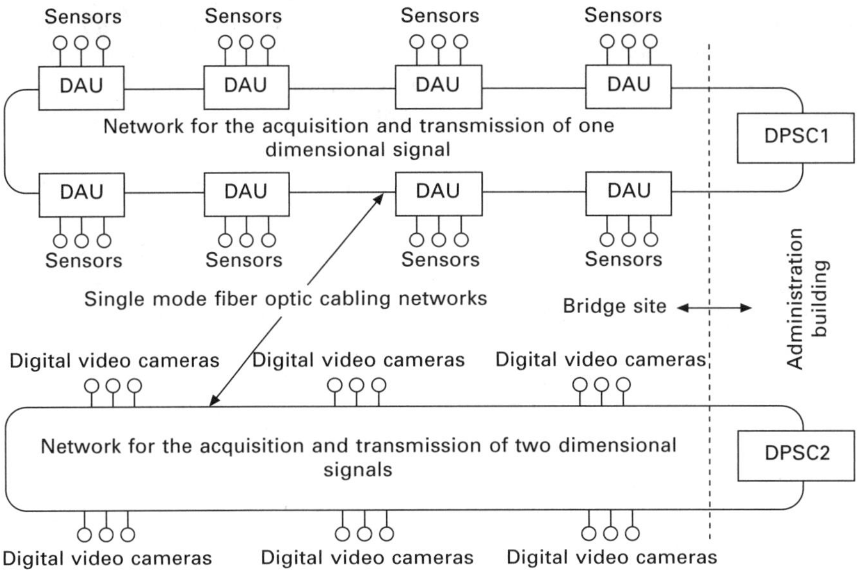

12.11 Schematic layout of DATS in WASHMS for Stonecutters Bridge.

token ring at 15 Mbps; whereas that in HSWC and Stonecutters Bridge are fiber optic Ethernet bus and fiber optic Ethernet ring at 1 Gbps. Most of the connections between sensors (except GPS and digital video cameras which are fiber optic) and DAU are copper cabling networks.

12.6 Data processing and control system

The DPCS refers to the hardware and software of high performance computer system (64-bit multi-processor servers) for executing the functions of (i) system control, (ii) system operation display, (iii) bridge operation display, and (iv) post-processing and analysis of data. The DPCS is composed of two sub-systems, namely, DPCS-1 and DPCS-2. The DPCS-1 and DPCS-2 are devised to carry out the processing and control of one dimensional signal and two dimensional signals respectively. The system control includes the control of all the operation modes in sensory system, DAUs, DVCs, cabling network systems, and associated display tools, in particular for the functions of data collection, data processing, data archiving and data display; and the generation of system component fault/failure reports. The system operation display includes the display of all the operation modes in sensory system, DAUs, DVCs, cabling network systems and associated display tools, in particular for displaying/activating the alarming signal as a system component failure/fault report generated.

The function of bridge operation display in respective DPCS-1 and DPCS-2 is different. In DPCS-1, it is devised to display the environment status in bridge-site, the operation loads on bridge and the variation of kinematic quantities and to activate the alarm signals for the onset of Operation strategies II and III when the measurands exceed those monitoring criteria as defined in Operation strategy I above; whereas in DPCS-2, it is devised to display the traffic flowing conditions and characteristics on bridge, including the near real-time display of over-loading vehicles and over-speeding vehicles (in the WASHMS for Stonecutters Bridge only). The function of post-processing and analysis of data in respective DPCS-1 and DPCS-2 is also different. In DPCS-1, it is devised to carry out the environmental loads and status derivation, operation loads derivation, bridge features extraction and bridge responses derivation by unsupervised learning mode of statistics analysis, which is the key part of Strategy I monitoring or normal structural condition monitoring; whereas in DPCS-2, it is devised to carry out the image analysis of the selected digital video records and to transfer the analyzed results into spreadsheet data formats for subsequent traffic features and potential traffic load-effects analyses. Figure 12.12 illustrates the major types of statistical analyses normally executed in WASHMS. The block diagram of a typical statistics analysis of (wind) data in DPCS-1 is shown in Fig. 12.13; whereas the block diagram of data analysis in DPCS-2 is shown in Fig. 12.14.

12.7 Structural health evaluation system

The SHES is devised as the core of WASHMS because it is the only module equipped with finite element solvers and associated analysis tools

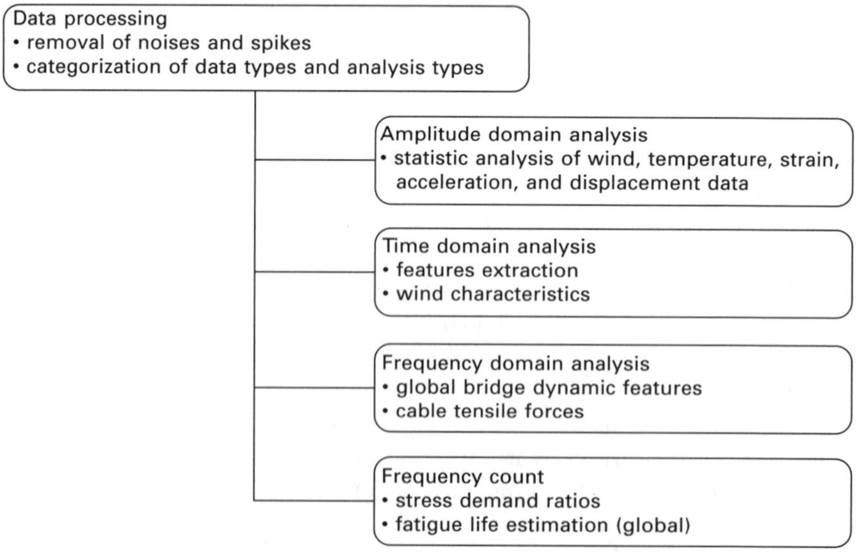

12.12 Different types of statistics analysis of data.

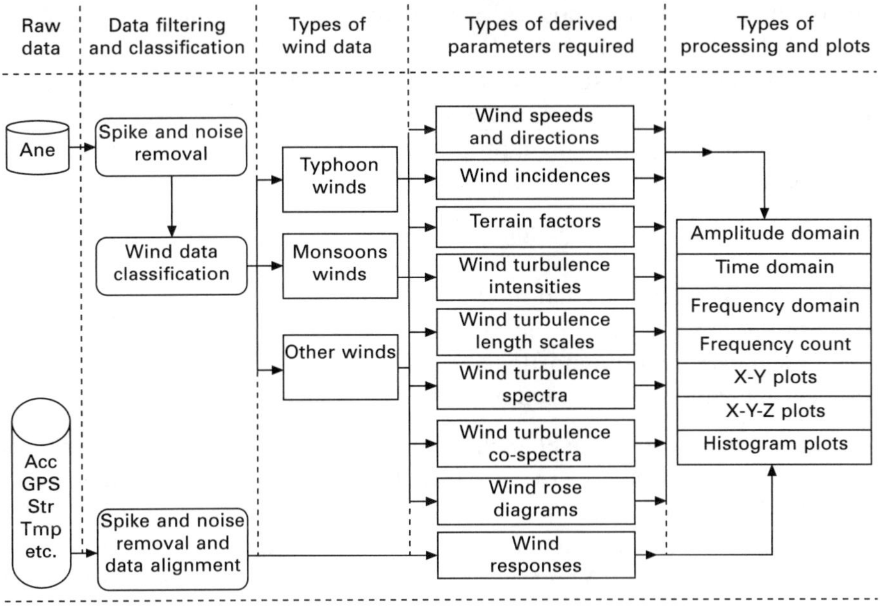

12.13 Block diagram of a typical statistics analysis of wind data in DPCS-1.

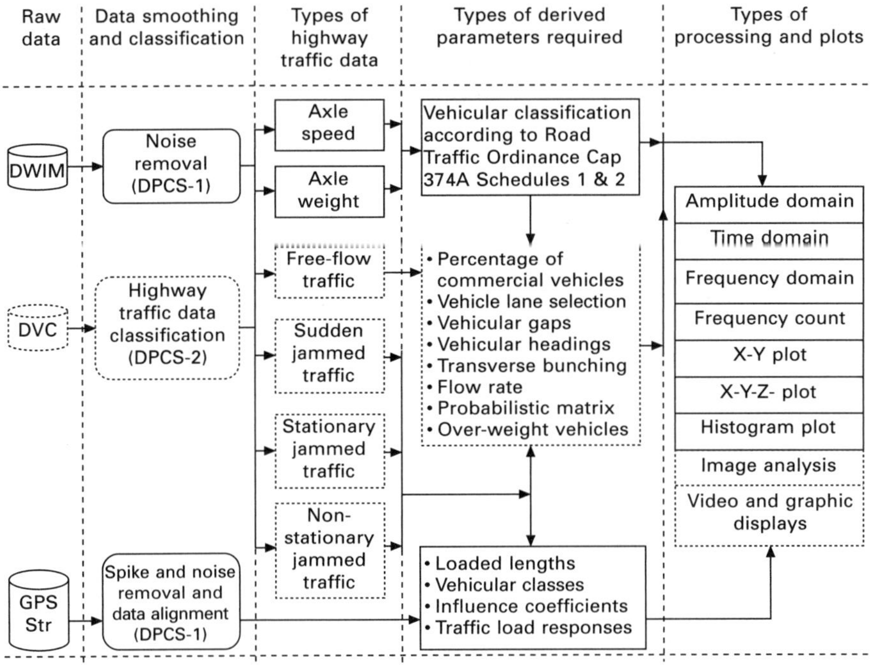

12.14 Block diagram of traffic data analysis (combined digital video and DWIM data) in DPCS-2.

for diagnostics and prognostics of structural health and damage based on measured and analyzed results. In fact, this is also the only module for the execution of Operation strategies II and III. The SHES is a high-performance computer system (which is composed of 64-bit multi-processor servers and workstations) equipped with appropriate software tools for the execution of the operation tasks:

(i) inter-solver finite element analysis;
(ii) modal analysis and modal extraction;
(iii) sensitivity analysis and model updating;
(iv) bridge features and responses analysis;
(v) diagnostic and prognostic analysis; and
(vi) visualization of analyzed results.

In the inter-solver finite element analysis, the finite element models built by one finite element solver (e.g. MSC Software) can be transferred to and executed in another finite element solver (e.g. ANSYS Software) automatically (on request) without any manual modifications, and vice-versa by a finite element interfacing tool. A finite element interfacing software tool is customized to implement such interfacing process and is schematically illustrated in Fig. 12.15. In the modal analysis and modal extraction, a software tool is customized to combine the modal analysis function of a finite element solver

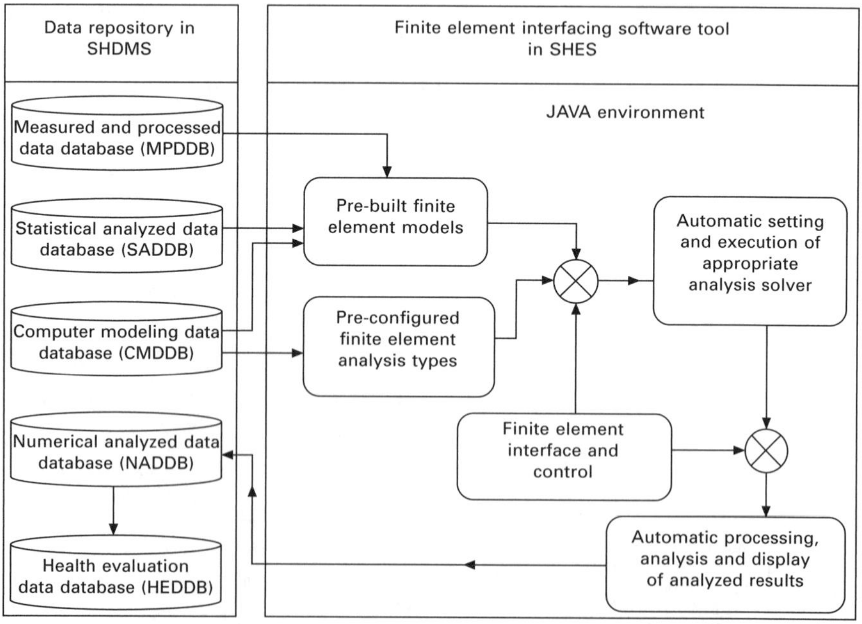

12.15 Schematic layout of customized finite element interfacing software tool.

with a modal extraction tool (e.g., MATLAB or ARTeMIS) for automatic extraction of modal characteristics of the bridge/component from measured time-history acceleration data based on the analyzed modal characteristics by the selected finite element solver as reference. The modal characteristics required are the modal frequencies, the order and structural nature of mode shapes, the modal damping ratios and the modal mass participation factors for predominating vibration modes of deck, towers, side-span piers and cables. In the sensitivity analysis and model updating, a software tool is customized to determine the sensitivities of local and global parameters for model calibration or updating and to implement the model updating through the usage of various techniques such as automatic iterative updating methods, automated scaling of sensitivity matrix, etc.

Figure 12.16 shows the finite element model updating by measured results. In the bridge features and responses analysis, appropriate finite element solvers are used, through the usage of interfacing tool where necessary, to determine the bridge features such as static influence coefficients and dynamic characteristics, and the bridge responses such as bridge displacements and stress conditions at key or non-instrumented locations or components. In order to facilitate such analytical works, automatic finite element analysis is devised in such a manner that pre-built finite element global bridge models are setup and each model is pre-configured with appropriate type/types of analyses. The pre-built finite element models normally will be the 3D space

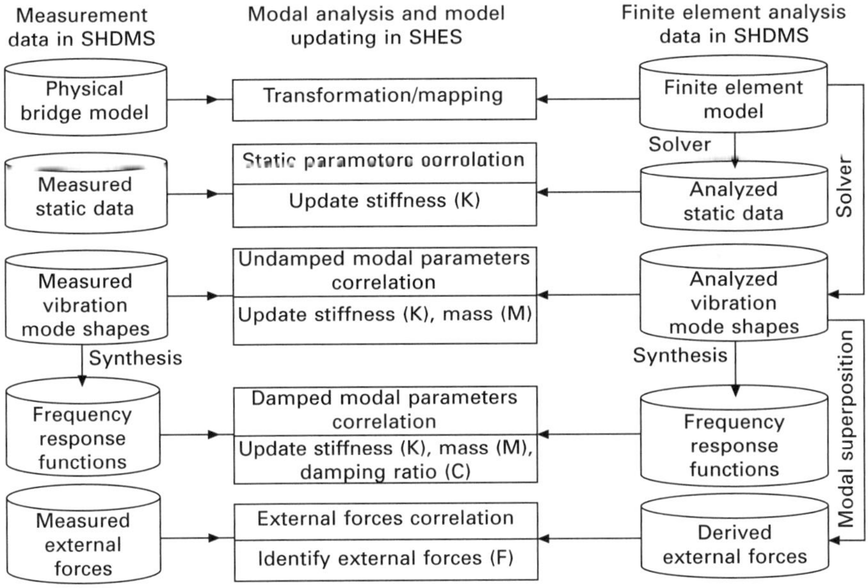

12.16 Finite element model updating by measurement data.

frame model, the 3D hybrid finite element model, the 3D multi-scale finite element models and the 3D solid finite element model as shown in Figs 12.17, 12.18, 12.19 and 12.20 respectively. These models will be pre-configured with appropriate type/types of finite element analyses such as linear static analysis for static influence coefficient determination, non-linear static analysis for stress and displacement determinations at key or non-instrumented locations or components and for load-path and failure mode investigations, linear dynamic analysis for modal characteristics determinations, linear dynamic analysis for the determination of dynamic responses due to respective wind, seismic and impacting loads. All input files of pre-built models and pre-configured analysis types are required to be customized in text formats.

In the diagnostic and prognostic analysis, damage is considered as the exceedance of the criteria for deformation, strength and stability as a result of environmental and operational loads, and such damage is categorized, in accordance with its loading types and failure modes, as three damage modes, namely, incremental accumulative damage mode, expected discrete accumulative damage mode and unexpected discrete accumulative damage mode. Fig. 12.21 expresses the occurrence of damage modes in relation to loading types and failure modes. Appropriate damage models such as supervised learning mode statistics models (e.g., neural networks) and surrogate models (a combination of empirical and analytical methods) are or will be developed to assess the damage modes under the pre-defined loading types. Figure 12.22 illustrates the two methods (i.e., strain extraction and traffic conversion) adopted in WASHMS to assess the accumulative fatigue damage

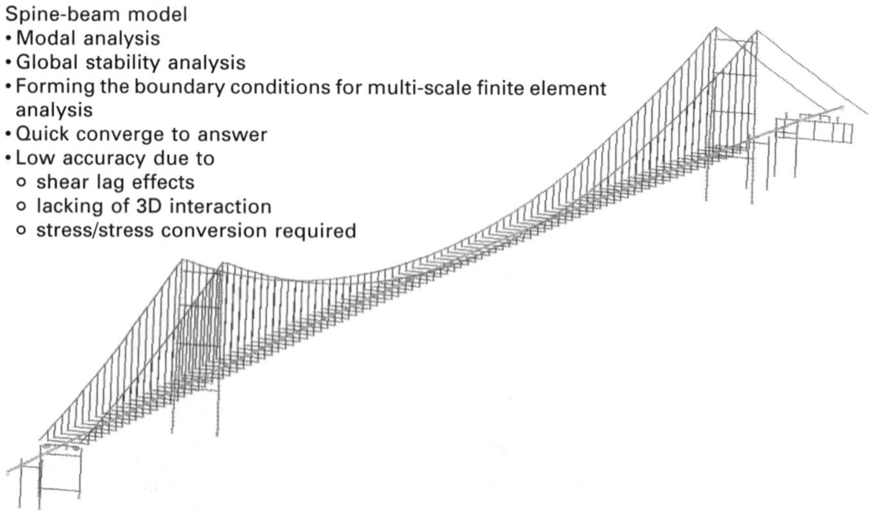

12.17 The 3D space-frame model of Tsing Ma Bridge.

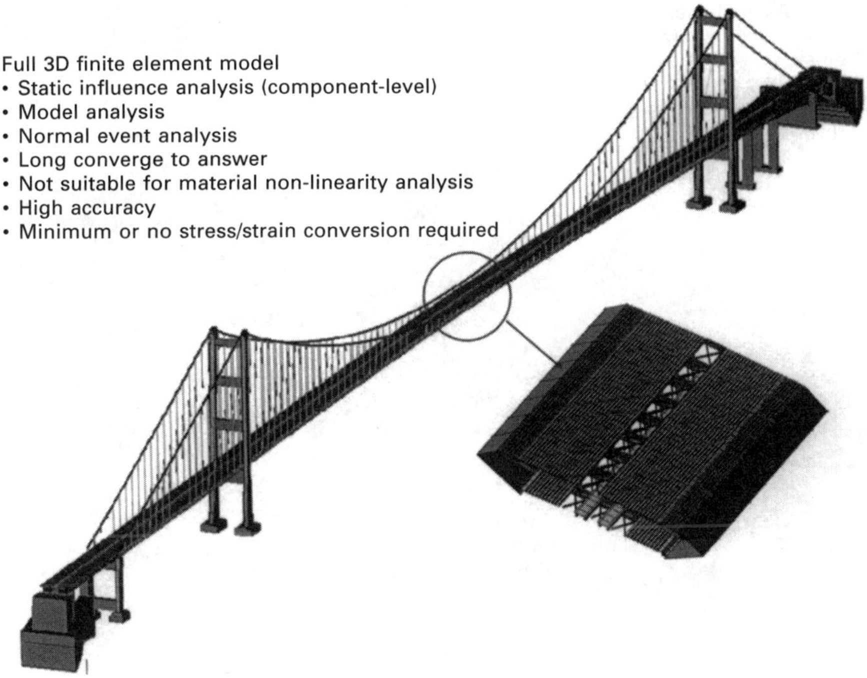

12.18 The 3D hybrid finite element model of Tsing Ma Bridge.

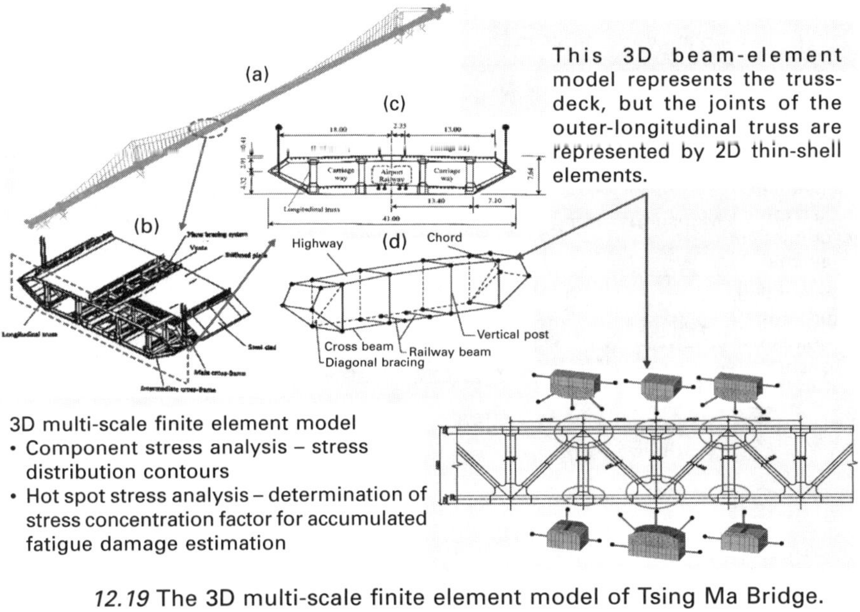

12.19 The 3D multi-scale finite element model of Tsing Ma Bridge.

3D solid finite element models

- Transient load analysis (such as vessel impacting)
- Soil-structure interaction analysis

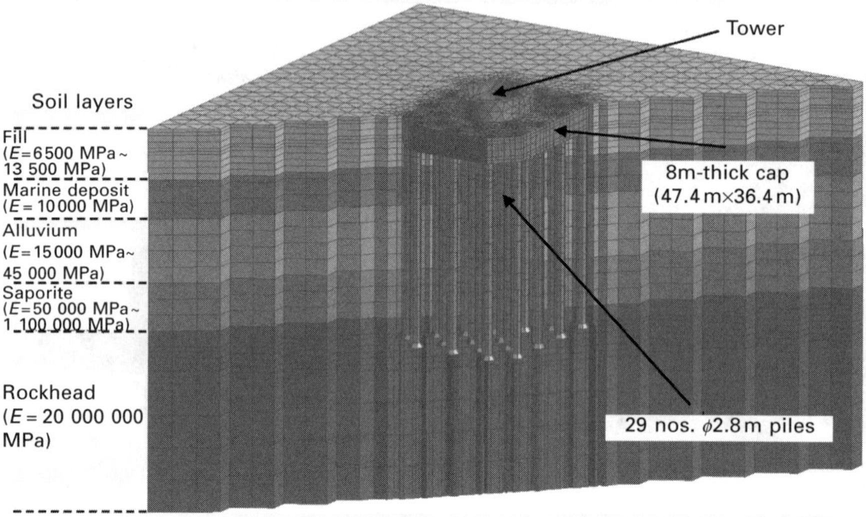

12.20 The 3D solid finite element model of Stonecutters Bridge – tower-cap-piles-soil layers.

Occurrence ↓ / Failure mode →	Fatigue	Fracture	Buckling	Yielding	Wearing or deterioration
Incremental accumulative events	Highway and railway loads	Highway and railway loads			
Scheduled discrete accumulative events	Monsoons	Temperature	Temperature, creep or relaxation	Temperature, creep or relaxation	Wearing of articulation components
Unscheduled discrete accumulative events	Typhoons	Typhoons, earthquake, and impacting	Typhoons, earthquake, and impacting	Typhoons, earthquake, and impacting	Corrosion of rebars

12.21 Occurrence of modes, loading types and failure modes in matrix form.

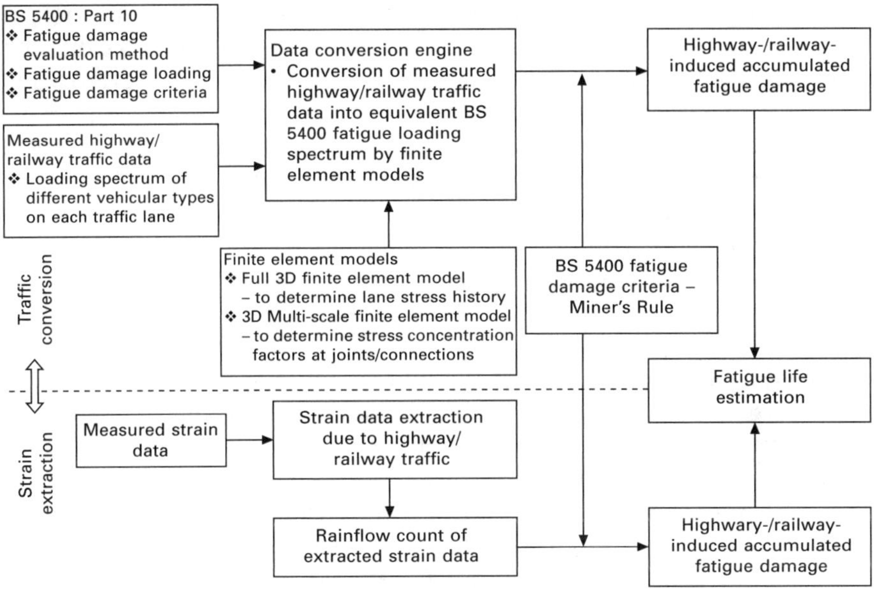

12.22 Flow diagram of the methods of highway-/railway-induced accumulative fatigue damage.

induced by traffic loads. Regarding the last operation task or visualization of analysis results, customized graphical software tools are developed to present all measured/analyzed/derived results in comparative plots (with animation, where necessary) and tabulated in matrix forms for increasing the efficiency and accuracy in the identification and quantification of abnormal features such as over-stressed and/or damage in components.

12.8 Structural health data management system

The original WASHMS data storage and management system, which was customized based on UNIX file-based management system, is a non-database storage system and has the limitations of:

(i) separation and isolation of data – difficult to access files for data processing and impossible for synchronizing processing of more than two data-files,
(ii) duplication of data – loss of data integrity or consistence,
(iii) data dependence – creation of one-off programs,
(iv) incompatible file formats – difficult for jointly processing of multiple data-files, and
(v) fixed queries or proliferation of application programs.

Such limitations resulted in two major drawbacks: (i) long duration of operation for data retrieval, processing and analysis, and (ii) very difficult or event unable to carry out three or more dimensional correlation and regression analysis. In order to overcome such limitations and to improve the data processing and analysis capability of the WASHMS, the SHDMS is introduced, which is devised to: (i) standardization and normalization of data, (ii) semi-automatic operation of retrieval, processing and analysis of measured data, (iii) multi-dimensional analysis of data through manipulation of appropriate software analysis tools such as OLAP (on-line analytical processing) and data mining tools (e.g., clustering, neural networks, etc.), and (iv) integration of all the historical and current measured/analyzed/derived data and information for real-time monitoring, off-time evaluation, report generation and decision recommendation. It is composed of a high performance computer system, a data repository system and a data warehouse management system. The high performance computer system is a 64-bit multi-process server under UNIX operation platform. The data repository system is composed of a distributed hard disk storage of around 20TB, and in which five major databases are devised for the storage and retrieval of data and information. These five are: (i) Real-time Structural Health Data Database (RSHD-DB) for all pre-processed time-series data obtained from DAUs; (ii) Statistical & Probabilistic Analyzed Data Database (SPAD-DB) for all data generated from signal/data processing and analysis software tools such as MATLAB, NI, etc.; (iii) Finite Element Analysis Data Database (FEAD-DB) for all input and output finite element data generated by finite element solvers such as MSC/PATRAN, ANSYS/Workbench MSC/NASTRAN, ANSYS/Multiphysics, etc.; (iv) Structural Health Rating Data Database (SHRD-DB) for all new/updated rating indices (or criteria), which form the basis in the execution of structural health monitoring and/or safety evaluation; in both component-level and system-level; and (v) Structural Health Evaluation Data Database (SHED-DB) for all concise historical monitoring and evaluation results, all updated structural health monitoring and evaluation criteria and all monitoring and evaluation reports issued.

These five databases are manipulated and managed by a data warehouse management system equipped with OLAP (on-line analytical processing) tools for integrating a wide range of corporate data into a single repository from which users or engineers can easily run queries, perform different types of analyses and produce monitoring and evaluation reports. The data warehouse management system (DWMS) is adopted instead of database management system (DBMS). This is because DWMS is devised with good-evaluation algorithms and query optimization for decision support and best suites the work nature of WASHMS while the DBMS is devised with high concurrency and clever techniques of speeding up commit processing for supporting high rate of update transactions and does not suite the work nature of WASHMS.

The data warehouse management system in SHDMS is devised to carry out the following functions:

(1) automatic processing and management of data and information – which include systematic cleansing, reconciliation, derivation, matching, standardization, transformation and conformity of data and information from all data sources systems such as DPCS-servers and all SHES-servers as shown in Fig. 12.23.
(2) manipulation of four major types of correlation analyses (i.e., analysis-to-analysis for model verification, analysis-to-measurement for model validation, measurement-to-measurement for features extraction and derivation-to-criteria for health monitoring and evaluation) based on all data and information generated from the software tools in DPCS-1 servers (as shown in the left-hand-side of Fig. 12.23 and end-users' servers and workstations (as shown in the right-hand-side of Fig. 12.23.
(3) creation of data marts (as shown in Fig. 12.23) which summarize all the results obtained from the above mentioned correlation analyses for the executing of the following works:
   - reporting the current and future (where necessary) environmental and operation loads (such as wind, temperature, earthquake, highway and railway, where appropriate) acting on the bridge;
   - reporting the current and future (where necessary) the corrosion status on instrumented and/or specified components;

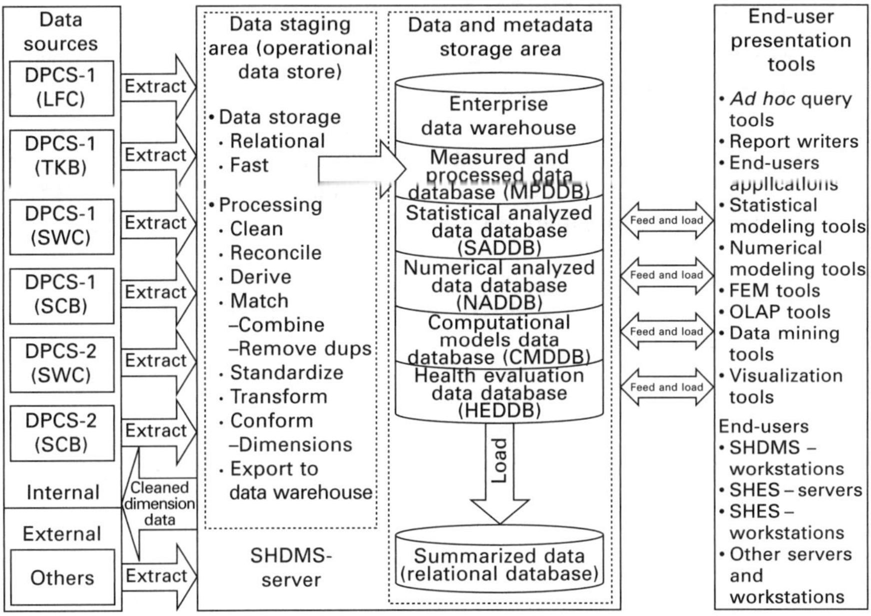

12.23 Data store and operation architecture in SHDMS.

- reporting the current and future (where necessary) structural health conditions of the bridge in terms of the derived physical parameters as listed in the 4th column of Table 12.1;
- planning and scheduling bridge inspection and maintenance activities;
- updating and/or calibrating the bridge rating system and computational (numerical and statistical) models for continuously improving the quality and quantity of structural health monitoring and evaluation works.

12.9 Inspection and maintenance system

The IMS is composed of two notebook computers (IMS-1 and IMS-2) and a tool-box (IMS-3). Its devised function is to carry out WASHMS inspection and minor maintenance works on the sensory system, data acquisition units, local and global cabling networks, and all display facilities. All information (drawings and records) regarding system design, system installation, system operation and system maintenance is stored and retrieved for references in IMS-1 and IMS-2. The IMS-3 is a tool-box for carrying out system inspection activities and minor remedial works in Modules 1 and 2 only.

12.10 Operation of wind and structural health monitoring system

In order to demonstrate the operation of WASHMS, some typical monitoring results from WASHMS are illustrated in Figs 12.24 to 12.36, where, Figs 12.24–12.28 illustrate typical wind monitoring results, Figs 12.29–12.31 illustrate typical dynamic characteristics monitoring results, Figs 12.32–12.33 illustrate typical cable force monitoring results, and Figs 12.34–12.36 illustrate stress demand and accumulative fatigue damage monitoring results.

12.11 Application of wind and structural health monitoring system

The measured data, developed analytical tools/skills, gained knowledge and experience of bridge behavior from the operation and development of WASHMS have been applied to: (i) updating/revising the design criteria in bridge design manuals and standards which are the criteria not only for design and construction of new bridges, but also for evaluation and rehabilitation of existing bridges – an example is the revision of the wind resisting design requirements in the Highways Department's Structures Design Manual [21]; and (ii) providing alternative solutions in solving engineering problems

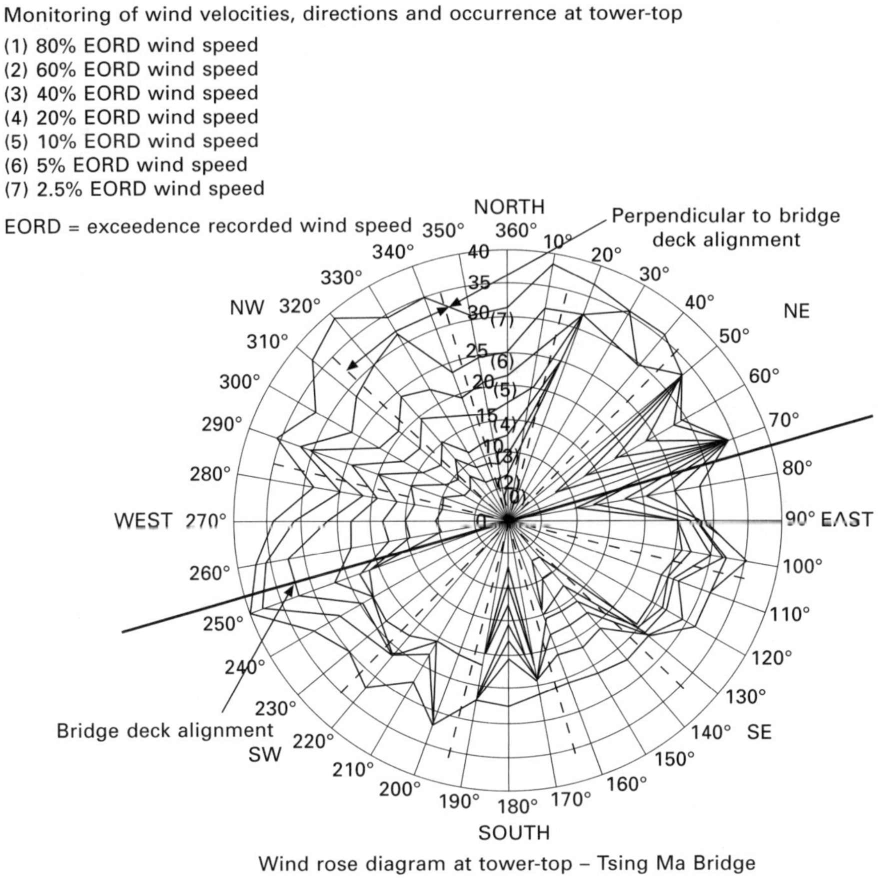

12.24 Monitoring of wind velocities, directions and occurrence at tower-top of Tsing Ma Bridge.

encountered in both new and existing bridges – examples are: investigation of protrusion and extrusion phenomena in PFTE discs of the PFTE sliding bearings in Tsing Ma Bridge [10], structural and aeroelastic instability problems of tower in HSWC [15, 16] and pier crack problems of Lai Chi Kok viaduct [27].

12.12 Conclusions

This chapter describes a modular architecture that has been used in the design of the structural health monitoring system or WASHMS for cable-supported bridges in Hong Kong. The architecture of WASHMS is composed of six integrated modules, namely, sensory system, data acquisition and transmission system, data processing and control system, structural health evaluation system,

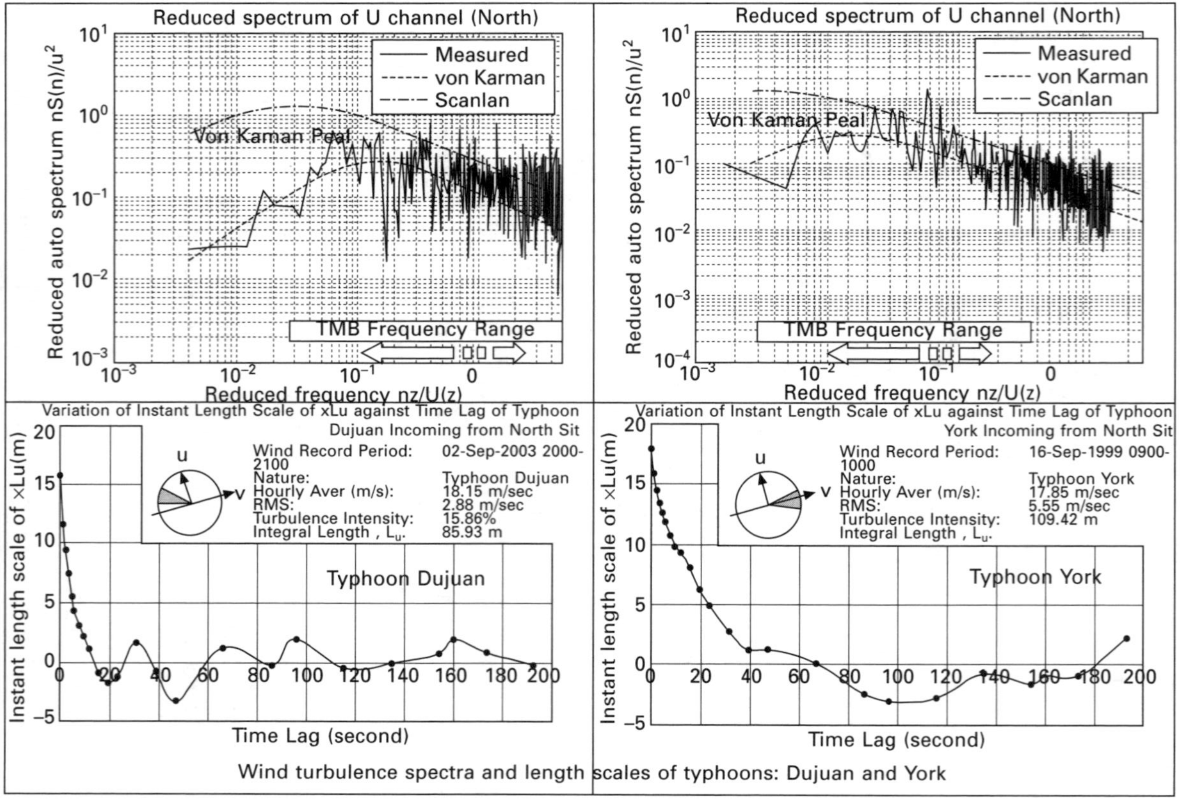

12.25 Monitoring of wind fluctuating component during typhoons.

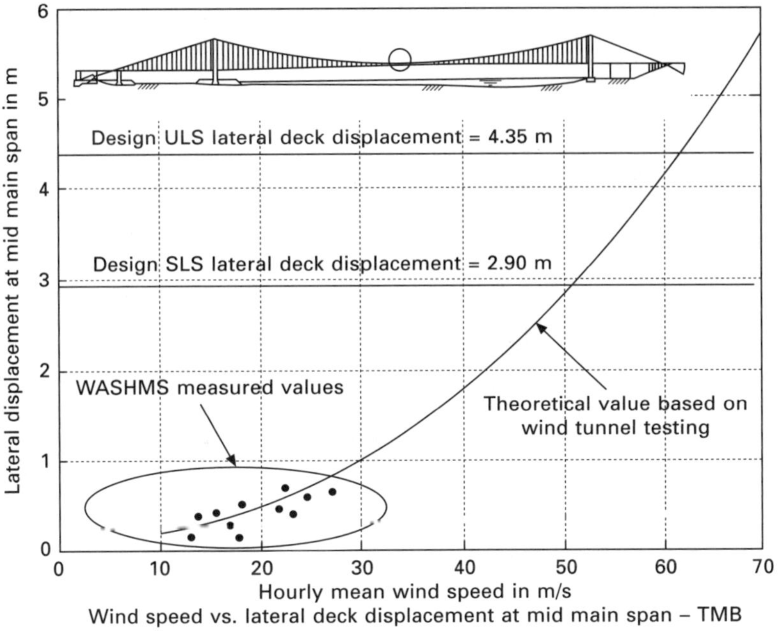

12.26 Monitoring of wind-induced response – Tsing Ma Bridge.

structural health data management system, and inspection and maintenance system. Each module is well-defined and encapsulated.

The layout of the sensory system should be able to monitor the structural health status of the bridge under normal conditions and to evaluate structural degradation as it occurs. Since the hardware configuration of the data acquisition system, particularly the signal conditioning devices, has a significant influence on data quality, the performance requirements should be well identified and quantified. Appropriate customized software systems should be developed and configured to process or derive the measured data in the data formats applicable to bridge health monitoring and evaluation.

Structural health monitoring normally requires the correlation analyses of the measured/analyzed/derived results. As the correlation analyses involve the synchronized processing of two or more data files, the use of data warehouse management system (e.g., IBM DB2 data warehouse enterprise edition) in managing the storage and retrieval processes of data and information will facilitate the automatic execution of such synchronized processing works.

Correlation of the measured results with finite element analyzed results is also essential in structural health evaluation because such correlation has two major functions of: (i) model verification and validation; and (ii) diagnostic and/or prognostic analysis of structural health and defects/damage. This correlation analysis work is normally executed by the finite element

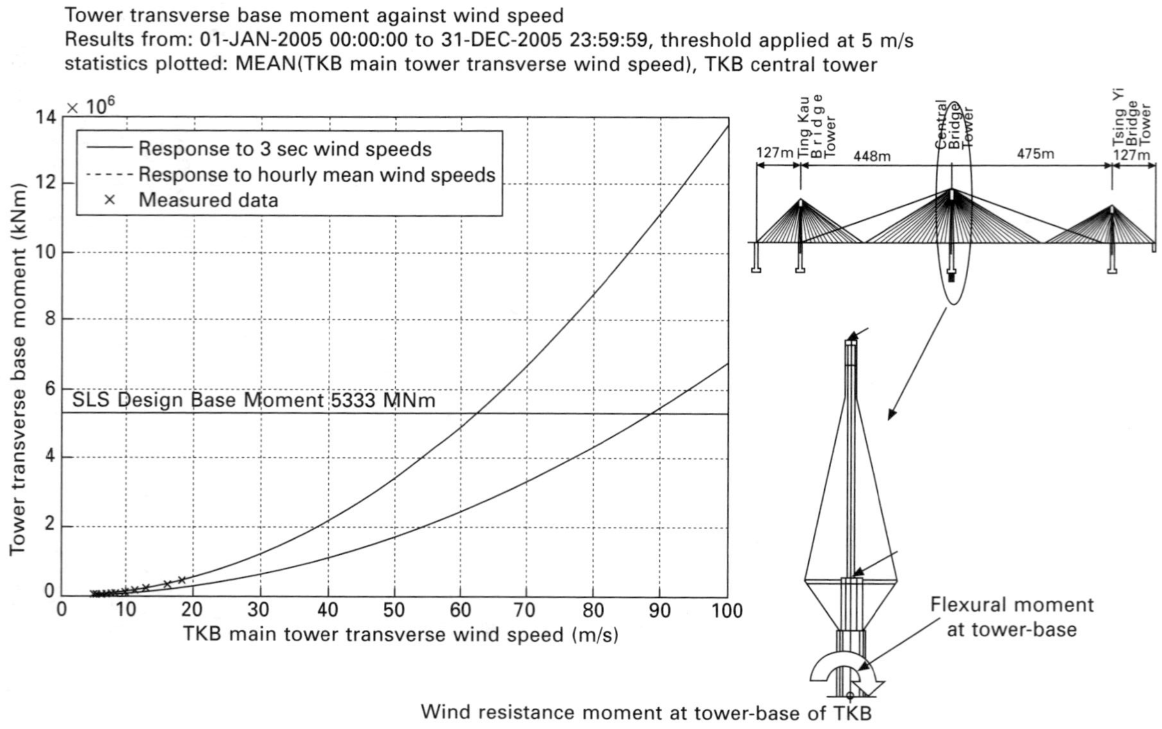

12.27 Monitoring of wind-induced force at tower-base – Ting Kau Bridge.

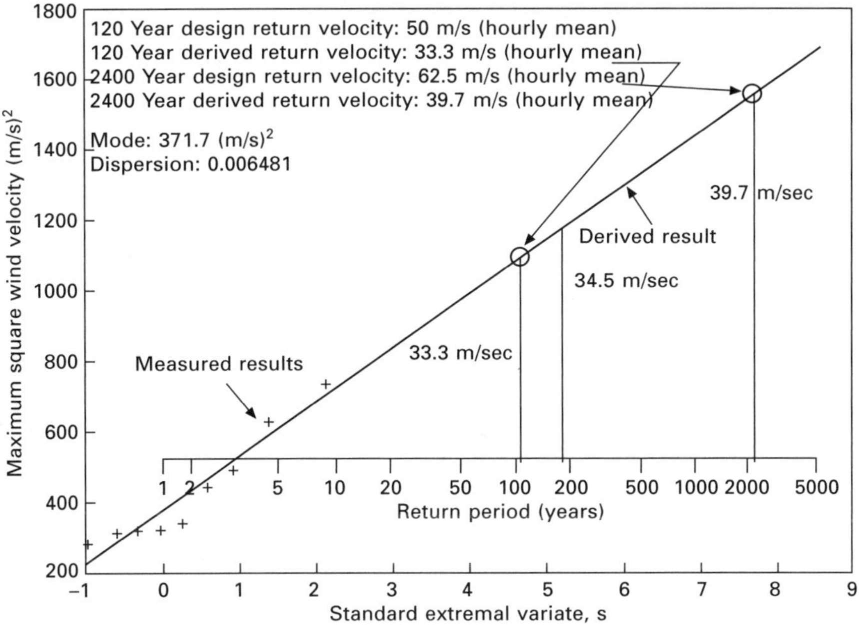

Exmple: Extremal analysis of wind velocities on TMB bridge-deck based on typhoons during 1997–2006

12.28 Monitoring of wind velocities with design values.

interfacing software (e.g., FEMtools) through the collaboration with the data warehouse management system.

Finally, it is concluded that a structural health monitoring system for long-span bridges should at least be able to monitor the loading and structural parameters set by the bridge designer so that the bridge performance under current and future loading conditions can be evaluated, and such evaluated results should be able to facilitate the planning of bridge inspection activities, and be able to determine not only the cause of damage, but also the extend of remedial work, once the damage is identified.

12.13 Acknowledgements

The authors wish to express their thanks to the Director of Highways, Mr C. S. Wai, for his permission to publish this article. Any opinions expressed or conclusions reached in the text are entirely those of the authors. The second author is also grateful to the funding support from the Hong Kong Polytechnic University through the development of Niche Areas Programme (Project No. 1-BB68).

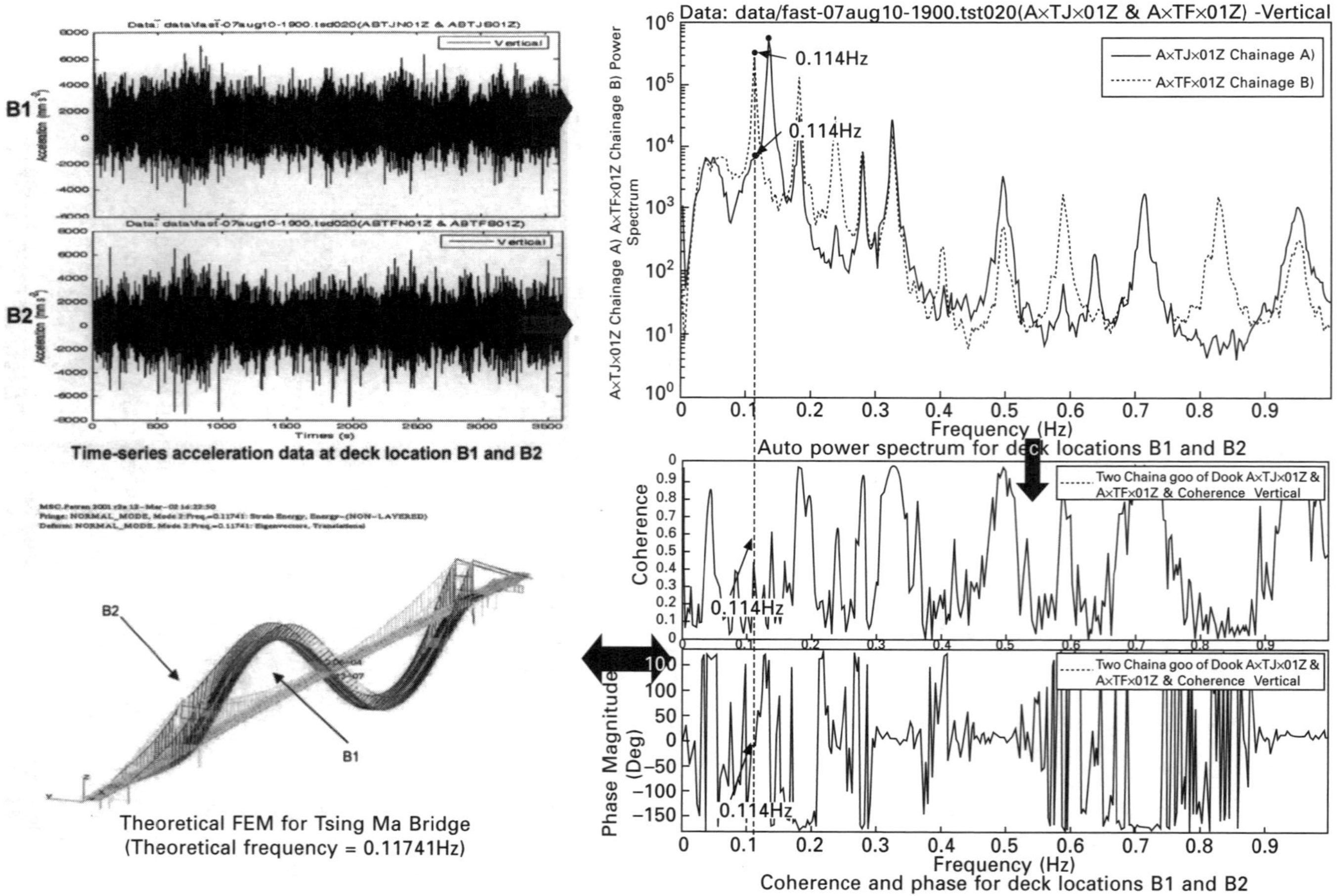

12.29 Extraction of vertical vibration modes from time series acceleration data – Tsing Ma Bridge.

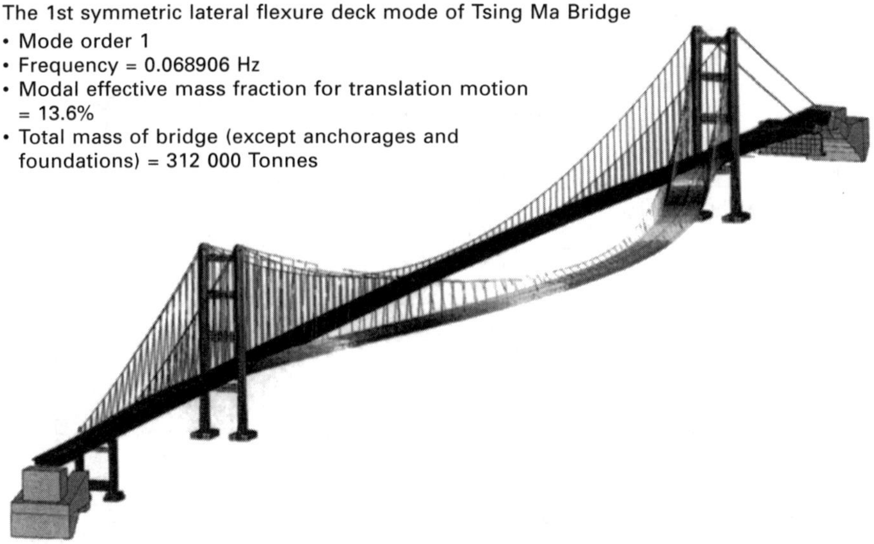

12.30 Lateral vibration mode of Tsing Ma Bridge.

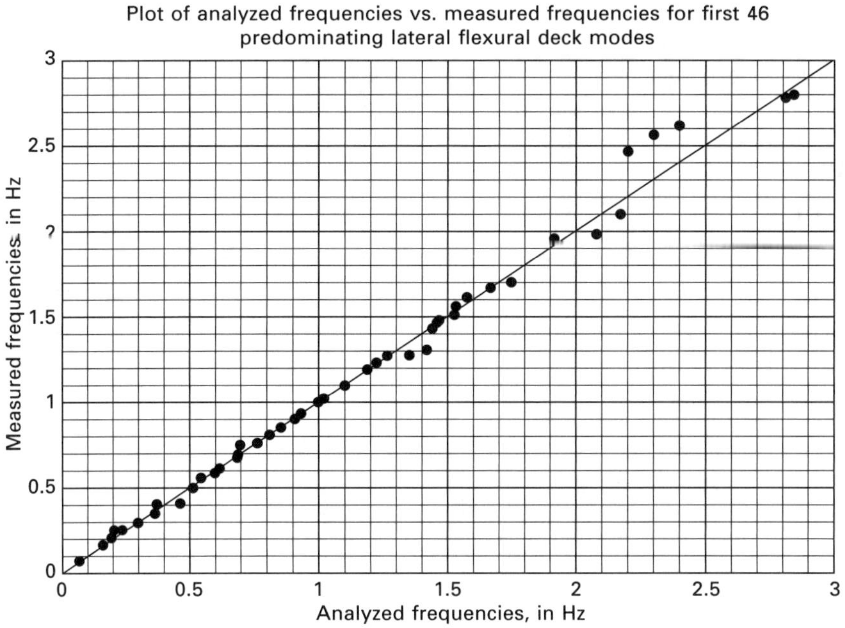

12.31 Comparison of measured and analyzed vertical vibration modes – Tsing Ma Bridge.

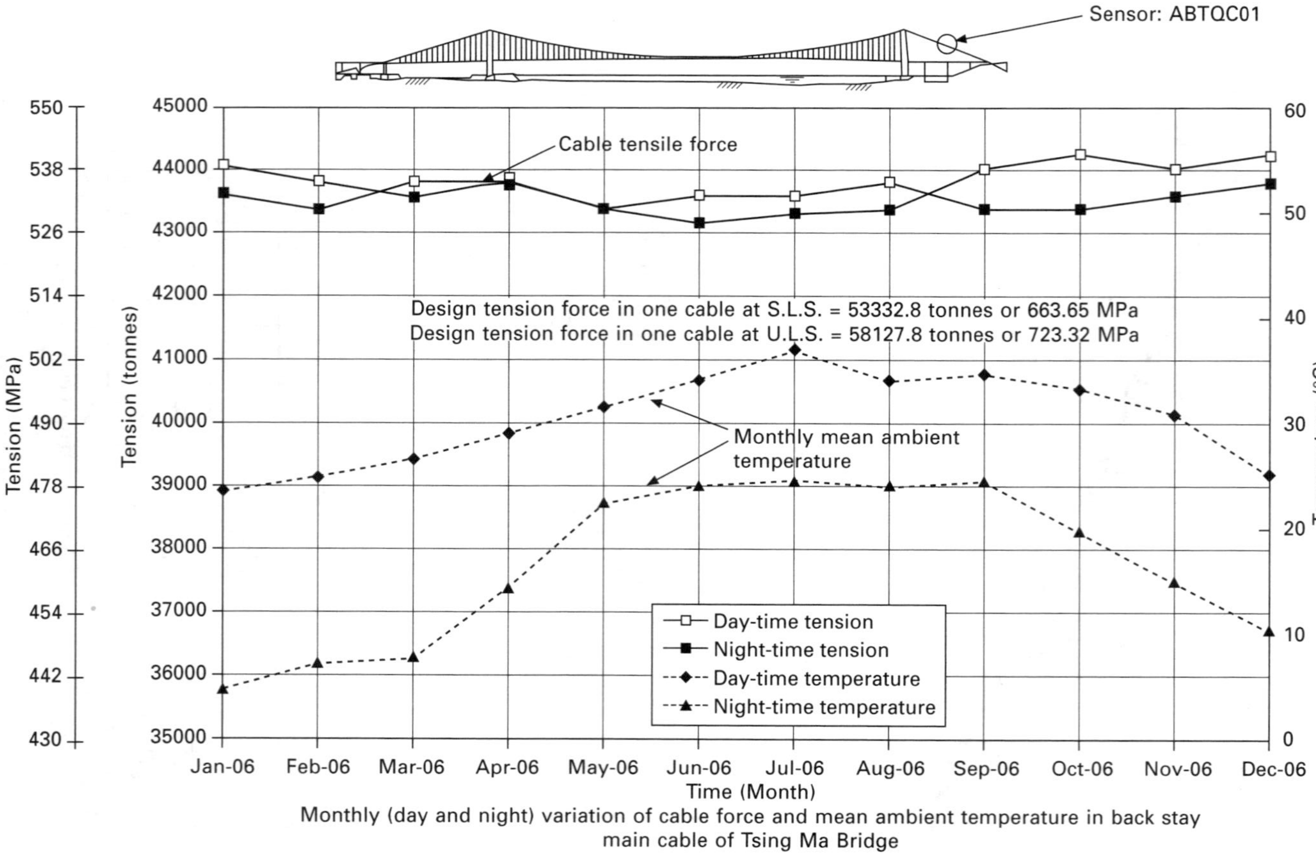

12.32 Monitoring of main suspension cables – Tsing Ma Bridge.

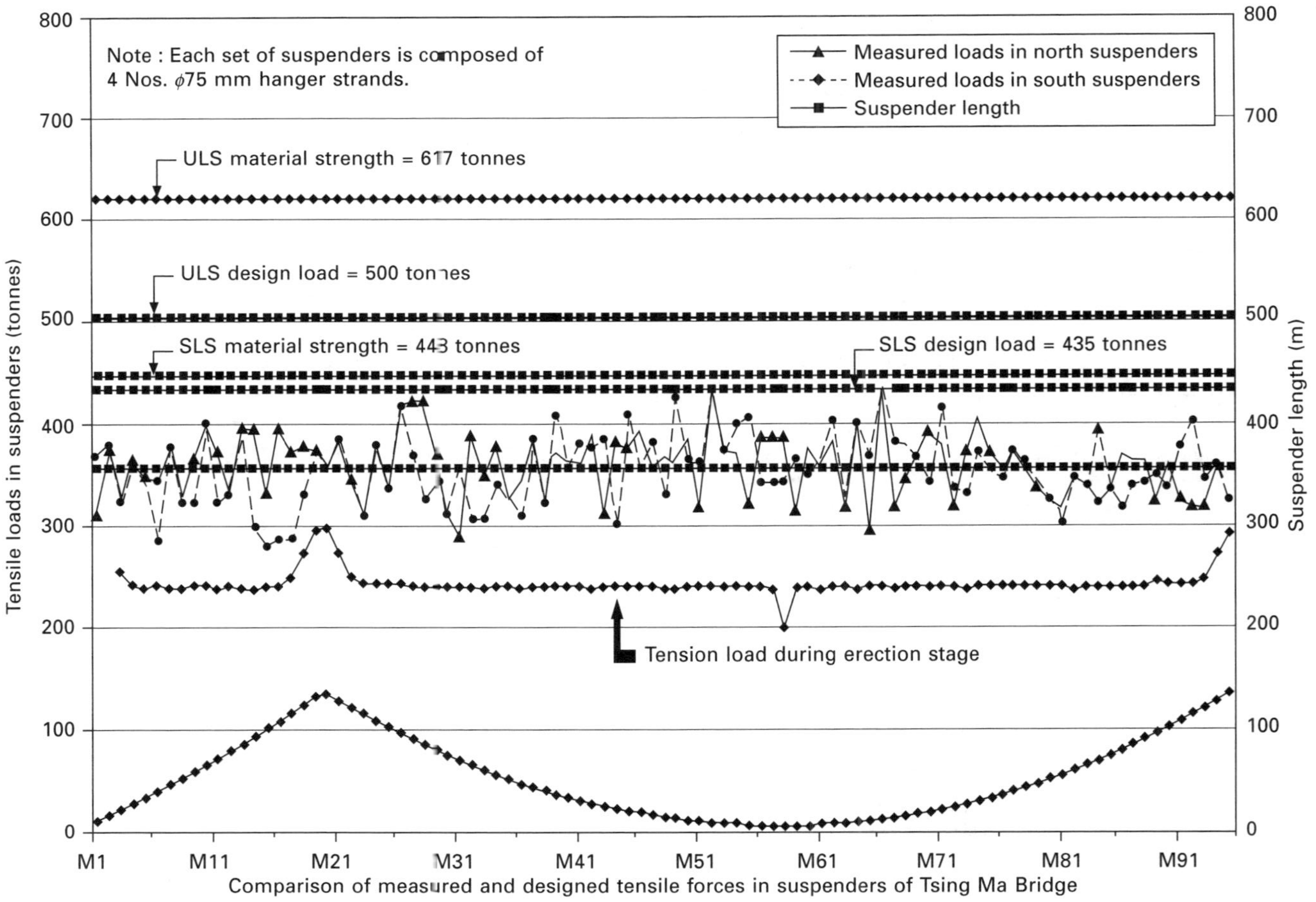

12.33 Monitoring of suspenders – Tsing Ma Bridge.

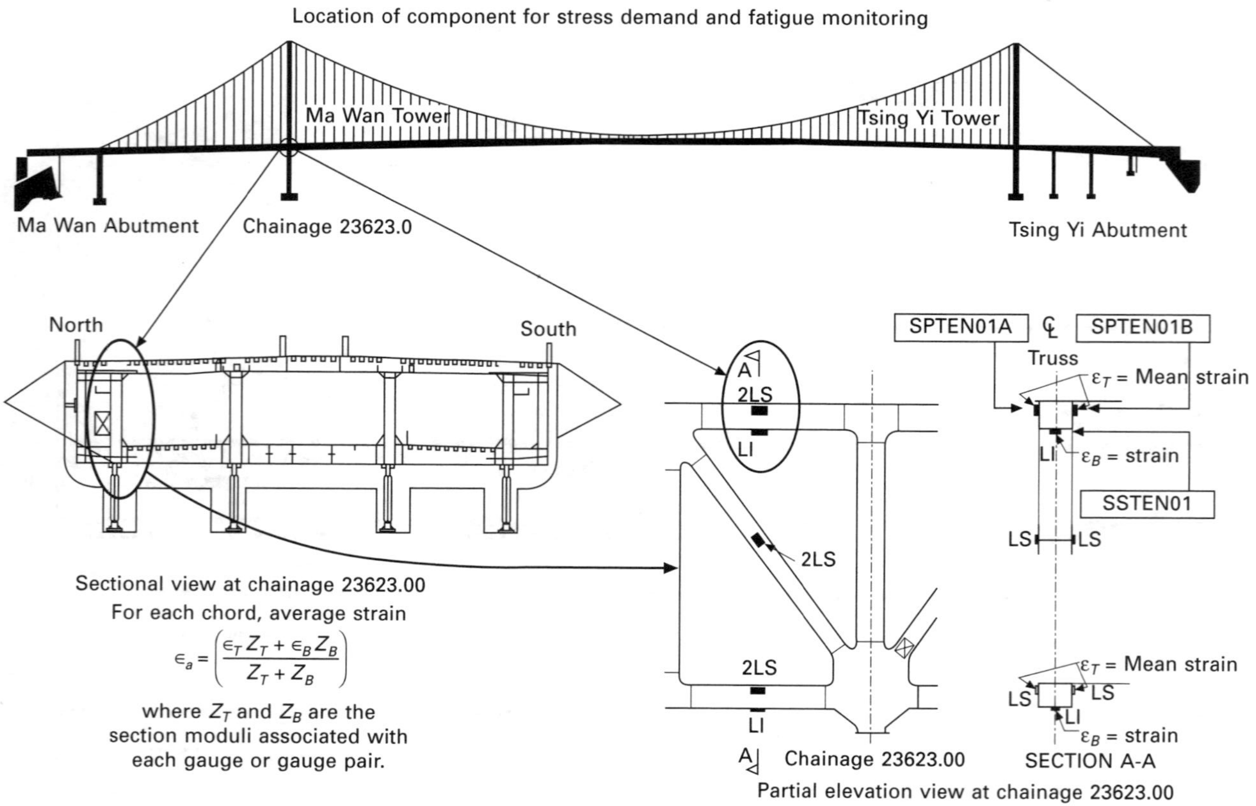

12.34 Location of component for stress and fatigue monitoring – Tsing Ma Bridge.

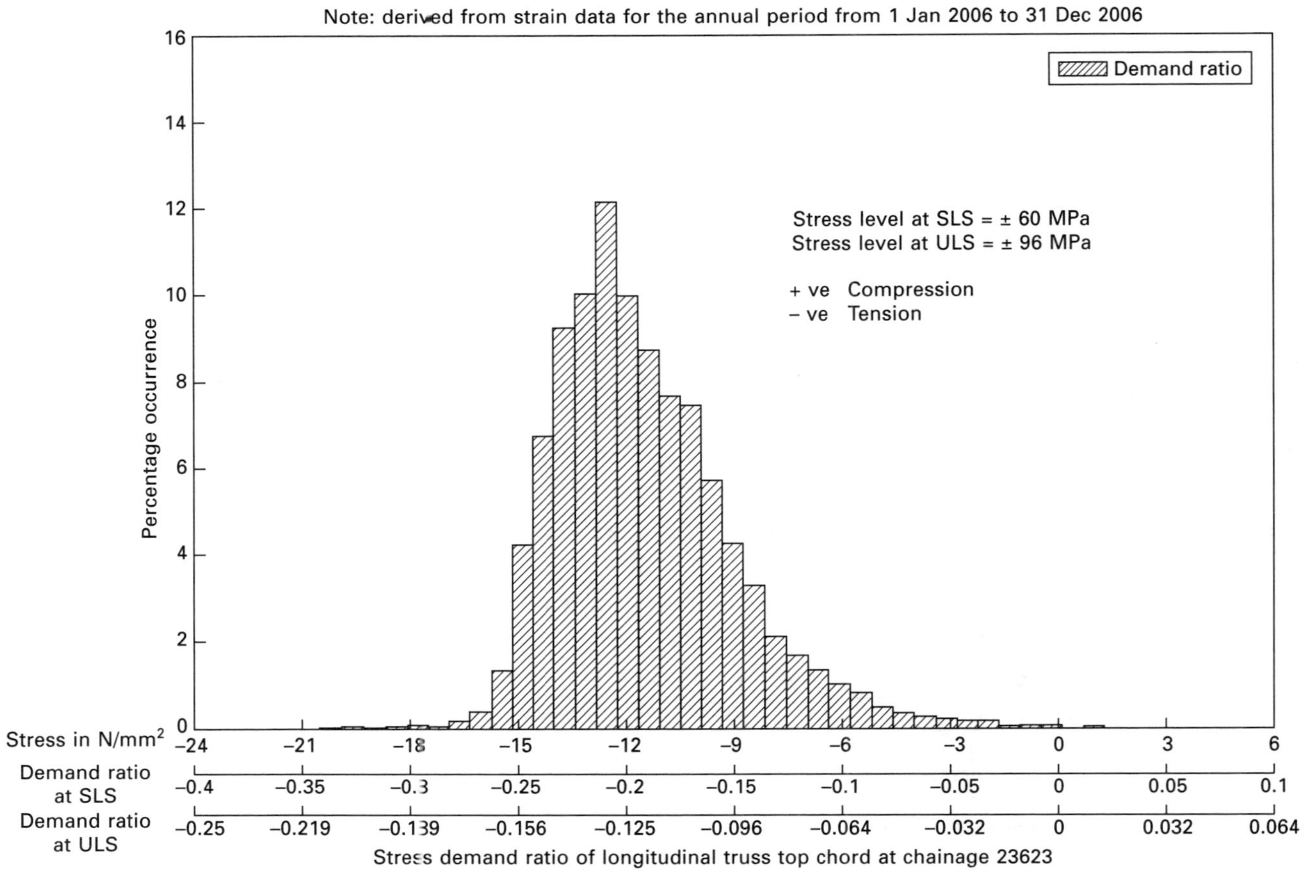

12.35 Stress demand monitoring – Tsing Ma Bridge.

Fatigue damage monitoring – due to all types of loading
Histogram of strain half-cycles
Cycles from histogram data from SSTEN01 and SPTEN01. (Cycle ranges above 1000 με have been discarded.)

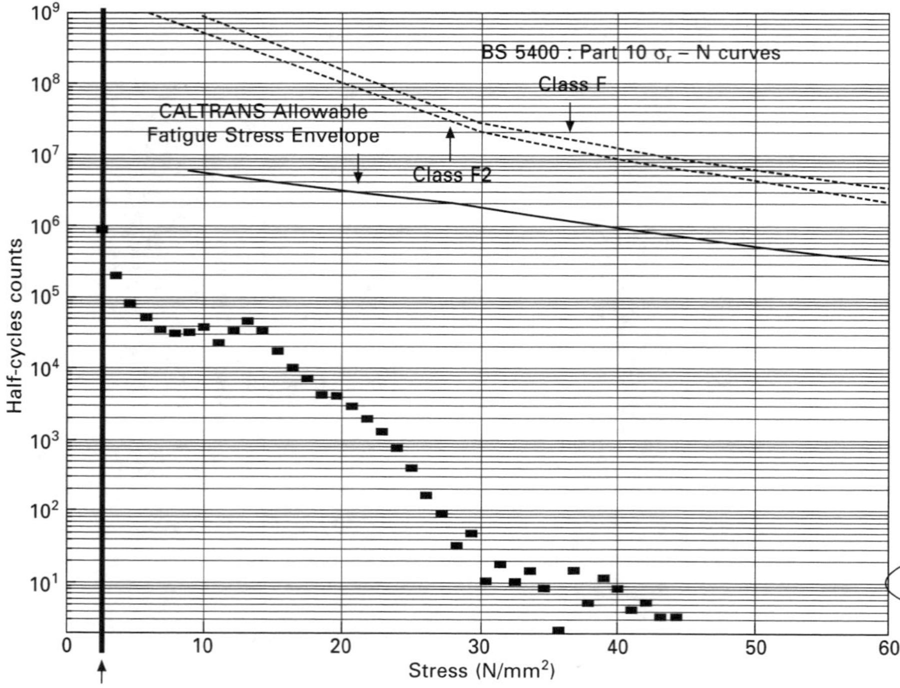

■ Measured stress
------- BS 5400
——— CALTRANS allowable fatigue stress

Stress Level	Design No. of Cycles Allow(N), allowed by or –N curves Class F	Measured No. of Cycles (n_i) (projected to 120 years)	DI/Stress level (n/N)
0 to 5	1.82E+11	1.18E+08	0.000649
5 to 10	6.61E+11	4.07E+07	0.000616
10 to 15	1.45E+09	1.15E+07	0.007943
15 to 20	5.37E+09	1.62E+06	0.003011
20 to 25	2.50E+08	7.95E+06	0.031817
25 to 30	1.38E+08	6.61E+06	0.047863
30 to 35	7.94E+07	1.95E+06	0.024603
35 to 40	5.00E+07	8.66E+05	0.017316
40 to 45	1.00E+07	3.69E+05	0.036920
45 to 50	6.70E+06	0.00E+00	0.000000
50 to 55	4.80E+06	0.00E+00	0.000000
55 to 60	3.70E+06	0.00E+00	0.000000

$DI = \Sigma(n_i/N_i) = 0.1707 \leqq 1$

Estimate fatigue life of concemed component
= 120 years/DI = 703 years > 500 years designed life

Design tension stress = 100 –200 MPa

Fatigue life estimated > design fatigue life
Implies fatigue damage currently is insignificant!

Note 1: Based on the Palmgren-Miner's rule, total fatigue damage (projected to 120 years) = $\sum_{i=1}^{i} \frac{n_i}{N_i}$
Note 2: Stress level below 2.1N/mm² (or 10μ ε) is not considered in the analysis
Note 3: Fatigue concentration factor = 1.4

12.36 Fatigue monitoring – Tsing Ma Bridge.

12.14 References

1. Highways Department, *Wind And Structural Health Monitoring System*, Particular Specification for the Electrical and Mechanical Services in Lantau Fixed Crossing, Highway Contract No. HY/93/09, The Government of Hong Kong, May 1994.
2. Highways Department, *Wind And Structural Health Monitoring System*, Particular Specification for the Construction of Ting Kau Bridge and Approach Viaducts. Highway Contract No. HY/93/38, The Government of Hong Kong, August 1994.
3. Yeung, C. K., Lau, C. K., Wong, K. Y., Flint, A. R., and McFadyen, A. N. *Wind and Structural Health Monitoring System for Lantau Fixed Crossing, Part 1: System Planning and Design*, Proceeding of the International Conference, 'Bridges into 21st Century', Hong Kong, 2–5 October 1995, pp. 539–548, The Hong Kong Institution of Engineers.
4. Flint, A. R., McFadyen, A .N., Lau, C. K., and Wong, K. Y., *Wind and Structural Health Monitoring System for Lantau Fixed Crossing, Part 2: Performance Requirement of On-Structure Instrumentation System*, Proceeding of the International Conference, 'Bridges into 21st Century', Hong Kong, 2–5 October 1995, pp. 661–668, The Hong Kong Institution of Engineers.
5. Highways Department, 'Wind And Structural Health Monitoring System (WASHMS) for Lantau Fixed Crossing and Ting Kau Bridge', an assignment brief of Consultancy Agreement No. CE 75/94 – a research project for WASHMS development, The Government of the Hong Kong, 1997.
6. Highways Department, *Upgrade of MSC/NASTRAN Computer System*, Particular Specification for Tender Reference: D80321/97, The Government of the Hong Kong SAR 1998.
7. Lau, C. K., Wong, K. Y., Chan, W. Y. K., and Man, K. L. D, *The Structural Health Monitoring System and Structural Health Monitoring of Cable-Supported Bridges*, Proceedings of International (ICE) Conference on Current and Future Trends in Bridge Design, Construction and Maintenance, Singapore, 4–5 October 1999, pp. 3–14.
8. Wong, K. Y., Chan, W. Y. K., Man, K. L., Mak, W. P. N., and Lau, C. K., *Results of Structural Health Monitoring for Cable-Supported Bridges in Tsing Ma Control Area*, Proceedings of the Workshop on Research and Monitoring of Long Span Bridges, 26–28 April 2000, University of Hong Kong, pp. 158–172.
9. Wong, K. Y., Man, K. L., and Chan, W. Y. K., *Application of Global Positioning System to Structural Health Monitoring of Cable-Supported Bridges*, Proceedings of SPIE (The International Society for Optical Engineering) Conference, 4–8 March 2001, Newport Beach, USA.
10. Wong, K. Y., 'Tsing Ma Bridge Bearing Investigation', a memorandum to Chief Engineer of Tsing Ma Control Area regarding the investigation results by WASHMS Team, November 2001.
11. Highways Department, 'Wind And Structural Health Monitoring System', Appendix W 33 of the Particular Specification for the Construction of Hong Kong – Shenzhen Western Corridor, Highway Contract No. HY/2002/21, The Government of the Hong Kong SAR, 2002.
12. Highways Department, 'Wind And Structural Health Monitoring System', Section 33 of the Particular Specification for the Construction of Stonecutters Bridge, Highway Contract No. HY/2002/26, The Government of the Hong Kong SAR, 2002.

13. Wong, K. Y., 'Structural Identification of Tsing Ma Bridge', *Transactions of Hong Kong Institution of Engineers*, Vol. 10, No. 1, 2003, pp. 38–47.
14. Dong, X., Zhang, Y., Xu, H., and Ni, Y. Q. (2005), *Research and Design of Structural Health Monitoring System for the Sutong Bridge*, Proceedings of the 5th International Workshop on Structural Health Monitoring, Stanford, California, USA, 12–14 September 2005, pp. 1736–1742.
15. Wong, K. Y., 'A Discussion on the Revised Design of Tower-Pile-Cap for the Cable-Stayed Bridge (Hong Kong Side) of Hong Kong – Shenzhen Western Corridor', a brief report submitted to Director of Highways, March, 2004.
16. Wong, K. Y., 'Tower Aeroelastic Instability Investigation by Novak's Formula (1972) for the Cable-Stayed Bridge (Hong Kong Side) in Hong Kong – Shenzhen Western Corridor', an in-house investigation report submitted to Major Work Project Management Office of Highways Department, The Government of Hong Kong SAR, June 2004.
17. Wong, K. Y., 'Instrumentation and Health Monitoring of Cable-Supported Bridges', *Structural Control and Health Monitoring*, Vol. 11, No. 2, 2004, pp. 91–124.
18. Major Bridge Reconnaissance & Design Institute of China Railway Engineering Corporation, Tongji University and Shanghai Juyee Science & Technology Development Co. Ltd, 'Structural Health Monitoring System for Donghai Crossing', a Preliminary System Design Proposal, January 2005.
19. Highways Department, 'Establishment of Bridge Rating System for Tsing Ma Bridge', an assignment brief of research collaboration project for WASHMS development, The Government of the Hong Kong SAR, May 2005.
20. Wong, K. Y., 'The Design of Wind Effects Monitoring of Tsing Ma Bridge', Seminar on Safer Living – Reducing Natural Disasters, organized by Civil Engineering Development Department, 17 October 2005, The Hong Kong Central Library.
21. Highways Department, *Structures Design Manual for Highways and Railways*, Third Edition, The Government of Hong Kong SAR, 2006.
22. Highways Department, 'Strategy Study on Structural Health Monitoring and Evaluation of Concrete Bridges', an assignment brief of research collaboration project for WASHMS development, The Government of the Hong Kong SAR, February 2006.
23. Highways Department, 'Establishment of Bridge Rating System for Ting Kau Bridge', an assignment brief of research collaboration project for WASHMS development, The Government of the Hong Kong SAR, August 2006.
24. Wong, K. Y., *Criticality and Vulnerability Analyses of Tsing Ma Bridge*, Proceedings of International Conference on Bridge Engineering, held in Hong Kong, during 1–3 November 2006, organized by The Hong Kong Institution of Engineers.
25. Wong, K. Y., *Highway Traffic Loads Monitoring in Stonecutters Bridge*, Proceedings of International Conference on Bridge Engineering, held in Hong Kong, during 1–3 November 2006, organized by The Hong Kong Institution of Engineers.
26. Lee, P. K. R., Wong, K. Y., Hung, K. M. A., Chan, W. Y. K., and Man, K. L. D., *Strategic Study on Structural Health Monitoring of Concrete Viaduct Bridges in Hong Kong*, Proceedings of International Conference on Bridge Engineering, held in Hong Kong, during 1–3 November 2006, organized by The Hong Kong Institution of Engineers.
27. Wong, K. Y., 'Structural Appraisal of Pier D8 in Slip Road D of Lai Chi Kok Viaduct', an in-house investigation report submitted to Major Work Project Management Office of Highways Department, The Government of Hong Kong SAR, March 2007.

28. Ni, Y. Q., Hua, X. G., Wong, K. Y., and Ko, J. M., 'Assessment of Bridge Expansion Joints Using Long-Term Displacement and Temperature Measurement', *Journal of Performance of Constructed Facilities*, ASCE, Vol. 21. No. 2, 2007, pp. 143–151.
29. Hua, X. G., Ni, Y. Q., Ko, J. M., and Wong, K.Y., 'Modeling of Temperature – Frequency Correlation Using Combined Principal Component Analysis and Support Vector Regression Technique', *Journal of Computing in Civil Engineering, ASCE*, Vol. 21. No. 2, 2007, pp. 122–135.
30. Wong, K. Y., *Structural Health Monitoring of Tsing Ma Bridge*, Proceedings of the 5th National Workshop on Nondestructive Evaluation of Civil Infrastructural System (NDECIS'07), held in National University of Taiwan, Taipei, Taiwan, 31 May – 1 June 2007, pp. 33–56.
31. Wong, K. Y., 'Design of a structural health monitoring system for long-span bridges', *Structure and Infrastructure Engineering*, Vol. 3, No. 2, 2007, pp. 169–185.
32. Chan, W. S., Xu, X. L., Wong, K. Y., and Chan, K .W. Y., *Statistical Analysis of Typhoon Wind and Bridge Acceleration Response*, Proceedings of the 12th International Conference on Wind Engineering, Australia, July 2007.
33. Yu, Y., Chan, T. H. T., Li, Z. X., Wong, K. Y., and Guo, L., *A Multi-Scale Finite Element Modeling of Tsing Ma Bridge for Hot Spot Stress Analysis*, Proceedings of the Conference on Health Monitoring of Structure Material & Environment, held at Southeast University, Nanjing, China, during 16–18 October 2007.
34. Highways Department, 'Establishment of Bridge Rating System for Kap Shui Mun and Ma Wan Viaduct', an assignment brief of research collaboration project for WASHMS development, the Government of the Hong Kong SAR, January 2008.

13
Structural health monitoring of historical structures

A DE STEFANO, Turin Polytechnic, Italy and
P CLEMENTE, ENEA, Italy

Abstract: Historical structures are a resource and a fundamental part of the cultural heritage all over the world. Maintenance of it is an important issue as well as the repair after environmental injuries, such as earthquakes. This chapter is focused on the specific aspects of vibration testing and the robustness of technological tools, sensing design and computational methods with particular reference to the monitoring of structures in which the mechanical behaviour uncertainties are a typical intrinsic character, as in the case of monumental buildings. The case study of the Holy Shroud Chapel in Turin (Italy) is reported as a validation of the monitoring techniques used at present in ancient buildings.

Key words: structural health monitoring, structural diagnosis, historical heritage, sensor network, data mining, multi-model update

13.1 Introduction

Structural maintenance of historical buildings requires knowledge-based strategies. For a structural engineer, knowledge means to control, preferably in real-time, all the parameters governing the stability, bearing capacity and safety of a structure.

The historical and architectural treasures, which can be found all over the world and especially in Italy, need effective maintenance strategies that cannot be achieved without a reliable knowledge of the structural behaviour.

Mechanical properties of ancient masonry are highly uncertain. This means that every stage of mechanical characterization, from sensing system design and location to model updating, should be robust. Robustness against local property changes and spatial scattering requires distributed sensing and appropriate data mining and data fusion techniques, allowing reduction of data redundancy and saving only useful information.

The structural health monitoring of historical structures includes the following aspects:

- choice of inspection techniques
- design of signal acquisition procedures and sensor choice
- optimization of the location of measurement points so that the automatic monitoring system is sensitive to possible damage and defects

- acquisition and elaboration of the experimental data
- system identification and symptom-based diagnosis
- linear and non-linear numerical modelling, model updating and safety evaluation.

It is also important that the set of experimental data and the results produced, be organized in standard formats and structures to be inserted in a common database, according to European and international standards, in order to be easily accessible and manageable.

13.2 Inspection techniques

Ancient masonry structures show widely uncertain mechanical properties for the following reasons:

- local irregularities of geometry and internal masonry texture are not always visible; they can involve lack of material continuity, hidden empty volumes, walls roughly filled by debris
- attitude to modify in time the behavioural scheme, from monolithic elastic to cinematically articulated sets of rigid elements
- out-of plane rotation of originally vertical walls, laterally loaded by vaults, arches or roofs
- local variability of the material strength and stiffness, due to original defects or electro-chemical degradation
- distribution of cracks, subject to thermal path (seasonal width oscillation with basic trend to increase continuously, due to accumulated debris inside the crack)
- effects of past, non-documented damage and repairs, architectural changes, local manipulations.

Inspections, by means of endoscopes, thermographs, radar, metal detectors; physical measures, via sonic tomography; or geometric measures, by photogrammetry, or other available technologies, can be successfully used to improve the knowledge level and to reduce uncertainties. False colour images and spectrometry can reveal chemical degradation. All those observations and measures supply local information, generally not automatically extendable to the whole structure. They should be repeated wherever, in the structure, better information is required but the limitations of the budget reduce the number of locations where such controls can be done. The result is a spot knowledge, which cannot be assumed as representative of the whole construction body.

Destructive testing, on samples extracted from the structure, could give reliable evaluations of the bearing capacity and ultimate strength but these are usually not allowed in historical constructions. In some cases extractions are allowed but only in very few locations, so the experimental results are only locally significant and not statistically relevant. Sometimes spare bricks or stones are collected from the real structure and assembled in laboratory by means of a new-cast mortar. In this case the bearing capacity is strongly influenced by the quality of mortar, so destructive testing on such reconstructed samples may prove unrealistic.

We conclude that each knowledge source is poor, therefore it is necessary to use as many as possible different sources. Besides, local inspections should be integrated with dynamic testing, which supplies information about the whole-body behaviour. Actually, local defects and irregularities are often hidden and their influence on the whole-body response is negligible or not clear. Nevertheless dynamic testing can be very helpful to extend the outcomes of the local inspections and measures to the whole structure. It is important to notice that strongly excited dynamic tests are not always possible or not authorized, especially in case of monumental structures, due to the concern for possible artificially induced damages. Therefore low energy dynamic tests are to be used, which are useful to detect original hidden defects and anomalous distributions of material and mechanical properties but do not supply significant information on the collapse mechanism and residual strength and safety. Moreover, if the monitoring system is permanently on-line, the dynamic response can point out changes in the mechanical properties in time correlated with the evolution of damages, degradation and local failures.

A fundamental problem of damage-oriented monitoring is that it can substitute or conveniently integrate traditional inspection methods only when there is the reasonable certainty that the automatic measurement and diagnosis systems making the structure 'smart' are effectively capable of revealing all the more relevant conditions of severe expected and possible damage. It is therefore necessary to face the problem of diagnostic monitoring in a more systematic and strategic way. In other words, a sort of 'Copernican revolution' is needed to focus on the damage scenarios, hinging around them the choice of the investigation methods and the automatic observation systems.

13.2.1 Symptoms and damage

Speaking of ancient structures, we have to take into account that the structural geometry could be rough from the construction time, there are many local hidden defects, the material properties are uncertain and variable from point to point with large scatter. Defects due to the construction phase are sometimes very important and dramatically reduce structural safety. Other defects and damage can arise during service life, due to different concurring causes: material quality degradation, environmental injuries, inaccurate human interventions and modifications of the structural body. Sometimes the global mechanical behaviour itself changes due to the propagation of large cracks, cinematic configuration modifications, out of plane rotation of walls, formation of hinges in arches and vaults.

All the above-mentioned scenarios generate symptoms of a different nature. The fact that those symptoms more likely come from a distributed and large set of local irregularities, rather than from localized damage, makes the setting of a reference model unavoidable. Local testing, modal identification, non-linearity detection and assessment and stochastic model-updating can supply an image of the distribution in the structure of the local distances between the model-based behaviour prediction and the actually observed one. That result gives suggestions of how to improve the local surveys and inspections in a more detailed scale.

Identifying damage scenarios and their probability of occurrence requires existing bases of knowledge to be explored whenever available, and/or realistic simulations, capable of relating each possible scenario to the severity of its consequences and the meaningfulness of its symptoms. Permanent monitoring systems point out the symptoms. It is therefore necessary to evaluate how sensible each symptom is with respect to the damage which produces it and to its severity. Besides it is important to find out which type of sensor is more suitable to point out that symptom and what characteristics it should have in terms of sensitivity and resolution power. This approach should make structural monitoring reliable and avoid the risk of searching for irrelevant symptoms while neglecting the more relevant ones.

13.2.2 Sensor networks and data mining

The preliminary risk analysis, constituting a priority list of the expected damage and structural problems, is useful to select in rational way the kind of information needed and to design the most effective sensor networks. If a reliable knowledge base is not available, numerical analyses by means of realistic finite element models can be very helpful.

Anyway, effective structural health monitoring requires distributed sensing capability and data collection redundant in space and time. Distributed sensing is possible, if many low-cost sensors are available. The resulting large amount of data to handle implies the necessity of efficient techniques to select, pack and compact them. A well-organized sensor networks architecture is also necessary.

Low-cost sensors can be realized in three main ways:

- by adapting sensors already in use in different domains and produced in large volumes
- by applying low-cost technologies
- by importing basic technology from other applications largely diffused, such as telecommunication and computing.

Recent technological progresses in micro-electro-mechanical systems (MEMS), wireless communications and digital electronics have allowed the development of small multifunctional low power and low cost devices, which are able to find perceptions, elaborate data and communicate to each other. Data mining techniques allow exploration of a large amount of data and extraction of significant information for decision making actions, required to find and recognize previous links, common characters and properties, patterns and repeated sequences hidden inside the data.

13.3 Dynamic testing of ancient masonry buildings

Historical ancient masonry structures are, in general, very stiff. So the applicability of dynamic testing to these types of structure should be checked case by case. Owing to the stiffness and mass distribution properties, more local and global modes are often concentrated in a narrow frequency band. As a result, the response is confused and its analysis is hard. Moreover, non-linear behaviour, observable in ancient masonry even at low strain levels, can introduce spurious spectral peaks, adding further disturbances to the analysis process.

These aspects raise important considerations about the possibility to investigate whether the sensitivity of modal parameters obtained from identification is sufficient to allow damage detection. One may expect that the actual existence of a crack would cause a number of symptoms that are small if considered singularly, but significant as a whole. Modal frequency and shape deviations are frequent features, but one can also find unexpected irregularity and dissymmetry in the global dynamic behaviour, appearance of new vibration modes, damping growth and local dissipative behaviour and non-linear effects.

Dynamic testing can be used not only, and not mainly, to obtain a modal characterization, but also to check and evaluate the statistical parameters of the recorded response signals, supplying quantitative information.

Every irregular or unexpected property of the dynamic response can reveal a 'symptom' of structural disease. The presence of several small symptoms might make a direct and deterministic interpretation very hard. An alternative approach can be supplied by 'pattern recognition' and neural techniques. Other methods are those founded on updating numerical models, where model correction is based on the results of a previous structural identification (model updating techniques).

13.3.1 Temporary and permanent arrays

Temporary arrays are generally used for dynamic characterization of structures, which can be excited by means of ambient or forced vibrations. The latter can be obtained by means of a vibrodine, impulse loading, explosions, etc. In this case velocimeters are to be preferred for the following reasons: (i) sensors must be just placed on an horizontal surface, so their deployment is often easier; (ii) velocimeters are more sensitive than accelerometers, so vibrations of very low amplitude, such as ambient vibrations, can also be recorded.

Accelerometric sensors, which have to be fixed at the structure, are to be preferred in the cases of: (i) strong motion recording, due to their larger full scale value; (ii) long-term monitoring of structures. Obviously, for fixed instrumentation the choice of the locations of sensors and the routes for the cables is influenced very much by: (i) the interference of the instrumentation with the normal use of the building and the optimization of the routes of the cables; (ii) the accessibility of the locations, which must allow the safe installation of sensors. These problems can often be ignored for temporary arrays.

The experimental study of a structure should be organized in two steps: (i) the dynamic characterization should first be performed, in order to have a first glance at the dynamic properties of the structure, such as resonance frequencies, modal shapes and damping; sensors should be temporarily deployed in different configuration in order to define their optimum deployment; (ii) then the permanent array is designed on the basis of the experimental results obtained from the temporary deployment. A numerical model should accompany both the experimental phases.

13.3.2 Structural identification

Many effective techniques are now available for structural identification, which include interesting proposals devoted to elastic or hysteretic non-linear mechanical identification, but it is still hard to apply these techniques to large and complex structural systems. Therefore we focus our attention on linear identification approaches. Moreover, output only techniques are generally preferable due to the vulnerability of most of the ancient structures to any high energy artificial dynamic excitation source.

Time-domain and frequency domain methods generally require the assumption that the modal parameters are not evolving versus time and vibration amplitude and that the input is at least weakly stationary. In civil engineering domain, the excitation, e.g. the action of the wind on a tower, or the dynamic force transmitted by a vehicle to a viaduct, is generally non-stationary. Consequently the structural response is changing and with it the energy spectrum along the time. Modes act as a set of filters making the spectral energy variations smooth and gradual, so that the response can be interpreted as a sum of modulated harmonics concentrated at the modal frequencies. These considerations prompted a proposal for adaptive and robust identification methods, to handle these types of non-stationary excitation, which are based on special amplitude and phase estimators defined in the time-frequency domain (time-frequency instantaneous estimators). The advantage of this method is that the identification process is based only on the properties of the modal signals, that are dealt with as modulated harmonics. Deviations in modal parameters may reflect changes and evolutions in local mechanical properties.

All direct structural identification techniques retain the problem of incompleteness. They can be used to build-up functional black-box models for modal parameter estimation. It is generally more meaningful to associate these techniques with finite elements models in automatic model updating procedures.

13.3.3 Model-based monitoring and model updating

There are multiple reasons connected to the creation of a reliable model: to have an exhaustive image of the structural health, to be able to do anticipations and risk analysis in relationship to future interventions or to optimize the project, monitoring the effects in time. In reality the achievement of any one of these goals is hindered by the nature of the problem itself. At first, the problem can not have a unique solution because it is an inverse problem: from data of the real structural response we try to create a model able to reproduce them at best. Furthermore we must consider that the presence of errors, which derive from different sources, contributes to increase the level of the solution uncertainty.

The 'model-based monitoring' is generally intended as 'model updating', i.e. the adjustment of a numerical model describing the structure on the basis of experimental records. The elements of ambiguity and uncertainty mentioned above are basics and can not be neglected during the development of an updating method. For this reason deterministic approaches are not suitable and stochastic techniques must be considered. The word 'model' can have different meanings, but in the most common use it identifies a finite element model. A very large amount of research has been devoted to improving and making the model updating procedures more reliable; recently more or less effective tools to improve accuracy and stability have been made available. Nevertheless, all the procedures involve the solution of an inverse problem that is usually ill-conditioned. Moreover, the lack of completeness of experimental data with respect to the number of degrees of freedom of the numerical model can cause difficulties and uncertainties in reconstructing the local mechanical parameters of the assessed structure.

In the particular case study shown later, the Holy Shroud Chapel, a 'multiple-model method', has been considered, which is able to generate and evaluate multiple models for the considered structure. The philosophy at the base is that the output is not an unique model with a behaviour that best fits experimental data, but it is constituted by a set of models with common characteristics.

The process of searching and defining groups includes three phases:

- Creation of a certain number of initial models characterized by different values of chosen parameters.
- Selection of models that are able to represent the system with a good accuracy through the use of a penalization function.
- Analysis of model properties and their subdivision in groups using data mining techniques.

This probabilistic approach, just summarized above, has been applied to the case of the Holy Shroud Chapel and will find a more accurate explanation in the following sections. The multi-model approaches are an alternative choice, with some important advantages and some critical points. The authors adopted, with some minor adaptations, a procedure elaborated and proposed in Lausanne by I. F. C. Smith (Smith, 2005).

It follows a compact description of the procedure:

- PHASE 1: the direct model generation phase
  PHASE 1 is based on a set of four hierarchically encased loops constituting altogether the iterative Probabilistic Global Search Lausanne (PGSL) process.
  - *Starting up and first step*: the first model generation
    - Each model is a point in RN Input Variables Space (N floating variable input parameters); a set of M points are randomly generated.
    - Each point has the same joint probability density.
    - The range of each coordinate of each point is divided into p equal intervals with the same probability.
  - *Second step*: adaptive probabilistic new models generation. The conceptual core is consistent with the following principle: SEARCH FOR A BETTER MODEL NEAR TO A GOOD ONE.
    - Extract the best model among the first generation (target function minimum).
    - Increase the probability density in the range interval of each coordinate about the point representing the best model; decrease the probability density in the other intervals, as much as the distance from the best point is large.
  - *Third step*: refining the search and generating new models
    - The ranges of the coordinate variable values with the highest probability density are divided into equal sub-intervals.
    - Probability density distribution is refined.

   - New model generation is driven by the updated probability distribution.
   - Reaching pre-defined criteria will stop the iterative process.

- PHASE 2: evaluating and selecting models
  - *Step 1*: preliminary filtering:
    - All models exceeding a 'penalty' threshold defined on base of target and additional constraints.
  - *Step 2*: reducing the size of models and problem:
    - Principal components search (through SVD) on linear combinations of the input parameters allows the reduction in size of the space in which the models are described.
    - The influence of the input parameters on the target function can be assessed by a few principal components.
  - *Step 3:* reducing the number of models.
    - Clustering (K-means technique) makes it possible to collect the surviving models into groups (see Fig. 13.1).
    - Models are associated to the cluster having the centroid at the minimum Euclidean distance.
    - Due to the association of a new model, the centroid location evolves gradually.

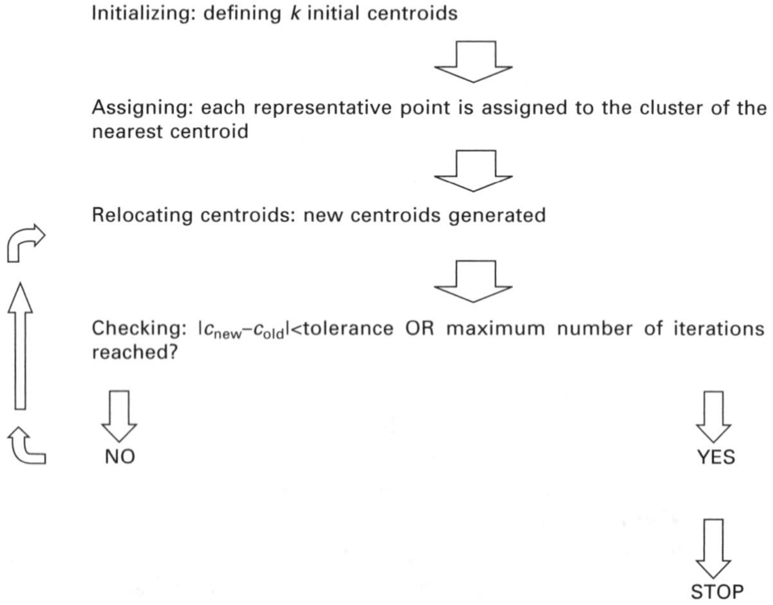

13.1 Flow chart of the clustering process.

A reduced number of models defined by a few significant parameters are now suitable for selection. The selection is based on the minimum quadratic error in the objective function. It is important to stress-out that this kind of philosophy is based on the choice of the best fitting solution among many generated randomly by direct simulation. In such a way the trap of the ill-conditioned nature of inverse approaches is avoided. It is a great advantage of that kind of approach. All the models generated and compared for selection have and save during the procedure exploitation a clear and unambiguous physical and mechanical information content. The method is robust given that the initial choice of damage scenarios is correct and sufficiently exhaustive, although it is not able to resolve the ambiguities that intrinsically exist in the real problem. The critical aspect is related to the possibility of neglecting the generation of the potentially best fitting model due to a poor definition of the basic set of reference models (one or few), from which the other models are produced by random perturbations of the mechanical properties.

13.3.4 Symptom-based monitoring, real and virtual knowledge bases

The practice in structural diagnostics proposes a basic problem: damage-oriented monitoring is an eligible choice for the maintenance management of the on-line active measurement and observation systems, making a 'smart' structure can effectively detect in advance all the most dangerous damages and structural safety losses. It is not a trivial problem. It is necessary to face the problem of diagnostic monitoring in a more systematic and strategic way. An effective procedure should start from the analysis of damage scenarios, in which all main expected damage is evaluated on the basis of its potential impact and probability of occurrence. Consequently then comes the choice of the investigation methods and the automatic observation systems. The procedure requires existing bases of knowledge to be explored whenever available, and/or simulations, relating each possible damage scenario to the severity of its consequences and the meaningfulness of its symptoms. Permanent monitoring systems are, as a matter of fact, symptom measuring systems. Symptoms can be regarded as evolutionary and sudden changes in observable qualitative properties and/or measurable responses. It is therefore necessary to evaluate how sensible each symptom is with respect to the damage which produces it and to its severity, and which type of sensor is more adequate to reveal that symptom and how large its sensitivity and its resolution must be. The importance of this type of approach resides in attributing reliability to the structural monitoring, avoiding the risk of searching for irrelevant symptoms while neglecting more relevant ones.

Damage scenarios produce a symptom observation matrix (Cempel, 2003). The damage state is identified by the index $\boldsymbol{y}_i$:

$$y_i \Rightarrow \boldsymbol{\beta}_i^T \qquad 13.1$$

where $\boldsymbol{\beta}_i\,[\boldsymbol{1}, \boldsymbol{m}]$ is a row matrix including $\boldsymbol{m}$ symptoms of the $\boldsymbol{i}$th damage condition, i.e. $\boldsymbol{m}$ parameters, functions or qualitative attributes that mark, with unknown sensitivity, the damage condition itself.

If $\boldsymbol{q}$ damage scenarios are extracted from real experience and knowledge bases then:

$$\boldsymbol{Y}[\boldsymbol{q}, 1] \Rightarrow \boldsymbol{S}[\boldsymbol{q}, \boldsymbol{m}] + \boldsymbol{E}[\boldsymbol{q}, \boldsymbol{m}] \qquad 13.2$$

where:

- $\boldsymbol{Y}[\boldsymbol{q}, 1]$ is the damage indexes vector associated with the whole set of damage scenarios;
- $\boldsymbol{S}\,[\boldsymbol{q}, \boldsymbol{m}]$ is the symptom observation matrix associated with the whole set of damage scenarios. Each row is associated with a damage scenario; each column contains different outcomes of the same symptom;
- $\boldsymbol{E}\,[\boldsymbol{q}, \boldsymbol{m}]$ is a vector of random errors or random observation noises.

The error matrix $\boldsymbol{E}$ is due to the uncertainties and errors in measures and in the estimation of the structural mechanical properties. In the works of Cempel (2003) symptom-based SHM is applied to mechanical systems. Mechanical systems can be often grouped by type, class, or even production origin and large experimental data bases are in many cases available and accessible; it makes possible a symptom-based diagnostic with aid of a knowledge base only.

The size of the observation matrix, its multi-dimensional and multi-variate stochastic nature, non-linearities intrinsically included in the real damage-symptom causality and the randomness of measures and environmental conditions in which symptoms are extracted make it hard to solve the inverse problem. It is necessarily a problem size reduction. The master path goes through the principal component decomposition or proper orthogonal decomposition, that are in fact different definitions of the same technique, both being based on the singular value decomposition. The single value decomposition of the observation matrix, conveniently normalized and transformed, transforms a large multidimensional-non-orthogonal symptom space into an orthogonal generalized fault space of much reduced dimension. It enables maximizing the amount of condition-related information in the primary symptom observation matrix and redesign of the traditional condition monitoring system.

13.3.5 Towards the Bayesian structural fragility assessment: a link and contamination between model- and symptom-based methods

The symptom-based approach, as shown above, is a method born for assessment. Mechanical systems can be often grouped by type, class, or even production origin and large experimental data bases are in many cases available and accessible; it makes possible a symptom-based diagnostic with aid of knowledge base only.

Civil structures are generally non-standard, unique and non-constrained into types and classes. Data and knowledge bases are seldom available, so model-based damage state simulations are the only practical way to build-up a virtual knowledge base. If only a model based simulation is available, then the damage assessment using the symptom observation matrix can converge to the so-called 'multi-model approach' with some adaptations. Owing to uncertainties and errors, each damage state can generate virtually infinite symptom sets, ruled by an unknown probability distribution. If we use models and simulation, probabilistic procedures (including Monte Carlo search) allow generation of many structural models for each damage scenario by randomly perturbating material and mechanical properties; consequently, many sets of damage scenarios and symptom sets can arise. The final goal is to extract damage states and their probability given the observed symptoms. The most common pathway towards this kind of inverse conditional stochastic estimation goes through a Bayesian approach (Beck and Yuen, 2004). It is well known that Bayes stated his theorem based on binomial distributions and, later, its availability was generalized to a wide set of statistical distributions in the discrete, as well as continuous, random variables domain. We can start by remembering the formulation of the Bayes' theorem for discrete distributions.

Given a space S, let us consider a partition consisting of mutually exclusive ($A_i A_j = 0$, $i \neq j$) and exhaustive ($S = A_1 \cup A_2, \ldots \cup A_n$) events $A_1, A_2, \ldots, A_n$ and an arbitrary event B; since this event may occur together with A_1 or $A_2, \ldots, A_n$, the probability of the occurrence of event B is given by:

$$P(B) = P(A_1)P(B|A_1) + P(A_2)P(B|A_2) + \ldots + P(A_n)P(B|A_n)$$

$$= \sum_{j=1}^{n} P(B|A_j)\,P(A_j) \qquad 13.3$$

This formulation, known as 'absolute probability theorem', retains its validity even in the presence of an infinite number of events. A direct consequence of the conditional and absolute probability theorem is Bayes' theorem (Press, 1988):

$$P(A_i|B) = [P(B|A_i)P(A_i)/\left[\sum_{j=1}^{n} P(B|A_j)P(A_j)\right] \quad 13.4$$

Bayes' theorem is also known as theorem of the probability of causes, in that it makes it possible to determine the probability of events A_i having been the cause of the occurrence of event B. Bayes' theorem is used to convert an '*a priori*' probability estimate $P(A_i)$ into an '*a posteriori*' probability estimate $P(A_i|B)$ knowing the conditional probability $P(B|A_i)$: this theorem enables you to determine the conditional probability of event A_i given that event B has occurred. Multi-variate stochastic problems can be transformed, in many cases and more easily, into hierarchically conditioned mono-variate solutions.

13.4 The Holy Shroud Chapel in Turin (Italy)

13.4.1 Description, history and fire

The Holy Shroud Chapel in Turin is an outstanding baroque construction (Fig. 13.2), initially commissioned by Emanuele Filiberto di Savoia to Carlo di Castellamonte (1560–1641) to preserve the main relic of Christianity. Owing to the political turbulence of those years, the task of realizing the work was assigned to several architects and the original design suffered continuous changes. Only in 1666 were works commissioned to Guarino

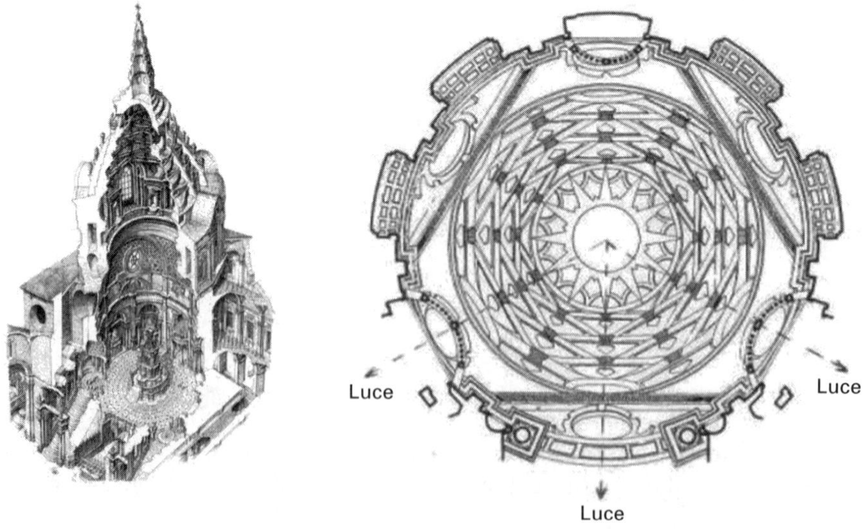

13.2 Section and view of the dome from below.

Guarini (1624–1683), who built the Chapel from 1667 to 1694, with the wonderful look we can still see nowadays.

The recent history of the Holy Shroud Chapel has been marked by a tragic event, which happened in 1997 during the execution of restoration works inside the structure. In fact, a big fire burnt and seriously damaged the building, producing incalculable economic and artistic loss.

After the fire, the Supervisor for Architectonic Assets committed the project for a general experimental campaign on materials and structure and a dynamic test programme to the Politecnico of Torino. The same governmental office appointed the Politecnico di Torino and the University of Kassel to the tasks of numerical model refinement and experimental model updating.

13.4.2 Experimental campaign on materials and structure

In order to collect the data for the design of the structural rehabilitation of the Holy Shroud Chapel, an extensive campaign of *in situ* investigations was performed. The investigations aimed to achieve a deep knowledge of the structural morphology of the building (geometry, marble and masonry organization, position of metal ties, etc.), to measure the actual stresses in structurally significant zones and to determine the mechanical properties of materials and of the soil. The deterioration of the marble surface due to the fire was also investigated by means of specific tests. The structural morphology was investigated by a topographic survey and a number of borings in the masonry, most of which extended to the full thickness. Both the visual examination of the extracted cores and the camera survey in the hole allowed to ascertain the marble and masonry layers and the fabric of the masonry. The investigation included the research of the hidden arches, removing the plaster in some non-visible zones in the passageway beneath the loggia; as a result, a number of arches were detected hidden in the masonry, so that the insertion of arches within the fabric of the masonry appears almost as the application of Guarini's structural rule of thumb. On the basis of the investigations of the structural morphology, a 3D computer geometrical model of the entire building was prepared, detailing the organization of the marble and masonry parts and the position of arches and metal ties. The actual stress in the masonry was measured in a number of structurally significant positions by means of flat jacks technique. Very flexible flat jacks were used in order to have good accuracy also in case of non-regular surfaces. The results showed high compression stresses in the basement walls (higher than 1 MPa, very close to the compression strength of the wall equal to 1.4 MPa) and a situation of strong bending in the pilasters of the drum due to the outward displacement caused by the collapse of the system of ties of the dome during the fire.

The mechanical properties of the materials were measured both in laboratory, on samples cut from cores or extracted on purpose from the masonry, and on site, using cross-hole ultrasonic measures in the holes of cores and double flat jacks tests. The results showed the poor properties of the basement masonry and the better quality of Guarini's masonry in the upper part of the building. Tests performed on the marble showed that, apart from the first 50–60 mm from the surface, chemically modified by the heat, the compression strength was quite high, about 90 MPa.

However the most important result came from an attempt to remove a marble element from an arch of the dome. In fact, the element was found to be affected by a complete system of randomly oriented cracks. Such cracks spread in the whole thickness of the marble and probably derived from the stresses induced by the restrained thermal deformations; they seriously reduce the load carrying capacity of the material, in spite of the quite high local compression strength.

This result was confirmed afterwards by extensive sonic tomography tests that showed that such unfavourable situation affects almost all the marble structural elements (columns, arches, etc.). Taking into account this evidence, the structural rehabilitation design also considered the reconstruction of the structurally most important parts of the building with new marble elements, produced in the same shape as the original ones.

13.4.3 Dynamic tests

Several dynamic tests were carried out on the dome of Holy Shroud Chapel, by C.E.S.I. Company. Four different exciting actions were considered to generate the vibrations:

- environmental excitation (traffic, wind, micro-quakes)
- impulsive excitation produced by hammering
- impulsive excitation caused by a sphere dropped to the ground near the foot of the building
- wind turbulence produced by a helicopter of the fire-police flying around the dome top.

Twenty-five accelerometers were used and deployed on six different levels, located following an optimal plan suggested by M. Link. Each transducer measured the response of the structure along three different orthogonal directions: radial, vertical and horizontal normal to radius. The signals that were obtained in this way were used to perform the structural identification of the dome. The signal processing procedures were applied to the records as they were acquired, in the cylindrical reference system, and also to their transformed components in a Cartesian orthogonal reference system. We report sensors location in detail:

- n.1 measurement point (At0) next to the impact point of a beating mass n.3 accelerometers ENDEVCO have been applied;
- n.3 measurement points (At1, At2, At3) at the height of Duomo's floor; n.9 seismometers TELEDYNE have been applied;
- n.3 measurement points (B17At1, C17At1, E17At1) at the height of chapel's floor; n.9 accelerometers have been applied;
- n.4 measurement points (A14At1, C14At1, D14At1, F14At1) at the height of +19.30 m; n.12 seismometers TELEDYNE have been applied;
- n.4 measurement points (A13At1, A13At2, C13At1, C13At2) at the height of +27.00 m; n.12 accelerometers CFX have been applied;
- n.6 measurement points (B11At2, C11At1, C11At2, E11At2, F11At1, F11At2) at the height of +32.00 m; n.18 accelerometers CFX have been applied;
- n.4 measurement points (BC7At1, CD5At1, EF7At1, AF5At1); n.12 accelerometers CFX have been applied.

13.4.4 Modal identification

The identification of the structure was achieved using the TFIE (time frequency instantaneous estimators) method. The estimators actually show every time step the Amplitude ratio and Phase ratio between two channels versus frequency:

$$AR\,(t,f) = \sqrt{\frac{D_{s_i}\,(t,f)}{D_{s_j}\,(t,f)}} \qquad 13.5$$

$$PH\,(t,f) = \text{phase}\,\{D_{s_i,\,s_j}\,(t,f)\} \qquad 13.6$$

with $D_{s_i,\,s_j}\,(t,f)$ and $D_{s_i}\,(t,f)$ auto and cross bi-linear transforms in time–frequency domain.

At the modal frequency the phase difference in (Eq. 13.6) become nearly constant in time and its standard deviation along the time axis approaches zero if the noise level is low. Anyway a downward peak in the standard deviation of the phase difference process, plotted versus frequency, marks an expected modal frequency. If it is true, the *AR* of Eq. (13.6) computed at that frequency remains nearly constant versus time, too, and marks the amplitude ratio of a modal shape.

The TFIE method has been applied to several different sets of signals, generated by the different types of exciting actions (Figs 13.3 and 13.4). Modal frequencies were identified using all the consistent signal pairs in all the combinations of the following sampling parameters:

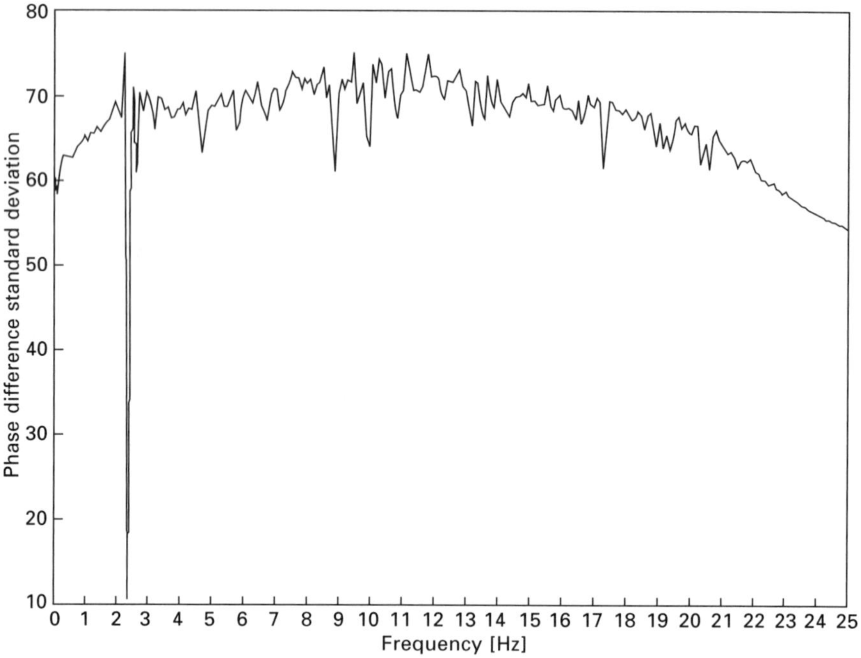

13.3 PDSD dir. x (50 pts/s, 10.24 s); f_1 = 2.344 Hz.

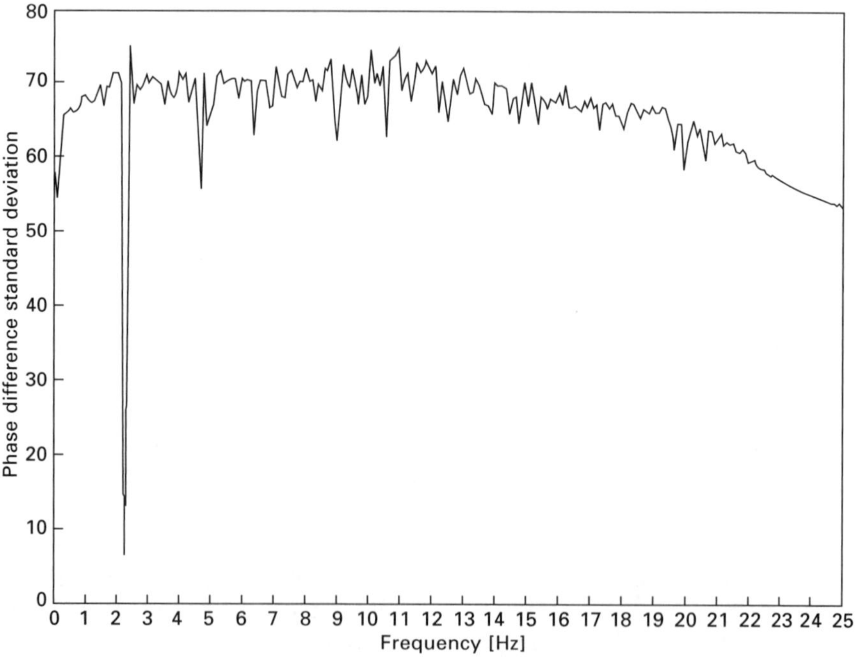

13.4 PDSD dir. y (50 pts/s, 10.24 s); f_1 = 2.246 Hz.

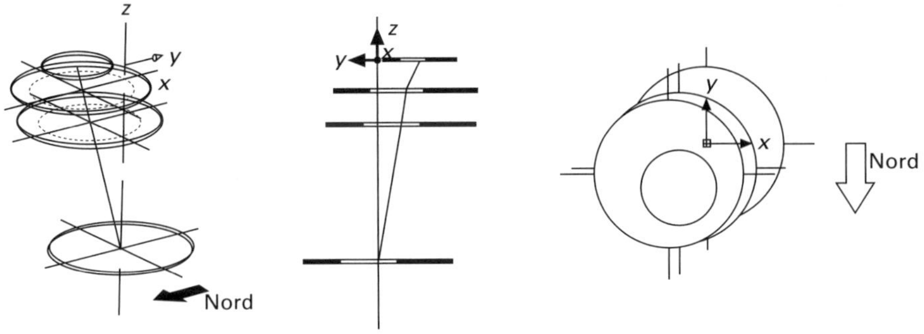

13.5 First mode shape (bending).

- sampling frequency: 25 or 50 pts/s
- length of the signal: 256 or 512 pts.

The TFIE diagrams computed from signals with identical sampling frequencies and lengths were averaged. By selecting effectively the coordinate reference system and the record set the downward peaks marking modal frequencies are clearly visible. Applying the TFIE analysis to the x oriented signal components in a Cartesian reference system one can easily reconstruct the modal shape projection on the x-z plane, where z is the vertical axis. In general it results convenient to use signals in cylindrical coordinates to identify modes where the torsion is prevailing whilst Cartesian coordinates work better to extract modal shapes with prevailing translation.

The records obtained under the excitation of the dropped sphere, with sampling rate of 25 pts/s and length of 1024 pts, supplied the best results. In this way it was possible to resolve two modes very close to each other at $f_1 = 2.246$ Hz and $f_2 = 2.311$ Hz.

The identification of the modal shapes was done using the same data pairs and sampling conditions which allowed the best results in the frequency search. The first flexional shape is directed in NE-SW direction (Fig. 13.5), the second in NW-SE direction (Fig. 13.6).

13.4.5 The Stochastic model updating

Generation of a finite element model of the Holy Shroud chapel has represented the starting point for application of automatic model updating procedures. For this purpose, software has been developed that is able to generate and evaluate multiple models for the considered structure, implementing the previously described PGSL procedure. The first operation for the updating consists on the choice of the quantities for the comparison between the model and the real data and the selection of parameters to update. In the case study, the first

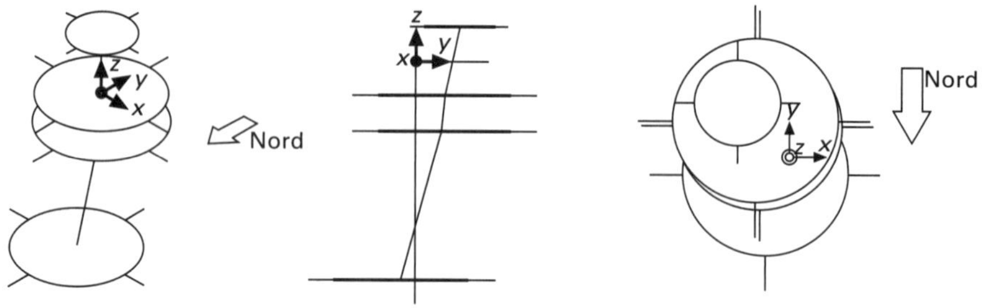

13.6 Second mode shape (bending).

five modal frequencies have been considered and a board function between the identified values and the computed ones has been calculated. The result has been completed with an estimation of the error in the prediction of the corresponding modal shapes.

The choice of parameters is based on the definition of different zones which define a structural component. Each zone is supposed to be composed of elements with the same material, whose parameters considered for analysis are values of the elastic modula and stiffness.

In order to reduce the number of variables, because of high computational weight and difficulties about result reliability, a sensitivity analysis has been performed. The most influential parameters on the observed quantities have been selected and the ones which lightly influence the model are neglected. Remaining parameters have been treated as constants.

Once we have found the two sets of parameters, the first containing structural properties and the second including tests outcomes and model information, the multi-model stochastic updating algorithm can be introduced. The adopted method tries to explore the space of solutions described by sensitive parameters chosen before through an iterative procedure generating a great number of models whose variables are extracted by an initial uniform distribution.

The process followed later is the one shortly described at Section 13.3.3. Each operation done by the algorithm is managed by specific parameters (number of iterations to do at each cycle, coefficient for the refreshing of probability distribution or the space structure) which have to be chosen carefully because some of them influence the solution stability.

New generated models, stored in each iteration of the inner cycle, are then submitted to a filtering operation: a penalization function (which generally represents the deviation between the modal properties identified for the structure and model calculated ones) is compared to a threshold. All the exceeding models are rejected. The most delicate aspect of this phase is the definition of the penalization criterion: it depends on the targets and, at the same time, it influences threshold choice. For example, in the case of the cupola, since the models obtained trough the PGSL and the function of average error presented excellent properties in reproduction of frequencies of four mode shapes, while one mode had a more elevated error, we decided to operate a filter using the maximum and the average relative errors committed, in order to eliminate those with unacceptable values.

At this point, it is useful to reduce the number of parameters used for the updating process in order to allow a graphic representation of the set of considered points, that otherwise leads to many difficulties in results interpretation. Using techniques to reduce data dimensions, it is possible to combine the variables in order that the number of necessary quantities is fewer than the original one: in this way all problem's variables are preserved and each one contributes to represent the actual state. One of the most powerful techniques of feature extraction is principal component analysis. The central idea is to reduce the size of the data set using linear combination of parameters which preserves the greater part of differences between the elements of the analyzed set. New variables, the principal components, are the coordinates in vector space defined by the eigenvectors of the covariance matrix of the combination coefficients. Data representation in the principal component system corresponds to a change in referring system: in this way, the new system has the same dimension of the previous one but the data projection on a restricted number of axes doesn't lead to losing information.

Another data mining technique has been applied to cluster the data set expressed in the new reduced dimension. A well-known group of clustering methods is the *k*-means group: its components are all characterized by subdivision in *k* subset, each one represented by a centre, in order to create as much as possible inside compact groups, distant each other. Since the solution obtained in this way is strongly conditioned by *k* value, which is defined by the user, and initial centres configuration, the base algorithm was inserted inside an external iterative structure, finalized to search the optimum *k* value. In Fig. 13.7 the result of exertion of two described data mining techniques is represented: the centre points of groups, traced in a bigger dimension to be distinguished and exported to the original referring system (described by updating parameters) are the method outputs. The numeric values obtained for the class representative parameters are shown in Table 13.1.

The results obtained using the multiple model method could be considered good, although they need deeper study and integration. Properly choosing the parameters values, it was possible to obtain good results in estimation of modal frequencies for four of five considered modes. Some problems affect the second mode, for which the difference between identified values and the numerically calculated values is higher than for other modes, although a big reduction in errors in respect of the starting model occurs.

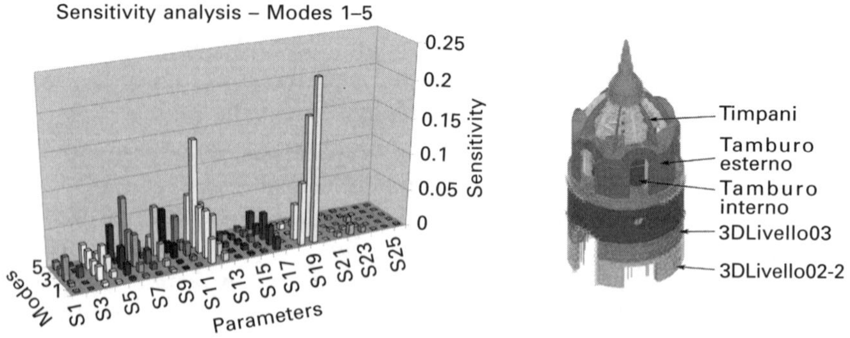

13.7 Sensitivity parameters analysis and FE model.

Table 13.1 Representative parameters for the selected models (N/m^2)

	E_6	E_11	E_12	E_18	E_19
M_1	2.9198E+09	1.2856E+09	2.8375E+09	2.1315E+09	1.9101E+09
M_2	2.4771E+09	1.2784E+09	2.8678E+09	2.0446E+09	1.9227E+09
M_3	2.4321E+09	1.2994E+09	2.6620E+09	2.0407E+09	1.9104E+09
M_4	2.1573E+09	1.2910E+09	2.8273E+09	2.0999E+09	1.9362E+09
M_5	2.5294E+09	1.3252E+09	2.8745E+09	2.4956E+09	1.9514E+09

13.5 Conclusions

The adopted method results are quite simple and characterized by several application opportunities; the original software needs further improvement to be able to handle different data. However, the realized part represents a good starting point for future upgrades. The adopted multi-model approach followed without significant changes from the one proposed in Lausanne, but the contamination with the symptom-based methods and Bayesian estimations should be explored in order to improve the performance and to treat problems affected by strong uncertainties. An effective diagnostic approach requires a consistent partition into local substructures. It allows detection of local irregularities and selection of where to explore deeper with any kind of useful sensing device and inspection tool. Following the leading idea to go towards a full on-line monitoring, a class of problems still remains not covered by reliable sensing systems. It is the class of damage caused by degradation and chemical modification of construction materials. An effort should be devoted to give some credible answers.

The general trend of structural monitoring technologies, anyway, is going towards a really distributed sensing, no more by means of many small low cost sensors but by means of smart sensing surfaces or volume extended devices.

The distributed measuring system can prove to be redundant somewhere, not redundant where singularities, defects, failures and local discontinuities exist. The treatment of redundancy can be activated only '*a posteriori*' using appropriate data mining and data fusion techniques.

It is too early to understand if this kind of evolution will be of interest for the ancient architectural heritage and when. The author is confident that it will happen, quite soon. Anyway, whatever can be the future context, the on-line monitoring challenge is to make on-line monitoring a really reliable diagnostic support to replace step-by-step visual inspection. Only in that case it will become a default resource for maintenance managers.

13.6 Acknowledgments

The authors acknowledge Dr. Turetta, Dr. Pernice, Dr. Macera and the *Soprintendenza per i Beni Architettonici e per il Paesaggio del Piemonte* for having supported his work and authorized the access to sensible documents and data. Special thanks are due also to Dr. D. Enrione, Dr. L. M. Giacosa and to all the components the staff of the Earthquake and Dynamics Research Group for their very useful cooperation.

13.7 References and bibliography

Beck J.L., Yuen K.-V. (2004). 'Model Selection using Response Measurements: Bayesian probabilistic approach', *Journal of Engineering Mechanics, ASCE*, V. 130, pp. 192–203.

Buffarini G., Clemente P., Rinaldis D. (1996). 'Vibration test of an old masonry building'. In Augusti G. *et al.* (eds) *Structural Dynamics – Eurodyn'96, Balkema (for EASD)*, Rotterdam, Vol. 2, pp. 825–832.

Cempel C. (2003). 'Multidimensional Condition Monitoring of Mechanical Systems in Operation', *Mechanical Systems and Signal Processing*, Volume 17, Number 6, pp. 1291–1303(13).

Clemente P., Bongiovanni G., Buffarini G. (2002). '*Experimental analysis of the seismic behaviour of a cracked masonry structure*', Proc., 12th European Conference on Earthquake Engineering, London, Sept. 9–13, Paper No. 104.

Clemente P., Rinaldis D., Bongiovanni G. (1994). 'Dynamic characteristics of a non-aseismic masonry building'. In Davidovici V. & Benedetti D. (eds) *Strengthening and Repair of Structures in Seismic Area*, OUEST éDITIONS (for AFPS-ANIDIS), Nantes, 243–252.

Clemente P., Rinaldis D. (2005). 'Design of temporary and permanent arrays to assess dynamic parameters in historical and monumental buildings'. In Ansari F. (ed), *Sensing Issues in Civil Structural Health Monitoring*, Springer, 107-116, ISBN I-4020-3660-4 (HB), ISBN I-4020-3661-4 (e-book), ISBN 978-I-4020-3660-6 (HB), ISBN 978-I-4020-3661-3 (e-book).

Press, S. J. (1988), '*Bayesian Statistics: Principles, Models and Appllications*'. John Wiley & Sons, USA.

Rinaldis D., Çelebi M., Buffarini G., Clemente P. (2004). '*Dynamic response and seismic vulnerability of an historical building in Italy*', Proc., 12 World Conference on Earthquake Engineering, Vancouver, Aug. 1-6, Paper No. 3211.

Smith I.F.C. (2005). '*Multi-Model Interpretation of Measurement Data with Errors*' CANSMART, RMC, Canada, 2005, pp 13–22

14
Structural health monitoring research in Europe: trends and applications

W R HABEL, BAM Federal Institute for Materials Research and Testing, Germany

Abstract: Structural health monitoring plays an important role in Europe. New structures are equipped with integrated sensor systems already during construction, existing structures are increasingly upgraded with monitoring systems to get on-line information about the state of the structure as well as the load history. A number of activities are being carried out, new projects are in the pipeline. There are several European projects which bring interdisciplinary experts together to develop new monitoring methods or to provide complex monitoring systems. This chapter gives an overview on outstanding European projects, on existing SHM networks and related events such as workshops and conferences. Main centres with SHM activities in research institutions, universities and companies in European countries are presented. A few highlighted monitoring systems developed for newly built structures (e.g. the main railway station in Berlin), for observation of safety-relevant structures (e.g. the Eder gravity dam in the German state of Hess) and to preserve architectural monuments when damage occurs (e.g. the Royal Villa in Monza in northern Italy or the San Vigilio church on Lake Lugano in Switzerland). Outlook and future trends in monitoring of European structures and a few notes on validation of monitoring systems close the chapter. Extensive research activities concerning intelligent textiles equipped with polymer optical fibre strain sensors for stabilising limited geotechnical areas as well as tiny fibre optic pH sensors to monitor the pH value of steel-reinforced concrete structures are addressed.

Key words: fibre optic sensors, monitoring, safety-relevant structures, durability, load history, crack monitoring, fibre sensor networks, workshops, research centres, pH sensing, intelligent textiles.

14.1 Structural health monitoring in Europe

In Europe, a number of structures – be it historical bridges, churches or palaces and monuments – are hundreds of years old. The structures are exposed to environmental and tectonic influences, and therefore require maintenance, inspection and often monitoring. But not only old building stock demands attention, newly built bold engineering structures designed for a service life of 100 years and more require continuous observation of how special influences damage or at least change the behaviour of the structure. One of the early challenging structural health monitoring (SHM) projects in Europe has been carried out at the Great Belt Link (Storebælt Bridge, Fig. 14.1) built from 1989 till 1998.[1]

14.1 The Great Belt Link between the Danish islands Fünen (Nyborg) and Seeland (Korsør).

14.2 Berlin Central railway station.

Because of the aggressive chloride containing seawater environment, the durability presumptions of the concrete quality had to be verified by using a monitoring technology. The Great Belt Link is monitored using a total number of 446 anode ladder-type corrosion sensors from a German company.

Another very recent comprehensively monitored bold structure is the Berlin Central railway station (Fig. 14.2). A short description is given in Section 14.4.2.

14.2 Survey of European structural health monitoring networks and events

14.2.1 SHM networks

The most active European network in the field of structural health monitoring is the SAMCO network (**S**tructural **A**ssessment, **M**onitoring and **Co**ntrol). This network (www.samco.org) spans the whole of Europe and joins construction companies, bridge-owners and managers, railway consultants, road authorities, equipment suppliers, monitoring experts, research institutions, housing authorities, regional and city governments and universities. It supports the transfer of knowledge and technology in the field of assessment, monitoring and control of structures of relevant civil and industrial interest, in particular the transportation infrastructure. The activities of the network are mostly related to bridges, buildings, power plants and industries under seismic and other environmental loads. The network has also established connections to the newly associated states of Eastern Europe. There were Test Members, Scientific Members and End User Members having different responsibilities within the network.

Originally established in October 2001 as a thematic network and funded by the European Commission until March 2006, after its termination, the SAMCO Association has newly been founded in the meantime with 85 registered participants from 25 countries from all over the world. According to the name SAMCO, the activities are focussed on assessment of the actual condition and the load capacity of the structure of buildings (structural assessment), on permanent condition supervision of buildings in order to maintain the load capacity and the usability (monitoring), and on supervision and control of the dynamic behaviour, like vibration (control). SAMCO enables transfer of knowledge and technology in theses fields, in particular for the transportation infrastructure, and stimulates further developments. It also focuses on technology management and the successful market introduction of new and innovative developments. End users profit from the transfer of novel technologies and know how, as well as from reference and demonstration projects. SAMCO also organises summer academies for improvement of the education situation, convinces conservative owners by demonstration projects and material, and compares the European knowledge, standards, technologies and testing techniques with non-European countries. There are intense contacts to other international networks and associations, e.g. the International Society for Structural Health Monitoring of Intelligent Infrastructure (ISHMII, www.ishmii.org).

Another international network was started in October 2007 as a joint research project entitled 'Consortium of Excellence in Advanced Sensors and their Applications'. It aims at innovations for structural health monitoring and is supported by the British Engineering and Physical Sciences Research Council

(EPSRC), and chaired by the City University of London. Eight European partners, City University London, Queen's University of Belfast, Imperial College London, University of Glasgow, Sengenia Ltd. Belfast (all UK), University of Limerick/Ireland, Kista Photonics Research Centre Stockholm/Sweden, Federal Institute for Materials Research and Testing (BAM) Berlin/Germany and one non-European partner, Nanyang Technological University Singapore, are joining. The objective of this Consortium of Excellence is to promote a synergy of the skills and expertise of key personnel in several research groups, and to create innovation.

14.2.2 Conferences and workshops

The European Workshop on Structural Health Monitoring (EWSHM) is a periodic event which is carried out every two years. The first EWSHM was held in Cachan near Paris/France in July 2002, the second one in Munich/Germany in July 2004 and the third one in Granada/Spain in July 2006. The last EWSHM was held in Kraków/Poland in July 2008. The fifth European Workshop on Structural Health Monitoring (EWSHM-2010) is scheduled for 29 June–2 July 2010 in Sorento, Italy. The workshops cover activities related to damage detection and evaluation in engineering structures, signal processing, sensor development, analytical techniques and experimental case studies. Among structural health monitoring, the EWSHM also addresses the various fields of research oriented towards the development of smart materials and structures.

Another periodic event where a number of experts in non-destructive testing methods come together is the European Conference on Non-destructive Testing (ECNDT). Starting in 1978 in Mainz/Germany, the conference is now held every four years. The last three were held in Copenhagen/Denmark (7th ECNDT in May 1998), in Barcelona/Spain (8th ECNDT in June 2002) and in Berlin (9th ECNDT in September 2006). Their methods and testing technologies provide a significant part of the experimental basis needed for structural health monitoring and assessment. The 10th European conference on NDT and technical diagnostics will take place in Moscow/Russia in June 2010.

There were and are some nationally organised events related to SHM for civil infrastructure. In April 2007 in Belfast/UK, a one-day workshop on non-destructive testing and monitoring of structures was combined with an international conference at the Queen's University of Belfast with the goal of discussing topics on advanced concrete technology, novel structural systems and innovative testing and monitoring methods (http://www.qub.ac.uk/concreteplatform). Another expert meeting is annually organised by the German Association for Experimental Stress Analysis (GESA) within the German Association of Engineers (VDI). One of the topics concerns monitoring aspects especially monitoring technologies for civil structures. The expert meetings in 2007, 2008 and 2009 were embedded in the SENSOR+TEST Fair in Nürnberg/Germany, the international trade fair for Sensorics, Measuring and Testing Technologies. The next GESA expert meeting in May 2010 will be embedded in the expert meeting 'Sensoren und Messsysteme' (Sensors and Measurement Systems), organized by the ITG Information Technology Society within the VDE Association for Electrical, Electronic & Information Technologies (www.vde.com/en).

14.3 Main centres with structural health monitoring activities in European countries

14.3.1 Scientific institutions

There are a number of scientific centres in Europe that are dealing with structural health monitoring. The most known are the Eidgenössische Materialprüfanstalt (EMPA) in Dübendorf/Switzerland, the Federal Institute for Materials Research and Testing (BAM) in Berlin/Germany, and the Laboratoire Central des Ponts et Chaussées (LCPC) in Paris/France. Basic research and development for SHM systems, not specifically dedicated to civil engineering, is done at selected institutes of the German Fraunhofer Gesellschaft (FhG), e.g. in the Fraunhofer Institute for Non-Destructive Testing located in Saarbrücken and Dresden/Germany. On the other hand, there are research clusters focussed on SHM research at a number of Universities in Europe, such as the University of Sheffield/UK, the Technical Universities of Braunschweig and Stuttgart/Germany, and universities in Scandinavia (see Section 14.3.2).

EMPA in Switzerland (www.empa.ch) is doing research for safety and security in civil engineering structures. Through the application of modern materials and technologies, new solutions in vibration mitigation, structural health monitoring and earthquake retrofitting will be acquired. EMPA is involved in interdisciplinary research projects. As an example, a major part of the EU-FP6 project 'Sustainable Bridges' concerns the development of a wireless communication network. In the future, this sensor network will be used for remote structural health monitoring. Another speciality is the combination of sensors and actuators, e.g. to monitor and control the structure by using vibration damping rheological materials or tuned mass dampers.

BAM in Berlin performs a comprehensive contribution to the area of SHM. There are related activities in several departments and divisions of BAM (http://www.bam.de). In the BAM department VII 'Safety of Structures', SHM related areas of expertise among others are: experimental structural safety assessment, dynamics in construction and transportation, railway track systems and components, structural reliability and risk assessment, and finally structural health monitoring and condition analysis. Extensive investigations are carried out under complex and extreme mechanical loadings in laboratory and *in situ*. This department VII represents BAM as the only German institute in the European Network of Building Research Institutes (ENBRI), is also involved in the European thematic network E-CORE (European Construction Research Network) and takes substantially part in the international network I-SAMCO (as a co-founder). Moreover, BAM is also co-founder of the ISHMII and engaged in European standards and regulations. Investigation and assessment of structures require innovative methods to record data and to provide experimental expertise. Substantial inputs both from non-destructive damage assessment and measurement methods as well as from innovative measurement technologies based on, e.g. structure-integrated fibre optic sensors, are provided from BAM department VIII 'Non-destructive Testing'. The Fibre Optic Sensor Group develops and/or modifies sensors which can be integrated into structures for long-term monitoring of the structure's behaviour. This sensor technology is used, e.g. for long-term monitoring of large rock anchors, monitoring of rotor blades, and for sensor-based assessment of large concrete foundation piles. In BAM department VIII basic investigations with respect to reliability, testing, validation, and calibration of measurement facilities and sensors as an important part of SHM systems are carried out. Substantial contribution for the development of standards and guidelines for fibre optic sensors is also given in the expert commitee 2.17 'Fibre optic sensing technology' of the German association VDI (http://www.vdi.de/structuremonitoring). In this expert committee, a small group consisting of experts from three German companies (AOS GmbH Dresden, FBGS Technologies GmbH Jena and HBM GmbH Darmstadt, all dealing with FBG) and two well-known research institutes (BAM Berlin and IPHT e. V. Jena) have developed a standard with the title 'Experimental Stress Analysis – Optical Strain Sensor based on Fibre Bragg Grating; Basics, Characteristics and its Testing'. This standard was published in May 2009 as the German VDI/VDE 2660 guideline (in German). VDI/VDE guidelines are considered as generally recognized engineering standards. After gathering comments and feedback until August 2009, the VDI/VDE guideline 2660 will then be available in English in October 2009 from www.beuth.de.

14.3.2 Universities

The likely broadest national research cluster in Europe especially aimed at monitoring of civil structures is carried out at the Technical University on Braunschweig supported by the German Research Foundation (DFG). Within the Collaborative Research Centre SFB 477 'Monitoring of Structures' (http://www.sfb477.tu-bs.de) methods are developed and enhanced for a precise service life prediction of engineering structures by means of innovative monitoring methods. SFB 477 brings together scientists from different fields: civil engineering, surveying, mechanical engineering, electrical engineering and chemistry. The research project is linked to the Federal Institute of Physics and Metrology (PTB) in Braunschweig/Germany and provides synergy of academic research and civil engineering applications. The project is subdivided into four research fields: methods and strategies, adaptive models, measuring systems (development and adaptation), and testing on structures. Through an efficient collaboration in the particular research projects, a wide scope of topics is investigated: development of monitoring strategies and procedures on a deterministic and probabilistic basis, measurement techniques, adaptive i.e. smart models which can adapt themselves to a changing system, development of new sensors and, last but not least, the application to real building structures such as bridges, towers, cranes, landfills.

Another centre of activity for civil infrastructure structural health monitoring is at The University of Sheffield/UK, Vibration Engineering Section (http://www.shef.ac.uk). Permanent environmental and monitoring equipment has been installed at a suspension bridge (Tamar Bridge).[2] The modal parameters of the bridge are extracted continuously and autonomously using a stochastic subspace identification technique. The purpose of the Structural Monitoring System (SMS) was and is to provide engineering information on the performance and condition of the bridge during and after the widening and strengthening. Another research project entitled 'Novel data mining and performance diagnosis systems for structural health monitoring of suspension bridges' is supported by the British Engineering and Physical Sciences Research Council (EPSRC).

Structural health monitoring activities for a cable-supported pedestrian bridge are published from Politecnico di Torino/Italy.[3] University of Genoa/ Italy is especially active in the marine and harbour area. They use a GPS system for monitoring breakwater and have developed a comprehensive data analysis and interpretation system to infer the actual and expected stability condition of the structure under wave actions and seepage. Results from the interpretation of GPS data have also been compared with information derived from SAR (synthetic aperture radar) satellite images.[4] Another example of monitoring on piers in the port of Genoa has been carried out with the aim of performing short to medium and long-term control of the efficiency and safety conditions of harbour structures.[5] One monitoring system based on fibre optic sensors concerns walls underlying existing piers that have been subjected to strengthening and dredging of the refurbishment works. Another one monitors a pre-stressed concrete pier.

In Scandinavia, the SHM activities increased strongly in the past. There are a few centres where research and development of SHM systems at universities is combined with SHM campaigns on existing structures. Considerable activities carried out are published in the last years by the Royal Institute of Technology (KTH) in Stockholm/Sweden and by the Denmark Technical University, Department of Civil Engineering in Lyngby/Denmark. A number of ageing bridges that had to be upgraded to higher axle loads have been monitored for years by the Luleå University of Technology/Sweden, e.g. monitoring of the performance of railway bridges before and after strengthening with CFRP sheets.[6] The live data provided by the SHM system can be used with probabilistic methods to evaluate the current state in form of a safety index.

14.3.3 Companies

There are an unmanageable number of companies and consulting groups in European countries which offer monitoring systems. As an example, only two large companies from Scandinavia, which offer complete solutions for SHM on different types of structures, are cited here: COWI A/S in Denmark (www.cowi.dk) and FUTURTEC in Finland (www.futurtec.fi). Only few companies are dealing with specific SHM technologies. One of the most active European companies in SHM, which almost exclusively uses the innovative fibre optic sensor technology, is SMARTEC SA from Manno/Switzerland (www.smartec.ch). In fibre sensor technology, it is a leading developer, manufacturer and distributor of measurement and structural health monitoring systems. SMARTEC SA was founded in 1996 and has successively developed worldwide activities on all continents. The company brings in its expertise as a co-operation partner in numerous international research projects. Its product range comprises sensors (fibre optic, GPS and conventional ones), data acquisition systems and software for data management and analysis. The expertise covers civil and geotechnical engineering, structural engineering, oil and gas industry and energy distribution. SMARTEC's distribution network spans more than 20 countries.

Another active European company dealing with sensor technology for monitoring purposes is the Belgium FOS&S (Fibre Optic Sensors and Sensing Systems) company (http://www.fos-s.be). It has branches in Belgium and Hong Kong and is active within the fibre optical sensing business in different market segments: aerospace, oil industry, process industry, mining industry and civil engineering.

Structural health monitoring by using distributed fibre optic sensor systems is also provided by the medium-sized German enterprise GESO GmbH in Jena/Germany (http://www.geso-online.de). Among one-dimensional, two-dimensional and spatial temperature measurements, GESO provides also distributed strain sensors to combine the long-term monitoring of mechanical with thermal variations of structures. GESO develops, plans, designs and installs customer-specific solutions including data processing and data interpretation. The company has a close co-operation with many qualified partners in universities, technical colleges and other research institutions and industrial enterprises in numerous countries. Key activities are monitoring and surveying of waste deposit sites during the operational and post-operational period, well logging, leaching processes in the mining industry, and monitoring during rehabilitation of mining areas but also monitoring of civil engineering and hydraulic structures.

A European developer, manufacturer and provider of measurement systems for SHM, especially for trace gas monitoring and high performance distributed temperature and/or strain sensing is the Omnisens SA company (www.omnisens.ch) in Morges/Switzerland (with subsidiaries in the US).

Omnisens was founded in 1999 as a spin-off company of the Nanophotonics and Metrology Laboratory (NAM) of the Swiss Federal Institute of Technology in Lausanne (EPFL). Omnisens is the developer of the DiTeSt (Distributed Temperature & Strain) series, used in many applications of several companies such as SMARTEC SA.

14.4 Selected examples of structural health monitoring projects in Europe

14.4.1 European collaborative projects

There are several research projects within the Sixth European Framework Programme (EU-FP6) for Research and Technological Development (http// cordis.europa.eu) which focus on health monitoring of civil structures. One project named 'Structural health monitoring of a suspension bridge in Istanbul/ Turkey' (FP6 project reference 36541) concerns the development of a real-time vibration monitoring and condition assessment system for a suspension bridge. The project started in June 2006 at the Kandilli Observatory and Earthquake Research Institute of Bogazici University in collaboration with the General Directorate of Turkish Highways, Turkey. The bridge selected for the study is the Fatih Sultan Mehmet Bridge, also known as the Second Bosporus Bridge in Istanbul, Turkey. The bridge is a critical lifeline in Istanbul, a city with 62% probability for a large earthquake within the next 30 years. The static and dynamic motions of the bridge are continuously monitored by using acceleration, GPS, and rotational sensors; real-time algorithms for data analysis and damage detection are developed. One of the primary objectives of this SHM system is to detect damage after earthquakes. It was postulated that damage can be detected based on the changes in the natural frequencies of the bridge during the earthquake, plus the presence of any permanent deformations after the earthquake. The former changes are determined from the analysis of earthquake response data, whereas the latter are determined from the comparison of pre- and post-earthquake ambient response data. The permanent deformations are measured by GPS sensors and rotational sensors. The key product of the research will be an automated structural condition assessment and damage detection software for the bridge. The project will represent the first application of a SHM system in Turkey and will not only monitor the current condition of the bridge, but also provide crucial data to predict its response for future earthquakes. The knowledge and experience gained from this project will help to develop similar SHM systems for other bridges throughout Europe, leading to safer structures and reduced maintenance costs.

Another EU-FP6 research project named 'Sustainable Bridges: Assessment for Future Traffic Demands and Longer Lives' (FP6 project reference 1653, http://www.sustainablebridges.net) was guided by the Skanska Sverige AB company in scientific cooperation with Luleå University of Technology Sweden. It was an integrated project with 31 participating institutions and concluded in November 2007. The project was carried out by a consortium of bridge owners, consultants, contractors, universities and research institutes from all over Europe. The overall goal of the project was to enable improved capacity of existing European railway bridges without compromising the safety and economy of the working railway. Although extensive research work has been carried out previously; there was a need for integration, innovative development and testing in order to establish efficient procedures for management and safe upgrading of railway bridges.

The main objective of the project was to increase the transport capacity and service life of existing railway bridges in Europe. In order to demonstrate new and refined methods developed in the programme, field tests on existing bridges were carried out.[7] One of the bridges was a 50-year-old two-span (12 m long) concrete bridge located in Örnsköldsvik in northern Sweden[8]. Because the existing railway line was going to be replaced with a new one, this bridge became obsolete. In order to avoid an uninteresting bending failure during tests, the bottom beams were strengthened with near surface mounted reinforcement (NSMR) consisting of carbon fibre reinforced polymers (CFRP). The bridge was tested until failure to demonstrate and test new and refined SHM methods developed in the project regarding procedures for condition assessment and inspection, load carrying capacity, measurement and strengthening. In one of the spans a steel loading beam was placed in the centre of the span (see Fig. 14.3). The loading beam was then pulled down with cables injected to the bedrock beneath the bridge. Usually models for the load carrying capacity are tested in laboratory in reduced scale. The strengthening was successful and the results from the tests showed that the used design and FE models underestimate the shear capacity considerably.

The outcomes of this European research project were:

- mapping existing knowledge and bridge types
- investigation of demands for interoperability between countries
- development of new methods for condition assessment and inspection
- development of new methods to determine capacity and resistance, investigation of loads and load distributions
- development of monitoring methods based on new technologies, e.g. fibre optic sensors
- development of new repair and strengthening methods using, e.g. carbon fibres
- demonstration of new methods by field testing of existing and new bridges.

The project results are published in reference 9.

Another FP6 project named 'Development of ultrasonic guided wave inspection technology for the condition monitoring of offshore structures'

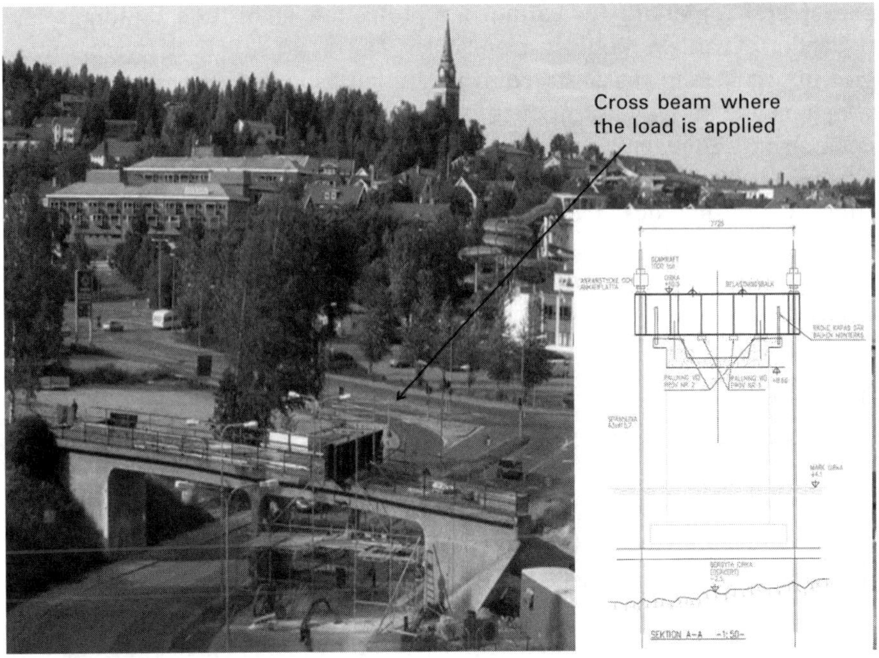

14.3 Test site in Örnsköldsvik and loading equipment.

(FP6 project reference 516993) and running until May 2008 concerns continuously monitoring the integrity of structures such as offshore oil production platforms and offshore wind turbine towers using ultrasonic guided wave (UGW) technology. The background of this research project is that the majority of the offshore *wind turbine towers* are at the start of their life cycle (being currently installed in their thousands) whilst the offshore *oil and gas platforms* are at the end of their life cycles (between 25 and 40 years old). Because both urgently need inspection technology, the development of ultrasonic guided wave (UGW) technology for inspecting offshore structures has the potential to impact upon the life cycle cost of vital components of the infrastructure. This is done through continuous monitoring of structural integrity from fabrication to scrapping and through extending the life of offshore structures, therefore reducing depletion of resources for new builds. This outcome of the project with eleven participating institutions will be new techniques to detect cracks and corrosion in offshore structures.

Another European research project with monitoring objectives is named 'Polyfunctional technical textiles against natural hazards' (POLYTECT, FP6 project reference 26789, www.polytect.net). The research work guided by D'Appolonia SPA in Genova/Italy concerns the development of new multifunctional textile structures for application in construction for the retrofitting of masonry structures and soil structures. The retrofitting is particularly important for earthquake protection of historic buildings and protection of earthworks against landslides. The textile structures (warp-knitted grid-like reinforcing basic structure and rope-like reinforcement components) which enable an increase in ductility and structural strength contain sensor components. Fibre optic sensors and fibres coated with nanocrystalline piezo-ceramic materials incorporated into textiles will enable the monitoring of stresses, deformations, acceleration, water level variation, pore pressure, as well as to detect the presence of fluids and chemicals. Based on the sensor technologies used, the overall structural health can be assessed. The project runs from September 2006 until August 2010 and brings 25 European institutions from universities, research institutes and industry and one Indian research institute together.

Widespread research, development and testing activities in Europe are focussed on SHM systems for wind energy power plant. The European policy supports renewable energies as a contribution to a secure and sustainable electricity supply in Europe. According to the 'Copenhagen Strategy on Offshore Wind Power Deployment' from 2005, a European technology platform has been established in October 2006 and European projects are promoted to fully exploit the offshore wind potential. One important task is the monitoring of the wind turbine structure whereas blade and generator monitoring seems to have an outstanding role. Already in the fifth EU Framework Programme for Research and Technological Development (FP5), a research project named 'Condition monitoring for off-shore wind farms' (CONMOW, project reference: ENK5-CT-2002-00659) which was running from November 2002 until October 2006 was supported. The project was coordinated by the Energy Research Centre of the Netherlands (ECN) in Petten/NL and combined activities with organisations such as Risø National Laboratory in Roskilde/Denmark, Siemens Nederland N.V. in Den Haag/NL, Prüftechnik Dieter Busch Condition Monitoring GmbH & CO KG in Ismanning/Germany and Garrad Hassan and Partners Ltd in Bristol/UK. This project aimed at developing techniques for diagnostics and condition monitoring of wind turbines (and farms) at remote areas. Implementing the selected procedures and techniques for condition monitoring of the offshore wind farm, a change from preventive and corrective maintenance to condition based maintenance was aimed. In the first phase, one single turbine was instrumented extensively with condition monitoring systems as well as with 'traditional' measurement systems like load measurements in the blade root, torque of main shaft, tower bending moments, speed, etc. Interrelationships were determined between various turbine parameters and condition monitoring results. In the second phase, selected and improved methods were implemented in the measurement system and applied on a wind farm of five Nordex N80 turbines in the ECN wind turbine test site Wieringermeer/NL. The systems have been tested over a long period of time. A generic system is used to collect and store the data and to make the data accessible for the various users. Among other experience, some early investigations from Risø National Laboratory DTU, Wind Energy Department in Roskilde/Denmark in remote structural health monitoring technologies for wind energy power plants can be considered as substantial input for this project.[10]

In the sixth EU framework programme other wind power plant projects are being supported: the project OPCOM (FP6 project reference: 516993) where an ultrasonic guided wave inspection technology is being developed for the condition monitoring of offshore structures, and the project UPWIND (FP6 project reference: 19945) which aims to an integrated wind turbine design with respect to an optimal reduction of the overall turbine mass.

14.4.2 Selected projects in European countries

In the meantime, a huge number of wind turbines in European countries are equipped with an integrated monitoring system. Most SHM systems being tested are the result of collaborative projects funded by the European Commission or authorities in European Countries. One example is the collaborative project IMO WIND (Integral monitoring and assessment system for offshore wind energy power plants) funded within the innovative network 'InnoNet' by the German Federal Ministry of Economics and Technology (http://www.imo-wind.bam.de). Partners are eight companies, two research institutions and the Germanischer Lloyd Wind Energy (GL Wind) as an internationally operating certification body for wind turbines. The project is coordinated by the German Federal Institute for Materials Research and Testing (BAM) Berlin. The aim of the project is the development of an integral monitoring and assessment system, which enables the condition monitoring *and* assessment of all structure components from rotor till foundation of an offshore wind energy power plant. Based on continuously collected data, a status-oriented maintenance of the whole system will be managed. The project comprises development and testing of different sensors technologies such as piezo-resistive sensors and fibre optic sensors for blade monitoring under the harsh offshore operating conditions. Owing to new methods of data analysis, monitoring will enable an early detection of damage and will provide information about load effect and stressing of structure components.

The damage due to several flood events through the last years and their effects on people and environment have called attention to limits and deficits in flood protection. As a consequence, in Germany the national research programme 'Risk Management of Extreme Flood Events', called RIMAX, funded by the German Federal Ministry of Education and Research (BMBF) was initiated. Between 2005 and 2008 more than 30 projects were supported by 20 million Euros in total. The aim of RIMAX is to develop and implement improved instruments of flood risk management by the integration of different disciplines and several participants from universities, other research facilities, companies and federal and local authorities to ensure the efficient implementation of research results into practice. One of the projects concerns the development of optical fibre sensor-equipped geotextiles for reinforcement of geotechnical structures such as dykes and dams as well as for early detection of failure in other geotechnical structures and areas with high potential of risk (slopes, railway embankments and highways in mining or critical soil areas). Sensor-equipped geotextiles will monitor damage during flood attacks. The project is coordinated by the Saxon Textile Research Institute (STFI e. V.) in Chemnitz/Germany and runs in cooperation with German universities and SMEs (small and medium enterprises). Such monitoring of extended structures requires sensor technologies with gauge lengths in the range of hundreds of metres up to several kilometres. Sensing systems using the stimulated Brillouin scattering (SBS) allow the design of fully distributed fibre optic sensors that monitor strain and temperature along optical fibres over a length of more than 10 km. Therefore, a cost-effective field-applicable sensing system employing the Brillouin frequency-domain analysis technique (BOFDA), especially dimensioned for the requirements of dyke monitoring, is being developed. One of the main research points is the integration of optical fibre sensors into geosynthetics. The feasibility of this novel combination of coated optical fibres and geosynthetics has been proven in field tests. Figure 14.4 shows such a geotextile with integrated sensor fibres during the installation in a gravity dam in Solina/Poland.[11]

Not only ageing structures but also some new futuristic structures require monitoring systems to ensure their technical safety under service and environmental loadings. One famous building, made from steel and glass, where a complex monitoring system has been installed, is the new Central railway station in Berlin/Germany, the Hauptbahnhof-Lehrter Bahnhof (Fig. 14.5). After the German Unification, the Deutsche Bahn developed a new railway traffic concept for the capital of Germany. One main cross-point of the international traffic between north-south and east-west was to be

14.4 Sensor-based geotextile mat during the installation on a construction site of a gravity dam in Solina/Poland (textile developed by STFI e. V. Chemnitz/Germany). Photo: BAM.

14.5 Upper area of the new Berlin Central railway station during construction. Photo: BAM.

the new Central Station. This new station was designed by the Hamburg architects Gerkan, Marg & Partners to be very futuristic, and as one of the largest stations in Europe. The building part for the north-south railway lines is underground on a level of about –15 m; the east-west traffic goes over partly pre-stressed very slender concrete bridges at about 9 m above ground level. In order to bring sunlight to the underground level, the crossing area of the central station does not have continuous floors but is open. For this reason, the railway bridges are supported in this area by 23 m high slender steel columns, which are Y-shaped (fork-shaped) at their tops (see arrows in Fig. 14.6). The superstructure of the station, especially the wide-spanned glass roof consists of about 8000 panes of glass. Because the roof is spanned over the four pre-stressed railway concrete bridges and supported by only one side of the outer bridges (Fig. 14.7), the roof is particularly sensitive to settlement.

The station has been built on difficult ground (sand) next to the river Spree. Intensive construction activities have been carried out in immediate vicinity during erecting the new structure. Therefore vertical displacements of the bridge columns were expected. In order to prevent damage to the railway bridges and to the widely spanned glass roof the outer bridges have been monitored from the beginning of construction work, during test loading and commissioning until now. Classical and innovative sensor technologies with excellent long-term stability have been chosen to ensure long-term reliable monitoring results of settlements and heaves. Independent sensor systems measure and record automatically settlements and inclinations but also their effects, i.e. stresses at critical points of the building together with environmental parameters, which have an influence on the system, e.g. temperature. The long-term SHM system comprises:

14.6 Rush hour inside the central area (arrows show fork-shaped columns).

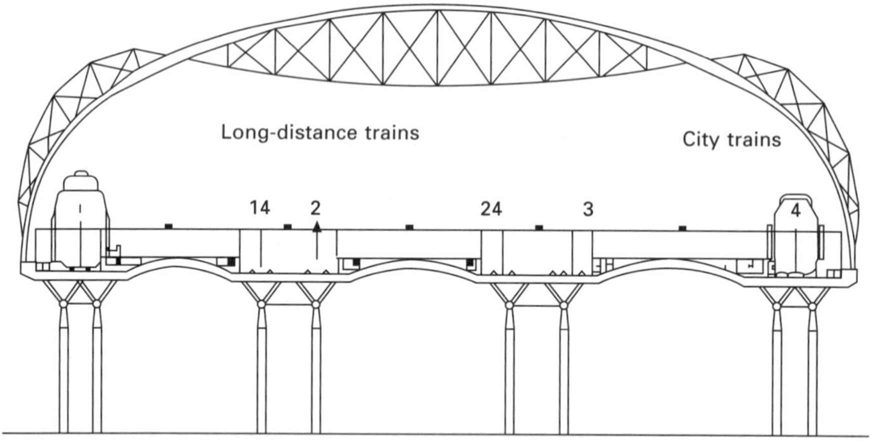

14.7 Glass roof over the upper station area with the east-west railway lines.

(1) laser-based optical levelling in the central area (Fig. 14.8) and
(2) hydrostatic levelling installed out of the central area next to the railroad bed (Fig. 14.9) to monitor settlements and heaves of columns;
(3) long-gauge length fibre optic strain sensors (SOFO type) installed in the concrete bridges and
(4) resistive strain gauges to measure redundantly strain;

14.8 Components of the laser-based levelling (encircled).

14.9 Hydrostatic levelling modules.

(5) inclinometers to measure inclination of the pre-stressed concrete bridges.

The measured data are available by Internet access for authorized persons (password-protected). The relevant measurement results can be observed on an interactive diagram presenting the positions of all measurement points. Necessary decisions are possible within minutes or one hour.[12,13]

A considerable number of SHM systems use different types of fibre optic sensors and fibre optic sensing methods. A few worldwide acting European companies (see Section 14.3.3) offer special sensor modules for strain, displacement, inclination, temperature measurements including data acquisition systems to configure SHM systems for long-term use. Fibre optic detection systems for crack detection and observation, for detection of loss of structure component integrity, for failure of load-bearing members and for warning of threatening damage due to steel corrosion in concrete structures have been developed and have successfully migrated from laboratory to the field. There are hundreds of examples for use of fibre optic sensors as part of SHM systems such as monitoring of bridges, dams, tunnels, tall buildings, foundation components, pipelines and heritage structures. A number of examples are described by SMARTEC experts.[14] Two such examples are considered here: (1) monitoring of a 35-year-old gas pipeline in Italy in an unstable ground area to increase the public technical safety,[15] and (2) monitoring of a historical structure of high importance in the cultural heritage of society.[16]

Monitoring of extended structures over kilometric distances like pipelines needs distributed strain and/or temperature sensing techniques. Often used vibrating wires cannot cover the long length of a pipeline to be monitored. In order to detect pipeline deformations and following leakages along a certain length of the pipeline, fibre optic sensor cables using the Brillouin scattering effect to measure distributed strain changes and using the Raman scattering effect to measure distributed temperature changes replace thousands of discrete (point) sensors. The low fibre attenuation allows a monitoring over distances up to 25 km (without amplifiers), which makes distributed sensing technique just a very attractive solution for pipeline monitoring. The two main components of the commercially available DiTeSt system (Distributed Temperature and Strain monitoring system) for this monitoring task are the reading unit and the sensor cable. The reading unit is connected to the proximal end of the sensor and can be placed remotely from the sensing area, since a section of optical fibre cable could be used to link the reading unit to the sensor itself without any performance degradation. The other sensor end can be either connected to the sensor termination module (single-end configuration), which could be placed remotely from the sensor area as well, or brought back and connected to the reading unit (loop configuration). The selection of the configuration (single-end or loop) depends on the application. The specification of the system can be found at www.smartec.ch. The other important component is the sensing cable. In contrast to common fibre optic cables, which are protected from any external influences sensing cables for distributed temperature or strain measurements must be specially designed to avoid that strain could be misinterpreted as a temperature change (due to cross-sensitivity between strain and temperature). There are different cable designs to measure distributed strain and/or temperature (SMARTape and SMARTprofile, see Figs 14.10 and 14.11). Depending on the measurement task, distributed strain and temperature can simultaneously be measured. If strain has to be discriminated from temperature two bonded and two free single-mode optical fibres embedded in a thermoplastic material are used. The bonded fibres measure strain, the unbonded fibres measure temperature and are used to compensate for temperature effects on the bonded fibres.

SMARTape and Temperature Sensing Cable (TSC) were used for pipeline monitoring. The lengths of the SMARTape segments were between 71 m and

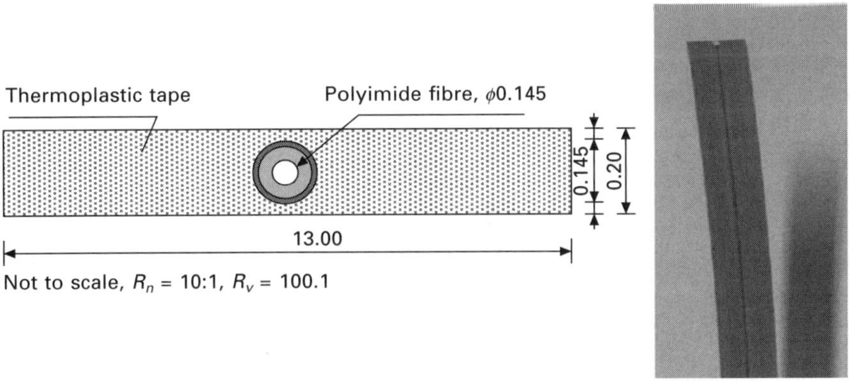

14.10 Cross-section of the SMARTape and sample (right) for distributed strain measurement in the range –180°C to 140°C.

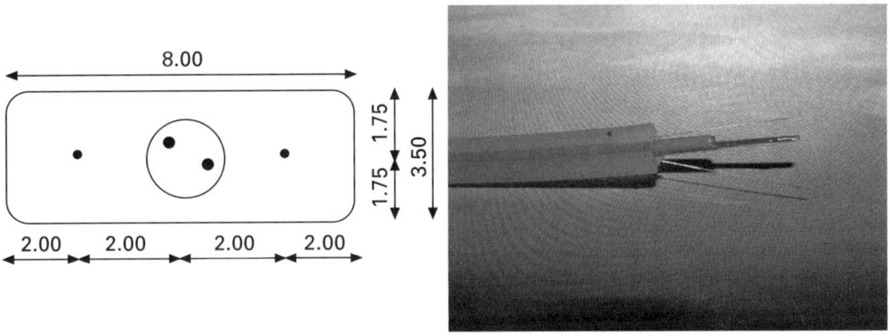

14.11 Cross-section of the SMARTprofile and sample (right) for combined distributed strain and temperature measurement in the range –40°C to 60°C.

132 m, the strain resolution is 20 microstrains. The temperature resolution of the TSC is 1 K; both sensor systems for strain and temperature enable a spatial resolution of the data in the range of 1.5 m with a local acquisition range of 0.25 m. Since the landslide process is slow, data are recorded manually once a month. In case of special events such as earthquake, a measurement session can be performed immediately after the event. The overall performances of the DiTeSt system and the sensor types can be found on the SMARTEC website (www.smartec.ch).

Another well established European development for SHM is the long-gauge length fibre optic interferometric strain sensor from SMARTEC – the SOFO® Standard Deformation Sensor. Thousands of such sensors are used for short-term or long-term monitoring tasks at all kind of structures such as engineering structures (e.g., in the new central station in Berlin, Section 14.4.2), geotechnical, oil and gas structures and so on. Rather unexpectedly used is this sensor type for monitoring of historical churches, palaces, old villas, monuments, and old stone bridges in Europe. One example is the San Vigilio church on Lake Lugano in Switzerland.[16] The interior of the church is covered with frescos, but there are significant cracks running along the centre of the cylindrical vault. In order to observe the evolution of the cracks, ten SOFO sensors of a length between 30 cm and 50 cm have been installed. Another example is the Royal Villa in Monza in northern Italy. Because this historical building was practically abandoned during last decades of the 20th century, a system of cracks developed along the barrel vaults of the central corridor at various levels in the North and South wing. Moreover, there is degradation of several wooden structures, and notably in the 18-metres long truss in the Belvedere. Italian government and authorities of Milan and Monza decided to renew the villa and to transform it into a museum. The repair and conservation work had to be done to both the building and roof. Due to complex static system and uncertainties related to the structural behaviour it was decided to monitor the villa before, during and after the work. Both conventional and fibre optic sensors were used. Fibre optic sensors were mainly used as extensometers installed between the walls, orthogonal to the corridor axes, but shorter sensors were also used for crack monitoring. Figure 14.12 shows the Royal Villa, Fig. 14.13 shows the sensor installations.

Another unique example of long-term SHM with fibre optic sensors in Europe is the rock anchor monitoring in the Eder gravity dam.[17] An investigation of the stability of the Eder dam in the eighties of the last century revealed that the dam stability did not satisfy the newly expected flood rates. The necessary enlargement of the vertical forces was to be achieved by pre-stressing the dam with 104 rock anchors of a length of about 70 m; each anchor is pre-stressed against the bedrock with a force of 4500 kN. Because there is no general permission for the use of anchors with such high forces, every tenth of the 104 anchors had to be equipped with a sensor to monitor

14.12 View to Royal Villa in Monza.

14.13 Long-gauge sensors installed between the walls in main corridors.

the pre-stressing process as well as the long-term bonding behaviour of the anchors. As sensing element, an optical fibre integrated into an aramid rod was used. The aramid rod with two sensing cables for redundancy reasons was positioned in the centre of the anchors (see Fig. 14.14). The sensor rod is force-fit tied to the steel strands in the 10 m long fixed anchor area and was separately pre-stressed.

The sensing method is based on the measurement of the flight time of a monochromatic laser pulse through the optical sensor fibre inside the anchor and is called OTDR (Optical time domain reflectometry). In order to get precise information about strain changes along the whole anchor length, markers were inserted into the sensor fibre at regular intervals. This configuration creates a long-gauge-length sensor fibre with discrete measuring sections

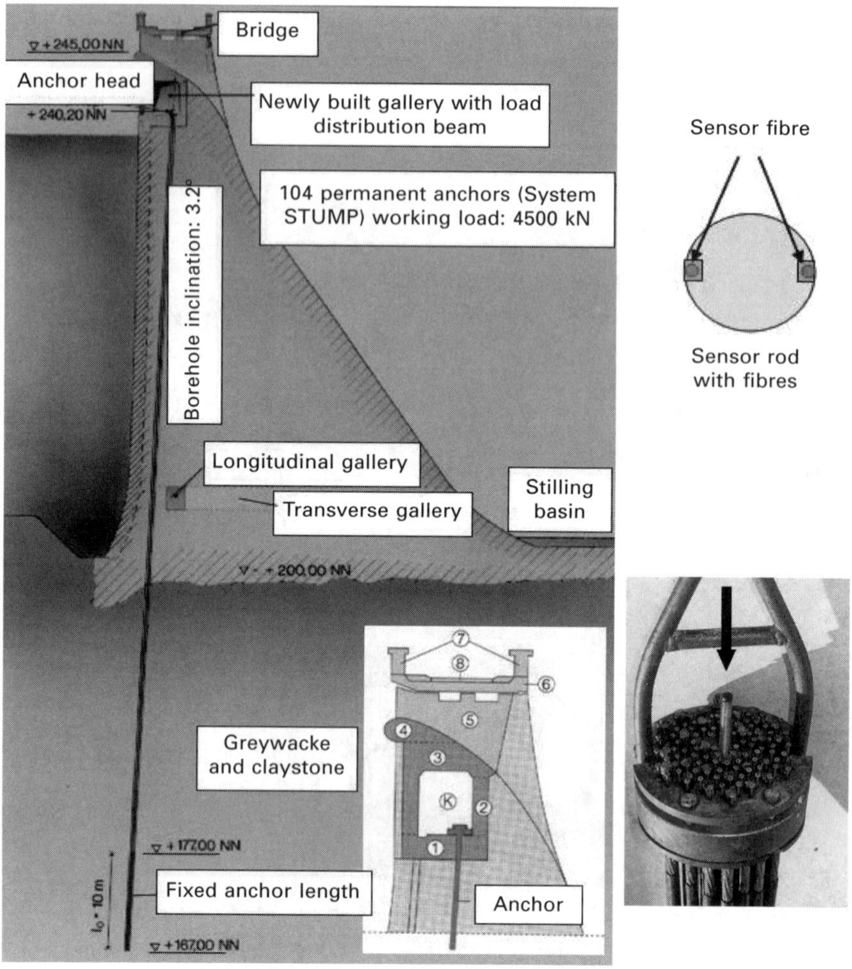

14.14 Cross-section of the dam with anchor position (left). The small embedded picture shows a detail of the upper part of the dam with the anchor gallery (NN: above sea level). The figure (bottom right) shows the protruding sensor rod during anchor installation which contains the sensing fibres (top right).

for quasi-distributed strain sensing. The length of the measuring sections (spacing of the markers) depends on the position: the spacing at the upper part of the fixed anchor area is 0.5 m, at the bottom part 2 m.

The time of flight measurement is carried out with an OTDR device with picoseconds resolution. It provides very narrow pulses and measures how long the pulse needs to travel to the markers (reflectors), partially reflected there and, finally, back to the photodetector. A change in the pulse propagation time can be interpreted as a shift of the reflectors that means an increase or decrease of the anchor length in the bonding area. All data from the measuring sections are related to a stable reference point above the top of the anchor, where no strain changes are expected. This measurement method ensures stable and reproducible data recording over years. From 1998 until now, twice a year, in spring for maximum water level, and in autumn for minimum water level, data have been taken. Although distance changes between the markers can be achieved with a resolution of 0.2 mm (reproducibility: 0.8 mm), no significant changes in the bond of the anchors to the rock could be observed.

14.5 Future trends

When strain changes of more than 10% are expected in structures and have to be monitored, e.g. in case of geotechnical structures with dimensions in the range of few hundred metres such as endangered slopes, railway embankments, soil areas which show endangering stability behaviour (slipping, creeping or depression), the distributed sensing capabilities of polymer optical fibres (POF) have proven to be very promising. Optical time-domain reflectometry analysis (OTDR) could be used as sensing technology (as used for monitoring the bonding behaviour of heavy rock anchor in the Eder gravity dam by means of glass fibre sensors, Section 14.4.2). This measurement technology is being investigated in the framework of several European research projects. Within the scope of a German research project could be proved that POF sensors are able to measure strain of up to 40% and even slightly more without significant distortion of light guiding properties. Polymer optical fibres are robust, allow easier handling and the price will fall. Currently, the usable length of polymer optical sensor fibres is about 100 m. POF have been integrated into nonwoven geotextiles using a warp-knitting technique. The knitted fabrics can either be used as drainage or as narrow tape which poses a carrier for the sensor fibre. Figure 14.15 shows two samples of smart geotextiles manufactured by STFI e. V. Chemnitz, the leading partner is this research project.[18] One important point during integration of sensor fibres concerns the transfer of the geo-structure's deformation to be monitored into the polymer optical sensor fibre. A method could be found to integrate POF sensors without losing their sensitivity.

Laboratory tests confirmed that the strain response of the integrated fibre shows a weak non-linear characteristic increase of scattered light for applied strain up to 16%. This nonlinearity becomes stronger for strain values up to 40%. POF sensors have also been integrated in geotextiles which were prepared along the EU-FP6 project 'Polytect' for dam construction sites in Poland and in Germany (see Section 14.4.1). It could be demonstrated that the sensor structure itself as well as the integration procedure into geotextile

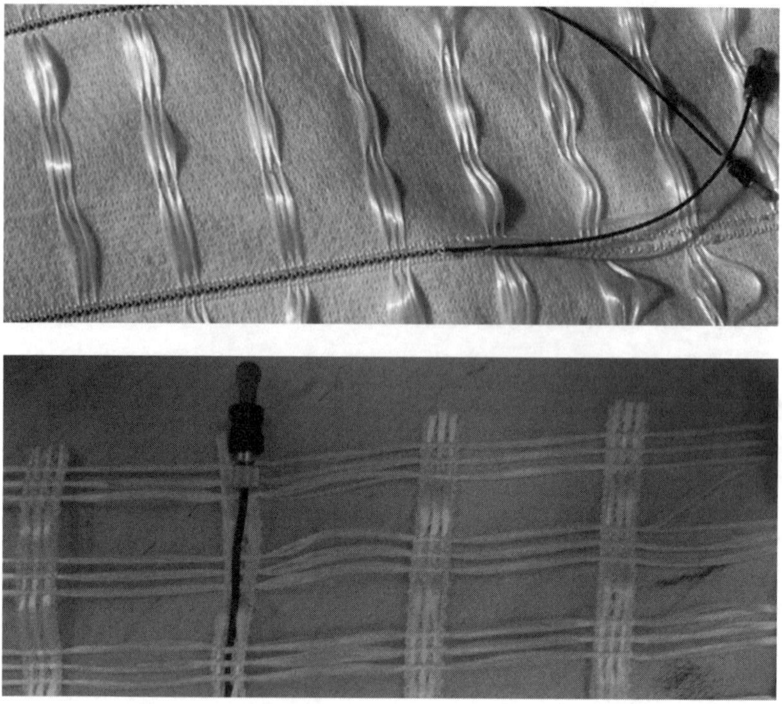

14.15 Geotextiles with integrated POF sensors (photo and textiles: STFI e. V.)

tapes is appropriate for use on-site. The sensing fibres endured the construction work of the dam.

Future activities in SHM will be focussed more and more on non-mechanical features of structures. In steel-reinforced and pre-stressed concrete structures, monitoring of the pH value and of the (movable) chloride content is very important to recognise corrosion-promoting conditions. In this way, the time can be estimated before corrosion initiates at the steel reinforcing components. This problem has great importance in a large number of structures and environments, where visual inspection is difficult or not possible. With regard to pH monitoring, a very tiny pencil-like concrete embeddable pH optode has been developed and first used to monitor the long-term behaviour of the grout in steel anchors. pH sensor-equipped anchors were installed in the oil harbour of Rostock in northern Germany in 2005 (Fig. 14.16).[19,20] The cylindrical pH optode has a diameter of only 8 mm, consists of a pluggable sensor head and measures pH values in the range from 9 to 12 with a resolution between 0.1 to 0.6 pH units depending on the pH value. The highest resolution can be achieved in the middle of the measurement range (between pH 11 and 9.7). The sensor signals from seven installed

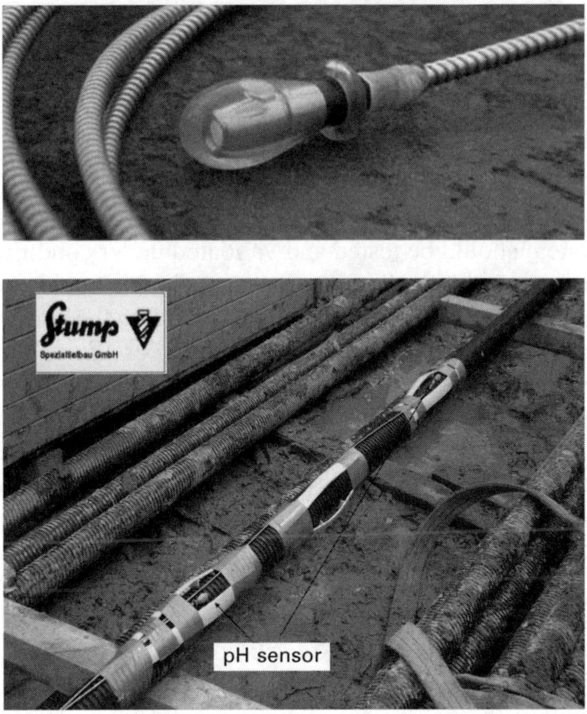

14.16 pH sensor (top) with topcoat against drying out, installed in prefabricated anchors (bottom, see arrows). Photos: BAM.

optodes are monitored periodically and show the expected pH changes of the concrete matrix (grout) in the fixed anchor area.

Future structural health monitoring systems will differ from conventional observation systems based on a set of sensors and a flood of information over a long period of measurement. Monitoring systems will deliver complex signal information which has to be evaluated, filtered and compressed. Specific acquisition algorithms and classification techniques are required to get usable information about the amount and the location of damage until an assessment of the structure's residual life. This is especially important if wireless data transmission requires efficient data processing on a low power budget. Corresponding developments in this field are being done at several research centres, e.g. in Germany at the Fraunhofer Institute for Non-destructive Testing in Dresden (http://www.izfp-d.fraunhofer.de) and at the Endowed Chair of Wind Energy in the Institute of Aircraft Design of the University of Stuttgart (http://www.uni-stuttgart.de/windenergie), especially focussed on wind energy power plants. Both institutes aim at the development of efficient methods for load monitoring, regulation and control, reliable sensor technologies including intelligent signal processing, wireless data communication, innovative component design with integrated flexible sensor networks (sensor-web) based on highly integrated sensors such as MEMS (micro-electro-mechanical system).

Long-term monitoring definitely requires reliable operation of all system components under the corresponding environmental conditions. For this purpose, not only single components must be validated for their use but the complex SHM system should be tested and validated under conditions close to reality. There are some outstanding new activities in this field in Germany. In order to test and validate offshore components including the corresponding monitoring systems, the German Fraunhofer Centre for Wind Energy and Offshore Technology (CWMT) in Bremerhaven was founded in 2006. It has been consolidated by the Fraunhofer Institute for Structural Durability (LBF) in Darmstadt/Germany and the Fraunhofer Institute for Manufacturing Technology and Applied Materials Research (IFAM) in Bremen/Germany. The Fraunhofer CWMT was, in collaboration with the wind energy and offshore-industry, engaged in research and development on wind turbine systems. Its primary focus was on materials, surfaces, joining and production technologies, operational robustness and system reliability. Two competence centres are being established: Competence centre 'Rotor Blade' and 'Offshore Structures and Assets'. Activities in these competence centres aim at the optimisation of all processes within the value chain that means from single component until ocean installation. Theoretical and experimental investigations will be challenging because of the large dimensions and masses as well as harsh environmental requirements. In January 2009, arising from the CWMT and expanded by merging with the Institute for Solar Energy Supply Technology (ISET) in Kassel, the new Fraunhofer Institute for Wind Energy and Energy System Technology (IWES) was founded. It offers research and development along the value chain of wind turbines from material development to grid integration.

14.6 References

1. Sørensen, R.E.; Buhr, B.; Frølund, T.: Sensoring corrosion – The Danish Way. Proceedings of the 2nd International Conference on Bridge Maintenance, Safety and Management, 18–22 October, 2004, Kyoto, Japan.
2. Brownjohn, J.M.W; Carden, P.: Tracking the effects of changing environmental conditions on the modal parameters of Tamar bridge Proc. of the 3rd Int. Conf. on SHM of Intelligent Infrastructure (SHMII-3) Nov. 2007 in Vancouver. ISBN: 978-0-9736430-4-6. pp. 49 (paper no. 126 on CD-ROM).
3. Talebinejad, I. *et al.*: Structural health monitoring of the Lingotto cable-stayed pedestrian bridge with optical fiber sensors. Proc. of the 3rd Int. Conf. on SHM of Intelligent Infrastructure (SHMII-3) Nov. 2007 in Vancouver. ISBN: 978-0-9736430-4-6. pp. 485 (paper no. 196 on CD-ROM).

4. Del Grosso, A.; Lanata, F.; Pieracci, A.: Data analysis and interpretation from GPS monitoring of a breakwater. Proc. of the 3rd Int. Conf. on SHM of Intelligent Infrastructure (SHMII-3) Nov. 2007 in Vancouver. ISBN: 978-0-9736430-4-6. pp. 157 (paper no. 175 on CD-ROM).
5. Del Grosso, A. *et al*: Structural health monitoring of Harbour piers. Proc. of the 3rd Int. Conf. on SHM of Intelligent Infrastructure (SHMII-3) Nov. 2007 in Vancouver. ISBN: 978-0-9736430-4-6. pp. 160 (paper no. 174 on CD-ROM).
6. Täljsten, H.: Structural health monitoring of two railway bridges in Sweden. Proc. of the 1st Int. Conf. on SHM of Intelligent Infrastructure (SHMII-1) Nov. 2003 in Tokyo/Japan, pp. 1047–1055. ISBN 90 5809 647 5.
7. Enochsson, O. *et al.*: Condition Assessment of Concrete Bridges in Sweden. Proceedings of ICCRRR 2005, International Conference on Concrete Repair, Rehabilitation and Retrofitting. Nov. 2005 in Cape Town/South Africa. 6 pages.
8. Täljsten, H., Elfgren, L. and Enochsson, O.: 'Use of SHM in Destructive testing of Bridges', Proc. of the 3rd Int. Conf. on SHM of Intelligent Infrastructure (SHMII-3) Nov. 2007 in Vancouver. ISBN: 978-0-9736430-4-6. pp. 5 (paper no. KL3 on CD-ROM).
9. Sustainable bridges – Assessment for Future Traffic Demands and Longer Lives. (Ed.: Bien, J.; Elfgren, L.; Olofsson, J.), Dolnoslaskie Wydawnictwo Edukacyjne Wroclaw. 2007. ISBN 978-83 7125-161-0.
10. Soerensen, B.F. *et al.*: Fundamentals for Remote Structural Health Monitoring of Wind Turbine Blades – a Preproject. Risø -R-1340 (EN), May 2002. *Annex A*: Cost-Benefit for Embedded Sensors in Large Wind Turbine Blades, Risø -R-1340 (EN), May 2002 and *Annex B*: Sensors and Non-Destructive Testing Methods for Damage Detection in Wind Turbine Blades, Risø-R-1341 (EN).
11. Nöther, N., Wosniok, A., Krebber, K., Thiele, E.: Dike monitoring using fiber sensor-based geosynthetics. Proc. of the 3rd ECCOMAS Thematic Conference on Smart Structures and Materials, July 2007, Gdansk/Poland., Session 1.1.: Sensors and Structural Identification (S&SI). CD-ROM (Sensor and Structural Identification) 1-8; ISBN 978-83-88237-03-4.
12. Niemann, J.; Habel. W.R.; Hille, F.: Complex monitoring system for long-term evaluation of prestressed bridges in the new Lehrter Bahnhof in Berlin. Proc. of the 2nd Intern. conference 'Reliability, safety and diagnostics of transport structures and means 2005'. Univ. of Pardubice, Czech Republic, July 2005. ISBN 80-7194-769-5, pp. 248–256.
13. Habel. W.R.; Niemann, J.; Hille, F.: Langzeitmonitoring der äußeren Brücken des Hauptbahnhofs. (Long-term monitoring of the outer bridges of the Berlin Central Station.) In: *Bahnmetropole Berlin*. EurailPress 2006. ISBN 3-7771-0349-6, pp. 116–123.
14. Glisic, B.; Inaudi, D.: *Fibre Optic Methods for Structural Health Monitoring*. John Wiley & Sons, Ltd. 2007 ISBN 978-0-470-06142-8.
15. Inaudi, D.; Glisic, B.: Distributed fibre-optic sensing for long-range monitoring of pipelines. Proc. of 3rd Int. Conf. on SHM of Intelligent Infrastructure (SHMII-3) Nov. 2007 in Vancouver. ISBN: 978-0-9736430-4-6. pp. 158 (paper no. 56 on CD-ROM).
16. Glisic, B. *et al.*: Monitoring of heritage structures and historical monuments using long-gage fiber optic interferometric sensors – an overview. Proc. of 3rd Int. Conf. on SHM of Intelligent Infrastructure (SHMII-3) Nov. 2007 in Vancouver. ISBN: 978-0-9736430-4-6. pp. 151 (paper no. 115 on CD-ROM).

17. Habel, W.R.; Gutmann, T.: Embedded Quasi-distributed Fibre Optic Sensors for Long-term Monitoring of 4,500 kN Rock Anchors in the Eder Gravity Dam in Germany. Proc. of SHMII-2 Conference, Shenzhen/China 2005, BALKEMA Taylor & Francis 2006. Vol. 1, 289–297.
18. Lenke, P.; Liehr, S.; Krebber, K.; Weigand, F.; Thiele, E.: Distributed strain measurement with polymer optical fiber integrated in technical textiles using the optical time domain reflectometry technique Proc. of the 16th Intern. Conf. on Plastic Optical Fibers (POF 2007), September 2007, Turin/Italy. pp. 21–24.
19. Dantan N.; Habel W.R.; Wolfbeis, O.S.: Fiber optic pH sensor for early detection of danger of corrosion in steel-reinforced concrete structures. Proc. of the Int. Conf. on Smart Structures and Materials. San Diego 2005, SPIE-Vol. 5758, pp. 274–284.
20. Habel, W.R.; Krebber, K.; Dantan, N.; Schallert, M.; Hofmann, D.: Recent examples of applied fibre optic sensors in geotechnical areas to evaluate and monitor structural integrity. Proc. of the 2nd International Workshop on Opto-electronic Sensor-based Monitoring in Geo-engineering, Nanjing/China, October 2007. pp. 27–35.

15
Structural health monitoring research in China: trends and applications

J OU, Dalian University of Technology, China and Harbin Institute of Technology, China and H LI, Harbin Institute of Technology, China

Abstract: Structural health monitoring (SHM) provides a useful tool for ensuring integrity and safety, detecting the evolution of damage, and estimating performance deterioration of civil infrastructures. A number of civil infrastructures under construction have greatly motivated and promoted development and application of SHM in mainland China. In the past decade, Chinese researchers have made great progress in all aspects of SHM, including advanced smart sensors, wireless sensors and sensor networks; data acquisition systems, data communication systems, signal processing systems, data management systems, and system integrated techniques; approaches to damage detection, model updating and safety evaluation; design and implementation of SHM systems for practical civil infrastructure; and data interpretation and utilization. Additionally, almost 100 bridges, offshore platforms, tall buildings, spatial structures, underground infrastructures and pavement have been implemented with SHM systems in mainland China at present. This chapter summarizes the state-of-the-art application of SHM for civil infrastructures in mainland China, in particular sensors, sensor technology, and applications of SHM systems.

Key words: fiber optic sensing technology, wireless sensors, cement-based strain sensors, damage detection, structural health monitoring, implementation.

15.1 Fiber optic sensing technology

Fiber optic sensing technology is one of most critical achievements in the SHM field. Great efforts have been made to promote the study and application of this sensing technology due to the advantages of electro-magnetic shielding, small size, resistance to corrosion, and convenience for multiplexing a large number of sensors along a single fiber. Four kinds of fiber optic sensors have been developed for infrastructures: OTDR (BOTDR), F-P sensors, white-light interferometers and optical fiber Bragg-grating (OFBG) sensor (Ou, 2003). However, only the FRP-packaged optical fiber Bragg-grating (OFBG) sensors and FRP-packaged optical fiber sensors based on BOTAD (R) technology are practical.

15.1.1 FRP-packaged optical fiber Bragg-grating sensors

Due to the fragility of the OFBG, naked OFBG without any package is not appropriate for direct use in civil infrastructures. Additionally, the performance of the OFBG sensors packaged by glue suffers from short life due to creep and aging of the glue. To solve this problem, the first author has proposed embedding OFBG sensors into FRP when the FRP is fabricated (Ou, 2003). Consequently, FRP can protect the OFBG sensors against breakage and short life. On the other hand, the FRP products embedded with OFBG sensors can sense their own strain. The fabrication procedure of FRP-OFBG rebar is shown in Fig. 15.1. The FRP-OFBG rebar is further processed to form several kinds of FRP-OFBG strain and temperature sensors for monitoring steel or reinforced concrete (RC) structures, as shown in Fig. 15.2.

The verification and calibration of FRP-OBFG sensors have been conducted both by laboratory and field tests. The performance, including sensitivity, resolution, discrimination, range, linearity, accuracy, repeatability, stability, environmental constraints, fatigue resistance and corrosion resistance of the FRP-OFBG sensors, has been systematically and experimentally investigated. The results indicate that the measurement range of the FPR-OFBG sensors is about 5000 $\mu\varepsilon$ to 10000 $\mu\varepsilon$; accuracy is about 1~2 $\mu\varepsilon$ depending on the interrogator; repeatability error is less than 0.5%; linearity error is less than 0.8%; sensitivity coefficient is about 7.8×10^{-7}; hysteresis error is less than 0.5%; fatigue life is higher than 1,000,000 times at 1000 $\mu\varepsilon$ level; and the FRP-OFBG sensors can be used for at least 20 years.

15.1.2 FRP-packaged optical fiber sensors based on BOTDA (R) technology

In the last two years, to develope a practical BOTDA or BOTDR solution for long-term SHM of large-scale infrastructures, a series of novel, low-cost and highly reliable BOTD sensors using FRP-optical fiber (OF) rebar, as shown in Fig. 15.3, has been developed which can be manufactured as long as several kilometers. For the same reason mentioned above, the FRP also protects the OF against breakage, which makes the OF appropriate for civil

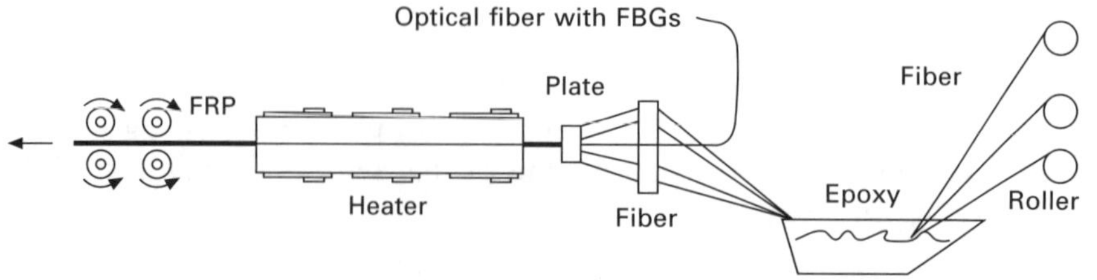

15.1 Fabrication procedure of FRP-OFBG rebars.

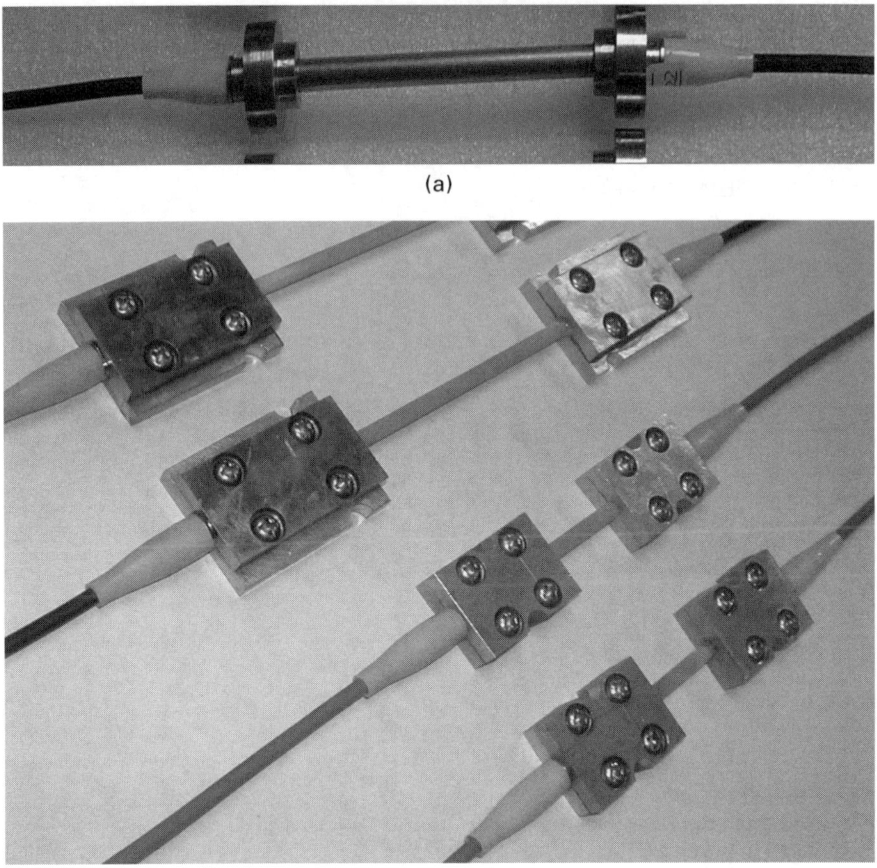

(a)

(b)

15.2 FRP-OBFG sensors (a) Strain sensors embedded into RC structures and (b) Strain sensors welded with steel structures or to surface of RC structures.

infrastructure. The performance of the FRP-OFs at various gauge lengths were experimentally investigated under different spatial and readout resolutions using commercial BOTDA, as shown in Fig. 15.3. It can be observed that the FRP-OFs have good sensing properties. Therefore, the FRP-OFs can be used in long-term SHM for civil infrastructures.

15.1.3 FRP-OFBG-based smart products

As mentioned above, FRP-OFBG rebar can sense its own strain, which means that it can play the role of a strain sensor. At the same time, the FRP-OFBG rebar has the same strength as FRP rebar and thus can play a role of rebar.

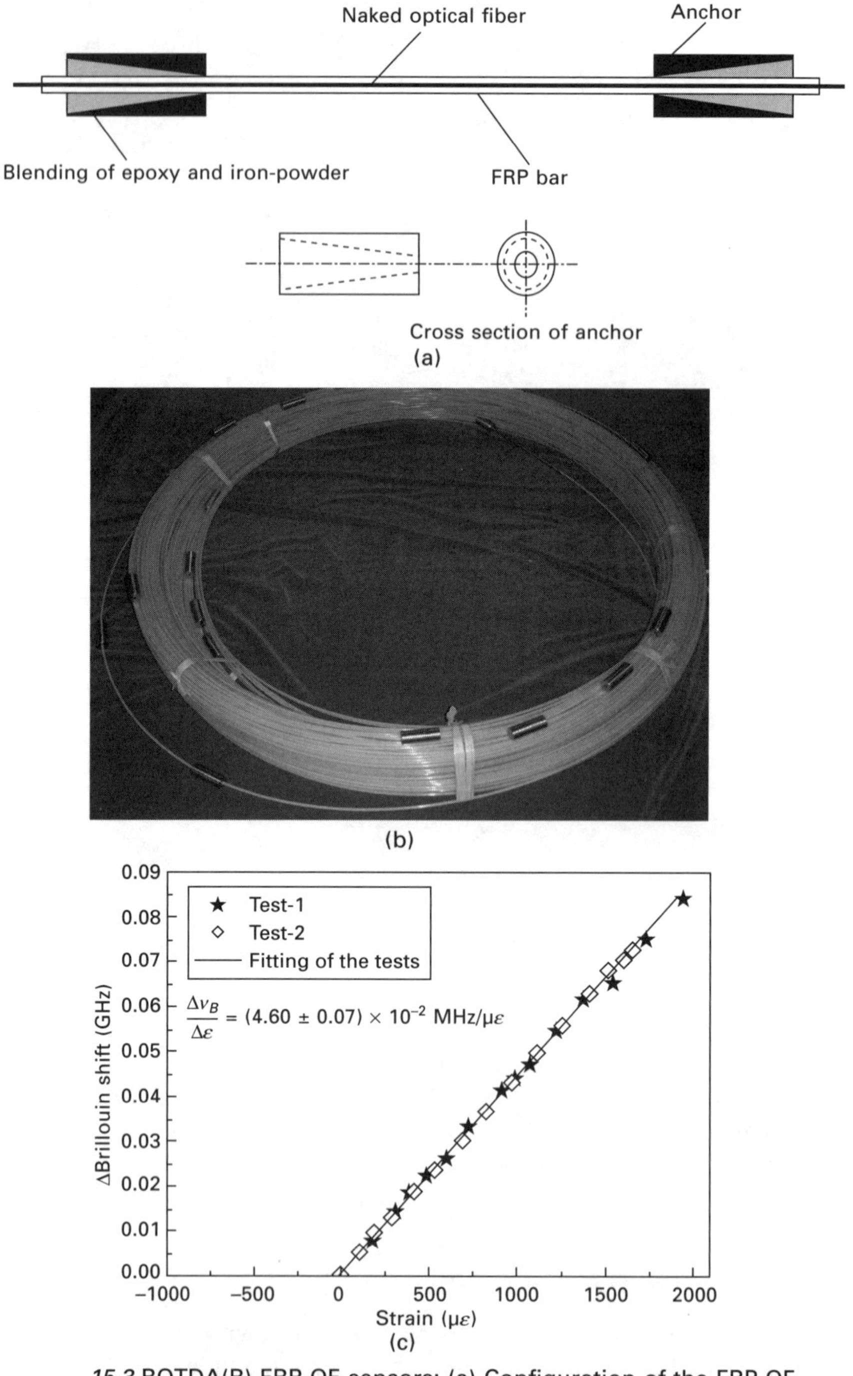

15.3 BOTDA(R) FRP-OF sensors: (a) Configuration of the FRP-OF sensors; (b) Photo of the FRP-OF sensors; and (c) Strain sensing properties at different spatial and readout resolution.

The FRP-OFBG smart rebar has been commercially produced by the Harbin Tider Co, as shown in Fig. 15.4.

Cables and suspenders are very important components of civil infrastructures. However, they suffer from corrosion, fatigue and sever coupled effects in long-term service. Monitoring technology for cables is very critical, though

(a)

(b)

15.4 Commercial FRP-OFBG-based smart rebars.

it has been a challenging issue so far. A novel FRP-OFBG-based smart cable was developed by HIT group. For fabrication of FRP-OFBG-based smart cable, several FRP-OFBG smart rebars were placed into hollow cable and anchored as other steel rebars are, as shown in Fig. 15.5. Consequently, FRP-OFBG-based smart cable can sense its own strain and also bear force as common steel cable does. Performance verification and calibration of FRP-OFBG-based smart cables have been comprehensively carried out by filed tests, as shown in Fig. 15.5. The strain versus load in Fig. 15.5 is linear and the small error between different sensors is attributed to different stress states of the rebars in cable.

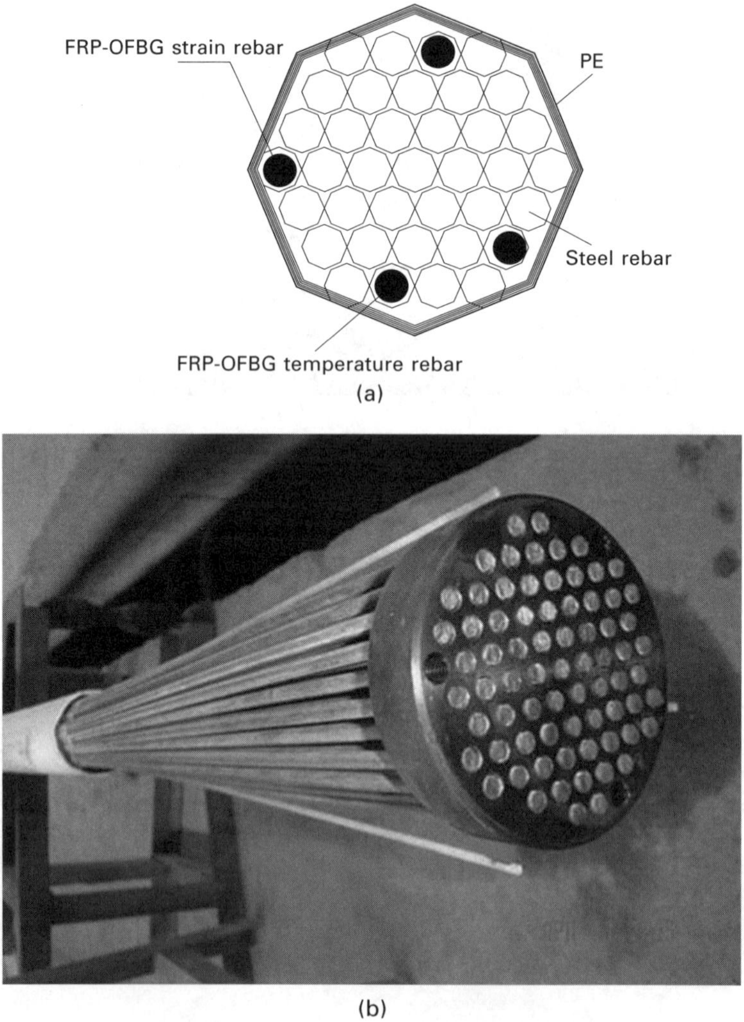

15.5 FRP-OFBG-based smart cables and performance.

(c)

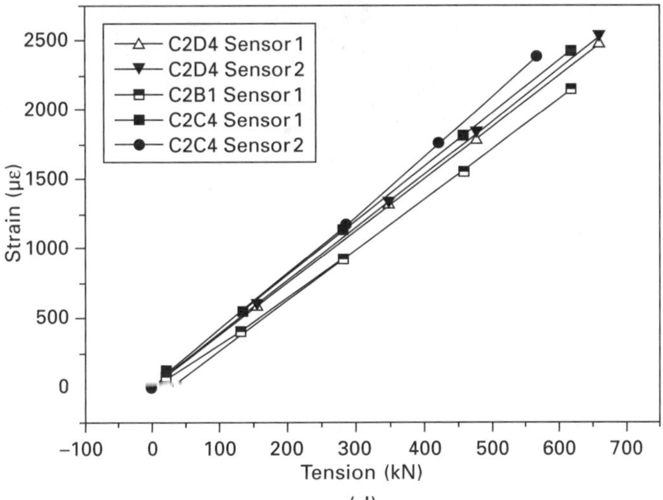

(d)

15.5 Cont'd

15.1.4 FBG demodulators

Three types of simple and low-cost wavelength demodulators with high resolution for multi-channel dynamic FBG measurements were developed at HIT, as shown in Fig. 15.6. The TFBGD-210 is a portable double-channel FBG demodulator with a strain resolution better than 1pm at a frequency band of 1–100Hz. The TFBGD-700 is a single-channel FBG demodulator with a strain resolution of 0.5pm at a frequency of 1Hz. The TFBGD-9000

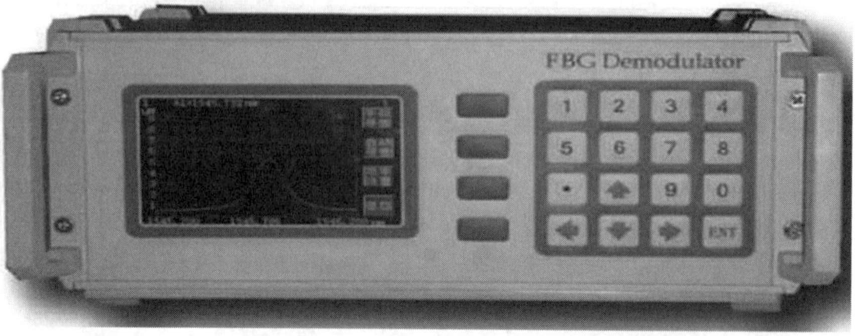

(a)

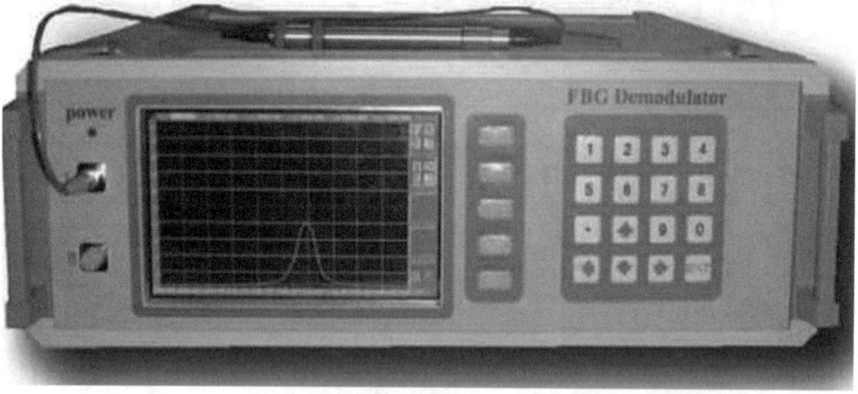

(b)

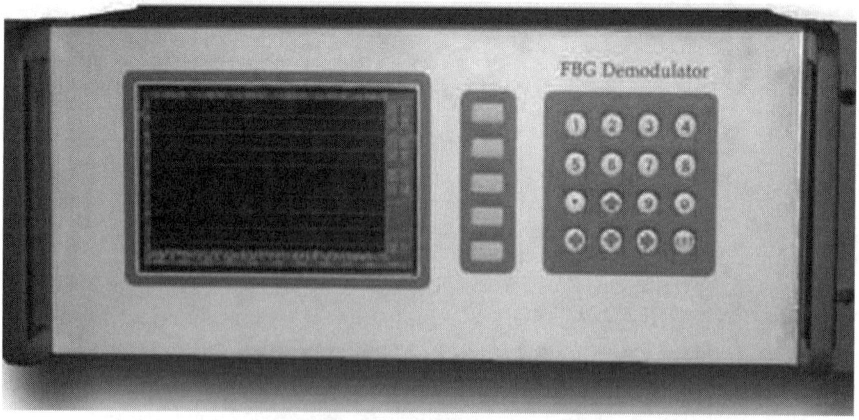

(c)

15.6 FBG demodulators: (a) TFBGD-210; (b) TFBGD-700; and (c) TFBGD-9000.

is a 16~64-channel FBG demodulator with a strain resolution of 1pm at a frequency of 300 Hz. The performance of these three demodulators types was verified and calibrated by laboratory and field tests.

15.2 Wireless sensors and sensor networks

MEMS-based wireless sensing technology is another important achievement in the SHM field. Great efforts have been made in MEMS-based wireless sensors and sensor networks in mainland China. Ou (2003) has comprehensively studied wireless accelerometers and their networks, as shown in Fig. 15.7. The performance of the wireless accelerometers and their networks has been investigated through shaking table tests of a small-scale frame model and a small-scale offshore platform model. The results indicate that the wireless accelerometers can record the time-history of acceleration as well as the wired accelerometers. The frequency response functions are almost identical to each other. Five wireless accelerometers have been attached on the Shenzhen Diwang Building to measure wind-induced vibration under typhoons, as shown in Fig. 15.8.

The vibrating wire strain gauge is an effective sensor for measurement of static strain. However, the cables for signal transmission increase labor and cost, and decrease reliability of SHM systems. A wireless vibrating

(a)

15.7 Wireless accelerometers and performance.

(b)

(c)

15.7 Cont'd

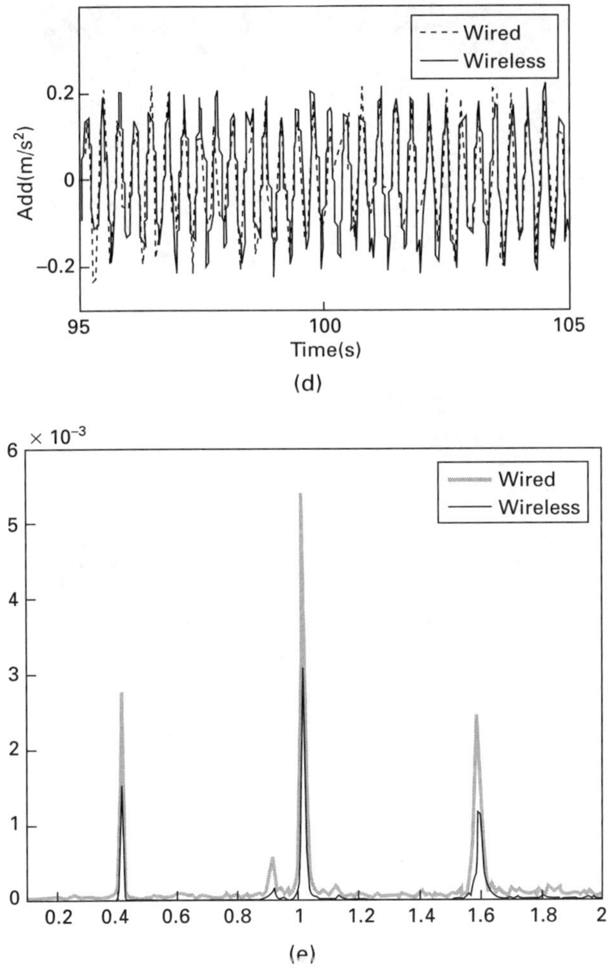

15.7 Cont'd

wire strain gauge, as shown in Fig. 15.9, was thoroughly developed by the HIT group. The performance of the wireless vibrating wire strain gauge was verified through static loading tests on a reinforced concrete beam and the results are shown in Fig. 15.9. It can be seen from Fig. 15.9 that the strain measured by the wireless sensors agrees well with that measured by common vibrating wire strain gauges.

15.3 Smart cement-based strain gauge

Common cement has no pressure-electric resistance properties and cannot sense its own strain. However, short carbon fiber reinforced cement (CFRC)

(a)

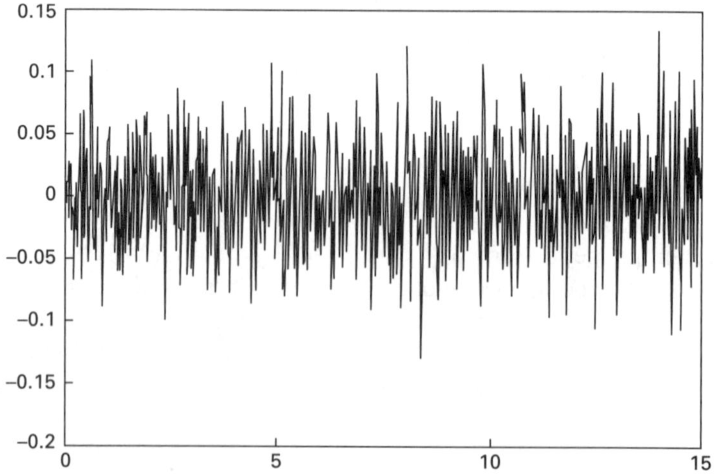

(b)

15.8 Application of wireless accelerometers in the Shenzhen Diwang Building.

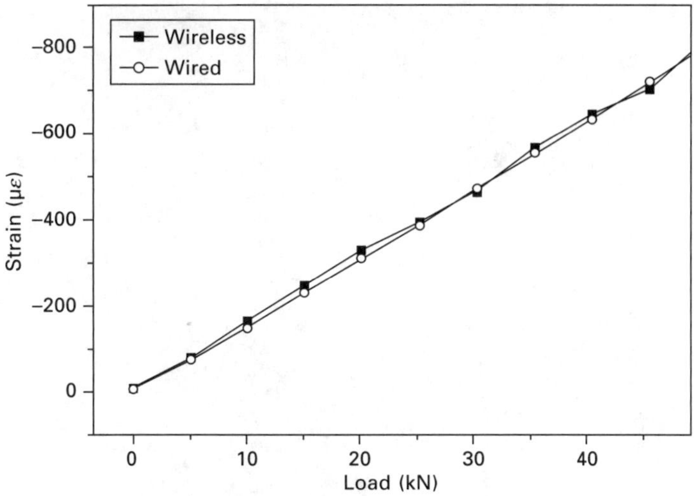

15.9 Wireless vibrating wire strain gauge and performance.

and cement containing carbon black (CCB) have good pressure-electric resistance properties and can play the role of strain gauge, namely smart cement-based strain gauges (Ou, 2005). The change in resistance for CFRC may be attributed to the interface between carbon fiber and cement (contact resistance), whereas, for CCB, the change in resistance may be attributed to the tunnel effect of carbon black. The fabrication procedure, mixture proportion, and CD circuit for measurement of electric resistance were systematically studied for these two smart cements. Because it is impractical to employ this cement as a structural material at present stage, Ou *et al.* (2003) proposed to fabricate strain gauges using this cement rather than constructing large-scale infrastructures. The smart cement-based strain gauge and its pressure-resistance properties under monotonic and cyclic loadings are shown in Fig. 15.10(a). Both strain and temperature can induce change in electric resistance of the smart cement-based strain gauge. The coupled effect should be separated and the effect of temperature on electric resistance should be removed. The temperature versus change in electric resistance of CFRC is shown in Fig. 15.10(b). Additionally, moisture also has a significant impact on the sensing properties of CCB due to the expansion in volume of carbon black after the absorption of water. A CCB strain gauge wrapped with epoxy resin is presented to prevent water from seeping into the gauge. The change in electric resistance versus strain of the CCB strain gauge under water for three months was investigated and the test results are shown in Fig. 15.10(c). It can be seen that the epoxy resin can prevent water from seeping into CCB and that the sensing properties remain stable even when the CCB strain gauge was dipped into water (100% moisture). Creep is also

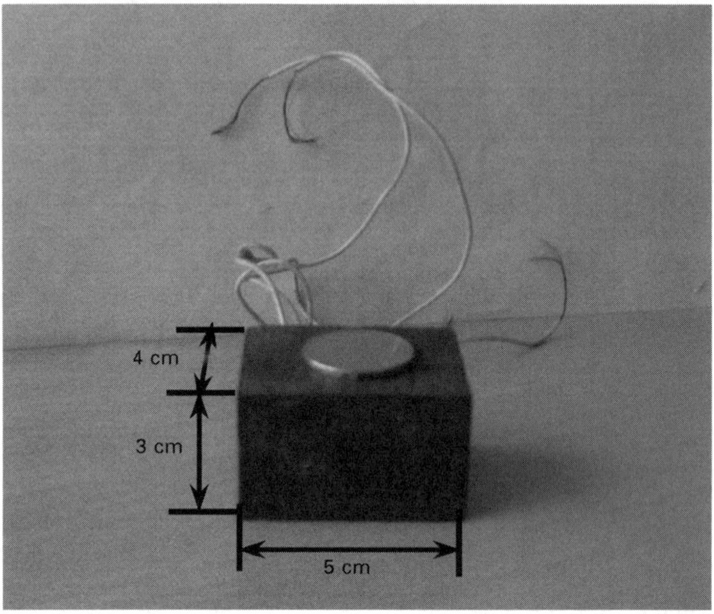

(a1)

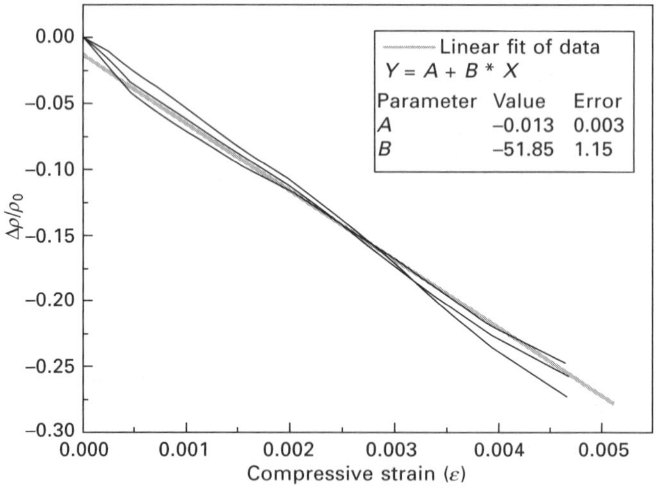

(a2)

15.10 Cement-based smart strain gauge: (a) CFRC and CCB strain gauges and their pressure-resistance properties under monotonic and cyclic loadings; (b) Change in resistance versus temperature; (c) Pressure-resistance properties of CCB with water-proof measure; (d) Influence of creep on pressure-resistance properties; (e) Pressure-resistance behavior of CFRC in RC beam; (f) Pressure-resistance behavior of CFRC in RC column.

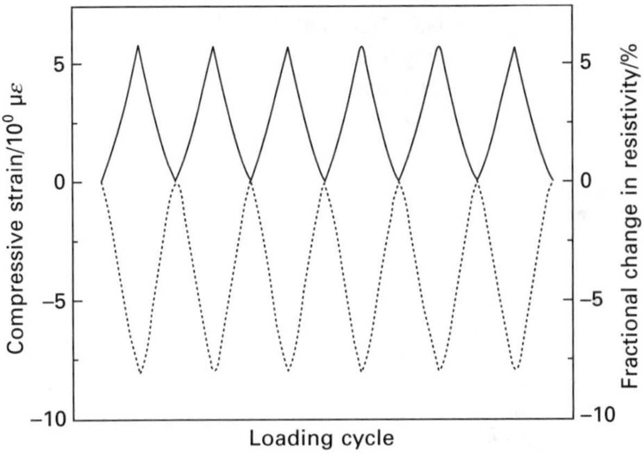

(a3)

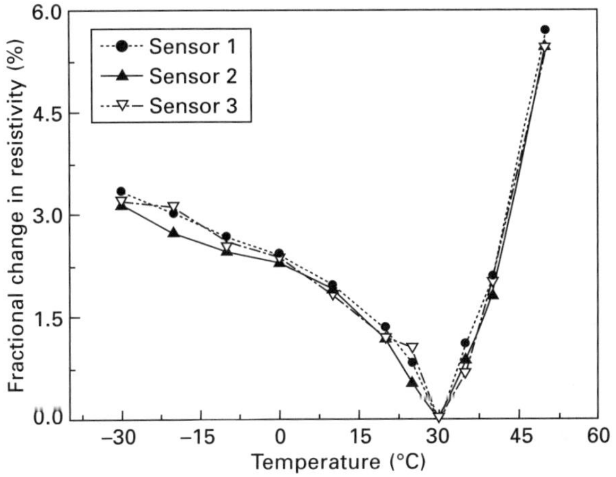

(b)

15.10 Cont'd

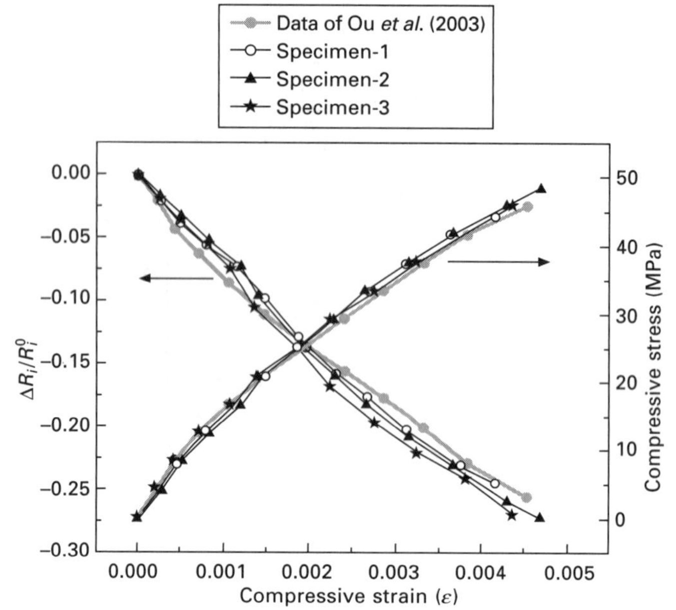

(c)

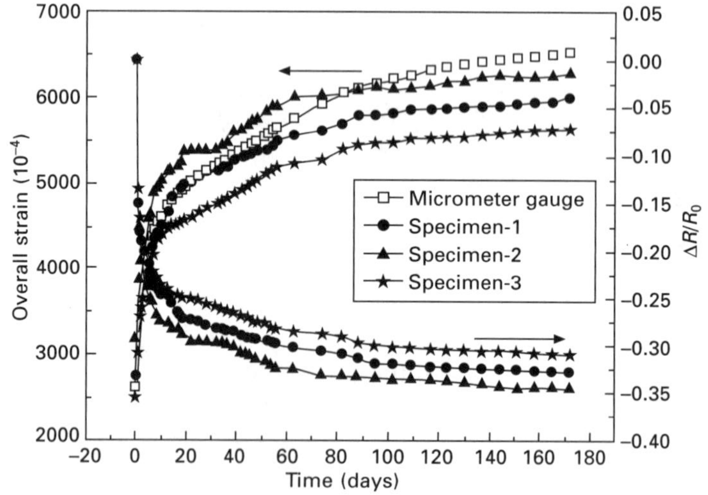

(d)

15.10 Cont'd

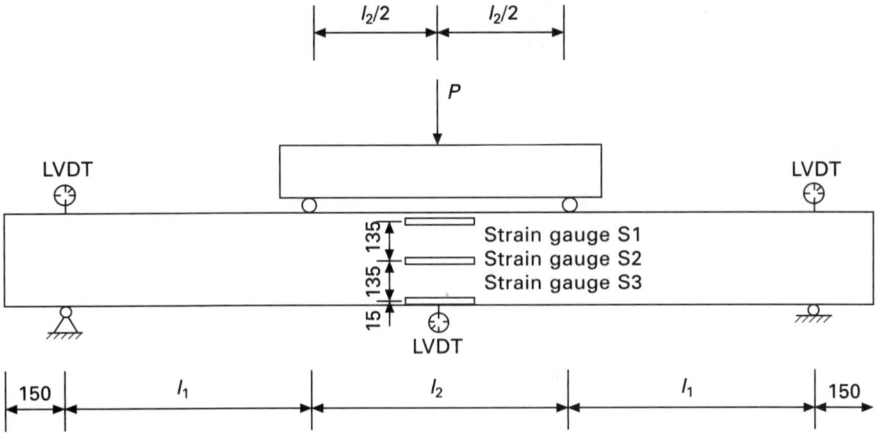

(e1)

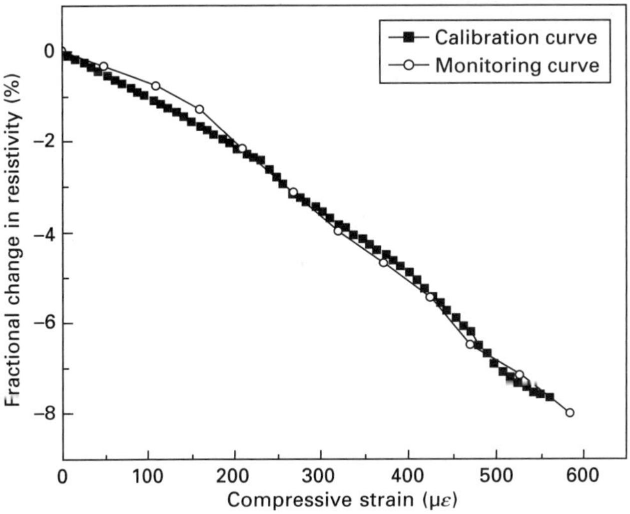

(e2)

15.10 Cont'd

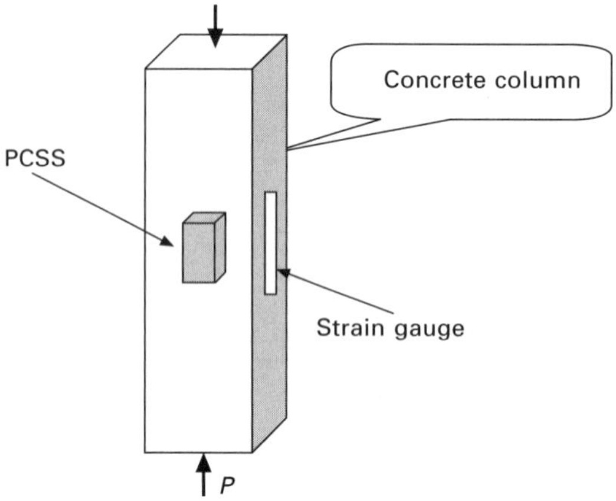

(f1)

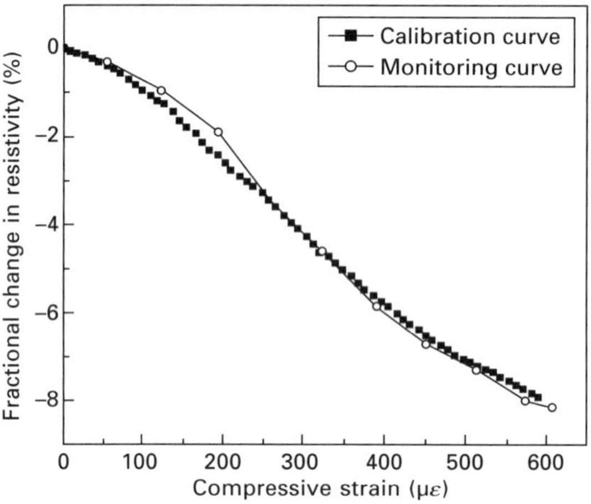

(f2)

15.10 Cont'd

an important factor for cement materials and the change in electric resistance versus strain of CCB was also investigated under sustaining constant stress for a half year. The results are shown in Fig. 15.10(d). It can be seen that the change in electric resistance decreases dramatically at the early stage and then converges with decreasing creep. Based on the comprehensive study, an electric-mechanical model is proposed to describe the behavior of CCB strain gauge.

Both CFRC and CCCB were embedded into RC beams and columns to measure strain of the beams and columns and investigate their behaviors during whole loading process up to failure of the beams and columns. The results are shown in Fig. 15.10(e) and (f). The results in Fig. 15.10(e) and (f) indicate that CFRC and CCCB can monitor strain of the RC beams and columns during the entire loading process only when the strength of the sensor is larger than that of the beams and columns; otherwise, the sensor will fail before the main members fail.

In the last two years, smart cement-based sensors have been embedded into RC beams of a practical bridge and inner wall of a practical tunnel. The measurement of strain of the tunnel is shown in Fig. 15.11 and it can be observed that the smart cement-based strain gauge can measure the strain as well as the vibrating-wire strain gauge does. However, the smart cement-based strain gauge has the same life expectancy as the monitored RC structure and is compatible with the RC structure.

15.4 Applications: a structural health monitoring system for an offshore platform

Offshore platforms suffer from corrosion, fatigue and their coupled effects more severely than other infrastructures. Therefore, monitoring of platforms

(a)

15.11 Application of CCB strain gauge in the Chuankai Tunnel, Zhejiang, China.

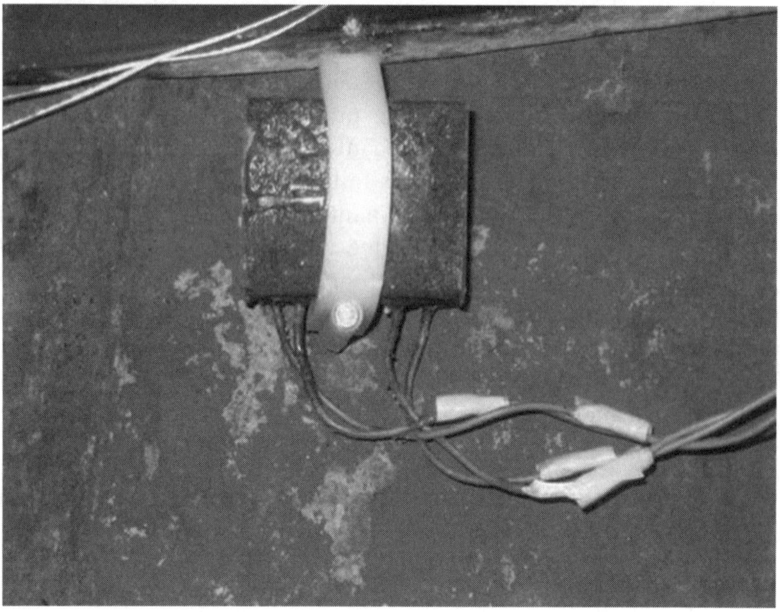

(b)

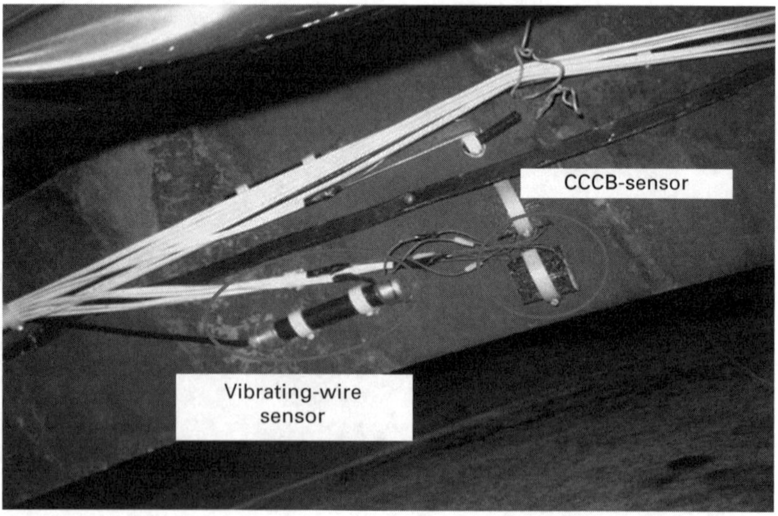

(c)

15.11 Cont'd

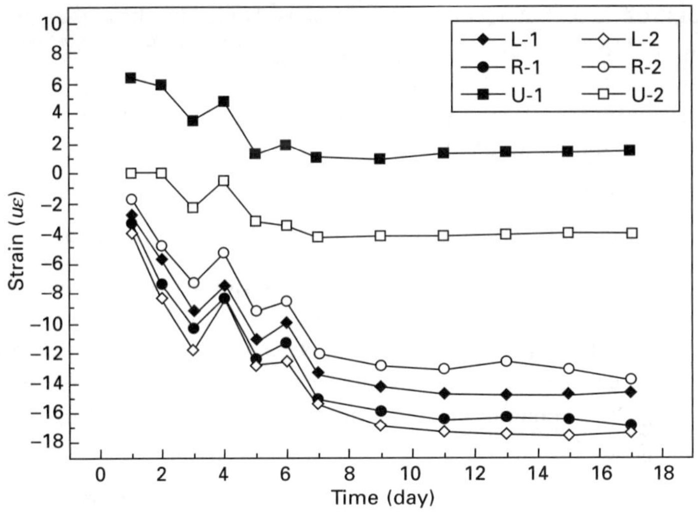

(d)

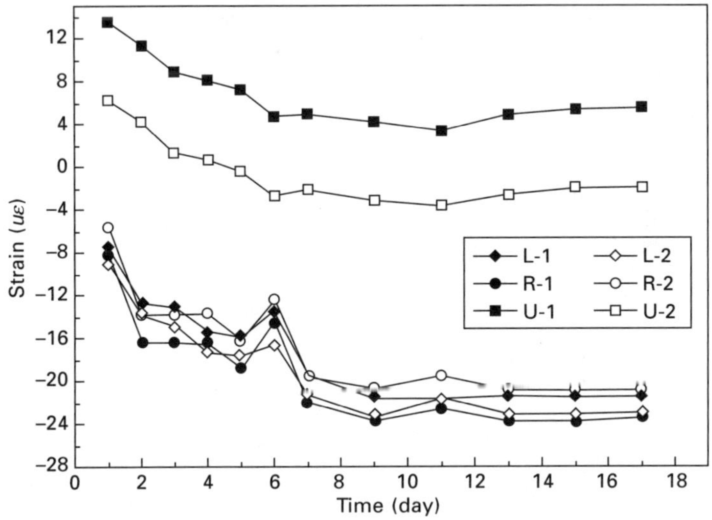

(e)

15.11 Cont'd

is very important in ensuring their safety in service. The Bohai Ocean Oil Field is one of the most important ocean oil fields in China, in which the ice pressure is the main environmental load to offshore platforms during the winter. In the 1960s and 1970s, there were, respectively, two platforms destroyed by heavy ice force action. Since the 1980s, the ice conditions and ice pressure acted on the platforms in Bohai ocean have been monitored under the support of the China Ocean Oil Company. Based on these facilities, an on-line structural health monitoring system for steel jacket platform JZ20-2MUQ is integrated. In recent years, Ou *et al.* (2005) has implemented an intelligent structural health monitoring system into the offshore platform CB32A under the support of the Ministry of Science and Technology, China.

15.4.1 Description of the offshore platform CB32A

An offshore platform CB32A with a jacket height of 24.7 m was constructed in 2003 and located in water with a depth of 18.2 m, as shown in Fig. 15.12. The offshore platform consists of a jacket, pier and platform. The jacket consists of four legs with a slope angle of 1:10. The altitudes of the foot and top floor of the jacket are respectively –19.7 m and 5.0 m.

15.4.2 The structural health monitoring system

A finite element model was first established for structural analysis. Based on the structural analysis results, an SHM system was designed which included sensory, data acquisition, data communication, data management, module of structural analysis, and warning systems. The SHM system was operated on-line and remotely controlled via internet.

(a)

15.12 The offshore platform CB32A and its SHM system.

(b)

(c)

15.12 Cont'd

(d)

15.12 Cont'd

The sensory system included 259 OFBG sensors, 178 PVDF sensors, 56 fatigue life meters, 16 acceleration sensors, and an environmental condition monitoring system. The sensors were attached on welding lines of 12 tube joints and 20 members. For the environmental condition monitoring system, anemoscopes and currents were selected to measure speed and direction of wind, the height, length, and direction of waves, and the speed and direction of currents. The sensory system installation scenarios are shown in Fig. 15.12.

For the data acquisition system, the PXI bus technique was employed and the sampling rates were 1000 Hz for accelerometers and 50 Hz for other sensors. For the data communication system, a wireless communication system was employed to transmit the collected data on site from the CB32A to the administrative office, as shown in Fig. 15.12. Oracle database was employed to manage collected data and structural analysis results. The collected data can be automatically processed in real time and warnings automatically emitted.

The SHM system was then integrated and has been operating online in real time since October 2005. Users can download data via the internet.

15.4.3 SHM-based safety evaluation methods

Safety evaluation of the CB32A can be directly done by comparison of the peak of measured stress with the strength of the steel material or by comparison of the peak of measured loads with the specified limits for design. The fatigue accumulated damage can also be calculated through rainfall analysis based on time-history of measured stress. Warnings are immediately emitted in the following three cases: (i) A critical change in stress, loads and/or fatigue accumulated damage occurs; (ii) Stress, loads and/or fatigue accumulated damage equal to or exceed the specified limits; and/or (iii) Damage is detected using various damage detection strategies. However, all these methods are for member-level safety evaluation, not for structure-level safety evaluation.

Ou *et al.* (2003) proposed a method of structure-level safety evaluation for jacket offshore platforms. Considering that the base shear is the control variable for the safety of jacket offshore platforms with short height, safety evaluation can be conducted by comparison of the peak of the measured base shear (obtained using the mass and measured acceleration response of the structure) with the load capability along various orientations under various loadings, as shown in Fig. 15.13. Ou *et al.* (2003) further proposed that the load capacity of a jacket offshore platform can be calculated using a pushover method based on the commercial finite element (FE) model software package SACS. The typical load capacity curves of a jacket offshore platform under ice action are shown in Fig. 15.14. It can be observed that the base shear versus the top floor displacement of the platform behaves like elasto-plastic materials. The first and second characteristic points correspond to yield and ultimate capacities of the platform, which are listed in Table 15.1 for wave-current loading and ice loading.

In fact, the damage the platform may incur during long-term service results in performance deterioration and decrease in loading capacity. Thus, the base shear versus top floor displacement of the platform varies in long-term operational conditions. Calculation of the base shear versus top floor displacement in real time is time-consuming. Ou *et al.* (2003) proposed that base shear versus top floor displacement should be calculated for all possible damage cases in advance and saved in the SHM system, providing the dactylogram for safety evaluation if the system readily emits timely warnings based on the dactylogram. Base shear versus top floor displacement of the CB32A is recalculated provided that the CB32A is in service for one-year and damage occurs. The results are listed in Table 15.2.

15.4.4 Warning thresholds

The Offshore Platform Design Code is formulated based on the limit-state concept and offers performance criteria for various limit states. The two

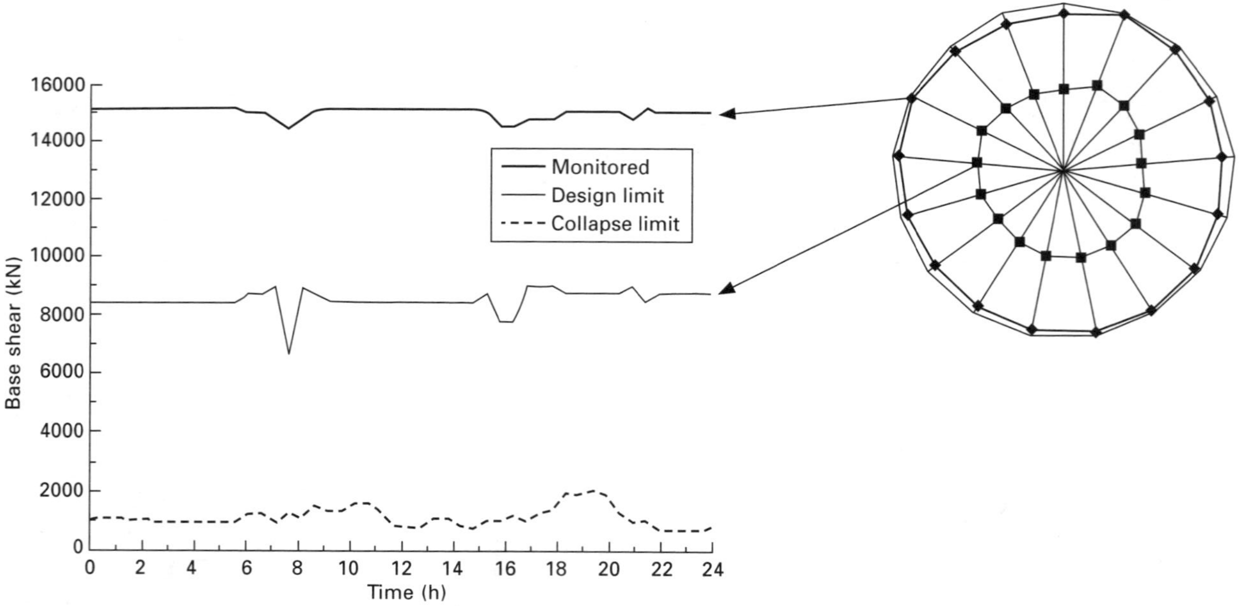

15.13 Safety evaluation method in real time for jacket offshore platforms.

principle limit states are defined as (i) serviceability limit state; and (ii) ultimate limit state. Two warning levels corresponding to these two limit states were proposed by Ou *et al.* (2003). Consider when the offshore platform and its accessory facilities are out of order when the deformation of platform is too

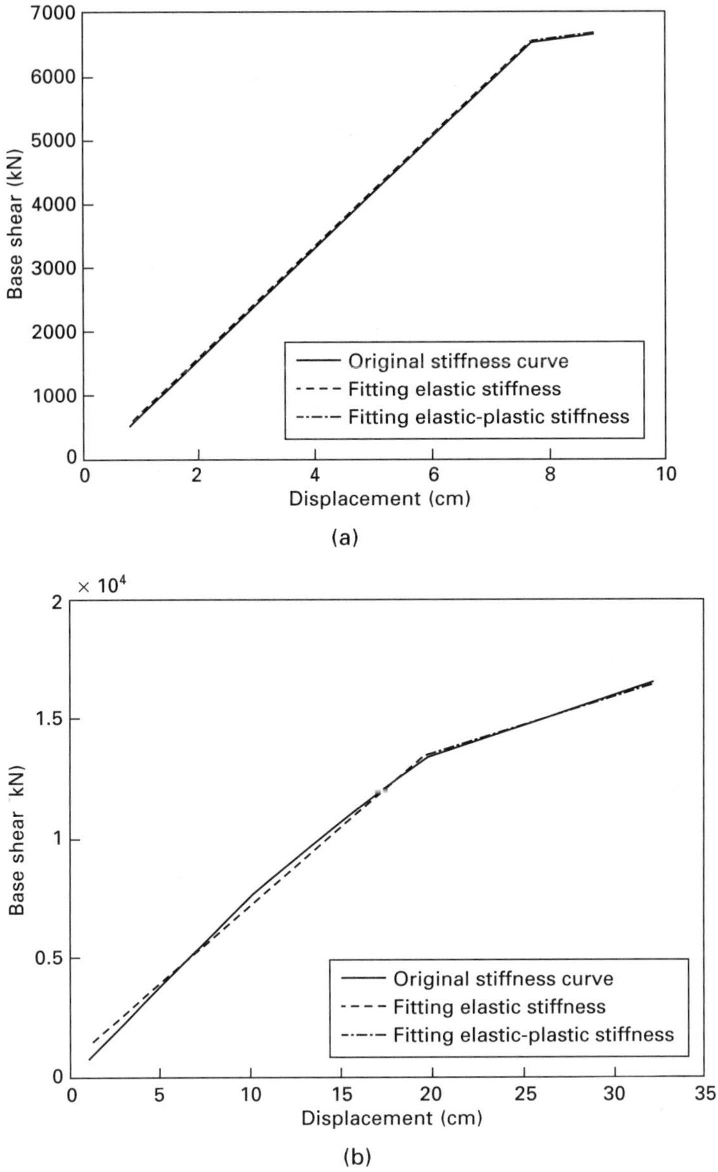

15.14 Base shear versus top floor displacement of the platform under ice action.

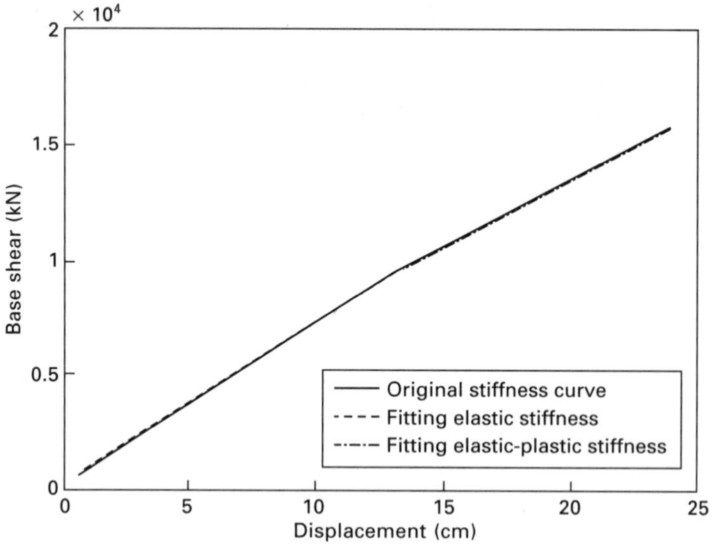

(c)

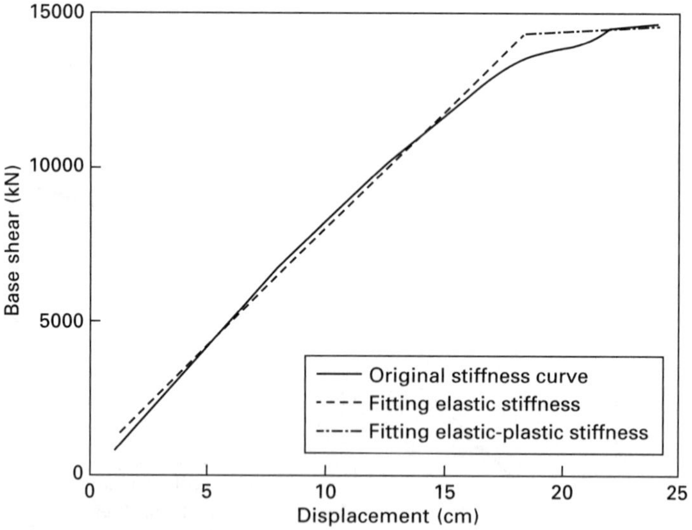

(d)

15.14 Cont'd

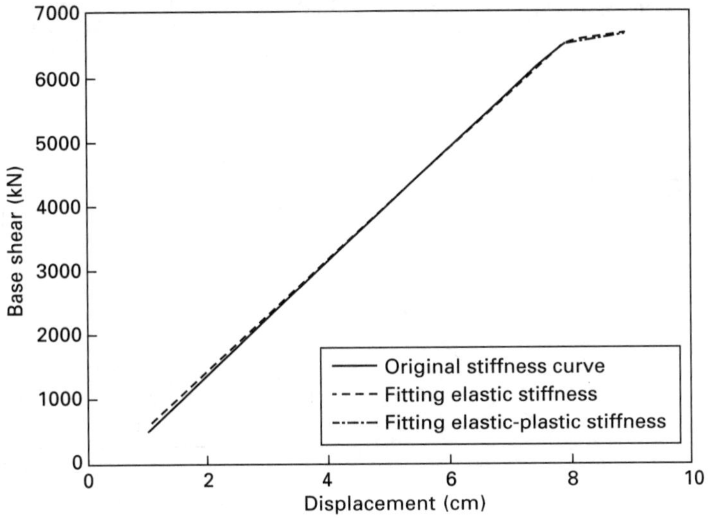

(e)

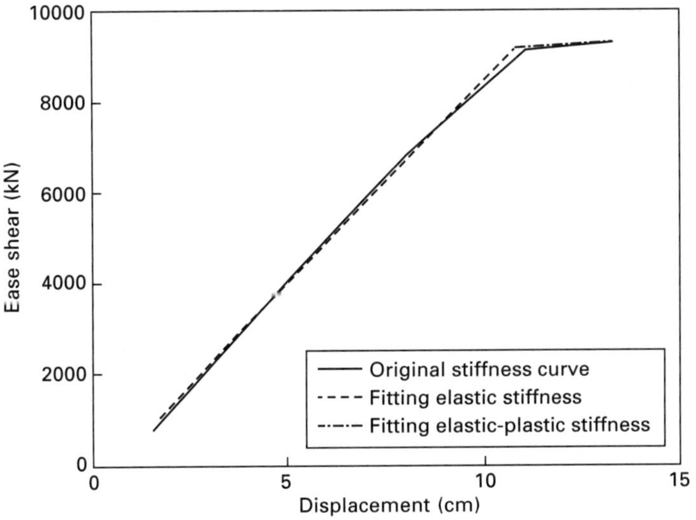

(f)

15.14 Cont'd

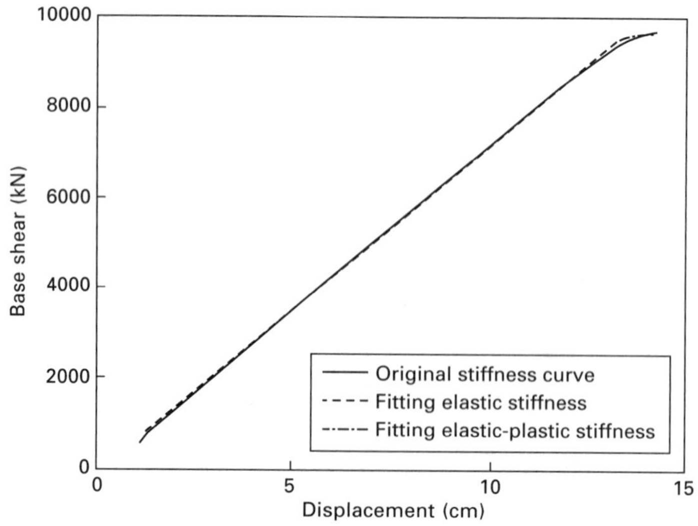

(g)

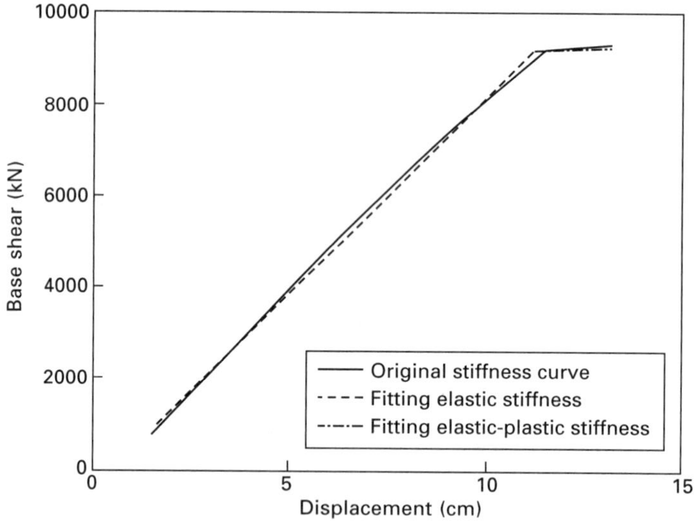

(h)

15.14 Cont'd

large, which means that the stiffness of the offshore platform is not permitted to decrease dramatically. Therefore, a Level 1 warning should be emitted to notify that the structure behaves in the elastic stage and the base shear cannot exceed the yield point. Consequently, the yield point is the Level 1 warning threshold. For level 2, it refers to ultimate loading capacity.

Table 15.1 Ultimate base shear and warning thresholds for the CB32A (without damage)

Loading cases	Direction (°)	Ultimate base shear (kN)	Level 1 warning threshold (kN)	Level 2 warning threshold (kN)	Direction (°)	Ultimate base shear (kN)	Level 1 warning threshold (kN)	Level 2 warning threshold (kN)
Ice	0	6552	4914	6552	180	6552	4914	6552
	45	16577	12433	16577	225	9154	6865	9154
	90	15727	11795	15727	270	9557	7168	9557
	135	14539	10904	14539	315	9154	6865	9154
Wave	0	17235	12926	17235	180	17262	12947	17262
	45	18287	13715	18287	225	16765	12574	16765
	90	17241	12931	17241	270	16004	12003	16004
	135	18227	13670	18227	315	16646	12485	16646

Table 15.2 Ultimate base shear and warning thresholds for the CB32A (with damage)

Loading cases	Direction (°)	Ultimate base shear (kN)	Level 1 warning threshold (kN)	Level 2 warning threshold (kN)	Direction (°)	Ultimate base shear (kN)	Level 1 warning threshold (kN)	Level 2 warning threshold (kN)
Ice	0	5791	4343	5791	180	5791	4343	5791
	45	14717	11038	14717	225	8127	6095	8127
	90	13900	10425	13900	270	8447	6335	8447
	135	12908	9681	12908	315	8127	6095	8127
Wave	0	13081	9811	13081	180	13136	9852	13136
	45	14072	10554	14072	225	12870	9653	12870
	90	13010	9758	13010	270	12073	9055	12073
	135	14044	10533	14044	315	12703	9527	12703

For offshore platform CB32A, the methods of safety evaluation based on SHM are shown in Fig. 15.15.

15.4.5 Overview of findings

The wind, wave and current are measured by the SHM system and listed in Table 15.3. It can be seen that the environmental load effects are quite small compared to the design limits. Strain has been continuously measured by the OFBG sensors. Fig. 15.16 shows the measured strain peak of joint 110 for 120 days, on 25 Feb 2006, on 9 Feb 2006 and time-history of strain on 9 Feb 2006. It can be seen that the maximum strain amplitude can reach greater than 40 MPa under live loads, which is small compared with the strength of steel. In the morning of 9 Feb 2005, there is a spike pulse in strain caused by a boat striking the platform.

The modal frequencies and mode shapes were identified using measured acceleration based on an ambient vibration. The initial FE model was updated based on the identified frequencies and mode shapes. The updated FEM was employed to calculate the base shear under measured environmental load effects and the results are listed in Table 15.4. The threshold values for warning are listed in Table 15.4. Comparison of the results in Table 15.4 indicates that CB32A is reliable at present.

15.5 Applications: the National Aquatic Center for the Olympic Games 'water cube'

15.5.1 Descript of the building

The National Aquatic Center for the Olympic Games is a cuboid steel structure with a size of 171 × 171 × 31 m covered mainly with a EFTE polymer membrane to form a sandwich configuration, as shown in Fig. 15.17. The steel structure consists of H_2O-shaped elements, as shown in Fig. 15.17. The structure began construction in 2004 and was completed in 2007.

15.5.2 The structural health monitoring system

Considering that the building is important and the ETFE membrane was first adopted in China, the owner of the building decided to install an SHM system to monitor the stress states during construction and the performance in operational conditions. To meet the requirements of the building owner, the SHM system was designed to be continuously operated for two weeks in summer and in winter, respectively, and through the entire duration of Olympic Games in 2008. Data are processed online and warning should be timely emitted in case of emergency. The data interpretation and analysis are

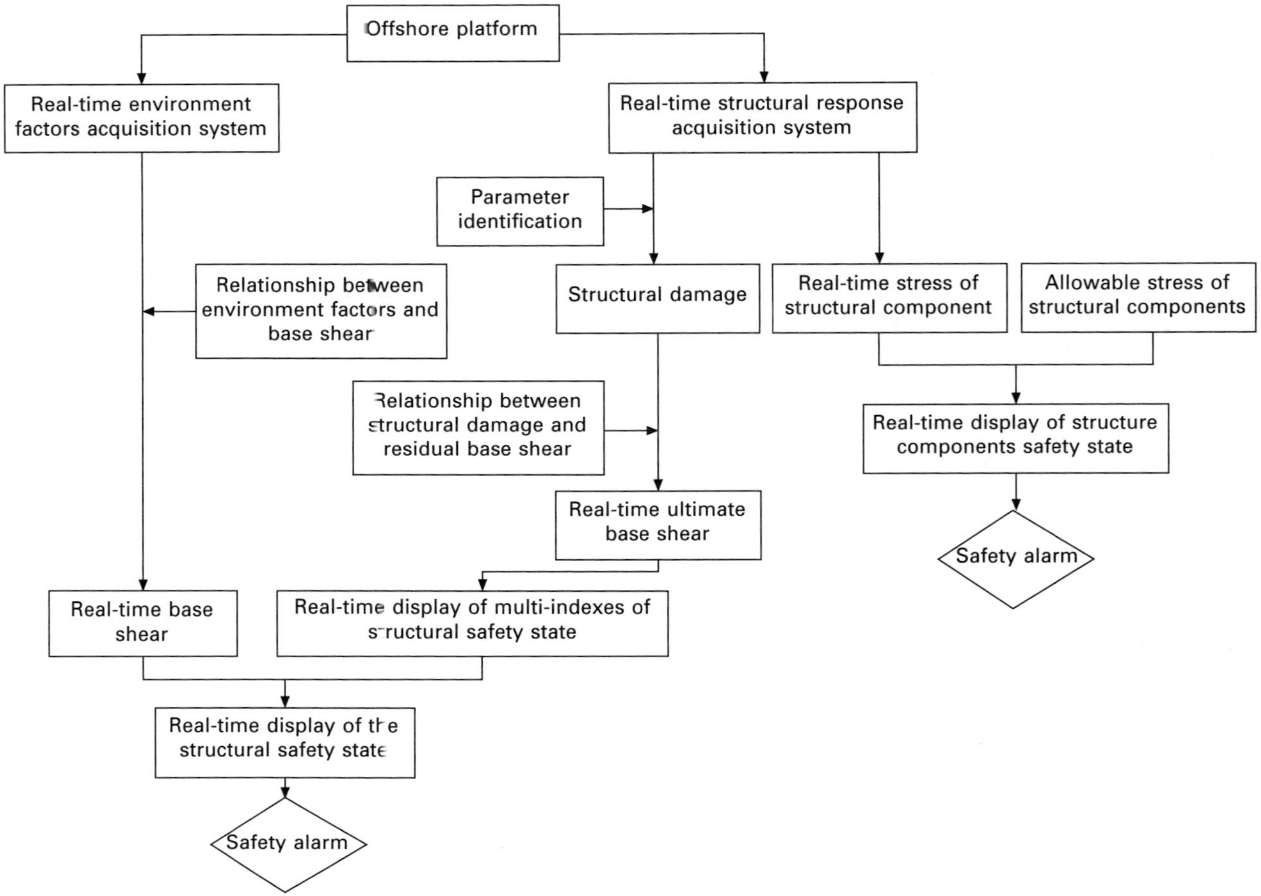

15.15 Methods of safety evaluation based on SHM for jacket offshore platforms.

Table 15.3 Measured environmental load effects

Measured time	Wind speed (m/s)	Wind direction (°C)	Current speed (m/s)	Current direction (°C)	Wave height (m)	Wave direction (°C)
2006-1-27:03:24	5.13	293.72	0.199	134	0.23	0.2
2006-1-27:03:54	5.3	301.73	0.185	134.1	0.23	0.2
2006-1-27:04:24	3.85	318.02	0.221	125.4	0.23	0.2
2006-1-27:04:56	3.9	309.47	0.247	146.2	0.23	0.2
2006-1-27:05:32	3.86	296.65	0.239	139.2	0.18	0.1
2006-1-27:06:02	3.27	316.96	0.216	134.4	0.2	0.2
2006-1-27:06:38	3.98	332.44	0.135	161.4	0.19	0.2
2006-1-27:07:11	5.08	41.62	0.076	160.3	0.2	0.2
2006-1-27:07:46	4.41	34.05	0.103	155.2	0.2	0.2
2006-1-27:08:18	4.62	32.49	0.061	231.2	0.2	0.2

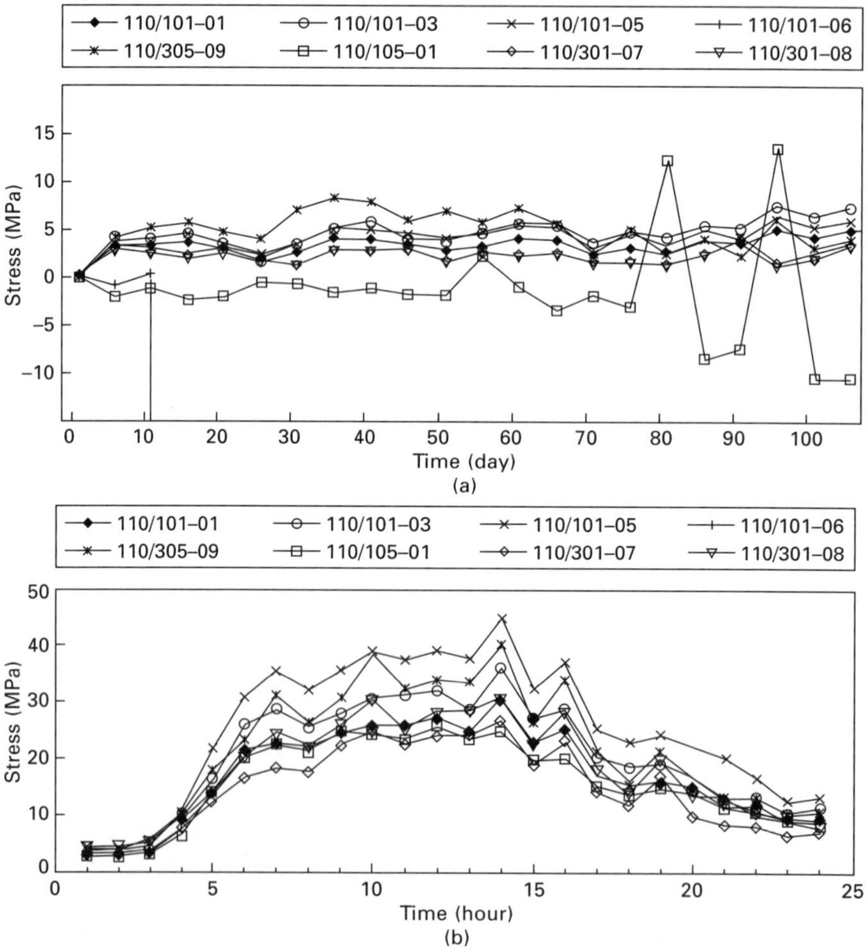

15.16 Measured strain segment of joint 110.

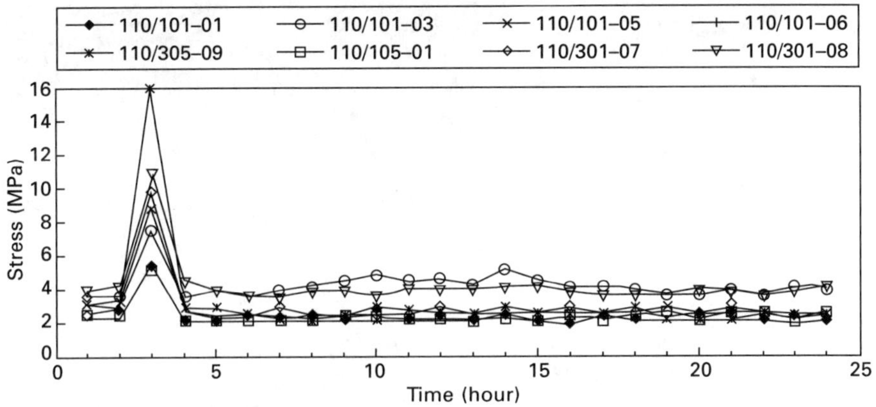

(c)

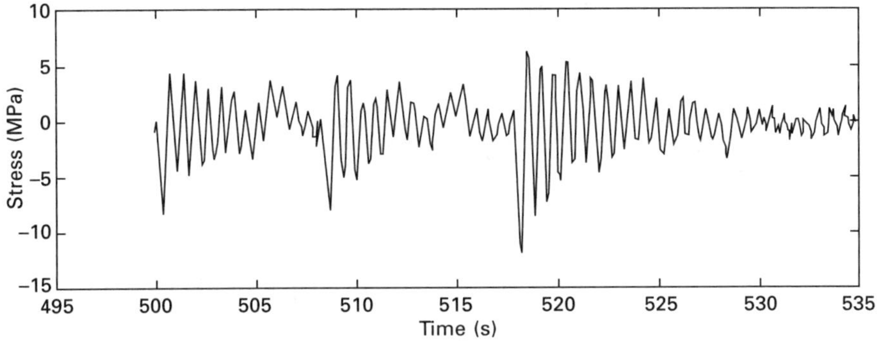

(d)

15.16 Cont'd

Table 15.4 Measured base shear and safety evaluation (kN)

Measured time	Base shear	Direction	Warning level 1	Warning level 2	Safe or failure
2006-1-27:03:24	12.10	293.72	9390.4	12520.6	Safe
2006-1-27:03:54	12.44	301.73	9283.2	12377.6	Safe
2006-1-27:04:24	8.62	318.02	10208.7	13611.6	Safe
2006-1-27:04:56	9.35	309.47	11068.4	14757.9	Safe
2006-1-27:05:32	8.60	296.65	9351.2	12468.3	Safe
2006-1-27:06:02	6.81	316.96	10201.2	13601.6	Safe
2006-1-27:06:38	7.08	332.44	10311.0	13748.0	Safe
2006-1-27:07:11	9.97	41.62	11211.3	14948.4	Safe
2006-1-27:07:46	8.03	34.05	11083.1	14777.5	Safe
2006-1-27:08:18	8.35	32.49	11056.7	14742.2	Safe

(a)

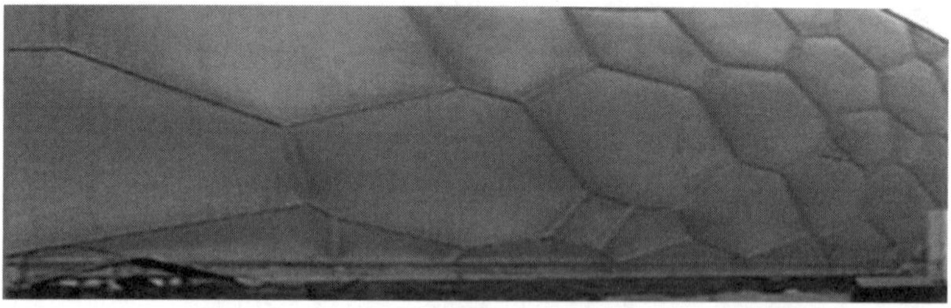

(b)

15.17 The National Aquatic Center for Olympic Games.

further carried out in detail offline. The phenomena to be measured are grouped into two categories: load-effect monitoring and response monitoring. For load effects, earthquake effects (ground motion), wind effects and temperature effects are considered. For response monitoring, strain of the members at critical locations are measured. Ambient vibration techniques are used to determine dynamic properties and global characterization of the building. Additionally, vibration of the building under earthquakes and wind must be monitored. Therefore, acceleration of this building is also monitored.

To determine the types, characterization, quantities and locations of sensors, a prior ANSYS FE model to best represent the existing knowledge of the building was established, as shown in Fig. 15.18. Additionally, an FE model was also established for simulation of the change in stress and deformation when the support jacks are removed at the end of construction. The response of the building was calculated using the FE model under 140 loading cases

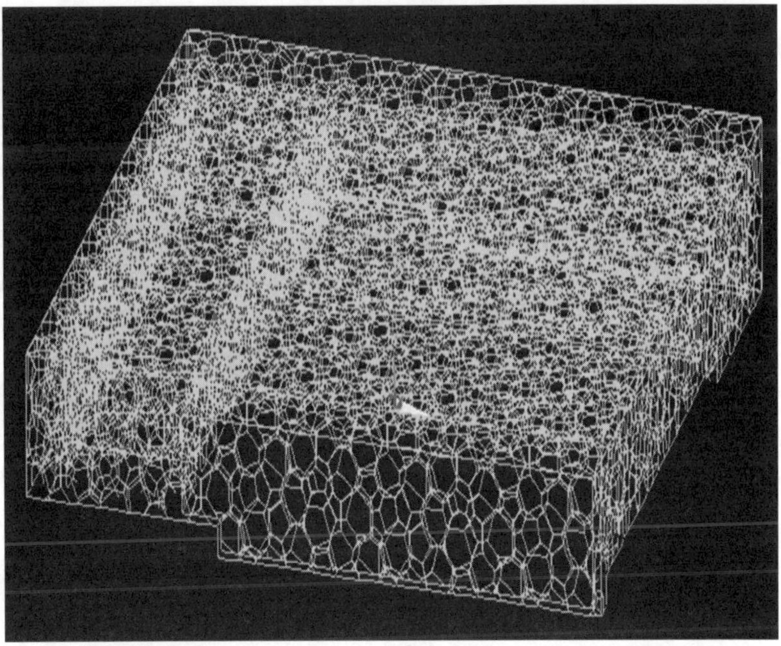

(a)

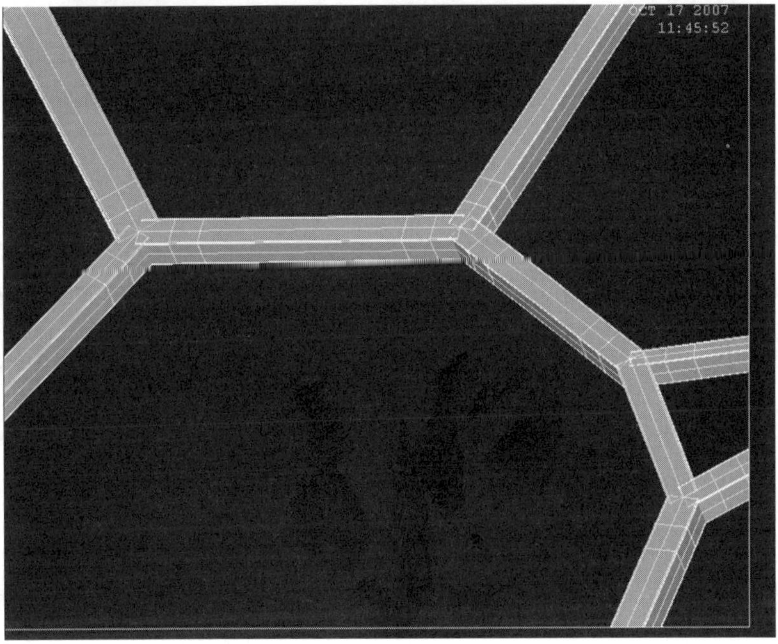

(b)

15.18 FE model of the structure.

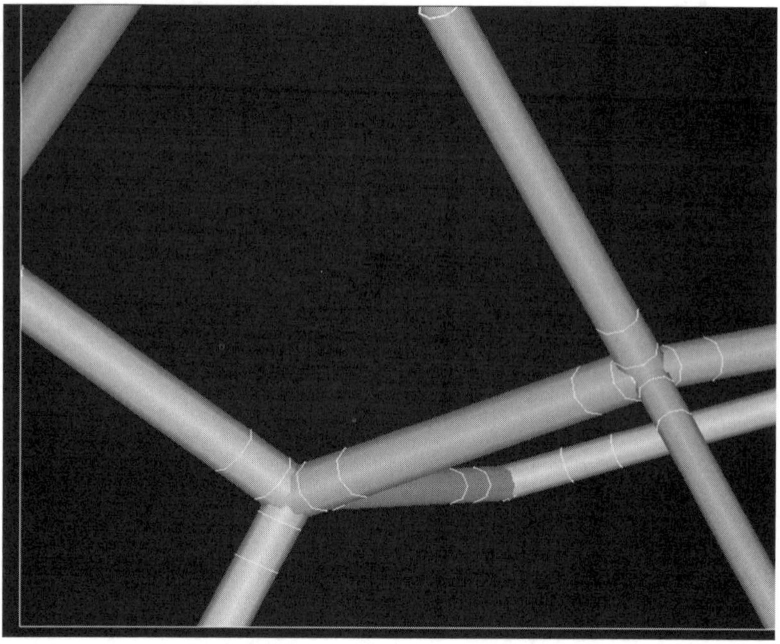

(c)

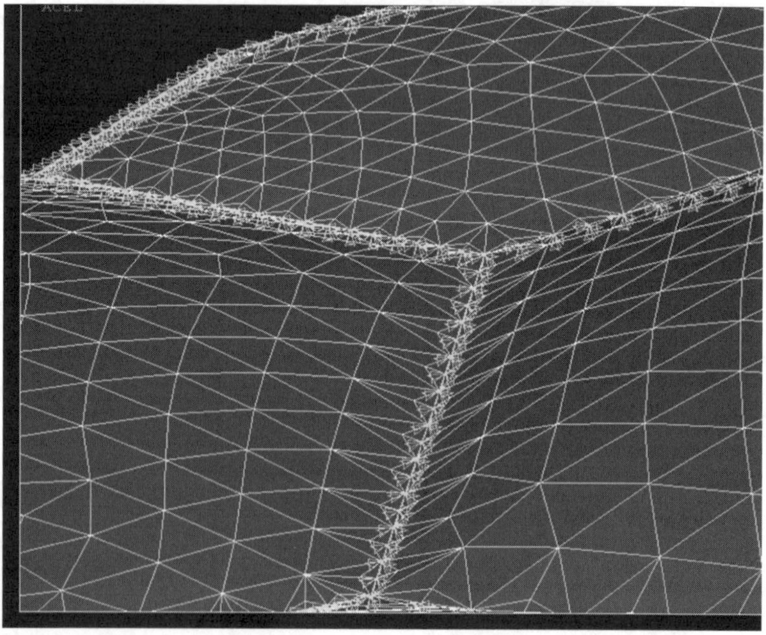

(d)

15.18 Cont'd

and the sensory system of the SHM system was then designed according to the computational results.

For wind load effect monitoring, an ultrasonic anemoscope was installed near the building to measure wind speed, direction, attack and ambient temperature. The sampling rate for wind load was 32 Hz. Additionally, the wind pressure distribution on the membrane was critical in verifying design assumptions, design parameters and analytical processes used in the design and construction with an aim to improve computational and assessment wind load models for safety evaluation. Therefore, 29 wind pressure meters were pasted over a corner of the roof, as shown in Fig. 15.19. Also, 30 OFBG temperature sensors were welded at some elements to the measure temperature lapse rate for temperature compensation. For response monitoring, 230 OFBG strain sensors were welded at 230 critical elements. 1 tri-axial accelerometer was attached at a foot of a column for earthquake ground motion monitoring, 1 tri-axial accelerometer was attached on the midpoint of the roof for measurement of vibration and another 27 axial accelerometers were dispersedly attached at the roof for measurement of vibration and extracting

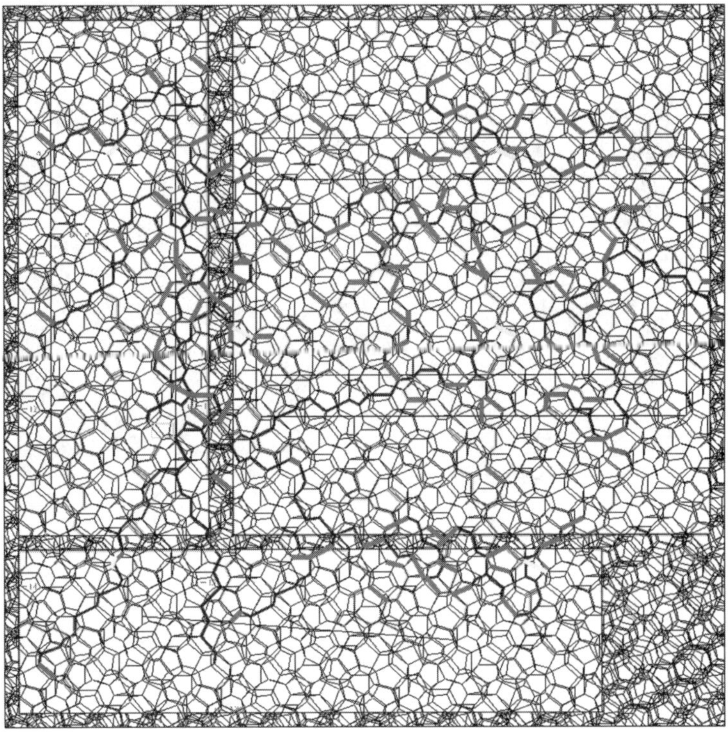

(a)

15.19 The structural health monitoring system of the building.

(b)

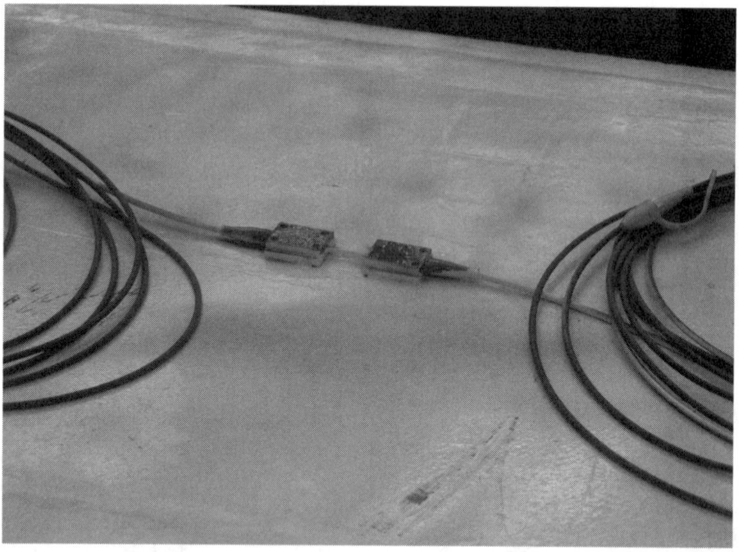

(c)

15.19 Cont'd

global dynamic properties based on ambient vibration technique. It should be noted that the temperature of the roof between two membranes was in the high 70s°C and all sensors were selected to meet the requirement of the temperature. The schematic of the integrated SHM system is shown in Fig. 15.19.

15.5.3 Overview of findings

For the dome structure, stress monitoring is one of greatest issues when the support jackets are removed during the end of construction. The SHM system monitors the stress of critical elements during the removal of support jackets and the variation of the stress during this process is shown in Fig. 15.20. At the same time, the calculation results using the FE model are also depicted in Fig. 15.20 for comparison. It can be observed that stresses vary dramatically, even to about 450 MPa of web-member 3620, during this process and the calculated results agree well with the monitored stresses. The measured results provide very critical instruction for the construction and the SHM system plays an important role in ensuring structural safety during construction.

The National Aquatic Center is redundant. Therefore, variation of temperature generated significant change in intrinsic forces. The temperature and the change in stress of elements were measured in the winter of 2006 and summer of 2007. The measured temperatures and strains are shown in Fig. 15.21. It can be seen that the temperature variation generates great change in the strain of elements (the maximum variation in strain reaches to about 400 MPa). The strain increases with decreasing temperature, and vice-versa, decreases with rising temperature. For the lapse rate, the upper chord temperature was lowest and the temperature of the web layer and lower chord is almost the same, though slightly higher in winter. However, in summer, the temperature along the height of the roof is uniform and in the high 60s°C. Because this building is still under construction and without damage, all measured data can serve as a baseline for evaluating future changes in the condition, performance and health of the building.

There is no snow in late winter and the wind load effect is very small; therefore, the temperature variation is the main load effect at this stage. Because the structure is redundant, vibration is very small under ambient excitation. No available acceleration related data has been measured so far.

15.6 Applications: the Harbin Songhua River Bridge

15.6.1 Description of the bridge

The Harbin Songhua River Bridge is a cable-stayed bridge with a 360 meter center span, as shown in Fig. 15.22. It is designed to carry two 2-lane carriageways. The bridge is the longest bridge in the north-eastern area of China.

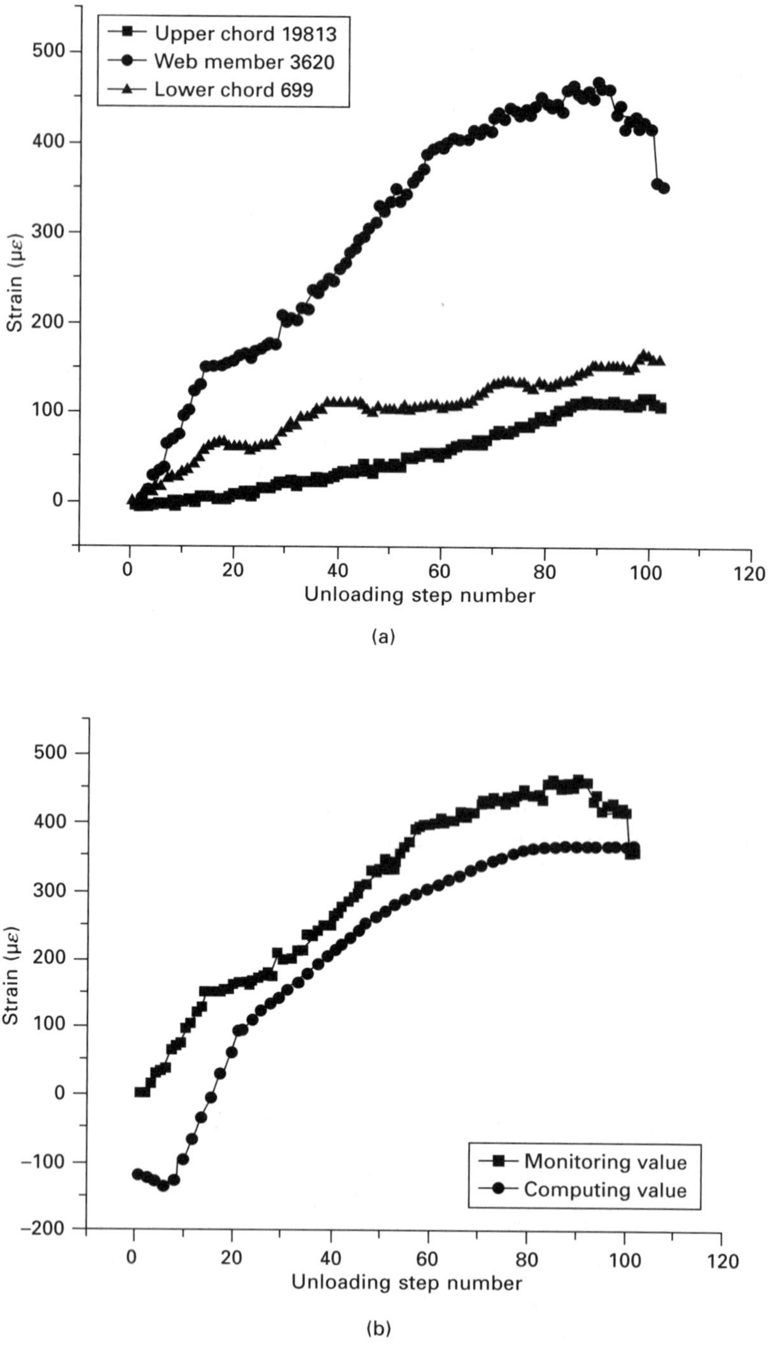

15.20 Monitoring and computational stress during removing support jackets.

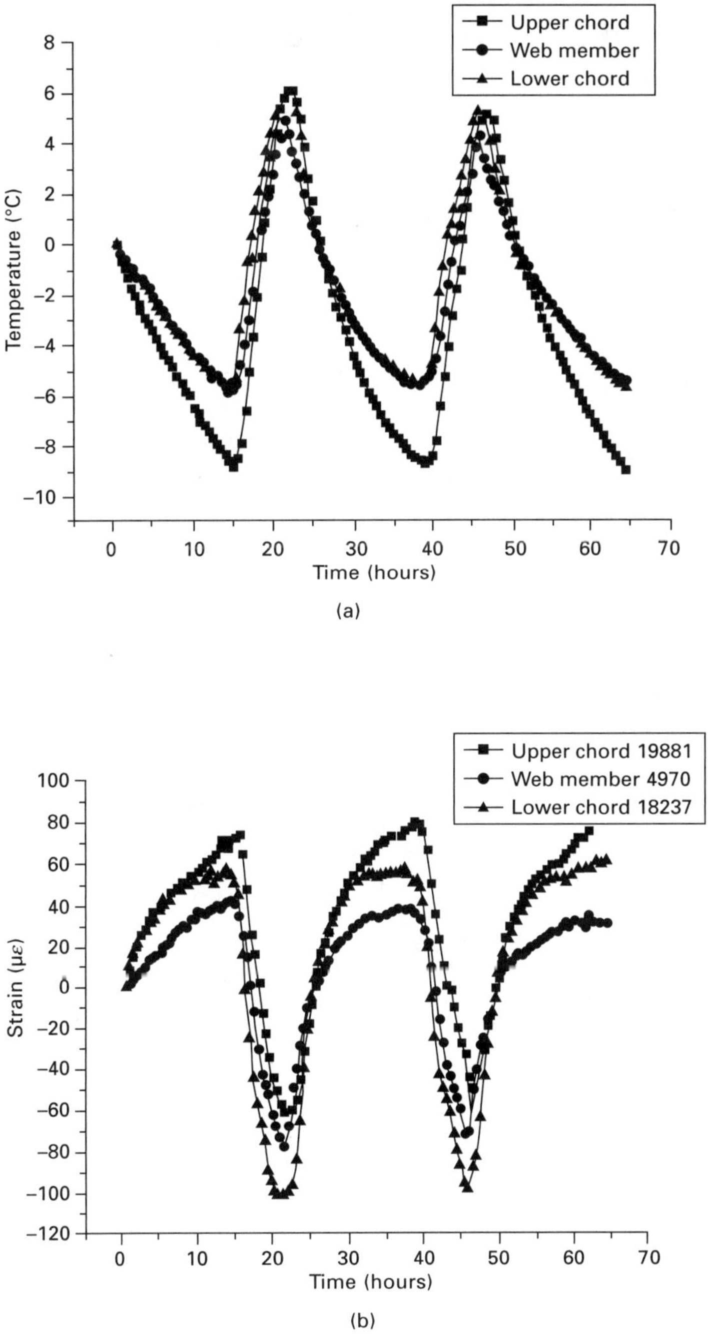

15.21 Monitoring temperature and strain in 2006 and 2007.

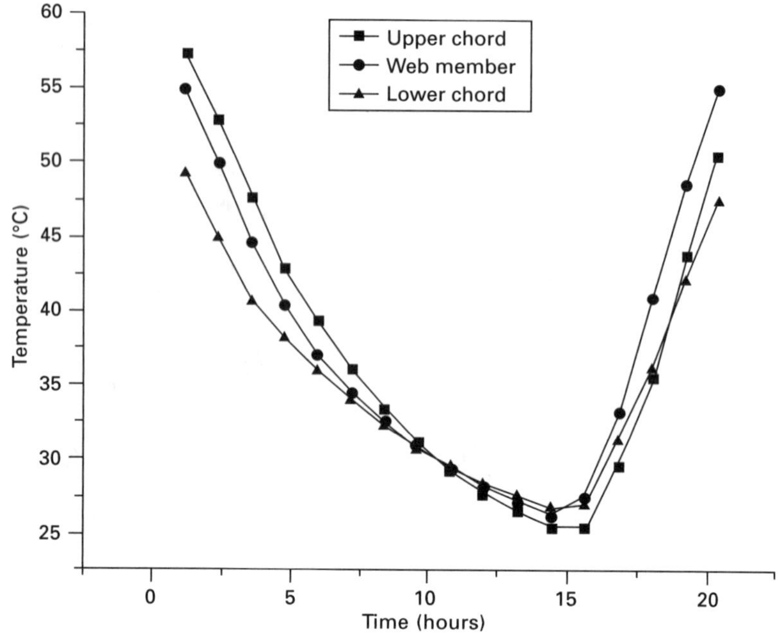

(c)

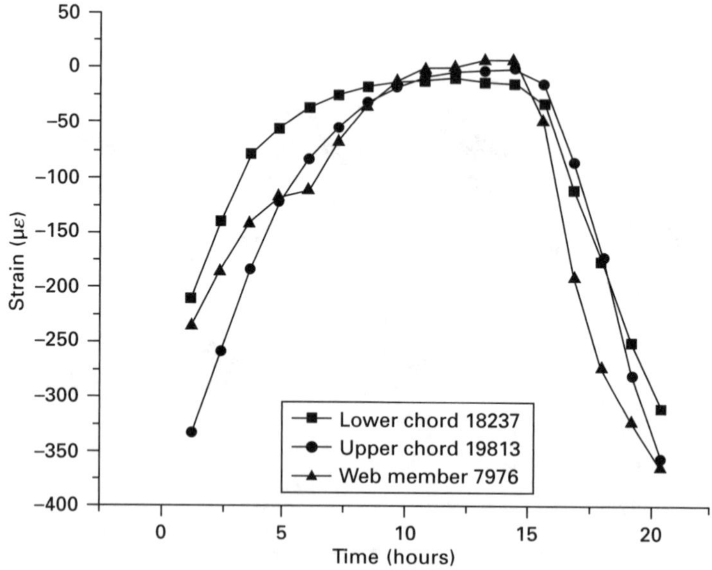

(d)

15.21 Cont'd

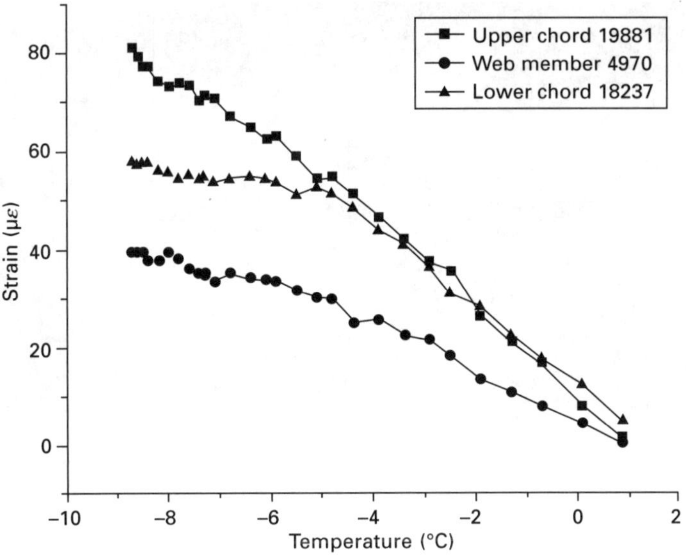

(e)

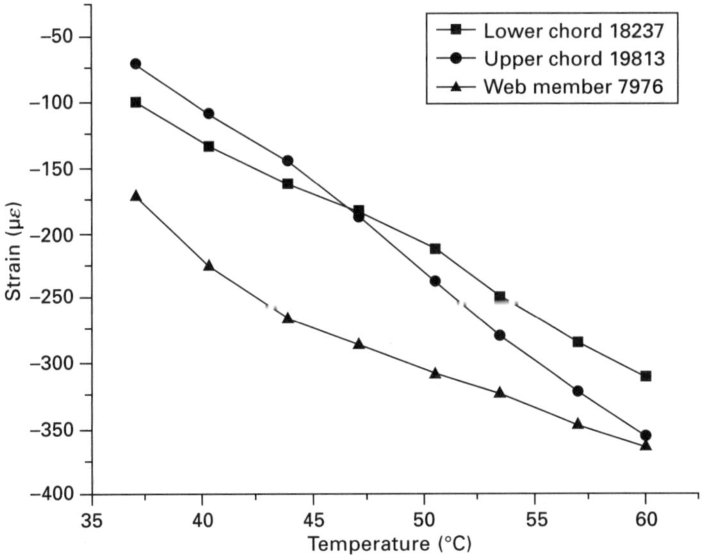

(f)

15.21 Cont'd

(a)

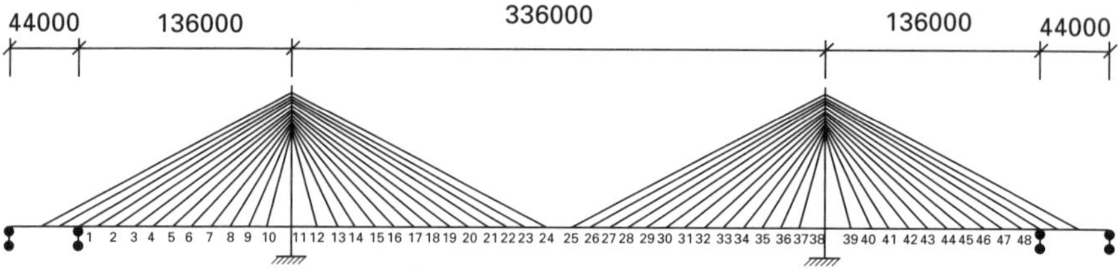

(b)

15.22 The cable-stayed Harbin Songhua River Bridge.

15.6.2 The structural health monitoring system

To monitor the structural health, safety, and performance of the bridge, an SHM system was designed. To meet the requirement of the bridge owner, the SHM system was designed to be continuously operated for two weeks in summer and winter, respectively, and the data interpretation and analysis were then carried out in detail offline. The phenomena to be measured were grouped into two categories: load-effect monitoring and response monitoring. For load effects, wind effect and temperature effect were involved. An anemoscope was installed at the tower top to validate the designed wind parameters and provide wind load information for operational condition assessments. The temperature sensors were installed to measure the air temperature above and below the girder levels. The temperature sensors simultaneously play the role of temperature compensation. For response monitoring, strain of the girder at critical cross-sections and cable forces were measured. 24 OFBG sensors were attached at critical locations for measurement of girder strain and temperature. The location of the OFBG sensors is shown in Fig. 15.23. Ambient vibration techniques were used to determine dynamic properties from which the cable tension forces were calculated. Therefore, 52 accelerometers were attached to cables for cable force measurement. An additional 26 accelerometers were symmetrically installed on the deck. The location of the 26 accelerometers was determined based on the sensor placement optimization procedure proposed by the authors, as shown in Fig. 15.23. The global dynamic properties were determined to calibrate the bridge theoretical model and form basic references of subsequent structural damage detection and safety evaluation.

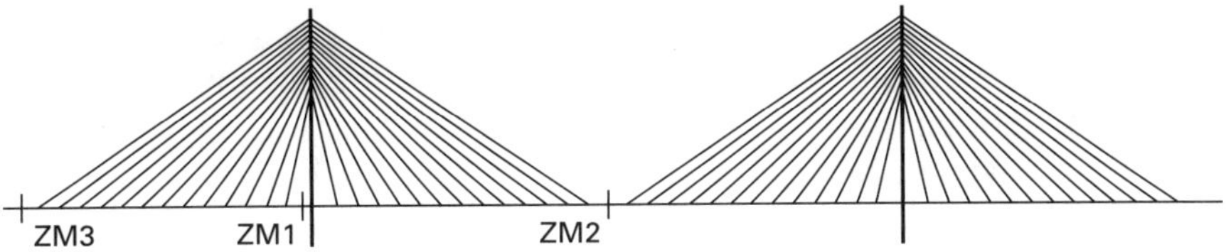

(a1)

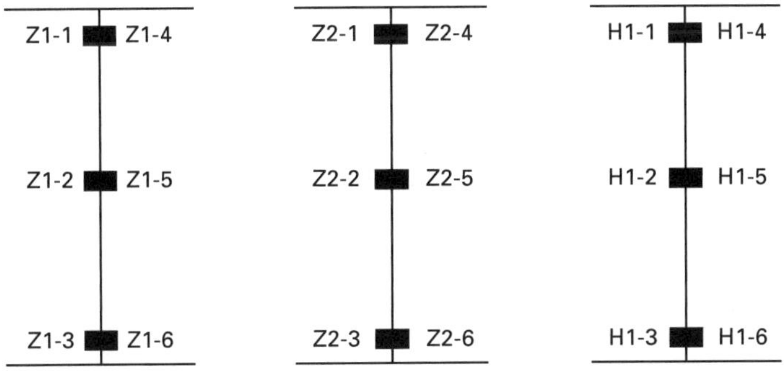

(a2)

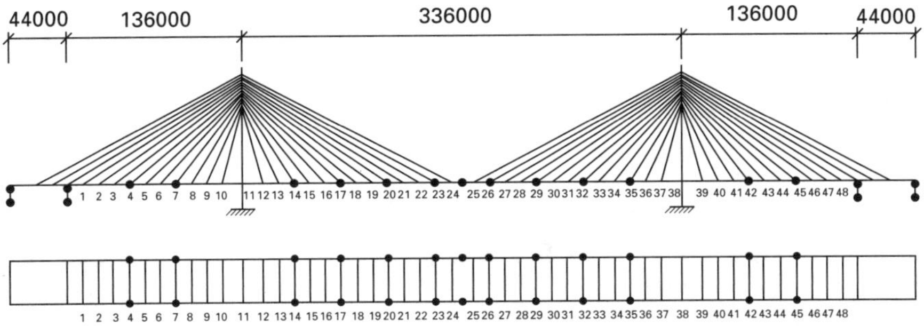

(b)

15.23 Locations of sensors: (a) OFBG strain and temperature sensors; (b) Accelerometers.

15.6.3 Overview of findings

On 16 August 2004, the proof load tests were carried out to capture the response of all of critical elements before the bridge opened to traffic. Since that day, the SHM system has been operated. The monitored data indicated that the measured load-effects and response of the bridge were all less than their corresponding design values. More information from the monitored data is summarized as follows:

15.6.4 Controlled load tests

The proof load tests were conducted at the bridge to obtain response of all of the critical elements under known truck loads for open public traffic. Twenty-four 30-ton trucks were used for loading, as shown in Fig. 15.24. A total of ten loading position lay-outs were arranged in the test. During the tests, the SHM system recorded the response. Fig. 15.24 shows the girder strain at the midspan cross section measured by OFBG sensors when the twenty-four trucks were symmetrically distributed over the center span of the bridge. The maximum measured strain reaches about 400 $\mu\varepsilon$, which is about 25% of the yield strain of the steel girder.

Crawl tests with two loaded trucks were also performed. Two 30-ton trucks on two of four lanes crawled throughout the bridge in various speeds. Strain at critical locations were measured by OFBG sensor at a sampling rate of 250 Hz. Figure 15.24 shows the girder strain at the midspan cross section

(a)

15.24 Proof load tests and measured strain of the girder.

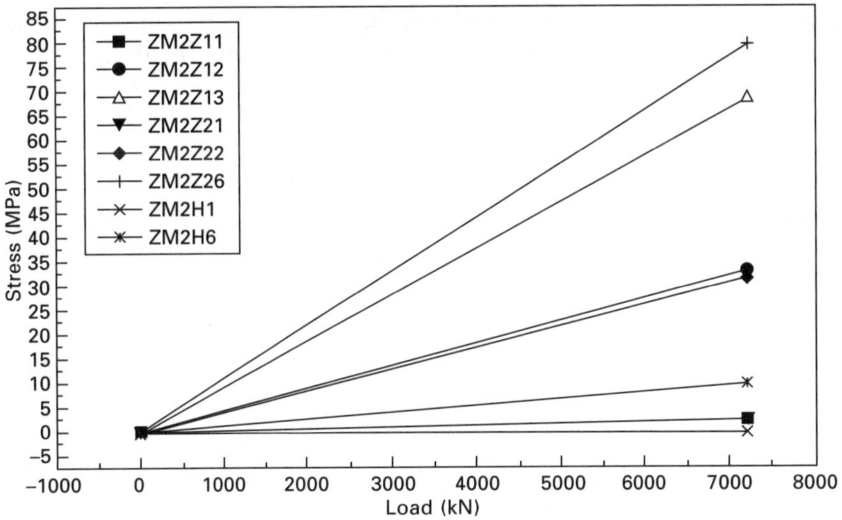

(b)

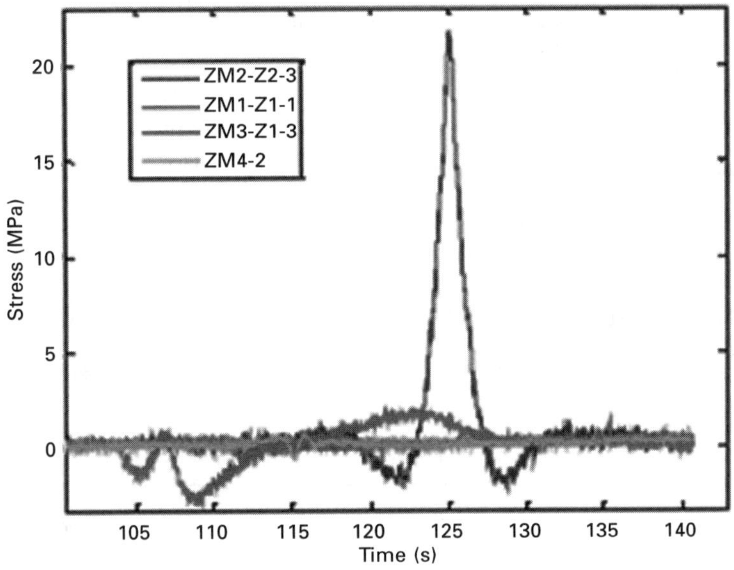

(c)

15.24 Cont'd

measured by OFBG sensors. It can be observed that the strain reaches its peak value (about 20 $\mu\varepsilon$) at the moment the trucks cross the midspan.

The frequencies were extracted after post-processing of the ambient monitoring acceleration and are shown in Table 15.5, providing an insight to the global properties of the bridge.

Additionally, wind effects were also monitored during the controlled load tests. The maximum wind speed was about 7 m/s, within the design range of 28 m/s. The wind usually blows in the N-S direction.

15.6.5 Operational condition monitoring

A comprehensive measurement by this SHM system was performed in May 2005. The girder strain was continuously collected for two weeks at a sampling rate of 62.5 Hz and two typical segments of the girder strain at midspan cross section are shown in Fig. 15.25. The peaks in the time-history curve were generated by trucks when they crossed through the measured strain section. Therefore, the volume of trucks crossing over the bridge can

Table 15.5 Identified frequencies of the deck (Hz)

	1st	2nd	3rd	4th	5th	6th
Longitudinal	0.031					
Vertical	0.361	0.449	0.826	1.168	1.181	1.342
Torsion	0.593	0.777	1.015			
Transverse	0.703					

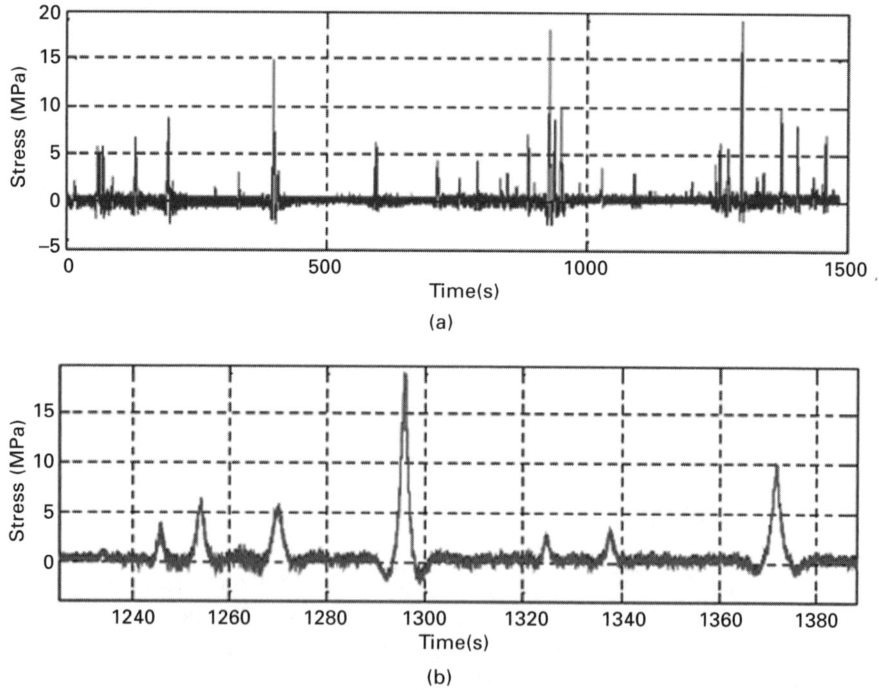

15.25 Monitoring stress and statistic analysis.

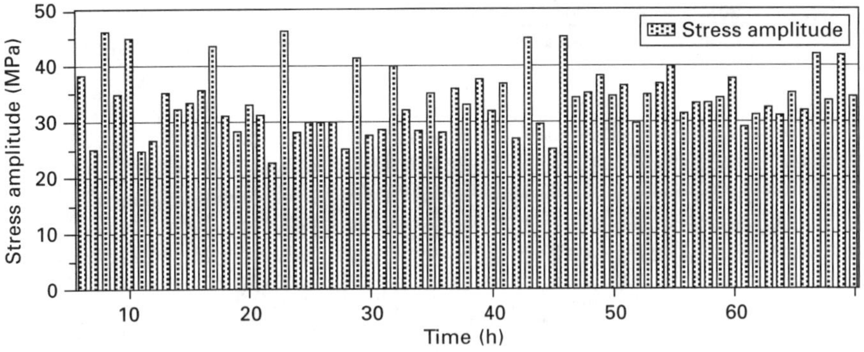

(c)

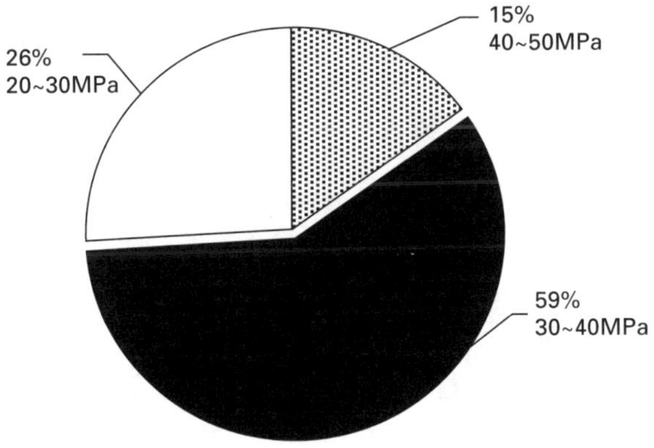

(d)

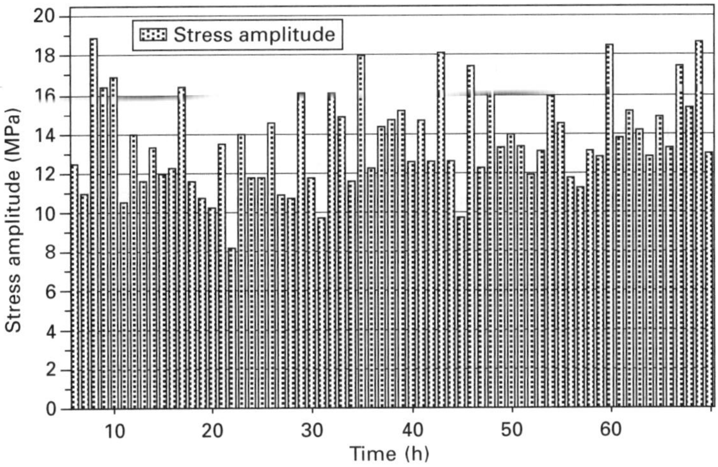

(e)

15.25 Cont'd

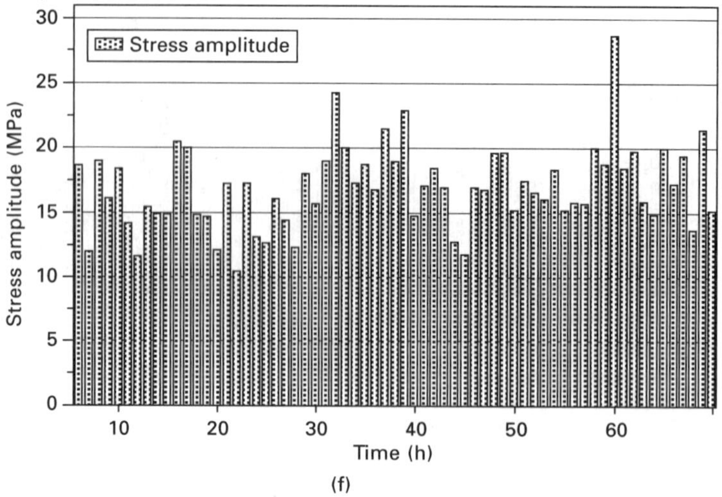

15.25 Cont'd

be accounted through the time history of measured strain. The peaks were picked up from the history of measured strain and a statistical analysis carried out. The results are shown in Fig. 15.25. The statistical analysis results indicate that the stress within the range of 30–40 MPa occurs most frequently and the maximum stress is about 50 MPa, which is generated by very heavy trucks. Additionally, the stresses of the cross-sections at tower-foot and midspan of side-span are shown in Fig. 15.25. The maximum stresses at the tower-foot and midspan of side-span were 18.962 MPa and 28.7 MPa, respectively. Cable forces were also obtained based on ambient vibration techniques and are listed in Table 15.6. For comparison, designed cable forces are also tabulated in Table 15.6. It can be seen that there is no obvious change in cable forces.

All the monitored and analytical data at this regime can be served as a baseline for evaluating future changes in the condition, performance and health of the bridge.

15.7 Conclusions

This chapter summarizes the state-of-the-art and practice of structural health monitoring for civil infrastructures. Although Chinese researchers have made great efforts in development of SHM, a number of challenging issues are in need of further study. The following lists some topics to be further investigated:

(i) Wireless sensors and sensor networks for strong earthquake ground motion observation in earthquake engineering.

Table 15.6 Identified cable forces

Cable No.	Mass per unit (kg/m)	Length (m)	Frequency (Hz)	Monitoring cable force (kN)	Design cable force (kN)	Error (%)
C13	120.48	177.9728	0.75256	8644.9	8869.6	2.53
C12	109.89	166.4528	0.7813	7433.8	8144.8	8.73
C11	99.11	155.0362	0.8793	7367.3	7274.8	–1.27
C10	87.23	143.7388	0.9206	6110.1	6404.4	4.75
C9	78.68	132.5915	1.0375	5956.0	5824.4	–2.60
C8	78.68	121.6321	1.1344	5991.3	5824.4	–2.87
C7	78.68	110.9106	1.1797	5387.7	5824.4	7.50
C6	78.68	100.4935	1.3231	5563.9	5824.4	4.47
C5	61.37	90.4672	1.4706	4344.7	4519.6	3.87
C4	61.37	80.9376	1.6379	4314.2	4519.6	4.54
C3	54.08	72.0057	1.8117	3681.4	3936.6	6.46
C2	54.08	63.7567	2.0882	3834.4	3936.6	2.60
C1	54.08	54.9513	2.4306	3858.9	3936.6	1.97

(ii) Information fusion technologies for integration of loading-effect monitoring results with global response and local response monitoring results to synthetically make decisions.
(iii) Assessment and evaluation methods of performance and loading-capacity deterioration in life-cycle based on SHM technologies (damage detection, model updating and safety evaluation are still very difficult for large-scale infrastructure).
(iv) Extension of structural health monitoring technology to disaster monitoring, including strong wind, earthquake, fire, accidents and so on, and the integration of accumulated and evolving damage monitoring with disaster monitoring.

15.8 Sources of further information and advice

For more information about the activities of structural health monitoring for civil infrastructures, please visit the library of Harbin Institute of Technology, Dalian University of Technology, Tongji University, Center-South University and South-East University. They are the main research centers of structural health monitoring for infrastructure in mainland China. PhD thesis and research reports on structural health monitoring are available.

15.9 Acknowledgements

This research is financially supported by NSFC (Grant Nos. 50525823, 50538020 and 50278029) and by the Ministry of Science and Technology, China (Grant Nos. 2006BAJ03B05 and 2006BAJ13B03).

15.10 References

J P Ou (2003) *Some recent advances of intelligent health monitoring systems for infrastructures in the Mainland of China,* Proceedings of 1st International Conference on Structural Health Monitoring and Intelligent Infrastructures, Tokyo, Japan (Keynote lecture).

J P Ou, H Li and Z D Duan (eds) (2005), *Structural health monitoring and intelligent infrastructure,* Taylor & Francis.

J P Ou, Z D Duan and Y Q Xiao (2003), *Safety evaluatin for offshore platform: Inspection, Monitoring and Maintenance,* Press of Science, China.

J P Ou (2005) The state-of-art and practice of structural health monitoring for civil infrastructures in the mainland of China, Structural Health Monitoring and Intelligent Infrastructures, Taylor & Francis Group, London (Ou, Li and Duan eds), pp. 69–94.

Index